# 社會正義의 廣場
# ILO
International Labour Organization

韓國ILO協會
權 重 東

(주)중앙경제

**社會正義의 廣場 ILO**

International Labour Organization

초 판 인 쇄 | 2015년 9월 14일
초 판 발 행 | 2015년 9월 23일

지 은 이 | 권 중 동
펴 낸 이 | 김 희 성
펴 낸 곳 | (주)중앙경제
편집·디자인 | 한 지 희

주 소 | 서울시 중구 다산로 11길 19(신당2동 355-8)
백석빌딩 신관 4층
전 화 | 02-2231-7293
팩 스 | 02-2235-5344
홈 페 이 지 | www.elabor.co.kr
출 판 등 록 | 80. 6. 21 제2-66호

I S B N | 978-89-7017-334-4 (93330)
정 가 | 35,000원

# 社會正義의 廣場
# ILO
International Labour Organization

韓國ILO協會
權 重 東

(주)중앙경제

# 發刊辭

한국ILO협회가 창립된 지 20주년을 맞이하고 있습니다.

뚜렷하게 내 놓을 만한 업적도 없는 것 같습니다. 그러나 굳이 그간의 흔적이라고 한다면, 몇 권의 책과 창설 후 20년 동안 한 번도 缺刊없이 발행 배포해 온 월간지 「國際勞動」이 있을 뿐입니다.

이글을 쓰고 있는 필자로서는 매사 송구스럽게 생각하면서도, 또 「社會正義의 廣場 ILO」라는 표제의 책을 발간하게 되었습니다. 왜 이 책의 표제에 사회정의라는 문언을 앞에 붙이고 있는지는 독자 여러분께서도 감을 잡을 수 있을 것입니다.

ILO는 社會正義를 理想으로 하고 있습니다. 그 뿐 아니라 ILO憲章에서도, 그 前文에 「세계의 영속적인 평화는 사회정의를 기초로 해서만 확립할 수 있다」고 선언하고 있습니다.

ILO는 자유 · 평등 · 평화 · 인권 · 노동의 가치, 남녀평등과 동일노동의 보수, 등 수 많은 보호 · 조정기능이 마련되어 있습니다. 그래서 우리는, 더욱 사회정의를 존중합니다.

「그대! 평화를 원하거든 정의를 가꾸어라」고 호소했던, ILO의 초대 사무총장, 아르바르 토마씨의 말은 아직도 많은 사람들의 뇌리에 남아 있을 것입니다.

그러나 정의라는 것은 너무나 힘들고, 까다로운 존재인 것 같습니다. 그것은 인간사회가 존재하는 한, 그리고 「욕심」과 「힘」을 좇아 살아가는 인간의 속성이 바뀌지 않는 한, 영원히 남아 있을 것입니다.

그래서 우리는 정의로운 사회를 더욱 갈망하고 있는 것입니다. ILO는 100년이 넘는 역사를 통해 많은 업적을 쌓아왔습니다. 세계적인 국제노동기준이라고 할 수 있는 ILO조약만 해도 189조약이나 됩니다. 그리고 그것을 보충하고 있는 권고도 200이 넘습니다. 근래에 와서 발표된 「노동에 있어서의 기본적 원칙 및 권리에 관한 ILO선언」은 보다 차원 높은 노동 가치를 웅변으로 말해주고 있습니다. 거기다가, ILO가 주도하고 있는 디센트 워크도 그 활동이 시작 된지 10년이 넘었습니다. 그 많은 사실들을 이 한권의 책으로 소개하기는 어렵습니다. 이번에 발간하게 되는 이 책의 내용은, 진작 우리들이 알고 있어야 했을 사항들을 모아 책으로 엮은 것입니다. 필자 나름대로 오랫동안 관련 정보를 수집하고, 검토 · 번역하는 과정에서, ILO를 비롯한 외국기관이나, 단체 학계, 전문가들의 견해와 논문 · 저서 등 「참고문헌」을 많이 인용했습니다. 아쉽게 생각하는 것은, 지면 관계상 「노인노동」, 「이민노동」, 「해사노동」, 「사회보장」, 「그린잡」, 「텔레워크」, 「가내노동」등 많은 과제와 ILO가 대처하고 있는 이들 국제기준의 비준문제나 실태를 소개하지 못한 채 다음 기회로 미루게 되었다는 것을 아쉽게 생각합니다. 이글의 내용 중 혹시 잘못된 점이 있으면, 언제든지 지적해 주시면 감사하겠습니다.

2015년 9월 23일

韓國ILO協會 會長 **權 重 東**

# Preface

Korea ILO Association celebrates its 20th anniversary this year.

We do not seem to have any remarkable accomplishment. What mark our footsteps are a few books published and the monthly 「International Labor」 that have been published and distributed every month for the last 20 years.

I am apologetic about this, but we are publishing a book titled 「ILO, the Square of Social Justice」. All of our readers must be able to assume why we have added 'social justice' to the title of the book.

ILO's ideal is social justice. Not only that, the ILO Constitution also declares in its preambles that 「The perpetual peace of the world can only be established on the foundation of social justice」.

ILO has countless protective and arbitrative functions for the value of freedom, equality, peace, human rights, and labor, gender equality and equality of compensations. That is why we respect social justice.

Many people would still remember Albert Thomas said as the first Director of the ILO: 「Everyone! Nurture justice if you want peace.」

However, justice is too hard and particular. It will be a challenge forever as long as the human society exists and the humans pursue 「greed」 and 「power」 in nature.

That is why we desire a just society. ILO has accumulated many accomplishments through over 100 years of history. ILO has signed 189 conventions to set the international labor standards around the world. There are more than 200 recommendations to supplement them. The recent 「ILO Declaration on the Basic Principles and Rights on Labor」 has eloquently stated the greater value of labor nowadays. Furthermore, ILO's Decent Work has been around for more than 10 years. A book is not enough to list all of these facts. This book contains what we should have already known. As I have gathered, reviewed, and translated relevant information for a long time, I have excerpted the opinions, theses, publications, and other 「references」 of ILO and other foreign organizations, groups, and experts. It is regretful that I have left out the challenges related to 「senior labor」, 「immigrant labor」, 「maritime labor」, 「social security」, 「green jobs」, 「telework」, and 「domestic labor」 or the ratification of ILO's international standards. I would greatly appreciate it if you correct any errors you find in this book.

September 23, 2015

**Joong Dong Kwon**

Chairman, Korea ILO Association

# 목 차

## 제1部 ILO의 歷史 · 機構 · 活動

# 제2부 國際勞動基準(條約 · 勸告)의 解說

# 제3부 사진을 통해 살펴보는韓國ILO協會 20年의 沿革

# 제1부

# ILO의 歷史·機構·活動

# 제1장 ILO(國際勞動機構)의 歷史

## History of ILO

### 제1절 ILO의 歷史

#### 제1항 産業革命 以後의 勞動者 問題

##### (1) 産業革命과 勞動者

18세기 후반부터 근대적 공업기법이 광범하게 발달했고, 그로 인해 전반적인 사회적 변화가 발생했다. 영국을 선두로 해서, 그 후 유럽대륙과 미국에까지 파급된 이러한 현상은, 산업혁명이라는 미명 아래 인력 · 축력(畜力) · 풍력(風力)등을 대신하는 근대적인 기계의 도입과 조직적인 대량생산방식에 따라, 미증유의 부를 만들어 내게되었다.

섬유공업에서 시작된 산업혁명은, 그 후, 기계 · 제철 · 석탄 · 철도 · 해운 등으로 확대되었고, 이 과정에서 노동자의 생산능력도 급상승하게 되었다. 1780년과 1923년의 노동자 한사람의 1일당의 생산량을 비교해보면, 석탄은 8배, 가죽(革)은 40배, 철(鐵)은 100배, 못(釘)이 100배, 종이(紙)가 1만 배로 늘어났다. 경제적으로 보면, 산업혁명은 그렇게 크고 많은 혜택을 주게 되었지만, 사회적인 측면에서는 경제의 급속한 진전을 따라가지 못하고 있었다.

산업혁명 이전의 대부분의 노동자들은 간단한 도구를 이용해서 간단한 물건(品物)을 만들면서 생활했다. 그들은, 자신의 가정을 일터로 해서, 개인이나 혹은 주인의 직인(職人)이나 일꾼(徒弟)을 사용해서 제품을 만들고,

농가에서는 여성이 의복을 만들기도 하면서 살아왔으나, 대부분의 경우, 자가소비(自家消費)나 소비자의 주문에 의한 것이었다. 노동자는 자기의 편의에 따라 일을 했고, 힘들 때에는 쉴 수도 있어, 목가적(牧歌的)이고 여유가 있는 생활이 가능했다.

그러나 산업혁명이 진전됨에 따라, 노동자는 이미 그와 같은 삶을 향수하기가 어렵게 (허용하지 않게)되었다. 노동자는 무기물(無機物)인 기계의 부속물로 화했고, 장시간의 노동, 저임금, 그 외의 악조건에 시달리면서, 빈곤에 허덕이게 되었고, 많은 어린이들과 여성노동자들에게는 착취와 빈곤이 심각한 백인노예(白人奴隷: 화이트 · 슬레이브)라는 별명까지 붙게 되었다.

이와 같은 상황은, 인도적으로 방치할 수 없을 뿐 아니라, 노동력의 질을 저하시키게 되고 크게는 경제적 손실을 가져오게 된다는 것을 알게 되었고, 개명적사용자(開明的使用者)중에는 이러한 점에 주목하는 자도 나타났다. 영국의 공장시대의 초기에 뛰어난 개혁가로 알려진 로버트 · 오웬(1771~1858년)은 그 중 한사람이다. 오웬은 웰즈에서 태어나, 양복점 점원으로 입신했고, 기계에 관한 지식을 익힌 후, 1798년에 스코틀랜드의 뉴 · 라나區에 있는 다비드 · 델 면방공장의 공동경영자가 되었다. 그의 사고방식은, 맨체스터의 공장감독 담당자들 앞에서 연설하던 강연에서도 나타나고 있다.「여러분은, 목재, 진주, 혹은 철에서 나온 최선의 기계장치를 구입하고, 거기에 필요한 수리(修理)를 더하는데 아직도 많은 돈을 투입하고 있으면서, 살아있는 기계의 개선에는 무엇 때문에 조금도 주의를 기울이지 않는가.」

그는, 당시의 노동자와 관련되는 제 문제를 중시하고, 공장법, 노동조합, 협동조합, 노동자에 의한 기업관리 등을 요망하면서, 동시에 국제주의를 주창했다.

### (2) 先驅者 勞動者 保護運動

ILO는, 제1차 대전이 끝난 다음해인 1919년에, 파리에서 개최된 평화회의에서 국제연맹의 자매기관으로 탄생했고, 2020년에는 100주년을 맞이하는 국제정부간기관(國際政府間機關)이 되었다. 흔히, ILO를 제1차 세계대전에서 얻어진 산물로도 생각할 수 있지만, 그 단서를 찾아 평화회의를 거슬러 올라가면 100년이 넘는다.

노동조건의 개선과 노동시간의 단축은 국제적으로 처리되어야 한다고 주장했던 최초 선구자의 한 사람인 오웬은, 1818년 엑스라샤펠(현재 독일의 아헨)의 신성동맹회의(神聖同盟會議)에 각서를 제출하고, 유럽의 노동자 1일 노동시간의 법적규제를 국제적으로 규정하자고 건의했으나, 동 회의는 귀를 기울이지 않았다. 20년 후인 1838년, 프랑스의 경제학자 A · 블랑키는, 어느 나라가 산업개혁을 실시하려고 한다면, 경쟁국과 동시에 이것을 실시하라고 지적하고, 「제국 간에, 사람을 죽이는 것을 약속하고 있는 여러 조약이 체결되어 있는데도, 사람의 생명을 보전하고, 인간을 보다 행복하게 할 수 있는 오늘날 조약이 체결되지 않고 있다는 것은 무엇 때문인가」라고 주장하고 나왔으나, 그 때도 반응은 없었다.

이어서, 같은 프랑스 사람으로서 알자스州 출신인 제조업자 다니엘 · 루다란(1781년~1859년)은, 1847년 이 후 몇 번이나, 유럽 주요국 정부에 요청서를 보내서, 「체력을 저하시키거나, 퇴보시키거나, 가정생활의 행복을 약탈하는 제일 첫째의 주요 요인인 과중노동과, 어린아동들(幼少兒童)의, 노동에서부터 노동자계급을 보호하는 국제입법」을 제정하도록 요구했다. 구체적으로는 ① 10세미만의 아동과 12세 미만의 여아(女兒)에 대한 취로의 전면금지, ② 1일 6시간을 한도로 하는 13세 미만자의 노동시간, ③ 성인노동자의 노동시간은 5시 30분에서 20시 30분까지의 사이의 12시간으로 한다. ④ 18세 미만의 연소자와 여성노동자의 일요노동(日曜勞動)의 금지가 포함되어 있었다. 이러한 항목들은 그 후 ILO총회에서 채택된 국제조약의 주제가 되었던 것이다.

## 제2항 國際勞動立法의 움직임

### (1) 앞서간 나라 스위스

1852년에, 스위스의 글라루스 주정부(州政府)는 노동법은 하나의 주내(州內)에 그치지 아니하고, 복수의 주에 해당되는 주제적(州際的)인 것이 되어야 된다고, 강력히 제창하고 나왔다. 1855년에는 취리히 주정부에 보고서를 보내서, 1일 노동시간의 규제, 아동노동의 조건 등에 관한 국제협정을 제안했다.

독일에서는, 1857년에, 프랑크푸르트의 의회에서, 국제노동입법의 아이디어가 승인된 후, 브렌타노교수 등 수명의 학자가, 일요노동의 금지, 연소자와 여성의 공장노동금지, 노동자보호입법의 국제화 등을 제창했다.

1876년에는, 국제노동입법을 요구하는 움직임에서 중요한 진전이 있었다. 같은 해 스위스 연방의회에서, 에밀 · 후레 대령(大領)(그 후 주미공사 등을 거쳐 대통령 미국에서는 남북전쟁의 볼런티어로 알려져 있다.)는 스위스가 수개국의 산업국의 노동조건을 일률로 규제하는 국제조약의 체결을 요구하는 것이 바람직하다고 문제를 제기했다. 이 일률적(一律的)인 규제는, 각국 간의 생산조건의 상위(相違)를 인정하는데 충분한 탄력성을 갖는다는 것이 조건이 되었다. 그는 국제규제로 인한 경쟁에의 압력이, 노동자의 궁상(궁핍) 완화의 최선의 방법이 될 것이라고 상정(想定)하고 있었다. 그 후 후레 대령은, 1890년의 의회에서 국제적인 공장법의 제정에 대하여 주요국과 교섭에 들어가도록 요청했다. 이 요청이 인정되어, 스위스 연방정부는 이듬해인 1891년, 영국, 프랑스, 오스트리아, 독일, 이탈리아, 벨기에와 교섭에 들어갔다.

이것은, 국제노동입법과 관련해서 무엇인가 현실적인 성과를 얻고자 공식으로 시도한 최초의 사례라고 볼 수 는 있으나, 각국의 의견에는 대폭적인 상위(차이)가 있어, 취합되지 않았다. 그 후, 프랑스나 독일에서도, 차체에 국제노동입법을 요구하는 소리가 커졌고, 마침내 1890년에 베를린회의가 개최되었다.

### (2) 14개國의 베를린會議

베를린회의는 1890년 3월 15일부터 15일 동안이나 개최되었는데, 14개국(오스트리아, 벨기에, 덴마크, 영국, 프랑스, 독일, 네덜란드, 이탈리아, 룩셈부르크, 노르웨이, 포르투갈, 스페인, 스위스, 스웨덴)의 대표가 참가했다. 회의에서는, 일요노동, 최저취로연령 1일 노동시간, 위험 유해 작업, 야업(야간근무) 등의 문제를 심의하고, 일련의 결의를 채택했다.

이것은 결의라고는 하더라도, 각국대표의 투표의 결과 생겨나게 될 조약(협약)을 각국이 각각 자국의 국내법에 포함시킨다고 하는 것을 목적으로 하는 것과 같은 것이 아니고, 단지 발표된 요망사항을 취합한 것에 지나지 않는다.

그렇기는 하지만, 14개국이나 되는 유럽제국의 대표가 한 자리에 모여서, 공통의 과제에 대처해서, 무엇인가 문서를 남기게 되었다는 것은 사실이고, 이것이 그 후에 있어서의 국제노동입법운동을 촉진하게 되었다는 것은 틀림없는 사실이다.

베를린회의에서 결의된 요지는 다음과 같다.

(a) 광산노동자에 있어서의 아동의 최저연령은, 남부제국에서는 12세, 기타의 제국에서는 14세, 여성은 광산노동으로부터 전면적으로 제외된다.

(b) 광산 노동자의 건강과 안전 및 충분한 광산 감독은 가능한 한 보장된다. 광산기술자로 인정되게 되는 것은, 경험이 풍부하고, 인정되는 전문자격을 가진 자에 한한다.

(c) 노사간의 신뢰와 존중을 보장하며, 분쟁처리는 노사간의 자주적인 직접교섭으로 하고, 최종적으로는 중재에 맡긴다.

(d) 일요노동은, 특수한 예외를 제외하고, 원칙금지(原則禁止)를 지키는 것이 바람직하다. 특수한 예외라 함은, 생활필수품을 공급하는 연속작업 및 계절 산업의 경우를 말한다.

(e) 공업에 있어서의 최저취로연령은, 남부제국에서는 10세, 기타의 제국에서는 12세로 한다. 14세 미만의 자는 일요노동, 야업(야간노동)이 금지되고, 1일의 노동시간은 적어도 30분의 휴식을 포함한 6시간으로 하고, 건강에 해롭거나 또는 위험한 직업에의 취로는 허용되지 않는다. 단지, 특별한 보호가 제공되는 예외적인 경우는 그러하지 않다.

### (3) 個人參加의 브뤼셀會議

베를린회의는 정부간회의인 공식적인 것이었지만, 그 후, 각국의 노동입법의 진전 상황을 고려해가면서, 개인 참가를 통해 더 자유로이 의견을 교환하기 위한 「국제노동회의」 1897년 브뤼셀에서 개최되었다.

여기서는, 베를린회의의 결의와 관련해서, 관계국의 상황은 어떻게 변화되었는지 하는 것이 화제가 되었다. 또, 노동자의 국제적 보호가 가능한, 혹은 바람직한 항목으로써, 소규모공업과 가내노동, 위험업종의 규제, 각국의 노동주무관청의 국제관계의 확립, 국제노동국에 의한 국제노동 통계의 편집, 등도 거론되었다.

이 외에도, 회의에서는 상설의 국제노동국(國際勞動局)의 창설에 대하여 제안이 있었으나 의견을 취합하지 못했다. 또, 유해물질인 백연(白鉛)이나 황린(黃燐)의 산별사용을 국제적으로 금지하려고 하는 의견도 나왔다. 그리고 사업을 계속하기 위한 3인 위원회가 설치되었다. 위원회는 노동자의 법적 보호에 관계가 되는 모든 관계자를 대표하는 국제노동협회를 설립하는 방법을 검토했고, 그 규약의 원안을 작성했다. 이러한 움직임은, 곧 1900년의 국제노동입법협회의 설립으로 이어지게 되었다. 그래서 위원회의 한 사람이었던 벨기에의 마히임교수는, 그 후에 파리 평화회의에서 벨기에 정부대표로서, ILO창설에 공헌하게 되었다.

### (4) 國際勞動立法協會

파리에서 만국박람회가 열린 1900년, 브뤼셀회의의 결정에 이어, 「국제노동입법회의」가 개최되었다. 오스트리아, 벨기에, 네덜란드, 멕시코, 러시아, 미국의 5개국으로 부터는 정식으로 대표단이 참가했으나, 그 외의 많은 나라에서는, 비공식적으로 남녀의 저명인사들이 참석했다. 이탈리아로 부터의 참가자인 한 사람은, 자국은 발전의 초기단계에 있지만, 진보를 위한 올바른 방향을 위한 원동력이 되고 싶다고 전제하고, 「이탈리아의 노동자에게, 국내법으로는 부여할 수 없는 국제적인 보호입법을 부여해서 그것을 빌릴 수 있다면 다행으로 생각한다. 과단(科斷)한 성공은 국제노동입법이라는 방법에 의해서만 해나갈 수 있다. 국내에서는, 종종 목련공장(木練工場)의 야업(야간근무)금지를 주장하고 있어, 그것도 다행스럽게 생각하지만, 경쟁상대인 인근국에서도 그렇게 해야만 되지 않겠는가라는 말을 듣게 된다. 앞으로는 통상협정과 함께 그것을 보완하기 위하여, 노동협정이 있어야 한다.」고 주장하고 있어, 이 발언은 회의에 보내는 기대가 컸다는 것을 말해주고 있다. 그런데, 이탈리아와 프랑스의 양국은, 4년 후에 노동협정을 체결하는 선구자가 되었다.

회의는, 1일의 노동시간의 법적규제, 야업(夜業)의 금지, 노동감독 제도, 노동자 보호입법을 위한 단체의 설립 등 4의제를 심의했다. 1일의 노동시간에 대해서는, 종래의 12시간에서 단계적으로 10시간으로 단축하기로 하고, 야업은 엄격히 비난되었다. 노동감독은 불가결한 제도가 되고, 벌칙이나 기능의 전문화도 요구되었다. 상설의 국제노동국의 설치에 대해서는, 공식적인 것이 아닌, 비공식적인 것으로 하게 되었다. 복잡한 국제관계중에서 책임이 과중하게 되는 것을 피하기 위해서였다. 마지막으로 회의는 최대의 문제였던 「국제노동입법협회」의 설립을 결정했다. 그 목적으로는, 다음과 같은 5개항을 들고 있다.

(a) 노동입법을 필요하다고 믿는 모든 사람을 위하여 도움이 되어야 한다는 것.

(b) 국제노동국을 설립하는 것

(c) 모든 나라의 노동입법의 연구에 편의를 제공하고, 과제에 관한 정보

를 제공하는 것.

(d) 노동조건의 제 문제에 관한 국제협정을 촉진하는 것.

(e) 노동입법에 관한 국제회의를 개최하는 것,

이 협회의 관리운영은, 국별 지부의 대표로 구성되는 위원회에서 선정된 중앙국(中央局)에 의해 이루어졌다. 국별인 지부는, 각각 독자의 사업계획을 갖는 완전한 자치조직으로 되어있다. 재정은 개인적인 기부와 정부에 의한 임의의 조성금으로 충당되었다. 중앙국의 지도하에, 유급직원을 두는 상설의 국제노동기구가 바젤에 설치되게 되었던 것이다. 이것이 오늘날의 ILO사무국이 생기게 된 직접적인 전신이었다고 볼 수 있다.

### 제3항 初期의 勞動者保護條約

협회는 그 후, 거의 매년 총회를 개최하고, 그때마다 과제를 내놓았다. 1901년의 제1회 총회(바젤)에서는, 여성야업(야간근무)금지, 백연(白鉛)과 황린(黃燐)의 산업에서의 사용금지, 노동재해의 사용자 책임, 사회보장내외인 균등대우(社會保障內外人均等待遇)등의 문제를 논의했다. 1902년의 쾰른총회에서는 여성의 야업과 백연 · 황린의 두 가지 문제를 검토하기 위한 전문가회의(專門家會議)의 설치를 결정했다. 그 목적은 이 두 가지 의제에 관한 국제조약을 채택하는데 있었다.

이러한 경과를 거쳐서, 두 가지 과제에 관한 기술적인 예비토의를 위하여, 1905년 5월에 국제회의를 개최하기로 결정되었다. 베른에서 개최된 이 회의에는, 유럽 15개국으로부터 전문가가 참석했다. 회의는 여성의 야업, 백연 · 황린의 각 내용에 관해서 종래의 단조로운 결의와 같은 것이 아니고, 관계국을 어떠한 형태로든 그것을 구속하도록 하는 것이 바람직하다고 보고, 그 초안을 작성했다.

이 초안은 이듬해인 1906년 9월에 다시 베른에서 개최된 외교회의에 제출되어 심의의소재가 되었다. 이 회의는 전번과는 다른 본격적인 외교회의였고, 전년의 회의에서 검토된 條約案이 다소 수정된 후에 채택되었다.

이렇게 해서 정규의 외교문서로서의 국제조약이 탄생되게 되었다. 성냥제조에 있어서의 황린의 사용을 금지하는 조약은 죽음(黃燐死)의 원인이 되는 황린을 함유하는 성냥의 제조 · 판매 수입을 금지하는 것이었다. 또, 여성야업금지조약은 종업원 10명이하의 기업과 가족종업원만의 경우를 제외하고, 공업에 있어서의 여성의 야업(야간근무)을 금지한다는 것이다. 단지, 불가항력의 경우와 일정한 계절산업의 경우는 적용을 제외한다. 여기서는 말하는 야업(야간근무)이라함은 밤 10시부터 이튿날 아침 5시까지의 사이에 있어서의 계속 11시간을 말한다.

국제노동입법회의 총회는, 그 후에도, 1908년 루체른, 1910년 루가노, 1912년 취리히에서 회합을 거듭했다. 루가노총회에서는, 1903년과 1906년의 베른회의와 같은 모양의 방식으로, 새로운 국제조약 작성을 위하여, 1913년에 예비적인 기술회의를, 다음해 14년에 외교회의를 개최하기로 결정했다. 전번과 마찬가지로 베른회의에서 열린 기술회의에는, 전번에 참가한 15개국 외에 불가리아도 참석했다.

이 회의에서는 청소년의 야업금지와 여성과 연소자에 대한 노동시간의 두의제에 대하여 심의한 결과, 각각 모두에 관한 조약안을 채택했다. 연소자의 야업에 대해서는 16세 미만은 일반적인 금지, 14세 미만은 전면적으로 금지하게 하고, 종업원 10명 이상인 모든 기업에 적용되는 것으로 했다. 단지, 가족종업원 만을 사용하는 경우는 제외되었다. 또, 16세미만의 연소자와 여성노동자의 1일 노동시간은 16시간을 한도로 했다. 1주 60시간이라는 결정방법도 할 수 있으나, 그러한 경우, 1일에 따라 10시간 반을 초과하는 날이 없어야 하는 것으로 했다.

이 두 조약안은, 다음해인 1914년 9월의 외교회의에서 최종적으로 채택될 예정이었다. 그러나 유감스럽게도, 제1차 세계대전의 발발로 인해 회의는 개최불능이 되고, 조약은 빛을 보지 못하게 되었다. 이렇게 해서, 대망의 본격적인 국제조약의 실현은, 제1차 대전 후의 ILO탄생까지 기다리지 않을 수 없게 되었다.

## 제4항 勞動組合의 國際活動

국제노동입법을 바라보는 운동의 발전은, 사회주의 운동가와 노동조합의 국제조직에 기대하는 바가 컸다고 하는 것은 이미 잘 알려져 있는 사실이다. 이들의 국제조직과 ILO와의 관계는 ILO와 국제노동입법협회와의 관계만치 밀접한 것이라고는 할 수 없을지 모른다. 그러나 19세기 후반, 사회개량을 요구한 이들의 국제조직과, 세론형성에 큰 영향을 주게 되었다는 것을 무시할 수는 없다. 후에 사회주의자와 노동조합회의의 국제회의가 기초한 노동헌장 내용의 대부분은, 최종적으로는 파리 평화조약 제13편(ILO헌장)에 들어가게 된 것이다.

### (1) 노동조합의 發芽와 그 성립

산업혁명의 초기 발아에는, 자유경쟁의 원칙이 지배적이어서, 경제 · 사회관계에 있어서의 평등한 권리보장, 평등한 대우의 촉진이 국책(國策)으로 되었다. 그 결과 ① 노동자는 길드의 구속 없이 자유로이 직업을 선택할 수 있게 되고, 노동의 자유를 얻게 되었다는 것과, 나아가서 ② 강제노동이나 노예제의 폐지로 인해, 당사자 간의 자유로운 합의가 인정되고, 계약의 자유를 얻게 되었다는 것, 그리고 ③ 개인의 자유로운 소유권의 승인에 따라 특정한 계급이나 신분을 가진 자가 가지고 있었던 낡은 특권이 폐지되었다고 하는 상황이었다. 당시의 국책으로 말하면, 노동자의 단결, 노동조합의 결성이나 활동은, 직업을 방해하는 위험한 공동모의(共同謀議)로 보게 되었고, 그것이 중벌의 대상이 되었다. 영국에서는 18세기 말부터 19세기에 걸쳐, 몇 가지의 단결금지령이 제정되었는데, 임금인상이나 노동시간 변경의 획득, 또는 타인의 취업방해를 위하여 노동자나 기타의 자가 합의하는 것은 모두 위법으로 되어 있었다. 위반자는 약식절차로 기소되고, 3개월간 투옥되었다. 이것은 영국에만 국한하지 않고 유럽대륙으로 파급되었다.

미국도 마찬가지로, 재판소(법원)가 단결문제를 처리하는데 있어서는, 영국의 공동모의(共同謀議: 공모죄)원리를 기초로 하고 있었다. 1906년 필라델피아의 어떤 판사가 배심원을 향해서, 단결의 문제에 관한 당시의 경제를 설명하고, 다음과 같이 말하고 있었다는 사실을 봐서라도 그것을 알 수 있다. 「임금인상을 목적으로 하는 노동자의 합의는, 두 가지 관점에서 생각할 수 있다. 결국, 이러한 노동자들은 자기들만의 이익을 쟁취하려고 하고 있거나, 혹은 자기들의 노동조합에 가입하지 않고 있는 노동자에게 압력을 넣는다는 것을 목적으로 하고 있는 것 중 어느 한쪽일 것이다. 그래서 어느 쪽의 경우라 하더라도 이러한 합의는 위법인 것이다.」라고 말한 바 있다.

그 후, 산업혁명의 진전에 따라서 사회체제의 큰 변화가 생기고, 노동자는 착취의 대상이 되었고, 앞에서 말한 (前記) ①~③ 의 자유는 잃어버리게 되었다. 그래서 엄격한 탄압에도 불구하고 각종의 노동자 단체가 활동을 계속했고, 마침내 당국도 노동조합을 합법화하는 편이 이(理)치에 맞는 것으로 생각하게 되어, 그간의 생각(사고)을 180도 전환했다.

영국의 1871년의 노동조합법에서는 「어떠한 노동조합도, 단지 그 목적이 직업의 구속에 있다는 이유에서 위법이라고 보아서는 안 된다.」고 규정했다. 프랑스에서는 1884년에 노동조합이 합법화되었고, 독일, 오스트리아, 네덜란드, 이탈리아에서도 그러한 움직임이 파급되어갔다. 1886년에는 미국에서도 AFL(미국노동조합총연맹)이 결성되었다. 이렇게 해서 점차 노동조합의 합법화가 이루어지고, 노사단체의 승인과 스트권(파업권)의 승인이 실현되어, 공권력으로부터 시민(사용자, 노동자)이 해방되게 되었다.

이러한 상황 하에서, 각국의 노동조합은 노동시간단축이나 임금인상 등의 노동조건향상을 요구하고, 개별적으로 운동을 추진해 나갔으나, 항상 큰 장애를 맞이해야 했다. 사용자 측은 타국의 동업자가 같은 일을 하지 않는 한, 자기의 공장의 노동자선은, 생산코스트를 높이고, 제품의 가격을 상승시킨다. 그렇게 되면, 타국(외국)의 상품과 경쟁을 해야 하고 세계시장에서 잘 판매되지 않는 위험이 따르게 된다. 그렇기 때문에 취할 수 있는 유효한 조치는 국제적인 조치를 취해야 하는 것이다. 그래서 노동조합 측에서도, 저절로 국제적 조치를 중시하게 되고, 노조자체의 성장에 따라서, 그것이 가속화되어 갔다.

### (2) 國際勞動組合運動

국제노동조합운동의 역사는, 1864년까지 거슬러 올라간다. 그 해 런던에서는, 유럽과 미국의 노동자들이 그들의 단결을 목적으로 하는 국제노동자협회(제1인터내셔널)가 결성되었다. 이 협회는 1866년에 제네바에서 제1차 회의를 개최하고, 중요한 원칙에 관한 일련의 결의를 채택했다.

이것은 그 후에, 국제조약이나 국내입법제도 내에 들어가게 된 것이다. 이 원칙 가운데에는, 1일의 표준노동시간의 규제, 야업의 금지, 9~13세의 아동노동의 취업금지, 연소아동(年少兒童)의 노동시간의 규제, 여성의 야업금지, 건강에 위험한 작업의 금지, 등이 포함되어 있었다. 이 회의는 최후에 각국정부에 대하여, 국제적인 노동자보호를 위한 조치를 취하도록 요구했다.

그 후, 동협회는 1867년에 로잔, 68년에 브뤼셀, 69년에 바젤, 71년에 런던, 72년에는 헤이그에서 회합을 거듭해왔으나, 최후의 회의에서 아나키스트(무정부주의자)의 그룹이 제명되는 바람에 분열을 가져왔고, 이로 인해 붕괴의 쓰라림을 맛보게 되었다.

소위 말하는 제2인터내셔널은, 1889년 파리에서 결성되어 20개국으로부터, 노동조합 · 사회주의운동가 · 아나키스트단체 등이 참가했고, 거기에는 그들을 대표하는 400명 정도의 대표가 참석했다. 또 14세 미만 아동의 취로 금지, 일반적인 야업금지, 1일 8시간 노동제, 주휴제, 최저임금, 공장감독 제도에 관한 활동계획이 검토되었다.

양(두)인터내셔널 전체의 노동조합도 전체의 일부에 지나지 않았으나, 1898년에는 겨우 노동조합만으로 조직되는 국제노동조합연맹이 탄생되었다. 이 연맹은 정기적으로 회합을 가지고, 노동조건의 개선을 위한 구체적인 계획을 검토했다. 국제적인 산업별 노동조합이 결성되고, 각각 그들의 산업에 특유한 노동문제를 검토하게 된 것은 이 무렵이었다. 국제광산노련(1890년에 창립), 국제운수노련(1893년), 국제금속노련(1900년) 등이 그러한 조직들이다.

그 후, 각국의 노동조합의 전국대회나 국제회의에서는 종종, 노동조건이 국제적인 규제가 거론되었으나, ILO의 창립에 가장 직접적으로 영향을 주게 된 것은, 1919년 2월, 베른에서 열린 국제사회주의자 회의와 국제노동조합회의였다. 양(두)회의는, 거의 동시에 개최되어, 파리 평화회의에서 검토된 바있는 ILO헌장의 강령(綱領)과 같은 글(同文)을 채택했다. 그 요지는 다음과 같다. 그것이 그 후에, ILO조약 · 권고의 주제가 된 것이다.

ⓐ 공업에 있어서의 최저취로연령은 15세로 한다. 15~18세의 연소자의 1일 노동시간은 6시간으로 하고, 야간과 일요일의 노동, 위험한 작업과 갱내 노동은 금지한다.

ⓑ 여성은 야업(야간근무), 위험작업, 갱내노동을 금지한다.

ⓒ 노동시간은 1일 8시간, 1주 48시간으로 하고, 주휴는 적어도 36시간, 토요일은 반휴일로 하고, 일요노동의 경우는 대휴(代休)를 부여한다.

ⓓ 노동자는 단결권을 가지며, 단결권을 제한하는 법률은 폐지한다.

ⓔ 모든 노동자에 대하여 업무재해 보험을 적용한다.

ⓕ 해원의 보호를 위하여 특별한 노동법전을 제정한다.

### 제5항 러시아革命의 影響

이상과 같이 ILO전사(前史)를 요약하면, ① 국제적인 노동자보호의 제창, ② 공정노동기준에 따른 공정무역의 촉진, ③ 노동조합 측의 요구로 정리할 수 있지만, 이 외에 전시중의 교전국에 있어서의 정노사 3자의 관계변화와 러시아 혁명의 영향이라고 하는 두 가지 점에 주목하지 않으면 안 될 것 같다.

1914년에서 18년의 전시 중에, 교전국의 정노사 3자간의 관계에는 큰 변화가 생겼다. 전쟁이 노사단체를 정부와 한층 더 밀접한 관계로 끌어들였다는 것이다. 교전국은, 전쟁을 위하여 군수품의 생산과 필수품의 공급이 필요하게 되었고, 그 때문에 산업재편을 하지 않을 수 없게 되었다. 그래서 정부는, 정부 · 사용자 · 노동자의 3자의 관계가 중요하다는 것을 인식하고, 노사단체와의 협의가 불가결하다고 생각하게 되었다. 교전국의 정부는 국책(國策)에 협력하는 노사단체의 견해를 호의적으로 배려하려고 한 것이다. 그래서 파리의 평화회의에서도, 노사단체, 특히 노동조합 측의 요구는 호의적으로 받아들여졌고, 국제노동입법위원회(후술)에서는 위원장으로 사무엘 · 곰파스(AFL)가 선출되었던 것이다.

그리고 러시아혁명의 영향이 큰 1917년 10월의 러시아 혁명은, 세계에 큰 영향을 주었다. 제정(帝政)러시아 각지에서 폭동이 일어나고 사회불안이 높아졌다. 전승국인 영국, 프랑스, 이탈리아에서도, 점차 노동조합운동이 과격해지면서, 정치정세는 불온한 조짐을 보이기 시작했다. 비교적 안정되고 화평한 민주국가로 자처했던 네덜란드와 스위스에서도 이와 같은 영향을 걱정할 정도가 되었다.

이와 같이 절박한 상황 하에서, 본래는 패전국을 재제하고, 배상 · 군사 등을 처리해야 할 평화조약 가운데, 노동시간이 포함되게 된 것은 위에서 말한 사정이 있었기 때문이다. ILO는 국제정부기관이면서도, 정부뿐만 아니라, 민간대표(노사대표)에게도 대표권을 주고 있다. 이와 같은 대담한 발상이 실현된 배경에는, 바로 러시아 혁명의 영향이 있었을 것으로 보고 있다.

## 제2절 ILO의 創立과 目的

### 제1항 파리平和會議와 國際勞動立法委員會

제1차 대전의 처리를 위한 파리평화회의는 1919년 1월 31일에 다음의 9개국 15명으로 구성된 국제노동입법위원회의 설치를 결정하고, 「국제적 견지에서 고용의 제 조건을 조사하고, 고용에 영향을 미치는 제 문제에 대하여 공동행동을 취하기 위하여 필요한 국제적 절차를 심의하고, 국제연맹과 협력해서, 그 지도하에, 관계되는 조사와 심의를 속행하는 상설기관의 형식을 권고할 것」을 요구했다.

위원회는, 2월 1일부터 3월 24일까지 35회나 회합한 거듭한 결과, 국제노동입법의 상설기관에 관한 조약안을 내용으로 하는 제1부와 노동조항에 관한 제2부로 된 보고서를 채택했다. 이 보고서는, 4월의 에배평화회의에서 채택된 후, 최종적으로는 6월 28일에 조인된 베르사유 평화조약의 제13편 「노동」으로 확정되었는데 1818년의 엑스라샤펠에서의 건의 이래 100년 만에 ILO의 탄생을 보게 된 것이다.

2월 1일의 개회식에서 코리알(프랑스 노동장관)은 개회인사에서 「우리들의 일은, 경제계에 있어서의 민주주의 사상을 확립하는 일이고, 또 인간의 노동의 존엄과 자유를 국제조약에 따라 보장하고, 거기에 따라 평화조약의 의의를 완성하는데 있다」고 말한 뒤, 위원회의 위원장에 「세계 최대의 노동조합의 회장이며, 생애를 노동자의 이익과 사회정의를 위한 투쟁에 바쳐온」 곰파스 AFL 회장을 추천했다. 그는 위원장취임인사에서 「세계는 지금도 재건의 도상에 있다. 이러한 시기에, 군국주의와 전제주의의 격파에 공헌하라는 것은 큰 특권인 것이다. 위원회가 인류의 행복을 위하여 진실로 기여하게 된다는 것은 전 세계에 걸친 감사의 표적이 될 것」이라고 말했다.

위원회는 영국이 제안한 초안을 기초로 해서 축조심의를 하게 되었다. 이것은 「노동조건의 국제규제를 촉진하기 위한 상설기구를 만드는 조약안」이라는 제목으로 된 것인데, 전문(前文) 제1장(機構) · 제2장(節次) · 제3장(일반규정)으로 되어있고, 모두 38조나 된다.

축조심의에서 특히 문제가 되었던 점을 살펴보자. 먼저 전문(前文)의 첫 부분이 문제가 되었다. 원안에서는 「국제연맹은 세계평화의 확립을 목적으로, 그리고 이러한 평화는 각국의 모든 계급의 번영 및 만족을 기초로 하는 경우에 있어서만 이것을 확립할 수 있기 때문에」로 되어 있었다. 이 안에 있는 「모든 계급의 번영 및 만족을 기초로 하는」부분에 대하여 곰파스가 이론을 내 놓았다. 그는 노동자의 만족을 목표로 해서는 안 된다. 만족을 요구하게 되면 구극(究極)되는 곳이 없다. 설령, 진보라던가 산업정의(産業正義)의 확보를 목적으로 해야 한다고 주장했다. 이 발언이 노동조합 지도자로부터 나왔다는 것은 큰 인상을 주게 되었다. 벨기에의 반다벨드는 여기에 찬동하면서 「사회정의」라는 말을 제안했고, 「세계의 항구평화는, 사회정의를 기초로 하는 경우에 있어서만, 이것을 확립할 수가 있다.」고 하는 명문(名文)을 남기게 되었다.

國際勞動立法委員會 委員

미 국: 사무엘 곰파스[AFL(미국노총)會長]
A · N 하레 (船舶局總裁)
대리–H · M 로빈슨 J · T 쇼트웰박사(콜롬비아大學敎授)

영 국: 죠지 · 반스(勞動長官)
사 말콤 데레비뉴(내무차관보)
프랑스: 고리알(노동장관, 루슈루(산업부흥장관)
대리 아루젤 후온덴(노동국장)
레온 쥬오(노동총동맹 CGT사무국장)

이탈리아: 마요루 데스 후랑게스남작(男爵)(大使人民局總裁)
가푸리니(최고노동평의회 부의장)

일 본: 오지아니겐다로(落合謙太郞)(주네덜란드공사)
오가미노루(岡實)(전 농상무성 상공국장)

벨기에: E · 반다벨드(사법장관) 마하임(리에쥬대학교수)
대리 라후온덴(상원위원)

폴란드: 소로도우스키백작(伯爵)(폴란드 전국위원회 위원)
후에 스티니스라스 · 파데그(대심원고문)로 바뀜
대리 후란소아 · 소가루(노동국장)

체코슬로바키아: 베네시(외무장관), 후에 루도르프 · 베네슈로 바뀜

### (1) 三者構成

문제가 된 것은, 총회에 출석하는 대표수의 배분이었다. 영국 안에서는, 정노사 각 1명으로 하고, 투표권은 정부 2, 노사 각 1로 되어 있었다. 여

기에 대하여, 반대벨드는 정부대표를 2명으로 하는 수정안을 제안했다. 민간(노사)대표가 2명일 것 같으면, 정부도 2명으로 하는 것이 좋다. 정부와 노사를 동수로 하게 됨으로써 소비자 전체와 생산자 전체가 균형을 갖게 된다. 정부는, 조약이 채택되었을 경우, 이것을 의회에 제출해서 찬성을 요구할 의무가 있기 때문에 그 책임상 2표를 줘야만 한다고 주장했던 것이다.

이에 대하여, 곰파스는 정부를 중시하는데 반대했다. 그 이유는 다음과 같은 것이었다. 총회에서, 정부에 거부권을 줄 필요는 없다. 또, 소비자와 생산자와의 구분은 늘 확실치가 않고 국민은 노동과 자본으로 분류된다. 노사는 생산자이며, 동시에 소비자인 것이다.

노동문제를 논의하는 것은 노사여야만 한다. 총회에서노동자의 신임을 얻으려고 생각한다면, 노동자가 정부 및 사용자와 동일한 권리를 갖는 것으로 해야 한다. 프랑스의 그리아르는 이러한 주장에 찬성하면서 정부대표도 1인 1표로 하는 것이 좋다고 주장했다.

항라베르트, 곰파스의 두 제안을 둘러싸고는, 그 후에도 논의가 거듭되었으나, 채택에 있어서는 전자의 안이 채택되었는데, 「총회는 각 가맹국에서 참석하는 4명의 대표로 구성하되, 그 중 두 사람(2명)은 정부의 대표로 하고, 다른 2명은 각각 사용자 및 노동자의 대표로 한다.」고 결정했다. 이 원칙은 오늘에 이르기까지 ILO헌장 속에 보존되고 있어, 정노사의 구성과 조화를 이루고 있다. 거기다가, 이사회(理事會)의 구성도 이와 같은 비율로 채택되고 있어 현재의 이사회는 정부이사 28명, 노사이사 각 14명, 모두 56명으로 구성되어 있다.

### (2) 條約의 國際提出

영국안(案)에서, 「가맹국은, 총회에서 3분의 2의 다수로 채택된 조약이 입법부에서 승인되지 않았을 경우(불승인)를 제외하고는, 총회의 종료 후 1년 이내에, 조약의 정식비준을 국제연맹사무총장에게 통고하고, 조약을 실시하기 위하여 필요한 조치를 취할 것을 약속한다.」고 규정하고 있다.

ILO는 초국가기관이 아니고, 그 조약이 곧 가맹국을 구속하는 것 같은 국제적 입법부(國際的 立法部)는, 시기상조였다. 그러나 국제노동입법의 진전을 위해서는, 각국의 입법부에 조약에 관한 의견표명의 기회를 주는 것이 중요하다고 봐서, 1년 이내에 그것을 국회에 제출할 수 있도록 한 것이다.

이에 대하여, 이탈리아는 「총회에 참가하는 나라는, 총회에서 3분의 2의 다수를 얻어, 승인된 조약을 1년 이내에 실행할 의무가 있는 것으로 하고, 이의(異議)가 있는 경우는, 국제연맹이사회에 제소할 권리가 있다. 이사회는 총회의 재심의를 명할 수 있다.」는 수정안을 제출했다. 여기에는 반대가 많았고, 각국의 경제 상황이 크게 서로 다르기 때문에, 일률적으로 이와 같은 구속을 가한다는 것은 무리라고 했다. 이에 반대하는 그룹은, 벨기에, 영국, 미국, 쿠바, 일본 등이었다.

또, 미국은 상원과 하원, 연방법과 주법의 특수한 관계를 이유로 해서 영국의 초안을 받아들이게 된다면 헌법위반이 될 수 있다고 주장하고, 특수한 상황 하에서는 실질상, 본조(本條)의 규정에 첨가하기 위하여 최선의 노력을 해야 할 의무가 있는 것으로 이해된다.」고 하는 한 항목을 추가하도록 제안했다. 이것은 특수한 사정이 있는 나라에는, 특별한 배려가 필요하다는 것을 의미하는 것이다.

그런데, 여기에 대해서는 반발이 많아서, 수일동안 격론이 거듭되었다. 최종적으로 이 수정안은 부결되고, 영국의 제안이 채택되었다. 그런데, 국회(권한있는 기관)에의 제출기한을 원칙은 1년 이내로 하는 항(項)은 일본의 제안으로 예외적으로 18개월 이내로 연장되었다. 이것은 원격지를 위하여 자료의 입수나 통신사정 등으로 인해 시간을 요한다는 것이 그 이유였다.

### (3) 勞動條件

영국의 초안은, 상설기관의 창설에 대하여 상세히 규정하고 있었으나,

노동자 보호에 관한 실질적인 규정은 포함되어 있지 않았다. 그 때문에 평화조약 자체 내에, 노동에 관한 일반원칙을 삽입해야 한다는 의견이 나오게 되었다. 2월 4일의 제2회 회합에서 곰파스가 제안한 것을 시작으로 영국, 프랑스, 이탈리아, 벨기에의 제안에 이어 5개국으로부터 19개의 제안이 나오게 되었다.

이들 제안은, 서 마루감을 위원장으로하는 소위원회에서 정리되었는데 그 중에서 9건이 선택되고, 그것이 평화조약에 삽입되게 되었다. 평화회의에 제출된 국제노동입법위원회의 보고서는, 이에 대하여 다음과 같이 말하고 있다.「위원회 결론의 제2부는, 노동계에서 가장 중요한 사항에 관한 선언을 포함한 조항의 형식을 취하고 있다. 위원회의 개회석상에서, 제국대표들은 평화조약에 이러한 선언을 삽입하고, 이에 따라 지금이나 세계대전까지의 심각한 시대가 끝나고, 보다 좋은 사회질서가 시작되고, 새로운 문명이 태어난다는 것을 고하게 될 필요성을 인정하는 일에 일치했다.」고 선언했다. 이렇게 해서 삽입된 9개 항목은 다음과 같다.

(a) 노동은 단순히 화물(貨物) 또는 상품(商品)으로서 취급되어서는 안된다고 하는 기본원칙.

(b) 사용자를 비롯해서 노동자가, 모든 적법한 목적을 위하여 결사(結社)할 권리.

(c) 그때, 그 나라에서 상당(相當)하다고 인정되는 생활정도를 유지하는데 족(足)한 임금을 피용자에게 지불한다.

(d) 1일 8시간 또는 1주 48시간을 달성하지 못하고 있는 곳에서는, 이것을 도달의 목표로 해서 채택한다.

(e) 적어도 24시간의 주휴제를 채택하고, 실행 가능한 경우에는 일요일을 포함한다.

(f) 아동노동을 폐지해서 교육의 유지를 가능하게 하고, 정상적인 신체적 발달을 확보할 수 있도록 하기 위하여, 연소자의 노동에 제한을 둔다.

(g) 동일가치의 노동에 대한 남녀노동자의 동일보수의 원칙.

(h) 각국의 노동조건에 관한 경정의 표준은, 그 나라에 적법하게 거주하는 모든 노동자에 대하여 공평한 경제적 취급을 확보한다.

(i) 각국은 피용자의 보호를 목적으로 하는 법령의 실시를 확보하기 위하여, 여성이 참가해야 하는 감독제도를 설정한다.

### (4) 워싱턴總會

제1회 ILO총회는 미국을 호스트국으로 해서, 1919년 10월에 워싱턴에서 개최하기로 결정되었는데, 총회의 구체적인 내용은 미국, 영국, 프랑스, 이탈리아, 일본, 벨기에, 스위스의 7개국 대표로 구성된 국제준비위원회에서 검토하기로 했다. 그리고 의제를 검토하게 되었는데, 영국은 ① 1일8시간 또는 1주 48시간의 원칙, ② 실업의 예방과 구제, ③ 산전산후·야간·건강에 해로운 작업에 관한, 여성의 고용의 3항목을 제안했다.

노동시간에 대해서는 1일 8시간 1주 48시간을 「최장한도」로 특정하려고 하는 미국안(美國案)이 아니고, 총회에는 되도록 자유의 여지를 남겨야 한다고 해서 영국안(英國案)이 지지되었다. 1일8시간, 1주 48시간은 어디까지나 원칙이고, 노사간의 단체교섭으로 결정해야 한다고 하는 생각이 채택된 것이다.

실업문제에 대해서는 노동자의 노동권을 인정해서 실업중의 생활수단을 보장할 것인지, 또는 실업의 예방에 관한 규정만을 논의할 것인지가 문제시 되었다. 그 결과, 이 의제에는 실업의 예방과 구제의 양자를 포함하게 되었다.

또, 여성노동의 문제에 대해서는, 영국대표로부터 여론(世論) 및 여성단체의 주장을 받아들여야 한다는 설명이 있어, 이중에 산전산후, 야업, 건강에 해로운 작업의 3가지를 포함하도록 했다. 또, 상기(위)의 ①~③ 의 영국안이 의제로 채택된 후, 미국은 연소자 고용을 제안했다. 이에 대해서는 특정한 연령을 들지 않고, 일반적 형식을 취하는 것이 좋다는데 합의했다. 여기에는 야업과, 건강에 해로운 작업도 추가되게 되었다.

최후에, 벨기에 대표로부터, 베른조약의 적용문제가 제안되었다. 1906년의 베른조약 (황린(黃燐) 성냥금지와 여성야업금지)는 14개국의 조인하고, 15개국 이상이 법률로 채택했으나, 대전(大戰)으로 소멸된 나라도 있고, 또 새로이 생겨난 나라도 있다는데서 베른조약의 승인을 새롭게 하는 데는 의의가 있다고 하는 주장이 있었다. 이에 대해서는 이렇다 할 논의 없이 채택되었다.

이렇게 해서 워싱턴에서 열린 제1회 ILO총회는, 다음과 같이 다섯 가지 과제를 심의하게 되었다.

제1의제: 1일 8시간 또는 1주 48시간의 원칙적용

제2의제: 실업에 대한 예방 또는 구제

제3의제: 여성사용의 건

(a) 산전산후, 모성급부를 포함

(b) 야업

(c) 건강에 해로운 작업

제4의제: 아동사용의 건

(a) 최저 취로 연령

(b) 건강에 해로운 작업

제5의제: 1906년 베른조약(여성야업금지 · 황린사용금지)의 확장 및 적용

## 제2항 ILO의 目的

### (1) 憲章前文에서 明記

ILO의 목적은, 헌장의 전문에 명기되어 있다(참고자료편 참조). 파리평화회의에서 ILO의 창립을 정식으로 결정한 국제문서는, 평화조약 안에 있는 제 13편의 노동(제387조에서 427조까지)이었다. 이것이 ILO헌장으로 불리게 된 것은, 1934년 9월의 일인데, 설립 당초 ILO사무국은 이사회의 승인을 얻어, 제13편에 있는 노동을 「헌장」이라고 부르고 있었는데, 이것은 편의

적인 것이었지 정식으로 부르게 된 것은 아니었다.

그리고 「ILO헌장」이라는 표현이 정식으로 인정되게 된 것은, 1945년의 제27회 총회였다. 그리고 다음해인 1946년의 제29회 총회에서는, 다소의 표현을 고친 헌장개정문서가 채택되었는데, 그것이 현행헌장으로 되어있다.

헌장은 전문(전문)에서 「세계의 영속적인 평화는 사회정의를 기초로 해서만 확립할 수가 있다.」는 전제하에서, 「세계평화 및 협조가 위협을 받게 될 정도로 큰 사회불안을 일으킬 정도의 부정, 인고(因苦) 및 궁핍을 다수의 인민에게 가져다주게 될 노동조건이 존재」한다는 것을 지적하고 있다.

그래서 「어떠한 나라가 인도적인 노동조건을 채택하지 않는 것은, 타국에 있어서의 노동조건의 개선을 희망하는 다른 나라에 장해가 된다.」그래서 노동조건의 개선이 급선무이기 때문에, 다음의 구체적인 사항을 열거하고 있는 것이다.

(a) 1일, 1주의 최장 노동시간의 설정을 포함한 노동시간의 규제
(b) 노동력 공급의 조건
(c) 실업의 방지
(d) 타당한 생활임급의 지급
(e) 고용으로부터 발생하는 질병 · 질환 · 부상에 대한 노동자의 보호
(f) 아동 · 연소자 · 여성의 보호
(g) 노령 · 질병에 대한 급부
(h) 외국에서 사용되는 경우의 노동자의 이익보호
(i) 동일가치의 노동에 대한 동일보수의 원칙의 승인
(j) 직업적 · 기술적 교육의 조직, 기타의 조치

### (2) 필라델피아 宣言에서 再確認

1944년, 미국 필아델피아에서 개최된 제26회 총회는, ILO의 목적에 관한 선언(소위 말하는 필라델피아 선언)을 채택하고 있다. ILO창립이래의 경험

과 교훈에 비추어서, 제2차 세계대전 후의 새로운 세계에 대답하기 위해서는 헌장에 있는 목적과 원칙을 확장해야 할 필요가 있다고 인정했기 때문이다.

선언에서는 먼저, ILO의 기초가 되고 있는 근본원칙으로써, 다음과 같은 4(네)가지 점을 재확인했다.

(a) 노동은 상품이 아니다.

(b) 표현과 결사의 자유는 부단한 진보를 위하여 없어서는 안된다.

(c) 세계의 어느 곳에서도 빈곤이 있다면, 그것은 전체의 번영을 위협한다.

(d) 결핍에 대한 싸움은...(약)...노동자 및 사용자의 대표자가, 정부의 대표와 동등한 지위에서 수행한다.

그리고 선언은「영속하는 평화는, 사회정의를 기초로 해서만 확립할 수 있다.」고 하는 ILO헌장 선언의 진실성이 충분히 증명되고 있다는 것을 믿고, ILO가 추구해야 할 근본 목적을 다음과 같이 확인하고 있다.

(a) 모든 인간은 인종, 신조, 또는 성에 관계없이 자유와 존엄, 경제적 보장과 기회균등의 조건에 있어서, 물질적 복지와 정신적 발전을 추구할 권리를 갖는다.

(b) 이러한 것을 가능하게 하는 상태의 실현은, 국가 및 국제정책의 중심 목적이 되지 않으면 안 된다.

(c) 이 근본 목적에 비추어서 경제적 · 재정적인 국제정책과 조치를 모두 검토하고, 심의하는 것은 ILO의 책임인 것이다.

선언은 또, 다음과 같은 사항을 달성하기 위한 계획을 세계의 제국간에서 촉진하는 것을 ILO의 엄숙한 의무라고 정하고 있다.

(a) 완전고용과 생활수준의 향상

(b) 노동자가 숙련과 기능을 최대한으로 제공해서 만족할 수 있고, 일반의 복지에 최대의 공헌을 할 수 있는 직업에의 공헌

(c) 훈련을 위한 편의, 고용과 정주를 목적으로 하는 이민을 포함한 노동

자의 이동을 위한 편의의 제공

(d) 임금, 소득, 노동시간, 기타의 노동조건에 관한 개혁을 통해, 모든 사람들에게 진보의 성과에 대한 공정한 배분을 보장하고, 최저 생활 임금에 의한 보호를 필요로 하는 모든 피용자에게 이 임금의 보장을 의도할 것

(e) 단체교섭권의 실효적인 승인, 생산능율의 부단한 개선에 관한 경영과 노동의 협력, 경제적, 사회적 조치의 준비와 적용에 관한 노동자와 사용자의 협력.

(f) 보호할 필요가 있는 모든 자에게 기본수익을 부여하고, 광범위한 의료급부를 제공해서, 사회보장조치를 확장할 것.

(g) 모든 직업에 있어서의 노동자의 생명과 건강의 충분한 보호.

(h) 아동의 복지와 모성보호를 위한 조치.

(i) 충분한 영양, 주거, 레크리에이션, 문화시설의 제공.

(j) 교육과 직업에 있어서의 기회균등의 보호.

선언은 마지막으로, 여기에서 언급한 원칙은, 전 세계의 모든 국민에게 충분히 적용할 수 있는 것이고, 그것을 어떻게 적용하는지는 사회적, 경제적 발달의 단계를 충분히 고려해서 결정해야 한다고 하고 있다.

## 제3절 전전(戰前)의 ILO活動

### 제1항 國際勞動立法

1919년의 제1회 총회(워싱턴)를 시작으로, 1944년의 제26회까지의 4반세기동안 67조약(협약), 73권고가 채택되었다. 그 동안 취급하게 된 사항은, 고용, 실업, 최저 취로연령, 노동시간, 주휴, 휴가, 야업, 임금, 사회보장 등 여러 가지 문제들이었다. 농업, 해상노동, 이민 등 특수한 부문의 노동자에 관한 것도 많았다.

제1회 워싱턴 총회는, 40개국이 참가해서 10월 29일부터 11월 29일까

지 개최되었는데 노동시간이 문제인 1호 조약 등 6조약, 실업관계인 1호 권고 등 6권고를 채택했다. 그러나 최종일에는, 폐회가 되지 않고, 무기한의 휴회(adjourn)라 하는 절차를 취해가면서 정식폐회는 다음인 1920년 1월 29일로 이월해야만 하는 이례적인 회의였다. 왜냐하면, 당시 국제연맹은 아직 정식으로는 성립되지 않고 있었기 때문에, ILO의 총회도 당연히 정식인 것으로는 되지 않고, 모체인 국제연맹의 정식 발족을 기다렸던 것이다. 국제연맹이 1920년 1월 10일에 정식으로 성립된 것을 확인 하고 나서야, ILO이사회는 1월 27일, 워싱턴총회의 정식폐회를 선언했던 것이다.

설립된 후, 수년 사이에, ILO조약과 권고의 수는 급속히 늘어났다. 1926년까지 50을 초과했다. 그러나 모처럼 만들어진 조약 · 권고와 관련해서 많은 정보를 ILO사무국에 제출해야 했다. 이 정보 · 보고는 점차 수가 늘어나서, 사무국만으로는 처리를 할 수 없게 되었고, 그 후에, 법률적인 예비심사는 「조약」권고 적용전문가위원회(專門家委員會)」에서 하고, 그 결과를 총회의 회기마다, 정노사 3자로 구성되는 총회의 조약권고적용위원회(기준적용위원회)에서, 재차 검토하는 절차를 취하도록 했다.

### 제2항 技術協力의 端緖

조약」권고의 수가 늘어남에 따라, 가맹국은, 비준하려고하는 조약규정에 대한 명확한 해석을 사무국에 요구할 수 있게 되었고, 사무국은 그때까지 축적된 지식과 경험을 바탕으로 해서, 필요한 견해나 조언을 제공하게 되었다.

당초에는 문서의 왕복으로 그것이 이루어지고 있었으나, 1936년대에는, 가맹국을 방문해서 실정을 조사하고, 그 나라가 집행하려고 하는 조치에 대해 조언하는 사절단(使節團)의 파견이 요구되었다.

ILO직원에 의한 이와 같은 사절단은, 먼저 1930년에 그리스와 루마니아에 파견되어, 노동재해, 노령, 실업 등 사회보험제도의 창설에 대하여 조언 서비스를 했다. 그 후에도, 제2차 대전으로 인한 업무축소의 시기까지 다음과 같은 사절단이 파견되었다.

1931년(중화민국 · 공장감독제도)

1932년(이집트 · 노동주무관청설치)

1934년(쿠바 · 공제조합조직과 노동주무관청실시)

1936년(미국 · 신사회보장법 실시에 따른 기술적 문제, 볼리비아 · 노동법령의 기초와 노동주무관청 설치)

1937년(모로코 · 협동조합조직)

1938년(캐나다 · 실업보험, 베네수엘라 · 노동입법사회보장, 이민)

1939년(에콰도르 · 사회보장, 이집트 · 노동보건, 터키 · 사회보험, 영국 · 노동재해보상)

제2차 대전이 격해지고, ILO가 제네바에서 캐나다의 몬트리올로 옮기고부터는, 파견선(派遣先)이, 대부분 미주제국이 되었다.

1940년(볼리비아 · 사회보장)

1941년(칠레 · 사회보장)

1942년(영국 · 비바리치의 요청에 따른 사회보험법제와 그 운영, 멕시코 · 보험수리(保險數理))

1943년(캐나다 · 사회보장, 베네수엘라 · 사회보장)

1944년(하이치 · 사회보장)

1945년(인도 · 사회보장)

### 제3항 戰爭을 피해서 캐나다로

1930년대 말기, 세계는 다시 전쟁에 돌입했다. ILO는 1939년의 제25총회를 마지막으로 총회개최가 불가능하게 되고, 활동 전체를 대폭 축소할 수밖에 없었다.

당시의 사무총장(제3대 존 · G, 와이난드, 그 후에 미국의 주영대사)는 개인적인 친구(友人)인 캐나다수상의 협력을 얻어서, ILO사무국을 몬트리올의 맛구틸대학의 교사의 일부를 빌려 이전할 수 있었다. 제네바 본부의 주력직원들은 대부분 캐니다로 이동했으나, 소수의 간부직원은 제네바에서 계속 일을 했다.

총회의 개최는 불가능하게 되었지만, 전화를 피해서 캐나다에 온 사무국은 가능한 한 활동을 계속했다. 주목되는 것은 「국제노동법전(國際勞動法典 · 1939년 판)」의 출판인 것이다. 이 책은 1919년의 제1회 총회에서부터 1939년의 제25회 총회까지 채택되었던 조약과 권고의 전부를 사항별 · 계통별로 상세한 주석을 달아서 편집한 것이다. 이것은 그 후, 1952년에 출판된 「국제노동법전 · 1951판」의 모체가 되었다.

전쟁으로 인해, ILO가 존망의 위협을 느끼고 있었을 때, 고난의 와중에서도 장래의 전망을 꿈꾸면서, 이와 같은 활동을 계속하게 되었던 것은 특필할 만한 가치가 있다고 생각된다. 그 후, 대전의 종료를 가까이 두고 있었던 1944년 4월에 필라델피아에서 개최된 제26회 총회를 계기로, ILO활동은 본격적으로 재개되었고, 사무국도 제네바의 옛집을 찾아 복귀했다.

## 제4절 戰後에 있어서의 ILO 進展

### 제1항 UN体制 下에서의 ILO

제2차 세계대전이 끝난 후 구 국제연맹이 해체되고, 1945년 10월 24일에 국제연합이 성립되었다. 여기에 대응해서, 동년 10~11월의 제27회 ILO총회는, ILO와 국제연합(UN)과의 관계에 관한 결의를 채택하고, UN의 성립을 환영하는 한편, 양자가 완전히 협력하기 위한 협정을 체결했다.

이 협정은, 1946년 6월, UN의 경제사회이사회에서 승인된 후, 동년 10월의 제29회 ILO총회, 12월의 UN 제1회 후기 총회에서 각각 승인되었다. 여기서, ILO는 공식으로 UN산하의 전문기관으로서 협력관계를 갖게 되었다. 이 협정은, 12월 19일 UN사무총장과 ILO사무총장에 의해 서명되었다.

이 사이에 ILO는 필요한 헌장개정을 하게 되었다.

20조로 되어있는 이 협정은, 먼저 UN이 ILO를 전문기관으로 인정한다고 규정하고 있다. ILO와 UN은 서로(상호)의 회의에 대표를 참석시키기로 하면서도 투표권은 갖지 않는다. 또 서로간의 정보와 문서의 완전하고 신속한 교환을 약속했다. ILO는 그 활동범위 내에서 생기는 법률문제에 대하여, 국제사법재판소의 권고적 의견을 요구할 수가 있다. 그리고 양 기관은 통계적 사무에 대하여 협력하며, 행정적 · 기술적업무에 대하여 협의하고, 각각의 직원에 대한 고용조건을 공통으로 해서, 교류를 용이하게 할 수도 있다.

### 제2항 加盟國의 增加

1945년 11월 1일 현재의 가맹국이 52개국이었던 것을 기준 한다면 전후에만 122개국이 늘어난 셈이다.

ILO가맹국은, 1999년 1월 1일 현재 174개국을 기록했다. 그러던 것이 2013년 12월 31일 현재, 185개국으로 늘어났다. 이들 새로운 가맹국의 태반은 아시아와 아프리카의 나라들이다.

1999년 현재 지역별 가맹국수를 보면, 아프리카 52, 유럽 50, 아시아 37, 미주 35로 되어있다. 창립당시의 아프리카의 가맹국은 남아프리카와 라이베리아뿐이었는데, 그 후 50개국은 아프리카 제국이 새로이 가맹하게 된 셈이다. 1960년대에 아프리카지역의 구비본토지역(旧非本土地域)(영토)에서는 종주국을 떠나서 독립하는 나라가 급증하고, 그들의 제국들이 이어서 ILO에 가맹한 것이 그 배경에 있다.

아시아에서도, 새로운 독립국에 이어서 ILO에 가맹했다. 또 유럽에서는, 1954년에 소련이 재 가맹 했고, 백(白)러시아와 우크라이나가 새로이 가맹했다. 그래서 동 유럽의 가맹국이 하나의 그룹을 형성하게 되었다. 이와 같은 가맹국의 증가는, 당연히 ILO의 활동에도 영향을 주었다. 아프리카에서는, 오랫동안 계속되어왔던 아파르트헤이트(인종격리정책)가 철폐되었다. 동유럽제국의 증가는, 총회에 있어서의 노사대표의 자격을 인정하게 될지의 여부, 인정한다면 조건은 어떻게 할 것인지 등, 시장경제와 계획경제의 상위(相違)의 문제, 그리고 선진공업국과 개발도상국과의 사이의 소위 남북문제도 생겨났다.

### 제3항 戰後의 條約 · 勸告

1945년에서 1999년까지의 전후의 반세기동안에, 114조약과 116권고가 채택되었다. 조약 · 권고의 총수는 각각 182조약과 190권고에 이르렀다. 이들 전후의 조약과 권고는 전전의 노동자 보호를 중심으로 한 것에서부터 한걸음 나아가, ① 기본적 인권, ② 새로운 노동문제에 대한 대처 ③ 구 조약의 개정 · 통합 등이 중심이 되었다는 것이 특징이다.

기본적 인권에 관한 것으로는, 세계인권선언이나 국제인권규약에도 규정되어 있는, 1948년의 결사의 자유 · 단결권보호조약(87호), 1949년의 단결권 · 단체교섭권조약(98호), 1951년의 남녀동일보수조약(100호), 1957년의 고용 · 직업차별대우조약(111호)등을 들 수 있다. 이 외에 1971년의 기업내 노동자대표조약(135호)이나 1973년의 최저 취업연령조약(138호), 1978년의 공무노동관계조약(151호) 등도 이 안에 넣을 수 있다.

전후에 있어서의 과학기술의 발전은 눈부실 정도다. 생산기법은 개선을 거듭했고, 컴퓨터의 도입은 가속화되었다. 거기다가 새로운 화학물질의 이용은 급증되고 있었다. 그 결과, 새로운 노동 · 사회문제가 발생하고, 노동자에 대한 특별한 배려가 필요하게 되었다. 그래서 이러한 새로운 사태에 대처하기 위한 조약 · 권고가 증가하게 되었다.

원자력의 평화적 이용과 관련해서는 1960년에 방사선 방호조약(115호)

이 생겼다. 이어서 1971년에는 벤젠조약(136호)에서, 벤젠의 안전사용이 정해지고, 그 후, 1974년의 직업암 조약(139호), 1977년의 작업환경(공기오염 · 소음 · 진동)조약(148호), 1986년의 아스베스트조약(162호)등으로 이어진다.

이외에 새로운 문제로 나오게 된 기업도산시의 노동자채권(勞動者債權)보호와, 새로운 고용형태에 대응한 조약 · 권고가 있다. 1992년의 노동자채권의 보호에 관한 조약(173호), 1994년의 파트타임노동조약(175호), 파견노동과 직업소개를 취급하는 1997년의 민간직업 중개사업소 조약(181)등도 있다.

전전(戰前)의 조약을 개정 · 통합해서 새로운 사태에 대처하기 위한 것으로는 여성야업(여성의 야간근무), 연소자 야간근무(야업), 선원의 유급휴가 · 사회보장 · 선내설비, 모성보호, 연차유급휴가 등이 있다.

또, 1952년의 사회보장최저기준조약(102호)에서 정하는 개별의 급부부문에 대해서는 업무재해 · 장애 · 노령 · 유족 · 의료 · 상병의 각 부분이 개정되었다.

### 제4항 技術協力活動의 擴大

1946년의 헌장개정에 따라, ILO사무국의 활동범위 중에 「기술협력」이 들어가게 되었다. 이것은 「총회의 결정에 따라 이루어지게 되는 법률 및 규칙의 입안을 비롯해서 행정상의 관행 및 감독제도의 개선에 관한, 정부의 요청이 있었을 때, 가능한 모든 적당한 지원을 부여한다.」는 것이다. 이러한 규정에 따라서, 전후의 ILO의 기술협력활동은, 비약적으로 발전해 갔다.

「리더스다이제스트」 1960년 6월호(일본판)는 「국제기술 원조를 추진하는 남(男)」이라는 제목으로, 제5대 사무총장인 모스씨를 들면서 하이치, 터키, 노르웨이, 이스라엘, 파키스탄, 유고슬로바키아 등에서의 구체적인 사례를 소개하고 있다. 그리고 모스의 「인류가 협력하기 위하여 오늘날처럼 창의와 새로운 경험을 필요로 하고 있었던 시대는 지금까지 없었다. 우리는 한편의 법률에 의해 개인을 자유롭게 할 수는 없지만, 일(노동)을 하면서 자유를 이해하고, 사랑하는 기본(마음)이 "어미새가 병아리를 품어 주듯이 하는" 사회적 조건을 만들어 낼 수 있다.」고 한 말을 소개하고 있다.

기술협력활동에는, 중점 목표가 나와 있어, 1990년대에는 민주화의 지원, 빈곤완화의 고용창출, 노동자 보호 등을 우선 과제로 하고 있었다. 1994년 이후는 복잡화하고 있는 과제에 대응하기 위하여, 세계의 14개소에 각 분야의 전문가로 구성된 MDT(다각적 전문가 팀)을 발족시켜, 다채로운 기술협력활동을 담당하도록 했다.

기술협력활동의 연간 지출총액은 1950년대에 200~300만 달러였으나, 1970년대에는 3000~7000만 달러로 증가했고, 1980년대에는 1억 달러를 돌파했다. 1997년의 지출총액은 1억8000만달라에 달해서, 고용개발 · 직업훈련 · 노사관계 · 노동행정 · 안전보건 · 사회보장 · 기업육성 · 협동조합 등의 분야에 이르고 있다.

## 제5항 東西對立과 勞使代表의 資格

### (1) 總會代表의 資格審査

전후에는 동서대립이 ILO내에서도 농후하게 반영된 때가 있었다. 그것을 상징적으로 표명하고 있었던 사례 중의 하나가, 노사대표의 자격문제였다.

ILO헌장 제3조 1항에는 「...총회는, 각 가맹국의 4명의 대표로 구성된다. 그 중의 2명은 정부대표로, 다른 2명은 각 가맹국의 사용자 및 노동자를 각각 대표하는 대표로한다」고 정해져 잇다.

이 규정을 둘러싸고, 소련권제국의 노사대표의 자격이 이따금 문제되었다. 1953년 제25회 총회의 체코슬로바키아의 사용자대표는 중공업성(重工

業省)의 공무원이었다. 이에 대해 사용자 그룹은, 헌장의 규정에 의한 사용자대표라고 인정할 수 없다고 해서, 그 자격에 이의를 신청했다. 신임장(자격심사)위원회에서는 체코슬로바키아의 경제체제 중에서는, 본질적으로는 사용자의 기능에 상당하는 것을 인정된다고 하는 다수의견이 채택되어, 이의 신청에서는 부결되었다.

다음해인, 제37회 총회에서는, 일본을 포함한 자유권 33개국의 사용자 대표가, 소련 등 동구(東歐) 7개국의 사용자대표의 자격에 이의를 신청했다. 국유기업의 대표를 사용자로 인정할 수는 없다는 것이었다. 여기서도, 다수의견은, 기능설(機能說)을 취하고 이의를 인정하지 않았다. 거기서 이 때의 33개국의 사용자 대표는, 의제를 개별로 심사하는 위원회의 리스트에 소련권 사용자 대표를 포함하지 않고 선고(選考: 의사운영)위원회에 제출했다.

이에 대하여 소련권 사용자 대표는 자기들도 리스트에 포함시키도록 위원회에 요청했다. 위원회는 이들의 대표에 관한 신임장 위원회의 결론이 나오기까지는 부위원(副委員)으로 결정했다.

노동자대표에 대해서도, 같은 형태의 이의신청이 있었다. 1954년의 총회에서, 국제자유노련(ICFTU)과 국제기독교노련(IFCTU)이, 소련과 체코슬로바키아의 노동자 대표의 자격에 이의를 신청했다. 두 나라에서는 결사의 자유가 인정되지 않고, 자유롭고 독립된 노동조합은 존재하지 않기 때문에, 헌장에 의한 노동자 대표라고 인정할 수 없다고 하는 것이었다. 이에 대해서도 마찬가지로 기능설을 취하게 되어 이의는 인정되지 않았다.

노동자 그룹은 거기에 불복해서, 같은 해 가을의 이사회에 가맹국의 노사단체가 정부의 지배나 통제로부터 어느 정도의 자유를 가지고 있는지 실정 조사를 하도록 제안했다. 이 제안은 그 후에 「노사단체의 자유에 관한 위원회」를 설치하도록 하는 결론을 맺게 되었다.

소련과 서측의 노사대표사이에서 일어난 이와 같은 분쟁은, 그 후에도 계속 되풀이 되었으나, 그 후 시대가 변하고, 동서대립의 해소와 더불어 차차 해소되어가고 있다. 그런데, 그 간의 사정에 대해서는 「국제노동기관, G.A 죤스톤(번역: 일간 노동통신사, 1973)」에 상세한 경과가 기록되어 있다.

### (2) 마구네아委員會

이상과 같은 경위에서 1955년 5월 31일에 설치된 「노사단체의 자유에 관한 위원회」는 3명의 위원으로 구성되어, 위원장의 이름을 따서 「마구네아 위원회」라고 불렀다.

위원회는 가맹국70개국에 질문서를 보내고, 그 회답을 분석해서 조사보고서(소위 말하는 마구네아 보고)를 취합했다. 질문서는 노동단체의 명칭과 구성원 수, 국유기업의 현황, 단결권(등록, 대표적 성격, 규약, 임원의 선거, 회계, 집회의 자유, 활동의 정지, 해산, 연합 등), 노동협약, 조정과 중재, 스트라이크와 록·아웃 공공의 질서유지, 최저임금 결정, 일반임금정책 등 다양한 것이었다.

이 보고는, 현지에 나가서 조사한 것이 아니고, 70개국으로부터 보내온 회답 문서에 지나지 않는다고는 하지만, 각국정부의 확인을 받은 자료라고 하는 점에서는, 권위가 있는 것이 되었다.

거기에서 밝혀진 문제는 다음과 같은 것이었다.

ⓐ 결사의 자유의 정도는, 나라에 따라서 크게 다른데 이것을 존중하고 있는 나라와 그렇지 않는 나라를 명확하게 구별하기는 어렵다는 것,

ⓑ 노사단체의 지배나 체재를 인정하는 법령은 소련권 이외의 나라에도 존재하기 때문에, 너무 엄하게 「자유롭고 독립된 단체」라고 하면 소련권 이외의 가맹국도 상당히 나오게 된다.

ⓒ 소련권의 노동자단체도, 정부의 지배, 통제에 복종하지 않는 부분이 인정된다.

ⓓ 많은 나라에서 공(公)적인 기업이 발전하고 있음으로 이것을 생각하지 않으면 ILO활동은 시대에 뒤떨어지게 된다.

ⓔ 소련권에서는, 공산당이 노동조합을 지배하고 있는 것으로 인정되지만, 그것은 정당에 의한 것으로서, 정부에 의한 것이 아닌, 이 조사의 범위 외에 있다.

### (3) 勞動組合의 實情調査

마구네아 보고는, 법제면에 한정되어 있었기 때문에 실정과는 괴리가 있었다. 거기에서 실정과의 차이를 메우기 위하여 어떠한 조치가 필요하다고 주장하게 되어, 1958년 봄의 이사회에서, 가맹국의 결사의 자유를 파악하기 위하여, 현지조사에 기초해서, 계속적 · 객관적으로 실정조사를 하도록 결정되었는데, 그 때 다음과 같은 3가지 점이 확인되었다.

(a) 기존의 헌장상의 기구인 조약 · 권고적용「전문가 위원회」와「총회위원회」의 업무상의 충돌을 피한다.

(b) 특정한 신청은 이사회의 결사의 자유위원회에서 처리되기 때문에, 이것과 경합해서는 안 된다.

(c) 마구네아위원회는 이미 상당한 성과를 올렸기 때문에, 이것과의 중복을 피해, 다른 각도에서 실정조사를 한다.

이 조사를 담당하는 전문부서로써, 사무국 내에「결사의 자유 조사부」가 설치되어, 조사와 보고의 작성을 맡았다. 이 조사는, 미국 · 소련(1959년), 영국, 스웨덴(1960년), 마라야연방 · 버마(1961년)로 순차적으로 실시되었는데, 그 결과는「○○○에 있어서의 노동조합」으로 공간(公刊)되었다(번역은「ILO調査團시리즈」라고 해서「일본ILO협회가 간행)」.

## 제6항 50週年에 노벨平和賞

1969년에 창립 50주년을 맞이한 ILO는 이해에, 노벨평화상을 수상하는 영예를 안았다. 10월 22일 노르웨이의 노벨상위원회는, 1969년의 노벨평화상을 ILO에 수여하도록 결정했다고 발표하였다.

국제연합(UN)총회에 출석하기 위해 뉴욕에 체재 중이던 모스 사무총장은 이 보고를 받고 다음과 같은 스테이트먼트를 발표했다. 「ILO에 대한 노벨평화상은, 전 세계의 모든 사람들의 평화에 대한 헌신과 공헌에 대하여 주어지게 되는 것이다. 이 수상은, ILO로 봐서, 전세계의 정부, 사용자, 노동자가 전면적으로 공헌에 대하여 주어지게 되는 것이다. 이 수상은, ILO로 봐서, 전 세계의 정부, 사용자, 노동자가 전면적으로 공헌한 50년에 걸친 부단한 노력에 의해 확립된 그 기반을 전진시키는, 대단한 격려가 될 것이다.」라고 그의 감회를 피력했다.

ILO에 대한 1969년도 노벨평화상 수상식은, 12월10일 노르웨이의 오슬로 대학에서 거행되었는데, 노벨위원회의 라이오네스위원장으로부터 모스사무총장에게 7만5000달러의 상금과 금메달 · 상장이 증정되었다. 수상식에는 국왕 오라후5세, 하로루트황태자를 비롯해서 각계 지도자들이 많이 참석했다. ILO에서는 이사회로부터 3자구성 대표단이, 모스 사무총장을 동행했다. 라이오네스 위원장은, 이상을 현실의 것으로 하기 위하여 ILO만큼 성공리에 활동해온 기관도 많지 않다고 말하면서 다음과 같이 말했다.

「ILO는 베르사유조약의 일부로써 탄생했으나, 이 조약은 가장 뛰어난 외교문서의 하나였다. 베르사유 조약에서 정해진 ILO의 목적은 노동자의 노동조건과 사회복지의 향상에 있었다. 그 성과는 어떠했던가, 이 엄숙한 문서에서 언급하고 있는 대단한 문언(文言)이, 현실의 것이 되고 있는지, 혹은 모래위에 그려놓은 문자에 지나지 않는지, 비현실적인 몽상가(夢想家)의 화려한 꿈에 지나지 않았을 것인지. 오늘날, 우리들을 둘러싼 세계의 하루하루를 바라보면, 공업화세계의 많은 부분에서, ILO가 목표로 하고 있는 많은 것이 달성되고 있다는 것을 인정하지 않을 수 없다. ILO는 성실히 그리고 정력적으로, 매우 많은 나라에 있어서 가장 질이 나쁜(악질) 부정의(不正義)의 제거라고 하는 개혁에 성공해가고 있다. ILO활동에는 정부대표뿐만 아니라, 대표적인 노사단체의 대표도 참가하고 있다. 이 특색이

야말로, 사람들에게 사회정의(社會正義)를 기반으로 하는 평화로운 세계를 건설할 수 있는 가능성이라는 확신을 안겨주고 있는 것이다. ILO는 또 빈곤추방이라는 큰 목적을 위한 세계 고용프로그램에 착수하고 있다. 발전도상국과 선진국이 손을 맞잡고 노력한다면, 평화공존의 안에서 생활하는 세계라는 이상과 그 달성이 이루어 질것이다」라고 했다.

「물질적인 면에서는 세계의 진전에 놀라울 정도의 눈으로 보는 사람이 많다. 그러나 사람들의 도덕적, 정신적 요청에는 만족할만한 회답이 주어지지 않고 있기 때문에 그들은 지금도 불만족한 상태에 있다. ILO헌장에 따르면, ILO는 처음부터 물질적 발전을 그리고 정신적 발전도 촉진하도록 요구되고 있어, 이것은 앞으로도 점점 중대한 문제가 될 것으로 보인다. 전후, 신흥독립국이 급증함으로써 새로운 문제를 가져왔다. 우선 급속한 경제 · 사회의 발전과, 발전의 성과를 결부시키는 방법을 찾아내야할 필요성인 것이다. 그래서 그 나라의 모든 사람들의 생활수준을 향상시키도록 해야 한다는 것이다. 이러한 점에서, 그리고 그 외의 활동분야에 있어서도, ILO의 삼자구성(三者構成)이라고 하는 특이한 원칙의 중요성이 명백하게 입증되어 왔다. 」고 보고 있다. 노벨평화상의 금메달과 상장은, 1970년의 오사카(大阪) 만국 박람회에 특별 출전되어 국제연합(UN)관 내에 전시된 바 있다.

### 제7항 美國의 脫退와 再加盟

1905년, 11월 6일 키신저 미국법무장관은 블랑샤르에게 ILO로 부터의 탈퇴의사를 통고했다. 탈퇴통고에서 「미국은 ILO에서 탈퇴하는 것을 바라지 않는다.」고 하면서도, 다음의 4가지 항목의 우려에 개선이 보이지 않으면, 탈퇴할 수밖에 없다고 했다.

(a) 삼자구성대표제(三者構成代表制)의 침해

ILO의 헌장은 독립성이 있으며, 이성적으로 입장을 밝히고, 자립적인 노사단체의 존재를 근간으로 하고 있지만, 정치체제가 다르다는 이유로, 정부의 지배하에 있는 노동자, 사용자를 용인할 수는 없다.

(b) 인권침해(人權侵害)의 대처 경향

결사의 자유와 강제노동에 관한 기본적 조약의 적용에 대해서는, (미국 등) 다른 나라에 대해서는 유순하다고 하는 선택적 태도가 보인다. 이것은, ILO에 대한 신뢰성을 손상시키는 것이며, 보편적인 것이 되지 못하고 만다.

(c) 적정한 절차(適正한 節次)의 무시

ILO는 조약위반이나 노동조합권 침해의 신청을 심사하는 적정한 절차가 있는데, 근 수년의 총회에서 특정국을 비난하는 결의를 채택하는 경향이 있어 ILO의 목적달성 능력이 심하게 손상되고 있다.

(d) 정치화의 증대(政治化의 增大)

최근 수년 동안, ILO는 그 권한이나 의무의 범위를 넘어선 정치문제에 말려드는 일이 많았다. 기본적인 목적이나 목표로부터, 그 특정한 집단에 이용되는 것 같은 느낌을 받았다.

ILO헌장에 따르면, 탈퇴는 통고를 한 2년 후에 발효되는 것으로 되어있다. 1977년 11월 1일, 미국의 마샬 국무장관은 워싱턴에서 ILO를 탈퇴할 의도를 밝힌 카터대통령의 성명을 발표했다. 이에 따라 2년이라는 예고기간이 끝나고, 11월 6일부로 미국의 ILO탈퇴가 발효되었던 것이다.

이에 대하여 블랑샤르 사무총장은, 유감의 뜻을 표명하면서도, ILO는 현재의 어려운 세계에 있어서도, 그 전통 · 목적 · 원칙을 충실하게 계속 지키고 있어, 미국이 장기간에 걸쳐 ILO로부터 계속 떨어지게 되기를 바라지 않을 것으로 믿는다고 말했다. 미국의 탈퇴로 인해, 이미 승인된 전체예산의 25%가 부족하게 됨으로써 대폭적인 사업삭감과 230명의 인원정리를 하지 않을 수 없게 되었다.

그 후, 탈퇴의 이유로 들고 나왔던 전기 4항목에 대하여 가맹국의 정노사의 노력으로 상당한 개선이 보였다. 그래서 1980년 2월 18일, 카터대통령은 ILO에 복귀하는 취지의 성명을 발표했다. 이렇게 해서 탈퇴 발표에서부터 2년 3개월 만에 미국의 ILO복귀가 실현되게 되었다. 블랑샤르 사무총장은 「이 위대한 민주주의 국가가 ILO복귀를 선언하게 된 것을, 매우 흐뭇하게 생각한다.」고 말하고 환영의 뜻을 밝혔다.

### 제8항 創立 75週年의 將來展望

1989년의 베를린 장벽의 붕괴는, 동서대립의 해소를 가져와서, 사회주의로부터 시장경제로의 이행(移行)을 촉진했지만, 그 과정에 여러 가지 마찰이 생겼고, 혼란도 보였다. 경제발전의 과정에 있는 도상국에서는, 빈곤의 격차가 확대되고, 소위 말하는 남북문제는 그때까지도 남아있는 상태였다. 이와 같은 상황 하에서, ILO는 1994년에 창립 75주년을 맞이하게 되었다.

안센느 사무총장은 같은 해 6월의 제 81회 총회에 「지켜야할 가치와 촉진해야 할 변화」라는 제목의 보고를 제출했다.

이 보고는, 가맹국의 증대에 따라 비대해진 총회 · 이사회, 기타 제 회의의, 리스트라(조직재구축)등의 기구개혁을 제안하는 외에 기본적사회권(基本的社會權)의 감시 촉진, 무역과 사회조항 등의 중요과제에 언급하고 있다. 보고는 결론에서 가맹국의 앞으로의 과제에 대하여, 다음과 같은 3가지를 제시하고 있다.

(a) 사회정의의 개념과 그 이상(理想)을 실현하기 위한 콘센서스의 확립

(b) 사회 · 노동의 분야에 있어서의, ILO 의 관계자 이외의 사람들의 참가를 촉진하는 개방적인 개혁

(c) 유연하고 균형이 취해진 ILO활동의 전개

또, 이 총회에서는, 고용문제는 극히 중요한 것이기 때문에 ILO의 활동계획 전체 가운데서도 그 우선도를 높이도록 요구했다. 현안으로 되어있었던 무역과 사회조항에 관한 문제는, 계속 신중하게 검토해 나가기로 했

다. 이것은 신설된 WTO(세계무역기관)과 ILO의 관할권에 관련되는 중요한 문제였으나, 그 후에도 검토가 거듭된 끝에, 1998년의 「노동에 있어서의 기본적 원칙 및 권리에 관한 ILO선언」을 채택하는 배경이 되고 있다.

이 총회에서는 창립 75주년을 기념해서, 「사회정의의 장래전망」

을 제목으로 하는 기념 논집도 제출되었다. 이것은, 안센느 사무총장이 세계의 저명인사 67명에게 의뢰해서 보내온 원고를 취합한 것인데, 독일의 콜 전 수상, 폴란드의 바웬사 대통령, 남아프리카의 만델라 대통령 등 원수(元首)외에 블랑샤르 전 ILO사무총장, 톤겔 전 캇드사무총장의 이름도 보인다.

안센느 사무총장은 이 글의 모두에서 「ILO의 기본적인 가치를 강하게 재확인하고, 노력을 재차 경주할 것을 필요로 하는, 성장과 공정을 자동적으로 보장하도록 하는 경제시스템이 기적적으로라도 발견되지 않은 한, 사회정의는 끊어질 사이가 없이 싸움을 계속해 나가게 될 것이다.」라고 말하고 있다.

### 제9항 新宣言에서 新世紀로

1998년의 제86회 총회에서는 5년이나 걸린 논의를 거쳐 겨우, 「노동에 있어서의 기본적 원칙 및 권리에 관한 ILO의 선언 및 그 팔로 업」을 채택하기에 이르렀다.

ILO창립의 요인 중 하나가 공정무역의 질서유지에 있었다는 것은 이미 언급한 그대로다, 세계시장의 안전적인 발전을 도모하기 위해서는, 무역경쟁이 공정하게 이루어져야 하기 때문에, ILO조약 · 권고 등, 일정한 국제노동기준을 이행할 수 없는 나라는 불공정 경쟁국(不公正 競爭國)으로써, 아웃사이더인 열외취급을 받도록 해야 한다는 것에 기본적인 사고방법이었다. 이러한 사고 방법을 전전(戰前)에는, 저임금에 의해 국제시장을 혼란하게 하는 행위라고 해서, 소셜 · 덤핑이라는 말로 비난했고, 노동조건이 열악한 나라를 제재하려고 하는 움직임이 있었다.

이 문제는 ILO창립 이래 100년이나 되는 오늘날까지 ILO를 둘러싼 큰 과제가 되고 있다. 1970~80년대에 걸쳐, ILO에서는 국제무역에 있어서의 「공정노동기준」이 문제가 되고, 선진국과 도상국의 사이에서, 「公正」이란 무엇인가를 둘러싼 논의가 계속되었다. 1990년대에 들어가고 부터는, 다시 구체적으로 몇 가지 기본적인 ILO조약을 열거해서, 이들의 기준의 비준 · 적용을 무역상의 조건으로 하도록 요구하는 움직임도 나오게 되었다. 소위 말하는 「사회조항(社會條項)」의 문제인 것이다.

GATT(관세무역일반협정)가 발전적으로 해소되고, WTO의 발족을 보게 됨으로써, 이 논의는 한층 더 성해졌다. 미국 등 일부의 선진국은, 국제노동기준을 준수하지 않는 나라에 대해서는 어떠한 무역상의 제재를 가해야한다는 주장도 나왔다. 한편 도상국은 선진국의 이러한 사고는 도상국과의 사이에 경제마찰을 일으키게 된다고 반론했다.

그 후, 1995년의 국제연합사회개발 서밋드(코펜하겐)나 1996년의 WTO 각료회의 (싱가포르)에서는, 노동기준 문제를 논의하는 장(場)으로 걸맞은 곳은 ILO라고 하는 것을 합의했고, 국제 노동기준으로서는 ILO의 중핵적인 7조약을 지정하게 된데 대해서도 의견이 일치되었다.

ILO에서는, 1994년의 총회 이래 5년이 넘도록 논의가 계속되고, 지금에 와서 ILO가 이니시어티브를 잡아야하는 것처럼 되고 있어, 마치 새로운 선언을 채택하는 것 같았다.

이 중핵적(핵심적)조약은 신선언의 안에는 명기되어 있지 않지만, 다음과 같이 이해되고 있다.

ILO의 모든 가맹국은, ILO에 가맹하게 되었다는 것으로 인해 발생한 의무에 따라, ILO의 내외에서 기본적인 것으로 인정된 중핵적 7조약의 제원칙을, ILO헌장에 따라 존중하고, 촉진하며, 실현할 의무가 있다는 것을 확인하고, 그러기 위하여 모든 조치를 위하도록 요구하고 있다.

이 7조약은 다음과 같다. 단지, 이러한 노동기준은 보호주의적인 무역상의 목적을 위하여 이용되어서는 안 되고, 특정한 나라의 비교우위를 문제시하는 수단으로 해서는 안된다고 하고 있다.

(a) 결사의자유와 단체교섭(87호 98호)

(b) 강제노동의 폐지(29호 105호)

(c) 아동노동의 철폐(138호)

(d) 고용 · 직업의 차별대우의 철폐(100호 111호)

또, ILO는 위의 기본조약의 비준과 이행을 촉진하기 위한 기술협력의 조언 서비스를 제공하고, 이들의 원칙의 각별한 적용을 위한 노력을 지원한다고 하고 있다.

그리고 이 선언에는, 부속문서로써 「선언의 팔로 업」이 있다. 전체의 목적이나, 중핵적 조약의 각국에 있어서의 적용상황에 관한 글로벌 레포트의 작성이나, 미비준 조약의 팔로 업에 대하여 규정하고 있다. 특히, 후자는 다음과 같이 규정하고 있다. 이 팔로 업의 목적은 ILO헌장과 필라델피아선언 및 이 선언에서 재확인된 기본적 원칙 및 권리를 촉진하기 위한 가맹국의 노력을 장려하는데 있다. 기본조약의 미비준국이 이 선언에 따라 시행하는 노력을 매년 검토하기 위하여, 가맹국에 보고를 요구하고, 사무국이 이것을 취합해서, 이사회가 임명하는 전문가 그룹의 용(用)으로 제공한다. 위의 (a)~(b) 의 각 분야에 있어서의 세계의 동향을 개관하고, 우선순위를 정하기 위한 총회보고서가 작성된다. 이것은 총회에 제출되며 토의의 대상이 된다. 최후의 요해사항(了解事項)에서는 상기의 규정을 실시하기 위하여 필요한 이사회가 총회의 의사규칙을 실시하기 위하여 필요한 이사회와 총회의 의사규칙의 개정이 제안되어야한다고 하고 있다.

이 선언은, 제2차 대전 후의 ILO의 방향을 정립한 필라델피아 선언에 필적하는 중요성을 갖는 것으로 생각된다. 21세기를 바로 앞두고 있는 ILO로 봐서는, 새로운 이정표가 될 것으로 보인다. 안센느 사무총장이 이 선언의 채택을 「ILO는 정노사로부터 하나의 패스포트를 얻었다.」고 말하고 있는 것을 봐서도, 그 중요성이 이해된다.

조약 미비준국의 팔로 업은, 가맹국의 국가주권과의 관계에서 문제가 있을 것 같지만, 그것과 관련해서는, 1920년의 제14회 ILO총회 의장이 된 벨기에의 마하임대표의 「어느 한 나라가 영속적 성질을 가지고 있는 국제사회에 가입하게 되면, 그것으로 인해 그 나라는, 필연적으로 자기의 자유의 일부를 버리는(放棄)데 동의한 것이라고, 말하지 않으면 안 된다.」고 한 인사말이 상기된다.

또, 사회 · 노동 · 통상(通商)과 ILO의 영역이 확대되어 왔다는 것을 생각한다면, 파리 평화외의의 국제노동입법위원회에서 활약한 콜롬비아대학 교수인 숏트웰 박사가, 국제노동기관이라는 호칭에 대하여, 「그 명칭은 본질을 나타내지 않는다. 왜냐하면 그것은, 노동자의 이익뿐만 아니라, 모든 사람의 이익을 대표하고 있기 때문이다. 사회정의를 위한 국제기관이라고 이름을 불렀다 해도 멀지 않아 더욱 실체에 가까워졌을 것이다.」고 말하고 있었던 것이 참고가 된다.

# 제2장 ILO의 機構

## Organization of ILO

### 제1절 加盟國

#### 제1항 加 盟

ILO는 당초부터 국제연맹의 가맹국을 자동적으로 ILO가맹국으로 하는 「동일주의(同一主義)를 채택했다. 개정 전의 ILO헌장 1조 2항 (베르사유 평화조약 제387조제2항)에는, 국제연맹의 원 가맹국은 ILO의 가맹국이 되고, 그 후, 국제연맹의 가맹국이 되는 나라는 동시에 ILO가맹국이 된다.」고 규정하고 있었다. ILO의 최초의 42개국은 국제연맹(이하연맹)의 가맹국이었다.

그러나, 그 후에 이러한 동일주의도 유지하기 어렵게 되었다. 오스트리아와 독일이 1919년에 연맹에 가입하지 않고 ILO에 가입했고, 또, 1928년에 연맹에 가입하지 않고 ILO에 가입했고, 또 1928년에 브라질이 연맹으로부터 탈퇴했으나 ILO에는 그냥 남아있게 되었다.

그리고 미국은 1934년에 연맹에는 가입하지 않았지만, ILO에는 가입하는 것으로 되었다. 소련의 경우는, 1934년에 연맹에 가입한 것으로 인해 ILO가입국이 되었으나, 그 후에 연맹으로부터 제명된 채, 그대로 ILO가맹국으로서의 지위에 의의(疑義)를 남기고 있다가 1940년에 탈퇴한 것으로 처리되었다.

이러한 경위를 감안할 때, 그리고 국제연합(이하 국연(UN))과 ILO는 조직적으로 독립되어 있기 때문에, 가맹에 관한 새로운 규정(헌장 1조 2~4항)을 설정하게 되었다. 이에 따르면, 당시(1945년 11월)의 ILO가맹국(52개국)은 당연히 가맹국이 되고, ILO의 신규가맹국이 되려면 UN가맹의 유무에 따라 가맹을 결정할 수 있다는 두 가지 방법을 규정했다. 전자인 하나는 UN가맹국이 ILO가맹으로 될 것을 희망하는 경우인 것이다. 이 경우, 그 UN가맹국은 ILO헌장의 의무의 수락을 정식으로 ILO사무국에 통지하게 됨으로써, ILO의 가맹국이 될 수 있다. 이것은, 연맹당시의 동일주의(同一主義)와 달리, ILO헌장의 의무수락이라는 명확한 의사표시를 요구하고 있는 것이다

또 하나는, UN비가맹국이 ILO가맹을 희망하는 경우인데, ILO총회는 참가대표의 3분의 2의 찬성투표(그 중에는 출석해서 투표하는 정부대표의 3분의 2의 투표를 포함)에 의해서, ILO가맹을 승인할 수가 있게 했다. 이 가맹은 새로 가맹하는 나라의 정부가 ILO사무총장에게 헌장의 의무수락을 정식으로 통지했을 때에 그 효력이 발생된다.

여기서 말하는 헌장의 의무수락은 완전한 것이어야 되고, 어떠한 경우에도 유보는 허용되지 않는다고 해석된다. 1953년에 소련이 재가맹하면서, 헌장의 의무수락을 ILO에 통지했을 때에, 일부유보를 첨부했다는 이유로 ILO사무총장에 의해 수리되지 않았던 경위가 있다(다음해에 소련은 이 유보를 철회하고, ILO재가맹이 인정되었다).

1999년 7월을 기준으로 했을 때 ILO가맹국은 174개국이었다. 특히, ILO에는 가맹했지만 UN가맹국이 아닌 나라가 있는데, 그것이 스위스라는 나라다. 그 역으로 UN에는 가맹했지만 ILO회원국이 아닌 나라는 조선민주주의 인민공화국이라는 나라(北韓)다. 그런데 2014년 1월 현재의 ILO가맹국을 보면 185개국이 된다.

### 제2항 脫退

ILO헌장(1~5항)에 따르면, 가맹국은 탈퇴할 의사를 ILO사무총장에게 통고하지 않는 한, ILO로부터 탈퇴할 수 없다. 이 통고는 사무총장이 그

통고를 수령한 날로부터 2년 후에, 발효된다. 단지 이때에 그 가맹국이 가맹국으로서의 지위로부터 발생하는 모든 재정적 의무를 다하고 있다는 것이 조건이 된다. 1938년에 일본은 ILO에 대하여 협력종료를 통고했고, 2년 후인 1940년에 ILO는 일본의 탈퇴는 효력을 발생한다고 했으나, 그 때에 2년분의 분담금을 미불한 채무(債務)가 있었다. 1951년의 재가맹(再加盟)에 있어서 미불분담금의 처리가 문제되었으나, 일부가 감액되고 5년 분할로 완제(完濟)되었다.

또, 어느 나라가 ILO를 탈퇴한다 해도, 비준조약(批准條約)이 있는 경우에는 계속해서 그 조약에 구속되는 것으로 되어있다. 헌장에서는 「탈퇴는 그 조약에 정하는 기간 중, 그 조약에 관계되는 모든 의무의 계속적인 노력에 영향을 미치지 않는다.」고 되어있다. 조약비준에 따른 의무는 그것을 폐기하지 않는 한 면해지지 않는다.

조약의 폐기(비준의 철회)에 대해서는, 각 조약에 정해진 규정이 있어, 비준국은 조약이 최초에 효력을 발생한 날로부터, 대부분의 경우, 10년의 기간이 만료될 때마다 폐기할 수가 있다(제1부 3장 5절 3항 참조).

그런데 ILO에는 제명이라는 규정은 없지만, 총회에서 탈퇴권고 결의가 채택된 예는 있다. 1961년 총회에서 남아프리카의 아파루트헤이트에 관한 결의가 채택된 것이 그러하다. 남아프리카는 이 결의를 받아들이지는 않았지만 같은 해에 ILO를 탈퇴했다.

또, 그 비협력을 이유로 해서, 원칙적으로 ILO의 제회의의 초청이나 기술협력을 중지하는 취지의 결의가 채택된 예도 있다(1999년, 미얀마).

### 제3항 再加盟

미국이나 일본과 같이 한동안 탈퇴하고 있었으나 재가맹을 희망하는 경우, UN가맹국일 것 같으면, 전기(前期)총회의 승인을 받아서 재가맹할 수가 있다.

### 제4항 加盟國의 權利와 義務

가맹과 함께 그 가맹국은 ILO헌장에 있는 몇 가지 권리와 의무를 가지게 된다. 하나는, 그 나라의 정노사 대표(또는 대리)가 총회에 출석해서 토의 · 채택에 참가하는 한편, 그 대표나 고문은 총회에 있어서의 위원회의 심의에 참획할 수 있다는 것이다. 또, 소정의 절차(후술)에 따라, 이사회의 이사에 선임되어 ILO의 운영에 참가하는 경우도 있다. 그리고 기술협력을 비롯해서 필요한 ILO의 활동에 응하고, 또는 가능한 한 ILO가 제공하는 편의를 받을 수 있다.

한편, 가맹에 따른 의무로는, 가맹국으로서의 입장에서 ILO조약을 비준하거나 권고를 적용한다. 또, 총회에서 채택된 조약과 권고는, 총회 종료 후, 원칙적으로 1년 이내에 각 가맹국의 권한 있는 기관(특별히 입법기관을 의미한다.)에 제출하는 것이 의무화되어 있다. 그리고 조약과 권고의 적용 상황에 대해서도 ILO의 감시를 받는다. 그래서 가맹에 따른 소정의 경비를 부담한다.

## 제2절 총 회

### 제1항 임무 · 권한

ILO는 상설기관으로 설치되며(헌장 1조 1항), (a) 가맹국의 대표자로 구성된 총회, (b) 이사회, (c) 이사회의 감독을 받는 국제노동사무국으로 구성된 자(동2조 1항). 또 ILO라는 용어는 국제노동기관(국제노동기관: International Labour Organization)의 약칭이기도 하다. 여기서는 ILO를 「기관」의 의미에서 사용하고, 기타는 「사무국」으로 표기한다.

#### (1) 會合과 그 場所

총회는 ILO의 최고 의사결정기관이며, 필요에 따라 수시로 개최할 수 있으나, 적어도 또 매년 한번은 개최해야 한다(3조1항). 이 총회에도 해사노동(海事勞動)에 관한 조약 · 권고를 채택하기 위한 해사총회가 있어 거의 10년마다 한 번씩 개최되고 있다. 1919년의 제1회(워싱턴)에서 시작해서 오늘에 이르기까지 103회 총회가 개최되었다.

### (2) 總會의 代表와 顧問

총회는 각 가맹국의 4명의 대표로 구성된다. 이중, 2명은 정부대표, 나머지 2명은 노 · 사의 대표로서(동3조1항), 이들은 각국정부가 지명하는 사람들로 구성된다. 이들은 각국정부가 지명하는 사람들로 구성된다. 정부대표 외에 민간의 노사대표를 구성원으로 추가해서, 대표권을 부여하는 ILO의 이 구성을 삼자구성주의(三者構成主義)라고 불리고 있어, 많은 국제기관 중에서 독특한 특징을 보이고 있다.

### (3) 總會의 任務

총회는 헌장이 정하는 바에 따라서, ① 가맹국의 가입을 승인하고 (헌장1조), ② 이사회의 이사를 선출하며(7조), ③ 사업계획과 예산을 승인하고 (13조), ④ 조약 · 권고를 채택한다. 그리고 그것을 폐기 · 철폐할 수 있으며(19조), ⑤ 그것들의 적용상황을 감시하고, ⑥ 헌장의 개정을 채택하는 (36조)등의 임무를 수행한다. 거기다가, 조약 · 권고의 폐기에 관해서는, 1999년에 헌장개정에 따라 그 규정이 정해져 있으나, 아직 발효되지 않고 있다.

그리고, 총회는 이사회 의장보고나 사무총장보고, 기타의 의제에 대해서도 일반토의를 하며, 합의형성의 장(場)이 된다. 이들의 토의를 통해서, 조약 · 권고를 비롯한 중요한 ILO의 정책이 형성된다. 한 예를 들면, 1994년의 총회에서는 사무총장보고 「지켜야할 가치(價値)와 촉진해야할 變化(변화)」가 토의 되었으나, 이것은 1998년에 채택된 「노동에 있어서의 기본적 원칙 및 권리에 관한 선언」에 결실을 보고 있는, 이 선언은, 조약이나 권고와도 달리, 총회로서의 의사표시에 그치지만, 특정한 조약의 비준과 적용의 진행을 도모한다고 하는데서, 그 의미하는 바가 크다.

## 제2항 構 成

총회가 가맹국의 4명의 대표(정부2, 노사각각1)로 구성된다는 것은 앞에서 말했지만, 각 대표는 여러(각)의제에 대하여 2명까지의 고문(顧問)을 수반할 수 있다. 특히 여성에 관한 문제가 심의되는 총회에서는, 고문 중에 적어도 1명은 여성이어야 한다. 총회에 참석하는 「대표」는 총회에서 심의되는 모든 사항에 따라서 개별적으로 발언하고, 투표할 수 있다. 한 나라의 정노사가 투표를 달리하는 것은 자연스러운 것으로 되어있다.

정부2명, 노사 각 1명으로 하는 3자구성의 원칙은, 다른 국제기관에서는 볼 수 없는 ILO만의 독특한 것이며, 그 원칙의 유래는 베르사유 평화조약으로 거슬러 올라간다. 필라델피아 선언에 의해서도, ILO는 노동자와 사용자의 대표자가 정부의 대표자와 동등한 지위에서 자유로운 토의와 민주적인 결정에 함께 참가하는 원칙을 재확인하고 있다. 이 원칙은 총회뿐만 아니라 이사회의 구성이나 지역회의 등 각종 회의의 참가자 구성에서 3자구성을 많이 볼 수 있다.

1945년의 제27회 총회나 1946년의 제29회 총회에서는, 3자구성의 방법을 둘러싸고 노동자대표를 증가시키자는 제안이 논의된 일도 있었다. 그러나 오늘날에는 노사의 의견을 반영시키면서, 재정부담이나 조약비준에 책임 있는 정부측의 많은 결의권을 부여하는 독특한 구성으로 되어있다. 그것은 책임을 시대의 요청에 따라서 원활하게 해나가기 위해서는 불가결하다는 인식이 정착되어가고 있기 때문이다.

### (1) 代 表

총회의 정부대표와 고문의 임명에 대해서는, 헌장에 특별한 규정이 있다. 즉, 노사의 대표와 고문의 지명에 대해서는, 가맹국은 각국의 사용자 또는 노동자를 각각 가장 잘 대표하는 산업상의 단체가 있을 경우에는 그들의 단체와 합의해서 뽑은 대표 · 고문을 지명하도록 약속하고 있다(헌장3조 5항).

이러한 기준에 따라 지명되고, 정부로부터 위임장을 받은 노사대표와 그 고문은, 총회의 위임장(자격심사)위원회에서 심사를 받아야한다. 이 위원회에서는 3분의 2의 다수결로, 그 자격을 부인할 수 있다. 여기서 문제가 되는 것은 ① 대표적인 노동단체가 존재하지 않는 것과, ② 대표적 노사단체가 복수 존재하는 경우인 것이다.

■ **〈대표적인 노사단체가 존재하지 않는 경우〉**

노사단체가, 진정으로 노사를 대표하고 있는지 하는 문제가 종종 발생한다. 예를 들면, 전전의 독일이나 이탈리아, 그리고 전후에는 스페인의 사례를 볼 수 있다. 이들은, 모두 선출모체가 되는 노동자 단체가 정부의 지배 · 통제 하에 있어, 헌장에 규정된 노동자 단체가 아니라고 보고 있었던 것이다.

또, 1950년대에는, 소련권제국의 노사대표의 자격이 이따금 문제가 되었는데, 이것이 그 예인 것이다. 이에 대해서는, 1955년에 「마구네아 위원회」가 설치되어 그 사태의 개선을 조정한바 있다.

이와 관련해서 일본정부는 ILO창설 당시의 국제노동입법위원회에서 이의(異疑)를 보이고 있었다. 전전의 일본과 같이 노동조합이 발달하지 않고 있었던 나라에서는 「노동자대표를 어떻게 선출했으면 좋을 것인지」를 고민했다고 한다. 그래서 「조직의 성격에 앞서 노사단체의 조직을 장려 할 수밖에 없었다. 적어도 어떠한 초보적인 형식의 단체가 존재하지 않는 나라는 없었다고 생각된다. 그러나 만약 필요하다면 정부자신의 책임으로 노사대표를 선정할 가능성도 생각할 수 있다.」는 취지의 수정이 이루어졌다.

그러나, 1919~23년의 제1~5회 총회까지는(해사총회(海事總會)였던 1920년의 제2회 총회를 제외), 일본의 노동자대표도 소위 관선대표(官選代表)라고 해서 문제가 되었고, 1923년의 제6회 총회부터 스즈끼(鈴木文治: 일본노동총동맹회장)씨가 노동자대표로 지명될 때까지만 해도 국내외에서 상당한 논의가 있었다.

■ 〈대표적노동단체가 복수인 경우〉

복수의 노동단체가 존재하는 경우에 대해서는, 전전의 네덜란드의 예를 볼 수 있다. 이때에는 국제사법재판소로부터 대표적 노동단체로 볼 수 있다는 勸告的意見이 나왔고(1922년), 그 이후부터 동국(同國)의 노동자 대표는 윤번제를 채택하기로 되었다. 전후에는 프랑스, 이탈리아에서도 같은 문제가 있었다.

그런데, 일본에서는 현재 정부에 의한 노사대표의 지명은 렝고(連合: 일본노동조합총연맹)이 각각 합의하는 가운데 이루어지고 있다. 이에 대하여 1998년 제86회 총회에서 전노련(全勞連: 전국노동조합연합)으로부터 이의신청이 있었다. 한국도 현재 한국노총과 민주노총의 합의하는 가운데 정부가 노사대표를 파견하고 있다.

### (3) 顧 問

고문은 투표권을 갖지 않는다. 또 고문은 그가 수행하고 있는 대표가 요청하거나 또는 총회의장이 특별이 허가하는 경우에는 발언할 수 있다(헌장 3조6항). 그러나 「대표」의 대리자가 된 경우에는, 발언할 수 있고, 대표와 동일한 조건으로 투표할 수 있다. 단지, 대표대리(代表代理)를 정하기 위해서는, 먼저, 대표는 의장에게 낸 통지서에 의해 고문의 1인(한사람)을 대리자로 해서 임명할 필요가 없다(동조 7항 총회의사규 1조3항).

### 제3항 議 題

총회의 의제는 제1의적으로는 이사회가 결정한다. 통상은 총회의 18개월 전까지 결정하기로 되어있다(총회의사규칙 18조, 19조). 또 이사회에 의한 의사의 결정에 대하여, 가맹국정부 · 대표적 노사단체 · 공적국제기관(국제연합(UN)등)등의 3자도 의제를 제안할 수가 있다(헌장 14조 1항). 이외에 총회 자신이 총회의 의제를 결정할 수가 있지만, 그 경우는 출석대표의 3분의 2의 다수결에 따라야 한다.

의제가 결정되게 되면, ILO사무국은, 각 의제마다 관련되는 가맹국의 법규나 관행 등의 현상과 그것을 분석한 의제자료를 작성한다. 특히 「기술의제」 라고 불리는 조약이나 권고 등의 심의에 있어서의 채택이 예정되는 문서의 형식과 내용의 대강에 관한 질문서를 내용으로 하는 의제보고서를 작성해서, 그것을 가맹국정부 및 정부를 통해서 대표적 노사단체에 송부한다. 가맹국 정부나 노사단체는 질문서에 대한 회답을 작성해서, ILO사무국에 제출한다.

이상과 같은 작업을 거쳐서, 다음해(이듬해)에 각국에서 보내온 회답의 분석과 문서안을 내용으로 하는 제2차 보고서가 작성되고, 총회에서는 그것을 토대로 해서 제1차 토의가 이루어진다.

그 결과는 재차 ILO사무국에 의해 정리되어, 조약 · 권고안과 함께 최종보고서로서 가맹국에 송부된다.

이렇게 해서 다음 총회에서는, 최종적인 조약 · 권고 등의 국제문서로 채택된다. 이와 같이 2년간에 걸쳐 2회의 토의를 통해, 국제문서를 채택하는 방식을 이회토의절차(二回討議節次)라고 말하고 있다. 단지, 특별이 긴급한 경우나 그 외에 특별한 사정이 있는 경우에는 1회토의 절차로 처리되는 경우도 있다.

한 예로써, 1999년 6월의 제87회 총회의 의제를 보자, 이 총회에서는 다음과 같은 6의제를 심의했다.

제1의제: 이사회의장 · 사무총장의 보고

제2의제: 사업계획 · 예산 기타의 재정문제

제3의제: 조약 · 권고의 적용에 관한 정보와 보고

제4의제: 아동노동(제2차토의)

제5의제: 모성보호조약 103호, 동(同)권고 95호의 개정(제1차토의)

제6의제: 기술협력에 있어서의 ILO의 역할(일반토의)

이중, 제3~6의제는 「기술적 의제」가 되기 때문에, 각 대표는 한 의제에 2명, 최대 8명의 고문을 동반할 수 있다.

1999년 총회의 대표 수는, 147개국에서 참석한 정부대표가 289명, 사용자대표가 140명, 노동자대표가 143명이었다.

가맹국이면서도 전혀 대표를 참석시키지 않았던 나라가 20개국, 정부대표를 보내지 않았거나, 또는 노사의 어느 쪽도 참가시키지 않았던 나라가 각각 1개국이었다.

그런데, 노사대표의 어느 쪽이 결석했을 경우는 완전대표단(完全代表團)이 아니기 때문에 문제가 생긴다. 헌장4조 2항에 따르면, 가맹국이 민간(노사)대표의 1명을 지명하지 않을 때에는, 타의 민간대표가 총회에 출석해서 발언하는 것은 허용되지만, 투표는 할 수 없게 되어있다.

동(同)총회에 있어서의 고문의 수는, 정부 728명 사용자 354명, 노동자 435명이었으나, 노사의 고문수가 한편으로 너무 기울어지고 있다는 비판도 있다.

그런데, 각국은 노사대표 및 고문의 여비를 지급해야 한다는 규정이 있다(13조 2항).

### 제4항 附屬委員會

총회는 본회의에서, 이사회의장과 사무총장의 발언을 둘러싼 일반토의(소위 대표연설)외에 조약 · 권고의 채택, 예산의 승인 등 중요한 사항에 관한 최종결정을 하게 된다.

또, 회의의 원활한 진행을 촉진하기 위하여, 다음과 같은 각종의 부속위원회를 설치한다. 이들 위원회는, 회기마다 반드시 설치되어야 하는 것과, 소위 말하는 기술적 의제와 같이, 심의해서 본회의에 보고하는 것을 목적으로 하는 「의제별 위원회(議題別委員會)」로 나누어진다. 전제에는 다음과 같은 것이 있다.

「선고위원회(選考委員會)」

의사운영을 담당하게 되는 위원회로써, 의사일정의 세목, 타 의제위원회의 구성 등을 처리한다. 이 위원회의 구성은, 대표구성과 같아서 정부 2명, 노사 각 1명의 비율로 되어있다.

「위임장 위원회(委任狀委員會)」

대표나 고문의 자격심사를 담당하는 것으로써, 정노사가 1명으로 구성되고, 이의 신청이 있을 경우 그것을 심의한다.

「기초위원회」

조약이나 권고, 헌장개정문서 등의 자구(字句)의 선택이나 조문의 배열을 검토하고, 정문(正文)인 영어와 불어(佛語)와의 조정 등을 하고, 더욱이 여기에는 사무국의 전문가를 충당해서, 전문적인 견지에서 조언한다.

「정부대표의 재정위원회」

총회의 각종 위원회 중에서는 유일하게 정부위원만으로 구성되는 위원회로써, 예산안이나 분담금율안(分擔金率案)을 심의해서 본회의에 보고한다.

「기준적용위원회(基準適用委員會)」

비준조약의 연차보고, 미 비준조약 및 권고의 실시, 상황 보고, 조약·권고의 국회제출에 관한보고, 조약권고전문가 위원회(條約勸告專門家委員會)의 보고 등을 심의하고 본 회의에 보고한다.

「결의 위원회(決議 委員會)」

총회의 의제 이외의 결의로써 제안된 안건을 심의하고, 총회에 보고하기

위한 위원회

「의사규칙 위원회(議事規則委員會)」

총회나 지역회의 등의 의사규칙의 개정안이, 이사회로부터 제출되는 경우에는, 이 위원회에서 심의한다.

다음으로 의제별위원회(議題別委員會)는 모든 기술적 과제에 관해서 상세하게 심의해서 본회의에 보고하는 위원회다.

제 87회 총회의 예로는, 아동노동위원회, 모성보호위원회 기술협력위원회의 3위원회가 설치되었다. 일반적으로 이 위원회에서는 실질적인 심의가 진지하기 때문에 위원회가 채택한 결론이 본회의에서 변경되는 일은 많지 않다.

### 제5항 總會運營의 實際

총회의 실제적인 진행은, 당연히 회기에 따라 다르지만, 1999년의 제87회 총회의 예를 보면 다음과 같다.

총회개회 전일에, 정노사 각각의 그룹별 회합이 있다. 여기서는 총회의 의장과 부의장 후보를 뽑고, 각 대표와 고문이 소속하는 위원회를 결정하는 등의 의사(議事)를 하게 된다. 그런데 총회 의사규칙은 이것을 「공식회합」이라고 하고(72조), 이것과는 달리 「비공식회합을 언제라도 개최할 수가 있다.」(7조)고 한다.

「비공식회합」은 특히 회기 중에도 정노사가 각각 전체적 또는 위원회별로 빈번히 열린다.

정부간(政府間)에서는, 지역별(아시아태평양지역 등)이나 블록별(EU정부간, 북구정부간, 선진제국정부 그룹 등)으로 이루어지고, 이들의 장(場)에서 집약된 의견이, 총회나 위원회에서 발언되는 경우가 많다.

또, 노사그룹에서는 국제노동조합연맹(ITUC)이, 사용자측은 국제사용자연맹(IOE)이 각각 참가해서 회합을 갖게 된다. 처음부터 노사대표는 개별적으로 투표할 권리가 있지만, 이들 두 국제조직은 영향력이 강해서, 노사그룹별로 집약된 의견은, 때로는 상당한 구속력을 갖는 것이 실정인 것 같다.

### (1) 議長의 選出과 委員會의 設置

총회의 첫날은, 의장을 선출한다. 총회는 선출된 의장의 취임연설에 이어 부의장 3명을 선출한다. 또, 부의장은 정노사 대표로부터 각 1명을 선출하도록 한다(헌장 17조). 의장과 부의장을 ILO에서는 임원(Officers)이라고 칭한다. 그런데 의장은, 정노사의 어느 대표가 되든지 문제시하지 않는다. 정부대표가 취임하는 경우가 많지만, 노사대표의 취임을 거절하지 않고, 또 실제로 그렇게 한 경우도 있다.

이어서, 총회 본회의와 함께 총회의제마다의 심의를 하게 되는 각종 위원회의 설치와 그 구성을 심의하게 된다. 예를 들면, 제87회 총회에 설치되었던 위원회는, 선고위원회(選考委員會), 위임장위위원회(委任狀委員會), 재정위원회(財政委員會), 기준적용위원회(基準適用委員會), 아동노동위원회(兒童勞動委員會), 모성보호위원회(母性保護委員會), 기술협력위원회(技術協力委員會), 기초위원회(起草委員會)였다. 그런데, 이 외에 결의위원회(결의위원회)나 총회의사규칙의 개정이 이루어지는 경우에는, 의사규칙위원회(議事規則委員會)가 설치되는 것이 통예로 되어있다.

### (2) 總會(本會議)에서의 討議

그 후, 총회의 본회의에서는, 이사회의장보고와 사무총장보고를 중심으로 한 일반토의에 들어가고, 동시에 설치된 각위원회도 개별로 심의활동을 개시하게 된다. 본회의에서 발언하는 사람이 너무 많기 때문에, 발언시간을 각 5분 등으로 제한하는 경우도 있다.

각국 정노사대표의 발언은, ILO의 기본정책을 구상해낸다. 회기의 마지막에는, 이들 일반토의에 대한 사무총장의 총괄 연설이 있다.

이들의 발언자 중에는, 비지팅 · 미니스터라고 불리는 각국의 노동사회문제의 담당장관이 ILO의 방침에 대하여, 정부로서의 의견표명을 하는 경우가 있다.

그리고, 총회는 각국의 노동사회문제의 담당장관이 ILO의 방침에 대하여, 정부로서의 의견표명을 하는 경우가 있다.

그리고 총회는 각국의 원수급(元首及)을 게스트 ·스피커로 초청하고 있는데 이것은 항례(恒例)로 되어있다. 99년의 총회에서는, 클린턴 대통령이 초청되어, 아동노동에 대하여 연설했다.

### (3) 委員會에서의 討議

한편, 본회의에서 토의가 진행되는 가운데, 위원회에서도 열띤 토의를 주고받는다. 특히, 조약 · 권고를 둘러싸고 논의하게 되는 심의관정에서 때로는 노사간에 주고받는 격한 논의로 인해 너무 시끄러울 때도 있다. 그런데, 기술적과제를 다루는 위원회는 정노사의 표결이 각 하나가 되도록 조정된다. 정(政)을 2, 노사(勞使) 각 1로 하는 구성은, 총회와 이사회 외에는 선고위원회에서 그친다. 재정위원회는 정부대표만으로 구성된다.

회기 말에 가까워지면, 본회의에서의 토의의 합간을 이용해서 이들 위원회의 결론이 차례로 총회에서의 토의에 부쳐진다. 위원장 또는 보고자로부터 토의 경과의 보고가 있고, 약간의 토의를 거친 뒤 표결에 부쳐진다. 조약 · 권고 안이나 기타의 중요안건 (2/3 이상의 다수결이 필요할 경우 등)에 대해서는 표결 후, 일시를 정해서 다시 기록투표(記錄投票)를 하게 된다.

### (4) 投 票

투표는 거수, 기록투표, 또는 비밀투표로 하게 된다. 현재는 각각 전자투표방식을 사용하고 있다(총회 본회의에서만). 본회의에서의 투표권은 정노사 대표 각 1표 (계4표)가 있다. 단지, 가맹국에서 노사대표의 한쪽을 결위(결석)하게 되는 「불완전 대표단(不完全 代表團)에 대해서는, 노사간의 투표상의 불균형을 방지한다는 관점에서, 타방의 투표를 금하고 있다(헌장 4조

2항)」. 불완전대표가 된 타방의 대표에게는 발언은 허용되지만, 투표할 권리를 주지 않는다. 또, 이것과 관련해서, ILO에 대한 지체금(遲滯金)의 액이, 직전의 만 2개월분의 분담금의 액 이상이 된 경우에는, 그 나라의 대표에게 투표권을 주지 않는다. 단지, 재정위원회의 논의를 거쳐서, 불가피한 사정이 있다고 총회가 인정한 경우(출석대표의 3분의 2의 다수결)에는 투표권을 회복한다(헌장 13조 4항).

### (5) 表 決

본회의에서의 표결은, 투표총수가 총회에 참석하고 또한 투표권이 있는 대표의 2분의 1에 달하지 않았을 때에는 무효가 된다. 그렇기 때문에 투표권을 가지지 못하는 대표는 정족수(母數)로부터 제외된다. 또, 이 정족수의 계산상 기권은 투표총수로부터 제외되지만, 기권이 많을 경우에는 정족수에 달하지 않는다고 하는 문제를 안게 된다.

총회본회의에 있어서의 모든 결의 사항은, 정족수가 충족된 경우로서 별단의 정함이 있는 경우를 제외하고, 투표의 과반수에 의해 정하게 된다.

별도의 정함을 예시하면, 출석대표의 투표의 3분의 2를 요하는 것으로는 ① 대표 또는 고문자격의 부인(否認), ② 예산안의 승인, ③ 분담금을 지체하고 있는 가맹국에 대한 투표권의 부여, ④ 차기 총회의 의제의 결정, ⑤ 조약 · 권고의 채택 및 헌장개정문서의 채택 등을 들 수 있다. 그런데, 가맹 또는 재가맹의 승인의 경우는, 출석해서 투표하는 정부대표의 3분의 2의 찬성투표를 포함해서, 회기에 참가하고 있는 대표의 3분의 2의 찬성투표를 요한다는 특별한 규정이 있다. 이 경우의 「회기에 참가하고 있는 대표」라 함은, 참가 대표 전체를 말하며, 투표하는 대표에 한하지 않기 때문에, 요건은 보다 엄중하다(헌장 1조 4항). 또, 헌장개정문서의 채택에 대해서는 출석대표의 3분의 2의 다수결로 족하지만, 그 효력발생에는 주요산업국 중 5개국을 포함한 가맹국의 3분의 2에 의해 비준 또는 수락된다는 것을 필요로 하고 있어, 통상의 조약 · 권고에 비해 무거운 조건을 과하고 있다(헌장 36조). 이 주요산업국이라 함은, 브라질, 중국(中國), 프랑스, 독일, 인도(印度), 이탈리아, 일본(日本), 러시아, 영국(英國), 미국(美國)의 10개국을 말한다.

한편, 위원회에서의 채택은 과반수에 따른다. 단지, 재정위원회의 결정은 출석위원의 3분의 2의 다수에 의한다. 또, 이 위원회(정부대표만의)와 선고위원회(정부2, 노사각1) 이외의 위원회는 정노사 동수가 된다. 현실적으로는, 참가자의 수 등으로 인해, 그 날 그날의 출석자 수가 동수가 아닌 경우가 생긴다. 이 경우에는, 각 위원회마다 정해진 정노사의 비율이 되도록, 투표력(投票力: Voting Strength)에 의한 산술적인 조정이 이루어진다.

예를 들면, 아동노동위원회에서, 당초의 참가자는 政-86, 使-38, 勞-54, 이었다. 그  때에 각자에게 주어지는 투표력은, 政-513, 使-1161, 勞-817로 되었다. 즉, 정부 측은 86×513=44, 118, 사용자측은 38×1, 161=44, 118, 노동자 측은 54×817=44,118로 3자동수가 된다. 이 투표력은 위원의 이동에 따라 수차(數次), 개변(改變)된다. 각위원회에서의 표결은, 최종적으로 총회 본회의에서의 채택을 필요로 한다. 그런데, 위원회에서 표결하는 경우, 그 정족수는 상기(上記)에 의해 계산된 투표력의 5분의 2가 된다.

### (6) 議事錄

위원회보고의 채택을 끝낸 본회의는, 사무총장으로부터 총괄적인 회답을 듣고, 의장, 부의장의 폐회인사를 끝으로 종료한다. 그런데, 그 동안의 기록은, 가의사록(仮議事錄: Provisional record)으로 수차 배포되고, 그 후에 의사록으로 편집된다. 매년 1000페이지가 넘는 큰 책자가 된다. 공용어는 영어와 프랑스어로 되어 있고, 의사록에는 거기다가 스페인어가 가해져서 3국어로 발행된다. 이 외에 독일어, 러시아어, 중국어, 아라비아어에 대해서는 동시통역이 제공된다. 일본어는 일본의 정노사의 부담으로 이루어지고 있다.

### (7) 理事의 選出 등

총회의 주요한 임무로써, 이사회 의사의 선출이 있다. 결원을 보충하는 경우를 제외하고, 이것은 3년에 한번 씩 하게 된다.

또, ILO는, 다른 국제기관과 밀접한 연대를 가지고 있어, 이들 기관으로부터의 일반토의에 참가(투표권은 없음)하는 경우가 많다. 1945년에 UN과 ILO의 사이에 협정이 맺어졌고(이로 인해 UN은 ILO를 UN이 담당하는 분야에서의 전문기관으로 자리매김하고 있다), 상호간의 회의에 초치(초청)를 약속하고 있기 때문에, 국제연합(UN) 기관의 참가가 많으나, 이 외에도 매년, 20여의 공적 국제기관이 참가하고 있다. 그리고 일정한 절차를 거쳐, 총회 토의에의 참가를 인정받고 있는 단체수도 100을 초과한다(국제적인 노사단체 외에 많은 NGO를 포함).

## 제6항 海事總會 合同海事 委員會

앞에서 말한 총회 이외에도, ILO는 해사노동문제(海事勞動問題)를 심의하고, 해상노동에 관한 조약 · 권고 등을 채택하는 해사총회(海事總會)를 특별이 설치하고 있다. 이것은 해사노동문제가, 일반의 육상노동과는 성격이 다르고, 특수한 문제가 많이 때문이다. 해사총회는 1920년 6~7월에 제노아에서 개최된 제2회 ILO총회를 제1회 해사총회로 해서 시작된 이래, 1996년의 제11회 해사총회에 이르기까지, 거의 10년 간격으로 개최되어 왔다. 그런데, 총회나 해사총회도 마찬가지 총회라고 하는 데서 회기(會期)는 통산(通算)해서 표시 된다.

ILO에서 해상노동문제만을 취급하는 해사총회가 개최되게 된 배경에는, 해상노동의 특이성과 당시의 선원노동문제를 둘러싼 국제적인 상황이 큰 영향을 주었다. 원래 해상 노동자인 선원의 경우, 육상노동자와는 달라서, 그들의 노동은, 장기에 걸쳐 육상을 멀리 떠난 해상을 항행(航行)하는 선박위에서 일하기 때문에, 국가의 감독이 철저하지 못하고, 거기에 인간의 힘으로는 극복하기 어려운 자연재해 등 해상 특유의 위험을 안고 있다. 그리고 선박이라고 하는 작은 공간 안에서 하는 노동뿐만 아니라, 일상생활을 영위해야 하는 특이한 노동환경에서 노동생활을 하고 있다는데서, 선원보호의 필요성은 다른 육상노동에 비해 더욱 큰 것이다.

ILO의 창설을 검토하기 위하여 창설된 국제노동입법위원회는 그 작업과정에서, 선원문제에 대하여, 국제노동조합회의(國際勞動組合會議)로부터 두 가지 요청을 받고 있었다. 그 하나는 1919년 2월 베른에서 열린 국제노동조합회의와 국제사회주의자노동자회의(國際社會主義者勞動者會議)로부터 두 가지 요청을 받고 있었다. 그 하나는 1919년 2월 베른에서 열린 국제노동조합회의와 국제사회주의자 노동자회의(國際社會主義者 勞動者會議)가 채택한 국제노동헌장강령(國際勞動憲章綱領) 가운데서, 선원의 보호에 대하여 선원노동조합과 협력해서 국제선원법전(國際船員法典)을 작성하도록 요청되었다는 것이다. 둘째는, 국제선원연합회(國際船員聯合會)가, 1919년 2월 런던에서 열린 국제선원회의(國際船員會議)의 결의로 선원문제를 처리하기 위하여 ILO라는 기구에 특별한 배려를 요청했다는 것이다. 그 이유로써, 각 해운국에서는, 선원에 대하여 일반의 노동법과는 별도로 특별입법이 취해지고, 그 시행에 대해서도 각국에서 특별한 행정조직이 확립되어 있다는 것을 들고, ILO에서도 해상노동자의 문제를 취급하는 상설기관과는 별도로, 선원노동문제를 취급하기 위한 회의와 사무국을 설치해야 한다고 했다.

국제노동입법위원회는 이 두 가지 요청을 검토한 결과, 후자의 요청에 대해서는, ILO를 기구라는 점에서 분화하는 것을 피하고, 「선원에게 부여되어야 할 최저한도의 이익에 관한 특별한 문제는, 선원문제를 과제로 하는 특별한 국제노동총회에서 취급해야 한다.」는 결의를 하게 되었다.

이로 인해, 선원노동의 특별성을 배려하는 대응을 도모하는 한편, 전자의 요청인 국제선원법전의 작성도, 그 안에서 대처한다는 방향을 취했다. 또, 국제선원회의의 요청, 기구라는 점에서는 채용되지 않았기 때문에, 관계자의 불만을 샀던 일도 있어, 그것이 계기가 되어 합동해사위원회(合同海事委員會)(뒷면 참조)가 설정되어있다.

심의결과, 국제노동입법위원회는, 선원문제만을 의제로 하는 특별한 국제총회를 열어야 한다는 결의를 채택했으나, 선원문제를 최종적으로 처리해서, 조약이나 권고를 채택하기 위한 특별한 국제노동총회(즉, 海事總會)의 성격을 명백히 한 것은, 1919년 10월에 개최된 제1회 총회였다.

이 총회에서 채택된 1호 조약(1일 8시간 노동제를 규정하고 있다)은 그 중에서, 바다 및 육지의 항행에 관한 규정은 바다(海) 및 육지(陸地)항행에 관한 고용문제를 심의해야 할 특별회의에서 규정한다(제1조 2항)고 했다. 그리고 선원을 포함한 모든 노동자에게 적용되는 일반원칙 이외의 선원문제는, 모두 특별한 해사총회에서 취급해야 한다고 하는, 결의까지 곁들여서 채택했다. 해사노동에 관한 ILO기준을 ILO총회의 특별해사총회에서 심의한다고 하는 관행이, 여기에서 처음으로 성립되었다.

이 해사총회는, ILO 헌장 상으로나 육지노동을 취급하는 총회와 하등 다를 것이 없고, 선원문제만을 의제로 한다는 점에서 구별하고 있는 것뿐이다.

이와 같이, 선원문제는 해사총회에서 취급하는 것을 원칙으로 하고 있지만, 해사총회는 그 의제를 해운산업에 한정하고 있기 때문에, 일반 총회와 같이 정기적으로 매년 열지 않고, 수년의 간격을 두고 있다. 그렇기 때문에 긴급하게 처리해야 할 필요가 있는 선원 문제는, 해사총회 또는 합동해사위원회의 결의에 따라, 일반 총회의 의제로 되는 길이 열려져 있다.

### (1) 海事總會와 準備技術海事會議

해사총회의 경우는 그 의제나 일정에 대해서는 사전에, 합동해사위원회(JMC Joint Maritime Commission)에서 심의되고 있다. 그러한 해사특유의 2회 토의절차도 일반총회의 경우와 다르다. 거기에는 다음과 같은 경위가 있었다.

ILO에서, 2회 토의절차가 채택된 것은 1922년부터 그때까지는, 일반총회에서나 해사총회에서도 조약 · 권고가 1회의 심의만으로 채택되고 있었다. 이러한 개정이 이루어진 배경의 하나에는, 1회 토의만으로 조약 · 권고까지를 채택하게 되면, 한정된 시간 안에, 결론을 찾아내기가 어려워지고, 사무국의 작업량도, 팽대(막대)해진다는 이유가 있었다.

이 새로운 2회 토의절차는 1929년의 제13회(해사) 총회에서 심의한 4의제가, 선원의 노동시간 규제를 둘러싸고 노사의 논의가 분규화 되었기 때문에, 1936년의 제21회(해사)총회에서, 겨우 조약 · 권고로써 채택된다고 하는 사태를 불러 일으켰다.

그래서, 전후(戰後)에는, 일반총회에 있어서의 제1차 토의에 해당되는 예비적 심의를 하는 것으로 해서(원칙으로 해서) 해사총회의 전년에 준비기술해사회의(準備技術海事會議: Preparatory Technical Maritime Conference, 또는 해사준비총회라고도 한다)를 개최하고, 이듬해의 해사총회에서 제2차 토의를 한 후, 조약 · 권고를 채택하게 되었던 것이다. 그렇게 해서, 해상노동에 관한 ILO조약 · 권고는, 형식적으로는 해사위원회에서의 1회 토의만으로 채택되지만, 실질적으로는 2회 토의가 이루어져서 채택되고 있다. 그러한 의미에서, 해사준비총회가 하는 역할은 매우 중요한 것이 된다.

이렇게 해서 채택된 해상노동에 관한 조약과 권고의 수는, 각각 49와 37을 헤아리고 있다(이 숫자는 2000년 초기의 자료에 의한 것이다. 현재는 더 늘어났을 것으로 예상된다).

2014년까지 채택된 조약과 권고의 수가 189와 201을 기록하고 있다는 현실을 감안한다면, ILO에 있어서의 해상노동문제가 점하고 있는 지위는 상당히 크다는 것을 알 수 있다.

### (2) 合同海事委員會

ILO의 기구 중에는, 3자구성에 의한 각 산업별위원회가 설치되어, 각각 그 산업의 고유의 문제에 대하여 토의하고 있다. 이 합동해사위원회는 노사만으로(2자 구성) 구성된 위원회이기 때문에, ILO에서는 특이한 것이다. 이외에도 「공무합동위원회가 있다.」

합동해사위원회는, 해사총회, 해사준비총회, 해사관계의 3자구성 소위원회 등의 소집, 개최일정 및 장소에 대하여 이사회에 제안하는 한편, 해사관계의 모든 문제를 검토해서, 이들이 회합하는 의제에 대하여 이사회에 제안하는 것을 임무로 하는 자문기관이다. 위에서도 알 수 있듯이, 이 위원회는 ILO의 해상노동문제의 처리에 있어서 매우 중요한 역할을 하고 있다.

위원회의 구성은, 당초에는 각 5명으로 되어 있으나, 그 후 노사 각 21명(20명+이사회가 임명하는 1명)으로 구성되어 있다. 이들 위원은, 해사총회에 출석하는 노사의 대표가 그룹별로 선출하고, 그것을 총회가 승인하는 것으로 되어있다.

## 제3절 이사회

### 제1항 任務 · 權限

이사회(Governing Body of the International Labour Office)에는 몇 가지 임무가 있다.

그 첫째는, 사무국을 감독하는 것이다(헌장 2조). 즉, 사무총장을 임명하고, 그에게 지시를 부여한다(8조 1항). 자금의 적정한 지출, 직원취업규칙(職員就業規則)의 개정, 특별한 조사 등에 대해서는 사무국을 지시 · 명령하고, 또는 사무국안(事務局案)을 승인한다(10조, 13조, 9조 등). 근년에 와서는 그 외에도 사무국으로부터 제출된 주요사업계획이나 예산, 인사, 회의개최 등에 대하여, 이사회 또는 그 임원에 의한 승인을 부여하고 있다.

둘째, 총회의 집행기관으로서의 역할이 있다. 즉, 총회의 의제 · 장소 · 일시를 정해서 소집하고, 채택되어야 할 조약 · 권고에 대해서는 충분한 사전협의가 이루어지도록 필요한 절차를 정한다(헌장14조 2항). 경우에 따라서, 이사회는 총회로부터 부탁(위탁)된 일정한 사항에 대해서도, 그것을 행한다.

세 번째로, 이사회에는 조약·권고의 적용에 대하여 중요한 임무를 부담하고 있다(제1부 3장 참조). 여기에서, 이사회의 임무로 되어 있는 것은 다음과 같은 것이다.

(a) 총회에서 채택된 조약·권고의 권한 있는 기관에의 제출에 대하여, 가맹국 정부가 사무총장에게 통지해야 할 사항을 정한다(헌장 19조 5항(c)호 등).

(b) 미비준의 조약과 권고에 대하여, 사무총장에게 보고해야할「적당한 간격」을 정한다(동(e) 호).

(c) 비준된 조약에 대하여, 정기적으로 사무총장에게 보고해야할 사항을 정한다(22조).

(d) 헌장 24조에 따른 신청이 사무총장에게 제출된 경우에는, 수리(受理)의 가능성을 판단해서, 정부에 통지하고, 변명을 요구한다. 수리가능하다고 결정한 경우는, 3자구성의 이사에 의한 심사를 하게하고, 그 결과를 공표할 것인지의 여부를 결정한다(헌장 24~25조).

(e) 헌장 26조에 따른 고충이 사무국에 제출된 경우나, 이사회 스스로의 발의 등에 따라, 필요에 따라 심사위원회를 설치해서, 심사보고를 하도록 한다(헌장 26~29조).

네 번째는, 헌장에 따라 직접적으로 규정된 것은 아니지만, 현재 이사회의 중요한 임무의 하나로 되어 있는 것으로 다음과 같은 것이 있다.

(a) 이사회가「필요하다고 인정한」ILO조약에 관한보고 등의 검토. 예를 들면, 1951년의 동일보수조약(同一報酬條約)등과 같이, ILO조약 중에는「이사회가, 필요하다고 인정할 때에는, 그 조약의 운용에 관한 보고를 총회에 제출해야 하며, 또 이 조약의 전부 또는 일부의 개정에 관한 문제를 총회의 의사일정에 넣어야 할 것인지에 대한 가부를 검토해야 한다.」고 규

정하고 있는 것이 있다.

(b) 조약권고적용전문가위원회(條約勸告適用專門家委員會)의 위원을 임명한다.

(c) 「결사의 자유에 관한 실정조사조정위원회(實情調査調停委員會)」의 위원을 임명하고, 그에게 신청을 부탁해야 할 것인지의 여부를 결정하고, 그 보고를 받는다.

(d) 이사회의 부속위원회의 하나인 「결사의 자유에 관한 위원회」를 설치해서, 신청에 대한 심사를 하게 하고, 그 보고를 받는다.

(e) 이사회는 또, 스스로 「다국적기업 및 사회정책에 관한 원칙의 3자선언」과 같이 선언을 발표하는 일이 있다. 그리고 이 적용에 관해서 이의가 생겼을 경우의 해석권을 가지고 있다.

다섯 번째는, 헌장에 정함이 있는 이사회의 임무로서, 지역사회에 관한 규칙을 정하고, 그것을 확인하기 위하여 총회에 제출하는 것(헌장 38조 2항).

또, 조약의 해석에 관한 분쟁 또는 의문을 해결하기 위한 재판소(법원)의 설치에 관한 규칙을 작성해서, 그 승인을 위하여 총회에 제출하는 것(37조 2항).

여섯째로, 이사회는 회합의 장소 · 시기를 정하고, 의사규칙을 규정한다(7조 8항 등).

## 제2항 理 事

### (1) 政府理事

이사회는 정부를 대표하는 28명의 이사와 노사를 대표하는 각 14명을 합해서 모두 56명의 이사로 구성된다(헌장 7조). 정부대표 28명중 10명은 주요 산업국(상임이사국)인 가맹국이 임명한다. 그 외에는 이 10개국을 제외한, 총회에 있어서의 정부대표에 의해 선정된 18개국이 임명한다. 참고로 1999년 현재의 이사에 대해서는 별도의 자료편을 통해 소개하고자 한다.

상임이사국은 현재, 브라질, 중국(中國), 프랑스, 독일, 이탈리아, 일본, 인도, 러시아, 영국(英國), 미국(美國)이다. 주요 산업국의 결정에 대해서는, 헌장 7조 3항에 「이사회는 필요에 따라서, 어느 나라가 당기관의 주요 생산국다운 가맹국인지를 결정한다.」고 되어 있다. 이러한 점은, 지금까지 이론(異論)을 주장한 나라가 없었던 것은 아니지만, 1980년 미국이 ILO에 복귀하고 나서는, 그 멤버로 인정되어 있다. 또 이사회가 한 주요산업국의 결정에 대하여, 가맹국은 이것을 총회에 제소할 수 있다는 취지의 규정은 있으나, 지금까지 그 예는 없다. 또 18명의 정부측 이사를 임명해야 할 가맹국은, 상임이사국을 제외한 총회의 모든 정부대표에 의해 선정된다. 이를 위한 정부 선거단이 구성되고 비밀투표를 하게 된다.

### (2) 勞使理事

한편 노사측 이사는 노사각측의 모든 대표에 의한 선거단이 구성되고, 마찬가지로 비밀투표를 하게 된다. 그런데, 노사의 이사를 선출하게 되는 것은 개인(민간)이고, 정부 선거단에서 선출되는 것은 「이사를 임명해야 할 가맹국」이라고 하는데서 이점은 다르다.

위의 선거에 의해 당선된 이사의 임기는 3년이고, 재선을 막지 않는다. 상임이사국에 의해 임명되는 이사는 임기가 없고, 임명자에게 위임되어 있다.

따라서 나라에 의해 빈번하게 교대가 이루어지는 경우가 있는가 하면, 나라에 의해 동일인을 장기간 이사에 머물러 있게 하는 경우 등이 있다. 상임이사국의 이사로 장기간에 걸쳐 이사를 맡거나, 노사의 이사로 재선을 거듭하거나, 장기간에 걸쳐 이사를 맡아, 이사회에 공헌한 이사도 적지 않다.

### (3) 理事의 缺員과 理事의 地域的 配分

가맹국에 의해 임명되는 이사에는 결원이라는 문제가 생기지 않는다. 결원이 생겼을 경우에는, 그 나라가 후임자를 임명하면 되기 때문이다. 또 언제 이사를 교대시켜도 차질이 없기 때문이다.

그러나 개인의 자격에 의해 선출되는 노사의 이사에 결원이 있을 경우에는 다시 절차를 갖추어야 한다. 총회기간 중에는, 노사의 각 그룹이 선거인단을 조직해서 선거를 하게 된다. 또 그 이외의 기간에는, 이사회의 노사그룹이 선거에 따라 보충하고, 차기 총회에서, 각각의 선거단(選擧團)의 확인을 구한다. 확인이 얻어지지 않을 경우에는, 곧바로 새로운 선거를 하게 된다. 흔치 않은 경우이지만, 이사를 임명하도록 선정된 나라에서 결원이 생겼을 경우(탈퇴 등)에도, 같은 절차가 취해진다. 또 선거로 된 나라의 이사가 사퇴하고, 다른 나라의 이사를 선거하는 일도 종종 있다.

비상임이사국이나 노사이사의 선출에 있어서는, 사전에 각 그룹에서 협의가 이루어지고, 그 결과에 따라 지역적 배분을 어느 정도 고려한 배려가 이루어지고 있다. 단지, 이에 대해서도 반드시 이의가 없는 것은 아니다. 또 가맹국의 증가에 따라 이사의 증원을 요구하는 소리가 높아지고 있다. ILO설립당초의 가맹국은 42개국이었고, 당시의 이사국은 24(상임이사국 8, 비상임이사국 4, 노사 각6)개국이었다. 그 후에는 가맹국의 증가에 따라, 점차 증가되고 있기는 하지만, 이따금 증원을 요청하는 소리가 나오고 있다.

그래서 1986년에는 이사회를 116명인 배수로 늘린다는 것 등, 그 지리적 배분의 특정 사회주의국에 일정한 이사를 할당시키는 것 등을 포함한 헌장개정안이 제출되고 있었다. 단지, 발효를 위한 규정요건을 충족시키지 못하고, 또 그 후의 세계정세의 변화도 있어, 개정안의 발효 전망은 밝지 못했다. 역시 그 안에서는 상임이사국제도가 폐지되어 있었다.

### (4) 副理事

이사회에는 부이사가 있다. 앞에서 말한 정부 선거단은, 이사를 임명해야할 나라 외에 다시 28개국을 선정해서 정부측 부이사를 임명하게 된다. 또 노사의 선거단은 각 19명의 부이사를 선거한다. 이것은 이사회에의 참획을 희망하면서 이사가 아닌 정노사의 요망에 응한 것이다. 부이사는 발언권을 갖게 되지만 투표권은 없다. 단지 정이사 각 그룹으로부터 일정한 절차를 거쳐서 수권(授權)된 경우에는, 투표권을 갖는다. 또 부이사는 이사회에 설치되는 위원회의 정위원이 될 수 있다. 그리고 이사 또는 부이사에는 대리(代理)를 둘 수 있는 규정도 있다.

부이사의 정수는 1995년의 총회의사규칙(總會議事規則)의 개정에 따라 증원된 것인데, 정부에 대해서는 정부이사(正副理事)를 합하게 되면 위에서 말한 1986년의 헌장 개정안에 의한 이사수 56명과 동수가 된다. 또 지리적 배분에 대해서는 이미 헌장개정안을 받아들이는 합의도 성립되어 있다.

개정안의 정부측 이사의 지역적 배분은, 아프리카 13, 미주(美洲)12,구주와 아시아가 서로 3년마다 14와 15로, 나머지 2석 중 하나는 아프리카와 미주에 나누고, 또 하나는 구주와 아시아가 그룹에서 나누기로 되어있다.

### (5) 기 타

분담금의 지불지체(支拂遲滯)가 있었을 경우에는, 투표권의 정지를 규정하는(헌장 13조 4항)규정이 있다는 것은 앞에서도 언급했지만, 이것은 당해 가맹국이 지명 또는 임명한 자(총회에 있어서의 정노사 대표와 고문)와 이사회의 가맹국에 의해 임명된 이사 등에 대해서만이고, 노사의 이사에는 미치지 않는다. 이 점은 과거에 상당한 논의가 있었으나, 현재는 이사회의사규칙(17조 4항)에서, 명확히 규정되어 있다. 이 경우에 투표권의 균형을 유지하기 위한 특단의 조치를 요하지만, 거기에 관한 규정은 없다. 이것은 드문 경우이기 때문에 상정(想定)하지 않고 있는 것으로 생각된다.

## 제3항 委員會

이사회에는 그 임무를 충분히 이행하기 위해서, 각종의 위원회를 설치하고, 예비적인 토의를 하고 있다. 다음에 거론되는 위원회는 1993년에 재편되어, 현재에 이르고 있는 것이다.

「結社의 自由委員會(CFA)」 결사의 자유에 관한(대부분이 87호와 98호 조약 관련) 신청은 이 결사의 자유위원회에서 심의한다. 위원은 정노사 각 3명 외에 위원장에는 외부의 유식자가 추가된다.

[計劃財政 管理委員會(PFA)] 이사회의 의장을 위원장으로 해서, 동수의 투표권을 가진 정노사 위원으로 구성되며, 예산 기타의 재정관리문제를 심의한다. 가맹국에 대한 분담금의 할당에는, 이 위원회의 정부위원만으로 논의되고, 이사회의 양해를 얻어 총회에 제출된다.

ILO가 가지고 있는 부동산을 관리하기 위한 소위원회(정노사 각2명)를 둔다.

[법률문제 및 국제노동 기준위원회(LILS)] 총회나 이사회 등의 의사규칙을 심의하는 외에, 각국으로 하여금 보고를 하도록 요구해야 할 조약·권고나, 그 보고의 양식 등에 대하여 심의한다. 이 위원회 밑에 다국적 기업위원회(多國籍 企業委員會: 정노사 각 6명)와 노동기준의 개정에 관한 작업부회(정 10, 노사 각8)를 두고 있다.

[雇用·社會政策委員會(ESP)] 고용과 사회정책에 관한 각종의 문제를 취급한다. 세계고용보고(世界雇用報告)등도 여기에서 심의된다.

[技術協力委員會(TC)] 기술협력에 관한 문제를 취급한다. 예를 들면 기술협력의 실시상황에 대한 보고 등을 받고, 그 계획의 책정이나, 방침 등을 토의한다.

[産業別會議·技術會議 및 關聯問題에 관한 委員會(STM)] 여기서는 산업별회의의 기획·개최나, 거기서 채택된 결의나 결론 등의 폴로-업에 대하여 심의한다.

이외에도, 이사회에 직속되어 있는 형식으로, 현재 「국제무역의 자유화의 사회적 측면에 관한 작업부회」가 설치되어 있어 노동기준과 사회조항의 관계에 대하여 논의할 수 있도록 하고 있다.

이들 위원회의 위원은, 이사회에 의해(소위원회 등의 경우는 그 상급위원회 등에 의해)임명되지만, 위에서 말한 이외는 위원정수에 제한이 없고, 정노사 각 그룹의 사전협의를 거쳐 이사회에서 결정한다. 위원회에서는 정노사가 동수의 투표권을 가질 수 있도록 멤버수가 미리 정해지거나, 또는 총회위원회와 마찬가지로 3자의 비중을 같거나 비슷하게 한다.

역시, 이들 위원회와는 별도로 이사회가 그 위원을 임명하는 「條約勸告適用專門家委員會」가 있어 현재 20명의 전문가에 의해 구성되어, 매년 11월~12월에 걸쳐서 2주간 정도 제네바에서 회합을 갖는다. 그 임무에 대해서는 제1부 3장을 참조했으면 한다. 또 후술하는 「결사의 자유」에 관한 실정조사조정위원회(實情調査調停委員會)는 설치되지 않고 있다.

총회에서는 본회의와 위원회 심의가 동시 병행적으로 진행되지만, 이사회에서는 위원회심의가 선행되고 있어 이사회가 그 보고를 듣는 것을 기본으로 하고 있다. 위원회심의도 상호 중복이 없도록 배려되지만, 스케줄의 관계로 할 수 없을 경우도 있다.

### 제4항 結社의 自由委員會

이사회의 부속위원회로써 결사의 자유를 다루는 「결사의 자유위원회」가 있다. 동 위원회의 설치에 앞서 1950년 1월에 ILO와 국제연합은 상호(양자)의 협정에 따라, 결사의 자유의 침해를 국제적으로 감시하는 것을 목적으로 「결사의 자유에 관한 실정조사위원회」를 설치했다. 이 위원회는 국적의 여하를 불문하고, 개인의 자격에 따라 뽑힌 9명의 위원으로 구성되어, ILO이사회가 부탁하는 고충신청 소위 말하는 제소(提訴)를 공평한 입장에서 조사할 수 있는 것이다.

국제연합(UN)의 총회나 경제사회이사회로부터 공식으로 ILO에 회부되는 안건은 별도로 하고, 이 위원회에서 취급하는 것은, 정부나 노사단체로부터 보내온 결사의 자유의 침해에 관한 고충신청만을 다루게 되는 것이다.

당초에는 가맹국의 정부나 노사단체로부터 제출되는 신청을, ILO이사회의 임원이 그 예비심사를 했던 것이다. 그러나 그 건수가 급증되는 등 업무의 폭주를 덜기 위해 1951년 11월에 이사회는 그 부속위원회로서 「결사의 자유위원회」를 설치해서 예비심사를 맡기게 되었다.

이사회의 「결사의 자유위원회」는 정노사 각각 3명 모두 9명의 위원으로 구성되고, 위원은 자국의 안건이 심의되는 경우에는, 거기에 참석하지 않는 것으로 되어 있다. 위원회는 안건을 심위한 후, 개개의 안건마다 집행해야 할 조치를 권고하는 보고서를 제출하고, 이사회는 이에 따라서 관계국에 필요한 조치를 요구하게 된다. 지금까지 제출된 안건은 약 2000건이나 되지만, 그 대부분은 이 위원회의 단계에서 처리되고, 실정조사조정위원회(實情調査調停委員會)가 발동한 일은 많지 않다. 특별히 실태를 상기하기 위해서 지적한다면, 1963년의 도라이야위원회의 현지조사와 권고를 들 수 있다(도라이야라는 위원회 명칭은 실정조사조정위원회의 조사단장인 도라이야씨의 이름을 따서 만든 것인데, 이 조사 활동을 위해 현지인이 일본에 와서 상당기간동안 공무원을 비롯한 여러 공무부문과 관련된 87호 조약의 실태를 조사한 사건으로 유명하다).

### 제5항 理事會運營의 實際

이사회는 매년 11월(가을)과 3~4월(봄)에 두 번 개최되는데, 이외에도 총회가 끝난 후에 하루만 회합을 갖게 된다.

총회후의 이사회에서는, 주로 이사회의 의장(1명)과 부의장(2명)의 선거가 있고, 이사 선출 후에는 이사회의 각위원회의 멤버를 선정하게 된다.

이사회의 의장과 부의장은 정이사 중에서 선출하게 되지만, 정부측 이사가 의장을 맡게 되고, 노사의 각 이사가 부의장을 맡는 것이 관례로 되어 있다. 그런데 노사이사로부터 의장에 선출된 예도 있다. 임기가 정해져있지는 않지만, 근년에 와서는 1년마다 교대된다.

이사회는 이사회의 본회의나 이사회의 각 위원회의 심의 등을 말하는데 토일(土日)의 휴일을 합해서 약 2주정도의 회기가 된다. 또, ILO의 사업계획과 예산이 심의되는 2년에 한번(1회)있는 봄(春) 회기에는, 이 심의를 위한 일수가 별도로 추가된다. 결사의 자유위원회는 봄 · 가을(春秋)이외인 6월에도 총회 전에 1주간의 회합을 갖는다.

의제는 의장이 사무총장과 협의해서 작성한다. 의제는 보통 약 20정도가 되는데, 항상적인 의제로서는 ① 전회의 의사록요지의 승인, ② 총회의 일시 · 장소 · 의제의 결정, ③ 사무국으로부터 제출된 총회의 제안의 검토, ④ 총회에 제출해야 할 사업계획과 예산의 승인, ⑤ 각종의 위원회나 회의를 보고 승인, ⑥ 총회에서 채택된 결의에 대하여 집행해야할 조치의 결정, ⑦ 앞으로 개최될 제 회의의 구성이나 의제 등의 승인 등이 있다. 이 외에 그때그때 토의해야 할 의제가 추가되기도 한다. 또 때로는 사무총장의 임명을 위한 선거도 이루어진다.

또 이사회(본회의)에서는, 각 위원회나 작업부회 등의 보고를 듣고, 그것을 채택한다. 여기서는, 위원회의 토의결과를 그대로 채택하는 케이스(경우)도 많지만, 결사의 자유위원회보고 등을 비롯한 중요의제에 대해서는 진지한 토의가 이루어진다. 그래서 이사국 이외의 가맹국 정부의 출석도 많이 볼 수 있다.

이사회의 정족수는 33명의 출석이사로 되어있다. 표결은 다수결을 원칙으로 하지만, 예를 들면, 총회에 1회 토의를 요청하는 경우에는 투표의 5분의 3을 요하는 등(이사회 의사규칙 18조), 특별한 투표방법도 규정되어 있다. 또, 총회와 달라서 이사회에는 고문의 규정이 없지만, 이사대리(理事代理)라는 제도가 있다. 정이사가 결석했을 경우에는 이사대리가 정대표의 모든 권리를 가질 수 있다고 되어있다. 지금도 노사에 대해서는 이사대표의 임명 방법에 대해서 완전한 자유를 갖는다고 되어 있기 때문에, 경우에 따라서는 공적 국제기관이나 민간국제기관의 대표가 이사가 될 수 있다. 이사회의 사용언어는 영어 · 프랑스어 · 스페인어로 되어 있고, 여기에는 통역이 붙는다.

단지, 이사는 자기의 책임과 비용으로 통역을 실내(室內)에 넣을 수 있다는 것을 허용하고 있다. 마지막으로 이사회는 다음 회합의 일정을 정하고, 의장의 인사를 끝으로 폐회한다.

지금도 ILO는 이사회에의 참석에 대해서는 노사에 대하여 여비를 지급한다. 정부에 대해서는 각국이 부담한다.

## 제4절 事務局

### 제1항 任 務

사무국에는 사무총장(Director General)을 둔다. 사무총장은 이사회에 의해 임명되고, 이사회의 방침 하에서, 국제 노동사무국(International Labor Office)의 능률적인 운영과 위탁되는 임무에 대하여 책임을 진다(헌장 8조 1항).

또, 사무국의 임무에 대해서는 헌장 10조에서 다음과 같이 규정하고 있다.

국제노동사무국의 임무는, 노동자의 생활상태와 노동조건의 국제적 조정에 관한 모든 사항에 대한 자료의 수집 · 배포, 특히 국제조약의 체결을 목적으로 해서 총회에 제출하기로 제안되어 있는 사항의 심사, 그리고 이를 비롯해서, 총회나 이사회가 명하는 특별한 조사의 실시를 포함한다고 되어 있다(동조 1항). 또, 사무국은 이사회가 부여하는 지시에 따라서, 다음과 같은 것을 한다고 규정하고 있다(동조 2항).

(a) 총회의 회합을 위한 의사일정과 각종의제에 관한 서류를 준비하는 것.

(b) 총회의 결정에 따라서 이루어지는 법률과 규칙의 입안, 그리고 행정상의 관행과 감독제도의 개선에 관해서, 정부의 요청이 있었을 때에는 가

능하고 정당한 모든 지원을 거기에 부여한다는 것.

(c) 조약의 실효적인 준수에 관해서, 헌장의 규정에 따라 사무국에 요구되는 임무를 수행하는 것.

(d) 국제적인 관계를 가진 산업 · 고용의 문제를 취급하는 출판물을, 이사회가 바람직하다고 인정되는 언어로 편집 · 간행하는 것.

그리고 사무국은, 총회 또는 이사회가 위탁한 사항에 관한 권한과 임무를 갖는다고 되어 있다(동조 3항).

현재의 사무국의 업무는, 헌장상의 규정에 따라 실시되고 있으나, 그것을 구체적으로 보면 다음과 같이 되어 있다. 먼저 조사활동에 대해서는 사무국의 주요업무가 광범하게 이루어지고 있으나, 헌장에서 말하는 「특별한 조사」는 조약 · 권고의 감시절차의 하나라고 볼 수가 있다. 이러한 사례가 많지는 않지만, 과거에 여러 차례 그러한 경우가 있었다. 또 이 특별조사는 조약 · 권고의 적용에 한정된 것이 아니고, 특정한 테마에 대하여 세계적, 혹은 일국(한나라)에 한해서 이루어지는 것도 포함된다. 오래된 일이지만, 일본이 소셜덤핑에 관한 조사단을 받아들인 일이 있다(1934년의 모렛드조사단).

앞에서 말한 헌장 8조 2항 (a)의 총회를 위하여 사무국이 준비해야하는 것으로는 ① 세계의 노동경제, 정세를 분석하고, 앞으로의 ILO의 활동 방침 등을 제시하는 사무총장보고의 작성, ② 총회의 의제가 되는 사항에 대한 각국의 법률과 관행을 조사한 개요보고서의 작성, ③ 매회계 연도의 ILO의 사업계획 · 예산서안의 작성 등이 있다. 또, 같은 항목 (b)의 가맹국의 요청에 의한 원조의 제공에 대해서는, 1946년의 헌장개정에서 새로이 설정된 것이고, 그 때까지 관행적으로 이루어져 왔다. ILO의 기술협력을 명문화 한 것이지만, 현재의 ILO기술협력에서 보면, 아직도 한시적인 규정인 것이다. 그리고 그 무렵 (e)은 총회나 이사회에 있어서의 감시절차의 사무로서, 헌장 19조, 22조, 26조와 관련되는 작업인 것이다. 즉, ILO사무국은 조약권고적용전문가위원회나 총회의 준비적용위원회, 결사의 자유위원회의 사무국을 맡고 있다.

## 제2항 事務總長과 職員

### (1) 事務總長

사무총장은 이사회에서 임명되고(때로는 선거에 의한다), 또한 이사회의 지시 하에서 업무를 운영한다.

현재의 사무총장은 가이라이더(영국출신)씨로서 2012년 5월 28일의 이사회에서 선출되어 10월 1일에 취임했다.

ILO의 歷代 事務總長은 다음과 같다.

| 대 | 이 름 | 국 적 | 재임기간 |
|---|---|---|---|
| 1代 | 알버트, 토마(Albert Thomas) | 프랑스 | 1920~1932 |
| 2代 | 해럴드 · 버틀러(Harold Butler) | 영국 | 1932~1938 |
| 3代 | 존. 와이난트(John G. Winant) | 미국 | 1932~1941 |
| 4代 | 에드워드. 필란(Edward Phelan) | 아일랜드 | 1941~1948 |
| 5代 | 데이비드. 모스(David A. Morse) | 미국 | 1948~1970 |
| 6代 | 윌프레드. 정크스(C. Wilfred. Jenks) | 영국 | 1970~1973 |
| 7代 | 프랑시스. 블랑샤르(Francis Blanchard) | 프랑스 | 1974~1989 |
| 8代 | 미셸 안센느(Michel Hansenne) | 벨기에 | 1989~1999 |
| 9代 | 후안 소마비아(Juan Somavia) | 칠레 | 1999~2012 |
| 10代 | 가이 라이다(Guy Ryder) | 영국 | 2012. 5. 28~ |

■ **歷代 ILO事務總長**

ILO의 역대 事務總長을 보면, 1919년에 선출된 알베르 토마 초기 사무총장에서부터 후안 소마비아 전 事務總長(9代)에 이르기까지 9명의 事務總長이 그 職을 역임했고, 2012년에 당선된 가이라이더 현 총장은 제10代 事務總長이 되는 셈이다.

• 初代: 알베르 토마(Albert Thomas: 프랑스·1919~1932)

저널리스트이기도 한 토마씨는 고향인 샹피니쉬르마른市의 市會議員 · 市長, 센(Seine)주 選出 下院議員, 武器 · 軍需國際次官을 거쳐 軍需長官을 역임했고, 제1회 ILO총회가 1919년 11월에 워싱턴에서 열리고 있던 바로 그 때 타른(Tarn)州의 代議士로 선출되었다. 그때 알베르 토마는 同年 11월에 열린 제1회 理事會에서 초대 ILO사무총장에 선출되었다. 선출된 그 때부터 토마 事務總長은 모든 것을 ILO활동을 위해 전력했다.

토마 事務總長은 설립 초기부터 ILO를 풀가동시키면서 수년 사이에 런던의 個人住宅에서 함께 일하고 있던 몇 명의 직원과 함께 事務局을 제네바의 독립된 건물로 옮기고, 400명의 직원을 둔 國際的인 組織으로 키웠다. 처음 2년 동안에 16개의 條約과 18개의 勸告가 채택되었고, 1920년 이후에는 官報(Office bulletin)와 지금도 계속되고 있는 「International Labor review(國際勞動評論)」誌 등의 간행물을 계속 발간하는 등 야심적인 출판계획을 실현하기도 했다. 토마 사무총장은 특히 多國籍인 事務局員 팀의 採用에 항상 배려를 아끼지 않음으로써 그 리더십은 무진장의 열의와 폭발적인 에너지를 갖춘 機關이라는 ILO의 이미지를 확립하는데 기여했다.

그러나 이 열의는 머지않아 팽배하고 있는 저항에 부닥쳤고, 전쟁 직후의 樂觀主義는 마침내 의혹과 비관론의 길을 찾게 되었고, 일부의 가맹국에 의한 ILO의 權限도 활동의 제약을 받아야 하는 시련을 맞게 되었다. 첫째로, 總會에 의한 條約 · 勸告의 양산은 너무 앞서 있었고, 패스도 너무 빨라서 政府와 議會가 따라갈 수 없다고 생각할 정도가 되었다. 批准 數가 넘쳐날 정도라는 것을 감안해서, 사무총장은 條約 · 勸告의 과잉생산을 중지해야 한다는 결론에 이르렀고, 둘째는 사무국의 출판사업이 비판을 받게 되어 조사연구의 객관성과 중립성에 대한 의문의 소리가 높아지게 되었다. 동시에 ILO의 기능을 제한하려는 시도도 보였다. 1921년에 프랑스 정부는 ILO에는 農業問題를 취급할 權限이 없다는 입장을 취하고, 상설 國際司法裁判所에 勸告的 의견을 요구하는 데까지 이르렀다. 재판소는 憲章의 제한적인 해석을 부정하고, ILO의 권한은 실제 농업부문에서 일하고 있는 사람들의 勞動條件의 國際的인 규제에 미친다고 인정했다. 1922년, 1926년에도 재판소를 이용해서 ILO의 활동 범위를 제한하려는 시도가 보였으나 모두 실패했다.

또 하나의 심각한 난관은 재정문제였다. ILO는 헌장상 동시에 설립된 국제연맹에 재정적으로는 존속하고 있었지만, 일반적인 모든 정책사정에 대해서 헌장은 ILO는 절대적인 독립성을 규정하고 있었다. 1921년에는 이사회에서 정부그룹의 주동으로 ILO의 예산을 140만 달러 가까이 인하하려고 공작했고, 그 후 그것이 ILO의 표준적인 예산수준이 되었다.

豫算의 制約은 활동의 억제와 사업계획의 통합을 요청하게 되었지만, 그것은 도리어 긍정적인 파급효과를 내게 되었다. 1922~31년의 사이에 총회가 매년 열리기는 했으나, 채결된 協約은 15개, 勸告는 21개에 지나지 않았고, 기준설정활동의 제한은 각국 정부가 적절하게 대처함으로써 계약의 규정을 국내법규에 적용하는 수법을 가능하게 했다. 그런데도 協約의 비준 수는 증가했고, ILO의 기준은 생활 · 노동조건의 개선에 효과적인 영향을 미치기 시작했다. 1926년에 도입된 중요한 이노베이션으로서 총회는 오늘날까지 계속되는 기준적용감시의 방법으로 政府報告를 검토하고, 獨自的인 보고를 매년 총회에 제출하는, 독립된 법률가로 구성된 專門家委員會를 設立했다.

ILO의 기본적인 사업계획의 성장은 억제되었지만, 활동의 정체를 의미하지는 못했고, 사무총장은 직원에게 모든 기회를 활용해서 ILO의 목적을 촉진하도록 계속 고무(鼓舞)했다. 존재의 중요성을 강력하게 신봉하고 있는 토마 사무총장은 많은 시간을 소비해가면서 세계각지를 찾아다니면서

ILO의 목적과 기능에 대한 지원을 요청했다. 모든 구주제국 외에도, 북·남미제국, 중국, 그리고 1928년에는 일본을 방문하는 등, 각국에 다대한 영향을 주었다. 1932년, 13년간에 걸쳐 ILO의 존재를 강력히 세계에 인식시킨 후 토마 사무총장은 54세에 逝去했다.

• **제2대: 해럴드 버틀러(Harold Butler: 영국·1932~1938)**

파리 평화회의에서 국제노동입법위원회가 설치됨에 따라 헌장 전문 제1차 草案의 起草에 참여하는 등, ILO의 창설에 따른 준비작업에 적극적으로 참가한 해럴드 버틀러씨는 제1회 ILO총회에서 書記局長을 맡았다. 그 후 ILO 事務次長이 되어 토마 사무총장의 한쪽 팔로서 그를 보필하다가 그가 서거함에 따라 1932년 事務總長에 임명되었다.

버틀러씨는 제1회 총회에서 서기국장으로서의 리더십을 발휘하면서 헌장에 포함된 원칙을 처음으로 실천에 옮기는 한편, 처음으로 경험하는 수많은 절차상의 기술적인 문제를 해결하는데 지도적인 역할을 했다. 1920년 1월에 파리에서 개최된 제2회 이사회에서 事務總長에 임명된 토마 사무총장이 최초로 한 일이 바로 버틀러씨를 사무차장에 任命한 것이었다. 버틀러 차장은 내부조직, 관리, 재무를 담당하면서 人事·採用問題에 특히 관심을 보였고, 참된 국제적인 직원을 육성하는 중요성을 항상 강조해왔다. 버틀러 차장은 국제성이 넘치는 職員으로부터 충실한 협력 자세와 높은 업무수행 수준을 얻는 것은 가능하다는 확신 아래 언어의 조화, 사무대행방법, 업무상의 사고방법의 차이로 인한 膨大한 困難에도 불구하고 채용된 직원들이 되도록 빠르게 통일적이고 均質的으로 충실한 國際公務員으로 변신할 수 있도록 하는데 노력을 아끼지 않았다.

서거한 토마 사무총장의 뒤를 이어 1932년에 버틀러 사무총장이 그 직을 맡게 되었을 때에는 前途가 매우 어려웠다. 경제면에서는 세계에 大恐慌의 暗雲이 몰아 닥쳤고, 各國政府는 自國의 國際收支를 지키기 위하여 무역과 외환에 제한을 두고 있었다. 실업자 수는 더욱 팽창했고, 재정, 경제, 사회의 안전보장은 서서히 침체하고 있었다. 정치적인 전개도 좋지 않았고, 軍縮會議는 합의에 이르지 못했다. 滿洲에서 일어난 사건은 國際聯盟의 권한을 짓밟아도 아무런 罰도 받지 않는다는 것을 보여주고 있었다. 많은 나라에서 치열한 政治不安이 곧 內戰化 될 것 같은 양상을 보이고 있었다. 비틀러 사무총장은 새로운 세계대전의 발발에 대비해서 ILO의 組織補强을 위한 조치를 강구했다. 사무총장이 생각하는 최대유일의 보강책이었던 미국의 ILO가맹은 1934년에 실현되었다.

버틀러 사무총장은 또한 ILO의 활동이 구주 이외의 나라들에게도 친숙해지기 위하여 이들 국가가 ILO의 활동에 보다 효과적으로 참여할 수 있도록 힘을 쏟았다. 1934년 총회에서 마침내 政府側 이사 16개국 중 7개국이 歐洲 外의 諸國이 되고, 이에 대응해서 노사 측 이사에도 구주외 제국 출신이 증가했다. 사무총장은 또한 구주 외 제국의 상황과 필요에 대한 이해를 높이고, 지원을 제공하기 위해 구주 외 제국과 사무국과의 직접적인 관계의 강화를 위한 조치를 강구했다. 중남미, 아시아, 중동에 직원이 파견되었고, 사무국 내에는 海外課가 신설되어 歐洲 外 제국의 특별문제에 더욱 주목하도록 하는 체제를 갖추었다. 1936년 1월에는 처음으로 지역총회가 칠레의 首都 산티아고에서 개최되었다.

버틀러 사무총장은 그의 임기 중 개별국의 勞動·産業問題를 점검하는데 진력했다. 1937년에는 워싱턴에서 처음으로 섬유산업 삼자구성 기술회의가 개최되었다. 그 후, 탄광, 화학, 기타 산업에 대해서도 노동시간에 대한 政勞使 삼자구성 기술회의가 열렸다. 이것도 전후에 설치된 산업별 노동위원회의 모델이 되었다.

버틀러 사무총장은 1938년 옥스퍼드 대학에 신설된 너필드(Nuffield) 기숙사의 사감이 되기 위해 ILO를 사임했다. 영국의 전시지역행정관, 정보업무를 담당하는 주워싱턴영국공사, 구주경제협력연맹 회장 등을 역임했지만, 그 동안 ILO에 대한 관심은 항상 갖고 있었다. 별세하기 1년 전인 1950년에는 결사의 자유에 관한 實情調査委員會의 위원으로 임명되어, ILO와의 공식적인 관계가 부활 되었다.

• 제3代: 존 와이난트(John G. Winant: 미국·1939~1941)

존 와이난트씨의 사회문제에 대한 관심은 프린스턴대학의 학생시절부터 자라났다. 1차 세계대전 전의 미국에서는 産業民主主義를 요구하는 투쟁을 주로 정치의 장에서 다투고 있었기 때문에 와이난트씨는 뉴햄프셔州에서 정계에 투신하면서 州 下院議員으로 선출되었지만, 곧 바로 공군에 입대하게 되어 해외에 부임되었다. 戰後에는 뉴햄프셔로 돌아와서 州上院 · 下院議員을 거쳐 1924년에는 주지사에 당선되었다. 와이난트 州知事는 進步的인 社會立法體系를 州內에 구축했다. 그 후, 대공황의 시작으로 인한 전국적인 성격의 사회문제의 변화에 따라 관심대상을 국가의 문제에까지 넓히게 되었다. 미국이 ILO에 가입한 1934년에 그는 다수의 노동자의 생활을 궁핍에 빠뜨리고 있던 비참한 스트라이크에 대한 공정한 해결책을 찾기 위해 미국 대통령이 설치한 전국섬유조사위원회의 위원장에 被任되었다.

와이난트씨는 1935년 4월에 ILO의 事務總長補로 피임되었지만, 같은 해 10월에 신설된 사회보장위원회의 위원장에 취임하라는 루즈벨트 대통령의 명에 따라 거기에서 일을 보게 되었다. 1936년에 다시 사무총장보로 돌아온 후에는 世界規模의 사회보장 사업계획의 개발에 특별한 관심을 가지고 업무를 수행했다. 1939년에는 버틀러 사무총장의 뒤를 이어서 사무총장이 되었는데, 그는 취임사에서 평화는 세계의 모든 사람들을 위한 최우선 사항이며, 사회정의에 뿌리를 두지 않는 한 평화는 찾아오지 않는다는 생각으로 사무총장직을 물려받게 되었다고 말하고 있다.

1940년 나치의 군대가 유럽을 석권했고, 이탈리아도 전쟁에 들어갔기 때문에 ILO는 실효적으로 그 중요한 민주주의의 支援源으로부터 고립되고 말았다. 사무국의 중심거점을 제네바에서 移轉하지 않으면 안 될 정도로 상황이 급박해져, 와이난트 사무총장은 캐나다 몬트리올에 새로운 활동거점을 설치하도록 주선했다. 1941년은 주런던미국대사의 임명을 받고 ILO을 辭任할 수밖에 없었던 와이난트 사무총장이었지만, 4년간의 대사시절에도 ILO에 대한 관심을 잊은 적이 없었고, 전시 중에도 ILO의 활동에 밀접하게 관계하면서 다양한 수단을 통해 노동기준과 사회정책의 적용 광대를 도모해왔다. 루스벨트 대통령의 逝去 後, UN經濟社會理事會의 미국대표로 임명되었고, 1946년에 그 직을 사임하고 나서 대사관 시절의 경험을 바탕으로 한 서적을 집필했다. 1947년 11월 大使時代의 경험을 쓴 2권 째의 책을 출판한 후에 서거했다.

• 제4대: 에드워드 필란(Edward Phelan: 아일랜드·1941~1948)

리버풀대학을 나온 필란씨는 영국의 공무원이 되어, 1916년에 새로 설치된 勞動省의 情報部에 배치되었는데, 1919년의 파리平和會義에 제출된 ILO의 창설에 관한 영국의 제안을 주도적인 입장에서 취합(정리)했다. 파리평화회의에서 영국대표단의 勞動部門 書記에 임명되어 워싱턴에서 열린 제1회 ILO총회 組織委員會의 書記補佐로 일했고, 총회에서는

수석서기로 임명되었다. 헌장기초에 참가한 필란씨는 ILO에 대하여 많은 지식을 갖고 있었다.

알베르 토마 시대 사무총장이 취임 후 처음으로 단행한 이사 중의 하나가 필란씨에게 사무국 직원의 포스트를 제시한 것인데, 필란씨는 ILO의 직원 제1호가 되었다. 그는 외교부 초대부장으로서, 토마 사무총장이나 버틀러 사무총장의 부재 시에서는 그가 사무국을 지휘했다. 1941년에 존 와이난트 사무총장이 사임함으로써 사무총장대행을 맡아왔고, 1946년, 1941년에 소급해서 효과를 갖게 되는 형식으로 사무총장에 임명되었다.

戰時狀況에서 통상적인 ILO總會의 개최는 불가능했지만, 加盟國들이 조속히 회의를 개최해야 할 필요성을 인식한 필란 사무총장은 필요한 협의과정을 거쳐 1941년 10월 뉴욕에서 특별총회로 개최하게 되었다. 총회는 루즈벨트 대통령의 초청을 받아 백악관에서 非公開會議로 개최되었다. 총회에서는 ILO를 전후의 평화로운 세계의 再建을 위해서 관여시켜야 한다는 중요성이 강조되었다.

전시 중의 ILO는 얼마 되지 않는 예산과 소수의 직원으로 모든 업무를 맡아 왔다. 총회가 개최되지 않았기 때문에 기준설정 활동은 중지할 수밖에 없었지만, 중남미 기타 제국에 사회보험에 관한 技術諮問團을 파견했다. "International Labour Review"誌를 포함한 여러 가지 특별 간행물을 통해 정보제공 활동은 계속하게 되었다. 국제연맹을 계승하는 새로운 국제기관에 관한 계획이 이미 순조롭게 진행되고 있었던 워싱턴과 런던과는 긴밀한 연락을 취하고 있었다.

제2차 세계대전의 와중인 1944년 4월에 필라델피아에서 개최된 총회에는 41개국으로부터 정노사 대표단이 참가하여 사회보장과 고용의 분야에서 새롭게 발생하고 있는 문제와 從屬領土의 사회정책을 검토하도록 하는 7개의 권고에 대한 합의에 도달했다. 보다 중요한 것은 이 총회에서 다음의 두 가지 기본원칙을 정한 「필라델피아선언」을 채택했다는 것이다. ① 모든 남녀가 자유와 존엄 그리고 경제적 보장과 기회균등의 조건하에서 자신의 물질적 복지 및 정신적 발전을 추구할 수 있는 상태의 실현을 국가 및 국제정책의 중심적 목적으로 해야 한다는 것, ② 국가 및 국제적인 모든 대책은 이 목적의 촉진을 지원 할 것인지의 여부의 관점에서 판단해야 한다는 것, 선언에는 이러한 ILO의 본래의 사명이 보다 포괄적이고 긍정적인 말로 포함되어 있었다. ILO는 세계의 모든 사람들에 대해 社會政策이 지배적인 관심사항이 되고, 모든 사람들의 福祉가 중심적인 목표가 될 수 있도록 확보하기 위해 국제적인 경제 및 財政의 政策 · 措置를 硏究 · 檢討하는 특별한 책임을 부과했던 것이다. 노동자를 危害로부터 보호해야 하는 기본개념은 사회보장제도는 기초소득과 포괄적인 醫療健康과 福祉의 효과적인 촉진을 제공한다는 보다 긍정적인 이상으로 바뀌었다. 실업방지의 목표는 완전고용을 육성하고, 따라서 생활수준의 향상에 기여한다는 관점에서 재언되었다. 노동조건의 문제는 더 이상 특정한 困難의 제거를 위해서만 검토되는 것이 아니라 積金, 勞動時間 등을 사정함으로써 폭넓은 맥락에서 다루어졌다.

1945년 6월 샌프란시스코에서 UN헌장이 채택되고, 새로운 형태의 戰後 國際機構가 모습을 드러냈으나, 그 구조 속에 ILO의 위치는 규정되지 않고 있었던 것이다. 國際聯盟과 그 關聯機關을 깨끗이 없애려고 하는 압력 하에서, 샌프란시스코에 참가한 ILO의 대표는 냉담한 대우를 받았다. 드골 장군의 초대를 받아 파리에서 ILO총회가 열렸고, 전후시대의 요구에 대응할 憲章改正作業이 시작되었다. 국제연맹과의 관계와 관련되는 규정은 삭제되고, 국제연합과의 관계에 관한 유사한 규정이 추가되었다. 일찍이 ILO는 1946년에 국제연합과 교섭을 시작했고, 그 결과 국제연합(현재의 UN)과의 사이에서 체결된 최초의 협정이 달성되었다. 이 협정은 그 후에도 동종의 협정 모델이 되고 있다.

필란 사무총장의 리더십에 의한 또 다른 중요한 업적은 1948년의 총회에서 결사의 자유와 단결권에 관한 제87호 협약이 채택된 것이다. 필란 사무총장은 1967년 9월에 제네바에서 서거했다.

• 제5대: 데이비드 모스(David A. Morse: 미국·1948~1970)

하버드 법과대학원을 졸업한 모스씨는 1932년에 법조계에 입문해서 연방법무장관 특별보좌관, 미국 내무성의 석유노동정책위원회 주임고문, 뉴욕 대도시권 전국노동관계위원회 지역법무장관 등을 역임했다. 전쟁이 발발하자 군에 입대했고, 대위로 북아프리카, 시칠리아, 이탈리아에 가서 연합군정부의 노동부 의장을 맡고, 영미정부와 군을 대신해서 시칠리아에서 입안 · 실행했다. 독일의 노동정책과 노동계획의 책정에도 관여했다. 모스씨는 제대 후 전국노동관계위원회의 법률고문으로 임명되었다. 1946년 7월에 트루먼 대통령에 의해 노동차관에 지명되어 노동성의 국제사업계획의 입안활동에 전념했다. ILO의 총회 대표단에 두 번이나 참가했고, 이사회의 미국정부 측 이사도 역임했다. 1948년 총회에서는 미국대표단의 장에 역임되었다. 1948년 6월에 샌프란시스코에서 개최된 제105회 이사회에서 만장일치로 임기 10년의 사무총장에 선출되었다. 1957년 5월, 1962년 3월, 1967년 2월에 다시 만장일치로 각 임기 5년에 연임되었고, 1970년 2월에 사임했다. 모스 사무총장은 1990년 12월 뉴욕에서 서거했다.

22년간의 가장 오랜 기간 동안 사무총장의 자리에 있었던 데이비드 모스씨는 훗날 「내 임무는 제2차 세계대전 중에 쇠약해 버린 조직을 재건하는 것이었다. 그것이 살아남은 것은 殊勳이지만, 아직 전후세계에서 확고한 발판을 찾을 수 없었다」고 회고하고 있다. 모스 사무총장 시대의 ILO는 끊임없이 변화에 직면하고 있었다. 이 시대의 ILO의 가맹국 수는 52개국에서 121개국으로 늘어났고, 약 600명이던 직원 수가 5배로 증가했다. 약400만 달러였던 년간 예산은 6000만 달러까지 팽창했다. ILO의 활동에도 새로운 측면이 더해져, 기술협력이 ILO활동의 중요하고 불가결한 부분으로 인정되었다. 교육과 훈련이 새롭게 강조되었고, 1960년 제네바의 본부에 국제노동문제연구소, 1965년 이탈리아의 토리노에 국제교육센터(통칭 "토리노센터")가 설치되었다.

1969년에는 세계고용계획이 발족되었다. 모스 사무총장은 실업과 불완전 취업을 빈곤의 주된 원인, 개발의 심각한 장애물로 보고 있었기 때문에, 이 계획에 높은 우선순위를 두었던 것이다. 도상국에서는 실업자가 팽대한 비중을 점했고, 국민총생산의 증대 등의 척도에서 보면 경제개발이 성공했다고 판단되는 시기라고 하더라도, 증대하고 있는 일련의 많은 노동력을 위해 생산적인 고용을 창출한다는 문제가 해결되지 않고 있었던 것이다. 세계고용계획은 인력개발과 고용정책 분야에서 최초의 세계적인 계획안을 시도한 것으로 보고 있다.

이 밖에 보호를 특징으로 하는 계획도 시작되었다. 예를 들어, 결사의 자유를 중심으로 인권보호를 위한 특별한 절차가 마련되었다. 결사의 자유와 단체교섭권, 동일보수, 강제노동의 철폐, 고용상의 차별, 원주민·종족민 등의 분야를 다룬 중요한 기준이 채택되었다. 한편 인종차별정책(apartheid)과의 투쟁에 대한 원칙과 지침도 채택되었다. 사업계획을 바탕으로 한 예산편성이 도입되고, 사무국 기구의 대폭적인 재편성이 이루어져 새로운 본부건물의 기초가 부설(敷設)되었다.

냉전과 식민지 독립의 과정에서는 빈곤이라는 주된 과제를 안고, 새로운 국가의 탄생을 초래하게 되었고, ILO의 조직구조는 압박을 받았다. 사업계획을 새로운 요구에 적응해서, 기준의 보편성을 보호하도록 하는 유연성이 높아지게 되었다. ILO의 헌장구조를 새로운 수요에 적응하도록 하기 위한 대화가 시작되었는데, 이것은 최종적으로 복수의 헌장개정으로 이어졌다. 모스 사무총장의 지휘 하에서, ILO는 그 본질적인 업무를 계속하면서 보다 더 최선을 다하기 위해 노력해왔고, 이것이 공식적으로 인정을 받게 되어 창립 50주년인 1969년에 ILO는 노벨평화상을 수상했다.

• 제6대: 윌프레드 정크스(C.Wifred Jenks: 영국·1970~1973)

정크스씨는 1931년 영국 법무부 직원으로 ILO에 들어갔고, 그 후 법률고문, 사무총장보, 사무차장, 수석사무차장을 역임한 후, 1970년 6월 사무총장에 취임했다. 정크스씨는 40년간의 재직기간 동안 90개국 이상을 방문하면서 ILO의 모든 주요 활동을 개발하는데 참여했고, 정노사 삼자구성과 그 전통을 강화하는데 주도적인 역할을 해왔다.

제2차 세계대전이 시작되었을 때, 정크시씨는 전시 중인데도 사무국의 기능을 계속하기 위한 위원회의 서기에 임명되어, 존와이난트와 에드워드 필란과 함께 전시 및 전후에 사무국을 이끌어 왔던 2명의 사무총장과 밀접하게 협력했다. 필란 사무총장은 나중에 ILO헌장의 일부가 되는 ILO의 목적과 목표를 재확인하는 1944년의 필라델피아선언을 기초했다. 1945년에는 국제연합(UN)을 창설한 샌프란시스코회의에 ILO대표단의 일원으로 임명되었다.

정크스씨는 사무총장 취임 전부터 국제노동기준과 인권에 관한 ILO활동을 중심으로 한 책임자로 오랫동안 일해 왔고, 이들 기준의 준수를 확보하는 다양한 구조를 연구하는데 중심적인 역할을 해왔다. 이 구조는 국제기구 중에서도 가장 발전된 것으로 널리 인정받고 있다. 정크스씨는 이것을「대담한 개념과 세심한 실행의 합체」라고 설명하고 있다. 정크스씨는 또한 복수의 중요한 생산계획을 세우는데 있어서도 결정적인 역할을 했고, ILO의 최초의 기술협력전문가의 한 사람으로서 1938년 베네수엘라에 파견되었다. 정크스씨는 UN기관 간의 밀접한 협력관계의 구축을 돕고 중남미 · 아시아 · 아프리카에 있어서의 ILO의 활동을 확대하고, 스스로 선택하는 단체를 설립하고, 그러한 단체에서 늘어나고 있는 노사의 권리를 지키는 ILO의 절차와 산업별 활동계획의 개발을 지원했다.

정크스 사무총장은 동서분쟁으로 인한 노동문제의 정치화의 움직임에 직면하기도 했다. 사무총장의 ILO에 대한 깊은 지식은 사무수행에 많은 도움이 되었고, 국제문제에 있어서 ILO의 도덕적 권한, 정노사 삼자구성주의, 법의 통치, 인권의 견고한 옹호자로 살아왔다.

정크스 사무총장은 1973년 10월 객지인 로마에서 별세했다.

### • 제7대: 프랑시스 블랑샤르(Francis Blanchard: 프랑스·1974~1989)

프랑시스 블랑샤르씨는 1947년에 국제난민기구(IRO)에 들어가 국제공무원의 길을 걷기 시작했다. IRO가 기능을 중지했을 때 두 後繼機關인 UN난민고등판무관사무소와 歐洲移住政府間委員會의 설립에 적극적으로 관여했다. 1951년에 노동력부 차장으로 ILO에 들어와서, 직업훈련과 노동력에 대한 ILO의 초기 기술협력활동에 관여하게 되었다.

1956년 사무총장보에 임명되어 경제문제, 사회보장, 노동력, 직업훈련, 경영개발, 등 폭 넓은 사항과 관련되는 조사연구와 기술협력활동을 담당하게 되었다. 블랑샤르씨는 국제교육센터의 설립과 활동계획에 밀접한 관계를 갖고 일해 왔다. 1964년 사무국 재편 후에는 ILO 기술협력활동 전반을 담당하면서 UN개발계획(UNDP)과 날마다 연락을 취하고, UNDP가 자금을 거출하는 사업계획의 준비와 실행에 관련되는 ILO의 활동을 감독하게 되었다. 블랑샤르씨가 현지사무소의 활동을 조직 · 지도하면서부터 기술협력의 책임을 서서히 현지사무소에 인계하게 되었다.

1968년에는 기술협력과 현지 활동을 담당하는 사무국 차장에 임명되어, 개발도상국에 대한 지원의 제공과 ILO활동의 분권화 계획안이라는 ILO의 중심적인 새로운 업무를 감독하게 되었다. 1973년 11월, 정크스 사무총장이 별세한 후 아말 사무국 차장이 대행해오던 사무총장 직에 제7대 사무총장으로 선출되었다.

블랑샤르 사무총장은 ILO의 기술협력계획의 확대를 감독하면서 어느 정도 ILO의 이미지를 변화시켰다. 이 시기에 ILO는 심각한 재정적 어려움을 겪고 있었고, 지출삭감이 요청되었다. 이 위기가 미국의 ILO에서의 탈퇴(1977~80년)로 이어져, 예산의 4분의 1이 줄어들게 된 시기였는데, 블랑샤르 사무총장은 ILO에 막대한 손해가 발생하는 것을 회피하는 데 성공했다. 블랑샤르 사무총장은 ILO의 보편성을 지키기 위해 열심히 일했다. 레이건 정권 초기에 미국은 ILO에 복귀했고, 1983년에는 중국도 ILO활동에 다시 정식으로 참여하게 되었기 때문에 ILO의 보편성은 현실적인 추세를 보였고, 아시아에 있어서의 책임이 크게 증대되었다. 남북이 분단 상태로 있는 한국도 이 시대에 ILO에 가맹했다.

블랑샤르 사무총장 시대의 ILO는 인권옹호의 활동을 결연히 계속했다. ILO는 폴란드가 1957년에 비준한 결사의 자유에 관한 제87호 협약의 존중을 기초로 해서 폴란드의 노동조합 「연대」의 정통성을 전면적으로 지지함으로써 폴란드가 독재체제로부터 해방되는데 큰 역할을 했다. 그 외에도 기념할만한 성과는 1987년에 열린 고용과 구조조정에 관한 고위급 회의에서 ILO의 정노사 이사와 어깨를 나란히 해서, 세계은행과 국제통화기금이 처음으로 적극적으로 논의에 참가하게 된 것이다. 이것은 블랑샤르 사무총장의 개인적인 이니시어티브와 지도력에 의해 ILO 및 다른 많은 관련 국제기구가 국제임무와 구조조정의 결과에서 오는 빈곤과 사회의 역행적 변화를 극복하는 정책실행 및 전략의 고안에 적극적으로 관여하게 되었음을 보여주고 있다.

블랑샤르 사무총장은 ILO라는 말을 되도록 폭 넓게 사용하고, 그 활동을 인포멀 섹터에 확대하려고 노력해 왔다. 38년간의 ILO생활을 마치고 1989년에 은퇴한 블랑샤르 사무총장은 2009년 12월 스위스의 모르게스(Morges)에스 별세했다. 블량샤르 사무총장은 1991년에 ILO에 가맹한 후

한국을 방문한 바 있다.

• 제8대: 미셸 안센느(Michel Hansenne: 벨기에·1989~1999년)

미셸 안센느씨는 리에주 주립대학의 연구직을 거쳐 정계에 입문했고, 1974년 벨기에의 국회의원이 되었다. 그 후, 프랑스 문화장관, 고용 · 노동장관, 공무장관 등 벨기에 정부의 장관직을 역임했다. 안센느씨는 장관을 역임하면서 연구를 계속해서 「고용: 가능한 시나리오」라는 서적을 집필하기도 했고, 국내외 학술지에 많은 논문을 투고했다. 이론과 실천을 결부시켜 실업, 고용, 훈련을 특히 고려하고 노사관계를 그 시대의 사회와 경제의 현실에 적용시키는 것이 중요하다고 생각해 왔다.

안센느씨는 1989년에 냉전 후의 시대에 처음으로 ILO사무총장에 선출되었다. 사무총장 재임시절인 10년 동안 특징적인 성과가 많았는데, ILO가 취급해온 문제의 발본적인 변화를 가져오게 되었다. 베를린 장벽의 붕괴와 공산주의체제의 붕괴, 개발 모델과 제3세계 제국에 대한 원조에 대한 문제, 선진국의 완전고용에 대한 문제의 표명 등을 들 수 있는데, 글로벌화의 시작은 ILO와 사무국이 지금까지의 활동방법과 그것을 실행하기 위해 사용했던 수단의 시정을 요구했다. 1993년에 연임된 안센느 사무총장은 자신의 일차적인 책임은 ILO가 75년 동안 보여 왔던 모든 도덕적 권한, 전문능력, 사무효율을 수반한 그대로 이 기관이 21세기로 들어가는 것을 인도하는 일이라고 했다.

이 시기의 ILO에 있어서의 가장 중요한 논의는 글로벌화, 무역자유화, 사회조항 등에 관한 것이었는데, 1998년 ILO총회는 「노동에 있어서의 기본원칙 및 권리에 관한 ILO선언」을 채택했다. 선언에서 모든 ILO가맹국은, 이 기구의 가맹국이라는 사실에 따라 중핵적인 ILO협약을 비준하지 않은 경우에 있어서도 기본적인 노동자의 권리의 기초가 되고 있는 기본원칙을 존중하고, 촉진해서 중핵적인 기준을 실현할 의무를 진다고 명언하고 있다. 안센느 사무총장은 기구의 쇄신을 달성하고, 사회정의가 요구하는 바에 따라 ILO선언이 모든 가맹국에 의해 채택되어야 할 필요가 있다는 원칙이 국제적으로 수용되는데 따른 곤란을 ILO가 풀어나가야 된다고 하는데 진력해왔다. 사무총장은 또, 경제발전과 사회개발에 관련된 주요 국제무대에서 충분한 역할을 할 수 있는 수단을 ILO에 부여할 것을 요구했다. 안센느 사무총장은 또한 적극적인 파트너십 정책 하에서 ILO의 활동 및 자원 · 자금을 새로운 분권화 노선에 맞춰 1999년에는 「글로벌화로부터 방어하는 안전망: 냉전 후의 ILO」라는 제목으로 빠르게 변화하는 시대를 통해서 ILO의 키(舵)를 쥐고 있었던 자신의 노력과 ILO의 역사를 기록한 책을 발표하기도 했다.

• 제9대: 후안 소마비아(Juan Somavia: 칠레·1999~2012년)

변호사였던 소마비아씨는 칠레의 국제연합(UN) 뉴욕본부의 상주대표, UN경제사회이사회 의장, UN안전보장이사회의 칠레대표, 세계사회개발 서미트 준비 위원회 의장, UN경제사회이사회 사회위원회 의장 등을 역임하고, 외교관과 학자로서 많은 사람들의 생활의 모든 분야에 대한 폭넓은 경험을 갖고 있다. 사회개발, 비즈니스, 시민단체에 관여함으로써 세계의 남녀에게 디센트 워크(decent work ; 일하는 보람이 있는 인간다운 노동)를 확보할 필요성에 대하여 남다른 비전을 갖고 있다.

1998년 3월에 선출되어, 3월에 5년간의 임기로 사무총장에 취임했다.

2003년 3월과 2008년 11월에 각각 5년의 임기로 재선된 후안 소마비아 사무총장은 최초의 남반구 출신으로서 ILO에 제시되고 있는 과제에 대처하게 되었다. 1999년 ILO총회에 「디센트 워크(decent work)를 모든 사람에게」라는 디센트 워크 과제를 제안했고, 그 후 이사회 및 총회의 승인을 받았다. ILO는 「디센트 워크」를 그 역사적인 사명의 현대적인 표명으로 받아들였다.

소마비아 사무총장의 주도에 따라 ILO는 2002년 글로벌화의 사회적 측면에 관한 세계위원회를 설치했다. 국가원수, 노사대표, 정책책정자, 학자, 사회활동가 등으로 구성된 위원회는 글로벌화가 사회에 미치는 영향을 체계적으로 검토하는 최초의 공식기관이 되었다. 위원회는 모든 사람에게 기회를 주는 공정한 글로벌화를 달성하는 수단으로서의 디센트 워크에 대한 호소 등을 포함한 권고를 취합·정리했다.

2008년의 총회에서 채택된 「공정한 글로벌화를 위한 사회정의에 관한 ILO선언」은 21세기에 있어서의 글로벌화의 과제를 추진하게 되는 ILO의 사명을 디센트 워크 과제를 통해서 성취하려 하고 있다.

2009년의 총회 회기 중에 열린 세계고용 서미트에서 ILO는 경제 회복을 자극해서 고용을 창출하고, 일하는 사람과 그 가족에게 보호를 제공하는 것을 목표하는 국내 및 국제적인 정책을 도입하는 것을 목표로 해서 글로벌 잡스 팩트(Global Jobs Pact: 노동에 관한 세계협정)를 채택했다. 이 문서는 그 후 주요 20개국·지역의 G20 피츠버그 서미트에서도 환영을 받았고, 사무총장은 고용과 사회적 보호에 관한 정책 및 전망에 관한 보고서를 제출하도록 요구하게 되었다. 소마비아 사무총장의 리더십 하에서 ILO는 그 후 G20 서미트에도 참가하고 있다. 소마비아 사무총장은 2011년 9월 말로 은퇴한다는 자신의 뜻을 표명하였고 은퇴하였다.

소마비아 사무총장은 2006년 8월 29일~9월 1일 한국에서 개최되었던 제14차 ILO아시아태평양지역회의(부산)에 참가한 바 있다.

### • 제10대 ILO사무총장: 가이라이더(Guy Ryder: 영국·2012년~)

2012년 5월 28일에 실시된 제10대 ILO사무총장 선거의 결선투표에서 56표 중 30표를 얻어서 당선된 가이라이더 총국장(기준 및 노동의 기본원칙 · 권리담당)은 영국노동조합회의(TUC) 국제국을 시작으로 노동의 세계와 관련된 약30년의 경험을 갖고 있지만, 그 대부분은 국제무대에서 보냈다. 그는 1956년 영국의 리버풀시에서 태어나, 캠브리지 대학과 리버풀대학에서 공부했다. 1985년 국제상업사무전문직기술노동조합련맹(FIET 현 UNI) 공업부회 서기로서 제네바에서 부임했고, 1988년에 국제자유노련(ICFTU) 제네바사무소 부소장, 1993년 동 소장을 거쳐 1998년에 노동자활동국장으로서 ILO사무국에 입국했다. 1999년부터는 후안 소마비아 사무총장 밑에 총무장을 역임했다. 2002년 2월에 ICUC사무총장에 선출되어 브뤼셀에 부임했는데 2006년 11월 ICFTU가 국제노련(WCL) 등과 함께 국제노동조합총연맹(ITUC)을 결성하게 됨으로써 초대 사무총장에 선출되었다.

2010년 9월부터 국제노동기준 및 노동에 있어서의 기본원칙 · 권리를 담당하는 총국장과 사무국 차장급으로 ILO에 복귀한 후 현재에 이르고 있다. ILO총국장은 주로 ILO협약 · 권고의 적용감시 업무를 감독했고, 고위수준 방문단의 장으로서 바레인, 콜롬비아, 피지, 그루지야, 그리스, 미얀마, 스와질란드 등 여러 나라를 방문하여 폭넓은 기준관련 문제를 논의해왔다. ILO이사회의 개혁업무까지 담당해서 2011년 11월에는 개혁을 성공적으로 완료했다.

입후보자 계출과 함께 제출한 소신표명문서에서 라이더 사무총장은 「노동의 세계의 다양한 변화 속에서 창립 100주년을 위해 ILO를 이끌어 갈

제10대 사무총장의 과제는 심오하고 급속한 변화를 배경으로 사회정의의 촉진이라는 확립된 임무를 제공할 힘을 ILO에 비축하는데 있다」고 말하고, ① ILO의 기초가 되는 가치, 삼자구성주의의 실천과 촉진에 앞장서야 한다는 소신을 비롯해서, ② 그 위탁된 임무를 통해서 탁월한 전문성을 요구하고 이를 위해 노력해야 한다는 것, ③ 최대한의 효율성을 가지고 일하고 최선의 서비스 및 얻을 수 있는 자금에 대한 최고의 수익을 제공해야 할 의무를 착실히 인식해야 한다는 것, ④ 가맹국 정노사와 항상 접촉을 保持해야 한다는 것 등을 ILO가 앞으로 성공할 수 있는 조건으로 들고 있다. 그리고 국제노동기준을 사명의 중핵에 두고, 위에서 말한 요소와 디센트 워크 과제에 대한 확립된 국제적인 지원을 바탕으로 한 사업계획 아래 ILO 가맹국 정노사를 결집시키는 것을 사무총장의 책임으로 인식하고 있다.

당선 후의 인사에서 라이더 차기 사무총장은「이 세계적인 위기 속에서 ILO라는 말을 한 번도 들어보지 못한 사람들을 포함해서 수백만의 사람들의 삶을 좋은 방향으로 바꾸어 나아갈 수 있는 다대한 기회를 준 것에 대해 흥분하고 있다」고 기쁨을 표명했다. 그리고 이사회의 신뢰에 감사를 표하고,「오늘날 노동의 세계에서 일어나고 있는 의무는 우리가 무엇을 하느냐에 따라 결정되지만, 그것은 많은 사람들과 노동의 세계를 우리들이 행하는 모든 일의 중심에 두는 것」이라고 말했다.

선출 후 이사회에서 있었던 당선자의 인사에서 라이더 사무총장은 자신에게 보내준 신뢰에 감사를 표하면서, ILO의 국제적인 존재감을 경이적으로 높이게 된 소마비아 사무총장의 공적을 찬양하고, 사회정의라는 대의 아래 공통의 가치가 모두 결합되어 있다는 사실에 주의를 환기시키고, 업무의 효율성과 정노사 삼자구성주의의 중요성을 강조했다. ILO는 급변하는 시대의 과제에 대응할 중심적인 존재가 되어야 한다는 목표를 위해 연대를 호소했다.

라이더 사무총장은 2012년 10월에 5년의 임기로 취임했다.

### (2) 職 員

사무국 직원에 대해서는, 이사회에서 승인한 직원 규칙(Staff Regulation)에 따라 사무총장이 임명한다. 사무총장은 사무국의 업무능률을 충분히 고려하면서, 가능한 한 국적이 다른 사람들 중에서 선임해야 한다.

또, 그 사람들 중 약간 명은 여성을 선발하지 않으면 안 된다(헌장9조 1~3항).

직원과의 고용계약은 여러 가지가 있으나, 전문직 이상(Professional and above)과 일반직(General Service)로 대별된다. 전문직은 P1에서부터 P5까지의 직급으로 설정되어 있다. 또 관리직(Director)은 외부로부터 등용되는 경우가 있으나, 이미 이들 전문직 중에서 선발되어 있고, 그것도 D1부터 D2까지의 직급이 있다.

또, 그 재원(財源)등에서 일반예산에 의한 직원과 기타의 예산에 의한 자(기술협력관계에 그것이 많다)로 나누어진다. 항상 유동적이지만, 1999년 12월 말 현재의 직원 수를 참고로, 살펴보면 다음 표와 같다는 것을 알 수 있어 참고가 될 것 같다.

本部의 職員 數(1999년 현재의 예)

| 본 부 | 일반예산 | 기타의 예산 |
| --- | --- | --- |
| 본부 전문직 이상 | 441 | 103 |
| 일반직 | 515 | 141 |
| 필드(주)전문직이상 | 180 | 12 |
| 일반직<br>(주)필드에는, 지역사무소나,<br>다각적 전문가 팀 지국 등이 포함된다. | 407 | 71 |
| 기술협력 전문직이상 | 4 | 257 |
| 일반직 | 2 | 228 |
| | | 계2,361 |

업무능률을 충분히 고려하면서, 가능한 한 국적이 다른 자(사람)를 선임한다는 것은 매우 어렵다. 사무국의 사용언어는 영 · 불 · 스페인어 등이고, 전문직은, 그 중 2개 국어의 사용능력을 요구받게 되는 경우가 많다.

또 그 업무의 수행방법이 기본적으로 구미류(歐美流)로 되어있기 때문에, 그들의 언어를 모국어 또는 제2 모국어로 하지 않는 자로 봐서는 장벽이 높지만, 이것까지도 개개인의 능력을 감안하면서 업무의 효율화를 기하고 있어, 국적의 다양화가 나아지고 있고, 그 국적은 120개국이 넘는다.

국제적으로 리크루트(인재모집)되는 일반예산에 의한 전문직 이상의 직원은 600명 이상이나 된다(참고: 외국인 직원에 관한 조사 자료는 그 수집이 지연되어 1998년의 자료를 인용하고 있는데, 이점 독자여러분의 이해를 구하고자 한다).

### (3) 責任의 國際性

사무총장과 직원의 책임은, 그 직무의 성질상 전적으로 국제적인 것이다. 따라서 헌장(9조 4~5항)에는, 「사무총장 및 직원은, 그 책임의 수행에 있어서, 어떠한 정부로부터도 또는 이 기관외의 어떠한 당국으로 부터도 지시를 요구하거나 또는 받아서는 안된다」.

또, 한편 「가맹국은 사무총장 및 직원의 책임이 전적으로 국제적인 성질을 존중하고, 한결같이 그들이 책임을 다하는데 있어서 그들을 좌지우지 해서는 안 된다는 것을 약속한다.」고 규정하고 있다. 이와 같은 취지의 규정은 국제연합(UN)이나 그 관련기관의 헌장에도 있다.

또, 직원의 대우는 ILO가 UN의 전문기관다운 것을 상호 약속하고 있는 규정으로써, 국제연합(UN)직원에 준한다고 되어있다.

## 제3항 組 織

### (1) 本部組織

사무국의 본부는, 현재 스위스의 제네바에 있다. 그런데, 「국제노동사무국의 소재지의 변경은, 총회가 출석 대표의 3분의 2의 다수에 의해 결정한다.」(헌장 6조). 현재의 청사는 레만호(湖)를 내려다 보고있는 언덕위에 있고, 스위스 정부가 제공한 땅위에 위치하고 있다.

사무국의 조직은, 사무총장이 교대하거나, 총회 · 이사회 등으로부터 중요한 결정이 내리게 되면 곧 바로 조직변경이 이루어지기 때문에 유동적이다. 전통적으로는 사무총장 밑에 사무국 차장(DDG=Deputy Director General)과 사무총장보(ADG=Assistant Director General)를 두고, 각각 부국(部局)으로 배치되어 있는 구성으로 되어있다. 그러나 새로 부임한 사무총장이, 1999년의 사무총장 보고인 「Decent Work」로 21세기를 바라보는 4가지 기본전략을 제시하고 부터는 DDG와 ADG로 구성되는 6명의 총국장(Executive Director)이 위치하고, 거기에 각 국장이 배치되어 있는 조직으로 변경되었다. 이들 총국(Sector)은 4가지 기본전략을 내 세운, ① 노동의 기본원칙과 권리, ② 고용의 창출, ③ 사회적 보호의 충실, ④ 사회대화의 촉진을 주(柱)로 종래의 기구를 재편성 한 것으로 되어 있는데, 거기다가 ⑤ 지역 · 기술협력, ⑥ 재정 등 사무직원이 들어가게 된다.

그리고 거기에 배치되는 표준적인 단위는 국(局)(Department)이 되고, 몇몇 부(部)(Branch)로 구성된다. 단지, 국(局)의 구성을 취하지 아니하고, 명칭을 달리하는 것도 있어, 이러한 것들은 Bureau이나 Office 등으로 불린다. 단지, 다음의 경우는 관례에 따라 국(局)이라고 칭해왔다.

「기준 및 노동에 있어서의 기본적 원칙(基本的 原則)과 권리총국(權利總

局)」에는 국제노동기준국과 섭외 · 회의 · 문서국이 들어간다. 또, 이 부문에는 「노동에 있어서의 기본적 원칙과 권리에 관한 선언」을 위한 In focus Programme과 국제 아동노동 철폐계획(IPEC)라고 칭하는 동(同) In focus Programme등이 속한다. 「고용총국」에는 고용전략국, 복구 · 재건국, 기술개발국, 고용창출 · 기업개발국, 다국적 기업활동 계획국 및 젠다 추진계획 등이 들어가게 되었다. 「사회적보호총국」에는, 사회보장국, 노동자보호국 및 사회경제보장국제중점계획 등이 들어간다. 여기서는, 사회보장이나 노동안전보건 등의 문제를 취급하게 된다. 「사회대화총국」에는, 부문별 활동국과 노동자활동국(Bureau), 사용자활동국(Bureau) 정부 · 노동법 · 노동행정국 등이 들어가게 되고, 산업별회의의 개최나 노사에 관계되는 각종의 문제를 취급하게 되는 사회대화(社會對話)강화를 위한 In focus Programme 이 속한다. 「지역 · 기술협력총국」에는 개발협력국과 5(다섯) 지역총국이 들어가게 된다.

「지원업무총국」에는 재무국, 총무국, 정보공학 · 통신국, 도서관, 출판국이 들어간다.

이 외에, 총무, 인사국, 계획운영국, 법무국, 홍보국, 남녀평등국, 통계국, 섭외 · 파트너십국(뉴욕연락사무소 포함), 워싱턴지국 등이 사무총장의 직속으로 되어 있다.

이 외에도, 사무국은 「국제노동연구소」나 「국제연수센터(이탈리아 · 토리노)」를 설치하고 있다. 이들 소장에는 ADG를 배치하고 있다. 각기관의 이사회 멤버는 ILO이사회에서 선임하게 된다. 국제노동연수센터는 가맹국의 정노사(政勞使)에게 연수를 제공하는 외에도, 협정에 따라 국제연합(UN)과 그 관련기관의 연수에도 협조하고 있다.

ILO의 사무국기구의 상세한 내용에 대해서는 별도의 기구도(機構図)를 참조했으면 한다.

또, ILO의 사무국 조직의 특징 중 하나로, 행정불복심사기관(行政不服審査機關)이 있다. ILO는 「전문기관의 특권 및 면제에 관한 조약」에 따라, 많은 나라에서 특권과 면제를 받고 있지만, 그로 인해, 역으로 직원이 그 인사상의 고충에 대하여 사무국을 상대로 해서 국내법으로 다툴 수 없는 사태가 생긴다. 이 기관은 본래 이러한 사태에 대비해서, ILO직원의 인사상(人事上)의 고충을 내부적으로 처리하가 위하여 설치되었으나, 현재에는, 타의 국제기관의 대부분이 ILO와의 협정에 따라, 이 기관을 스스로의 분쟁처리를 위하여 사용하는데 이르고 있다. 이 기관의 대상이 되는 국제기관은 현제 30이 넘는다.

지금까지 설명한, ILO본부조직과 그 기능 등은, 주로 후안 · 소마비아(Juan Somavia) 제9대 ILO사무총장이 야심적인 지도력을 과시하면서「디센트 워크(Decent Work)」정책을 추진해 왔던 2000년대의 개편된 본부조직을 설명한 것이다.

그런데 지금은 제10대 가이라이더 사무총장이 그 뒤를 이어 사무국과 그 조직을 관장하고 있다.

### (2) 地域組織

ILO는 제네바에 본부를 두고 있는 외에도, 세계 각지에 활동거점을 두고 있다. 우선, 지역총국(地域總局)을 아프리카(아비쟌), 아메리카(리마), 아랍(베이루트), 유럽(제네바), 아시아 · 태평양(방콕)에 두고 각각 그 지역을 총괄하고 있다. 그런데 뉴욕연락사무소와 워싱턴 지국(支局)은 그렇지 않다. 지역총국에는 ADG(사무총장보)가 배치되어 있으나, 전번(2000년 초)의 기구개혁 때에 지역 · 기술협력담당이 총국장하에 들어가게 되었다.

지역총국 하에는, 각국 또는 수개국을 총괄하는 사무소가 설치되어 있다. 명칭은 여러 가지로 되어 있으나, 통일된 조직명은 지국(支局: branch office)이다. 워싱턴, 런던, 파리, 본, 로마, 마드리드, 도쿄(동경)에 두고 있다. 그 외에 부르셀에는 구주연합(歐洲連合: EU)과의 연락사무소가 있다. 동경지국의 창설은 1923년으로 거슬러 올라가는데, 그 이후 제2차 세계대전으로 인한 일시적인 중단이 있기는 했으나 활발한 활동을 계속하고 있다. 둘째는 현지사무소(現地事務所: area office)인데, 이것은 수개국을 관할하고, 기술협력을 중심으로 하고 있다. 아시아 · 태평양지역에서는, 방콕, 뉴델리, 이슬라마바드, 마닐라, 자카르타, 다카, 콜롬보, 북경, 스파(피지)의 9개소가 있다.

또, 이와 같은 류(類)에 속하는 상급고문사무소(上級顧問事務所)가 있는데, 아시아에는 가투만두에 위치하고 있으나, 하메이에도 설치될 예정으로 있다. 그 외에, 통신원사무소를 두고 있는 경우도 있다.

이들 외에, 기술협력을 위한 전문가 집단(MDT)이 세계 16개소에 잇다. 이것을 다각적전문가 팀(Multidisciplinary advisory team)이라고 하는데, 아시아 · 태평양 지역에는 방콕, 마닐라, 뉴델리에 있다.

## 제5절 기타의 機構

### 제1항 産業別委員會

#### (1) 開 設

ILO는 전전(戰前)부터, 산업별로 특유한 문제에 대한 대응을 계속해왔다. 그 배경으로는, 일반적으로 다음과 같은 것을 들 수 있다.

동일한 산업은, 생산과정이나 기술, 조직, 경영 패턴 등, 기본적인 점에 있어서 많은 공통된 특징을 가지고 있는 경우가 많다. 또, 사용자단체나 노동자단체도 각각의 목적달성을 위하여 산업별로 조직되어 있는 나라가 많고, 그것이 국제(지역)적 수준으로 발전해서 연합체를 형성하고 있다. 그래서 ILO에 문제의 해결을 요구하고 있는 경우도 있다. 그리고 특정한 산업에 뿌리를 두고 있는 고유의 문제가 많다. 예를 들면, 직업안전 보건의 문제는, 건설 · 탄광 · 임야에서, 수출가공구의 문제는 특히 의료(衣料) · 이물(履物) · 전기산업에서 현저하다. 그래서 노동조합의 상황, 노사관계의 역사, 산업이 그 나라의 경제에 점하는 중요성 등에 따라서, 문제의 정도가 다르기 때문에, 취급을 고려할 필요가 있다.

그리고 ILO의 입장에서 봐도, 특정의 산업부문에 초점을 두는 어프로치는 문제의 소재가 명확하게 인식되는 동시에 보다 실천적이고 효율적인 결과를 가져오게 하는데 도움이 된다.

### (2) 沿 革

산업별회의의 전신인 산업별 노동위원회(産業別勞動委員會)의 설치는, 1944년 필라델피아에서 개최된 제26회 총회로 거슬러 올라간다. 이 총회에서는 국제적인 단체교섭의 구조를 제공하는 결정이 내려지고, 신속하게 구체안을 작성할 것을 요구했다. 그래서 다음해인 제94회 이사회에서는, 7(일곱)가지 주요산업(내륙운수, 탄광, 철광, 금속, 섬유, 석유, 건축토목공공사업)에 3자구성의 산업별 노동위원회를 설치하도록 결정했다. 이러한 산업별위원회의 활동은, 그 후, 산업별인 조약 · 권고의 설정으로 발전해 나갔다.

또, 이 위원회는 산업구조의 변화 등으로 증가해서 20여 위원회가 넘는 세력이 되었다. 이러한 가운데, 1990년대에 들어서면서 산업별노동위원회의 존재 자체가 이사회(理事會)의 검토대상이 되고, 그것을 재검토하게 되었다. 그 결과, 1995년에 그 명칭이 산업별 회의로 개칭되고, 국제적인 단체교섭의 場이라고 하기보다는, 정노사가 서로의 의견과 경험을 교환하고, 문제의 이해를 깊게 하기 위한 교류의 장을 제공하는 것으로써 존재하고, 그 폴로업 활동에 의해, 더욱 중점이 놓이게 되었다는 것이 확인 되었다. 산업은 24개산별로 분류되고, 그 중 두개(2) 산업에 대해서는 특정하지 않고, 소규모인 단기회의로 했다. 여기서는 22개 산업에 포함되지 않았던 노동자단체나, 긴급한 처리를 요구하는 문제 등을 처리 하는 것으로 했다. 1995년에 결정된 22개 산업별 부문은 다음과 같다.

1. 농업, 플랜테이션, 기타 농촌부문
2. 기초금속(소재) 생산
3. 화학공업

4. 건설
5. 식품 · 음료 · 담배
6. 임업, 목공업, 종이 펄프
7. 기계 · 전기 엔지니어링
8. 광업(석탄 · 기타)
9. 석유, 가스 생산, 정유
10. 섬유 · 의료 · 피혁 · 뜨게(履物)
11. 수송기기 제조
12. 운수(민간항공 · 철도 · 노면수송(路面輸送)포함)
13. 해운, 항만, 어업, 내수로(內水路)
14. 상업
15. 교육
16. 금융 기타의 전문 서비스
17. 보건 서비스
18. 미디어 · 문화 · 그래픽
19. 우편 기타의 통신 서비스
20. 공무
21. 공익사업(수도 · 가스 · 전기)
22. 호텔 · 관광 · 외식산업(外食産業)

### (3) 構 成

각 회의는 원칙적으로 3자 구성으로 이루어진다(공무부문의 경우는 2자 구성). 회의일수는 원칙적으로 5일간으로 하고, 회의에는 15~30개국의 대표가 선출되어 출석한다. 대형(大型)의 회의에서는 국별 대표의 정노사가 참석하지만, 소형의 회의에서는 통상, 정부대표와 이사회에서 선출된 사용자와 노동자 대표가 출석한다.

참가국은, ① 당해 산업부문에 있어서의 그 나라의 중요성, ② 그 나라에 있어서의 당해 산업부문의 중요성, ③ 당해 산업부문의 회의에의 참가의 연속성과 순번의 밸런스, ④ 적절한 지리적 배분, ⑤ 기타의 관련 요인을 판단기준으로 한다. 이들은 이사회의 부속위원회「부문별 · 기술적회의 및 관련사항에 관한 위원회(STM)에서 검토되고, 이사회에서 결정된다.」

### (4) 會議의 實施와 폴로-업(follow up)

의제는, 당해 산업부문의 특히 관심이 높은 문제를 거론하는 것으로 해서, 이사회가 결정한다. 사무국은 당해 산업부문의 현황 및 필요한 경우는 배경정보(背景情報)를 포함한 의제보고를 준비해서, 회의의 약 2개월 전에 관계자에게 배포한다. 회의의 의장은, 통상 1명이고 출석하는 이사회대표가, 또 이사회대표가 3자구성이 되는 경우는 정부대표가 그것을 맡는다.

회의의 결과는「토의보고」,「결론」,「결의」라는 형태로 취합된다. 통상, 각 대표는 상기의 보고를 회의 종료 후 가지고 가고, 국내의 관계단체에 이것을 보고한다. 또, 회의의 최종보고(Note on the proceeding)가 사무국에 의해 작성되고, 부문별 · 기술적회의 및 관련사항에 관한 위원회에서 검토된다.

그 후, 이사회의 요구에 따라, 사무총장으로부터의 보고서가 정부와 당해 노사의 조직에 배포된다. 채택된 결론과 결의에는, 정노사의 3자가 당해산업부문에서 집행해야할 행동이나, 이사회가 집행해야할 행동이 제시되어 있다. 이에 따라 정노사와 이사회는 각각 폴로업을 하게 된다. 각 산업부문으로부터 보내온 폴로업의 상황보고는 2년에 한번, 사무국으로부터 이사회(STM위원회)에 보고된다.

### (5) 産業別會議와 國際勞動基準

산업별회의에서 채택된 결론, 결의 등의 채택 문서는 법적효력은 없지만, 그것이 국제노동기준에 주는 영향은 크다. 예를 들면, 금속공업노동위원회에서 채택된 결의가, 다국적 기업의 사회정책에 관한 3자 선언(1976년)에 결실되거나, 1950년대의 화학공업노동위원회의 활동이, 1999년의 화학물질조약(170호)의 성립을 가져오게 한 일 등이 있다. 또, 노동기준의 성립뿐만 아니고, 그 추진에도 공헌한다. 예를 들면 1999년에 개최된 「건설업에 있어서의 이민노동자의 사회노동문제에 관한 3자 구성회의」에서는, 가맹국에 대하여 노동조항(공계약)조약(94호)의 비준을 요구하고, 사무총장에 대해서는 비준과 시행을 장려하도록 요청해서, 국제개발분야인 금융기관 등에게는 공공건설 사업에 관한 입찰 사양서(入札仕樣書)를 발송할 때에, 이 규정을 배려하도록 요구했다.

그리고 채택된 결론이나 결의는 지침으로서 국가 수준의 단체교섭에 활용하게 하는 등, 조약이나 권고보다 더 바람직한 경우가 있다. 예를 들면 「전문직노동자의 고용 · 노동조건에 관한 원칙과 양호한 관행집」에서는 전문직 노동자의 단체협약 등의 체결에 있어서, 정부 · 사용자 · 노동자의 양호한 지침으로 되어있는, 「결론」과 「결의」에 따라, 산업별회의에서 채택된 지침이나 특정한 실시기준에 대해서도 참고할 수 있다. 최근의 예로는, 해상 · 항만에 있어서의 선상재해(船上災害)의 방지에 관한 실시기준의 개정, 선상의 노동조건의 감독에 관한 지침의 채택 등이 있다.

### 제2항 地域會議

지역의 독자적인 문제를 논의하는 모임의 하나로써, 1936년의 미주지역회의(美洲地域會議)를 시작으로, 아시아, 아프리카, 미주(美洲), 구주(歐洲)의 4개 지역에서 지역회의가 설치되어 있다. 회의개최는 비정기적이지만 지금까지의 회의개최경과를 보면 미주지역회의가 14회(1936년, 39, 46, 49, 52, 61, 66, 70, 74, 79, 86, 92, 99년), 아시아지역회의가 12회(1947, 50, 53, 57, 62, 68, 71, 75, 80, 85, 91, 97년), 아프리카지역회의가 9회(1960, 64, 69, 73, 77, 83, 88, 94, 99년), 구주지역회의가 5회(1955, 74, 79, 87, 97년)개최되고 있다(2000년 말 현재).

지역회의가 1995년까지, Regional Conference로 호칭되고 있듯이, 지역총회적인 성격을 가지고, 기준이나 예산, 사업계획의 채택권한은 없지만, 지역의 노동 또는 사회개발 관련문제를 깊이 토의하고, ILO의 장래에 대한 활동의 입안에 배려되어야 할 권고와 결의를 포함한 보고서를 이사회에 제출하게 됨으로써 효과적으로 활동해 왔다는 평가를 받아왔다.

지역회의도 총회와 마찬가지로, 정부대표2, 노동대표1, 사용자대표1명의 3자구성대표단이 참석하게 되는데, 지역회의의 구성원은 이사회에서 결정한다.

제12회 아시아지역회의에는 서(西) 아시아를 포함한, 아시아태평양(太平洋) 36개국으로부터 정노사대표가 참석했다.

의제는 보통, 전회의 지역회의와 당해지역회의의 초청국정부, 당해국에서 가장 대표적 노사단체, 기타 국제기관의 제안에 따라 이사회가 결정한다.

사무국은 의제마다 토의자료를 작성해서 참석자에게 사전에 배포한다.

이상과 같은 운영방식으로 개최되어온 이 회의의 명칭도 지역회의를 Regional Meeting으로 바꾸기로 결정했다.

이에 따라, 1997년에 개최된 제12회 "아시아지역회의"부터는 새로운 의사규칙(1996년 11월의 이사회에서 채택)이 시험적으로 적용되고 있다. 그래서 새로이 개최되는 지역회의는 (종래에는 약1주(7일간)) 3일간으로 대폭 축소되어, 의제는 기술의제를 검토 · 논의하지 않는 일반적인 지역 활동에 관한 것만을 논의하고 있다. 새로운 의사규칙에서는 지역회의의 목적을, 지역의 활동에 관한 의견교환의 장(場)으로 한다고 되어 있다. 회기에 대해서는 당초 3일간이었으나, 이것으로는 너무 짧다는 의견이 나오고 있어 1999년 3월 1일의 이사회에서는 당면은 4일간을 회기로 해서 필요에 따라 1일씩 증감하는 것으로 했다.

한국에서 가장 최근에 아시아태평양지역 총회를 개최하게 된 것은 2006년 부산에서 개최한 제14회 총회가 된다.

# 제3장 ILO活動
## (1) 條約·勸告의 採擇과 適用
# Activities of ILO
## Adoption and Application of Conventions·Recommendations

### 제1절 國際勞動基準의 定義

국경을 넘어서 노동조건을 정하는 일이 있다고 한다면, 그것은 바로 국제노동기준이라고 할 것이다. 그러나 통상 ILO에서 국제노동기준(International Labour Standards)이라고 하는 경우에는, 국제노동조약(International Labour Convention)과 국제노동권고(International Labour Recommendation)의 두 가지를 말하는 것이 일반적이다. 다음 제7절에서 설명하는 각종 「실시준칙(Code of Practice)」이나 「다국적기업 및 사회정책에 관한 원칙의 3자 선언」, 총회에서 채택되는 노동기준관계의 결의 등, 국제노동기준이라고 해도 틀리지 않을만한 것도 있지만, 그 어느 것이나 협의의 국제노동기준이라고 하지 않는다. 다른 말로 표현하면, ILO헌장 19조에 채택 기타의 절차가 명기되어 있는 조약 및 권고만이, 정규의 국제노동기준이라고 보고 있는 것이다. 단지, 그것은 ILO의 場에서 그와 같이 관행상 취급하고 있는데 지나지 않고, 정의를 하는데 있어서의 實施準則과 같은 것이나, ILO의 범위 외에 있다 하더라도 국제적으로 노동기준을 정하는 것이 있다면, 그것을 국제노동기준이라고 말해도 잘못된 것은 아니다.

국제인권규약 내에서, 노동기본권에 대하여 규정하고 있는 조문도 적지 않지만(시민권 규약8조, 사회권규약 22조), 그러한 것도 어느 의미에서는 국제노동기준이 되고, 二國間 條約에서 노동문제를 취급한 것 (예를 들면, 이민노동자의 파견국과 수입국과의 사이에, 그들 노동자의 일부노동조건이나, 개별적 노동계약관계에 관해서 결정이 이루어지는 등)이 있다고 한다면, 그것도 국경을 넘어서 노동조건이 설정된다고 하는 의미에 있어서 국제노동기준이라고 할 수도 있다. 또, 구주사회헌장(歐洲社會憲章)이나 일련의 구주연합법(歐洲連合法: EU法)도, EU의 구성국이 국제법적으로는 아직 개별국가라고 생각했다면, 국제노동기준이라고 하는 槪念을 충실히 구현하고 있는 것이라고 할 수 없을 것이다. 사람에 따라서는 이들을 총칭해서 국제노동법(International Labour Law)라고 부르기도 한다. 그러나 어디까지나 ILO라고 하는 기구의 범위 내에서는, 국제노동기준이라함은 국제노동조약과 국제노동권고를 말하는 것으로 되어있다.

이 글 후편의 개별조약 · 권고의 해설에서도 볼 수 있듯이 ILO에 있어서 국제노동기준이라고 불리는 것은, 좁은 의미에 있어서의 노동기준, 즉 유급휴가라던가 안전보건에 관한 것으로부터 정하는 조약 · 권고에 한정되는 것이 아니고, 노사관계 · 고용 · 단결권 등, 거의 노동이라는 요소가 들어가는 모든 영역을 커버하고 있고, 한국의 노동법에서 말하는 노동기준은 국제「노동기준법」이 아니고, 국제 「노동조합법」, 국제「노사관계조정법」을 포함한 광범한, 「국제노동법」이라고 하는 편이, 실체를 충실하게 표현한다고 볼 수 있다.

그런데, ILO가 이전에 출판한 "International Labour Code, 1951(국제노동법전)은, 영역별로 각종의 국제노동기준을 정리 · 해설한 것으로서, 그 표제에서부터 흡사 條約集과 같은 인상을 주는 것과는 다르다.

## 제2절 條約과 勸告

앞 절에서, ILO에서는 조약과 권고를 국제노동기준이라고 하고 있다는 것이 설명되었지만, 조약과 권고로서는 당연하면서도 그 법적 성격이 다르고, 또 그 규정 내용이나 양식에 따라서는, 법적성질이 같다고 하더라도 실효성이 전혀 다른 경우가 있다.

또, 한말로 국제노동기준이라 해도, 이미 언급한 것처럼 좁은 의미에서의 노동기준을 정하는 것에서부터, 노조의 권리나 고용정책 등, 기본인권이나 경제정책을 포함한 광범한 일들을 대상으로 하는 것까지 있기 때문에 약간의 정리를 해 두는 것이 이해하기 쉬울 것 같다.

그래서 여기서는 조약과 권고의 구별에서 시작해서 규정대상별 분류, 조약의 성질에 따른 분류를 알아보기로 한다.

### 제1항 ILO條約

통칭 ILO조약이라고 불리는 정식 명칭은 국제노동조약인 것이다. 그런데 ILO조약이라는 말이 일반화되고 있다는 것을 감안해서 여기서도 ILO 조약이라는 말로 통일하고자 한다.

정식의 영어표기도 International Labour Convention이었지, ILO Convention은 아닌데, 그래도 후자인 약칭이 일반적이라고 본다. 그런데 영어에 있어서는, Convention이라는 말에 회의라는 의미가 있다는데서, 전후의 맥락을 잘못 붙이게 되면, 조약이외의 것으로 오해 받을 위험성도 있다. 예를 들어 이웃나라 일본의 경우를 보면 확실하게 조약으로 해석 번역되고 있어 그와 같은 잘못은 생길일이 없고, 문자 그대로 국제법상의 法源의 하나로서의 「條約」이라는 것이 명백하다고, 일본의 전문가들은 자부하고 있는 것 같다.

그리고 영어에서는 treaty라고 하지 않고 convention이라고 한다는데서, 국제법에 대한 지식이 충분하지 않는 경우에, ILO조약은 보통 국제조약과는 법적성격이 다르지 않나 하는 오해가 생길수도 있다. 그러나 convention이라는 말은 다수국간조약(多數國間條約)을 가르치는 경우에 종종 쓰이는 말이어서, 전통이 뚜렷한 것이 조약이다. 달리 말하면, ILO조약은 조약법 조약이다. 달리 말하면, ILO조약은 국제사법재판소규정 38조에 규정된 재판준칙의 하나로서의 국제조약인 것이다. 따라서 비준한 나라로 봐서는 국제법상의 구속력이 발생한다는 것이다.

ILO조약이 통상의 다수국간조약과 다르다는 것은, 유보가 되지 않는다는 것과(후술, 제5절, 제1항) 비준되지 않는다 해도 일정한 법적효과가 발생하게 된다는 것이다. 통상의 다수국간 조약일 것 같으면, 가맹국이 비준을 하지 않는다고 하는 결정을 하게 되면, 그때부터는 아무런 법적의무가 발생할 리가 없지만, ILO조약은 뒤에서 말하는(후술)권고의 경우에도 마찬가지로, 일정한 의무가 부수되고 있다. 즉, 조약에 구속되지 않는다 해도, 그것을 권한 있는 기관에 제출(후술, 제1부,제1항)하지 않으면 안 되고, 이사회의 요청에 따라, 일정한 보고를 하지 않으면 안 된다(ILO 헌장 10조 5항). 뒤에서 상세하게 볼 수 있듯이, ILO의 감시기구는 중요한 조약에 대해서는 집요하게 보고서를 제출하도록 하는 경향이 있기 때문에, 이것을 비준하지 않고 있는 것은 가맹국으로서의 일반적 의무위반을 구성할 가능성을 낮게 하고, 형식적으로는 비준을 하지 않아도 좋은 것 같이 하지만, 어느 정도의 법적 압력이 가해질 수 있다는 것도 사실이다.

ILO조약이, 채택된 것만으로도 일정한 법적구속을 받게 되는 것은 일반적인 多數國間條約과는 다른 성질을 가지고 있다는 것을 보여주고, 채택과 동시에 전가맹을 구속한다는 것을 예정한 국제입법에 한걸음 가까워져 있다고 볼 수도 있으나, 한편으로는 전통적인 조약으로서의 성질을 견지하고 있다는 측면도 보인다. 그것은 조약의 발효요건으로서 2개국 이상의 비준을 요구하고 있다는 점이다(단지, 선박에 관계되는 조약 등의 경우는 요건이 더욱 엄격해진다).

만약, 국제입법의 성격을 추구한다면, 1개국이라 하더라도, 비준하게 되면 그 나라로 봐서 조약이 발효되면 좋은 것이다. 비준하는 나라는 자국의 사회입법을 확충하는 목적을 갖는 경우가 많기 때문에, 다른 나라가 비준하는지 안하는지는 당장에 그다지 흥미가 없을 것이다. ILO조약에 社會條項的意義를 가지게 하려고 한다면, (즉 다수의 나라가 동시에 조약을 비준하게 됨으로써, 무역에 관한 공정한 경쟁조건을 갖춘다고 하는 의의를 갖게 한다.) 가장 많은(다수의) 나라에 의한 비준을 발효요건으로 해도 좋을 것이다. 2개국 이상의 비준을 발효요건으로 한다는 것은, 다소의 실질적 의미(1개국만의 비준으로는 ILO헌장 26조의 고충절차가 진행되지 않는 등)가 있다고는 하지만, 그다지 적극적인 의미는 없고, 기본적으로는 ILO조약이 조약이라고 하는데 대한 형식적 증거 이외에는 그다지 큰 의미가 없다고 볼 수도 있을 것이다.

마지막으로, 이따금 잊어버리고 있는, 「議定書」에 대하여 언급해 둘 필요가 있을 것 같다. 이것은 「OO호 조약」이라는 번호가 붙지 않고, 그 자체로서는 실체법규를 포함하는 것이 아니라고 하는데서 다른 대부분의 조약과는 한 線을 긋고 있는지도 모른다. 그러나 이것도 정식절차를 밟아 총회에서 채택된 증거가 있는 「조약」이고, 비준이 요구되며, 국제법상의 법적성격은 다른 조약과 모두 같은 것이다. 1958년 플랜테이션조약이, 플랜테이션의 정의가 너무 엄격하다고 해서, 비준수가 생각처럼 늘어나지 않았기 때문에 채택된 1982년의 「의정서」나 「여성의 야업(야간근무)」(89호 조약 · 1948)의 허용성을 넓힌 1990년의 의정서는 근대적인 것이어서 주목을 받고 있다.

### 제2항 ILO勸告

국제노동권고, 통칭 ILO권고(International Labour Recommendation, 통칭 ILO Recommendation)은 조약에는 없는 것으로써 비준이 문제가 되지 않고(비준하고 싶어도 비준할 수 없는), 이것을 실시하지 않는다고 해서 어떠한 국제법상의 책임이 발생하지도 않는다. 그러나 다른 국제기관의 권고의 예를 들면, 태반이 국제연합(UN)의 결의로써 법적구속력을 수반하지 않는 것에 비하면, ILO권고의 경우는 미비준의 ILO조약의 경우와 마찬가지로 약간 취지가 다르다. ILO헌장 19조는 ILO권고에 대하여, 국내의 「권한 있는 기관에의 제출의무」(후술, 제4절,제1항)를 규정하는 동시에, 이사회의 요구에 따라, 일정한 간격을 두고 이에 대하여 어떠한 조치를 취했는지(집행)하는 보고를 하지 않으면 안 된다는 의무를 규정하고 있다(ILO헌장 19조 제6항).

권고라고 하는 문서자체는 비구속적인데도 불구하고, 거기에 대하여 권고를 하는 국제법상의 (ILO헌장상의)의무가 있다고 하는 변칙적인 모양을 갖추고 있다. 이것은 미비준국의 ILO조약에 대해서도 말할 수 있는 것이지만, 법적으로 구속력이 없는 것에 대하여 어떠한 조치를 취한다는 것이 법적으로 의무화되어 있는 것은, 유네스코에서 동종의 조치(유네스코헌장 8조)가 강구되고 있기는 하나, 국제법체계 내에서는 극히 드문 예라고 해도 좋을 것 같다.

그런데 용어상 주의해야 할 것은, 국제노동기준의 하나로서의 권고가 여기서는 말로 하고 있는 것인데, 이따금 신문 등에서 ILO가 취급하는 일에 각종의 감시기구나 총회의 위원회 등에서 표명하는 의견이나 호소(訴) 등을 俗稱으로 해서 사용하는 경우의 「ILO권고」는 아니라고 하는 것이다.

### 제3항 條約과 勸告의 關係

1999년 6월 현재로 182조약과 190권고가 채택되어 있었으나, 지금은 더 증가해서 다음과 같은 채택과 비준상황을 보여주고 있다. 2013년 말 당시의 조약 · 권고의 비준상황을 보면, 전체 회원국 185개국을 대상으로 하고 있는 조약 · 권고의 채택에서, 조약이(철회포함) 189, 권고가(철회포함) 201로 되어 있다. 그 비준수를 보면, 185개 회원국의 평균 조약비준수가 42, OECD제국의 평균 조약 비준수는 73으로 되어 있다. 참고로 한국이 비준한 조약수는 28조약에 지나지 않는다.

그런데 이러한 조약과 권고는 서로 관계되는 의제에 대하여 각각 달리 채택된다. 조약을 비준하게 되면 법적 구속력이 발생하기 때문에, 너무 상세하게 실시방법 등을 규정할 수 는 없다. 내용이 너무 상세하면, 모든 가맹국의 국내법에 합치시키기가 어려워지고, 충분한 비준수를 확보하기 어렵다는 우려가 있기 때문이다. 처음부터, 1919년의 ILO헌장제정 과정에서, 국제노동기준을 조약하나로 할 것을 생각하고 있었으나, 노동입법이 地方分權化되고 있기 때문에 비준된 조약의 이행에 대하여 연방정부가 최종적으로 책임을 지기 어려운 상황하에 있는, 미국의 입장(희망)을 고려해서 조약과 권고의 두 가지 제도(방법)를 통해서 시행해 나가기로 결정했던 것이다.

조약은 최종적으로 전 가맹국에 의해 비준되는 것이 바람직하기 때문에, 조약에서는, 큰 부문(원칙)만 확정하고 권고에서 구체적인 적용방법을 설정하는 방식이 좋다고 해서 조약과 권고의 제도를 채택한 것이다. 대표적인 예로써 간호직원에 관한 조약(149호, 1977년)을 보면, 조약의 실제조문은 불과 8개조문 뿐이고, 내용적으로도 일반원칙과 방향성만 정해져 있기 때문인지, 동시에 채택된 권고(157호)의 경우는, 부속서(附屬書: Annex)로서 「실제적 적용에 관한 제안」이 30항목이나 부가되어 있다. 대범하게 말하면, 조약에서는 대상이 되는 문제에 대한 일반원칙을 규정하고, 권고에서는 구체적 실시조치를 규정한다고 하는 방법으로 그 세부사항을 채택하게 된다는 것이다.

그러나 채택된 전체의 조약의 수와 권고의 수가 일치하지 않는다고 하는 예시에서도 밝히고 있듯이, 이 예에 따르지 않는 경우도 많이 있다. 조약의 내용이 기본적 인권에 관한 것이 많아서 그 내용이 모든 가맹국에 일률로 적용되지 않으면 안 되는 경우처럼, 결사의 자유나 강제노동은 권고를 하게 될 여지가 없기 때문에 조약만이 채택되는 일이 많다. 역으로, 고용정책에 관한 권고(169호, 1984년)와 같이 대상영역이 뛰어나고, 경제 정책적이어서, 법률적인 규제에 친숙하기 어려운 경우에는 권고만이 채택되는 경우도 있다.

총회에 제기된 의제에 대하여, 조약으로 채택되는지, 권고로 채택되는지, 또 그것이(조약과 권고가)함께 채택되는 것인지는, 뒤에서 말하는 2回討議節次(제3절,제1항)에서 정하게 되지만, 일반적으로는, 원만한 규제를 바라는 사용자측은 권고를, 권리확립을 요구하는 노동자측은 조약을 요구하고 있어, 정부의 의견이 갈리는 경향을 볼 수 가 있다. 때로는 이문제가 최후까지 가서 2년째인 총회에서는 본회의에 올라가기 전까지 정해지지 않는 경우도 있으나, 이것은 두 가지 의미에서 불행한 일이다. 하나는 이 문제로 시간을 허비하고, 내용의 의미가 흐려질 위험성이 있다는 것이다. 또 하나는 다시 문제가 커질수 있다. 조약으로 할 것인지 권고로 할 것인지는 위에서 설명한 이유에 따라 규정 방법이 달라질 수 있기 때문에, 최후에 가서 조약으로서 준비하고 있던 것이 권고로 되어 버린다면 법률적으로 너무 의미가 없는 것이 될 수도 있고, 역으로, 권고로 준비해왔던 것이 갑자기 조약이 된다면, 실시하는데 어려움을 갖게 된다.

후자의 예로서는, 고용정책에 있어서의 122조약을 들 수가 있다. 이것은 권고의 채택을 목표로 해서 2회토의절차가 진행되고 있는 과정에서 조약과 권고의 동시채택이 결정되고, 매우 내용이 부드러운 조약으로 만들어져버린 한 예인 것이다. 더욱이 이 조약의 경우, ILO의 감시기구가 있었던 덕분에, 대부분 법률적으로 의미가 없다고까지 말했던 조약이 10년 후에는 실질적으로 원용 가능한 것으로 발전했기 때문에 불행 중 다행이라고 말해도 좋을 것 같다.

### 제4항 여러 카테고리의 ILO條約 · 勸告

현재, 모두 388(조약188, 권고200) 조약과 권고가 있으나 이것을 대상 영역별로 나누면 10~15정도의 카테고리로 분류할 수 있다. 더욱이 이러한 분류방법은 설명의 방법문제이고, 그다지 실질적인 의미가 있다고도 생각하지 않지만, 사무국에서 준비하는 몇 가지 공식문서 중에서, 조약과 권고를 편의상 카테고리 별로 나누어 놓고 있다. 또, 국제노동기준을 조감도(鳥瞰圖)식으로 바라보려고 하는 경우나, 국제노동기준에 대한 개설적강의를 하는 경우 등에서는 매우 편리하고 유익한 분류가 된다.

사무국에서 발행한 1980년대의 조약 · 권고집에서는 제1호 조약에서부터 최근의 조약까지를 시간적으로 비교하는 것이 아니고, 모든 조약 · 권고를 15카테고리로 분류해서 카테고리 별로 편집하고 있다.

그러나 1990년대 이후에는 다시 옛날과 같이 오래된 순서방식으로 바꾸어졌다. ILO에 관한 전문가들 사이에서는, ○○○조약이라는 제목별 호칭보다는 ○○○號 조약이라고 부르는 것이 친절미가 있다고 한다.

이것은 카테고리별 조약집은 검색을 어렵게 하기 때문일 것이다. 여기서는 더 조감도적으로 들여다보는 것이 바람직하기 때문에, 사무국의 분류에 따라 개관해 본다.

사무국에서 편집한 조약집이나, 그 외의 문서에 있어서, 분류별 제시가 필요한 경우에 채택되는 표에는, 최신의 것으로서 ILOLEX 의 안에 subject classified index가 있고, 여기서는 전체를 13항목으로 나누고, 각각에 대하여 다시 세모의 소분류로 되어 있다(제Ⅳ부 자료편 참조).

그 표 가운데서 기본적 인권을 취급한 조약의 카테고리가 최초로 나와 있다는 데는 그 나름대로의 의미가 있다. 국제노동기준이라는 말을 충실하게 표현하는 것으로는, 협의의 노동기준, 예를 들면 노동시간 · 유급휴가 · 안전보건 등을 취급하는 「노동조건」의 카테고리에 분류된 일련의 조약과 권고群이 전형적인 것일지도 모르지만, 적용범위와 넓이나 기본적 인권의 중요성을 생각하면, 기본적 인권에 관한 조약群이 맨 첫 번째로 들게 된다는 것은 이해가 된다. 즉, 직장에 있어서의 안전보건기준의 경우는 그 혜택을 입는 노동자의 수가 상당히 많다고는 하지만, 직장에서 일하는 사람이외에는 적용이 없지만, 기본적 인권에 관한 조약群의 경우는 일을 하고 있던지 하지 않고 있던지, 취로 연령에 달해 있는지, 달하지 않고 있는지, 차별없이 적용된다고 하는 일반성을 가지고 있다. 또, 결사의 자유로 대표되는 기본적 사회권의 경우는 이것이 확립되고 나서 처음으로 타의 개별적인 노동조건도 확고한 지위를 가지게 된다고 할 수 있기 때문에, 그들의 내용이 기본적 인권을 취급하고 있기 때문이라고 하는 형식적인 의미뿐만 아니고, 모든 국제노동기준의 기초가 되는 것으로서의 베이직(기본)이라고 할 수 있다.

일반성이라는 의미에서 기본적인권 조약군의 정반대에 위치하는 것이, 13번째로 분류된「기타의 특수 카테고리」라는 그룹이다. 여기에는 선원·어민·플랜테이션·간호직원과 같은 특정한 업종에 소속하고 있는 노동자의 노동조건을 취급한 기준이 들어가 있다. 간호직원의 노동조건이 주요하지 않아서가 아니라, 이 기준에 의해 지켜지게 될 대상노동자의 수가 타 그룹과 비교해서 적기 때문에, 모아서 최후에 특수 카테고리로 하고 있다는데 지나지 않는다.

## 제5항 條約의 柔軟性

앞에서 말한 것처럼, ILO의 조약은 어느 정도 일반성이 없으면 안되고, 필요이상으로 엄격한 규정은 비준 저해요인이 된다. 결과적으로는 ILO의 목적을 달성 할 수없게 된다. 그러나 한편으로 국제노동기준이 규범이라고 하는 한, 권리의무의 확정이 되지 않고는 안되고, 法的 嚴密性이 요구되며, 너무 낮은 수준의 노동기준을 설정한다고해서는 아무런 의미가 없다. 그래서 고안된 것이 각종의 유연성 부여를 위한 여러 방책을 생각하게 되는 것이다.

### (1) 適用範圍의 限定

조약에 유연성을 부여하는 것은 최근에 와서 시작된 것이 아니고, ILO 설립 당초에도, 적용 범위를 한정하는 문제는 종종 이루어지고 있었다. 초기의 일련의 조약에서 보듯이 당시, 경제발전도상국이라고 보고 있었던 일본에 비하여, 중국, 인도, 샴(泰國)과 함께, 일정한 조약상의 의무를 면제시키는 규정을 두게 했던 것도 그 선례가 된다. 최근에는 국명을 명시해서 의무면제의 柔軟條項을 삽입하는 예는 없지만, 도상국 일반을 대상으로 했다고 볼 수 있는 면제조항을 두는 경우는 종종 볼 수 있다. 이 대표적인 것이 사회보장에 관한 102호 조약으로써, 이 경우는 조약의 실체부분이 9개 부분으로 나누어져 있어, 그 중 최저 3개 부분을 실시한다고, 선언하게 되면 선언하는데 따라 비준이 가능하게 된다.

물론, 비준 후 상황이 개선되었을 경우는 나머지 부분을 점차 추가해 나갈 것으로 기대되고 있다. 취로의 최저연령을 규정한 138호 조약에서도 경제상황에 따라서 본래는 18세로 규정해야 한다는 최저연령을 14세로 내릴 수 있도록 하는 것이 허용되어 있고, 또 상세하게 그 조문을 보게 되면 특정의 경우에는, 국내법령에 어느 정도의 유연한 대응이 허용된다는 규정을 몇 개나 찾아 볼 수 있다.

이러한 유연성 조항을 채택하기 위해서는 비준을 할 때 事前에 선언을 해 둘 필요가 있다.

조약에 따라서는 비준할 때가 아니고, 최초의 보고서를 제출할 때에 어느 부분을 유보했는지를 지정하도록 하고 있는 것도 있다. 단지 뒤에서 언급하듯이(ILO조약의 유보에 대해서는 제5절 제1항 참조) 이들의 유연조항의 원용은, 조약에 그 목적이 명기되어 있는 경우에 한 한다.

### (2) 促進的 條約

유연조항과 더불어, ILO조약의 적용에 幅을 갖도록 하기 위한 것으로써, 촉진적 조약 또는 선언적 조약(Promotional Conventions) 등 ILO관계의 전문가들이 종종 인용하는 종류의 조약이 있다. 이것은 조약의 내용이 선언적이어서 비준하는 가맹국에 대하여 구체적인 법적의무를 명확한 형태로는 부과하지 않는 것 같은 조약을 말한다.

고용정책에 대한 122호 조약이 그 전형이지만, 그 외에도 142호 조약이나 156호 조약 등도 그 예로 들 수 있다.

한편, 조약의 전부는 아니지만 그 일부에, 「촉진적」인 부분을 포함하는 것도, 촉진적 조약이라고 부르는 경우가 있다. 예를 들면, 100호 조약이나 111호 조약 등에는, 확실히 「국가의 정책으로서, 또는 목적으로 해야만 한다.」고하는 文言을 볼 수 있으나, 그렇다고 해서, 이들 조약의 全 條文이 촉진적으로 될 이는 없고, 100호 조약의 경우에는 「남녀동일임금」의 부분, 111호 조약은 「직업 및 고용에 있어서의 차별적인 취급」의 기본부분에 대하여, 차별해서는 안된다는 의무는, 곧바로 발생한다. 어느 국내법령이 고용에 있어서의 차별대우를 관용하는 것 같은 규정을 포함하고 있다고 한다면, 그것은 곧 바로 111호 조약 위반이 된다. 그러나 한편으로, 어느 나라의 현 시점에서 차별대우가 완전히 없다고는 잘라 말할 수 없는 경우라 하더라도, 그렇다고 해서 조약의 의무위반은 곧 발생하지 않는다.

촉진적(선언적)이기 때문에, 「그런 방향에서 노력하고 있다」고 해서, 어느 속담처럼 「茶를 진하게」 끓이는 것이 좋을 것 같지만, 그래서는 안 되는 것이 ILO인 것이다. 감시기구는 이들의 촉진적 조약도 세심하게 해석해서 법률문서로서 의미 있는 것으로 하고 있다.

122호 조약이 본래는 권고로 채택되어야 했으나, 최후 단계에서 조약으로 했기 때문에, 내용이 매우 막연하다고 하는 점에 대해서는 앞에서도 언급했지만, 다양한 ILO의 노동통계를 구사해서, 경제정책의 분야에 있어서의 사무국의 專門的部局의 의견을 받아들이면서, 실업률이 이상하게 높은 나라 등에 대해서는, 조약준수의 의무위반을 인정해왔던 것에 그러한 실례가 잘 나타나고 있다. 내용적으로 막연하게 되어 있었던 것이라 하더라도, 그것을 보충할 구조가 갖추어져있으면, 처음에는 법률적 불완전으로 생각되었던 국제문서라 하더라도, 시간이 지남에 따라, 의미 있는 것으로 변화해 갈 수 있는 좋은 예를 보여주고 있다.

### (3) 條約의 直接 適用性

결과가 곧 바로 나오지 않는다 해도, 당장은 조약준수의무위반을 문제삼지 않는 촉진적 조약에 가까운 것으로서 경우에 따라서는, 중복되는 일도 있지만, 그러나 개념적으로 다른 것이라고 해서 「직접고용이 되지 않는 규정을 포함한 조약」일 경우도 있다. 이것은, 국제법의 전문서의 「직접 적용 가능한 조약(self-executing treaty)」, 「직접 적용 불가능(non self-executing)」과 같은 표현을 사용해서 논의되고 있는 것이다. ILO조약 중에는, 이러한 것을 많이 볼 수 있다. 「국내법의 규정에 따라」라든가, 「국내법에 따라 정해지는 기준에 따라」라든가 하는 표현은 가는 곳마다 볼 수 있고, 이에 대응하는 국내법이 없는 경우에는, 그 ILO조약은 직접적용의 가능성이 없다. 대표적인 것으로는 최저임금 결정제도조약이 있다. 최저임금은 한 나라 내에서(국내에서)까지 지역에 따라 차이가 있는 것이 보통이어서, 국제적 최저임금을 정한다는 것이 불가능하다는 것을 누구나 알고 있다(단지, 선원의 최저임금에 관해서는, 그것이 가능하며, 실제로 ILO조약에 구체적인 숫자가 있다). 그래서 131호 조약에서는, 비준하는 나라가 최저임금을 설정하는 기구를 설치해야 한다는 의무를 부과해서, 최저임금의 구체적인 금액에 대해서는 각국의 국내법령과 거기에 의해 설치된 기구에 따른 최저임금결정에 맡기게 하고 있다.

더욱이, ILO조약이 아무리 구체적으로 법적 의무를 규정하고 있다 해도, 어느 나라의 헌법체제여하에 따라서는, 그것이 바로 국내적 효력을 발생시키지 않는 경우도 있다. 이 문제는 조약의 직접적용 가능성의 문제와는 전혀 차원을 달리하는 문제이지만, 이따금 혼동된다. 일본의 경우는 헌법 98조의 해석으로 「조약은 이것을 준수해야 한다.」고 되어 있기 때문에, 내용이 충분히 집행 가능하다고 한다면, 비준과 동시에 국내법상의 구속력도 발생하게 되지만(일본의 경우를 보면 비준은 법령에 유사한 것으로 보고, 官報에 의해 발표되고 있기 때문에 더욱 명확하다), 그렇지 않은 나라는 별개의 국내법을 제정할 필요가 있다. 역으로, 국제법 우위의 국내법제도를 취하고 있는 나라에서, 조약의 실시가 국내법 발표의 절차를 필요로 하지 않는 나라의 경우에는 문제가 생긴다. 비준한 것과 동시에 그것이 국내법으로 되기 때문에, 이론적으로 말할 것 같으면, 어떠한 국내법적 수단을 취할 필요가 없다. 그러나 그것으로는 너무 일반국민에게 주지를 철저하게 하지 않는다는 이유가 되고, 그래서 ILO의 감시기구는 이따금 그러한 나라에 대하여, 「확실하게 비준의 즉시 국내법적 효력을 갖게 될지」도 모르지만, 그것으로는 일반 사람들이 ILO조약이 국내법이 되었는지의 여부를 보고 들을 수 있는 기회가 매우 한정되기 때문에, 새로운 법령을 별도로 채택하는 것이 바람직하다고 보고 있다.

## 제3절 國際勞動基準의 採擇 · 效力

조약과 권고가 채택되기 위해서는 거기에 따른 실질적인 요인과 절차의 양면이 갖추어져야 할 필요가 있다. 또, 조약이 채택되는 경우에는 그 등록이나 개정 절차에 대하여, 통상의 多數國間條約과 다른 요건이 정해져 있기 때문에 주의를 요할 필요가 있다.

### 제1항 基準採擇의 決定과 採擇節次

어떠한 문제에 대하여, 국제노동기준(ILO조약 혹은 권고) 또는 그 양측을 채택해야 할 것인지의 여부는 최종적으로는 이사회가 판단하지만, 그 이사회에서의 논의를 하게 되는 것은 실제로 이사회에 참석하는 이사뿐 아니라, 각 이사의 出身 母體인 정부기관, 사용자 또는 노동자의 단체가 될 수도 있고, 더 일반적으로 말할 것 같으면 국제여론이 그 방향성을 이사회에 내 놓게 할 수도 있다. 총회에서의 일반토의도 또 이사회의 결정에 영향을 줄 수 있고, 각종 산업별 위원회나 지역회의에서의 논의도 의제결정을 좌우하는 일이 있다. 예를 들면, 1996년에 시작된 과혹한 조건 하에 있는 아동노동에 관한 새로운 조약안의 작성은, 국제여론의 높은 이목에 起因되고 있었다고 할 수 있을 것이다.

일단, 이사회가 어느 문제에 대하여 조약 및 권고, 또는 어떠한 일방을 채택하는 것이 바람직하다고 결정했을 경우에서는, ILO헌장에 정해진 방식에 따라, 채택을 위한 준비절차가 진행된다. 통상적인 경우는, 의제결정에서부터 채택에 이르는 사이에 일정한 총회회기가 있고, 소위 말하는 2回討議 절차가 있게 된다. 주로 이전에 채택된 조약 또는 권고의 전부 또는 일부를 개정하기 위한 新文書가 준비될 때에는, 그 사이에 1회의 총회심의를 좁히게 되어, 1년째의 총회에서 채택할 수 있게 된다. 그래서 통상은 2回 討議節次를 밟게 된다. 그것은 다음과 같이 진행 된다.

이사회가 어느 주체를 의제에 올리도록 결정하게 되면, 사무국은 그 문제에 대하여, 가맹국의 법령의 실정에 대하여 비교조사를 하게 된다. 그 결과 취합되는 것을 통칭「法令 · 慣行報告書: (Law and Praetice Report)」라 하는데, 이것은 당해 문제에 대한 그 시점에서의 각국의 법령과 관행을 비교법적으로 분석한, 매우 정보량이 풍부한 보고서가 되는데, 채택되는 조약 · 권고의 내용에 상당히 큰 영향을 주게 되는 것이다. 이 보고서는 이사회가 총회의제로서 당해 문제를 채택한 후, 5개월 이내에 사무국에 의해 작성되고, 각국의 정노사에 의견을 구하기 위해서 송부하게 된다. 구하게 되는 의견 안에는, 당해 문제에 대하여 조약을 채택하는 것이 좋은지, 권고나, 혹은 또 그 다른 방법이 있는지 등의 의견이 포함된다.

각국으로부터 돌아온 의견을 참고로 해서, 사무국은 제2차 보고서를 총회회기의 4개월 전까지 작성해서 총회의 제1차 토의를 기다리게 된다. 이와 같은 준비를 거쳐서 총회는 새로운 조약 · 권고의 작성을 위하여 제1회 토의를 하게 되는데, 여기서는 최종문서를 채택하지 않는 것이 2회 토의절차의 특징이다. 총회는 新基準(조약권고)작성을 위한 위원회를 설치하고, 충분히 논의를 마친 후, 1년 후의 총회에 맡기기로 하고 최초의 해(첫해)에 있었던 토의가 종료된다. 이 토의의 결과를 취합한 사무국의 보고서가 제3차 보고서로서, 다시 각국의 정노사에게 송부되고, 다시 의견을 구하게 된다. 그리고 여기에 보내온 의견을 고려해서, 사무국은 최후의 4번째 보고서를 만들어서, 제2회째인 총회심의에 내놓게 되는데, 이 최후의 보고서에는, 조약 · 권고의 초안이 매우 구체적으로 모양을 띠게 되고, 2년 이상 걸린 논의가 수렴되게 된다. 사무국에 따르면 4개의 보고서와 총회1회기의 논의를 포함해서, 제2회째의 총회는 조약 · 권고 채택을 바라보면서, 여러 가지 수정안이 최후까지 나오게 됨으로써, 해마다 상당한 혼란과 분쟁을 겪는 일도 있다. 국제노동기준의 작성이 ILO활동의 기본이라는 것을 생각한다면, 그것은 당연히 참고 견뎌나가야 할 영예로운 보람이 될 것이다.

최종적으로 조약 혹은 권고, 또는 그 한 상대는 총회에 있어서의 3분의 2의 다수로 채택되지만 여기에 있어서의 투표행위는 반드시 예견하기 쉽다고는 할 수 없다. 정노사 3자 구성은 당연하지만 투표 행동에서 나타날 수 있다. 한 나라의 대표단 중에서도 표가 갈리는 일이 종종 있기 때문이다. 어느 쪽이냐 하면, 국별 표 읽기 보다는, 3자별의 표의 분포에서 대세가 결정된다고 해도 과언은 아닐 것 같다. 많은 경우 위원회의 場에서 다수의 찬성을 받고 있을 때에는, 총회에서도 채택될 확률이 높지만, 아주 드물게는 총회 본회의에 있어서의 결과가 역전되는 일이 있어, 예측을 불허하는 경우가 있다. 3분의 2의 다수를 얻지 못했던 조약안이나 권고안은 성립되지 않기 때문에, 일부의 오해가 있는 것처럼 보이기도 하고 채택되지 않았던 조약이 권고로서의 효력을 갖게 될 이는 없다. 더욱이 ILO헌장 21조에 있는 것처럼, 不採擇條約에 대하여, 어려 가맹국이 서로 뜻을 모아 그것을 모두의 조약으로 함께 인정하게 된다면, 그 여러 나라들의 정노사의 3자들의 힘이 조약으로써 발효되는 것이다. 그러한 의미에서 본다면 불채택조약도 전혀 의미를 잃어버리는 것은 아니다. 그러나 그것은 ILO헌장의 규정상, 이론적으로 가능하다고 생각할 수는 있을지는 모르지만 이와 같은 예는 아직 없다.

ILO조약 · 권고가 채택될 때까지의 절차

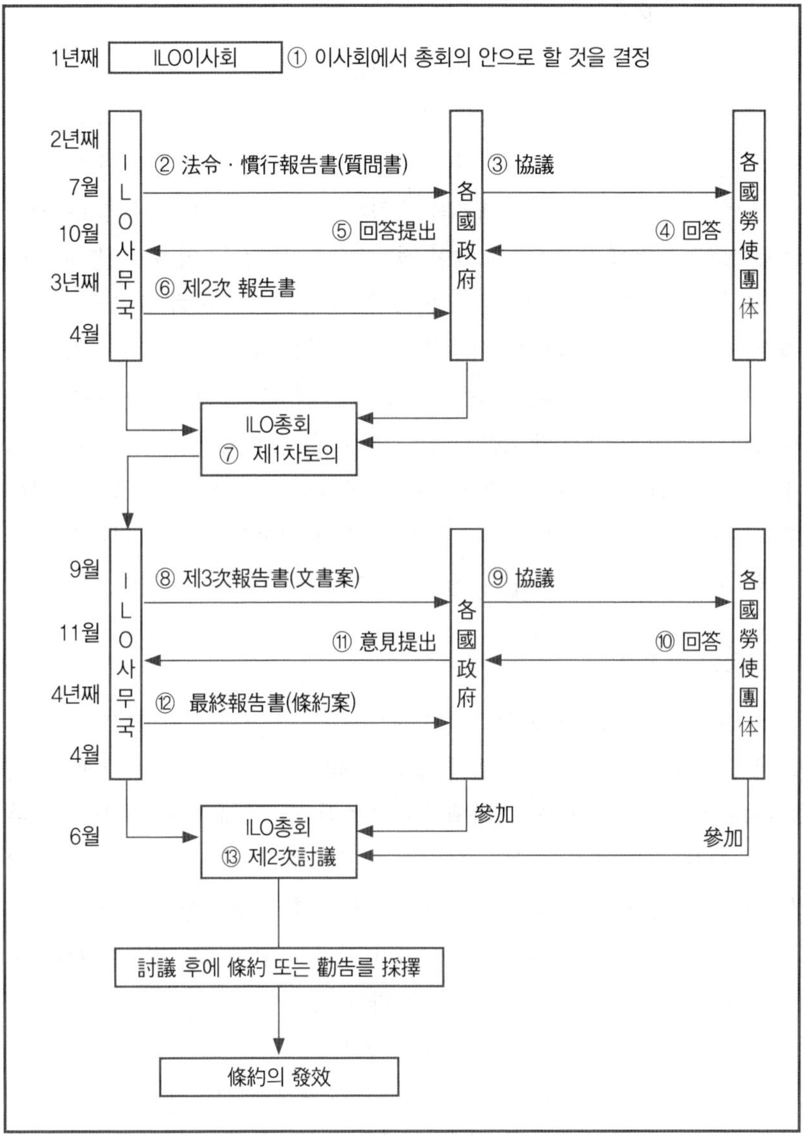

## 제2항 ILO條約의 特殊性

### (1) 條約의 成立

ILO조약은 국제법에서 말하는 多數國間 條約이라 할 수 있다. 그렇다고 한다면 채택된 것만으로는 調印이 되지 않고 있는 한 「條約案이라고 할 수 밖에 없지 않겠는가」라고 하는 논의가 있을 수 있다. 통상의 다수국간조약에 있었서는, 채택 후, 조약내용을 확정하기 위한 조인을 하게 되는 것이 보통이고, 그 단계에서부터 조약이 정식으로 성립된다. 염려가 될 것 같아서 다시 생각해보면, 가맹국은 조인을 한 것만으로는 당해 조약에 구속되지는 않는다. 그것은, 조약내용을 확정하기 위한 확인 작업에 불과하기 때문이다. ILO조약의 경우는, 조인이라는 절차가 省略되어 있어, 총회에 있어서의 채택이 조인을 내포하고 있기 때문에, 총회에서 채택된 단계에서 정식조약이 되는 것이다. 따라서 조인이 없다는 것을 이유로 해서 조약이 확정되지 않았다고는 할 수 없다. 여기서도 ILO헌장 19조에 있어서의 각종 의무와 더불어, 국제입법에 한걸음 가까운 흔적을 볼 수 있다.

### (2) 效力의 發生

조약이 채택되고 확정되었다 하더라도, 그것이 효력을 발생했다는 것을 의미하는 것은 아니다. 효력발생(발효)은 각각 그 조약의 규정에 따라 정해지는 것이고, 2(둘)이상의 가맹국이 비준한 후 12개월이 경과된 시점부터 발효된다고 규정하고 있는 조약이 압도적으로 많다. 초기의 조약에서는 두 번째 나라(2개국)가 비준한 시점에서 발효한다고 한 적도 있다. 또, 海事關係條約에서는, 발효 요건이 여러 가지로 되어 있는데, 일반적으로는 2개국의 비준을 효력발생기준으로 하고 있는가 하면, 지정된 몇몇 나라들 중에는 일정수의 나라가 비준하는 경우(예를 들면 73호 조약 등)가 있고, 비준된 일정수의 나라의 선박의 총 톤수를 그 조건으로 하는 경우(예를 들면 109호 조약 등)가 있다. 중심적인 해사조약이라 할 수 있는 147호 조약의 경우는, 「전세계의 선박톤수의 25%를, 합계해서 점하는 적어도 10개국의 비준이 기탁된 날로부터 헤아려서 12개월 후에 발효한다.」고 되어 있다(동조약 6조 2항).

### (3) 改 正

개정조약이라는 명칭이 처음부터 붙어있는 것이나, 예를 들면 취로의 최저연령에 관한 138호 조약과 같이 조약의 본문에서 「이 조양은 ○○년의 조약을 개정하는」것으로 하고 있다는 것은, 이전에 채택된 조약을 개정한 것이 틀림없다. 그런데 국내법의 경우는, 법률의 개정이나 일반적인 국제조약의 경우의 개정과 달라서, 개정된 旧條約이 곧 바로 실효되는 것은 아니다.

오래된 조약을 비준하고, 개정된 조약을 비준하지 않고 있는 나라로 봐서는, 개정전의 조약이 계속해서 유효한 것이다. 그와 같은 나라가 개정조약을 비준하게 되면, 그 시점에서 오래된 조약을 파기한 것이 되고(통상 개정조약에는 그 취지가 명기되어 있다). 구 조약은 그 나라에 대하여 실효된다.

통상의 경우 개정조약은 구조약의 새로운 비준을 하지 않고 있기 때문에, 구조약을 비준하지 않고 있는 나라가 개정조약이 채택된 후의 시점에서, 구조약을 비준하는 것은 할 수 없게 되고, 그런 의미에서는 조약의 개정은 구조약을 폐지하는 것으로 볼 수 있게 된다. 단지, 개정의 방법에 따라서는 구협약을 그대로 남겨두는 경우도 있기 때문에 개정조약의 규정에 주의해야만 한다.

예를 들면, 여성의 야간근무(야업)금지에 관한 1990년의 議定書는 실질적으로는 여성의 야업을 일반적으로 금지한 1948년의 89호 조약의 개정이기는 하지만, 1948년 당시와 같은 사회상황에 있는 가맹국도 있다는 것을 고려하고 89호 조약을 폐지하지 않고, 구법인 89호 조약을 존속시켰다. 이 1999년의 의정서도 그렇지만, 앞의 조약을 특히 그 일부에 관해서 개정하는 경우에는 「개정조약」채택이라는 방법을 취하지 아니하고, 의정서(protocol)를 채택하는 경우가 많다.

의정서라는 이름을 붙이고 있다 해도 조약이라고 하는 데는 변함이 없고, 2회 토의절차는 취하지 않았다 해도, 정규의 조약작성 과정을 거쳐서 채택되고, 비준되어서 효력을 발생한다는 것은, 앞절(제1항)에서 말한 그대로다.

조약 중에는 효력발생에 필요한 비준수를 얻지 않고, 長年에 걸쳐 冬眠狀態에 있었던 것이, 후의 개정조약에 따라 개정이 이루어지고, 그 후의 비준이 封鎖되었기 때문에 영구히 발효되지 않는 것으로 확정된 것도 몇개가 있다. 이사회는, 그와 같은 조약이나 일응, 발효는 했지만 거의 의미를 상실해버린 것까지를 포함해서 25조약을 뽑아서 그들에 대해서는 비준이 형식적으로 가능하다고 해도 비준을 추천하지않고, 만약 비준하고 있는 나라가 있다고 해도 거기에 대한 정기보고는 정지하도록 결정했다. 그러한 것은 현재 ILO에서 발행하고 있는 조약 · 권고집에는 기재되지 않고 있다. 조약번호만 기재한다면 다음과 같다(20호 · 21호 · 28호 · 31호 · 34~40호까지, 43호 · 46호, 48~51호까지, 60호 · 61호 · 64~67호 까지, 86 · 104호).

권고에 있어서도 改正勸告가 있으나(예를 들면, 고용정책에 관한 169호 권고), 권고는 처음부터 비준을 예정하지 않고 있는 문서로써 법적 구속력이 그다지 크지 않기 때문에, 전후의 효력관계는 특히 문제가 되지 않는다.

### (4) 條約의 廢址

이미 존재하고 있는 조약을 일정한 조건하에서 폐지할 수 있도록 하는 ILO헌장 및 총회의사 규칙의 개정안이 1997년의 총회에서 개정되었다. 거기에 따르면, 「이사회의 제안에 따라...출석하고 있는 대표의 3분의 2의 다수결에 따라... 조약이 그 목적을 잃었거나, 또는 이미 ILO의 목적달성에 유익한 공헌을 하지 않는다고 생각되는 경우에는, 그 조약을 폐지할 수 있다」고 하고 있는 것이다. 이것은 ILO헌장개정요건이 정비된 단계에서 ILO헌장 제19조(9)로써 삽입하게 된다.

## 제4절 基準採擇後의 加盟國의 義務

ILO조약 · 권고는 채택에 있어서의 절차나 효력발생요건 등에 있어서, 통상의 국제조약이나 국제기관의 비구속적 권고의 경우에 볼 수 없었던 특별한 성질을 가지고 있다는 것을 앞에서도 언급했지만, 일단 채택된 후에도, 비준이나 적용에 이르기 전의 단계에서도 역시 특수성을 가지고 있다. 말하자면, 유네스코도 ILO와 유사한 제도를 가지고 있다(유네스코헌장 4조 4항, 6항 8조).

### 제1항 權限있는 機關에의 提出義務

ILO헌장 제19조~8항에 따라, 가맹국은 ILO총회에서 채택된 조약 및 권고를「입법 또는 타의 조치를 위하여... 권한있는 기관에 제출할」의무를 갖는다. 여기서는「입법 또는 타의 조치를 위하여」와「권한있는 기관」이라는 말이 특히 문제가 된다.

#### (1) 立法 또는 其他의 措置

조문을 마지막까지 잘 읽으면 이해할 수 있겠지만, 그것만을 찾아내서 그대로 읽으면, 마치「비준하기 위하여」혹은「비준을 위한 입법을 위하여」규정되어 있는 것 같은 오해를 갖게 된다. 지금 비교적 새로운 가맹국에서, ILO나 기타 일반의 국제기관과의 교류에 익숙하지 못한 나라의 정부가 이 점을 오해해서,「비준이 안 되는데 제출이 안된다」고 하는 내용의 보고를 ILO에 보내오는 일이 있다고 하자, 거기에는「제출(submission)」이라고 하는 말이 갖는 영어로서의 의미에서 오는 오해가 있다.

나라에 따라서는 議會에 submit한다고 하는 것은, 법안을 채택하기 위하여 상정한다는 것을 의미하는 경우가 있다. ILO헌장의 의무를 이행하기 위하여, 정부가 ILO조약 · 권고를 의회에 제출할 때에, ILO헌장에서 사용하고 있는 submit라는 단어를 그대로 사용해 버렸기 때문에「비준을 위한

法案 上程」으로 오해되고 말았다고 하는 實例가 과거에 몇 번이나 있었다. 그러나 同項 (a) 및 (e)에서 밝히고 있듯이, 또 ILO의 기본적 구상(조약비준은 각 가맹국의 주권행위)으로 부터의 당연한 귀결로써, 「입법 기타의 조치」에 비준은 포함되지 않는다. 가끔 발생하는 오해를 피하기 위하여, 이사회는 條約勸告專門家委員會(후술, 6절, 제1항)이나, 總會委員會(후술, 6절 2항)의 판단을 모아서 「권한 있는 기관에의 제출의무에 관한 각서」를 만들고 본 조문이 명확화를 기하고 있다.

더욱이, 비준이 의무적이 아니라는 것은 사실이라 하더라도, ILO헌장 19조가 목표로 하고 있는 궁극적인 목표가 비준 및 실효적 적용에 있다는 것은 틀림없기 때문에, 제출을 할 때에는 비준해야만 할 것인지의 여부를 지금은 비준하지 않는다 하더라도, 장차 검토해야 할 것인지의 여부를 정부의 입장에서 분명히 할 필요가 있다. 여기에는, 국제법상 매우 유니크한 상황이 생겨나게 된다. 조약을 비준할 것인지에 대한 여부는 자유이지만, 그러나 그 문제에 대하여, 의회에 정보를 제공하고 정부로서는 어느 정도의 고려를 하고 있는지, 그것을 증명하기 위한 보고를 ILO에 제출해야 하는 것은 의무중의 하나라고 보고 있는 것이다.

채택된 조약이 곧바로 전 가맹국을 구속할 수 있다는 안과, 조약을 비준하지 않는 한 어떠한 나라도 구속하지 못한다고 하는 전통적인 조약법의 원칙에 따른다고 하는 두 가지만이 1919년의 ILO설립당시에 논의 되었고, 그 두 案의 절충으로 생겨난 것이 현재의 모습으로 된 것이다. 원칙적으로 비준은 자유지만, 조약이 총회에서 채택되었다고 해서, ILO가맹국이 막연하게 그대로 그냥 있을 수는 없을 것이고, 거기에 대하여 적어도 착실하게 검토해야 할 의무가 있을 것이다.

총회의 2회 토의 절차를 거쳐서 3분의 2의 다수로 채택된 조약이기 때문에 그리고 그들의 총체가 소위 국제노동법을 형성하게 되는 것이기 때문에, 본래 생각 같으면 채택과 동시에 모든 가맹국을 통제하고 싶을 것이다. 그러나 참된 의미에서의 국제노동입법기관이 되어버린다면, 멀지 않아 조약은 채택되지 않게 될 것으로 생각되었을 것이고, 이 타협적 절충안은 차선의 策으로는 적절한 것이 될 것이다.

### (2) 權限있는 機關

이사회의 「覺書」가 해명하려고 하는 또 하나의 문제점은 「권한있는 기관」의 의미인 것이다. 이것이 통상은 입법기관이라는 것을 말하고 있으나, 각국의 정치체제에 따라서는 반드시 의회가 노동문제에 대한 실질적인 결정권을 가지고 있지 않는 경우가 있다. 극단적인 예로써 민주적 정치체제를 취하지 않고 있는 나라를 생각해보면, 거기서는 의회가 형식적인 장식에 지나지 않고 사회 입법을 포함한 각종입법이 실질적으로 행정부의 專權事項으로 되어 있기 때문에, 의회에 ILO조약이나 권고를 제출해본다 해도 실질적인 의미를 찾지 못하게 된다. 「閣議」와 같은 행정부의 최고의사결정기관에 제출하는 편이 좋을지도 모른다는 것이다. 그러나 이와 같은 경우 의회가 아닌 행정부에 제출하는 편이 좋을지도 모른다는 것이다. 그러나 이와 같은 경우 의회가 아닌 행정부에 제출하는 것만으로 이 ILO헌장 하에서의 의무를 이행할 수 있을 것인지 문제가 된다. 이사회는 이 점에 결착하기 위하여 각서에서 「그와 같은 경우라 하더라도, 여기서 말하는 제출의 두 번째 목적인 「넓게 일반적으로 주지시키는 」것을 달성하기 위해서는, 의회에의 제출을 병행해서 하는 것이 바람직하다」고 말하고 있다. 이러한 것은, 통상 감시기관의 판단에서도 철저히 되어있어, 조약 및 권고를 행정부에만 제출하고 있는 나라에 대해서는, 이사회 각서를 원용하면서 입법부에의 제출을 호소하고 있다.

### (3) 勞使團體에의 通報

ILO헌장 23조 2항에 따라, 상기 19조에 따른 보고서(사본)는 국내의 대표적인 노사단체(조직)에도 송부되지 않으면 안 된다. 이것은 ILO의 중요한 구성원인 노사의 대표가, 정부의 기본적인 의무가 되는 권한있는 기관에의 조약 · 권고의 제출에 대하여, 충분히 정보를 얻도록 하는 것을 바라고 있는 것이지만, 거기에는 동시에 노사의 정부에 대한 체크기능도 기대되고 있다.

이러한 점은 뒤에서 말하는 감시기관의 활동(제6절)에서 상세히 말하겠지만, 이 권한 있는 기관에의 제출의무는 비준을 하지 않고 있는, 또는 권고를 실시하려고 하지 않는 나라에 대한 하나의 프레셔가 된다. 달리 표현한다면, ILO에 의한 국제기준설정이 비준되지 않는 한 國際文書에는 구속되지 않는다고 하는 전통적인 국제법원칙에는 따르면서도, 국제입법으로 한걸음 나아가고 있다는 것을 의미한다.

### 제2항 未批准의 條約 · 勸告에 대한 報告義務

ILO헌장 19조 5항에 규정되어 있듯이, 「가맹국은 당해 사항에 대하여 권한있는 기관의 동의를 얻지 못했을 경우에는 조약에서 취급하고 있는 사항에 관한 자국의 법률 및 실행의 현황을, 이사회가 요구하는 적당한 간격을 두고, 국제노동사무국의 사무총장에게 보고하는 이외에는, 어떠한 의무도 지지 않는다. 」고 되어 있기 때문에, 의회가 조약비준을 하지 않았을 경우에는, 그 이상의 국제법상의 의무를 지는 일은 없다. 그러나 「이사회가 요청하는 적당한 간격을 두고」하는 사무총장에 대한 보고의무는 소홀이 할 수 없다.

중요한 조약에 대해서는 이사회가 그 「간격」을 상당히 짧게 하는 경향이 있다. 예를 들면, 결사의 자유나 남녀평등임금 등에 대해서는, 이 의무에 따른 보고제출이 10회 이상 이루어지고 있다. 그 보고서 중에는 「입법, 행정적 조치, 노동협약(단체협약) 또는 기타에 따라 조약 규정의 어디가 어느 정도로 실시되고 있는지, 또는 실시되려고 하고 있는지를 볼 수 있고, 거기다가 조약의 비준을 막거나(방해) 지연시키는 장해이유가 진술되지 않으면 안 되기 때문에」 합리적인 이유가 없이 조약을 비준하지 않고 있는 나라로 봐서는, 종종 그러한 사항에 대하여 변명을 하지 않으면 안 된다고 하는 부담이 있고, 비준에 대한 프레셔(pressure: 정신적인 부담)가 걸린다.

勸告에 대해서도 마찬가지다. ILO헌장 19조 6항 (d)에서, 조약의 경우와 거의 같은 내용의 의무를 부과하고 있어, 거기에 대한 보고서를 제출한다는 것은 권고를 실시하지 않고 있는 나라로 봐서, 거기에 상응하는 프레셔가 걸린다는 것을 의미한다. 더욱이, 권고의 경우는 비준할 의무는 물론 없고, 실시하는데 있어서도, 모든 조항을 완전히 실시한다는 것은 기대되고 있는 것도 아니기 때문에, 이에 대한 보고에서 실시할 수 없는 것을 말한다는 것은, 조약의 경우와 비교할 때 그 정도로 비난받을 일은 아니다. 그런데 이사회의 요청으로 가맹국이 송부해온 미비준조약과 권고에 관한 보고에는 6절에서 말하는 것처럼, 조약권고적용전문가에 의해 상세한 분석이 가해져서, 비교법적인 연구라 하더라도 통용될 수 있는 훌륭한 보고서가 만들어지게된다.

### 제3항 未批准 條約과 勸告의 地位

분명히 實定法學 상으로는 앞에서 말한「권한있는 기관에의 제출」과「이사회가 요청하는 보고」이외의 법적 의무는 가맹국이 부담하지 않는다. ILO헌장 19조의「...이외에는, 어떠한 의무도 지지 않는다.」고하는 문언은 너무나 명백하다. 그런데 실제는 제6절 · 4항에서 설명하는 것처럼, 결사의 자유에 관한 국제노동기준에 대해서는, 비준의 유무에 관계없이 상당정도 87호 조약의 내용이 가맹국에 대하여 사실상의 구속력을 가지고 있다. 이러한 경우에서 알 수 있듯이, 국제노동기준의 내용에 따라서는, 비준이라고 하는 줄거리가 반드시 견고해야만 되는 것은 아니라는 것을 유추할 수 있다. 또 1998년의 ILO총회에서 채택된「노동의 기본적 원칙과 권리에 관한 선언」에도, 결사의 자유에 관한 것과 같은 절차를 他의 일정한 기준에 대해서도 확대하고 있는 방향성을 찾아 볼 수 있다.

결사의 자유에 관한 절차가, 비준의 유무에 관계없이 진행되는 이유는 「가맹국이 ILO헌장을 수락할 때, 일련의 기본적 원칙의 실시에 대하여 진지하게 노력한다는 것을 서약했다」는 것에서 요구되고 있는 것이다. 前文에 나와 있는 일련의 기본적 원칙 중 거의 국제노동기준의 기초가 되는 대부분의 사례(사실)에서 열거되고 있는 것을 생각한다면, 비준의 유무를 문제시하지 않고, 채택된 국제노동기준이 어떠한 의미를 가지고 있는지를 알 수 있는 것도 어려운 일은 아니다.

그러나 그것은 헌장의 전문(前文)으로부터, 당연히 도출된 것은 아니고, 결사의 자유에 대한 특별 절차와 같이, 그 나름대로의 폴로업機構가 정비되고 나서, 처음으로 가능하게 된 논의이며, 「노동의 기본적 원칙과 권리에 관한 선언」도, 거기에 걸려있기 때문이라는 이유만으로는 정당성을 주장하기가 어려울 것이다. 왜 기본적 인권만이 특별 절차에 의해 친숙해져야 하는가, 직장에 있어서의 안전보건 등의 기술기준을 그와 같은 절차에 올려놓는 것은, 부적절하다는 것인가 라는 논의가 충분히 이루어진 후에, 새로운 절차가 진행된다고 한다면 그것은 설득적이 될 것이다. 역으로 말한다면, 그와 같은 현상이 지금부터라도 일어난다고 한다면, 국제노동기준은 채택과 동시에 일정한 법적 중요성을 가지고 있는 것으로 생각할 수 있게 될 것이다.

## 제5절 條約의 批准과 그 效果

채택된 조약은 곧 바로 가맹국을 구속하게 되지는 않는다. 그러나 비준하고 안하고에 관계없이, ILO헌장 19조에 정해진 각종의 보고의무는, 비준을 촉진할 목적으로 규정되어 있는 것이 분명하다. 궁극적으로는 모든 가맹국이 모든 조약을 비준하는 것이 바람직하다는 것은 말할 것도 없다. 다음은 비준의 절차적 측면(유보가능성), 법적효과, 비준이 갖는 의미(가맹국은 왜 조약을 비준하는가)에 대하여 설명하고자 한다.

## 제1항 批 准

### (1) 批准節次

가맹국이 조약의 비준을 결정했을 때에는, ILO사무총장에게 批准書를 기탁하지 않으면 그 비준은 효과를 갖지 못한다. 조약의 비준이란, 조약상의 의무를 수락한다는 것을 선언하고 서약하는 것인데, 그것은 문서로 명시된다. ILO헌장에서 어떠한 양식을 사용할 것인지는 정해져 있지 않기 때문에, 일반적인 국제법상의 원칙에 따른다. 즉, 각각의 국가에 있어서 조약체결을 위한 대리권을 가진 자(원수 · 수상 · 외무장관 등)의 서명이 있는 문서로, 비준하는 조약명이 명기되고, 비준하는 의사가 표명되어 있는 서면이면 된다. 특별한 양식은 없다.

이러한 문서가 ILO본부의 사무총장 앞에 도달하는 날에 등록되는데, 많은 협약이 그날부터 기산해서 1년째 되는 날에 당해 가맹국에 대한 효력이 발생된다. 근래에 와서, 일반적인 국제법의 현상으로써, 행정이나 교환문서와 같은 간이한 조약체결절차가 요구되는 경우가 있다. 이러한 것은, 조약의 효력발생을 위하여, 비준을 절대조건으로 하고 있지 않지만, 국민의 권리의무에 큰 영향을 주게 하는 것이나 정치적으로 중요한 것에 대해서는, 의회의 승인을 거쳐 국제의무가 수락되는 것이 바람직하기 때문에, 의회가 승인해서 처음으로 비준이 되는 일이 많다. ILO조약도 그러한 취지에서, 모든 조약에 대하여 비준을 요구하고 있다.

더욱이, 다른 일반적인 조약에서도 알려지고 있는 일이지만, 비준을 거쳐 조약이 발효된다는 것과, 그 조약자체가 실질적으로 적용되는 것과는 별 문제인 것이다. 國際聯盟時代에는 조약은 국제연맹에 등록되지 않는 한 당사자 간에 있어서도 발효하지 않는다고 했던 예(連盟規約 제18조)도 있으나, 오늘날에 와서는, 등록은 제3자적 효력의 연원이 된다고 해도, 당사자 간의 효력까지도 좌우하는 것은 아니고, ILO조약의 경우도, 어느 나라가 국내적으로 실시해 나가는 것을 막는 것은 아니다. 그러나 사무총장에게 비준서가 도착하지 않는 한, 그 조약은 당해 가맹국으로서 발효되지 않고, 물론 비준된 조약으로서 각종 공적 자료에 기록되지 않을 뿐 아니라, 비준에 따른 각종 권리 · 의무관계가 발생하지 않는다.

약간 특수한 케이스로, 국가승계(國家承繼)가 있게 되거나(예를 들면 東西독일의 통일), 정부가 바뀌거나 해서(베트남, 中國) 어느 조약에 대한 어느 비준이 유효한지가 문제되는 일이 있다. 독일의 경우는 소위 말하는 西獨이 東獨을 흡수했다고 하는 국제법상의 처리가 이루어진 결과, 동독이 비준하고 있던 ILO조약은 실효되고, 모든 서독의 비준조약이 全 獨逸에 적용되게 되었다. 그라나 이미 서독이 비준하지 않고 있었다 하더라도 東獨領에 적용되고 있었던 조약은, 그 지역에 대해서만 적용된다고 하는 선언을 統一獨逸이 하게 된다는 것은 법적으로는 가능했다. 말레이시아의 경우, 식민지 지배로부터 독립된 후, 영역이 최종적인 오늘의 말레이시아로 확정되기까지는 여러 가지가 변했으나, 거기에 따라, 오래전에 비준해온 ILO조약이 예를 들면 「사라와크에만 적용 된다」고 하는 처리가 이루어지고 있다. 정부가 바뀐 베트남이나 중국에 관해서는, 이전의 정부가 비준한 조약에 대해서는, 그것을 승인하지 않는 관행이 있어, 그러한 한 「이전의 비준이 실효되어 있다」는 처리가 이루어지고 있다.

### (2) 留 保

多數國間條約에서, 일반적으로 인정되고 있는 留保는 ILO조약의 경우에는 조약자체에 유보내지는 한정적 적용을 허용하는 규정이 있는 경우 이외는 인정되지 않는다. 비준하는 나라에 폭넓은 유보의 자유를 주게 된다면, 결과적으로 조약을 좀먹는 상태가 되어, 실질적으로 조약의 의무가 상실될 우려가 있기 때문에, 國際司法裁判所에서도 권고적 의견으로, 「그것이 조약의 본질과 상용되지 않는 유보는 해서 안 된다」고 하고 있다. 그런데도 불구하고 상당한 兩立性原則에 비추어서, 의혹을 부를 수 있는 「유보」가 이루어지고 있는 것을 통상의 다수국간조약의 경우에는 볼 수 있는 실제인 것이다. ILO조약에 있어서 이것이 인정되지 않는 관행이 확립되게 된 데에는 몇 가지 이유가 있다. ILO조약은 3者構成의 심의를 거쳐서 채택된 것이기 때문에, 정부가 혼자만의 생각으로 유보를 하는 것은, 기본원칙에 반한다는 것과, 기초과정에서 충분히 각국의 상황을 고려하는 절차가 있기 때문에, 채택 후에는 특별한 이유를 들어서, 조약의 완전한 이행을 거부하는 것은 할 수 없다는 등의 이유가 있다.

분명히, 유보를 원칙으로 해서 허용하지 않는다는 것은, 조약의 비준을 어렵게 하는 측면이 없는 것은 아니지만, 잘 살펴보면, 절대로 유연성을 등한시하고 있다고도 생각되지 않는다. 필요하다면 상당한 유보조항을 내포하고 있는 것이 많은 ILO조약인 것이다. 이러한 유연조항을 채택하기 위해서는 비준을 할 때 처음부터 선언을 해 둘 필요가 있다. 조약에 따라서는 비준할 때보다는 최초의 보고서를 제출 할 때, 어느 부분을 유의했는지를 지정하도록 하고 있는 것이다. 단지, 앞에서도 언급했듯이 이들의 유연조항의 원용은 조약에 그러한 것이 명기되어 있을 경우에 한한다.

### 제2항 批准의 效果 · 義務

일단, 비준이 결정되었을 경우에는, 그 조약은 국제법상의 구속력을 가맹국에 미치게 된다. 즉, 제일먼저 그 조약을 실시할 의무가 생기게 된다. 이때, 조약의 실시라고 하는 것은, 조약의 내용을 국내법으로 받아들이는 것 뿐 아니라, 실질적으로 조약의 목적이 달성될 수 있도록 하는 국가에 의한 실행이 따른다는 것도 의미하는 것으로 되어 있다. 이것은 비준이 결정되지 않았을 때의 의무에 대하여 규정한 ILO헌장 10조 5항 (e)의 문언의 유추해석에서 도출되는 것으로써, ILO의 감시기구도 일관해서 실행의 측면을 보게 된다. 이사회가 작성하는 질문서에도, 반드시 어떻게 실행되고 있는지, 실제의 운용이 어떻게 이루어지고 있는지, 현실적으로 이행이 확보되고 있는지 등의 취지의 질문이 들어있다.

예를 들면, 취로에 관한 최저연령조약을 비준한 나라가, 국내법에서 조약의 규정과 같은 15세라는 연령을 최연소로 규정했다고 해도, 이것만으로는 ILO조약을 실시했다고는 되지 않는다. 역으로 말하면, ILO헌장 10조 5항 (e)에도 예시되어 있는 것처럼, 입법조치만이 유일한 방법이 아니고, 노동협약(단체협약), 행정적 조치, 기타 모든 방법을 생각할 수 있기 때문에, 반드시 법령에 근거가 없어도, 실제로 조약이 지켜질 수 있도록 되어 있으면 그것도 좋다.

조약 비준후의 제2의 의무는, ILO헌장 제22조에 따라 조약을 실시하기 위하여 취한 조치를 정기적으로 ILO에 보고하는 것이다. ILO헌장의 문언에는 「연차보고」로 되어 있으나, 지금은 「정기보고」로 바꾸어 읽는 것이 적당한 것처럼 되고 있다. 1919년의 창립 당초에는 가맹국 수나 조약비준수도 적어서, 비준된 조약에 대하여 전 가맹국이 매년 보고서를 제출한다 해도, 그것을 다 심사할 수 있었다.

그러나 곧바로 처리되지 않을 정도의 조약수와 가맹국수의 증가로 인해, 점점 보고의 빈도가 줄어 들어갔다. 최근에 와서는 비준 직후의 전체조약과 20정도의 중요한 조약에 대해서는 격년으로, 그 이외의 조약에 대해서는 한 번의 정기보고를 해도 족한 것으로 되어 있다. 엄밀히 말한다면 ILO헌장의 개정이 필요했을지도 모르지만, 「年次(annual)」라는 말을 「定期(regular)」로 바꾸는 것만으로 번잡한 개정절차를 거쳐야 하는 것은 도움이 되지 않는다고 봐서 그대로 두고 있다. 아직도, 격년, 또는 5년에 한번이라는 일정은, 조약에 따라 객관적으로 정해지게 되는 것이어서, 특정한 가맹국에 대하여 조약이 효력을 발생하는 해(年)로부터 헤아린다는 것은 아니다. 따라서 어떠한 이유로 가맹국에 의한 격년의 보고가 늦어지고, 당년의 심사에 시간이 맞지 않아서, 다음연도로 넘어갈 경우에는 매년 계속해서 보고서 제출을 요청하게 되는 것 같은 현상이 생기는 일도 있다.

보고하는 것만이 의무라고 하는 것은, 조약의 실시를 담보하는 제도로서는 강하지 않는 것 같이 보이지만, 뒤에 상술하는 감시제도와 일체가 됨으로 인해, 실로 큰 힘을 보일수도 있다. 이 보고제도는 ILO의 것을 출발점으로 해서 타의 여러 多國間條約에 영향을 미치게 되었다. 국제인권조약은 대표적인 예가 된다. ILO의 경우는 이 보고제도가 3자구성에 보강(도움)이 되고, 강력한 감시체제에 의해 보강되어 있기 때문에 상당히 실질적인 효과를 가지게 되었다는 것이다.

### 제3항 廢 棄(批准의 撤回)

조약의 철회(denunciation)에 관해서도, ILO조약은 타의 일반적인 다수국간조약과는 약간 다른 성질을 가지고 있다. 비준한 후에, 그것을 철회해서 조약의 구속으로부터 면제된다고 하는 점에서는 다른 조약과 같지만, 그것이 간단하게는 되지 않는 방법과 이유가 있다. 각 조약의 절차의 세목을 규정한 최종조항의 하나로써 폐기에 대한 항목이 있는데, 거기서는 조약의 효력발생 후 9년째부터 1년간의 사이에 철폐의 통고를 할 수 있다고 하는 것이 규정되어 있다. 그리고 철폐를 통고한 후 1년간은, 구속으로부터 면제 될 수 없다는 것도 규정되어 있다. 따라서 허용된 1년간의 폐기가능기간을 놓쳐버리면, 그 후의 10년간은 불가불 그 조약에 구속되어야 한다는 것을 의미한다.

이에 따라, ILO조약의 폐기는 아주 어려운 것으로 되어 있다. 실제로 폐기의 대부분이 「자동폐기(automatic denunciation)」라고 불리고 있는 것이다. 그것은 개정조약을 비준할 당시의 결과로써, 구조약의 폐기인 것이고, 그 경우는 10년 룰 및 폐기 통고 후 1년기간 구속된다고 하는 조건은 없어지고, 구조약의 효력은 곧 바로 정지된다. 이것은 당연한 것이고, 개정조약의 목적은 구조약의 내용을 변경하는데 있기 때문에, 그것을 비준해도 최대 10년간 구조약에 구속되어 버린다고 하는 것으로는 개정의 의미가 없다.

순수한 폐기 가운데는 국내의 사회의 변화에 따라, 구조약을 비준했을 때와는 다른 법제도가 요구되고, 그 폐기가 호의를 가지고 받아들이는 경우도 있지만(예를 들면 몇몇 북구제국이 남녀평등대우의 개선에 따라, 母性保護에 관한 구 조약을 폐기 했을 때에는, 그것이 평등사회가 달성되고 있다고 하는 표현으로 평가되었다), 한편, 1989년에 이루어진 말레이시아에 의한 강제노동폐지조약(105호)의 비준폐지(싱가포르도 그 10년 전에 같은 조약을 폐지하고 있다)는 이사회의 場에 강한 비난을 불러 일으켰던 일이 있다. 그러나 ILO자체를 탈퇴했다고 해도, ILO헌장 1조 5항의 규정에 따라 비준한 조약의 효력에는 영향을 받지 않는다. 실제로 남아프리카공화국은 ILO를 탈퇴한 후에도, 비준한 조약에 대하여 연차보고를 송부해 왔다(이 나라는 그 후에 복귀되었다).

### 제4항 條約批准의 意義

가맹국은 ILO헌장을 비준하고 그 가맹국이 된 시점부터, 前文이나 附屬書인 필라델피아 선언에 게재된 목적을 추구한다는 것을 받아들였기 때문에, 그 조약을 비준한다는 것은, 그 목적의 실현을 위해 필요한 중요한 행위인 것이다. 비준이 의무화되지 않았다해도, 비준을 위한 절대적인 노력은 계속하지 않으면 안된다. 따라서 가맹국이 조약을 비준하는 것은 당연한 일이기 때문에 무리하게 그 의미를 강요할 필요는 없겠지만, 한편으로 비준하는 것 자체는 법률적인 의미가 아니기 때문에 動機가 많은 편이 비준의 가능성을 높이게 된다.

가맹국이 비준할 때 고려하는 것으로, 도달한 사회기준의 레벨의 고정이라는 작용이 있다. 사회 입법을 통해서 보다 높은 권리의 보호, 사회복지의 실현을 기획한 국가가 도달한 수준을 保持하고, 장래 어떠한 이유로도 그 수준을 후퇴시키지 않도록, 국제적으로 선언하는 동시에, 자기를 구속하기 위하여, 비준은 중요한 일을 하게 된다. 왜냐하면, ILO조약의 비준은 타의 일반적인 국제조약과 달라서, 쉽게 철회할 수가 없기 때문이다.

다음 절에서 볼 수 있듯이, ILO조약의 경우는, 監視機構가 정비되어 있기 때문에, 비준한 후의 완전한 실시를 위한 압력이 강조될 수도 한다. 그렇게 때문에 국내에서 달성한 사회입법 기타의 사회정책을 국내뿐 아니라, 국제적으로도 코밋드하기 위해서는 새로운 의의를 비준으로 요구할 수도 있을 것이다. 집단으로 하게되면 독려하는 것이되고, 태만에 대한 유혹을 극복하기 위해서 개인이 할수 있는 운동을, 더욱이 집단에 소속해서 수행하는 것은 일상사회에 있어서 종종 볼 수 있는 일이다. 사회정책에 대해서도, 한 나라만의 높은 수준을 바라보기보다는 다른 나라의 경험을 참고로 하면서 더욱 단결하고 더 높이는 노력이 필요할 것이다.

이러한 점과 관련해서, 한나라만의 노동조건을 높인다는 것은, 수출경쟁력을 약하게 하는 것이 되지 않겠느냐하고 의문하는 사람도 있겠지만, 그보다는 더 뿌리 깊은 생각이 있을 수 있을 것이다. 그것이 바로 ILO헌장前文에 있는「어떠한 나라가 인도적인 노동조건을 채택하지 않는 것은, 自國에 있어서의 노동조건의 개선을 희망하고 있는 다른 나라에 장해가 되기 때문에」라는 이념에도 합치되고 있다는 것을 잊어서는 안 될 것이다. 그렇다면 비준을 하게 됨으로써, 자국의 사회기준의 레벨 업을 국제적으로 알리게 하는 것은, 외교적으로 메리트(merit)가 있다. 특히 최근에 와서는 인권문제가 단순하게 국내문제는 아니라고 하는 합의가 성립되기 시작하고 있어, 타국의 국내적 인권문제를 말하기 전에, 먼저 자국내의 인권(노동권 · 사회권)의 확립을 명확하게 해둘 필요가 있다고 본다.

## 제6절 基準의 適用監視

### 제1항 條約 · 勸告適用 專門家委員會

ILO가 國際機構法的으로 특히 주목되고 있는 것은 거기에 정비된 감시기구가 존재하고 있기 때문이다. 간단하게 말하면, 국제법상의 의무를 가맹국이 준수하고 있는지의 여부를 조사하고, 문제가 있을 경우에는 그 시정을 위해서 활동을 하게 되는 것을 말한다. 국내법체계 중에도(예를 들면, 국내의 여러 감독행정을 생각해보면 좋다), 존재하고 있는 제도이기는 하지만, 국제법에 있어서 특히 이것이 중요성을 띠고 있는 것은, 법의 실효성의 담보가 국제사회에서 불충분하고, 분쟁의 사법적 해결이 완전하지 않았기 때문이다.

국내법과 같이 법의 실시가 종국적으로 사법에 의해 잘 처리되게 된다면, 거기까지에 이른 경위에 그 정도의 주의를 쏟을 필요는 없지만, 실효성 담보인 제도가 일률로는 확립되지 않는 국제법 체제 내에서는, 엄밀한 의미에서의 법적구속력이 없는 감시활동에 실질적인 사법기능을 기대하는 일이 있기 때문이다.

지금부터 말하고자 하는 ILO의 감시활동도, 설립문서인 ILO헌장에는 구체적인 근거규정은 없다. 그러나 100년이 넘는 ILO역사 속에서 서서히 형성되고, 확립되어 온 제도인 것이다. 그것은 條約勸告適用專門家委員會라고 하는 독립된 조직에 의한 순수 법률적 심사와, 총회와 적용위원회에 의한 公의 場에 있어서의 토론형식의 심사의 2단계로 되어 있다.

### (1) 條約 · 勸告適用 專門家委員會의 構成

1920년대, 그때만 해도 조약이나 가맹국수가 적어서, 사무국에 송부되어 오는 비준된 조약에 대한 「연차보고」가 적었던, 그 단계에서는, ILO 총회에서 설치한 위원회가 실질적인 심사를 해왔다. 그러나 곧 그것은 물리적으로 감당하기 어려웠을 뿐 아니라, 보고자의 내용심사가 지나치게는 법률적이고, 전문가의 손에 맡기는 것이 적당할 것이라는 인식이 높아지게 됨으로써, 1927년에 독립된 기관으로서의 「條約勸告專門家委員會(Committee Experts of the Application of Conventions and Recommendation)」가 설립되었다.

이 위원회의 위원은, 가맹국이나 노사단체의 대표가 아니고, 노동법 또는 국제법의 분야에서 높은 평가를 받고 있는 개인이나 그 전문적 능력이 개대되는 전문가로 되어있는데, 사무총장의 추천에 따라 理事會가 선임하도록 되어있다. 기구적으로는 독립성이 높기 때문에 이사회나 총회의 부속기관이 아닌 특이한 존재로 되어 있다. 선출에 있어서는 지리적인 배분도 고려되고 있어, 세계적인 법률가 집단으로는 최고의 수준의 전문가들이 이 위원회를 유지할 수 있도록 하고 있다. 현재, 20명의 위원 중 3명이 「국제사법재판소」의 관사를 경험한 분들이다. 그 외에도 이미 여러 나라에서 자국의 최고재판소 장관(대법원장)이나 저명한 국제법학자, 노동법학자 등을 경험한 전문가들이 위원회의 자리를 맡고 있으면서, 조약권고전문가위원회의 권위를 높이기 위해 공헌하고 있다.

이것은 매우 중요한 일이다. 중요하게 보고 있다는 것은 앞에서도 말했지만, 조약권고전문가위원회 자체는 ILO헌장에 의해 직접적으로 설치된 것이 아니라고 하는데서나, 그 자체의 실질적 권위를 유지하기 위해서도 委員個人의 資質이 높아야 할 필요가 있기 때문이다.

### (2) 條約 · 勸告適用 專門家委員會의 審査節次

위원회의 제1의적 이무는 ILO헌장 19조와 22조에 따라 ILO에 송부되어 오는 정기보고서를 심사하고, 국제노동기준과 국내법령 및 실행의 적합성을 확인하는데 있다. 기본적으로는 書面審査의 형식을 취하지만, 심사는 1回만으로 끝나는 것이 아니고, 위원회는 항상적으로 활동하기 때문에, 정부보고에 대한 질문이라는 형식으로 대화가 시작된다. 또, 노사단체가 독자적인 견해를 ILO에 통지할 수 있도록 되어 있어 정부의 보고서 내용에 疑義가 있을 때에는 노사단체의 견해를 기초로 대화를 진전시킬 수 있다. 노사단체가 정부보고서에 대하여 각각의 견해를 표명할 수 있고, ILO가 그것을 취급할 수 있다고 하는 것은, ILO의 감시제도를 의미있는 것으로 하기 위하여 대단히 중요한 역할을 담당하게 하고 있는 것이다, 정부의 보고서에 신뢰성이 희박하다고 한말로 말할 수는 없고, 또 모든 보고

제도는 정부보고가 출발점이 된다는 것은 분명하다. 그러나 기초가 되는 정부보고에 대하여, 입장이 다른 비정부단체(NGO)에 견해의 표명권을 주고, 그것을 감시제도에 정식으로 포함시키게 한다는 것은, 제도의 효율적 운용을 기하는데, 그 이상 없는 구조라고 할 수 있다.

우선, ILO헌장 22조에 따른, 조약 권고 적용전문가위원회의 심사를 보자, 조약을 비준한 나라는, 비준의 효력이 발생한 1년 후에 보고서를 제출할 의무가 있다. 그 최초의 보고서에는, 이사회가 정한 보고서 형식에 따라서 모든 사항이 망라적으로 기재되어 있지않으면 안되고, 조약권고적용전문가위원회의 엄밀한 보고에 대응할 수 있는 충분한 정보가 들어가 있지 않으면 안 된다. 소위 말하는 宣言的 조약과 같은 경우는, 규정 내용이 극히 광범하게 관련되는 동시에, 노력목표를 정한 것 같은 추상적인 규정도 있기 때문에, 실제의 법령을 첨부하는 것만으로는 부족하고, 정부나 지방공공단체가 대처하고 있는 여러 가지 정책 수준에서의 계획등도 보고서에 들어있는 것이 바람직하다.

동헌장 23조 2항에 따라, 보고서의 사본은 각국의 대표적인 산업조직에도 送付하게 되는데, 그 단계에서 정부의 판단과 다를 수 있는 견해가 나오는 경우도 있다. 그러한 견해는, 통상 각 단체로부터 직접 ILO에 보내지고, 조약권고적용전문가위원회가 그것을 고려해서 심사를 하게 된다. 더욱이, 三者協議에 관한 條約(144호)을 비준하고 있는 나라에서는, 정기보고를 하기 전에 정부는 노사단체와 협의를 할 의무가 과해지고 있는데서, 노사의 개별견해는 정부보고서의 안에 들어가게 된다. 형식은 문제시하지 않고 있기 때문에 정부보고서에 노사의 개별견해를 별도로 본문 안에 넣는 경우도 있고, 부속문서로서 정부보고의 뒤에 첨부하는 경우도 있다.

조약권고적용전문가위원회는, 먼저 송부되어온 보고서를 토대로 당해조약의 조문과 비준국의 관련법령의 비교작업에 들어간다. 반드시 위원회가 알고 싶어 하는 법령이 첨부되지 않고 있는 경우도 있고, 어려가지 법령등도 참고해야 할 필요가 있기 때문에, ILO본부의 지하에 있는 법령실에는 세계각국의 법령자료가 있고, 노동관계에 한하지 않고, 광범한 자료를 조사할 수 있도록 되어 있다. 아무리 저명한 위원으로 구성되어있는 조약권고적용전문가위원회라 하더라도 또, ILO본부에 보고가 도착했는지 안 했는지의 사진(寫)이 각 위원에게 먼저 송부되어 있다고는 하지만, 1년에 한번 그것도 2주 정도의 기간으로는 충분하게 조사를 할 수 없기 때문에, ILO사무국의 전문부서에서 거기에 관한 준비를 하고 있다. 위원회의 심의는 비공개로 하고 있으며, 특별한 회의를 제외하고는 ILO직원이라도 담당부국의 직원이외는 회의장에 들어갈 수 없도록 되어 있다.

개별심사가 끝나면, 위원회의 전체회의에서 위원회로서의 최종판단을 결정하게 된다. 거기에는 두 가지 형식이 있다. 그 하나는 「직접청구(direct request)」라고 하는 것이 있다. 조약적용상의 여러 가지 의문점에 대하여 직접, 정부에 대하여 질문서를 주고받는 형식으로 하고 있는 것이다. 이것은 公刊되지 않기 때문에 일반의 눈에 띄는 것이 아니다. 정보가 불충분하고, 위원회로서 좀더 내용관계를 파고 들어가 사실관계를 알고 싶어 할 경우나, 조약이 올바로 적용되지 않고 있다는 것이 확정적이라고 생각된다 하더라도, 바로 공표하기보다는 정부에 의한 신속한 시정조치를 곧바로 취하지 않고 조치를 기대하는 경우에 이러한 직접청구의 형식을 취하게 된다. 이에 비해서, 제2의 「意見(observation)」이라고 하는 것은, 조약권고적용전문가위원회 보고서로 공간되어 누구든지 볼 수 있기 때문에, 내용적으로 공표가 정당하다고 생각되는 중요한 경우에 사용된다. 즉, 몇 년에 걸쳐 직접청구가 있었고, 입법상의 개선 등이 요청되고 있었는데도 불구하고, 그 징조가 보이지 않는 경우나, 협약 불이행의 문제성이 커서, 몇 년도 기다릴 수 없는 등이다.

이 2단계의 방식이 채택되게 된 것은 1957년 이래의 일이고, 그때까지는 모든 판단이 「의원」으로 公刊되고 있었다. 그러나 조약수가 늘어나고, 심사되는 건수도 많아짐에 따라서 전부를 공간한 경우에는 위원회 보고서가 너무 많아지게 된다. 또, 문제의 성질상, 곧바로 공간하는 것이 꼭 조약권고적용전문가위원회의 심사목적에 맞지 않는 것으로 생각되는 경우도 생겼다. 결국, 공간한다는 것은 ILO관계자 뿐 아니라, 일반사람들의 눈에 띄는 것을 의미하고, 보기에 따라서는 ILO가 당해국의 조약위반을 비판하고 있다고 하는 방식이 여러 사람들 앞에 소문만 내는 것이 되고 있기 때문이다. 당해정부로 봐서는, 의견이 공간된다는 것은 制裁가 가해지고 있는 것 같이 느껴진다. 그래서 直接請求와 意見이라는 두 가지 방식을 취하게 함으로써, 단순한 정보 수집을 위한 것이 되거나, 「制裁」를 가하는 것이, 정당하지 않는 경미한 위반상황의 시정을 위해서, 表에 나타나지 않는 모양으로서의 정부와의 대화가 좋을 것으로 생각했던 것이다.

「意見」은 그와 같은 이유로 인해 정도가 진행되고 있는 상황에서 나오게 된다. 그렇다면, 각국 정부로서는 문제가 직접청구의 수준에 그치고 있는 한 너무 신경을 쓸 필요는 없지만, 의견으로서 조약권고적용전문가위원회 보고서에 揭載하게 되면, 국제적으로나 국내적으로 중대한 결과를 초래하기 때문에 극력 이것을 피하려고 하게되고, 의견에 있어서도 그 표현부터 여러 가지 정도의 차이를 보일 수 있을 것이다. 「...적절한 조치가 취해지기를 요청 한다」고 하는 객관적인 지적에서 「...재차 강력히 호소한다」, 「...상당히 중대한 요청을 하고 있는데도 불구하고, 조치가 취해지지 않고 있는 것은 유감이다」라 표현까지 여러 가지를 들 수 있다. 70여년의 조약권고적용전문가위원회의 판단의 축적과, 위원 개인의 자질의 정도가 높아서 보고서의 권위에는 타의 어느 국제기관보다 못지않을 것이다. 더욱이, 위원회 자신도 이따금 표명하고 있듯이, 조약의 최종적인 해석권 ILO헌장 37조에 따라 국제사법재판소에 있다고 되어 있기 때문에, 위원회의 의견이 국제법적으로 구속력이 있는 판단이라고 할 수는 없다.

그러나 國際司法裁判所가 사실상 이용되지 않고 있는 것을 생각한다면, 조약권고적용전문가위원회가 상당히 유권적으로 해석을 하고 있다는 것은 부정할 수 없는 사실이다. 위원회의 판단에 대하여 정면으로 도전하는 경우가 없는 것은 아니지만, 그들 나라들도 국제사법재판소에 판단을 바라는 것은 지금까지 한 번도 없었다.

### (3) 未批准 條約 및 勸告에 대한 審査

ILO헌장 19조는 가맹국에 대하여 비준하지 않고 있는 조약과, 처음부터 비준이 예정되지 않고 있는 권고에 대해서도 보고의무를 부과하고 있다. 그것은 국제기구법적으로 봐서 매우 특이한 제도라고 할 수 있다. 보고제도가, 국제조약의 實施擔保라는 관점에서는 대표적인 수법의 하나가 되겠지만, 보고대상이 국제법적으로 구속력이 없다는 것은 신기하다. 국제연합(UN)의 몇 가지 사례를 보면(경제사회관계의 결의에 대하여 UN가맹국에 보고를 구하는 것 등), 조약에는 없는 것에 대항 보고를 요구한다는 것은, 오늘에 와서는 그다지 특이한 것이 아닌 것처럼 되고 있으나, 그들의 경우는 보고하는 쪽도 마찬가지로 법적 구속력이 없다.

ILO의 경우는 근거가 되는 文書가 구속적이 아니고, 보고 의무가 있는 쪽이 구속적이라고 하는 변칙적인 형태를 취하고 있다. 도식적으로 말한다면, 원래의 문서(미비준조약 혹은 권고)를 실시하지 않고도 보고하게 됨으로써, ILO헌장 19조상의 의무는 완전히 이행된 것으로 된다. 현재, 「우리나라로서는 OO조약을 비준 · 적용할 상황이 아니기 때문에, 그렇게 할 의사가 없다」고 보고하고 있는 가맹국도 많이 있다. 그런데도 불구하고 이 규정이 存置되고 있는 데는 의미가 있다. 분명히 「조약은 비준도 이행도 하지 않습니다」라는 말이 허용된다 하더라도, 합리적인 이유를 붙이지 아니하고, 위에서 말하는 것처럼 보고하는 것은 과연 쉽지가 않다.

또, 소정의 보고서 양식은 이사회에서 정하지만, 그 가운데는, 왜 비준할 수 없는지, 무엇이 비준을 막고 있는지 하는 質問項目이 있어, 간접적으로 은근하기는 하지만 비준을 촉진하고자 하는 힘이 보이고 있다. 어느 조약에 대하여, ILO헌장 10조에 따른 보고를 어떠한 간격으로 요청할 것인지는, 이사회가 결정하지만, 87호나 111호 등의 중요한 조약에 대해서는 빈번히 보고를 요청하는 경향이 있는데, 그때마다 「아직도 비준할 수 없는 상황에 있다」고 보고한다는 것은 국제적인 책임이 있는 나라로서는 하기 어려울 것이다.

또, 조약권고적용전문가위원회가 별책의 보고서에서 이 미비준의 조약 · 권고에 대하여 각국의 정세를 검토하지만, 이것은 比較法的으로 봐서도 귀중한 자료가 되고, 그 자체로 당해 조약 · 권고에 관한 최신의 객관적인 국제정보원으로서의 가치를 갖게 된다.

### 제2항 總會基準適用 委員會

ILO조약 · 권고의 통상적인 감시제도는, 조약권고적용전문가위원회가 먼저 서류를 통해 기술적인 법률심사를 하고나서, 총회가 그것을 다시 상세히 볼 수 있도록 하는 2단계 구조로 되어 있다.

이와 같은 단계성은, 역사적으로 봐서 당초부터 이미 확립되어 있었던 것이 아니고, 조약권고적용전문가위원회가 독립된 조직으로 설치하게 된 결과에 따라 생겨난 것이다.

총회는 의제 등에 따라 매년 각종의 위원회를 설치하게 되지만, 기준적용위원회(Committee on the Application of Standards)는 매년 예외 없이 설치된다. 그러한 의미에서는, 상설위원회로 볼 수도 있겠지만, 헌장상으로는 그러한 명문규정이 없기 때문에, 형식적으로는 매년 설치되게 된다. 이 위원회가 그 이름에 「기준」이라는 명칭을 사용하고, 「조약권고」라고 하지 않는 것은 어떠한 중요한 의미가 있는 것 아니다. 한때는 「條約勸告適用委員會」로 불리고 있었으나, 조약권고적용전문가위원회 쪽과 혼동하기 쉽다는 것과, 처음부터 ILO에서는 基準=條約+勸告라고 하는데서 기준이라는 말을 쓰게 되었다고 하는데서 내용적으로는 같기 때문에 현재의 사용대로 통일된 것이다. 그런데 이 책에서는, 앞으로 ILO와 관련되는 관용표현에 따라 조약권고전문가회의를 「專門家委員會」, 총회의 기준적용위원회를 「總會委員會」로 약칭하기로 한다.

### (1) 構成

총회위원회가 전문가위원회와 근본적으로 다른 것은 그 구성원이다. 후자가 개인의 자격으로 선발되는 독립된 기관이라는데 비해, 총회위원회는 총회의 하부조직이라고 하는데서, 의원은 총회의 대표로부터 구성되는, 즉, 3자구성인 것이다. 총회의사규칙에 따라 1명의 위원장과 2명의 부위원장이 선발되는데, 통상 정부위원으로부터 위원장이 선출되고, 노사 각 그룹의 스포크스먼(Spokesman)이 부위원장이 되는 것이 관행화 되어있다.

또, 위원회 정수는 정해져있지 않기 때문에, 예년의 예를 보면 상당수의 총회대표가 기준적용위원회위원으로 등록된다. 그래서 정노사의 대표수가 매일같이 달라진다. 그럴 경우는 총회의사규칙에 따라, 比例配分된 투표권이 각 위원에게 부여된다. 가끔 評決로 이루어지는 경우가 있다. 그럴 때에는, 출석위원의 수에 따라 배분된 비율을 곱한 수에 따라 가부가 결정된다.

### (2) 總會委員會에 따른 審査節次

총회위원회도 비준된 조약과 미비준된 조약, 및 권고에 대한 실시상황을 심사하는 역할을 담당한다는 점에서는 전문가위원회와 같지만, 엄격한 법률상의 조사라고 하기 보다는 조약 · 권고의 적용상 중대한 문제가 있는 경우에 특별히 논의하게 되는 것이 그 활동의 중심이 된다. 더 구체적으로 말하면, 전문가위원회에서 취급한 막대한 수의 사건 중에서, 오랫동안 해결되지 않고 있는 문제나 총합위원회의 판단으로 곧 바로 취급해도 적절할 것 같은 경우를 찾아내서(경우에 따라서는 전문가위원회가 총회위원회의 논의를 독촉하도록 하는 표기의 방법이 보고서에 있는 경우도 있다), 이에 대한 정부대표의 설명을 들은 후, 폭 넓은 토론을 하게 된다. 「制裁의 場이 아닌 對話의 場을 통해서 문제의 해결을 찾는 場」이라는 말은 총회위원회에 종종 듣고는 있지만, 문제를 안고 있는 정부로 봐서는 이 위원회의 場이 매우 엄격한 장소로 되어 있는 것도 사실이다.

통상 1件당 15~30분이면 되는 의사진행시간도, 때로는 장시간이 걸리는 경우가 있다. 조약을 준수하지 않고 있는 정부에 여러 가지 질문을 하게 되는 것은, 노동자측 위원 뿐 아니라, 사용자 측의 스포크스맨도 상당히 적극적으로 토론에 참가한다. 개별사례에 대한 심사가, 총회위원에 있어서의 하이라이트라고 하는 데는 틀림이 없지만, 미비준조약이나 권고에 관한 일반토의에 있어서도, 총회위원회는 전문가위원회를 폴로 업 함으로써 중요한 심의를 하게 되는 것이다.

전문가위원회보고서(일반조사)를 상세히 읽고 당해 조약과 권고에 대하여 세계의 현상이 어떻게 되는지를 분석해서, 적용상의 문제점을 지적하는 한편, 비준이 늦어지고 있는 나라에 대해서는 조기 비준을 호소하게 된다.

### (3) 專門家委員會와 總會委員會의 關係

이따금 논의되는 문제로, 전문가위원회와 총회위원회의 관계에 있다. 전문가위원회가 ILO헌장상으로는 구체적인 근거가 없고, 뒤늦게 설치되었다고 하는데 비해서 총회위원회는 명문규정은 없다 하더라도, ILO헌장이 예정하고 있는 ILO의 기본적인 활동을 담당하고 있다는 이유로, 총회위원회가 전문가위원회보다도 上位에 있어야 한다는 견해가 특히 총회위원회의 일부 위원에 의해 표명된 일이 있다. 그러한 논리가 성립되려면, 경우에 따라서는 총회위원회에 의해 전문가위원회의 판단이 뒤집어질 가능성도 있다.

機構法的으로 말하면, 전문가위원회는 총회위원회의 하부기구가 아니다. 앞에서 말한(제1절 1항)것처럼, 전문가위원회는 사무총장의 추천에 따라 이사회가 선임하는 것이며, 총회와는 직접관계가 없다. 어느쪽이냐 하면, 이사회가 선임한다고 하는 의미에서는 이사회의 하부기구로 생각하지 않을 수도 없겠지만, 실제로는 어디까지나 독립된 기관이고, 이사회가 상부조직으로 되어 있다고는 말할 수 없다. 전문가위원회는 ILO로 봐서 실질적인 시범기관이지만, 물론 ILO헌장(29조 · 31조 · 32조)에 이러한 점에 대하여, 국제사법재판소의 권한이 명확하게 되어 있기 때문에, 법률적으로는 전문가위원회가 사법기관이라고는 말할 수 없다.

그러나 국제노동기준의 해석이라는 점에서 원용하는 준사법기관이라 해도 잘못된 것은 아니다. 실제의 관행이라 하더라도, 총회위원회는 거의 전면적으로 전문가위원회의 판단을 받아들이고, 그것을 바탕으로 논의를 전개하고 있기 때문에, 총회위원회 우위론은 채택이 되지 않는다. 한편으로는 전문가위원회가 총회위원회에 우위에 서 있는 것이 아니기 때문에, 총회위원회에서의 문제전개에 대하여 전문가위원회가 이의를 주장할 수는 없다. 현실적으로도, 그러한 존재하지 않고, 양자가 상호 의존관계에 있으면서, 감시체제제도를 잘 기능하고 있는 것이다.

ILO는 제재수단을 갖지 않고 있기 때문에, 조약의 준수를 확보하는데 있어서, 그 효과의 정도가 의문시된다고 비판을 듣고 있지만, 이 두 위원회의 심의가 폴로 업 해 나간다면, 그 정도로 단순하게 제재조치가 없다고 잘라 말할 수 있을지 의문이 생긴다. 분명히 오래전까지 논의되고 있었던, 무역과 노동기준을 결부시켜 경제제재를 제도화했을 경우에는, 조약위반상태를 시정할 힘이 강해질지도 모른다. 그러나 그것은 조약을 비준하지 않는다고 하는 부담의 방향성을 가지게 될 것이고, 경제의 제재가 모든 경우에 있어서 다 좋을지는 충분히 고려할 필요가 있다. 강제되어 하기보다는, 3자의 대화에서 합의가 생겨나게 하는 편이, 장기적으로 봤을 때 계속적인 효과가 있는 경우도 있었기 때문이다. 전문가위원회와 총회위원회가 해온 감시활동의 효과는 그렇게 간단하게 부정할 수 없는 것이다.

### 제3항 申請審査委員會 및 苦衷審査委員會

앞에서 말한 1~2항의 절차가, 현실적으로 노동기준의 위반상황의 존재와는 무관하게, ...말하자면, ILO의 직권으로 심사가 정기적으로 진행되는데 대하여, 지금부터 말하고자 하는 두 가지의 절차는, 비준된 조약의 적용에 대하여, 또는 문제가 제기되었을 때만 발동시키는 임시적인 것이다. 그러한 의미에서, ILO의 문서 등에서는 「특별절차」라는 표제가 주어지고 있는 것이 많지만, ILO헌장에 예정된 정식절차이기 때문에, 다음 항에서 말하는 結社의 自由에 대한 「특별」절차와 구별하고자 한다.

「신청」과 「고충」이라는 두 심사절차는 비준된 조약에 대해서만 진행되기 때문에, 미비준 조약이나 권고에 대해서까지도 이루어지게 되는 통상의 감시절차에 비해서 한정적이라고 할 수 있다.

### (1) 申 請(Representation)

ILO헌장 24조에는, 「가맹국의 누군가가 당사국인 조약의 실효적인 준수를 그 관할권의 범위내에 있어서, 어떠한 점에서 확보되지 않고 있다는 것을 사용자 또는 노동자의 산업상의 단체가 국제노동사무국에 신청했을 경우에는, 이사회는 이 신청을 그 대상이 되는 정부에 통지하고, 한편으로 이 사항에 대하여 정당하다고 인정되는 변명을 할 수 있도록 그 정부를 권유할 수 있다」고 하고 있다. 신청의 형식적인 요건은 이사회에서 정하고 있다. 최근의 절차로서는 1981년 ILO公報(Official Bulletin Vol, L, XIV, 1981, Series *A*, No.1)에 게재되어 있는 절차 규칙에 따라 진행되고 있다.

즉, ① ILO에 대하여 서면으로 이루어져야 한다는 것, ② 노사의 산업상의 단체에 의해 이루어진다는 것, ③ ILO헌장 24조를 명시적으로 인용하고 있다는 것, ④ ILO의 가맹국에 관한 것이라야 한다는 것, ⑤ 가맹국이 비준하고 있는 조약에 언급이 되고 있다는 것, ⑥ 당해 가맹국이 그 관할권내에서, 조약의 실효적 준수를 어느 점에서는 제대로 하지 않고 있다는 지적이 있다는, 이상의 여섯가지 점이다. 신청주최는 노사의 단체들이고, 상대방은 가맹국 정부인 것이다. 이 경우, 노사의 단체로는 신청의 대상이 되고 있는 나라의 국내단체도 좋고, 다른 나라의 단체라도 국제적인 조직(예를 들면 국제자유노련 등)이라도 좋다. 가맹국이라고 하는 경우, 통상적으로는 현 가맹국을 말하지만, 이론적으로는 탈퇴한 나라라 하더라도 조약의 효력의 종료되지 않고 있는 나라일 것 같으면, 그것도 포함된다. 형식적 요건의 최후의 것, 즉 「이행확보가 되어있지 않다고 하는 주장」이지만, 영어로는 has failed to secure in any respect the effective observance로 되어 있어, 과거에서 현재에 이르는 위반상황의 계속이 예정되어 있다고 읽을 수 있다. 다음은 理事會議事規則에 따른 그 후의 흐름을 알아보기로 하자.

신청이 ILO사무국에 도착되는 즉시, 사무국은 신청단체에 대하여, 문서를 받았다는 문서수령을 연락하는 동시에, 당해 정부에 대하여 신청이 있었다는 것을 통지한다. 그리고 신청문서는 이사회의 임원(의장 및 부의장)에 보내져서 受理 가능성을 판단하게 된다. 이사회는 三者構成의 理事에 의한 三人委員會를 설치하고, 실질로 심의를 하게 된다. 통상은 반년에서 1년의 심사를 거쳐, 위원회는 이사회에 대하여 심사결과를 보고하고, 이사회로서의 결정을 권고한다. 이사회는 그 권고를 공표할 것인지의 여부를 결정하고, 당해 정부 및 신청단체에 통지하고, 이 헌장 24조에 따라 신청절차를 끝낸다.

ILO 100년의 역사를 통해 이러한 신청절차를 이용하는 것은 최근에 와서 급증현상을 보이고 있기는 하지만, 그다지 많은 것은 아니다. 이것은, 절차가 그 정도로 일반에게 일려져 있지 않고 있다는 것과 대상이 되는 조건이 비준된 조건에만 한정되어 있다는데도 원인이 있지만, 가장 큰 이유는, 통상의 감시절차가 충분히 기능하고 있기 때문에, 반드시 이 절차를 이용할 필요가 있겠는가 하는 안일한 생각에도 원인은 있는 것 같다. 노사단체가 그들의 의견을 말하는 장으로써 전문가위원회에 견해를 송부하는 방법이 있고, 또 총회위원회에서의 직접토론을 통해서, 위반사항이 있으면 상당히 유효하게 시정할 수 있는 호소의 길을 찾을 수 있기 때문이다. 역으로, 신청절차를 취했을 경우에는, 1년 후의 이사회에 의한 심사결과의 공표에 의해 그대로 끝나버리는 것이다. 이에 대하여, 통상 감시제도에서는 몇 년이나 계속해온 절차의 심의가 불가능해지기 때문에, 집요하게 추구하려고 하는 경우에는, 그 보다는 처음부터 통상 심사제도의 방법을 취하는 쪽이 좋을 것으로 판단되기 때문일 것이다.

### (2) 苦 衷(Complain)

ILO헌장 26~34조까지는, 앞에서 본 신청절차와 유사하거나 보다 무거운 형태의 절차가 정해져있다. 여기서는 訴를 하는 주체는 가맹국(26조 1항)이 되거나 총회의 대표 또는 이사회 자체(26조 4항)가 된다. 가맹국이 타의 가맹국을 訴하는 경우에는, 그 대상이 되는 조약을 어느 한쪽의 나라라도 비준하지 않고 있으면 안 된다. 고충이 제기된 후의 처리는 申請의 경우와 달라서, 어느 정도는 ILO헌장자체가 규정하지만(26조~34조), 설치된 심사위원회(Commission of Inquiry)의 작업과정에 대해서는 일반적인 절차규제는 제정되어 있지 않고, 심사위원회 자체가 사정에 따라 작업방법을 정한다. 최초의 예로는 1991년의 ILO공보(Vol, LXXXIV, 1991, Series B, Supp 1.2-3)에 공시되어 있는 것이다.

이 절차도 헌장본체에 9개조나 구체적인 규정이 있는데도 불구하고 과거의 23건 밖에 실례가 없다. 가맹국이 타의 가맹국을 상대로 취급해서 제소하는 방법이 외교상 敬遠되는 동시에, 양 당사국이 같은 조약을 비준하고 있지 않으면 안 된다고 하는 요건에 합치되는 케이스가 적다고 하는데 기인하는 것으로 보인다.

## 제4항 結社의 自由에 관한 特別節次

통상의 감시절차(전문가위원회 및 총회위원회) 및 고충이나 신청에 관한 절차에는 어느 것이나 ILO헌장에 직접 내지는 간접적인 규정이 있다. 말하자면, 정통적인 절차인 것에 비하여, 사회의 자유에 관한 것은 ILO헌장에 미리 규정 된 것은 아니다. 또 심사의 대상이 결사의 자유에 특화 하고 있다는 것(타의 조약), 예를 들면 안전보건관계의 조약 등은 이 절차의 대상이 될 수 없다. 결사의 자유(勞動組合權)에 관한 일련의 조약을 비준하지 않고 있는 경우에도 절차는 진행된다고 하는 등, 여러 점에서 극히 특수해서 진정한 의미에서 특별절차의 이름을 붙일만할 것 같다.

### (1) 結社의 自由에 관한 實情調査調整委員會

결사의 자유의 중요성에 대한 인식은, 87호 조약이 1948년에 채택 되었다는 데서도 알 수 있듯이, 제 2차 대전 직후부터 이미 어느 정도의 기미를 보이고 있었다. 1950년에는 조약의 유무에 관계없이, 결사의 자유침해에 대하여 국제사회로서 무엇인가 손을 쓰지 않으면 안되겠다고 하는 의식이 현실로 옮겨지고, UN경제사회이사회의 결의에 따라 ILO와 UN이 共同利用機關으로써「결사의 자유에 관한 실정조사조정위원회(Fact-Finding of Association)」의 설치가 결정되었다. 이 위원회는 ILO사무총장의 추천에 따라 이사회가 임명하는 이사에 의해 구성되었지만, 상설은 아니고 제소가 있는 경우에만 설치된다. 또, 제소의 대상이 된 정부가 결사의 자유에 관한 ILO조약을 비준하지 않고 있는 경우에는, 위원회의 심사에 응한다고 하는 당해 정부의 동의를 요한다. 한편 동의가 있었을 때에는 관련된 ILO 조약을 비준하지 않고 있는 나라에 대해서도 발동할 수 있는 절차가 될 뿐 아니라, UN과의 공동작업으로 발족한 제도라고 하는데서, UN가맹국일 것 같으면, ILO에 가맹하지 않고 있는 나라의 정부에 대해서도, 절차를 추진할 수 있다고 하는 특수성이 있다.

그러나 역시 동의의 필요성은 큰 애로조건으로 되고 있어, 60년이 넘는 기간 동안에 불과 5건밖에 부탁되지 않고 있다. 더욱이, 그 어떠한 경우도 만족할 수 있는 결과를 보이고 있어, 이미 오래 되었지만, 1992년에 ILO비가맹국인 南아프리카공화국에 관한 위원회가 설치되어 일정한 성과를 올렸던 것이다. UN가맹국이고 ILO가맹국이 아닌 나라는 절대수로 봐서 그다지 많지 않지만, 南아프리카의 예에서 알 수 있듯이 국제정치적으로 어떠한 문제를 가지고 있는 나라일 경우가 있기 때문에, 이 절차의 존재는 전혀 의미가 없는 것이라고는 할 수 없을 것이다. 또, 이 절차를 이용한 최초의 나라가 이웃나라 일본이었다는데 주목할 것이다. 위원장인 E · 도라이야의 이름을 딴 소위 「도라이야 委員會」라는 이름으로 알려진 이 實情調査調整委員會는 訪日調査를 포함한 활동을 거쳐 보고서를 제출했으나 최종보고서제출의 2개월 전에 87호 조약의 비준이 국회에서 승인되었다는 것은, 이 위원회의 활동과 무관하지 않다. 또, 이 절차와 도라이야 보고가 공공부문에 있어서의 노사관계에 좋은 영향을 미치게 되었다는 것도 지적되고 있다. 그런데, 일단 설치된 위원회는, ILO헌장 26조의 고충절차에 준한 형태에서 심의를 진행한 것으로 되어있다.

### (2) 結社의 自由委員會

본래적인 제도인 실정조사조정위원회의 쪽이 對象國政府의 동의를 요구하기 위하여, 너무 숫자적으로 발전하지 못했다. 그 대신, 결사의 자유위원회에 의한 실질적인 절차가 일반화되게 되었다. 이사회는 1951년에 정식절차에 올리기 위하여 충분한 근거가 있는지의 여부를 사전에 조사하는 목적으로 위원회를 설치했다. 즉, 본래적으로 말하면, 이 결사의 자유위원회는 사전심사를 하기 위해서만 설치되었으나, 本体가 되어야할 실정조사조정위원회의 쪽이 생각하는 것처럼 활동하지 않았기 때문에 사실상, 실질심사도 하게 되었다는 것이다. 그 취급건수는 근래에 와서 2000건에 접근하고 있다고 하는데, 정규의 감시절차와 어깨를 나란히 할 정도의 지위에 이르고 있다.

절차는, 1951년부터 1979년에 걸쳐서, 일련의 이사회결정에 따라 형태를 정비하고 있었는데, 대충적인개요는 다음과 같다.

■ **受理要件**

① 訴(Complain)는 서면으로 해야 하고, 서명을 해야 하며, 결사의 자유

침해에 대한 구체적인 내용이 없으면 안 된다.

② 소는 사용자 혹은 노동자의 단체 또는, 정부에 의해 제출된다. 그 경우의 단체라 함은 다음과 같은 것을 말한다.

ⓐ 직업적으로 그 件과 관계가 있는 국내단체

ⓑ ILO가운데, 자문적 지위에 있는 사용자 및 노동자의 국제단체(현재에는, 국제사용자단체(IOE), 국제노동조합총연맹(INFUC), 아프리카 統一勞動組合機構(OATUU), 國際勞聯(WFTU), 世界勞聯(WFTU))등이다.

ⓒ 산하의 노동조합의 직접적으로 관련하고 있는 경우, 기타의 사용자 또는 노동자의 국제단체 이상의 것을 말한다.

■ **委員會의 構成 및 審議**

ⓐ 위원회는 이사회의 하부조직이며, 정노사 각각 3명의 이사로 되어 있는데, 독립된 위원장이 선출되어 있다. 위원회는 年에 3번(통상은 이사회가 시작되기 직전의 수일간) 회합을 갖는다.

ⓑ 소의 내용이 충분히 밝혀지지 않을 경우, 사무국은 언제든지 提訴團體에 대하여, 구체적으로 어느 점이 조합권 침해가 되고 있는지를 찾아볼 수 있다.

ⓒ 사무국은 제소단체에 대하여, 제소 후 1개월 이내에, 다시 추가적인 정보를 제출할 수 있다는 것을 통지한다.

ⓓ 소의 내용은 사무국에 의해, 당해 정부에 송부되고, 거기에 대한 회답의 개요를 제소단체에 송부하는 동시에, 다시 또 거기에 대한 회답을 일정기간 내에 받도록 한다.

ⓔ 위원회는 결론을 낼 것인지의 여부, 또는 정부에 추가정보를 요청할 것인지의 여부를 결정한다.

ⓕ 결론을 채택했을 경우에는, 이사회가 당해 정부에 대하여 문제상황을 지적해서, 개선조치를 취할 것을 요청하고, 그 조치에 대하여 추가정보를 제출하는 것을 요청하도록 권고할 수 있다. 위원회는 다시, 실정조사조정위원회에의 부탁을 권고할 수도 있다.

ⓖ 위원회는 다시 심사가 필요하다고 생각되는 모든 케이스에 대하여 보고서를 이사회에 제출하고, 후자의 승인을 득한 후 公報에 싣는다.

ⓗ 당해국이 관련되는 결사의 자유조약을 비준하고 있는 경우에는, 전문가위원회가 그 통상감시절차 하에서 계속 당해 안건을 취급해 나간다. 그렇지 않을 경우에는, 위원회가 適宜 당해안건을 재심사하고, 정부에 대하여 그들이 취한 조치에 대한 정보제공을 요청할 수 있다.

### (3) 委員會의 活動

실정조사조정위원회가 자주 열리지 않고 있어서 결사의 자유위원회가 사실상 그것을 대행하게 되었다는 것은 이미 언급한 바 있다. 활동이 개시된 후, 거의 60년이 지난 오늘날, 2000건에 가까운 사건을 처리했다. 그 보고서의내용은, 결사의 자유에 관한 ILO의 입장을 명확히 표명하고, 전문가위원회가 정리한 ILO조약해석을 비롯해서 일종의 判例法을 형성하고 있다.

단지, 여기서 판례법이라고 하는 경우에 생각하지 않으면 안될 것은, 앞에서 말한 전문가위원회에서도 언급했듯이 ILO의 감시기구는 조약에 대한 有權的解釋權能을 갖지 않고 있다는 것이다. ILO헌장에 간접적인 근거가 있는 전문가위원회에서 조차도 없기 때문에, ILO이사회의 공동 작업으로 성립한 결사의 자유위원회에 형식적인 자격이 없는 것은 분명하다. 거기다가, 결사의 자유위원회의 경우는 검토대상이 국내의 법령 및 관행인 「結社의 自由原則」라는 문언을 사용하는 것이 보통이다. 실체에 있어서는 결사의 자유원칙이 사실상 87호 조약에 거의 집약되어 있기 때문에, 이 두 조약을 맞추어 가면서 판단하고 있다는 것과 다름이 없다. 현실적으로도 결사의 자유위원회의 보고서 안에 두 조약의 명시적인 언급이 이따금 있음을 볼 수 있다.

예를 들면, 1596호 사건이나 1627호 사건에서, 결사의 자유위원회는 자기의 임무를 규정하고 다음과 같이 말하고 있다. 「위원회의 임무는, 문제가 되고 있는 국내 법령을 비롯해서 관행이 관련조약에 정해진 결사의 자유 및 단체교섭에 관한 여러 가지 원칙에 합치하고 있는지의 여부를 확인하는데 있다(결사의 자유위원회 보고 283 및 287).」 그러나 설령 당해안건에 관련되는 나라가 조약을 비준하고 있다고 해도, 결사의 자유위원회의 임무는 조약의 정합성을 조사하는 것은 아니고, 어디까지나 결사의 자유원칙에 대한 적합성인 것이다.

「원칙」을 적용한다고 하는 것은 법적으로 어떠한 의미를 가지게 되는 것일까. 재차, 위원회 자신의 말을 빌린다면, 「ILO에 가맹하는 결단을 했을 때에 각국은 헌장 및 필라델피아선언에 게재된 결사의 자유원칙을 포함한 기본적 제원칙을 승인하는 것이 된다(1500호 사건에 있어서의 보고서)」고 한다면, 결사의 자유를 지킨다는 것은, ILO헌장이라는 국제조약상의 의무를 이행하는 것이라고 하는 것이다. 그러나 「原則」은 자동집행적 행위가 아니기 때문에 87호나 98호 조약이 원용되게 된다. 따라서, 거기에서 조약이 언급되고 있다고 해도, 그것은 어디까지나 헌장상의 의무인 결사의 자유원칙을 이행하는데 있어서의, 보조적 수단에지나지 않는다. 조약이 직접적으로 적용되고 있는 것은 아니라고 하는데 주의를 하지 않으면 안 된다. ILO가맹국이면서 결사의 자유조약(주로 87호와 98조약)을 비준하고 있는 나라의 경우와 가맹하게 됨으로써 헌장상의 일반적 준수의무를 지기는 하지만, 관련조약의 쪽은 비준하지 않고 있는 나라의 경우와는 법률상으로 일응은 다름이 있지만, 사실상의 문제로서 그다지 差가 없다는 것이 흥미 깊다.

그것은 결사의 자유위원회의 오랫동안에 걸친 판단의 축적, 더욱이 政勞使의 합의에 의한 결정의 무게(중압)가, 헌장상의 일반적 규정인 「결사의 자유원칙」을 단단하게 할 수 있도록 하고 있는 결과인 것이다. 다시 말하면, 抽象規定이었던 것에 구체성을 쓰이게 함으로 인해, 추상적이었던 법적의무를 직접 집행가능하게 했다고 평가할 수 있다. 1998년의 ILO총회에서 채택된 「노동의 기본원칙과 권리에 관한 선언」의 이념이 바로 그것인 것이다.

### 제5항 特別調査 · 研究

ILO에는 통상적인 감시나 「신청」이나 「고충」과 같은 절차를 밟는 것도 아니고, 결사의 자유에 관한 특별절차도 아닌, 특설적인 감시기능도 있다. 이것은 ILO헌장상의 근거를 가진 특별조사 · 연구라고 하는 것인데, 넓은 의미에서의 감시기능으로 자리매김할 수 있다. 이것은 총회나 이사회가 결정한 사항에 따라 사무국이 수행하는 것인데, ILO헌장 10조 1항에 따른 것으로 보고 있다.

수도 많지는 않지만, 제 2차 대전 전부터 있어왔는데, 그중에는 중요한 내용을 가지고 있는 것도 적지가 않다. 1921년 이래, 국제연맹과 그 협력 하에 강제노동에 대한 특별한 조사와 연구절차가 진행되었다. 제2차대전 후에는 1951년에 ILO와 UN이 협력해서 강제노동에 관한 특별위원회를 설립하고, 1959년까지 강제노동위원회로써 존속했다. 그 활동의 결과 1957년에는 强制勞動廢止條約(105호조약)이 채택되었다. 또 하나의 예로는, 1967년의 스페인에 대한 조사를 들 수 있다. 이 절차는 결사의 자유조약을 당시 비준하지 않고 있던 스페인정부의 요청을 받아, ILO理事會가 스페인에 있어서의 노동조합정서에 대하여 조사를 하기 위하여 調査團(조사그룹)을 설치하게 됨으로 시작되었다.

이사회는 이조사가 「ILO헌장에 규정된 원칙에 비추어서」이루어졌다는 것을 강조하고, 조사그룹자체도 ILO헌장의 일부를 구성하고 있는 「표현과 결사의 자유는 부단한 진보로 봐서 없어서는 안 된다」고 하는 원칙을 그 행동지침으로 하고 있는 것을 분명히 하고 있다.

그리고 1970년대에 시작해서 오늘에 이르기까지 몇 번이나 조사단이 파견된, 「팔레스티나 및 타의 이스라엘 점령지역에 있어서의 아랍인 노동자에 대한 차별, 인종적 박해, 노동조합권의 침해」에 관한 조사가 있다. 이것은 1974년에 총회가 채택한 同名의 결의에 따라, 사무총장이 1978년에 특사를 당해 지역에 파견한 것이 발단이 되었다. 여기에 있어서의 감시대상은, ILO헌장에 들어있는 원칙 및 목적에 더해서, 111호 조약과 87호 조약까지 포함시키고 있다는 것이 흥미있다.

이상의 3가지 사례는 이 절차의 網羅性을 말해주고 있다. 즉, 최초의 사례는 일반적 · 추상적으로 강제노동의 현상을 조사해서 條約化해 나간다고 하는 立法作業에 결부되어 있었다는데 비해서, 그 후의 두 가지는 어떠한 개별 · 구체적인 ILO憲章違反의 존재를 배경으로 해서, 말하자면 특별감시절차의 연장과 같은 성격을 가지고 있다. 그중 처음인 것이, ILO헌장상의 원칙이라고 하는 조약으로서의 효력을 갖지 않은 것을 기준으로해서 「監視」가 이루어졌다는데 비해, 후자의 경우는 87호조약이나 111호 조약도 기준으로서 사용되고 있다는 것이 흥미가 있다.

일반적인 조사에 관해서 말하면, 당해 가맹국의 동의는 문제가 되지 않지만, 개별국가가 조사의 대상이 되는 경우에는, 각각의 동의가 필요하다는 것은 말할 것도 없다. 위에서 말한 스페인과 이스라엘의 경우도, 각각 그들의 정부에 의해 조사가 同意되고, 각종의 협력이 얻어지게 됨으로 인해, 의미 있는 것으로 되었다. 결사의 자유에 관한 실정조사조정위원회의 경우와 같은 것이다.

### 제6항 監視機能에 있어서의 勞使團體의 役割

#### (1) 監視機能의 柱의 하나로서의 勞使의 參加

ILO라고 하는 국제기구의 최대의 특징은, 삼자구성에 있다. 정노사의 대표가 총회, 이사회, 및 각각 그 밑에 각종위원회를 독립해서 구성하고, 정부간 기구이면서도, 노사대표라고 하는 비정부단체에 국가대표와 같은 투표권이 부여되며, 국제노동기준의 작성단계(즉 「立法」과정에서나 그리고 실시의 감시단계(즉 「行政」과정))의 어디에서나, 적극적인 참가권이 확보되어있다는 것이다.

제2차 세계대전 후의 국제 인권보호 체제에 있어서, 개인의 法主体性이

클로즈업되어왔으나, 그 어디에 있어서도 ILO의 경우와 같이 개인(法人)이 처음부터 기구의 중심에 들어가 있는 것은 없다. ILO라는 조직을「국제기구의 오래된 天幕(tent)」라고 불리기도 하지만, 단순히 역사적으로 국제연합(UN)보다 오래되었다는 것뿐 아니라, 국제기구의 구내라고 하는 한정적인 의미에서도 非政府組織을 주체로 국제법주체로서의 적극적인 역할을 담당시키고 있다는데서, 타의 국제기구와는 다른 독자성이 있다. 감시기구에서는 특히, 三者構成이라는 기능이 그 효과를 크게 높이는 역할을 하고 있어, 의견송부를 포함한 노사단체의 참가 없이는 국제노동기준을 준수하기위한 감시를 거의 생각할 수 없는 것이다.

좁은 의미의 意見送付에 한정할 것 같으면, ILO헌장 24조에 따른 노사단체의 신청과, 결사의 자유위원회에의 제소만이 거기에 해당되어 버릴 것이다. ILO의 감시체재 가운데, 실제로는 조약권고전문가위원회에의 의견송부가 가장 중요한 역할을 하고 있다. 의견송부, 신청, 고충, 제소의 모든 과정과 그 수준에 있어서, 노사의 역할은 중요한 것이다.

### (2) 權限있는 機關에의 提出義務에 관한 勞使團體의 役割

ILO헌장 19조 6항에 따라, 가맹국은 ILO총회에서 채택된 조약과 권고를「立法 또는 他의 措置를 위하여... 權限있는 機關에 提出할」 의무를 갖는다고 하는데 대해서는 앞에서 이미 설명한 바 있어 비준한다는 것은 의무는 아니지만, 당해 조약을 批准해야하는지의 여부, 현재는 비준하지 않는다 해도 장차 검토해야할 것인지의 여부에 대한 정부의 입장을, 의회에 제출할 때 명기해야하는 것이 요구된다.

또, ILO헌장 23조 2항에 따라, 이 정부보고서의 사본을 국내의 대표적 노사단체에도 송부되지 않으면 안 된다. 이것은 ILO의 중요한 구성원인 노사의 대표가, 정부의 기본적의무인「권한있는 기관에의 조약 · 권고의 제출」에 대하여 충분한 정보가 얻어지도록 하는 것을 목표로 하고 있지만, 거기에는 동시에, 노사에 의한 정부에의 체크기능도 기대되고 있다. 이러한 단계에서 노사단체는, 정부의 의회에의 권고와 다른 사실인정을 하고, 그것을 ILO에 意見送付 할 수 있는 것도 가능하다.

### (3) 未批准條約 · 勸告에 관한 加盟國의 義務와 勞使團體의 役割

입법부가 조약비준을 결정하지 않았을 경우에는, 그 이상의 국제법상의 의무를 지는 일은 없지만, ILO헌장 19조 5항 (e)에 따라 「이사회가 요청하는 적당한 간격을 두고」하게 되는 사무총장에의 보고는 하지 않으면 안 되고, 그 중에는 「입법, 행정적 조치, 노동협약 또는 기타로 인해 조약의 규정 중 어느 것이 어느 정도로 실시되고 있는지, 또는 어느 정도로 실시되고 있을지를 제시하게 되고, 또한, 조약의 비준을 방해하거나, 또는 지연시키는 장해가 있는지를 찾아보지 않으면 안 된다」는 것에 대해서도 이미 언급한바 있다. 권고에 대해서도 같다. ILO헌장 19조 6항 (d)에서, 조약의 경우와 거의 같은 내용의 의무가 가해지고 있고, 거기에 대한 보고서를 제출하는 것은, 권고를 실시하지 않고 있는 나라로봐서 거기에 상응하는 독촉을 받게 되는 것을 의미한다. 또, ILO헌장 23장 2항에 따라, 이 정부 보고서의 사본은 국내의 대표적인 노사단체에 송부되지 않으면 안 되고, 그들 단체는 거기에 대하여 ILO에 코멘트를 할 수가 있다. ILO헌장에는 「코멘트의 권리」는 명기되어있지 않지만, 그것은 「사본을 송부하는」것은 당연한 歸結로 인정받는 것이고, ILO의 감시기구는, 그로 인해 찾아오는 코멘트에 크게 의존해 왔다.

이사회의 요청에 따라 가맹국이 송부해온 미비준의 조약을 비롯한 권고에 관한 보고에는, 전문가위원회에 의해 상세한 분석이 가해지지만, 그 때에 노사단체의 의견은 중요한 역할을 하게 된다. 더욱이, 三者協議에 관한 144호 조약을 비준하고 있는 나라의 경우는, 정부회답의 작성과정에서, 노사단체와 협의가 실시되지 않으면 안 된다. 즉, 말하자면 정부보고 자체에 노사의 의견이 반영되어야 한다고 되어 있다.

### (4) 批准된 條約에 관한 加盟國의 義務와 勞使團體의 役割

가맹국정부는 ILO헌장 22보에 따라, 조약을 실시하기 위하여 취한 조치를 정기적으로 ILO에 보고할 의무가 있지만, 노사단체에 의한, 정부보고에 대한 보충 내지 반대의견의 진술은 ILO헌상 23조(ILO에 제출된 정부보고서의 사본을 대표적인 노사단체에 송부하지 않으면 안된다고 하는 것)으로써 노사단체가 보유할 권리인 것이다. 또, 실제의 관행으로서는 구체적인 정부보고서에 대한 의견이라는 형식을 취하지 않는다해도, 비준한 조약의 적용상의 문제라고 하는 모양으로 노사의 단체가 ILO에 의견을 제출하는 일은 종종있고, ILO감시기구는 크게 이러한 종류의 意見具申을 바라고 있다.

어느 조약이 구체적으로 어떻게 실시되고 있는지, 정부는 그렇다 하더라도, 직접적으로 적용대상이 되고 있는 사용자나 노동자가 제일 잘 알고 있는 경우가 적지 않기 때문이다. 그 단계에서 정부의 판단과 다른 견해가 나오는 경우가 있다. 그러한 견해는 통상 각각의 단체에 의해 직접 ILO에 보내지게 되고, 전문가위원회가 그것을 고려하고 있는 가운데 심사하게 된다. 더욱이 144호 조약을 비준하고 있는 나라에 대해서는, 정기보고를 하기 전에 정부는 노사단체와 협의를 할 의무가 가해져 있다고 하는데서, 노사의 개별견해는 정부보고서 안에 들어가게 된다. 정부의 보고내용에 疑義가 생겼을 때에는, 노사단체의 견해를 기초로 해서 대화를 진전시킬 수 있다. 노사단체가 정부보고서에 대하여 각각의 의견을 표명할 수 있고, ILO가 그것을 받아들일 수 있다는 것은, ILO의 감시제도를 의미 있는 것으로 하기 위하여 대단히 중요한 역할을 맡고 있는 것이다. 입장이 다른 비정부단체에 견해의 표명권을 주고, 그것을 감시제도에 정식으로 의뢰한다는 것은 제도의 효과적 운용을 기하는데 불가결한 구조일 것 같다.

총회위원회는 문자 그대로 총회의 하부기관이라고 하는데서, 위원은 총회의 대표로 구성된다. 즉 3자구성인 것이다. 총회의사규칙에 따라 1명의 위원장과 2명의 부위원장이 선임되는데, 통상은 정부위원 중에서 위원장이 뽑히고, 노사 각각의 그룹의 스포크스먼이 부위원장이 되는 것이 관례화되고 있다. 그런데 UN인권위원회 · 소위원회, 규약위원회 등에서 볼 수 있는 NGO의 경우를 보면, 발언권이 인정되는 일은 있어도, 옵저버(observer)의 지위밖에 부여되지 않고, 정부위원과 동격으로 의사결정에 참가하지 못하고 있다는 것을 생각한다면, 비정부단체로서의 노사의 단체가 意見送付權能뿐만 아니라 심의에 대등하게 참가할 수 있는 체제로 되어 있다는 것은 특필할 만한 일이다.

#### (5) 申請,苦衷 및 提訴의 節次에 있어서의 勞使團體의 役割

ILO헌장 24조 및 26조를 비롯해서, 결사의 자유절차에 있어서의 노사단체의 역할은 자명하다. 그것이 없이는, 이들의 절차는 의미를 갖지 못하기 때문에, 여기서 특필할 것 까지도 없다. 절차의 상세한 내용과 노동단체의 관여에 대해서는 이節 3항과 4항에서 상세히 말하고 있다.

#### (6) 意見送付를 하는 側에서 본 監視機構의 效果

ILO가 보람으로 생각하고 있는 효과적인 監視機能은 노사단체의 意見送付 없이는 유효하게 움직일 수 없다. 그러한 의미에서, 전문가위원회에의 노사단체의 의견송부나, 총회위원회에서의 적극적인 노사대표의 관여 · 신청절차나 결사의 자유에 관한 특별 절차에 있어서의 노사단체의 제소는, ILO의 감시활동으로 봐서 매우 중요한 의미를 가지고 있다는 것을 알 수 있지만, 한편, 그 절차를 이용하는 측(노사단체)에서 봤을 경우, ILO의 감시기구가 완전히 만족할 수 있는 결과를 내고 있는지의 여부는 별도의 문제라고 본다.

이용하는 입장에서 보는 문제점 내지 과제는, 크게 나누어 두 가지라고 생각된다. 첫째는 감시의 효과라고 본다. 특히 노동 측으로부터 종종 지적하는 일이지만, ILO의 감시기구에 의한 최종판단은 「권고적인 힘 밖에 갖지 못하고 있고, 실효성이 없기 때문에, 그것을 더 구속적인 것으로 할 수 없을까」하는 것이다. 전문가위원회의 보고서, 총회위원회의 결론, 각종 신청절차 · 제소에 대한 결정은 어느 것이나 實定國際法上에 대한 결정은 어느 것이나 실정국제법상의 용어를 사용한다면, 「非拘束的文書」인 것이다. 단지, 여기서 주의하고자 하는 것은 구속적인지 그렇지 않은 것인지 하는 문제와, 당해 조약의 준수위반이라고 하는 사실이 존재하는지 안하는지는 별문제라고 하는 점이다. 감시의 역할은, 기준의 적용을 촉진하는 것이어서, 당연히 그 과정에서 기준이 준수되고 있는지, 안 되고 있는지를 인정하거나 비준조약의 준수의무의 불이행을 인정해서 거기에 사법적 결정을 내린다는 것은 처음부터 기대되지 않고 있다. 실질적으로 기준이 이행이 되면 좋은 것이고, 결정에 법적 구속력이 있고 없고는 당면 문제가 아니고, 실효적이면 된다고 보는 것이다.

오히려, 법적구속력을 가한다는 것은 마이너스 영향을 받을 가능성이 있어(예를 들면 비준수가 줄어든다), 3자의 협력으로 달성한 합의로서의 결정이, 장기적으로 봐서 확실하게 실시될 가능성이 높아 질 것이다.

둘째는, 意見具申이나 신청이나 신청 · 고충의 제출을 노사의 단체가 할 수 있는지, 개인으로는 할 수 없다고 하는 문제가 있다. 국제노동기준 중에도 특히 중요시되고 있는 결사의 자유원칙은, 확실히 집단적 권리의 색체가 강하고 거기서 말하는 「노동자」는 노동조합원이라는 것을 전제로 하고 있는 것 같은 감을 갖게 된다. 그러나 실제로 조합권(노동조합권)을 둘러싸고 처분되는 것은 개개의 노동자들이고, 강제노동, 차별적 취급을 받는 것도 개개의 노동자(강제노동조약의 경우는 「노동자」가 아니라도 좋다)라는 것을 생각한다면, 개인에게 提訴資格을 줘도 좋을 것 같이 생각된다. 특히, 노동조합의 조직율이 세계적으로 저하하고 있는 작금, 노동조합원이 아닌 노동자는 ILO의 보호로부터 외면당하는 것이 아니냐 하는 문제가 생긴다. 더욱이, UN인권위원회에 있어서의 통보절차(소위 말하는 1503절차)도 「大量侵害」에 대처하기 위해 개인의 개별적 구제를 등한시하고 있다는 비판의 소리마저 한귀로 듣고, 한귀로 흘려야 하는 것이 작금의 현상이다.

그러나 ILO는 처음부터 어디까지나 정노사인 3자의 협력을 통해 국제적 노동입법과 그 시행을 감시하고 있다. 사용자도 노동자도 거기서는 정부와 대등한 지위를 부여받고 있지만, 그것은 총체로서의 사용자 및 노동자인 것이다. 개인은 사용자단체, 노동자단체 속에서 매몰되어 있다해도 좋을 것이다. 또 별도의 각도에서 바라본다면, 현실적으로는 거의 개인에 가까운 극히 적은 수로 형성되어 있는 단체가 「산업상의 조직」이라는 이름으로 제소하는 것도 인정되고 있어, 그 정도로 지장이 생길 것 같기 때문에, 개인에게 제소자격이 인정되지 않는다고 해도 그다지 큰 문제가 아닐지 모른다.

그보다는 앞으로, ILO의 감시체제의 강화를 위해서 필요한 것은 앞에서 말한 「意見送付制度」의 주지철저와 효과적인 이용에 있다고 보는 것이며 국내재판소(법원)에 의한 원용을 포함한 총합적인 활용의 촉진에 있다는 것이다.

## 제7절 條約勸告 以外의 基準

### 제1항 實施準則

제1절의 정의에서 밝힌바와 같이 국제노동기준이란 국제노동조약과 국제노동권고(ILO조약과 권고)를 말하는 것이고, 그 이외의 것은 아무리 그 성질이 국제적으로 노동기준을 설정하는데 근접해도, ILO에서 말하는 국제노동기준은 아니다.

예를 들면, 「林業의 안전기준에 있어서의 실시준칙」이라던가, 「선박 · 항만에 있어서의 사고방지를 위한 실시준칙에 있어서의 안전규칙」. 「石綿使用에 있어서의 안전준칙」 등 수많은 실시준칙(Code of Practice)이 있다. 예를 들면, 「화학물질에 대한 실시준칙」에서 명확히 하고 있는 것처럼, 그것은 대응하는 조약과 권고(1990년의 170호 조약과 177호 권고)를 실시하는데 있어서의 지침이 되는 것이었는데, 그 자체가 국제노동기준은 아니다. 왜냐하면 그것들은 사무국의 안전보건부가 작성한 지침이었지, 그것을 이용할 것인지의 여부는 전혀 당사자의 자유에 맡겨지고 있는 동시에, 그것은 법률적 효과를 발생하는 것을 목적으로 해서 만들어진 것이 아니기 때문이다. ILO사무국에는 가맹국에의 각종 서비스의 제공의무가 있으나, 사무국에 의한 각종의 실시준칙의 작성은 그 의무를 수행한다고 하는 의미로 이루어진 것이다.

### 제2항 多國籍企業에 관한 三者宣言

실시준칙이 사무국에서 작성한 소위 「간행물」이라고 하는데 비해, 이사회의 결정에 따라 생겨났다고 하는 의미로, 상당히 국제노동기준에 성질적으로도 가깝다고 보는 「다국적 기업 및 사회정책에 관한 원칙이 三者宣言」이라는 것이 있다. 이것은 실제에도 많은 ILO조약이나 권고를 원용하고, 내용적으로도 ILO조약에 닮은 것이지만, 이사회에서의 선언이라고 하는 특수한 성질로 봐서, 역시 국제노동기준이라고는 하지 않는다. 단적으로 말하면, ILO헌장상에 규정이 있는 여러 가지 권리의무(권한있는 기관에의 제출의무, 미비준 조약 · 의무 기타) 및 알려진 일련의 감시절차가 발동하지 않는다는 것이다.

다국적 기업에 관한 제문제를 국제적으로 토의하는 기운은 1970년대에 특히 강해졌는데, OECD나 UN의 활동과도 병행해서 ILO에서도 노동의 측면에 초점을 둔 토의가 이루어지고, 1977년에 이사회의 선언이라는 형식으로 채택되었다. 조약이나 권고의 형태를 취하지 않았다는 데는 두 가지 이유가 있다. 하나는 그 대상으로 하는 다국적기업이 국경을 넘어서 자유롭게 활동할 수 있는 法主体이고, 조약으로 국가를 구속해 봐도 국가로서도 어떻게 할 도리가 없기 때문에, 조약의 목적이 달성되지 않는다는 것이고, 또 하나는 다국적기업의 본사를 두고 있는 나라(投資輸出國), 및 사용자측이 자국의 기업이 해외에서의 활동에 규제를 받게 되는 것을 싫어한다고 하는 배경이 있다.

그러나 한편으로 다국적기업활동이 고용이나 취업에 관해서 여러 가지 영향을 받는 것도 확인되고 있어, 법적구속력이 없기는 하지만, 실제에는 어느 정도의 도덕력을 발휘해야한다는 등의 문서가 요구되었는데 그 결과 채택된 것이다. 그래서 국제법적으로는 극히 유니크(unique)한 존재가 되고 있는 동시에, 독자적인 폴로 업 기능도 부수되어 있다. ILO이사회에 의한 동선언의 해석이라는 형식으로 개별 · 구체적인 법적 분쟁에 일정한 지침을 줄 수 있다고 하는데서, OECD의 동종의 지침(1979년의 다국적기업에 관한 OECD 가이드라인)과 같은 법적성질을 갖는다고 해도 될 것이다. 그러나 이와 같은 국제문서를 채택하는데 있어서는 일부의 ILO구성원으로부터의 강한 반대가 있었던 일도 있고, 내용적으로는 상당히 국제노동기준에 가까운 내용을 가지고 있는데도 불구하고, 정규의 조약이나 권고와 같은 위치(同例)로 대하는 것이 아니고, 사무국에서의 취급도 국제노동기준국과는 완전히 독립된 多國籍 企業活動局으로 칭하고 있다.

### 제3항 教員의 地位에 관한 ILO · 유네스코 勸告

다국적기업에 관한 三者宣言보다 더 한걸음 국제노동기준에 가까워진 것으로써 1966년에 채택된 「교원의 지위에 관한 권고」가 있다. 150에 가까운 각종 지침으로 된 이 권고는, 그 前文에서 87호, 98호, 100호의 각 조약을 인용해서, 교원의 지위에 대하여 국제적인 기준이 설정되어 있어야 하는 필요성과 그러기 위해서 해야 할 ILO와 유네스코의 역할을 밝히고 있다. 이것은 ILO독자의 문서가 아니고, 유네스코와 ILO가 공동으로 초안을 작성한 가운데, 유네스코가 소집한 特別政府間會議에서 채택된 국제문서다, 또, 이름이 제시하고 있듯이, 국제조약이 아니기 때문에, 어느 의미에서는 앞에서 말한 삼자선언보다도 국제노동기준의 성격에서 멀다고 생각할지도 모르지만, 폴로 업 기구의 정비라고 하는 의미에서는 삼자선언보다도 더 앞서 있고, 30년 이상의 역사에서 그 나름대로의 존재를 주장하면서 계속해 왔다는 것은, 그 국제노동 기준성을 높이는 효과를 가진 것으로 말할 수 있다. 더욱이 3년마다, ILO와 유네스코가 공동으로 감시를 할 수 있는 체제를 갖추게 되었다는 것은, 이 권고가 단순히 성명에만 그치지 않았다고 하는데 크게 공헌하고 있다.

이 권고의 제 규정은, 교육정책, 커리큘럼(curriculum), 교원의 훈련고용, 노동조건, 결정과정에의 참가 등을 규정하고 있으나, ILO의 전문사항이 많이 포함되어 있다. 권고에 규정된 사항의 실시에 대하여 각국은 보고서를 제출하도록 되어 있고, 그 때문에 「교원의 지위에 관한 권고의 실시에 대한 전문가합동위원회」가 1967년에 설치되었다. 이 합동위원회의 임무는 「보고서를 심사하고, 각각의 기능의 권한있는 기관에 부탁해서, 개별 또는 병행된 행동을 취하도록 권고하는 것」이다.

ILO · 유네스코의 양쪽에서 6명씩 지명된 합동위원회는 처음 회합을 1968년에 갖게 된 이래, 3년마다 회합을 가져왔다. 이 위원회의 권한은 당초에는 매우 간단하게(이상과 같이) 기술하고 있는데 지나지 않았으나, 그것은 흥미를 느끼면서 이따금 개정을 하게 되었고, 그때마다 내용이 풍부하게 되었다. 마치, ILO의 감시기구가 역사와 함께 내용을 충실히 해 나갔던 것과 같은 것이었다. 또 1970년 부터는 일종의 신청(Allegation)을 받게 된 것을 비롯해서, 합동위원회는 몇 가지 신청을 매회 심의해 오고 있다. 물론 근본이 되는 문서가 법적 구속력이 없는 것이고, 실시 의무를 포함한 보고마저, 법률상의 의무는 없지만, 처리된 몇 가지에는 만족할 만한 결과를 보이고 있는 것도 있다.

이와 같이, 절차의 측면에 착목(전념)할 것 같으면, 상당히 ILO기준에 가까운 것과 같은 것도 찾아 볼 수 있다. 그러나 내용적으로 모든 것이 ILO의 관할 사항이 아니라는 것, 권고라는 하지만 ILO권고는 아니고, 일련의 감시절차에 오르지 않는다는 것 등을 생각한다면, 역시 이것도 국제노동기준이라고 할 수는 없는 것이다.

## 제4항 總會決議

三者宣言이나, ILO · 유네스코 勸告보다 다시 정당성이 있는 것 같이 보이고, 국제노동기준의 카테고리(category)에 넣어도 좋을 것 같이 생각되는 것으로써, ILO총회에서 채택한 결의가 있다. 그것을 국제법적으로 말하면, 소위 구속력이 없는 권고적인 문서라고 할 수 있지만 그 일부에는, 결사의 자유원칙을 원용하거나, 노동기준의 준수를 호소하고 있는 것이 있다. 넓은 의미에서 국제노동기준의 특질을 가지지 않는다고 말할 수 없지만, 무엇인가 법적의무를 가맹국에 부과하려고 하는 것은 아니고, ILO헌장상 어떠한 감시절차가 정해져 있는 것도 아닌, 이것도 엄밀한 의미에서의 국제노동기준은 아니다. 그러나 감시절차의 최후의「특별조사 · 연구」에서 말한 것처럼, 일정한 폴로 업이 잘 기능했을 경우에는 상당히 실효적으로 나타나게 될 것이다. 더욱이, 1996년의「勞動에 있어서의 基本的 原則 및 權利에 관한 ILO宣言」은 특별한 주의를 요하는 것으로 다음 항에서 해설하고자 한다.

## 제5항 基本權 宣言

1998년의 총회에서 채택된 소위 말하는 기본권선언(정식명칭:「勞動에 있어서의 基本的 原則 및 權利에 관한 ILO宣言」)은 카테고리 적으로 말하면, 전항에서 밝힌 총회결의에 속하는 것이어서, 엄밀한 의미에서의 국제노동기준은 아니지만, 총회가 거기에 부여한 중요성을 비롯해서, ILO헌장 19조를 원용하고 있다는 점에서 통상의 총회결의 보다 더 한걸음 국제노동기준에 다가서게 된 것으로 평가할 수 있다.

이 선언은 결사의 자유, 강제노동의 폐지, 평등대우, 아동노동의 금지의 4가지 원칙에 특별한 초점을 맞추고, 이들 원칙은 각국이 ILO에 가맹한 것과 동시에 성의를 가지고 실현 · 노력한다는 것을 약속하고 있기 때문에, 그들을 존중하고, 촉진해서, 실현화 하는 것은 ILO헌장상의 의무라고 하는 인식을 보여주고 있다. 이러한 사실 자체는 새로운 일이 아니고, 총회의 대표연설 등에서도 종종 표명되고 있는 인식이다. 또, 결사의 자유에 대한 특별절차가 고안되었을 때도 같은 논리가 주장되고 있었다. 그러나 이 선언이 보통과 다른 것은, 선언과 불가분의 것으로써 폴로 업 절차를 정하고 있다는 것이다. 거기에는 ILO헌장 10조 5항이라는 자리 붙임을 하면서, 각 가맹국이 ILO에 따른 폴로 업에 협력하지 않으면 안 되는 의무를 설정하고 있는 것이다.

이 폴로 업(follow-up)은, "기준의 감시"라는 말을 쓰지 않고 있다는 것과 "선언"자체가 그 목적을 엄격하게 촉진적(strictly promotional)으로 규정하고 있다는데 알 수 있듯이, 통상의 감시절차의 연장선상에 있는 것은 아니다. 따라서 기존의 감시기구(전문가위원회나 총회위원회)가 취급한 문제와 다르기 때문에, 선언은 특별이 7명으로 구성되는 전문가 그룹의 설치를 예정하고 있다. 선언에 규정된 폴로 업 절차는, 그 自体再考(review)의 가능성을 명기하고 있으나, 당면은 「年次 폴로 업」과 「총회 보고」의 두 가지로 시행하도록 되어 있다. 전자는 7가지의 기본권조약(29호, 87호, 98호, 100호, 105호, 111호, 138호)에 관해서, 1995년에 이사회가 도입한 4년마다의 보고제도를 간소화 한 것으로 자리 매김하고 있다. 후자는 4가지 기본원칙의 하나를 선택해서(초년도에는 결사의 자유가 선택되었다), 각종 정보를 총합해서 사무국이 작성하도록 했다. 연차 폴로 업은 이사회에 의해 심의된다. 총합조사는 사무총장보고로 총회에 제출되고, 거기에 대한 심의를 거쳐서, 이사회가 ILO가 그 문제에 대하여 어떠한 기술협력활동을 해야 할 것인지를 심의하도록 하고 있다. 최초의 폴로 업 활동은 2000년 3월의 이사회와 8월의 이사회에서 개시되었다.

## 제8절 監視機能의 實際와 그 效果

### 제1항 監視의 實際

감시의 절차와 그 흐름은 앞에서도 언급했지만, 표에서 볼 수 있는 감시작업의 이면에 있기 때문에, 실제의 감시기능을 맡고 있는 사무국의 움직임을 바로 볼 수는 없다. 앞에서 지적했듯이, 아무리 저명한 위원으로 구성되어 있는 전문가위원회라 하더라도, 또, ILO본부에 정부보고가 도착하고 있거나 또, 그 사본이 사전에 각 위원에게 송부되고 있다 하더라도, 1년에 한번 열리는 2주간 정도의 회기로는 충분한 조사를 할 수 없기 때문에, ILO사무국의 전문부국이 그를 위해 준비를 해야 하는 것은 당연하다. 그래서 ILO사무국 본부의 지하에는 아마 노동관계법령의 藏書量으로서는 세계에서 제일 많지 않나 할 정도로 생각되는 큰 書庫가 있어, 세계의 노동법전, 관계법령집이 정비되어 있다. 조약 · 권고 적용전문가위원회를 서포트(support)하는 직원은, 그 근무시간 중 가능한 시간을 이용해서, 서고에 들어가 관계법령을 찾아가면서 위원회의 작업을 보좌한다. 사무국에 의한 감시제도의 보좌는, 본부직원에 의한 것에만 한정되지 않는다. 세계 각제에 있는 지역사무소망을 사용해서, 항상 새로운 정보가 각종 감시기구에 전달된다.

본부에 있는 법령집도, 각지로 부터의 보충정보에 의해 항상 갱신된다. 또, 지역사무소에 상주하고 있는 基準關係擔當직원은 본부의 지시에 따라 감시기구를 위한 정보 수집을 맡는 동시에, 기준실시를 위한 정보전달이나 기술협력도 하고, 전문가위원회나 총회위원회의 의견이 충분히 전해지고, 또한 이해되는 가운데 유효하게 실시되도록 노력하고 있다. 이러한 것들은, ILO의 기술협력활동의 일환으로써 자리매김하고 있는 것이기는 하지만, 감시기능을 더욱 보충해야 하는 넓은 의미에서의 감시활동에 임해야 한다는 생각을 잊어서는 안 될 것 같다.

■ 直接接觸

(direct contact)의 수법도, 당해정부의 요청에 따라 활용되며, 원칙으로서 사무총장이 임명하는 特使가 遂行함으로써 기술협력으로 이해되고 있으나, 최근에는 직원뿐만 아니라 전문가위원회의 위원이 「直接接觸 미션(mission)」을 인솔해서 현지에 출장하는 일이 특히 늘어나고 있다. 이것은 감시기구의 대표가 직접 현지에 가서 조약의 실시를 감시한다는 것을 의미하는 한편, 감시기능의 연장으로 생각할 수 있다.

## 제2항 監視의 效果

앞에서 언급한 바와 같이, ILO의 감시활동은 선구적인 동시에, 현재에도 국제기구가 하고 있는 감시기구로써 가장 효과적인 것 중의 하나라고 할 수 있다. 그 높은 효과는 전통적인 지원을 받아온 ILO감시의 권위와, 앞에서 말한 3자구성에 따른 감시의 내용적인 충실에 의해 달성된 것이다. 현실적으로 많은 가맹국이 다수의 ILO조약을 비준하고 비준한 조약을 확실하게 실시하고 있다는 것은 역사적인 사실이고, 그러기 위해서 노력해온 감시기구의 역할을 다는 알 수 없다. 여기에서 「다는 알 수 없다」는 말은 「다 헤아릴 수 없다」는 의미도 포함되어 있다는 것을 주의 깊게 생각하지 않으면 안 될 것 같다. 사회과학의 宿命으로써, 실험이 행해지지 않는(이루어지지 않는)일에서, 만일 그런 것들을 하지 않았더라면 어떻게 되었을 것인가 하는 것은 실증적으로 증명하기 어렵다. 만약 ILO의 감시기구가 존재하지 않았더라면, 「ILO조약의 비준수는 현재의 반 이하에 머물러 있었을 것이고, 비준한 조약의 실제적 적용이 현재의 수준을 훨씬 하회하고 있을 것이다」. 그러나 그 실증은 할 수 없을 것이다.

감독기능의 효과를 가까스로 수량적으로 나타내고 있는 것으로는 전문가위원회의 보고서에 나와있는 「비준 조약의 실시에 관한 개선의 사례」가 있다. 예를 들면, 1999년의 동위원회 보고서 49~50쪽에는 합계 39건의 개선사례가 나와 있다. 여기에는 소위 위원회에 의한 「만족의 의견」을 합계한 것이다. 「만족의 의견(observation of satisfaction)」이란, 「위원회는 그 사정에 따라 정부가 위원회의 요청을 받아 들여서 법제(기타)를 고친 것을 만족스럽게 인정한다.」고 한 내용의 위원회의 의견이었고, 거기에 따라 지금까지 몇 번이나 걸쳐 이루어져 왔던 개선권고가 실현된 것으로 생각하고, 그 후 위원회로서 그 문제를 다루지 않는다는 것을 선언한 것이다. 이 경우, 만약 ILO의 감시기구가 그 문제를 집요하게 추구하지 않았더라면, 실현되지 않았을 것으로 용의하게 추측할 수 있어, 감시의 효과가 있었다고 하는 유력한 증거가 된다.

감시라는 것은, 위반사항이 존재하지 않는 경우에 있어서도 항상 진행되고, 위반이 없도록 실체법이 유효하게 실현될 수 있도록 살펴보는 것이 기본이기 때문에 아무 일도 없었을 대에 가장 효과가 올라갈 수 있다고도 할 수 있다. 환언하면, 감시기구가 취급할 문제가 없어졌을 때, 가장 올라간다고도 말할 수 있다. 적극적인 효과를 조사하는 것은 어려운 일이고, 그보다는 실패했을 때, 즉 감시가 유효하지 않았을 때가 눈에 띄게 되는 것이다. 실패의 사례가 눈에 띄게 되면, ILO의 감시기능을 강화해야한다고 하는 요청이 나오게 되지만, 「뿔을 위해 소를 잡는(교각살우: 矯角殺牛)격」이 되지 않도록 하는 신중한 대응이 요구된다.

90년대 후반부터 심상치 않게 논의되었던 소위 社會條項論도 같은 종류의 말이다. 즉, ILO의 감시기구의 결정이 생각대로 단기간에 실현되지 않고, 위반상황이 좀처럼 개선되지 않는 사례가 많이 있다는 것을 불만족스럽게 생각해서, 무역(경제)상의 제재를 가하게 됨으로써 감시의 효과를 올리려고 하는 시도도 있었다. 예를 들면, 세계무역기구(WTO)와 제휴(tie-up)하게 됨으로써, ILO기준위반이라는 사실이 무역상(기타의 경제상)의 이익이나 권리를 착취하는 결과를 가져올 수 있는 대응을 생각하게 할 수도 있다. 결국, 감시기능에 제재가 추가되는 것을 의미한다. 이러한 시도는, 일정한 지역의 경제조직(예를 들면 北美自由貿易地域)에서는 이미 거기에 가까운 實定法이 제정되어 있다. 이과 같은 사회 조항적 발상은 근본적으로 다른 성격의 기구(무역이나 기타의 경제적 목적을 위하여 설치된 기구)가, 노동문제를 취급한다는 위험성을 안고 있다.

WTO는, 국제무역의 측면에서 공정한 경쟁이 달성하게 되면, 그것으로 만족할 것이고, 최종적인 목적은 노동기준의 설정이나 실시가 아닌, 제재로서의 무역제한 등이 발동하게 되면, 노동조건은 그대로의 상태에서 경제상황이 다시 악화되는 상황이 생겨날 위험이 있다. 또, 경제적인 다른 요인에 따라 노동조건이 낮다는 것이 묵인되고 있는 가운데, WTO에 있어서의 타협이 성립되는 것도 생각할 수 있다. 가령, 경제적 제재의 위협이 유효하게 움직여서 노동조건이 향상되었다고 한다면, 역으로 ILO조약이 비준되지 않게 될 우려가 커지게 될 수도 있다.

국제노동기준의 실효적인 실시는, 3자구성의 감시기구가 가는 곳 마다, 활동을 계속하고 있는 가운데, 그 효과를 높인다는 것 그것이 바람직한 것이고, 그러한 방식에 의한 감시에 위반사항시정의 즉효성이 없다고 해서, 함부로 목적이 다른 기구와 협력한다는 것은 ILO가 지금가지 달성해 온 성장을 과소평가하는 것이 될 것이다.

# 제4장 ILO活動
## (2) 技術協力
## Activities of ILO
### Technical Cooperation

### 제1절 開設

#### 제1항 기술협력이란

국제노동기준의 채택 · 적용과 함께 또 하나의 큰 활동 중의 하나는 기술협력(Technical Cooperation)이다. 그 목적은, 발전도상국 등에 대하여, 고용개발이나 직업훈련, 노동행정기국의 정비 등의 사회 · 노동분야를 지원하게 됨으로써, 국내제도가 불충분하기 때문에 ILO조약의 비준에 장해가 되고 있는 나라들의 조약의 비준을 촉진하도록 하는 외에, 그러한 나라들의 사회개발을 지원하게 하는데 있다. 뒤에서 말하겠지만, ILO의 기술협력활동은, 1930년대부터 이미 실시되고 있었으나, 제2차 대전 후에는 국제연합(UN)의 발족에 따라 더욱 급속히 발전했다. 이 배경에는, 전쟁 당사국의 사회부흥이나 식민지의 독립에 따른 사회개발에 대한 필요성이 있었기 때문이다.

개발도상국의 개발촉진을 위한 지원활동을 총칭해서, 開發協力이라고 한다. 거기에는 기술이전을 위한 기술협력과 개발을 위한 資金供與가 있다. 현재 이러한 활동 중에, UN시스템의 기술협력은 산하의 각종 전문기관(예를 들면, ILO나 FAO)등이 중심이 되어 실시하고 있다. 그리고 ILO등의 전문기관에 기술협력을 위한 자금을 제공할 목적으로, UN의 한 조직으로써 1966년에 창설된 것이 UNDP이고, 그 전신은 1950년에 시작된 UN확대원조계획이다. 선진 각국은 UN의 분담금과는 별도로 자금을 임의로 거출한다. 현재는 개발기관으로서의 색체를 강하게 보이고 있으며, 매년 「人間開發報告」를 공표하고 있다.

그런데 UN시스템의 일원으로써 주로 도상국에 대한 개발자금원조를 담당하는 것이 世界銀行그룹이지만, 이것도 최근에는 개발기관으로서의 색채를 짙게 하고 있다.

### 제2항 技術協力活動의 推進方案

기술협력활동은, 통상은 「프로젝트(project)」라는 단위로 관리된다. 거기에는 일정한 기간 내에 특정한 목적을 달성하기 위하여 주어진 예산으로 이루어지는 여러 가지 활동이 포함되고, 전문가의 파견 수익국의 인재훈련을 위한 펠로십(fellowship: 해외훈련)의 공여, 機材供與가 세트로 되어 있는 것이 많다. 이 외에 「프로그램」이라고 하는 단위도 있다. 이것은 비교적 큰 목적을 달성하기 위하여 하게 되는 활동의 총체로써, 하나의 프로그램이 다수의 프로젝트로부터 구성되는 경우가 많다.

또, 기술협력을 추진하는데 있어서는 국제연합(UN)시스템과 타의 국제기관을 개입시켜서 하는 多國間 協力과 원조국과 수익국에서 하는 二國間 協力이 있다. UN시스템을 통해서 하는 다국간 협력은 정치적 중립성이 보장된다는 것과 축적된 원조경험 등이 메리트(merit)가 된다. 한편, 후자는 자주적인 원조정책의 채택이나 효과의 직접파악이 가능하다는 특징이 있다. 이 외에도 멀티바이 협력이라는 것이 있다. 이것은 이국간(二國間: Bilateral) · 다국간(多國間: Multilateral)을 조합한 造語로써, 원조국이 UN의 전문기관 등에 도상국을 위한 프로젝트(프로그램)의 실시를 위탁하고, 거기에 필요한 자금을 제공하는 방식이다. 이에 대한 자금제공은 분담금과는 별도로 이루어진다. 근래에 와서는 도상국끼리 TCDC(Technical

Cooperation among Developing Countries)라고 불리는 도상국간 기술협력도 이루이지고 있다.

## 제2절 技術協力의 根據 및 沿革

### 제1항 技術協力의 根據

ILO의 기술협력은, 제1항 2부에서 상세히 설명한 ILO의 목적, 한말로 말하면, 사회정의 실현을 위한 수단의 하나라고 생각된다. 다른 주된 수단으로서는, 국제노동기준의 설정과 조사 · 연구가 있다. 기술협력의 근거로서는, ILO헌장(제10조 2항) (b)에 사무국은 이사회가 부여한 지시에 따라서 「총회의 결정에 기초해서 이루어지는 법률 및 규칙의 입안을 비롯해서 행정상의 관행 및 감독제도의 개선에 관해서, 모든 적당한 원조를 한다.」 ILO헌장 개정에서 새로이 추가된 것인데, 1944년의 총회에서 채택된 필라델피아 선언(이하 「선언」)이 付屬書로서 헌장의 일부가 되었다는 것에 따른 것이다.

「선언」은 ILO의 기초가 되는 가장 중요한 근본원칙을 재확인하고 있으나, 그 중에서도 「일분의 빈곤은 전체의 번영으로 봐서 위험하다」고 하고 있는 것은, 「일부의 빈곤」을 해결하기 위해서는 국제간의 협력, ILO의 노력이 필요하다는 것을 黙示하고 있다는 것으로 주목할 만하다. 그리고 「선언」에서는 제3장에서 「총회는 다음과 같은 것을 달성하기 위한 계획을 세계의 제국간에 촉진하는 국제노동기관의 엄숙한 의무를 승인한다.」고 다음사항을 열거하고 있다.

(a) 완전고용 및 생활수준의 향상

(b) 숙련 및 기능을 최대한도로 제공하는 만족을 얻을 수 있고, 또한 일반의 복지에 최대의 공헌을 할 수 있는 직업에의 노동자의 고용.

(c) 이 목적을 달성하는 수단으로써, 그리고 모든 관계자에 대한 충분한

보장 하에서, 훈련을 위한 편의를 제공한다는 것

(d) 임금 및 소득을 비롯해서 노동시간 및 타의 노동조건에 관한 정책의 모든 관계자에게 진보의 성과에서 오는 공정한 분배를 보장하고, 단지 최저생활임금에 따른 보호를 필요로 하는 모든 피용자에게 이 임금을 보장하도록 하는 것을 의도하는 것

(e) 단체교섭권의 실효적인 승인, 생산능률의 부단한 개선에 관한 경영과 노동의 협력을 비롯해서 사회적 및 경제적 조치의 준비 및 적용에 관한 노동자와 사용자의 협력

(f) 기본수입을 부여해서 보호할 필요가 있는 모든 사람들에게 이 수입을 줄 수 있도록 하는 사회보장 조치를 확장하고, 또한 광범위한 의료급부를 확정하는 것

(g) 모든 직업에 있어서의 노동자의 생명 및 건강의 충분한 보호

(h) 아동의 복지 및 모성의 보호를 위한 조치

(i) 충분한 영양, 주거를 비롯한 레크리에이션 및 문화시설의 제공

(j) 교육 및 직업에 있어서의 기회균등의 보장

이상의 여러 가지는, 현재 ILO가 하고 있는 기술협력의 거의 모든 분야을 커버하고 있다고 볼 수 있다. 「선언」의 제3장에서는, 이러한 내용을 달성하기 위한 계획을 「세계의 제국간에 촉진한다고 하는 것」이 ILO의 의무로 되어 있으며, 이러한 점도 ILO가 하고 있는 기술협력의 근거의 하나로 되어 있다. 단지, 달성의 수단으로서는, 반드시 기술협력에만 한정하고 있는 것은 아니고, 국제노동기준의 설정 등, 타의 수단 등도 포함되어있다고 해석하는 것이 보다 타당하다고 생각된다. 여기서 주목해야 할 것은, ILO 헌장의 10조 2항 (b)에서는, 1919년의 ILO창립이래, 특히 1930년대부터 제2차대전 종결까지, ILO가 관행으로 해왔던 전통적인 기술협력, 결국, 국제노동기준에 따라서 국내법제도의 정비나 그 시행 · 실시를 위한 감독체제의 확립을 위한 규범적인 면에서의 기술협력을 주로 염두에 두고, 이것을 憲章上의 명확한 근거를 부여하려고 하는 것이다. 한편 「宣言」의 제

3장은 그보다 개발면에 대한 기술협력(개발협력)에 역점을 두고 있는 것 같이 보인다. 이것은 마찬가지로 「선언」의 제4장에서, 「세계의 미개발지역의 경제적 및 사회적 발전의 촉진」의 필요성에 관여하고 있다고 하는데서 밝히고 있는 것이다.

다음의 제2~3항에서는, 戰前의 ILO의 기술협력은 어떠한 것이었는지, 또 1946년의 ILO헌장의 개정이 그 후의 기술협력분야에 어떠한 영향을 주게 되었는지를 살펴보기로 한다.

## 제2항 戰前의 技術協力

ILO의 직접적이고 구체적인 기술협력의 방법은, 국제연맹이 설치한 難民高等弁務官事務所의 위탁을 받아 실시한 난민의 취직알선이었다. 1927년~1929년까지의 3년간에, ILO는 프랑스, 이집트, 아르젠티나, 파라과이에 5만명이나 되는 난민의 취업을 알선했으나, 同年에 이 업무는 다시 난민고등변무관사무소로 이관되게 되었다. 이것은 1929년의 제12회 ILO총회에 제출된 사무총장보고에서 말하고 있듯이, 「지금까지 정착하지 못하고 있는 난민을 위하여, 직업재교육 및 특히 이주를 위한 제도를 설치하는 것이 필요하게 되었다. 이러한 정치적 및 제정적인 성격을 가진 二重의 활동은, 이미 ILO사무국에 의해 수행할 수 가 없는것」으로 되었기 때문이었다.

이러한 활동의 한편에서, ILO는 1920년대 말까지 28조약과 34권고를 채택하고 있었으나, 이들 조약 · 권고의 해석이나 관련 국내법제와 조직의 정비 등에 관한 가맹국으로부터의 照會에 대하여, 사무국은 문서에 의한 회답이라고 하는 형식으로 조언하고 있었다. 또, 1930년대부터 제2차 대전의 종결에 이르기까지는, 1934년의 실업급부 조약 · 권고를 시작으로 해서, 사회보험 · 사회보장관련의 조약 · 권고가 많이 채택되었다고 하는데서, 이들의 분야에서의 조언이 많이 요구되었다. 이에 대해서도, ILO

는 주로 사무국내의 전문가직원으로 구성되는 미션(사절단)을 파견해서, 이들의 요청에 대응하게 되었다. 1930년대부터 제2차 대전종결까지 파견된 사절단의 주요활동일지는 다음과 같다.

1931년 中華民國(공장감독제도)

1932년 이집트(노동사정조사와 노동주무관청의 설치)

1934년 쿠바(공제조합조직과 노동주무관청의 설치)

1936년 미국(신사회보장법의 실시에 따른 기술적 문제), 볼리비아(노동법령의 기초와 노동주무관청의 설치)

1937년 모로코(협동조합조직)

1938년 캐나다(실업보험), 베네수엘라(노동입법, 사회보장, 이민과 입적)

1939년 에콰도르(사회보험), 이집트(노동보건), 터키(사회보험), 영국(노동재해보상)

1940년 볼리비아(사회보험)

1941년 칠레(사회보험)

1942년 영국(사회보험 법제와 그 운영)
멕시코(保險數理)

1943년 캐나다(사회보험제도)
베네수엘라(사회보장)

1944년 아이티(사회보험제도)

1945년 인도(사회보험제도)

이와 같은 전문가의 파견이 있었던 배경에는, 사회보험을 중심으로하는 특수한 분야에서, 가맹국에 있는 전문가는 한정되어 있었다는 것을 알 수 있다. 또 ILO에서도, 관련되는 조약 · 권고의 제정 작업을 통해, 사무국 내부에 이러한 분야의 전문가집단이 형성되어 갔다는 것도 전문가의 파견을 가능하게 하는데 다소나마 도움을 주게 되었을 것으로 보인다.

### 제3항 1946年의 憲章改正의 背景

제2차 대전 직후인 1946년에 몬트리올에서 개최된 제29회 총회에서, ILO헌장이 개정되었다. 이 작업은 1944년에 필라델피아에서 열린, 제26회 총회에서 채택된「필라델피아선언」을 憲章에 넣기 위한 것이었다. 이 大改正에 따라 그때까지 관행적으로 해오던 기술협력이 ILO의 목적을 달성하는 수단의 하나로써 명문화되었다. 이러한 것은, 전후 특히 1950년대 이후, ILO의 기술협력이 비약적으로 확대해가는 하나의 계기가 된 것이다. 다음은 이 개정에 이르기까지의 경위를 기술협력과 관련되는 부분에 초점을 두고 개관하고자한다.

#### (1) 大西洋憲章

이 헌장은, 전후세계에 대처하는 원칙의 하나로써, 1941년 8월에 루스벨트와 처칠의 美英首腦 間의 大西洋 上의 회담에서 합의된 것인데 그 후, 44개국이 서명하고 있다. 그 안에서「모든 국민에 대하여, 보다 좋은 노동기준, 경제적 발달 및 사회보장을 확보하는 목적을 가지고, 경제 분야에 있어서 모든 국민들 사이에 더욱 완전한 협력을 가져오지 않으면 안 된다」고 했다. 이에 따라서, 1941년 10~11월의 ILO총회는 이 헌장의 원칙을 확인하고, 이것을 실행하기 위한 협력을 서약하고 있다.

#### (2) 필라델피아「宣言」과「勸告」

「선언」은 26회 총회의 회기중인 1944년 5월 10일에 채택되었는데, 그 선언 안에「전체의 번영으로 봐서 위험한」일부의 빈곤의 배제의 필요성을 지적하고, 개발도상국의 빈곤의 絕滅을 위한 ILO의 역할을 강조하고 있다. 그것을 달성하기 위한 수단으로서의 ILO의 기술협력이「선언」안에는 명시되어 있지는 않지만,제1항에서 지적하고 있는 것처럼 그것이 黙示되고 있는 것은,「선언」전체의 문맥으로 봐서 명확한 것이다.

여기서 주목해야 할 것은, 「선언」 채택 직후인 5월 12일에 총회는 「선언」을 平和條約안에 포함시켜야한다는 결의를 채택했다는 것이다. 또 루스벨트대통령은 「선언」에 대하여, 「두 번의 전쟁을 경험한 한 시대의 願望을 요약한 것이며, 미국의 독립선언에 비교할 만한 역사적인 가치를 당연히 획득 할 것이다…(中略)…이 선언이 모든 연합국에 의해 지지되기를 희망한다.」고 말했다.

이러한 배경 하에서, 1944년의 총회에서는, 「선언」과 동시에 「속지에 있어서의 사회정책의 최저기준에 관한 권고(70호)」가 채택되었다. 이것은 별명 "필라델피아권고"라고도 말하고 있다. 본문은 가맹국의 노력의무나 강구한 조치의 ILO에의 통보 등을 정한 간단한 것이지만, 이 외에, 부속문서가 있다. 동 문서에서는 「속지에 적용하도록 할 것을 목적으로 하는 모든 정책은 첫째로, 관계되는 주민의 복지와 발전을 비롯한 사회진보와 그들에 대한 희망의 촉진을 바라보지 않으면 안 된다」는 등, 일반원칙을 표명하고, 당시 속지에서 볼 수 있었던 여러 가지 노동문제해결을 위하여 필요로 하게 되는 노동기준을 정하고 있다. 주된 항목은 다음과 같다.

① 노예제도, ② 아편, ③ 강제노동, ④ 노동자의 모집, ⑤ 특수형태인 노동계약, ⑥ 형벌(토민노동의 고용계약 위반에 대한 형벌적용의 폐지), ⑦ 아동 및 연소자의 고용, ⑧ 여성의 고용, ⑨ 보수(임금), ⑩ 보건, 주택, 사회보장, ⑪피부의 색 및 종교에 따른 차별대우 및 기타 차별대우의 관행의 금지(필자주: 性에 의한 차별대우는 포함되지 않고 있다.) ⑫ 감독, ⑬ 노사단체, ⑭ 협동조합

이와 같이 70호 권고는, 노동에 관한 거의 모든 조항에서 지켜져야 할 최저기준을 제시하고 있다. 여기서는 전후의 세계에서의 평화와 사회정의 실현을 위해서는 무엇보다 속지 주민의 노동조건 향상이 필요하다는 인식에 따른 ILO의 전체구상(grand design)을 이해할 수 있다. 그리고 동권고는 1945년의 「屬地社會政策(보충적 규정)」 권고(74호)에 의해 보충되어, 1947년 총회에서의 非本土地域에 대한 다섯 조약의 채택으로 이어지게 된다.

ILO는 이 권고 가운데서도 언급하고 있듯이 「속지주민의 결제발전 및 사회적 진보」에 대해서도 깊은 관심을 가지고, 「정부, 사용자 및 노동자의 이 목적을 향한 노력을 원조하는데」 노력해 왔다. 따지고 보면, 1946년의 개정 전의 구ILO헌장의 제35조에는, 「가맹국은 각각이 비준한 조약을, 완전한 자치권을 갖지 않고 있는 그 식민지, 保護領 및 所有地에 적용하는 것으로 한다」는 규정이 있어 그 적용상황을 ILO에 보고하는 것으로 되어 있었다.

### 제4항 1946年의 憲章改正

이상에서 개관한 것처럼, 식민지 · 屬地를 포함한 발전도상국의 경제 · 사회적 진보의 필요성의 昴揚에 대한 국제여론을 배경으로, 이들에 대한 국제적인 대응에 대하여 구체적으로 밝힌 필라델피아 선언의 정신을 받아들이는 모양으로 1944년의 ILO헌장의 개정이 이루어졌다.

1944년의 필라델피아선언 채택 직후인 ILO총회에서, 이 선언을 평화조약 안에 포함시켜야한다는 결의가 있었다는 것은 앞에서도 말했지만, 1946년의 총회에서는, 이 결의에 표명된 희망을 실현하는 최선의 방법은, 필라델피아선언을 ILO헌장에 포함시키는 것이라고 했기 때문이다. 특히 이 개정에서는, 제10조제2항 (b)에 ILO의 기술협력이 명문화되었다는 것과 ILO의 도상국에 대한 기술협력 등에 의한 지원을 언급하고 있는 필라델피아선언이 헌장의 일부가 되었다는 것, 그 때문에 국제연합 등의 국제기관과의 협력의 필요성이 들어가게 되었다는 것 (12조)이 特記된다. 이러한 것은 제2차 대전 종결 전후의 도상국의 경제 · 사회적 발전에 대한 지원의 국제여론의 앙등과 맞물려서 그 이후의 ILO의 기술협력활동을 비약적으로 확대시키는 계기가 된 것이다.

## 제5항 戰後의 技術協力

제2차 대전 후 처음으로 시도한 것은 1948년의 緊急勞動力計劃이었다. 이것은 유럽, 아시아, 라틴아메리카, 중동제국을 대상으로 한 직업소개, 직업상담, 직업훈련, 이민의 분야에서 각국정부를 지원하는 것으로써 ILO의 통상 예산 범위에서 그들의 직원을 전문가로 파견했다. 여기서는 부란샤르 사무총장시대 (1973~89년)까지의 ILO기술협력에 대한 추이를 개관하고자 한다. 그리고 그 이후의 동향에 대해서는, 제3부 「기술협력의 현상」에서 설명하기로 한다. 그 이유는, 다음의 안센느 사무총장(1989년~99년)의 새로운 방침과 UN시스템 전체의 개발원조가 변모를 가져오게 된 것이 중요하게 되어, 그 후 ILO의 기술협력이 크게 변화했기 때문이다.

### (1) 技術協力費의 財源別 動向

전후의 ILO의 기술협력은 1950년에 UN의 EPTA(확대기술원조계획)의 자금공급을 받으면서 시작되었다. EPTA는 1949년에 설립되었지만, 당시의 ILO사무총장 모스(1948~70년 재임)는 여기서부터 자금제공을 받는 방침을 정했고, 1950년의 제33회 총회에서는 그것을 확인했다. 1950년에는 ILO의 통상예산으로부터도 기술협력을 위한 자금의 체계적으로 돌아오게 되었고, 이듬 해 부터는 멀티바이 · 토나의 자금제공도 시작되었다. 그런데 멀티바이 · 토나라는 것은 ILO의 분담금과는 별도로 프로젝트 · 프로그램마다 임의로 거출하는 특정한 선진국이 하는 것이다. 또, 주로 투자 전 활동에 대한 자금 원조를 위하여 1958년에 UN이 창설한 UNSP(국제연합특별계획)의 자금제공도 1960년부터 시작되었다.

이렇게 해서, 제1표에서 볼 수 있었던 것처럼 ILO가 1950~51년의 2년에 걸쳐 기술협력에 지출한 금액은 34만 1000달러였으나, 1959년은 315만 1000달라, 1960년에는 348만 5000달러로 비약적으로 확대되었다. 그래서 EFTA와 UNSP의 통합에 따라, 1966년 1월 1일에는 UNDP(UN개발계획)이 발족했다. 그런데 발족 후, 얼마동안은, UNDP내부에서 EPTA와

UNSP의 支出勘定은 따로따로 하고 있었다. ILO의 기술협력지출은 1970년에 2,994만 6,000달러에 달했다. 이들의 자금에는 ILO자체의 예산지출 외에, UNDP(2,527만 4,000달러), 멀티바이 등의 신탁기금(201만 7,000달러)과 1970년부터 자금제공을 하기로 된 UNFPA(UN인구기금)로부터의 자금 6만 6,400달러가 포함되어 있다.

그 후에도, 이러한 각 재원을 합한 ILO의 기술협력을 위한 지출은 일관해서 늘어나기 시작했고, 안센느 사무총장이 취임할 직전인 1988년에는, 1억 2,500만 달러에 달했다. 그 간에 UNDP의 금액은 5,019만 3,000달러로 거의 배증하고 있기는 했지만, 그 비율이 1972년에 약 88.0%에 달한 후에는 축소 경향을 보이다가, 1988년에는 47.9%로 저하하고 있다. 한편, 신탁기금의 비율은, 1970년의 6.7%에서 1988년에는 36.6%로 상승했다. 절대액에서도, 그 사이 201만 7,000달러에서 늘어나기 계속해서 1988년에는 4,582만 5,000달러로 약 23배정도가 되었다. 이 기간에 UNDP는 6% 전후로 증가해서, ILO의 통상예산은 10%전후로 추이하고 있다. 이와 같이, ILO는 그 기술협력에 대하여, UNDP나 멀티바이 등의 신탁기금에 크게 의존해왔다.

### (2) 技術協力費의 地域別支出動向

기술협력비의 지출을 지역별로 보면 표2와 같다. 1950년대는 라틴아메리카와 아시아지역이 각각 30% 정도를 점하고 있었는데 비해, 아프리카는 8%정도로, 당시의 ILO의 기술협력은 라틴아메리카와 아시아 지역의 부흥과 공업화지원이 주체로 되어 있음을 알 수 있다. 비교적 저위에 있었던 것은 당시 그 지역이 원조를 받아들일 정치적 체제가 정비되어 있지 않았기 때문이었다.

그러나 1960년대에 들어서면서 이러한 양상은 일변해서 아프리카의 비율은 35%정도로 급상승했다. 그 한편, 라틴아메리카나 아시아는 20% 내외로 추이해서, 1980년대까지는 아프리카의 상승과 라틴아메리카의 저하라고 하는 경향에 이어지고, 1980년의 시점에서 아프리카의 비율은 50% 약(弱), 라틴아메리카는 10% 강(强)으로 되었다. 아시아는 60년대 이후에 와서 안정적으로 추이하고 있다. 그런데 1950년대 이후의 지역 간 프로젝트의 비율은 일관해서 상승하고, 1980년대에는 10% 강(强)을 점하는데 이르고 있다.

### (3) 技術協力의 分野別 動向

다음으로 ILO의 기술협력의 분야별 변천을 보자. 표3에 따르면 1950~60년대에는, 노동력조직(고용 · 훈련)이 50% 정도로 원조의 큰 비율을 점하고 있는 한편, ILO의 전통적인 관심분야로 알려진 부문(협동조합 · 수공업, 사회보장, 노동조건)은 비교적 경시되고 있다.

제2항에서 제시한 戰前의 기술협력분야와 비교하면 직업훈련의 비중이 매우 높다는 것 등, 이 시대의 개발지원과 기술협력에 대한 전환을 볼 수 있다. 이러한 경향은, 1970~80년대에 들어서면서 다시 강해지고, 직업훈련과 고용 및 기타의 관련부문이 80%정도를 점하는데 비해, 전기 3부문의 셰어(share: 분담)는 10% 약(弱)의 수준으로 저하하고 있다.

그리고 개발형 원조의 내역을 보면, 1960년대에 들어 ILO로 봐서는 전혀 새로운 분야인 고용개발이 강해지고 있어, 1984년에는 그 셰어가 32.5%에 달하고 있다.

#### ▪ 세계고용계획

1960년대 말부터 1980년대 말까지, 기술협력에서 가장 주력해온 분야는 도상국에 있어서의 고용문제였다. 이것은 1960년대에 발족한 세계고용계획(世界雇用計劃: World Employment Programme)하에 수행되었다. 발족 당시 많은 선진국이 거의 완전고용을 구가하고 있었는데 비해, 도상국에서는 실업과 불완전 고용이 큰 사회문제로 되고 있었다. 이와 같은 상황을 감안해서 ILO는 도상국이 많은 국민에게 詰責을 해야 할 소득의 기회를 갖게하는 고용기회의 창출을 개발정책에 포함시켜야 한다는 것, 이러한 목적을 달성하기 위해서는 모든 정책수단을 총합적으로 동원할 필요가 있다는 것을 호소하고 각국정부에 조언을 했다.

그래서 세계의 4개지역에 각각 고용과 직접 관련되는 분야의 전문가 수명으로 구성되는 고용문제의 전문가 팀을 구성해서 고용정책에 대한 조언과 지역의 니즈에 따른 조사 연구를 맡게 했다. 또, 고용과 그 관련분야에 관한 내외의 전문가를 동원하는 한편, 총합적 고용전략 미션이라고 불리는 팀을 특정국에 보내서 면밀한 현지조사 하에서 그 나라의 고용창출을 위한 총합적인 전략을 권고의 형태로 조합한 보고서를 정부에 제출했다. 그와 동시에, ILO본부의 雇用局을 더욱 충실하게 하는 한편, 필요에 따라 외부의 제분야의 전문가를 동원해서 조언을 받고, 글로벌한 견지에서의 조사연구를 하는 한편, 고용의 전문가 팀과 각국에 있는 ILO의 고용관계 프로젝트, 총합적 고용전략 미션의 역할을 맡겼다. 세계고용계획의 하이라이트는 ILO가 주최한 「世界雇用會議(1976년 6월 제네바)」였다. 당시의 ILO가맹국 138개국 중 121개국이 참가했다. 이 회의에서는, 그 나라에 개발전략 · 계획 · 정책은 고용의 촉진과 국민의 기본적 니즈(Basic Needs)의 충족을 우선 목적의 하나로 해서 명시해야한다고 강조했다.

이상과 같은 일련의 작업에서 생겨난 것이, 현재도 개발문제를 논의 할 때 쓰이고 있는 Basic Needs나 Informal Sector 등의 개념이다.

또, 총합적 고용전략 미션에 의한 보고서는 대학의 開發經濟學의 텍스트로 사용되는 등, 世界雇用計劃은 학문의 세계에서도 큰 영향을 주게 되었다.

■ **기타의 활동**

세계고용계획과 동시에 비준된 큰 프로그램의 하나로, 노동조건분야에서의 PLACT(국제노동조건 · 환경개선계획)이 있다. 이 프로그램은, 1976년에 개시되었지만, 아시아의 공업화에 따라, 노동조건이나 안전성에 관한 여러 가지 문제가 증가하고 있다는데서 대응하게 된 것이다. 그리고 이들 팀이 담당하는 이외의 전문분야(예를 들면, 사회보장, 국제노동기준, 노사관계, 사용자활동, 노동자교육, 협동조합, 경영개발, 신체장애자훈련, 고용 등)에 대해서는 전문가가 거의 한사람씩 각 地域總局에 배치되었다. 이들은 소위 지역고문(Regional Advisor)이라고 불리면서, 각국의 요청에 따라서 지역 내의 여러 나라들을 순회하면서 조언 · 지원활동을 해왔다. 1년의 반 이상은 근무지를 떠나 각국지역을 순회하면서 지원해왔던 지역고문도 적지 않았다.

### (4) 프로젝트方式의 採擇

이외에도 소위 말하는 「프로젝트방식」에 의한 원조가 있었다. 그보다는 이 방식이 ILO의 지원활동의 주된 형태였다고 해도 과언이 아니다. 이것은 1966년에 UNDP가 탄생한 이래, 그때까지의 단편적인 아프로치(approach)에 대신해서 UN의 각 기관이 채택하게 되었던 것으로서 일정기간 내에 특정한 목적을 달성하기 위하여 「엑스파트(전문가의 파견)」·「에퀴프멘트(기제 · 기구의 제공)」·「페로십(자금원조에 의한 국외훈련)」의 3요소를 조화시킨 지원방식이다.

이것은 1인 내지는 5~6명의 전문가의 훈련을 돕는 동시에 프로젝트의 집행에 직접 필요한 기제 · 기구를 조달하는 것이다. 그리고는 국내관계자에 대한 자금원조나 국외에서의 단기(길어도 1년)의 연수 등을 하게 된다. 이들 전문가는 ILO의 직원으로써 프로젝트의 집행을 위하여 외부로부터 채용된 자로써, 프로젝트가 종료되면 계약도 종료된다.

이들 전문가는 1981년 말에 703명, 1988년 말에는 479명을 헤아렸다. 그리고 프로젝트의 집행에는 어소시에이트 · 엑스파트(AE=준전문가)가 추가되는 일도 많았다. 멀티바이 방식으로 원조자금을 제공하는 도나國이 자국의 젊은 전문가에게 현장에서의 경험을 주기 위해 비용을 부담하는 것으로서, 프로젝트에의 파견이 원칙이지만, UN의 각 전문기관의 본부나 현지사무소의 기획부문등에 보내지는 경우도 있어, 어느 경우나 신분은 派遣先기관의 국제공무원이 된다. AE는 프로젝트의 전문가 등으로부터 OJT를 받으면서 활동한다. ILO의 AE는 1981년 말에 136명, 1988년 말에는 161명이었다. 그 중에는 앞에서 말한 지역고문으로 배속된 사람도 있고, 또 소수이기는 하지만, ILO본부의 각 부국에 배속되는 경우도 있었다.

이와 같은 프로젝트 방식은, 도입이 시작된 1960년대 후반부터 1980년대 말에 이르기까지, 그 내용이 시대와 함께 변화했다. 주된 변화를 보면 ① 장기파견의 전문가에 대신해서 단기파견의 비중이 높아졌다는 것과, ② 전문가와 함께 혹은 이에 대신해서 원조 수입국 출신인 전문가(내셔널 엑스파트=국내전문가)가 배치되게 되었다는 것, ③ 경우에 따라서는, 국내전문가 만으로 프로젝트를 운영하고, ILO는 단기간의 컨설턴트로서 조언을 제공하는데 그치는 경우도 나오고 있다는 것, ④ 프로젝트 비용에 점하는 전문가의 비준이 낮아지고, 펠로십(Fellowship)의 비중이 높아졌고, 동시에 UN볼런티어(Volunteer)의 비중도 높아졌다는 것이다. 그러나 전문가의 파견은 1988년에도 지출항목 중 가장 많아서 약 40%를 점하고 있다.

### (5) 技術協力에 관한 ILO總會의 決議

기술협력은, 거의 10년 간격으로 총회의제로 상정되어 사무국의 활동에 대한 지침을 부여했다. 1960년의 총회에서는「도상국의 경제발전과 사회진보의 촉진에 있어서의 ILO의 역할」이라는 의제에 대하여, 일반토의가 있었다. 여기서는 ILO의 기술협력의 확대와 그 필요성을 강조하는 동시에 도상국에 대해서는 그 결의에서, 국제노동기준의 달설을 포함한 경제 · 사회발전에 대한 계획을 작성하고, ILO에 대한 기술협력의 요청은 이에 따라야 한다고 호소했다. 1967년에는 역시 총회결의를 통해 특히 人材開發과 雇用促進의 중요성을 강조했다. 기술협력을 의제(일반토의)로 한 1977년의 총회결의에서는, ILO의 국제기준관련활동과 기술협력활동의 쌍방에 있어서의 ILO의 三者構成主義 준수에 대하여 주의를 환기시키고, 동시에 기본적인권 · 사회적권리 · 노동조합권을 완전히 돌려주고, 침해하는 나라에 대해서는 기술협력에 대한 재검토가 바람직하다는 것 등을 호소했다. 1979년의 총회결의는 ILO의 기술협력을 위한 자금 확대의 필요성을 호소했다. 그리고 기술협력을 의제로 한 1987년 총회의 결의에서는, 고용촉진과 인간개발을 우선분야로 해서 강조하는 동시에 타켓 그룹(target group) 방식을 권고하고, 그 그룹에는 군시(郡 · 市) · 農村部의 빈곤층, 여성 · 연소층 · 이민 · 노동자 · 심신장애자를 포함해서, 강제노동과 아동노동의 철폐를 호소하고 있다. 아울러, 노사단체의 강화와 三者構成主義의 추진도 강조하고 있다. 또, 「보다 적게, 보다 좋게(Do fewer thing better)」의 원칙을 제창하고, 필연성이 없는 기술협력활동의 양적 확대의 경종을 울리기도 했다.

### (6) 모스와 블랑샤르의 貢獻

1950년대에 ILO의 기술협력이 본격적으로 개시된 이래 1980년대에 이르기까지 특히 그 발전에 공헌이 컸던 사람은 모스, 블랑샤르의 두 분의 사무총장이었다. 1949년에 창설된 국제연합(UN)의 EPTA(擴大技術援助計劃)로부터 자금을 제공받아, ILO의 기술협력을 추진하는 결단을 하게 된 것은 모스 사무총장이었다. 그 후의 활약상은 리더스 다이제스트誌에 「국제기술협력을 추진한 사나이」로 소개될 정도였다.

거기서 모스는 「인류가 협력하기 위하여 현재 정도로 창의와 새로운 경험을 필요로 하고 있었던 시대는 없었다. 우리는 한편의 법률에 의해 개인을 자유롭게 할 수는 없지만, 노동에 의해 자유를 이해하고 사랑하는 마음이 자라나도록 하는 사회적 조건을 만들어 낼 수가 있다.」고 말하고 있다. 이 발언에는 ILO의 노동기준적용을 위한 환경을 만드는데도 필요하다고 하는 인식이 나타나 있는 것으로 보여진다.

1973~89년까지 재임한 블랑샤르 사무총장은 ILO가 추진하고 있는 기술협력의 황금기에 앞에서 언급한 世界雇用計劃과 世界雇用會議 도 그로

인해 모아지게 되었다는 유능한 스텝으로서의 지지를 받으면서 추진해왔던 것이다. 계획이나 회의의 평가에는 여러 가지 견해가 있겠지만, 고용창출을 위해서는 총합적인 어프로치가 필요하다는 것이고, 또 고용과 빈곤의 분야에서 국제적인 프로그램을 추진해야만 했던 ILO의 임무를 국제적으로 재평가 받게 되었다는 것은 블랑샤르씨의 투철한 신념과 끈기 있는 공적이 살아있었기 때문일 것이다.

## 제3절 國際聯合(UN)의 開發協力

ILO는 UN의 전문기관으로서 지위를 점하고 있기 때문에 ILO의 기술협력을 UN이 하고 있는 개발협력과 밀접한 연대를 가지면서 전개되어 왔다. UN의 개발협력정책은, 실태적으로 봐서 ILO의 그것에 항상 큰 영향을 주었고, 자금면에서도 ILO는 UN에 크게 의존해왔다. 그래서 ILO의 기술협력의 현상을 보다 잘 이해하기 위해서는 UN의 개발협력을 충분히 이해하는 것이 불가피하다. 그래서 여기서는 UN의 개발협력의 근거, ILO와의 관계와 법적근거, UN의 개발협력의 연혁과 현황을 간단하게 살펴보기로 한다.

### 제1항 開發協力의 根據

국제연합(UN)은, 1945년 6월 26일 샌프란시스코에서, 50개국에 의해 국제연합헌장이 채택됨으로써 창설되었다. 국제연합(UN)의 목적을 정한 UN헌장 제1호에는, 「국제평화 및 안전을 유지한다는 것」「제국간의 우호관계를 발전시킨다는 것」과 함께 「경제적, 사회적, 문화적 또는 인도적 성질을 가진 국제적 문제를 해결하는데 있어서, 그리고 인종, 성, 언어, 또는 종교에 의한 차별 없이 모든 사람을 위하여 인권 및 기본적 자유를 존중하도록 장려하는데 있어서 국제협력을 달성하는 것」으로 되어 있다.

이러한 것은, 국제연합에서 하고 있는 개발협력의 근거중 하나로써 주목된다. 그리고 UN헌장 제13조(국제협력의 촉진)의제1항에서 「총회는 다음과 같은 목적을 위하여 연구를 발의하고, 그리고 권고한다」고 하고, 같은 항 (b)에서는 「정치적, 사회적, 문화적, 교육적 및 보건적 분야에 있어서 국제협력을 촉진하는 것, 그리고 인종, 성, 언어, 또는 종교에 의한 차별 없이 모든 자를 위하여 인권 및 기본적 자유를 실현할 수 있도록 지원하는 것」으로 해서, 국제협력에 관한 총회의 역할을 정하고, 제9~10장에서는 이에 관한 상세한 내용을 규정하고 있다. 제9장은 총회 및 총회의 권한 하에서 經濟社會理事會가 UN이하는 경제 및 사회적 협력에 관한 책임을 지는 것으로 하고(60조), 그 책임을 몇 가지 열거하고 있다.

이 중에서, ① UN은 경제적 · 사회적인 국제협력을 추진하지 않으면 안된다. ② UN내에서는 총회에 위탁된 경제사회이사회가 그 책임을 맡는다. ③ UN이하는 국제협력은 전문기관과 연대해서 하지 않으면 안 된다. ④ 경제사회이사회는 전문기관의 활동을 조정하기 위하여 권고한다. ⑤ 동 이사회는 전문기관으로부터 정기보고를 받는다. ⑥ 경제사회이사회와 전문기관은 ③ 의 연대에 따라 협약을 체결할 것 등으로 되어 있다.

여기서 주의하지 않으면 안 될 것은, ① UN과 전문기관은 각각 독립된 통치기관을 가진 별개의 조직이며, ② 그러한 한에서는 법률적으로는 兩者가 對等하기 때문에, UN이 전문기관에 지휘명령을 내린다고 하는 수직적인 관계에는 있지 않다는 것, ③ 그러나 협약을 체결하는데 있어 전문기관은, UN시스템의 일부로서 認知되지만, ④ 전문기관의 정책 · 활동에 대한 UN本体의 영향력은 법적으로 봐서 한계가 있다는 것이다.

실태적으로 보면, 앞에서 말한 것처럼 UN의 개발협력에 관한 정책은, 전문기관의 그것에 크게 영향력을 가지고, 양자의 연대는 경제사회이사회나 ACC(Administrative Committee Coordination=국제연합(UN)과 전문기관의 조정기관으로써 멤버는 UN본부의 주된 기금과 프로그램의 長, 각 전문기관의 사무국장, 의장은 UN사무총장이다)과 같은 공식 · 비공식의 場에서의 협의 조정에 따라 매우 밀접하게 이루어져왔다. 그러나 UN시스템 전체로써 통일이 취해진 정책을 추진하고, 활동을 한다고 하는 점에서, UN本体 내에서 현상을 문제시하는 일이 있어, 특히 UN시스템의 통일성을 중시했던 지난날의 아난 사무총장 같은 분은, 뒤에서 말하는 것처럼 양자의 관계를 근본적으로 재검토하기를 제안한 일이 있다.

## 제2항 國際聯合(UN)과 ILO의 協定締結

UN과 ILO는 UN헌장(63~64조, 70조) 및 1945년 11월에 제27회 ILO총회의 결의에 따라, 상호의 연대에 따른 협정을 체결했다. 이러한 종류의 협정으로는 제1호가 된다. 협정의 주요 내용은 다음과 같은 것이다.

① UN의 대표자는 ILO의 총회(이사회를 포함), 이사회(위원회를 포함), 지역회의 등에 출석한다. 단, 투표권은 없다.

② ILO의 대표는 UN사회경제이사회(위원회를 포함)에 출석한다. 단 투표권은 없다.

③ ILO의 대표는 UN총회에 자문기관의 자격으로 출석하고, 의견을 말할 수 있다.

④ ILO의 대표는 UN의 위원회에 출석한다. 단 투표권은 없다.

⑤ ILO는 UN이 제안하는 의제를 이사회의 의제에 포함시킨다.

⑥ UN은 ILO의 정책 및 활동의 조정에 따라 권고할 수 있다.

⑦ ILO는 그 활동에 따라 정기적으로 보고서를 UN에 제출한다.

⑧ ILO와 UN은 非自治地域 사람들의 복지증진과 발전에 대하여 협력한다.

## 제3항 開發協力의 發足 및 進展

1948년의 제3회 UN총회는, 「저개발국의 경제발전에 관한 결의」 및 「경제발전을 위한 기술원조에 관한 결의」의 두 가지 결의를 채택했다. 전자는 UN의 경제사회이사회와 전문기관이 저개발국의 경제발전에 관한 제 문제에 대하여 모든 측면에서 원조를 더해야 한다는 것이 긴급하다고 했다. 후자는 ① 경제발전에 대하여 각국 정부에 조언하는 각 전문영역의 전문가로 구성되는 국제 팀의 설치, ② 저개발국의 전문가 훈련을 위한 펠로십과 현지에서의 기술자의 훈련, ③ 人材 · 機材 제공을 위한 조직 만들기를 위한 필요한 자금을 거출해야 한다고 했다. 여기에 전문가 파견, 펠로십의 공여 · 기제의 공여라는 3요소를 내용으로 한 UN시스템의 기술협력의 형태인 프로젝트 방식의 싹이 보였다.

또, 1949년의 UN총회에서는, 그 전년에 있었던 두 가지 UN결의에 따라 UN확대기술원조계획(EPTA)의 발족이 결정되었다. EPTA에 따른 UN시스템의 기술원조는 1950년부터 개시되었는데 1951년까지의 제1기 계획에 있어서는 UN시스템 전체로써 2000만 달러가 지출되었다. ILO는 제1기 중에 220만달러의 할당을 받았다. 1958년에는 주로 投資前 活動을 원조하는 UN특별기금(UNSP)이 창설되었다.

그리고 1966년에는 EPTA와 UNSP가 통합되어 UN개발계획(UNDP: United Nation Development Programme)이 발족되었다. 그 이후, UNDP는 전문기관을 포함한 UN시스템이 하고 있는 개발협력의 주된 資金供與機關으로서 현재에 이르고 있다. UNDP의 활동은 전통적으로 다음과 같은 방식으로 이루어져 왔다. UNDP의 제원은 각국이 UN분담금과는 별도로 내는, 임의 거출금이다. 이것은 매년 11월경에 이루어지는 UNDP를 포함한 UN의 개발협력활동에 대한 서약회의(誓約會議: Pledging Conference)에서 UNDP를 포함한 각 프로그램이나 기금에 대한 익년의 誓約額이 정해진다. UNDP는 1972년 이래 5년을 단위로 하는 프로그램 사이클에 따라 그 사업을 계획 · 운영해왔다. 5년 계획의 안에는 국별 할당액인 IPF(Indicative Planning Figure)가 제시되어있다. 각국의 UNDP상주대표(Representative)는 이에 따라 활동계획을 국별계획문서(Country Programme Document)

로 보관 취급한다. 이 작업에 있어서는 당해국이 정부 및 전문기관과 협의를 거듭한다. 이렇게 해서 만들어진 문서는, 뉴욕의 UNDP관리위원회에 제출되어 승인을 받는다. 국별 계획문서는 개개의 프로젝트 案 또는 素案의 집대성이며, 이 안에 포함된 프로젝트 안에 대해서는 전문기관이 주로 이니시어티브를 가지고 정부 · UNDP의 대표와 협의를 거듭하고 프로젝트 문안으로 정리해서 UNDP(일정 규모 이상은 뉴욕의 관리위원회, 소규모 프로젝트는 대표)의 승인을 받는다. 프로젝트문서에는 수익자인 당해국의 대표, 집행기관(Executing Agency)인 전문기관의 대표, 자금제공자인 UNDP의 대표가 서명한다.

프로젝트의 목적은 조언, 훈련을 위한 전문가의 파견, 수익국의 프로젝트 관계자의 국외에 있어서의 추가훈련을 위한, 펠로십의 제공, 소규모의 기재, 기구의 제공 등 3요소를 기초로 하는 프로젝트의 활동에 따라 달성해야하는 것으로 되어 있어, IPF의 구조 내에서 예산도 프로젝트마다 하게 된다. 이것을 프로젝트 어프로치라고 칭하고 있다.

여기서 정부는 수익국을 대표하며, 프로젝트의 집행은 전문기관이 하고, 자금은 UNDP가 제공한다고 하는 관계 3자의 역할이 판연하게 구별되고 있었다. 그리고 프로젝트는 그 선정, 준비, 집행, 평가까지를 전문기관이 책임을 지고 한다. 프로젝트의 선정에서 종료까지의 4계단을 프로젝트 · 싸이클이라고 칭하고 있다.

이러한 전문기관이 주도하는 개발협력은, 당연한 일이지만 자금제공자로서의 UNDP도 각 단계에서 큰 발언력을 가지고 있었던 일도 있고 해서, 그 전체로 보면 UN리드 형이었다고도 할 수 있다. 그래서 집행기관이된 전문기관은 위에서 말한 3요소를 커버하는 프로젝트의 전체비용과는 별도로 UNDP로 부터 받아내게 되었다. 거의 1980년대 말까지, 이상과 같은 방식으로 UN시스템의 개발협력은 이루어져왔다. 그 사이에 규모도 일관해서 확대를 계속했고, 1972~76년의 UNDP 제1차 프로그램 사이클이 제공자금총액이 15억 달러였는데 비해, 1987~91년의 제1회 프로그램 사이클의 35억달러(23배)로 증가했다. UN본체에는 UNDP이외에도, 전문기관 등에 자금을 제공하는 기금(펀드)이나 프로그램이 있다. 대표적인 것으로는, UN인구기금 · UN아동기금 · 세계식량계획이 있다. 이들은 스스로 기술원조 활동을 하는 동시에, 타의 전문기관에도 자금제공을 하고 있다. 또 각 전문기관은 UNDP나 UN인구기금 등 외부로부터의 협력뿐만 아니라, 스스로의 예산이나 멀티바이 도나의 자금을 사용하고 있다.

## 제4항 反省과 改革

### (1) 北歐 레포트

전문기관을 포함해서, UN시스템의 개발협력활동이 급속하게 확대해나가는데 따라, 그 효율성 등에 대하여 많은 문제점이 지적되게 되었다. 특히, 이러한 비판은 北歐제국 등을 비롯해서 UNDP나 전문기관의 멀티바이활동이 큰 據出國에서부터 나오게 되었다. 이러한 일은 그들 나라들이 스스로의 납세자에 대한 설명책임(說明責任)을 다하려고 하는데 있었다. 그 불(口火)을 막게 된 것은 덴마크, 아일랜드, 노르웨이, 스웨덴의 北歐 4개국이었다.

이들 나라는 1988~94년에 걸쳐 UN시스템의 개발협력에 대한 조사연구를 했고, 전문기관이나 UN에 대한 제언을 포함한 보고서를 발표했는데, 그 결론으로써 다음과 같은 제언을 하고 있었다.

■ **專門機關에 대한 提言**

① (기준설정 등의) 규범적(Normative)역할을 강화하고, 「조사연구 등의」 분석능력을 재생시켜야만 한다.

② 전문기관의 憲章 등의 기본문서에서 규정된 중핵적 분야(Core Mandate)에 활동을 집중해서 거기에 무관계한 혹은 陳腐化된 활동은 정지해야 한다.

③ 전문기관은 그 전문분야에서 탁월한 능력을 가진 중심적 존재(Center of Excellence)로서의 기능을 살리고, 거기에 매진해야 한다.

④ 프로젝트 집행에 대한 역할을 줄이고, 스스로의 전문분야에서의 분

석 · 조언 등의 상류활동(上流活動: Upstream Activities)를 강화해야 한다.

⑤ 기술협력에 대한 통치기구(Govening Bodies)의 컨트롤을 강화해야한다.

⑥ 통상예산과 (UNDP, 멀티바이 등의) 외부제원(Extra-budhetary Sources)의 발란스를 취해야 한다.

■ UN(國際聯合)에의 제언

① 개발협력에 대하여 UN의 역할을 강화해야만한다.

② UNDP는 단순한 자금공여기관 이상의 역할을 보여주어야 한다.

③ UN의 정보수집 · 頒布의 센터로서의 역할을 강화해야 한다.

④ 국제개발위원회(International Development Council)의 창설

⑤ UNDP관리위원회 등의 관리기능의 슬림화(slim化)

그중에서도, UN의 국제협력의 財源에 대해서는 보다 안전적이고 測定可能한 것으로 하기 위해서는

① Assessed Contribution, ② Negotiated Pledges, ③ Voluntary Contribution의 3種을 병합시킨 것으로 해야 된다고 하고 있다.

①은 예를 들면, UNDP의 멤버일 것 같으면, 회비를 강제적으로 지불하는 것, ②는 세계은행 그룹의 IDA(International Development Association: 국제개발협회)가 하고 있는 자금수집방법으로, 일정기간의 자금 분담을 각국이 처음부터 확약하고 불입하는 방식이나, ③은, ①, ② 이외의 전적인 임의 거출인 것이다.

그런데 위에서 언급한 북구4개국의 공동연구조사와 병행해서 덴마크가 전문기관에 대하여 독자적으로 조사연구를 해왔는데 거기서도 이와 거의 같은 결론을 내고 있다. 이 외에도 80년대 말부터 90년대 초기에 걸쳐 여러 형태의 조직에서 UN의 개발원조의 방법에 대한 제언을 하고 있다.

### (2) UN總會決議

이와 같은 움직임에 따라, 1989년 12월 22일의 UN총회는 UN의 개발협력에 대하여 다음과 같은 결의를 채택했다(UN총회결의 44/211). 이 결의는 그때까지 논의되어 왔던 UN의 개발협력에 관한 각종 제언을 받아들인 종합적인 것으로써, 그 후 UN의 개별협력에 관한 개혁 · 운영에 지침을 주게 되었던 것이다.

이 결의는, ① 나라의 개발계획의 작성과 개발우선 순위(목적)의 설정은, 각국정부만이 책임을 진다는 것, ② 나라의 개발계획과 우선순위는, 그 나라에 있어서의 UN의 개발협력활동의 계획작성에 있어서 유일한 지침이라는 것, ③ 외부원조의 조정의 책임은 수익자에 있다는 것, ④ 당해국에 있어서의 UN의 개발협력의 모든 국면에서 그 나라가 가지고 있는 능력을 최대한으로 활용한다는 것 등을 강조하고 있다. 또, 동시에 프로젝트 · 어프로치로부터 프로그램 · 어프로치에의 전환, 수익국이 집행의 책임을 지는 「내셔널 · 엑시큐션(National Execution)」의 방식의 활용, 수익국의 니즈에 대하여 UN시스템으로써 총합적으로 대응하는 등 절차 면에 대해서도 여러 가지를 제안했다.

이 결의에 따라, UNDP의 관리위원회는 1990년 6월에 수익국의 주체성을 중시하는 내셔널 · 엑시큐션 방식의 도입을 결정하는 한편, 그것을 추진하기 위한 새로운 型의 관리비(管理費)를 1992년 1월부터 적용하기로 했다. 종래에는 ILO등의 전문기관이 수익국을 위하여 기술협력 프로젝트를 집행하는 에이젠시 · 엑시큐션방식(Agency Execution=전문기관주도방식)이 주체가 되었고, 이들의 전문기관은 프로젝트 예산의 13%에 해당하는 금액을 관리비로 해서, 프로젝트 예산과는 별도로 UNDP로부터 (멀티바이프로젝트의 경우는, 멀티바이 도나로부터)받아들이고 있었다.

그러나 새로운 제도하에서는 프로젝트의 집행은 수익국이 주체성을 가지고 그 책임을 지는 것으로 하고, ILO, UN식량노업기관, UN공업개발기관, 유네스코, UN기술협력국의 5기관(이외에 전문기관은 계속해서 구제도가 적용됨)은 프로젝트의 집행에 직접관여하기보다는, 정책이나 프로그램 레벨에서 수익국에 조언을 부여하도록 하는 것이 기대되었다(이 때문에 관리의 일부로써 ISSI라는 것이 도입되었다. 그 후 명칭 변경). 또 프로젝트의 집행에 대하여, 앞에서 말한 5개 전문기관은, 수입국의 필요에 응해서 다음과 같은 보조적인 역할을 할 수 있다는 것도 기대되었다.

① 수입국이 프로젝트의 집행에 따라 기술적인 조언을 필요로 하는 경우, 그것을 제공 할 것, 이 때문에 관리비의 일부로써 TSS2가 도입되었다(이것은 그 후 명칭이 변경).

② 수익국이 프로젝트를 집행 할 경우, 사무적 능력의 결여 등을 위해 프로젝트 전문가의 모집, 펠로 송출을 위한 제 절차, 기계설비의 조달에 따라 전문기관의 조력을 요청할 수 있다는 것(이것을 Implementation 이라고 칭한다).

그리고 전문기관이 이들의 서비스를 제공했을 경우에는 서비스의 종류에 따른 일정 레이트의 금액(예를 들면 프로젝트 전문가를 국외로부터 모집했을 경우, 전문가의 고용에 필요한 총 코스트의 9%, 또는 기계설비를 국제시장에서 조달했을 경우, 총 코스트의 10%)를 수취하는 것으로 했다.

그리고 사정에 따라서는(예를 들면, 특정한 프로젝트에 따라 수익국이 집행능력이 없다고 해서 전문기관에 그 집행을 의뢰하는 등의 경우), 전문기관에 의한 프로젝트의 집행도 있을 수 있지만, 그것은 어디까지나 예외로 했다. 또, 수익국이 모두 책임을 지고 집행하고, 프로젝트의 모든 요소를 스스로 조달하는 경우, 그 부분의 관리비는 전문기관에 지불하지 않고 스스로도 세(貰)를 주지 않는 새로운 프로젝트에 충당할 수가 있다고 되어 있어, 이것도 내셔널 · 엑시큐션 방식의 추진을 위한 인센티브가 되었다. 단지, 이러한 새로운 관리비는 앞에서 말한 다섯(5)전문기관 이외의 전문기관, 또 다섯(5)전문기관을 포함한 UN의 각 전문기관이 멀티바이 도나로부터 거출을 받아서 행하는 멀티바이 프로그램에는 적용되지 않고, UN시스템 내에 신방식과 구방식의 두 제도가 병행한다고 하는 변칙적 상황으로 되어 있다. 또 내셔널·엑시큐션 방식도, 다섯 전문기관 이외의 전문분야 및 멀티바이 프로그램에 이어서 진전을 하고 있기는 하지만, 종래의 전문기관에 의한 프로젝트의 집행도 많이 이루어지고 있었다.

그리고 1992년 12월에 채택된 UN총회 결의(47/199)는, 89년의 결의를 보다 구체화한 것으로써 큰 의미를 갖는다. 여기서는 특히 UN시스템지원의 프로그램과 프로젝트의 양자에 대해서는, 내셔널·엑시큐션이 원칙이라야 한다는 것을 강조하는 한편, 국별전략노트(Country Strategy Note)의 작성을 제안하고 있다. 이 전략노트는 수익국의 계획, 전략 및 우선순위 중에 확실시 되고 있는 몇몇 종류의 니즈의 충족에, UN시스템이 어떻게 공헌할 수 있는지의 개략을 기술하는 것이다. 전략노트(戰略Note)는 수익국이 작성하는 것으로써, UN시스템은 그 과정에서 필요한 경우에는 원조를 하게 된다. 여기서는 UN시스템 전략노트를 작성하는 것은 아니고, 수익국이 주체성을 가지고 작성해야 하며, 또 그 전략노트는 UNDP뿐만 아니라 UN시스템 하에 있는 각 기관까지 포함한 총합적인 것이 되어야 한다.

그 당시까지의 UN시스템의 개발협력의 형태가 프로젝트방식이었다는 것은 앞에서 언급했지만, 開發協力 再檢討의 기운가운데서 중시되었던 것으로써, 프로그램 어프로치(Programme Approach)가 있다. 이것은 종전의 프로젝트 어프로치의 유효성에 따라, 여러 가지의 疑念이 나타나게 되었다는데서 나온 것이다.

결국, 특정한 나라 수준에서 보면 ① 소규모의 프로젝트가 많이 난립됨에 따라, 개개의 프로젝트에 주어지는 임팩트(impact: 영향)가 한정되게 되었다는 것, ② 하나의 분야에 대하여 소규모의 프로젝트가 서로 관련도 없이 집행되고, 이들의 프로젝트 전체가 주게되는 임팩트도 제한되는 경향이 많았다는 것, ③ 집행기관인 전문기관이 많은 프로젝트를 관리하고 있어, 기술적인 백업(back up: 지원)을 하지 않으면 안 되는 등, 여러 가지 어려움이 생기게 되었다는 것, ④ 수익국도 수많은 프로젝트를 취급하지 않으면 안 되어, 여기서도 무리가 생기게 되었다는 것, 등의 문제점이 지적되었다.

그래서, 특정한 나라에서의 개발협력에 대해서는, 한정된 자금을 유효하게 활용하기 위해서 수개의 우선 분야를 선정하고, 각 분야에서는 일정기간에 달성해야 할 목적을 정해서, 개개의 프로젝트는 그 분야에서의 공통의 목적을 달성하도록 집행되어야 한다는 프로그램 어프로치를 UN시스템의 개발협력에도 채택해야 하는 것으로 되었다. 여기서 유의해야 할 것은, 프로그램 어프로치는 별도의 착상이 아니고, 전문가 기관 중에는, 분야에 따라서 이 방식에 따라 자금을 모아, 구체적인 기술협력활동을 전개해왔던 곳도 있었다는 것이다. 또 프로젝트 어프로치와 프로그램 어프로치는 이율배반의 관계에 있는 것도 아니다. 예를 들면, 현재 UNDP의 국별계획(Country Programme)은 프로그램 어프로치에 기초해서 작성되어 있지만, 하나의 프로그램 분야가 수개의 프로젝트로 구성되어 있다.

### (3) UN시스템의 開發協力의 現況

이와 같은 UN시스템의 개발협력의 개혁은, 그 후 어떻게 추진되어 왔으며, 오늘날에 이르기까지 어떻게 평가되고 있는지. 포지티브(positive)한 면에서 보면, ① 현재, 내셔널 · 엑시큐션 방식은 UNDP지원 프로젝트의 약 70%를 점하고, 집행 형태의 주류가 되고 있다는 것, ② 국별전략 노트(國別戰略 Note)도 약 30개국에서 만들어지고, 당사국의 UN시스템의 개발능력 수입의 프레임(frame)으로 되어 있다는 것. ③ TSSI의 도입은 분야별인 분석, 정책조언 등의 上流活動을 재촉해왔다는 것, ④ 프로그램 어프로치는 UNDP의 국별 계획이 이에 따르는 등, UN시스템 활동의 여러 면에서 사용되게 되고, 효율향상에 크게 도움이 되고 있음을 볼 수 있다는 것, ⑤ UN시스템 내의 기금 · 프로그램 · 전문기관은 중심적 과제의 추구에 다시 의지를 가지게 되고, 지금처럼 자금 확보를 위해 전문분야 이외에 까지 손을 뻗치는 일은 비교적 적어지게 되었다는 것 등을 들 수 있다.

반면, 네거티브(negative)한 면은, ① 수익국의 능력을 충분히 살펴보지 않고, 조급하게 수익국 주도방식으로 이행하려고 했기 때문에 직접 · 간접으로 실시의 코스트가 아주 높아지게 되었다는 것, ② 수익국이 주체성을 발휘한다는 것은, 반면, 수익국이 그들의 코스트를 부담하는 것이 되고, 수익국을 재정 면에서 압박하고 있다는 것(전문기관에 의존하는 정도가 낮아지게 되면, 지금까지 UN기관에서 회전하던 관리를 위한 자금은 타의 프로젝트로 쓰여질 수 있다는 것은 앞에서도 말했으나, 당해 사업의 관리비에는 충당할 수 없다), ③ 내셔널 · 엑시큐션 방식이 진전된 만큼, 전문기관의 상류활동은 진전되지 않고, UN전체의 개발협력에서 점하는 전문기관의 지위가 저하하고 있다는 것, ④ 내셔널 · 엑시큐션 방식의 진전은 전문기관에 대한 UNDP자금 유입의 감소를 의미하고, 이것을 멀티바이 자금으로는 보진할 수 없고, 이들 기관의 기술 강력활동에 지장이 생기고 있다는 것, ⑤ 새로운 관리비의 방식이 매우 복잡해서 실시면에서는 지장이 있다(이점에 대하여, 인푸리메텐션을 위한 서비스의 종류에 따라 달라지고 있었던 레이트(rate)가 하나가 되어, 일률적으로 10%가 되었다. 또, TSS2가 하나가 되는 등의 개선이 계획되었다). ⑥ 수익국의 說明責任의 시스템이 확립되지 않고 있기 때문에, 늘 汚職의 위험성을 벗어나지 못하고 있다. ⑦ 다섯 전문기관 이외의 UN시스템 내의 타기관도 새로운 관리비 제도로 이행될 것으로 기대되었으나, 같은 시스템을 채택한 타기관은 나오지 않고, 같은 전문기관의 사이에도 新旧시스템이 함께 存在하고 있다는 것, 그리고 각 전문기관이 멀티바이 도나로부터 자금을 받아서 집행하는 멀티바이 프로젝트의 대부분은 에이젠시 · 엑시큐션 방식인데, 여기서도 두 방식이 혼재하고 있다는 것 등일 것이다.

개발협력의 관리 · 재원에 대해서도, UN내외에서 여러 가지 제안이 있었으나, 발본적인 해결은 멀리서 바라보기만 하고 있다. 특히 자금문제는 심각하고, ODA 전체 중 二國間援助의 비중이 높아지고, 국제기관의 셰어는 줄어들고 있다. UN의 셰어는 더 줄어들고 있어, 그 중 UNDP의 셰어는 바닥에 있다. 오래된 자료가 되겠지만 UNDP는 한때 연간 11억 달러의 자금을 想定하고 있었지만, 실제의 프로젝트는 7억 5000만 달러로 작성되고 있었다. 또 北歐레포트가 UNDP는 단순한 자금공여기관 이상의 역할을 해야 한다는 제언을 했다는 것은 앞에서도 언급했지만, 사실 UNDP는 인간개발(인간개발: Human Development)을 위한 개발기관이라고 하는 것을 표방하는 것같이 되어 있다. 그리고 UN시스템 중에서 전문기관의 지위를 점하고 있는 세계은행도 각 분야에 있어서의 전문가를 받아들여, 개발기관으로서의 색체를 강화해 오고 있었다. 이와 같이, 같은 UN시스템 내에 있는 전문기관의 역할 분담이 매우 불선명하게 되어가고 있었다. 3자간의 조정이 이따금 혼란에 빠져있었는데, 상호간의 새로운 관계가 구축되지 않고 있다는 것을 문제시하고 있는 움직임도 많았다.

1980년대 말부터 1990년대 전반에 걸쳐 이루어진 개혁과 더불어, 그 기간의 UN시스템의 개발협력 면에서의 큰 특징은, 경제사회면에서 세계가 안고 있는 여러 가지 중요문제에 대하여, UN이 주최하는 세계회의가 많이 개최되었다고 하는데 있을 것이다. 그 테마는 아동, 무역과 개발, 환경, 인권, 인구, 사회개발, 여성 등에 이를 것이다. 이들 회의는 UN이 이러한 분야를 통해 개발협력활동에 지침을 주고, 큰 영향을 미치게 했다.

이들 회의에 관한 UN시스템 내의 자금이나 프로그램, 전문기관의 공동폴로 업 작업도 완료되고, UN시스템의 구체적인 활동계획에 도움이 되는 "권고"나 "가이드라인"이 제시되었다. 당시의 UN사무총장 가리는 1994년 5월의 UN총회에 「개발을 위한 과제」라는 제목의 문서를 제안했다. 이것은 거기에 앞서 가리 사무총장이 발표한 「평화를 위한 과제」에 대응한 것이다. 그리고 거기에서 가리 총장은, 개발협력에 대하여 UN을 세계수준에서의 전략설정 및 우선 순위설정에 있어서의 콘센서스(consensus)를 얻게 될 場으로써 자리매김했다. 그리고 UN은 관련정책의 입안 · 실시 · 능력형성에 따라 도상국을 지원해야 한다고 했다. 이 문서는 여러 가지 장으로 검토 · 논의가 계속된 후 1997년 6월 총회에서 채택되었다. 내용적으로는 상당한 변경이 가해졌으나, UN이 개발협력에서 우선적으로 대응해야할 분야로서는, 경제성장 · 사회개발 · 여성 · 아동 · 인구 · 환경 · 인도(人道)원조의 7개 분야로 하고, 개발에 대한 어프로치는 널리 알려진 시민사회의 참가에 의한 「參加型開發」을 중시하는 것으로 되어 있다. 실시면에서의 제도적 문제로는 UN시스템의 능력강화에 더해서, UN시스템과 세계은행, IMF, WTO와의 연대강화의 필요성을 강조하고 있다. 이 문서는 관련 개발협력에 대한 포괄적인 지침을 제공하는 문서로 사용되고 있다.

1996년에 취임한 아난 사무총장은 1999년 7월 「UN의 新生 · 改革에의 프로그램」이라는 제목의 문서를 총회에 제출했다. 이 가운데서 아난 총장은, 자신의 권한에 속하는 분야, 가맹국의 승인이 필요한 것, 그리고 총회가 검토해야 할 기본적 · 장기적 문제에 대하여 여러 가지의 제안을 했다. 그 중에, 개발협력에 직접 · 간접으로 관련되는 중요부분과 그 실시상황은 다음과 같다.

**① UNDP(United Nations Development Group: UN開發그룹)**

이것은 나라수준에서의 UN개발협력활동의 정합성과 일관성을 확보하고, 보다 큰 임팩트를 미치는 것을 목적으로 해서 설정되었다. 멤버는 주요한 프로그램 · 기금인 UNDP · UNFPA · UNCEF · WFP에 더해, 10여의 UN내부의 조직이 추가되어 있다. 전문기관은 멤버에 들어가 있지 않고 있다.

**② UNDAF(United Nations Development Assistance Frameword: UN開發援助의 構造)**

이것은 나라 수준에서 작성되는 그 나라에 대한 UN의 개발원조의 구조로써, 참가 프로그램, 기금의 활동계획 등을 공통의 목적이나 시간적 구조 하에 하나의 문서로 취합한 것이다. 이 작업은 1998년 말 현재, 아시아의 필리핀, 인도, 베트남을 포함한 18개국으로 완료하고 있다. 이 작업에의 전문기관의 참가는 한정되어 있었다. UNDP와 수익국이 주최가 되어 작성하는 국별전략노트와의 관계는 반드시 명확하지는 않지만, 후자의 작성에는 소극적인 나라가 많고, 지금까지 30개국 정도밖에 만들지 못하고 있다. 지금부터 한다면 장래에는 UNDP를 국별전략노트로 대체해 나가고자 하는 의도가 있는 것으로 생각된다. 이것은 어느 의미에서, 과거 10년간 UN 개발원조의 나라수준에서의 활동의 주체성은 수익국에 있어야 한다고 하는 기본적인 인식, 노선의 수정을 시증하는 것도 보이지 않는 것은 아니다.

**③ 기타의 事務局 改革**

총회의 승인을 받아 副事務總長을 임명한 외에, 부사무총장 및 事務局次長 수준을 간부직원으로 하고 있는 사무총장의 자문 그룹인 상급경영그룹, 사무총장에 하여 특히, 지역규모의 문제에 대한 정책결정에 대하여, 필요한 정보를 제공하는 전략계획부(Strategic Planning Unit)를 설치했다. 이상에서 보면, 아난 사무총장은 1만 명이나 되는 직원이 있는 사무국의 통일성 · 융합성을 강화하는 동시에 사무국내의 중지를 모은, 말하자면 참가형 운영체제를 정비해 나가려고 했을 것이다.

**④ 總會 · 經濟社會理事會**

지금까지 사회개발, 여성 등 중요한 개발문제에 대하여, UN이 주최하는 회의를 여러 번 개최해 왔으나, 이러한 중요 문제를 총회 내지는 경제사회이사회의 과제로서도 생각할 수 있다고 봐서, 예를 들면 「개발을 위한 국제자금공급(International Financing For Development)」을 제안하고 있다. 또 2000년의 UN총회를 「2000년 총회(Millenium Assembly)」로 호칭해서 특별한 것으로 21세기에 UN이 도전해야 할 의제를 논의하고, UN의 근본적인 개선을 위한 프로세스에 합의하는 것이 어떤지를 제안하기도 했다. 그리고 이와 병행해서 말하자면 「시민의 총회(Peoples Assembly)」로도 칭할 수 있는 집회를 NGO등의 시민사회가 갖는 것도 생각할 수 있도록 하고 있었다.

⑤ ILO, WHO등의 專門機關

이들 전문기관은 UN과의 협정에 따라 UN시스템의 일부를 구성하고 있기는 하지만, 각각의 가맹국이 합의한 기본 문서에 따라 독립된 통치기구를 가지고 있다. UN본체는 UN헌장에 따라, 전문기관과의 협의 및 권고에 따라 「전문기관의 활동을 조정할 수가 있고」, 또한 위에서 말한 협정에 따라 「정기보고를 받는」데 그치고, 전문기관의 정책, 활동에 관한 UN본체의 지휘 · 감독에는 미치지 않는다. 사무총장의 「UN의 新生-改革에의 프로그램」에 들어있는 방향성은, UN자체의 사무국 프로그램과 기금이 중심이 되고 있지만, UN의 목적이 충분하게 달성되도록 하기 위해서는 UN시스템 전체로써, 각종 기관의 보다 밀접한 협력과 보다 조정이 취해진 활동이 필요하다고, 사무총장은 생각했을 것으로 보인다.

그리고 이 문제에 대하여 사무총장은 장관 수준에서 특별위원회를 설치하고, UN헌장 및 전문기관의 기본문서를 개정할 필요성의 유무를 검토하도록 제안한 바 있다.

이상에 있는 ①, ②는 사무총장이 권한내에 있는 것으로서 이미 실시되고 있거나 결과를 보고 있다는 것, ③이하는 어느 것도 가맹국의 합의가 필요할 뿐이고, 앞으로의 총회 등에서의 활동이 주목되고 있는 것이었다.

## 제4절 技術協力의 現狀

### 제1항 90年代의 技術協力에 있어서의 ILO의 方向

1980년대 말부터 1990년대 초에 걸쳐서 ILO의 기술협력은 크게 전환했다. 그것은 그 시기에 UN의 개발협력이 크게 변화했다는 것과 ILO에 사무총장의 교체가 있었다는 것 등으로도 알 수 있다.

당시의 UN시스템의 움직임은, 기본적으로 UNDP나 전문기관을 중심으로 하는 UN주도형의 협력으로부터, 수익국이 주체성을 가지고 기술협력활동을 계획 · 집행하는 수익국 주도방식으로의 전환이었다. 종래 전문기관의 기술협력 프로젝트는 각 전문기관이 책임을 지고 집행하는 것이 원칙이었으나, 1989년의 UN총회 결의에 따라, 그 후로는 수익국이 집행의 책임을 져야한다는 것으로 되었다. 그래서 기술면 등에서 조언이 필요하게 되는 경우에만, 전문기관은 수익국의 요청에 응해서 관여하고, 그 이외는 정책제언 등의 上流活動에 집중해야 하는 것으로 되었다. 그 때문에, 새로운 형태의 서포트 코스트가 도입되는 한편, UN의 개발협력의 수입을 위한 구조인 국별전략문서가 만들어져야만 했다. 또 그때까지의 프로젝트 방식과 병행해서 프로그램 방식이 채택되어야 하는 것으로 되었다. 이러한 움직임을 배경으로 1989년에 취임한 안센느 사무총장 하의 ILO에서도 ILO자신의 기술협력에 대한 근본적인 개선이 추진되었다. 그래서 사무국의 주요 부국의 대표를 모은 기술협력에 관한 작업위원회(作業委員會: Task Force on Technical Cooperation)가 설치되고, 기술협력국이 사무국을 맡았다. 이러한 작업을 바탕으로 해서, 기술협력에 관한 사무총장 보고가 1993년의 총회에 제출되고, ILO의 기술협력의 실체와 방향에 관한 토의가 이루어졌다. 그리고 이 총회에서 토의된 「기술협력에 있어서의 ILO의 역할에 관한 결의」는 1999년 6월의 총회에서 새로운 결의가 채택될때까지, ILO의 기술협력활동의 가이드라인이 되었다. 그 사이 안센느(당시의 사무총장)씨가 항상 강조했던 것은 기술협력의 ILO의 중핵적 분야(Core Mandate)에의 집중, 국제노동기준과 기술협력의 상승효과의 필요성이었고, 또 ILO와 각국의 정노사단체와의 밀접한 협의에 바탕을 둔, ILO활동의 국별목적(Country Objective)의 작성을 비롯한 다각적 전문가팀(MDT=Multi-disciplinary Advisory Team)의 전개를 포함한 적극적 파트너 정책(Active Partnership Policy)의 추진이었다. 이러한 생각은, 위에서 언급한 1993년의 총회결의에서 강력히 반영되어 있었다고 볼 수 있을 것이다. 이 결의는 그 서문에서 다음과 같은 것을 확인하고 있다.

① 기술협력은, ILO의 목적을 달성하기 위한 주요한 수단의 하나이다.

② 기술협력은 ILO의 권한에 속하는 중핵적 분야에 한정되어야 한다.

③ ILO의 나라수준에서의 활동의 우선분야는, 그 나라의 政勞使와의 협의를 통해서 ILO의 목적에 비추어서 결정해야 한다.

④ UN의 개발협력의 새로운 동향에 유의해야만 한다.

⑤ 총회는 정기적으로(적어도 5년마다), ILO의 기술협력활동을 재검토하는 것이 바람직하다.

또, 결의에서는 기술활동의 우선분야로써, (a) 민주화의 지원, (b) 빈곤의 철폐, (c) 노동자의 보호를 들고 있다. 이중 (a)는 1989년의 베를린의 벽 붕괴 후의 중동제국의 민주화의 지원을 특히 염두에 두고 있다는 것이 분명하다고 본다. 그리고 (b)~(c)에 대해서는, 다음과 같은 보충을 하고 있다.

(a) 민주화에 대한 ILO의 주된 관심은 관련되는 국제노동기준에 따른 민주적인(노사) 대표조직의 육성에 있다.

(b) 자유롭고 선택된 생산적인 완전고용은 빈곤철폐를 위한 가장 유효한 수단이다. 장래의 기술협력활동은, 각국이 고용을 증대하고, 지속가능한 발전을 보증하고, 또한 경제성장을 촉구하는 경제정책의 작성을 지원하는 것을 주안으로 해야 한다.

(c) 고용을 위한 훈련은 계속되어야 할 ILO의 우선분야이다. 특히 훈련정책의 책정, 능력의 강화, 기업가정신 및 起業에 있어서의 훈련을 포함한 민간부분의 훈련의 촉진, 공공훈련제도의 유연화에 초점을 집중해야 한다.

(d) 노동자보호에 대해서는, 사회보장제도, 의료 및 사회적 안전망의 발전 · 개혁 · 확대에 중점을 두어야 한다. 또 노동자 특히, 위험유해업무에 종사하는 노동자의 노동조건향상에 더 역점을 두어야 한다.

(e) 사회적 최약자 그룹의 개발과정에의 참가에 특히 주의를 경주해야 한다.

(f) 아동노동의 철폐, 강제노동의 철폐, 이민노동 및 사회적으로 불리한

입장에 있는 그룹의 보호를 강력히 추진해야 한다.

(g) 노동행정조직의 정비를 계속해서 추진해야 한다.

이상에 더해, 모든 개발활동에 있어서 남녀의 평등을 촉진하는 것은 ILO의 기술협력활동의 기본적인 관심이 되어야 한다고 하고 있다. 또 기술협력은 가맹국의 ILO조약의 비준 및 ILO조약 · 권고의 적용을 위한 노력을 지원해야 한다는 것, 그리고 三者構成主義의 추진, 노동자 및 노사단체의 강화를 위해 더 한 층의 노력이 필요하다는 것을 강조하고 있다. 그리고 이 총회 결의는 위에서 언급한 우선부문 외에, 국제노동기준과 기술협력의 상승효과에 대해서도 특별히 한 章을 설정하고 다음과 같이 말하고 있다.

① 기술협력은 ILO목적달성의 타의 수단, 특히 기준과 조사가 따로 떨어진 것으로 봐서는 안 되고, 3자는 補完해야 할 필요가 있다. ILO기준은 기술협력의 지침으로 사용되어야 한다.

② ILO기준과 기술협력의 보완성에 대한 계몽활동은, ILO의 범위를 넘어 UN시스템 내의 기금과 프로그램, 멀티바이 원조공여국, IMF · 세계은행을 비롯한 국제 · 지역금융기관, ILO를 구성하는 政勞使 · 정부직원 · 국회의원에 미쳐야만 한다.

③ ILO내부에 있어서, 양자의 보완성을 추급하는데 있어서는, 1992년 3월의 제 252회 이사회에서 제안된 지침에 따라야 한다(6절 참조).

그리고 결의는 三者構成主義에 대해서도 한 章을 더 차지하고, 다음과 같이 말하고 있다.

① 각국에 있어서의 민주화의 촉진을 위해서는, 경제 · 사회정책의 책정에 있어서, 노사단체와의 밀접한 협의가 필요하다.

② UNDP나 멀티바이 원조 공여국 등, ILO기술협력의 자금제공기관, 나라에 대한 3자구성주의에 대한 계몽 활동을 강화할 필요가 있다.

③ 가맹국은 1976년의 三者構成條約(144호)의 비준 · 실시 및 同勸告(152호)의 적용을 촉진할 필요가 있다.

그리고 결의는 계속되는 章에서, 기술협력의 실시에 관한 사항에 이어 유의점을 지적한 뒤, 최종 장에서 적극적 파트너십 정책에 대해 다음과 같이 말하고 있다.

① 특히 나라수준에 있어서의 ILO기술협력 프로그램을 책정하기 위하여, 그 나라의 政勞使인 3자와 ILO의 적극적인 파트너십을 확립해야 한다.

② 이 정책의 주요한 요소인 국별 목적의 작성, MDT의 전개를 강력히 밀고 나가, 그것을 주의 깊히 감시할 필요가 있다.

③ 국별 목적은 특정한 나라에 있어서의 ILO활동의 구조를 제공하게 된다. 그 책정에 대해서는, 그 나라의 政勞使의 우선적 관심사항이 충분히 반영된 것이 되도록, 이들과 충분히 협의를 할 필요가 있다. ④ ILO는 정책조언의 제공, 기술협력활동의 계획, 수익국의 감시 · 평가능력의 강화를 위한 원조를 중점적으로 할 수 있도록 해야 한다.

⑤ 사회경제문제가 복잡화하고 있기 때문에, 정책조언의 제공에 있어서는, 다각적인(Multi disciplinary) 어프로치가 필요하다. ILO는 부국간 프로젝트의 실시 등에 대하여, 다각적인 어프로치를 시도하고 있으나, 이 노력을 계속해야만 한다.

⑥ MDT는 그 목적과 작업계획을 정해야만 한다. MDT는 본부의 기술부국이나 MDT 및 UN시스템 내의 타 기관의 지원을 받아야만 한다. MDT 내의 사용자활동 전문가와 노동자 활동전문가는, 본부의 각 관할국으로부터 직접 지시를 받아야만 한다.

1999년의 총회에서 기술협력에 관한 새로운 결의가 채택되기까지는, ILO기술협력활동은 이 총회 결의線에 따라 전개되었다. 또 이외에도, 年2회의 이사회(기술협력 위원회)에서의 심의나 지역회의에서의 심의 등으로부터 지침을 받고 있다.

### 제2항 積極的 파트너십의 政策

1993년에 도입된 적극적 파트너십 정책(APP)은, 「ILO를 가맹국의 政勞使에 가까이 하고, 또 그 권한 내에서 ILO가 가맹국의 공통의 목적을 추구하기 위하여 ILO가 제공하는 기술적 서비스의 질과 정합성을 높이는 것을 그 목적으로 한다」는 것이다. 이러한 목적 달성의 수단으로써, 다음과 같은 16의 MDT(당초에는 14팀)가 세계에 전개되고 있다.

아시아지역(방콕, 마닐라, 뉴델리)

아프리카지역(아비장, 아디스아바바, 카이로, 다칼, 하라레, 야운데)

라틴아메리카 · 태평양지역(리마, 보도오부스페인, 산호세, 산디에고)

아랍지역(베이루트)

유럽지역(부다페스트, 모스코바)

이와 같이, MDT를 세계 각 지역에 전개한 주된 원인은 다각적 어프로치를 점점 필요로 하는 제문제의 해결과, 가맹국의 정노사로부터의 지원요청에 가급적 신속히 응할 수 있는 체제를 정비하는데 있었다. 이에 따라 종래의 특정분야의 전문가 팀은 해체되고, 그 대신 특정 전문부야의 관련 제기관의 지역 네트워크로써, 각 기관의 자유로운 운영에 맡겨지게 되었다. MDT는 디렉터의 밑에, 원칙적으로 하나의 특정분야에 한 사람의 전문가가 있고, 합계 10명 정도의 전문가 팀으로 되어있으며, 거기에 비서 등 서포트 스탭이 추가된다. 전문가의 구성은 지역의 실정에 따라 다르지만, 노동자 활동과 사용자 활동의 전문가는 반드시 더(加)해지도록 되어 있다. 그리고 특정분야의 전문가가 없는 경우에는, 같은 지역 내의 MDT로부터 당해부문의 전문가의 지원을 요구하게 된다. MDT의 멤버는 디렉터의 지휘명령을 받고, 디렉터는 지역총국장의 지휘명령을 받지만, 일상 업무에 대해서는 재량권이 주어져 있다. 또, 노동자 활동과 사용자 활동의 두 분야의 전문가는, 본부의 노동자 활동국 · 사용자활동국의 지휘를 받는다. 거기에 더해서, 각 분야의 전문가는 각 분야를 커버하는 본부(技術部局)

의, 말하자면 마치 출장소같이 보이고, 필요한 경우에는 이들 부국의 기술적인 지휘 · 감독을 받는다.

MDT의 주된 기능은 다음과 같다.

① 國別目的의 작성(주된 책임은 ILO의 지국장에게 있다)이나, 여러 가지 프로그램의 계획 · 평가 등에 따라 지역총국장, 支局長 및 본부의 기술부국에 대한 기술적지원이나 정보의 제공

② 기술협력 프로젝트의 준비 · 실시 · 평가에 대한 기술적 지원(비기술적, 결국 행정적인 지원은 하지 않는다).

③ 조사연구(조사를 위한 조사가 아니고, 정황의 파악이나 진단 등, 기술협력에 직접 유용한 것).

이들의 팀 멤버는, 1년의 거의 태반을 각국(외국)에서 보내면서, 활발한 활동을 전개하고 있다.

도상국에 있어서의 ILO의 기술협력 활동의 국별목적의 설정도 적극적 파트너십 정책에 주요한 요소의 하나가 된다. 이 목적 설정의 책임은, 그 나라를 관할하는 ILO지국장에게 있지만, MDT의 지원이 불가결하게 되어 있다. 이 작성에 있어서는, 그 나라의 政勞使와의 협의를 거듭해서, 3자의 우선적인 관심사항을 이루게 된다.

또, UNDP 등 ILO의 기술협력의 자금제공기관인 국가와의 협의도 이루어진다. 프로그램의 기간은 3~5년으로 되는데, 최종적으로는 지역 총국장의 승인이 필요하다.

1998년 3월의 이사회에 제출된 보고서에 따르면, 그때까지 62개국에 대하여 국별 목적이 작성되었다. 그 중 아랍지역은 5개국, 아프리카 지역은 23개국, 아메리카지역은 17개국, 아시아 태평양지역은 11개국, 유럽지역은 6개국이었다. 아시아지역은 캄보디아, 중국, 인도, 인도네시아, 라오스, 몽골, 네팔, 파키스탄, 필리핀, 스리랑카, 베트남이다.

MDT의 배치나 국별 목적의 작성 등의 정책 외에, 지역총국 등에 대한 예산 배분의 증대, 지국의 강화, 재무관련 사무의 지방분권화 등, ILO를

가맹국에 가까이 하기 위한 여러 가지 조치도 취해지고 있다. 그러나 ILO의 정책형성은 총회 · 이사회 및 양자의 권한 하에서, 사무총장이 책임을 져야하기 때문에, 이 면에 있어서의 분권화는 이루어지지 않고 있다. 그 이유는 정책과 원칙에 대해서는, 「ILO사무국의 모든 구성요소는 하나의 목소리로 발언해야만 한다」고 되었기 때문이다. 이 적극적인 파트너십 정책이 발족된 후, 5년을 경과한 1998년 11월의 이사회에는 평가보고서가 제출되었다. 그것은 3년 전의 이사회(기술협력 위원회)의 요청에 응한 것으로써, 동위원회(정노사 각3명)의 위원회 및 위원장을 합해서 10명으로 구성된 소위원회가 평가 작업을 했다.

주된 결론과 보고는 ① APP에 대한 가맹국 정노사의 재이해의 노력이 필요하다. ② 계획, 사회보장, 재정담당(部)성과의 접촉을 넓힐 필요가 있다. ③ APP의 수행에 따라 UN시스템과의 협력관계를 확립할 필요가 있다. ④ 국별목적의 미작성의 나라들에 대해서는 조속히 작성할 필요가 있다. ⑤ 기술부국을 포함한 본부 각 부국 · 지역총국 · 지국 · MDT의 관계를 다시 명확히 할 필요가 있다. ⑥ 지국과 MDT의 배치를 재검토해야 한다. ⑦ MDT의 구성은 각국 정노사의 현재의 니즈에 따르도록 유연하게 대처할 필요가 있다. ⑧ MDT의 결원의 보충을 일각이라도 빨리 진행시켜야 한다고 되어 있다. ⑨ 그리고 보고서에는 일반적으로 권고로써 (a) 「MDT를 강화하고, 새로운 MDT의 전개를 고려할 필요가 있다」, (b) 본부 · 지역국 수준의 모든 관련직원의 역할과 책임을 명확하게 할 필요가 있다. (c) APP에 관련되는 지역구조를 검토할 필요가 있다. ⑩ 본부와 지역직원의 교체배치가 필요하다고 하고 있다.

이중 ⑤ 및 ⑨의 (b)는 종래부터 ILO의 내외에서 지적되어 온 문제점이다. 또 ⑨의 (a)에 관현해서, 종래의 고용 · 노동행정과 같은 분야에서의 전문가 팀을 폐지하고, 각 분야로부터 한사람씩 전문가를 모아서 구성하는 MDT는, ILO의 전문기관으로서의 존재를 약체화하는 것은 아닌가 하는 비판도 있다. 한편, 국별로 기술협력의 목적을 정하는 것은, 약간의 예외를 제외하고, ILO에서도 처음의 시도라고 하는데서, 이것을 높이 평가하는 소리도 많이 들린다.

### 제3항 프로젝트(프로그램)의 選定 · 準備 · 實施 및 評價

현재 ILO의 기술협력활동은 프로젝트의 형성으로 이루어지고 있는 것이 많다. 이것은 좁은 분야나 테마로 하나의 목적을 달성하기 위하여 전문가 · 기계기구 · 펠로십의 3점 세트로 제공하는 방법이다. 그러나 UNDP의 자금에 의한 프로젝트 방식의 기술협력은, 현재 수익국의 정부가 책임을 지고 집행하는 방식이 그 주체로 되어 있기 때문에 ILO가 집행할 프로젝트는 격감하고 있다. 단지, 멀티바이 프로젝트에 대해서는, 현재도 ILO가 원칙으로 집행하게 되어 있다.

한편, 「프로젝트 방식」에 비해 「프로그램 방식」이 있다. 이것은 넓은 분야에서 목적을 달성하기 위하여 하나의 프로그램을 작성하고, 이 범위(구조)내에서 공통의 목적을 추구하기 위한 프로젝트를 시행하는 방식이다. UNDP의 국별 프로그램(Country Programme)이 이러한 형식으로 만들어지게 된 이래, ILO가 UNDP의 자금제공을 받아서 집행하는 프로젝트는, 국별 프로그램 중의 특정분야(프로그램분야)의 하나인 프로젝트로써 자리잡고 있다.

또 ILO의 멀티바이 도나의 지원에 의한 프로젝트도 프로그램 방식을 취하는 경우가 많아지고 있다. 전형적인 예는 ILO의 아동노동철폐 프로그램(IPEC)이다. 이것은 세계의 아동노동철폐라고 하는 큰 목적을 달성하기 위한 여러 가지 활동을 포괄하는 프로그램으로써 국가수준에서는 많은 구체적인 프로젝트가, ILO의 책임으로 집행되고 있다. 그리고 특정한 나라에 대한 정책 · 프로그램 수준에서의 助言이나 조사(UNDP의 자금에 의한 경우가 많다), UNDP의 자금에 의해 수익국이 직접 집행하는 형태인 프로젝트에의 조언 등의 활동도 있어, 근래에와서는 이들의 비중이 급속히 높아지고 있다.

이러한 「프로젝트 · 프로그램」은 選定 · 준비 · 실시 · 평가의 4단계를 거쳐 집행된다. 선정(選定)을 위해서는 니즈의 파악이 필요하다. 여기에는 국별 목적이 유력한 정보를 제공해준다. 구체적인 니즈를 파악하기 위해서는, 프로젝트 선정 미션, MDT · 支局에 의한 수익국과의 협의 등, 여러 가지 방법이 사용된다. UNDP 프로젝트의 경우는, 수익국이 작성하는 국별 전략노트가 정보를 제공해 줄것이고, 국별 프로그램의 구내에 납부된 것이 아니면 안 된다. 프로젝트(또는 프로그램)가 선정되면, 프로젝트 문서가 성립된다. 거기에는 배경이나 목표로 하는 집단 개발목적(장기적으로 달성해야 할 지표), 직접목적(지표도 포함), 인풋트(투입요소), 활동, 아웃풋드(성과), 프로젝트 집행을 위한 조직과 상정(Assumption), 보고와 감시, 평가의 스케줄, 예산 등을 써넣게 된다. 작성된 문서는 수익국에 주재하는 UNDP대표 또는 멀티바이 도나에 제공된다. 승인되면, 프로젝트의 실시책임이 수익국을 커버하는 ILO지국장의 손에 옮겨진다. 프로젝트에는 칩 테크니칼 어드바이저(CTA)가 살고 있으면 그 사람이 직접적인 책임을 진다. 기술적인 지원은 MDT나 지역총국의 지역고문이 하지만, 필요에 따라 본부의 관련부국도 지원을 한다. ILO가 집행하는 기술협력 프로그램 · 프로젝트에 대한 평가는, 원칙적으로 다음과 같이 이루어지고 있다.

① 모든 프로그램 · 프로젝트에 다라 최저 年에 한번 직접책임자(프로젝트 전문가가 살고 있으면 거기에 따른다)에 의한 자기평가.

② 25만 달러 이상의 프로그램 · 프로젝트에 대해서는 기간 내에 최저 1번의 외부의 사람(외부 컨설턴트 또는 프로그램에 직접 관계하고 있는 ILO의 직원)에 의한 독립평가

③ 프로그램 · 프로젝트가 새로운 단계로 옮기는 경우에는, 그 전에 전단계의 평가(자기 또는 독립)를 하지 않으면 안 된다.

이상에 더 추가해서, 여러 가지 형태로 사후 평가를 하게 된다. 또, 이사회(기술협력위원회) 멤버에 의한 수익국의 종료된 프로그램에 대한 테마별 평가를, 거의 年에 1회 정도로 하게 된다. 예를 들면, 지금까지는 여성의

고용과 소득기회, 신체장애자의 직업훈련 등이 채택되었다. 이러한 것들은 평가보고서로 취합되어, 이사회(기술협력위원회)의 과제의 하나로 토의되었다.

### 제4항 部門別로 본 狀況

다음은, ILO의 기술협력의 주요한 부문에 대하여 개관한다. 1993년의 총회결의는 민주화에 대한 지원, 고용창출을 축으로 하는 빈곤의 철폐, 노동자보호의 3가지를 우선 부문으로 제시했다. 여기서는 이들 부문에서 실제로 어떠한 기술협력 활동이 이루어지고 있었는지를 주로해서 1997년과 1998년의 이사회에 제출되었던 보고서를 통해 알아보기로 한다.

#### (1) 雇用促進 및 貧困의 撤廢

이 분야에 있어서의 기술의 주된 목적은, 고용촉진 · 훈련, 노동시상 및 빈곤철폐에 관한 당시부터의 프로그램을 책정하고, 실시하는 가맹국의 능력을 높이는 데 주안을 두고 있다.

**■ 社會開發 서밋드 관계**

ILO는 UN사회개발 서밋드(1995년 코펜하겐)의 폴로업 중 고용문제에서는 UN산하의 전문기관 등을 지도하는 입장이 되었다. 여기서는, ILO를 포함한 각 기관인 각각 실시한 7개국의 고용정책에 관한 조사를 취합한 총합보고서를 ACC에 제출했다. 그 안에는 국가수준에서의 고용촉진과 지속가능한 생활을 위한 정책 수립의 기본적 요건으로써 ① 건전한 메크로 경제 정책과 인플레의 억제, ② 빈곤층이 保持하는 자원의 활용(예를 들면 노동력)과 그러기 위한 빈곤층 · 실업자에 대한 차별의 철폐, 약자 및 극빈자층을 대상으로 하는 조치의 필요성, ③ 농가와 농촌지대의 비농업부문에서의 생산적 고용의 확대, ④ 인포멀 섹터의 고용의 질의 향상, ⑤ 소규모기업에 대한 지원, ⑥ 노동력의 질의 향상, ⑦ 公私 양 부문에 있어서의 매니지먼트(management) 능력의 향상, ⑧ 政治의 좋은 통치, ⑨ 사회적 대화를 통한 고용정책의 책정 등을 제언하고 있다. 또 위의 고용정책 레뷰와 병행해서, ILO독자의 각국별 고용정책도 있었다.

■ 아시아의 經濟危機

아시아 각국에 파급되었던 경제위기에 대해서는, 사회면에서의 대응을 검토하기 위하여, ILO가 주체하는 三者構成會議를 1998년 4월에 방콕에서 개최했다. 세계은행 · IMF · 아시아개발은행의 대표까지 참가했던 이 회의에서는, 사회적 안정망의 구축의 필요성이 강조되었다. 이에 따라, 이미 태국 · 한국 · 인도네시아의 3개국을 중심으로 여러 가지 조언 · 지원이 이루어졌다.

■ 勞動集約的 公共事業

위의 회의에서는, 노동집약적 공공사업의 速效性도 재확인되었으나, 아시아 이외의 지역에서도, 노동집약적 공공사업에 관한 ILO의 支援依賴가 많이 있어, 현재에도 많은 프로젝트가 집행되고 있다.

■ 都市部의 雇用

ILO로 봐서는, 비교적 새로운 분야인 도시부의 고용에 대해서는, 「도시부 고용프로그램 인포멀 경제에 있어서의 고용촉진」사업이 발족했다. 이것은 도상국에서도 도시화 문제가 경제 · 사회 · 환경면에서 여러 가지 문제를 야기시키고 있다는 것과 도시부에 있어서의 고용의 非正規化가 진전되고 있다는 것이 그 배경에 있다. 이 프로그램의 실시에 있어서는 市, 區, 洞 당국 등 지역관계자와의 협력이 불가결하고, 이들과 관련되는 많은 사람들이 ILO의 기술협력의 새로운 파트너가 되고 있다. 이 프로그램에는 벨기에, 덴마크, 독일, 이탈리아, UNDP가 자금을 제공하고 있다.

■ 女性雇用

「경제개혁과 구조변화 여성의 고용촉진 및 사회기금에의 여성참가」를 주제로 하는 프로그램이, 1996~1997년에 걸쳐 실시되었다. 사례연구의 실시, 세계은행(世銀) 기타 관련 국제기관과의 대화, 가이드라인의 작성, 조언의 제공 등에 따라, 社會基金에 관한 여성의 참가를 촉진했다.

**■ 企業 · 協同組合**

소규모기업에 의한 취업기회의 창출과 그 증대에 대해서도, 여러 가지 시도가 이어지고 있다. 팔레스티나 자치구, 앙골라, 마구레프 지역, 아이티, 마다가스카르, 고모로스, 니제르, 탄자니아, 불가리아, 보스니아 · 헬세고비나, 中美에서는 파일로트 프로젝트의 실시, 세미나의 개최 등, 구체적인 프로젝트가 이루어졌다.

또, 경영자 훈련을 위한 기초적인 훈련 패키지(예를 들면 SIYB= Start and Improve Your Business)를 사용한 관련활동도 세계각국에서 이루어졌다. 이외에, 청년층을 대상으로 한 훈련교제 패키지도 새로 개발되었다. 그리고 협동조합에 관한 지원도 주로 멀티바이 도나에 의한 자금공여에 의해, 다음과 같은 프로젝트를 통해 이루어지고 있다.

① COOPNET(협동조합 경영과 네트워킹을 위한 인재양성)

② ACOPAM(풀뿌리 수준에서의 개발에 대한 협동조합의 지원)

③ COOPREPOPM(보다 좋은 협동조합정책 · 입법에 의한 구조개혁)

④ INTERCOOP(상업거래를 통한 협동조합관계의 확립에 따른 동아프리카에 있어서의 협동조합기업 및 풀뿔리 조직의 촉진)

⑤ INDISCO(협동조합과 타의 자조조직에 의한 원주민 · 종족민의 自助支援 프로그램)

**■ 人材開發**

고용을 위한 훈련도 여전히 ILO의 기술협력의 큰 柱가 되고 있다. 개인이 단계적 기능을 향상 할 수 있는, ILO가 개발한 MES(Module of Employable Skills) = 고용 가능한 기능 모듈)은 노동자의 훈련 · 재훈련을 위하여 유효한 방법이라고 인정되고 있으며, 특히 中東歐의 市場經濟移行

國에서 이 방법에 의한 ILO의 지원이 이루어지고 있다.

또, 직업훈련 시스템을 강화하기 위한 지원요청도 계속적으로 많아지고 있어, 챠트 · 기본 · 마리에 지원이 계속되고 있다. 東南아시아에서는 大 메콩지역국의 고용 · 훈련 촉진을 위한 프로그램이 아시아 開發銀行과의 협력으로 1996년에 개시되었다. 라틴아메리카 · 카리브海지에서는, 연소실업자의 훈련을 위한 활동이 이루어졌다. 그리고 ILO는 동서냉전의 종결된 후의 국내분쟁의 종결로 인한 復興 프로그램에 적극적으로 관여해 왔다. 예를 들면, 中美 · 캄보디아 등에서는 이 수년 동안 除隊軍人의 직업훈련과 고용기회의 제공을 위한 프로그램에 적극적으로 관여해 왔다. 특히, UN의 「부흥 및 사회적 지속유지를 위한 프로그램」에 참가해서 지역수준에서의 훈련이나 고용기회창출을 主眼으로 20개국 이상에서 활동을 계속하고 있다.

### (2) 勞動者의 保護

이 분야에도 다양한 활동이 이루어지고 있으나, 지면 관계상 대표적인 예만 몇 가지 소개하고자 한다.

#### ■ 兒童勞動 철폐

특히 역점을 두고 있는 프로그램으로는 아동노동 철폐 프로그램(International Programme on the Elimination of Child Labour–IPEC)을 빼 놓을 수 없다. 1992년에 개시된 이 프로그램은 아동노동 문제에 대응하는 도상국정부의 능력을 강화하고, 세계규모의 네트워크를 구축함으로써, 아동 노동의 점진적인 철폐를 달성하고자 함을 목적으로 하고 있다. 아동노동문제는 근 수년래의 무역과 노동기준을 둘러싼 논의 가운데서도 중심적인 과제의 하나로 많은 주목을 받고 있으며, 1999년의 ILO총회에서는 아동노동에 관한 조약 · 권고가 채택된 바 있다. 이 문제의 해결에 있어서는, 정부의 결의를 독촉하는 것이 출발점이 되겠지만, 노사단체, NGO, 대학,

미디어의 협력도 중요하다. 구체적으로는 아동노동의 예방, 위험, 유해업무로부터의 구출, 대체활동(고용 · 취업)의 제공, 노동조건의 개선에 대한 대책의 입안과 실시에 대한 지원인 것이다.

이를 위한 지원활동은, ① 파트너가 되는 관계자의 계몽, ② 정세분석, ③ 국가정책의 정책 · 실시의 지원, ④ 현존조직의 강화, 제도적 메커니즘의 형성, ⑤ 지역 · 직장 · 국민일반의 계몽, ⑥ 보호법제의 제정 · 시행의 촉진, ⑦ 데몬스트레이션 효과를 목적으로 해서, 직접 아동을 대상으로 하는 프로젝트의 지원, ⑧ 성공사례를 모델로 하는 프로젝트의 실시, ⑨ 아동노동문제의 국가사회경제정책 · 프로그램 · 豫算의 주요과제로서의 자리매김하는 단계를 따라 이루어진다. 1992~93년에는 155건, 1994~95년에는 447건의 프로그램이 실시되었고, 1996~97년에는 477건의 프로그램이 승인되었다. 1998년의 승인은 105건에 그치기는 했으나, 시작에서부터의 프로그램은 총 연1,100건이나 된다. 수익국으로서 이 프로그램에 참가하고 있는 나라는 43개국, 자금제공국과 단체는 21이 되었다. 최초의 도나였던 독일은 1991~2001년까지 총액 1억 3,000만 달러의 자금 제공을 약속한 바 있다.

■ **安全 · 保健 · 環境**

「안전 · 보건 및 환경에 관한 글로벌 프로그램」을 추진하고 있다. 법제의 정비, 정부의 능력향상 및 관련 ILO조약의 비준 · 적용이 원조의 핵심이다. 그 중에도 정부의 행정능력의 향상은 3자구성의 안전보건조직의 육성이나 훈련, 정보의 제공 등의 따라 대처하고 있다.

중국 · 보스와나 · 카자흐스탄 등 6개국에서는, 국가정책에 대한 워크샵을 개최하고 구체적인 권고를 했다. 아시아 각국에서는 직장에서의 창의방법에 따른 우수사례의 보급에 힘쓰고 있다. 아시아나 아프리카에 있어서의 정보개선 프로젝트는 안전보건에 관한 다양한 정보를 제공하는 동시에, 정부기관의 정보제공과 그 有效利用을 기획하기 위한 능력향상을 지원하고 있다. 러시아 · 中國 · 南아프리카 등에서는 관련 법제의 정비에 따라 조언을 하고 있다. 職業病에 대해서는, 조기발견과 예방, 억제를 위한 정부전략의 추진 · 안전보건기구의 육성을 구체적으로 구상하고 있는 다양한 시도가 이루어지고 있다. 이에 대한 자금은 ILO의 통상예산과 멀티바이가 주체가 되겠지만, 그 중에서도 덴마크로부터의 자금지원이 크다.

이외에는, 미국의 전국안전협회(National Safety Council: NSC)와 그 산하의 전국농업안전교육센타(National Education Center for Agricultural Safety: NECAS)가 협력해서, 도상국의 농업부문에 대한 안전 보건행동계획의 작성을 위해 지원하고 있다.

■ **社會保障**

사회보장에 관한 기술협력도 중점사업 중의 하나이다. 수익자나 보호범위의 확대, 제도의 운영, 효율의 향상 등에 있어서, 정부에 대한 지원이 이루어지고 있다. 1997년만 해도 25개국에 대하여 지원을 했다. 그 요점은 정책형성과 결정에 필요한 조사(주로 ILO의 통상예산)와, 제도 · 기구의 정비(주로 멀티바이가 재원)였다.

전자는, 보스와나, 불가리아, 에티오피아, 혼듀라스 등이고, 후자는 베트남, 나미비아, 라오스 등이었다. 또, 벨기에, Acopam, ILO토리노센타(이탈리아 소재)의 협력으로, 농촌 및 인포멀 섹터에 대한 사회보장의 확대에 대한 매뉴얼이 작성되었다. 이상의 분야 이외에도, 노동행정, 신체장애자, 해운, 임업, 벌채 · 반출, 호텔 관광 등의 분야에서 기술협력활동이 이루어지고 있다.

### (3) 民主化의 促進

건전한 노사단체와 노사관계의 육성이, 이 분야의 중심과제로 되어 있다. 노동자와 사용자를 올바로 대표해서, 타의 간섭을 받지 않는 독립된 민주적인 운영을 하는 노사단체의 육성은 민주화의 촉진을 뒷받침하는 중요한 분야인 것이다.

■ 勞動團體에의 支援

노동자 단체에 대한 지원은, 주로 일반노동자 교육(단체교섭 · 조직의 매니지먼트), 노동자단체와 세계 경제, 노동조합운동에 있어서의 여성, 아동노동, 신기술과 노동조합, 인포멀 섹터, 家內勞動, 契約勞動 등의 분야에서 이루어지고 있다.

지원의 형태는, 프로젝트, 세미나, 워크샵, 助言의 제공, 硏修旅行, 機材의 제공 등이 있다. 프로젝트의 예로는, ① 라틴아메리카의 농촌노동자조직에 대한 기본적 노동기준의 계몽(노르웨이 정부의 지원), ② 노동조합의 아동노동에 대한 전략책정의 지원, ③ 라틴아메리카의 노동단체의 사회대화에의 참가와 능력강화(스페인 정부의 자금제공), ④ 동남아시아 · 佛領圈 아프리카의 인포멀 섹터의 노동자지원능력을 높이기 위한 노동조합의 능력강화(덴마크 정부의 자금제공), ⑤ 정보기술이나, 노동자 참가와 사회대화(이탈리아 정부의 자금제공) 등이 있다.

노동조합운동에의 여성의 참가에 대해서는, 특히 중점을 두고 있다. 노동조합에 있어서의 여성의 역할에 대한 워크샵이, 예멘, 쿠웨이트, 레바논, 시리아에서 개최된 바 있다. 인도, 캐나다, 우간다, 잠비아, 짐바브웨에서는, 농촌노동자 조직에의 여성 참가에 대한 각종활동이 이루어졌다. 또, 여성노동자의 권리향상을 위한 노동조합에 대한 지원도 있었다(東南아시아와 브라질).

노동자 관련 활동에 대한 UNDP로부터의 자금지원이 너무 적어서, 주된 재원은 멀티바이(약2/3), ILO의 통상 예산(약1/2)으로 충당하고 있었다. 그런데, ILO의 토리노센터에서는, ILO의 통산예산과 멀티바이 자금을 써가면서, 노동자 교육을 위한 2~4주간 단위의 다양한 프로그램을 계속적으로 운행하고 있다.

■ **使用者團體에의 支援**

사용자단체에 대한 기술협력은, 이전부터 이루어져 왔는데, 근년에는 전략적 계획(Strategic Planing), 정보시스템의 확립, 團體經營, 노사관계, 起業과 생산성 시장경제에 있어서의 경영자 단체의 역할 등의 분야에서 중점적으로 이루어지고 있다. 이러한 것들은, 사용자 단체의 임직원의 훈련, 硏究旅行, 조언, 프로젝트, 산하기업의 훈련지원 등의 형식으로 이루어진다. 현재는 중장기적인 전략계획을 세우는 사용자 단체가 늘어나고 있어, 사용자단체에 대한 전략계획을 위한 훈련 세미나가 나라 · 지역 수준에서 활발히 이루어지고 있다. 이에 따라 중장기적인 전략계획을 갖게 되는 단체에 대한 ILO의 협력도 중장기적인 관점에서 이루어지는 일이 많아지고 있다. 또 나날이 발전하고 있는 정보기술을 사용자단체가 과감하게 받아들이면서, 그것을 자신들의 활동에 유용하게 활동할 수 있도록 여러 가지 지원을 하고 있다(팔레스티나 자치구).

또, 세계적 규모에서의 기업경쟁의 격화로 인해, 경영자단체에서는 기업의 경영효율의 향상에 관한 會員서비스가 요구되는 일이 많아지고 있다. 그로 인해, 노사협력에 의한 생산성 향상과, 안전보건을 포함한 노동조건의 개선에 따른 효율향상, 成績重視의 임금시스템, 새로운 작업방법에 대한 정보제공이나 사례연구, 유효한 인재관리 등에 중점을 두게 된 ILO의 협력활동도 전개되고 있다(중국, 피지, 타이, 필리핀, 예멘, 아프리카, 라틴아메리카 · 카리브해역 등). 그리고 시장경제이행국의 사용자단체의 역할에 대한 계몽활동도, 中東歐, 中央아시아 등의 나라들에서 활발하게 이루어지고 있다.

■ **勞使關係 · 勞動法制의 整備**

글로벌리제이션이나 금융위기, 구조조정 등에 따른 실업이나 빈곤은 노동법제나 노사관계 면에서도 변혁을 압박하고 있다. 3자협의, 단체교섭, 노사분쟁처리 메커니즘의 도입 · 육성, 노동자의 권리보호를 위한 법률의

起草 · 改正을 위한 지원은, 1996년에 20개국, 1997년에는 25개국이나 되고 있었다.

노사관계의 분야에서는, 1997년은 국가수준에서의 교섭 · 협의를 위한 메커니즘의 도입과 육성을 위한 지원이 20개국 이상에서 이루어졌다. 예를 들면, 벨기에의 자금제공에 의한 사회대화촉진을 위한 시험적 프로젝트가, 베난, 부루기나화소, 고도지포알에서 이루어졌다. 그 성공은, 다른 아프리카 제국의 관심을 크게 불러 일으켰다. 또, 三者構成에 의한 노사관계의 촉진에 대한 아시아지역 프로젝트(南아시아제국과 베트남 대상, 노르웨이 정부의 지원)가 1998년부터 개시되었다. 그리고 스위스 정부의 자금에 의한 프로젝트는, 남아프리카에서의 알선 · 조정 · 중재위원회 제도의 창설을 지원했다. 일본정부의 자금에 의한 노사관계와 글로벌리제이션에 관한 아시아 지역 프로젝트는 1996년에 개시된 지 제4단계였고, 기업수준에 있어서 건전한 노사관계의 발전을 테마로 활동이 전개되었다. 또 노사분쟁의 증가에 고민하고 있던 中國政府의 요청에 따라, 직장수준에서의 민주화 촉진에 초점을 맞춘 프로젝트가 예상되고 있었다. 노동자 참가의 촉진에서도, 예를 들면 모리샤스에서, 정노사 200명이 참가하는 회의의 개최를 지원했고, 그 뒤를 밟아 UNDP의 자금에 따른 프로젝트를 실시하고 있다.

### 제5항 아시아 · 太平洋, 기타 지역의 狀況

#### (1) 아시아 · 太平洋

아시아 태평양지역에서는, 고용이나 빈곤의 철폐방지 등의 관련활동에 역점을 두고 있다. 이 지역의 1997년의 기술협력비를 보면 고용 · 훈련(약30%), 빈곤철폐(21%), 기업개발(15%)로 되어 있었다. 그 당시의 초점은 1997년 후반 이후, 아시아 전역에 확산되었던 금융 · 경제위기의 사회적 영향에 대한 대응이었다.

앞에서 언급한 것처럼, ILO는 1994년 4월에 방콕에서 역내 각국의 정노사 대표와, 금융위기와 그 사회적 영향을 검토하는 三者構成會議를 개최했다. 이 회의에서, 참가자들이 하나같이 강조했던 것이 사회적 세이프티(社會安定)의 구축의 필요성이었다. 또, 긴급고용대책, 노동시장의 강화, 직업훈련, 소규모기업을 포함한 기업의 중요성도 강조되었다. 이들의 결론을 폴로업하는 형태로 상기 각국을 중심으로, 그 후 여러 가지 기술협력 활동이 전개되고 있다.

■ **勞動者의 保護**

ILO는 인도네시아, 태국, 말레이시아 정부의 요청에 따라 사회보장제도 전체를 재검토했다. 그 결과, 태국에서는 퇴직자, 인포멀 섹터 부문의 노동자에 이르기까지, 적용범위가 확대되도록 하려고 하고 있다. 태국에서는 실업보험제도의 도입, 그리고 한국에서는 기존의 제도 확대에 대하여 각각 조사를 실시하고, 권고를 했다. 건강보험에 대해서는, 인포멀 섹터 부문의 노동자에 이르기까지 확대되어야 한다는 것이, 필리핀, 인도네시아, 베트남에서 여러 가지 노력을 통해 시도되고 있다.

그리고 인도네시아에서는, 정부의 요청에 따라 최저임금제도의 개정을 위한 조사가 이루어졌고, 태국에서는 최저임금을 포함한 임금정책 전반의 재검토를 위하여 협력하고 있다.

■ **雇用促進 및 貧困의 撤廢**

對症療法으로써, 노동집약적인 긴급고용대책에 관한 사업도, 많은 나라에서 이루어지고 있다. 태국에서는 공공사업을 대상으로 한 세계은행의 社會投資基金融資의 실시에 협력했고, 필리핀에서는 노동집약적 프로그램에 대한 워크샵의 개최 등에 ILO는 협력해왔다. 인도네시아에서는, 세계은행이나 일본의 해외경제협력기금, 오스트레일리아의 자금에 의한 프로젝트의 실시를 위해 기술면에서 협력하고 있다.

기업활동을 통해서 하게 되는 고용창출도 이루어지고 있다. 태국에 대한 사회기금융자는, 도시부의 지역사회단체가 고용창출 프로젝트를 起動시키기 위한 자금지원도 포함한다고 하는데서, ILO는 이에 관해서, 새로이 창설된 태국 정부의 사회기금국의 요청에 응해서 이 프로젝트의 실시를 추진하기 위하여, 소기업 경영자를 위한 세미나를 실시한 바 있다. 베트남에서는 경영자 훈련을 위한 기초적인 훈련이 이루어지고 있다.

또, 중소기업의 생산성 향상을 위한 프로젝트도, 필리핀, 태국, 인도네시아에서 실시하고 있다. 직업소개기능의 강화를 위한 지원도 이루어지고 있다. 1998년부터 8월에 걸쳐, 한국노동부의 요청에 따라, ILO는 직업소개기능의 충실, 실업보험의 확대, 직업훈련의 확대, 직업훈련의 강화를 포함한 노동시장정책 전반에 대한 조언과 권고를 한 바 있다. 태국에서는, 직업소개에 관한 아시아지역의 워크샵의 개최를 지원하고, 베트남에서는 두 가지 프로젝트의 집행에 관여하고 있다.

■ **社會的 對話의 促進**

아시아 위기는 정노사간의 사회적 대화의 중요성을 재확인 시켰다. ILO는 지금까지 통감해왔던 보다 성숙한 사회대화의 발전을 위한 조건정비를 비롯한, 관련 법제의 정비 등 노사단체의 능력강화에 중점을 두고 여러면에서 활동을 하고 있다.

1998년의 ILO총회의 기준적용위원회는 인도네시아에 대하여, 국제노동기준의 적용 면에서 개선이 보이기는 하지만, 아직도 단결권, 단체교섭권 등에 관한 98호 조약의 비준과 관련해서 장애가 존재하고 있다고 보고 있다. 그러한 가운데, 인도네시아 정부는 1997년 8월에 ILO의 다이렉트 컨덕터 미션(현지에 출장해서 사건을 지도 · 평가 · 개선하는 대표단)을 받아 들였다. 대표단(미션)이 체재하는 동안 정부의 권고를 받아들인 의회는 1997년 노동법의 시행을 2000년 9~10월까지 연기하는 결정을 내렸다. 미션은 이 법률이 노동조합의 등록, 스트라이크, 분쟁의 해결 등의 점에서 문제가 있다고 보고, 다시 노사분쟁에 대한 軍部의 개입, 공무원의 단결권의 부인, 노동조합활동가의 투옥에 우려를 표명했다.

그 후, 현재까지 ILO의 전문가는 노동조합 및 노동분쟁처리법의 기초에 대하여 협력하고 있다. 또, 노동자의 기본적 권리문제인 여러 조약 중, 남아있는 3조약(105호, 111호, 138호)의 비준에 대하여, 대통령이 ILO와의 각서에 서명했다. 3자대표가 참가한 테스크 포스(task force)가 설립되도록 되어 있다. 한국에서는, 경제위기에의 대응에 있어서, 정노사 3자의 협의가 큰 역할을 했다. 사용자 측은 해고에 대하여, 노동자 측은 단결권에 대하여 각각 그들의 요구를 획득했다. 태국에서는 노사관계법의 개정에 대하여 조언을 하는 한편, 8개국의 내셔널 센터(노총)에 대하여 세미나를 하고, 금융경제위기의 영향분석과 전략책정에 협력했다. 또, 경영자 단체에 대해서도 경제 불황의 영향을 받은 회원기업에 대한 지원세미나도 개최했다. 중국과 베트남에서는, 노사단체를 대상으로 직장에 있어서의 노사협력, 3자구성주의, 단체교섭을 데마로 세미나를 개최했다. 말레이시아, 홍콩, 중국에서는 알선 · 조정의 테크닉과 훈련에 관한 세미나를 하기도 했다.

### (2) 기타지역

#### ■ 아프리카

현재, 아프리카 지역에 대한 기술 협력비는, ILO지출의 40% 가까이를 점하고 있어, 지역별로 보면 제1위를 차지하고 있다. 그러나 최근의 10년 동안 그 셰어는 점감하고 있다. 다양한 국가가 포함되어 있는 것이 아프리카의 사회 · 경제적 특징이라고 한다면 완만한 고용성장(정규고용이 감소하고 있는 나라도 많다)과 빈곤의 연장을 들 수 있다. 한편, 複數政黨制, 複數勞組 등 민주적인 여러제도가 정비되어가고 있는 나라도 증가하고 있다. 따라서, ILO의 기술협력도 이러한 문제에 우선적으로 대응하고 있어 바람직한 방향을 조장하는 활동을 전개하고 있다.

고용, 빈곤에 대한 활동은, 아프리카에 있어서의 고용창출을 위한 프로그램 「Jobs for Africa」으로 대표된단. 사하라 사막以南, 아프리카에서는 지금까지 공공투자가 자본집약형 프로젝트에 집중되고 있었다는데서 고용창출 효과가 한정되고, 또 빈곤삭감의 효과에도 거의 볼만한 것이 없었다. 이 때문에 공공투자가 보다 큰 고용창출효과를 가져오고, 그것이 국내외의 투자를 유인하고, 起業을 자극하는 여러 가지 방책을 제창하려고 하고 있다. 여기서는 사회적 파트너의 이해를 얻기 위한 사회적 대화나 농촌·도시부의 인포멀 섹터의 고용창출을 우선적으로 해야만 한다는 것이다. 이 프로그램은 아프리카의 10개국을 커버하고, 이미 카메룬, 모리샤스, 세네갈, 우간다. 짐바브웨에서는 국내관계자와 협의가 시작된 지 오래되었다. 노동면에 있어서의 민주적 제도의 정비에 대한 지원은 남아프리카, 나미비아 등에 대한 지원이 가장 현저한 것으로 볼 수 있다.

최근의 예로는 ① 나라 수준에서의 정노사의 협의·교섭 메커니즘의 도입의 프로젝트(1997년에는 20개국 이상에 조언), ② 프랑스어권 제국을 대상으로 한 사회대화추진의 프로젝트(벨기에 정부의 지원으로 1997년에 발족, 同프로젝트는 현재 포르투갈어권도 커버), ③ 남아프리카지역 각국을 대상으로 하는 3자구성의 사회적 대화 촉진을 위한 프로젝트(노르웨이 정부지원)등이 전개되고 있다.

■ **라틴아메리카·카리브海地域**

라틴아메리카·카리브해 지역에서는, 민주적 제도의 도입이 진행되고, 또, 구조조정이 진행된 나라에서의 경제·고용성장이 보이는 반면, 인포멀 섹터에서의 고용증대도 현저하다. 남미 남부공동시장(MERCOSUR), 안데스 공동체(Andean Community)등의 지역통합도 진행되고 있다. 사회적 대화의 촉진은 이 지역의 프로그램 중에서도 중요한 지위를 점하고 있는데, 스페인 정부의 지원에 의한 3자의 대화촉진 프로젝트 등이 이루어지고 있다. 그 결과 1998년 5월에는 볼리비아에서, 볼리비아사상 처음으로 3자에 의한 사회대화협정(노동시장개혁)이 서명되었다. 이와 병행해서 노사에 의한 단체교섭의 추진에 대한 지원 등이 이루어지고 있다. 고용·훈련면에서는, 인포멀 섹터의 취업자에 대한 사회보장의 적용 등에 대한 조언이 있었고, 청년층의 고용·훈련, 여성노동에 대한 협력이 이루어지고 있다. 지역통합문제에 관해서는 포드제단과 카리브개발은행이, ILO와 남미남부공동시장 각국과 카리브해 지역에 있어서의 ILO의 활동에 자금을 제공하고 있다.

■ **아랍 · 中東地域**

아랍 및 중동지구에서는 요르단강 西岸 · 가자지구가 예산상으로 최대의 셰어를 점하고 있다. 고용촉진, 소기업개발, 노동행정의 강화, 노사단체에의 지원, 신체장애자 대책 등의 분야에 지출하고 있다. 예를 들면, 고용의 분야에서는 팔레스티나자치구 정부의 중기고용전략의 작성에의 지원과, 동지구의 여성의 고용기회창출을 위한 행동계획 작성을 지원하고 있다. 고용기회창출을 위한 활동은, 레바논, 바레인, 예멘 등에서도 이루어졌다.

■ **유럽地域**

유럽지역의 지원대상국에는 전통적인 수익국인 터키에 추가해서 러시아, 벨로루시를 포함한 中東歐 · 旧소련연방에 속했던 中央아시아 제국이 포함된다. 이들 나라들의 공통과제는 노동관계면에 있어서 민주적 제제도의 정비인 것이다. 거기에는 국제노동기준에 따른 노동법제의 개혁, 노동시장개혁, 중소기업의 육성, 노동행정의 도입과 육성, 민주적노사관계 및 三者主義의 구축, 노동안전보건제도의 구축과 육성, 독립된 노사단체의 육성 등이 포함된다.

ILO는 1980년대 말부터, 이들의 분야에서 각국을 지원해 왔으나, 최근에는 체코슬로바키아, 폴란드, 헝가리 등의 EU가맹국을 지향하는 나라를 대신해서, 보스니아, 헤룻세코비아, 크로아티아에 대한 분쟁종료후의 복구지원이 큰 비중을 점하고 있다. 후자의 지출은 지역 전체의 약30%를 점하고 있다. 러시아에 대한 지원은 당초부터 여러 가지 형태로 이루어졌는데, 최근에는 그 비중이 상승기미를 보이고 있다(1997년 8%), 불가리아, 알바니아도 비교적 큰 수익국이다(각각 약5% 정도).

## 제6항 財源과 資金의 흐름

### (1) 財 源

ILO의 기술협력자금의 제원은 ① 국제연합개발계획(UNDP), ② 국제연합人口基金(UNFPA), ③ 신탁기금(트러스트 펀드), ④ ILO의 통상예산이다. 신탁기금은 주로 멀티바이 자금이나 세계은행 등의 개발은행 등 각 개발은행의 자금으로 구성된다. 전자는 ILO가맹국이 분담금과는 별도로 프로젝트나 프로그램마다 임의 제공하는 자금이다. 후자는 수익국이 세계은행 등으로부터 받는 자금의 일부를 ILO가 사용해서 기술협력을 하도록 하는 경우가 많지만, 직접 ILO가 자금제공을 받는 경우도 있다. 어떻게 해도 액은 줄어들고 있지만, 1980년대 후반에는 1000만 달러 정도에 달한 적도 있었다. 이외에 석유산출국 등 비교적 유복한 도상국이 ILO로 부터의 기술협력을 받기 때문에 특정의 프로젝트에 대하여 ILO에 신탁한 자금이나, UN환경계획 · 유니세프 · UN난민고등판무관사무소로 부터의 자금도 신탁기금에 포함되는데, 어느 것이나 액은 근소하다.

ILO가 기술협력에 쓰고 있는 자금은 매년 약1억달러가 되지만 그 중 신탁기금이 약50%(태반은 멀티바이), UNDP가 30%, UNPA는 5%정도고, ILO의 통상예산이 15%다. 여기서는 자료가 될지 모르지만, 1990년대의 기술협력비의 자금동향을 알아보기 위해 1989~1997년의 기술협력비의 제원별 내역을 〈별표〉에 소개해서 당시의 상황을 이해하는데 참고하고자 한다.

〈표4〉 ILO기술협력비 재원별 동향

(단위1,000 달러, 괄호안은 구성비, %)

| | 國連開發計劃 | 國連入口基金 | 信託基金 | ILO의 通常予算 | 總計 |
|---|---|---|---|---|---|
| 89년 | 64,063(44.7) | 10,846(7.6) | 52,396(36.5) | 16,136(11.2) | 143,440(100.0) |
| 90년 | 69,792(45.9) | 11,494(7.6) | 57,555(37.8) | 13,334(8.8) | 152,175(100.0) |
| 91년 | 81,611(48.0) | 12.533(7.4) | 59,631(35.1) | 16,102(9.5) | 169,877(100.0) |
| 92년 | 75,818(46.4) | 9,112(5.6) | 64,831(39.6) | 13,790(8.4) | 163,550(100.0) |
| 93년 | 58,661(39.5) | 8,318(5.6) | 63,319(42.6) | 18,372(12.4) | 148,670(100.0) |

| | 國連開發計劃 | 國連入口基金 | 信託基金 | ILO의 通常予算 | 總計 |
|---|---|---|---|---|---|
| 94년 | 38,522(33.9) | 7,267(6.4) | 58,548(51.5) | 9,294(8.2) | 113,631(100.0) |
| 95년 | 31,211(27.6) | 8,266(7.3) | 61,028(54.0) | 12,426(11.0) | 112,930(100.0) |
| 96년 | 23,531(24.0) | 6,619(6.7) | 61,059(62.2) | 6,958(7.1) | 98,167(100.0) |
| 97년 | 31,225(28.8) | 5,366(5.0) | 54,023(49.9) | 17,749(16.4) | 108,363(100.0) |

자료: ILO이사회의 기술협력위원회에 제출된 "기술협력활동보고서"에서 작성

표4에서, 당시의 경향을 보면, ① 전체적으로 자금량이 격감되었고, ② UNDP로 부터의 자금액은 절대적으로나 상대적으로도 격감하고 있다. ③ 신탁기금의 절대액은 비교적 안정적으로 추이되고 있지만, 상대적으로는 UNDP에 대해서 최대의 셰어를 점하도록 되어 있다.

전체적인 자금량의 격감에는, UNDP자금의 감소가 크게 영향을 주고 있지만, 그 원인의 첫째는, UNDP거출국의 원조의 어려움, 경기의 低迷, UN시스템을 통한 개발원조에 대한 불신감 등이 있다. 둘째는, UNDP지원의 프로젝트가 수익국 주도방식으로 주류로 되어가고 있기 때문에 UNDP로부터 전문기관에의 자금유입이 감소되고 있다는데 있다.

### (2) 資金의 흐름

안센느, 블랑샤르 사무총장 시대의 ILO가 기술협력자금「고용 · 빈곤철폐관련 프로그램」약3분의 2, 나머지 3분의 1이「노동자의 보호」와「민주화의 촉진 · 인권」에 거의 절반씩이 사용되고 있다. 이와 같은 자금배분에서 보면,「고용과 빈곤철폐」가 사실상 ILO의 기술협력의 제1우선 부문이라고 볼 수 있다. 이 부문은 ILO의 기술협력이 본격적으로 개시된 이래 항상 제1의 우선부문으로 되어 있었다. 단지, 그 당시의 10년간을 時系列的으로 보면, 이 부문이 저하하고,「노동자의 보호」의 비중이 높아지고 있다. 이러한 경향은, 블랑샤르 사무총장의 재임 최후인 1988년과 비교하면 현저한 차이를 보이고 있다(제5~6표).

그것은 특히, 규범적인 부문의 중요성을 강조한 안센트 전 사무총장의

방침을 반영한 것으로 해석된다. 그리고 1993년의 기술협력에 대한 총회 결의에 의한 이 방침의 확인이 이와 같은 경향을 더욱 가속화 시켰다고 할 수 있다. 단지, 전통적으로 「고용」의 비중이 높았던 UNDP자금이, 절대적으로나 상대적으로나 줄어들었다는 것이 그 영향이라고도 생각할 수 있기 때문에, 이러한 경향을 보다 샤프하게 표현한다고 볼 수 있는 ILO통상예산을 보면, 그것이 확인된다.

〈표5〉 분야별기술협력지출

(단위1,000달러, 괄호안은 구성비, %)

| ILO本部 · 部局名 | 1988년 | 1991년 | 1997년 |
|---|---|---|---|
| 國際勞動基準 | 1,751(11.4) | 1,373(0.8) | 2,468(2.3) |
| 雇用 · 訓練 | 71,219(56.9) | 81,271(47.8) | 45,859(42.3) |
| 企業 · 協同組合 | 28,626(22.9) | 51,906((30.6) | 23,445(21.6) |
| 勞使關係 · 勞動行政 | 4,624(3.7) | 7,449(4.4) | 4,913(4.5) |
| 勞動條件 · 環境 | 2,964(2.4) | 5,856(3.4) | 13,104(12.1) |
| 部門別(産業別) 活動 | 2,008(1.6) | 3,917(2.3) | 1,472(1.4) |
| 社會保障 | 1,543(1.2) | 2,966(1.7) | 2,242(2.1) |
| 統計 | 1,092(0.9) | 1,442(0.8) | 565(0.5) |
| 國際勞動問題研究所 | 149(0.1) | 169(0.1) | 144(0.1) |
| 使用者活動 | 1,335(1.1) | 1,209(0.7) | 2,640(2.4) |
| 勞動者活動 | 4,983(4.0) | 1,209(4.3) | 7,082(6.5) |
| 技術協力 | − | 7,362(1.8) | − |
| 多國籍企業 | 192(0.2) | 3,105(0.0) | − |
| 其他 | 4,581(3.7) | 23(1.1) | 4,430(4.1) |
| 合計 | 125,067(100.0) | 169,877(100.0) | 108,363(100.0) |

자료: 제4표와 같음. (주)조직변경이 있었으나, 가능한 한 조정되었다.

〈표6〉 3대분야별 기술협력 지출구성비

(단위:%)

| | 1988년 | 1991년 | 1997년 |
|---|---|---|---|
| 雇用促進 · 貧困撲滅 (注−1) | 80.7 | 79.2 | 64.4 |
| 勞動者保護 (注−2) | 5.2 | 7.4 | 15.6 |

| | 1988년 | 1991년 | 1997년 |
|---|---|---|---|
| 民主化 · 促進 · 人權 (注-3) | 10.2 | 10.2 | 15.7 |
| 其他 | 4.0 | 3.0 | 4.2 |
| 合計 | 100.0 | 100.0 | 100.0 |

(注-1)雇用訓練, 企業 · 協同組合, 總計
(注-2)勞動條件 · 環境, 部門別活動, 社會保障
(注-3)國際勞動基準, 勞使關係 · 勞動行政, 使用者活動, 勞動者活動
資料: 제4表와 같음

〈표7〉 三大分野別 ILO通常予算 (RBTC) 의 支出構成比

(單位1,000 달러 괄호안은 구성비,%)

| | 1988년 | 1997년 |
|---|---|---|
| 雇用促進 · 貧困撲滅 (주-1) | 6,452 (55.4) | 7,709 (43.7) |
| 勞動者保護 (주-2) | 1,055 (9.1) | 3,033 (17.1) |
| 民主化의 促進 · 人權 (주-1) | 3,973 (34.1) | 6,740 (38.0) |
| 其他 | 162 (1.4) | 267 (1.5) |
| 合計 | 11,642 (100.0) | 17,740 (100.0) |

(注-1) 雇用訓練, 企業 · 協同組合, 統計
(注-2) 勞動條件 · 環境, 部門別活動, 社會保障
(注-3) 國際勞動基準, 勞使關係 · 勞動行政, 使用者活動, 勞動者 活動
資料: 제4表와 같음. 組織変更

자금의 흐름을 지역별로 보면, 40% 弱은 아메리카, 20%는 強은 아시아 · 太平洋, 10% 강이 라틴아메리카 · 카리브해, 유럽은 약 6%, 아랍 · 중동은 4%다. 그 외에 「지역간, 글로벌한 프로그램」이 17%를 점하고 있다. 원조의 니즈는, 발전정도에 역비례 한다고 본다면, 지역의 넓이(나라의 수, 인구 등)을 고려한다면, 거의 납득할 만하다. 그리고 이것을 時系列的으로 보면, 아프리카의 비율은 1950년부터 상승하기 시작해서, 80~90년대 초에 피크에 달했다. 그 후에 저하하기 시작해서 1996년에 와서는 37.4%로 되어 있다. 이것은, 50년대 이후에 아프리카 제국의독립이 계속되는 가운데, 국가로서의 기반강화, 인재개발, 고용촉진 등의 면에서 원조를 계속해 왔으나, 효과에 대한 의문과 정정불안의 통치에 대한 의념 등 불안감이 무거워지면서, 비중이 저하되고 있는 것으로 보인다(제8표).

〈표8〉 地域別로 본 技術協力의 支出

(단위1,000달러, 괄호안은 구성비,%)

| | 1988년 | 1991년 | 1997년 |
|---|---|---|---|
| 아프리카地域 | 64,565 (51.6) | 86,131 (50.7) | 42,077 (38.8) |
| 라틴아메리카, 카리브海地域 | 16,121 (12.9) | 20,188 (11.9) | 13,280 (12.3) |
| 아시아 · 太平洋地域 | 30,738 (24.6) | 43,403 (25.5) | 23,500 (21.7) |
| 유럽地域 | 1,537 (1.2) | 3,184 (1.9) | 6,804 (6.3) |
| 아랍 · 中東地域 | 2,868 (2.3) | 3,319 (2.0) | 4,083 (3.8) |
| 地域間 · 글로벌 프로그램 | 9,239 (70.4) | 13,651 (8.0) | 18,619 (17.2) |
| 合計 | 125,067 (100.0) | 169,877 (100.0) | 108,363 (100.0) |

資料: 제4表와 같음.
(注-1)아프카니스탄, 이란을 包含 (注-2)이스라엘을 包含

한편, 아시아의 셰어의 漸減은, 1997년이 금융위기에 이르기까지 계속되었다. 그것은 동아시아의 기적이라고 할 수 있는 경제발전이 계속된 결과, 원조에 대한 니즈가 체감되었기 때문으로 보인다. 그러나 1998년 이후는, 금융위기가 계기가 된 경제위기의 사회적 영향이 컸던 나라들에게 초점을 맞춘 지원이 이루어졌다.

또, 그 무렵 유럽제국 중에서도 비중이 높아지고 있는 것은, 시장경제로 이행하고 있는 중동구제국(구사회주의국)이었다. 그리고 「지역간 · 글로벌 프로그램」에 지출이 20% 가까이나 되고 있는 것도 주목할 만하다. 10년 전의 지출비율은 7~8%에 지나지 않았다. 이것은 지구규모에서의 대응을 필요로 하는 문제가 늘어나서(인구 · 환경 · 에이스 등), UN시스템 전체가 여기에 적극적으로 대처할 필요성이 높아지고 있었다는 것이 그 배경에 있었다. 그러한 가운데서도 ILO는 아동 · 여성 · 노동환경 · 고용 등의 분야에서 글로벌 프로그램(지구규모의 프로그램)을 전개하고 있다는 것이 이 숫자에 나타나고 있는 것이다.

원조형태별로는 제9표에서 볼 수 있듯이, 그 당시로는, 전문가 파견이 약30%, 타의 직원(국내 전문가나 컨설턴트 등)이 30% 弱, 훈련(펠로십 세미나)이 20%, 기타는 기계제공 등으로 되어 있다.

과거 10년간의 변화에서는 전문가 파견이나 기제 제공의 비중저하가 현저했다고 하는데 비해, 타의 직원 등의 비중을 증가를 볼 수 있다. 이것은 앞(제1절)에서 말한, 1960년대부터 80년대 말까지의 추세가 거의 이어지고 있다고 봐도 좋듯이 전문가파견이 중심이 되어(80%이상), 그것을 기계공영(10%정도), 훈련(10%정도)가 보완되고 있다는 이전의 형태가 변화하면서 다양화 경향을 보이고 있었었다. 하청(Subcontract)은 조사 등, 프로젝트의 일부를 말하자면 외부에 위탁하는 것으로써, 컨설턴트의 竝用으로써, 프로젝트의 外注化도 추진하고 있다. 그런데 파견전문가의 수는 1997년 말에 173명으로서, 1988년의 460명에 비하면 3분의 1정도까지 격감하고 있다. 이것은 수익국 주도방식으로의 전환이 크게 영향을 주고 있는 것으로 평가된다.

〈표9〉 援助形態別 技術 協力支出

(단위1,000달러, 관호안은 구성비, %)

| | 1988년 | 1991년 | 1997년 |
|---|---|---|---|
| 專門家의 派遣 | 50,297 (40.2) | 65,361 (38.5) | 32,217 (29.7) |
| 他의 職員 (注-1) | 26,341 (21.1) | 38,070 (22.4) | 28,693 (26.5) |
| 訓練 (注-2) | 17,495 (14.0) | 24,639 (14.5) | 22,686 (20.9) |
| 機材供与 | 18,902 (15.1) | 21,906 (12.9) | 8,378 (7.7) |
| 外部機關등(下請)의 移用 | 12,031 (9.6) | 5,571 (3.3) | 9,260 (8.5) |
| 其他 | | 14,330 (8.4) | 7,131 (6.6) |
| 合計 | 125,067 (100.0) | 169,877 (100.0) | 108,363 (100.0) |

자료: 제4표와 같음

(주-1)국내전문가 컨설턴트, 현지 채용된 스텝, UN볼런티어를 포함.

(주-2)주로 펠로십, 세미나, OJT훈련을 포함.

# 제5장 ILO活動

## (3) 調査·研究

## Activities of ILO

### Investigation·Research

ILO에 관한 조사 · 연구 · 홍보활동의 단서는 1901년의 국제노동입법협회로 거슬러 올라간다. 동협회는 주요임무로써, 조사연구, 자료작성, 정보교환의 촉진을 주로하고 있는데, 특히 각국의 노동법 번역은 동협회의 중요한 활동으로 인정되어 왔다. 1919년에 ILO가 설립된 후에도, 이와 같은 활동은 중요한 임무의 하나로 계속되었다.

ILO헌장(10조)은, ILO사무국의 임무를 다음과 같이 규정하고 있다. 「노동자의 생활상태 및 노동조건의 국제적 조정에 관한 모든 사항에 대한 자료의 수집 및 배포, 특히 국제조약의 체결을 목적으로 해서 총회에 제출하도록 제안되어 있는 사항의 심사를 비롯하여, 총회 또는 이사회가 명한, 특별한 조사의 실시를 포함한」(同條1항). 또, 이사회가 부여하는 지시에 따라 「총회의 회합을 위한 의사일정의 각종 의제에 관한 서류를 준비하는 것」(동조2항)을 비롯하여, 「국제적인 관계를 가진 산업 및 고용의 문제를 취급하는 출판물을, 이사회가 바람직하다고 인정하는 언어로 편집하고, 또 간행하는 것」으로 되어 있다.

이러한 규정에 따라, 사무국은 ILO총회나 이사회, 기타의 회합에 필요불가결한 광범한 노동분야에 관한 조사연구를 하는 한편, 정보 · 통계 등을 수집하고, 서적 · 보고서 등을 출판하게 됨으로써 정보의 보급을 맡고 있다. 이러한 활동은, ILO의 각부국이 각각의 전문분야에서 대하여 하게 되는 외에, 국제노동문제연구소, 국제연수센터 등의 관계기관, 국제안전보건센터 등의 정보 네트워크가 맡아 하고 있다. 또, 정보의 보급에 대해서는 홍보 · 출판국, 도서관의 활동, ILO 웹 사이트에 의한 정보제공이 이루어지고 있다.

## 제1절 조사 · 연구

### 제1항 情報活動의 概要

ILO가 하는 조사연구는 각부국이 책정 · 실시하는 각종 프로그램, 조사연구 프로젝트 등의 일환으로 실시되는 경우가 많다. 사업의 내용은 가맹국 정노사에 대한 조언이나 지침의 작성 등 여러 가지가 있지만, 각각 그 프로그램의 목적에 따라 실제적인 조사연구나 정보수집이 이루어진다. 조사연구의 상대는 ILO사무국이 되거나, 각국의 전문가에게 연구가 위탁되는 경우도 있다. 이들의 연구 성과의 일부는, ILO출판물로써 간행 · 판매되는 외에, 워킹페이퍼 등의 보고서로써, 각 부국이 출판하는 것도 있다.

부국에 따라서는 전문적인 데이터 베이스나 정보 네트워크를 독자로, 혹은 협력기관과 함께 구축하고 있는 곳도 있다. 각 부국의 주된 정보활동에는 다음과 같은 것이 있다.

#### (1) 勞動法情報

노동에 있어서의 기본적 원칙과 권리총국은, ILO활동의 중핵을 이루는 국제노동기준의 설정이나 적용촉진, 준수와 관계되는 활동을 한다. 동국은, 가맹국의 ILO기준에 대한 이해를 깊게 하고, 적용을 추진하는 것을 목적으로 해서, 각국의 법률정보 서비스를 제공하고 있다.

「LABORLEX」라고 칭하는 정보시스템은 「ILOEX」와 「NATLEX」라는 두 종류의 데이터-베이스로 되어있다. ILOLEX는, ILO국제노동기준의 데이터베이스이고, ILO헌장이나 ILO의 모든 조약 · 권고, 1987년 이후의 「조약권고 적용전문가위원회」보고서 등, 7만 건 이상의 ILO문서를 수록하고 있다.

NATLEX는 ILO가맹국의 주요한 노동 · 사회보장 · 인권 등 법률의 초록(抄錄: 일부의 법률은 全文)등, 이것도 4만 건이 넘는 데이터를 수록한다. NETLEX에 새로이 가해진 데이터의 초록은, 「Legislative Information」이라는 월간지에 게재된다.

두 데이터베이스는, CD · ROM으로 판매되고 있는 외에, 「Legislative Information」과 함께, ILO웹사이트에 있는 同部의 홈페이지에서도 일부를 관람할 수가 있다.

### (2) 雇用 · 訓練

고용총국은, 고용과 훈련의 분야에 있어서의 정책조언이나, 세계적인 경제문제, 국내외의 고용전략, 구조조정, 노동시장, 훈련정책에 관한 조사분석을 하고 있다. 同局은, 격년으로 출판되는 ILO의 주요출판물인 「世界雇用報告」와 관련되는 조사와 편집을 하게 된다.

同국의 자료센터는, 전문사항인 자료 수집을 하고 동국의 과거의 활동에 대하여 기술보고서, 워킹 · 페이퍼, 조사연구, 도서목록에 관한 정보를 제공한다.

또, 홈페이지에서는 ILO 출판물로서 판매되지 않고 있는 조사연구보고의 초록을 참조할 수 있다. 직업 리허빌리테이션(Rehabilitation: 직업재활)에 관해서는, 1997년에 동국이 주체가 되어 조사연구와 정보교환의 촉진을 목적으로 하는 회원조직 「GLADNET(장애자의 고용과 훈련에 관한 글로벌한 조사 · 정보 네트워크)」를 설립했으나, GLADENT는, 장애자의 훈련과 고용에 관한 법령이나 잡지기사, 조사연구보고서 등의 문서 데이터베이스를 관리하고 있다. GLADENT의 홈페이지로부터 조회가 가능하다.

### (3) 勞使關係

社會對話總局은 노사를 담당하고, 국제노사관계협회(11RA)의 사무국 업무(이전에는 ILO국제노동문제연구소)를 맡고 있다. 11RA는 1966년에 노사관계연구를 위한 학술연구소로써, 영국의 대학노사관계협회, 노사관계조사협회(미국), ILO국제노동문제연구소, 일본노동협회(현재의 일본노동연구기구)가 모체가 되어 설립된 회원조직이다.

11RA의 주된 활동은, 세계적 또는 지역적인 회의의 개최, 연구그룹을 통한 연구의 촉진, 국내의 노사관계 단체육성에 대한 지원, 노사관계에 있어서의 정보교환의 촉진등의 활동을 하고 있다. 세계대회는 원칙적으로 3년마다 개최되고 있으며, 제12회 세계노사관계회의가 2000년에 동경에서 개최되었다.

### (4) 勞動安全保健

사회적보호국은 노동안전보건문제를 담당하고, 노동재해, 질병의 방지, 노동자의 육체 · 정신 · 사회적 복지의 향상, 가맹국의 노동안전보건시설에 대한 지원사업 등을 하고 있다. 同局이 하고 있는 주된 정보활동으로는, 노동안전보건사전의 편집(1998년에 제4판 발행), 화학물질안전 데이터 시트의 수집, 국제직업재해 데이터 시트의 개발 등이 있다. 동국이 중심이 되어 1959년에 설립한 CIS(국제노동안전보건정보센터)는 노동안전보건정보의 수집과 보급을 목적으로 하고 있다. CIS는, ILO가맹국에 존재하는 120개소 이상의 내셔널 센터와 그 협력센터로 구성된 네트워크다. CIS가 관리하는 데이터베이스(CISDOC)는 각국 센터로부터 보내온 노동안전 관계 법령, 화학물질안전 데이터 시트, 시청각교제, 연구보고 등의 정보를 수록한 것으로써, 1977년 이후는 컴퓨터 화 되고 있다. CISDOC에 새로이 추가된 정보는, 「Safety and Health at Work CIS Bulletin(격월간)」에 게재되고 있다.

### (5) 社會保障

社會保障總局은, 가맹국의 政勞使가 지속적인 사회보장계획을 책정하고, 그것을 효율적으로 운용하기 위하여 관련되는 업무를 지원한다. 그리고 각국의 사회보장제도에 관한 조사연구와 정보수집도 同국에서 맡고 있는 중요한 일부라고 볼 수 있다. 동국이 하고 있는 주요한 조사로는 1949년 이래 매 3년마다 실시되는 「사회보장비용에 관한 통계조사」가 있다. 이것은 사회보장비용의 급부수준 · 대상 · 분담율 등의 항목에 대하여, 가맹국에 조사표를 보내서, 그 회답을 분석하는 것이다. 종래에는 기본표와 비교표의 두 가지표로 출판하고 있었으나, 1990~93년의 조사부터는 同국의 홈페이지에 기본표만의 결과를 공개하고 있다.

### (6) 統 計

통계국은 노동통계의 수집과 보급, 효율적이고 신뢰 가능한 노동통계의 수집을 위한 지침의 개발, 그리고 가맹국의 노동통계국이나 동기관에 대한 지원 등의 활동도 하고 있다.

ILO의 160호 조약은, 그것을 비준하는 나라가 기본적인 노동통계를 정기적으로 수집 · 편집하도록 하고 그 보급을 정하고 있다. ILO에 의한 통계의 보급은, 1921년의 「International Labour Review」창간호에 「물가와 실업의 통계」가 게재되고 나서부터 시작되었다. 그 후 몇가지 항목이 추가되었고, 1935년에는 「ILO yearbook of Labour Statistics(ILO노동통계연감)」이 창간되게 되었다.

또, 제1회 국제노동통계전문가회의의 권고에 따라, 임금과 식품가격(食品價格)에 관한 조사로서 「ILO October Inquiry」를, 1924sus 이래 발행하고 있다. 이 외에는 가계수입과 지출통계, UN(국제연합)人口部와 공동으로 편집하는 경제활동인구의 추계와 예측 등의 통계도 수시로 발행하고 있다. 통계국이 개발한 데이터베이스에는 다음과 같은 것이 있다.

① LABORSTA: 경제활동인구(1945년 이후), 고용, 실업, 노동시간, 임금, 노동비용, 소비자 물가, 노동재해, 스트라이크 · 록아웃건수(1969년 이후)의 데이터를 포함

② LABSSM: ILO가 수집하는 데이터 수법, 情報源을 설명하는 문서 데이터베이스

③ LABISCO: 국제표준직업분류(ISCO)에 게재된 직업명과 직무내용의 데이터베이스

④ LABMINW: 약 55개국에 대한 1980년 이후의 법정최저임금을 각국, 산업, 직업그룹별로 게재한 데이터베이스

⑤ LABPROJ: 성별 · 연령계층별 경제활동인구의 추계와 예측 및 노동력인구의 성별, 주요경제활동별 분포의 예측

⑥ SEGREGAT: 직업 · 그룹별, 성별, 고용에 관한 데이터베이스 대상국 40개국 이상

⑦ LABOCT: 임금과 노동시간에 관한 ILO October Inquiry를 바탕으로, 49산업 그룹에 있어서의 159직종과 93항목의 식품소매가에 관한 데이터베이스

⑧ LABCOMP: 1981년 이후의 10개국에 있어서의 비교가능한 연간평균 예측에 관한 데이터베이스에서, 총노동력과 민간노동력, 연령계층별, 산업별의 총고용과 민간고용, 그리고 연령계층별 총실업과 실업율을 취급

⑨ ABS: 결근한 인원수와 그 기간, 그 이유에 관한 데이터베이스

⑩ HIES: 근년에 실시된 가계수입과 지출에 관한 조사의 주된 결과를 보이고 있는 데이터베이스

⑪ UNION: 노동조합원수에 관한 데이터베이스

### 제2항 ILO關係機關

ILO의 관계기관에서 하는 정보활동에는 다음과 같은 것이 있다.

### (1) 國際勞動問題研究所

국제노동문제연구소(11LS)는, 1960년에 ILO가 독립적인 연구기관으로써 설립한 것이다. 11LS는 사회노동문제에 있어서의 선진적인 연구를 하고 있는데, 조사연구와 교육활동을 통해서, 가맹국 정노사의 노동문제에 대한 이해를 깊게 하는 것을 목적으로 하고 있다.

11LS의 주된 활동은, 국제적인 사회정책 포럼의 개최를 통한 가맹국의 노사와 학회, ILO와의 정보교환, 사회노동분야의 연구를 하는 조사연구 네트워크의 지원과 조직화, 연수나 인턴십 · 프로그램 등, 노동문제의 조사 분석, 정책형성능력의 향상 등을 목표로 하는 교육프로그램의 실시를 위해 공헌하고 있다.

또, 11LS 스스로도 조사연구 활동을 계속하고 있으며, 1998~90년도에는 노동과 사회, 비즈니스와 사회상호의 관계를 조사연구 테마로 해서 업적을 남긴 바 있다. 11LS의 연구조사의 대부분은 서적이나 논문으로, 출판되고 있다.

### (2) 國際研修센터(토리노센터)

1964년에 설립된 토리노센터는, 고용 · 노동의 권리, 사회적 보호, 개발운영의 분야에 있어서의 교육프로그램을 기획 · 실시하고 있다. 1999년 1월을 기점으로해서 확인된 교육수강생만해도 172개국에서 6만 6000명 이상의 수료생들이 토리노센터에서 공부한 것으로 확인되었는데, 그 후 15년이 지난 현재까지의 참가인원을 추계하면 10만명이 훨씬 넘을 것으로 보고 있다. 同센터는 교육프로그램의 기획과 실시 외에, 새로운 교재의 개발, 출판, 정보제공서비스도 하고 있다.

토리노센터의 자료센터에는 1982년 이래 자료센터에서 수집한 훈련분야에 관한 서적, 회의 보고서, 논문, 교재, 비디오, ILO나 기타, 국제기관의 출판물 등을 「MEDOC(데이터베이스)」로 수록하고 있다.

### (3) 國際社會報障協會(ISSA)

국제사회보장협회는, 제10회 ILO총회의 결의에 따라, 1927년에 브뤼셀에서 국제사회보장회의라는 명칭 하에 설립되었다(1947년에 국제사회보장협회로 개칭). 동협회는 각국의 사회보장기관을 회원으로 하고 있는 조직이며, 각국의 사회보장정책의 향상을 목적으로 해서, 노동보험분야에 있어서의 조사연구의 촉진, 정보의 수집과 보급 등을 하고 있다. 사무국은 제네바의 ILO사무국내에 있다.

동협회에는, 자료센터가 설치되어있어, 회원조직이나 사회보장기관으로부터 수집한 각국의 사회보장제도에 관한 수많은 자료를 소유하고 있다. 또, 「Social Security Worldwide(SSW)」라고 칭하는 정보시스템을 가지고 있는데, 그것은 다음과 같은 데이터베이스로 구성되어 있다.

① Scheme Description: 170개국 이상의 각국 사회보험제도의 개요

② Reforms: 1995년 이후 도입된 사회보호의 중요개혁의 초록

③ Legislation: 사회보장법령 데이터베이스

④ ISSDOC: 사회적 보호에 관한 서적, 정기간행물 등 문헌 목록

⑤ Thesaurus: 영 · 불 · 스 · 독어에 의한 주요 사회보장 용어

ISSA의 주된 간행물에는, 사회보장에 있어서의 최신의 조사연구를 게재하고 있는 계간지 「International Social Security Review」나 각국의 사회보장제도개혁에 대하여 최신정보를 게재하고 있는 계간지 「Trends in Social Security」 등이 있다.

## 제2절 弘報 · 出版 기타의 情報提供

### 제1항 弘報活動

ILO는 그 존재의의를 국제사회에 주지시키고, 또 가맹국의 정노사로부터 ILO활동에 관한 이해와 지지를 얻기 위하여, 그리고 ILO의 목표와 그

활동에 대한 인식을 높이기 위해 메스미디어를 통한 적극적인 홍보활동을 하고 있다.

홍보활동은 주로 뉴스보도를 중시하고 있으며, ILO가 수시 공표하는 보고서나 조사연구, 제 회합, 기술협력활동 등의 재료에서 보도가치가 있다고 보는 정보에 대하여, 시의에 맞는 프레스 릴리스를 하고, 가능한 경우에는 사진이나 비디오화면 등 시각적인 재료도 첨부 하고 있다. 또, 특히 관심을 끌 수 있는 토픽에 대해서는, 기사 · 사진 · 포스터를 세트로 하는 프레스 키드를 배포하는 경우도 있어, 이러한 키드는 年 2~3건 정도로 작성된다. 또, 최근에는 TV의 보도용에는 사용되는 단편 비디오의 제작에 힘을 쓰고 있다. 홍보지 「World of Work」는 ILO에 있어서의 결정사항, 프로그램 등의 관심 높은 사항에 관한 최신정보를 게재하고 있어, 영 · 불 · 스 · 독 · 아랍어로 연 5회 발행하고 있다. 타언어판(체코 · 헝가리 · 러시아 · 중국 · 노르웨이 · 덴마크 · 스웨덴 · 핀란드어)도 연 4~6회의 빈도로 발행되고 있다. 여기에는 각 언어권에 존재하는 지역사무소가 주체가 되고, 同誌의 기사를 중심으로 지역적인 정보가 포함된 홍보지가 편집 · 발행되고 있다. ILO 웹 사이트에 있어서의 홍보국의 홈페이지는 인터넷을 통한 신속한 정보전달을 위하여, 「World of Work」의 발췌기사, ILO를 소개하는 팸플릿, 총회에 제출된 사무총장보고와 사무총장의 연설, 포스터, 프레스 릴리즈 등 여러 가지 사진이 게재되며, 수시로 갱신되고 있다.

### 제2항 出版活動의 概要

출판활동은, ILO가 집적(集積)한 정보를 보급시키는 것, 그리고 ILO가 노동과 고용에 관한 훌륭한 전문능력을 가지고 있음을 증명하는 것을 목적으로 전개되고 있으며, 출판국은 대규모의 출판사 및 판권대리점으로써의 기능을 담당하고 있다. 연간에 출판되는 서적은, 총회보고서, 부문별활동보고서, 정기간행물, 비정기간행물, 번역출판허가까지 포함하면 전 세계에서

약400점이나 된다. ILO가 출판한 서적 및 번역출판이 허가되고 있는데 대해서는 매년 11월에 열리는 이사회의 사무총장보고 가운데서 보고된다.

ILO의 대표적인 정기간행물로서는, 「International Labour Review(季刊)」, 「ILO노동경제통계연감(Yearbook of Labour Statistics), 勞動行政裁判所判例集」, 「Official Bulletin」등이 있다. 출판국의 홈페이지에는, 최신의 그리고 앞으로 출판예정인 서적정보를 얻을 수 있다. 또 직접 서적을 주문하고, 구입하는 것도 가능하다.

## 제3항 기타의 情報提供

### (1) 圖書館

ILO창립과 때를 같이해서 설립된 도서관은 ILO창립이래의 전간행물 외에 100만권이 넘는 노동관계서적과 보고서, 자료, 잡지기사, 법령, 노동통계, 유엔 및 UN전문기관의 출판물 등의 풍부한 자료를 소유하고 있다. 또, 국제노동법령협회, 국제실업협회, 국제사회진보협회의 도서관의 도서를 취득할 수 도 있고, 희소한 19세기의 자료를 포함한 노동사(勞動史)의 풍부한 컬렉션도 소유하고 있다.

도서관은 1965년에 사회과학계의 도서관으로써 타에 앞서 전산화되었으나, 1980년대 말부터, 「국제노동시스템(ILIS)」의 개발을 적극적으로 직접 관리해 왔다. ILIS는 ILO문헌 정보시스템의 통일과 ILO지역사무소의 정보서비스의 강화, 본부와의 정보교환의 촉진, 가맹국의 노동정보원의 관리와 이용의 향상을 목적으로 해서 도입되었다. 문헌정보의 통일을 위해서, ILO시소라스가 개발되고, 이로 인해 몇몇 ILO데이터베이스는, ILO 웹 사이트로부터 엑세스(Access)가 가능해졌다.

도서관이나 타의 ILO자료센터가 소유하는 문헌은, 1965년 이후, LABORDOC 데이터베이스에 등록되어, 그 데이터 건수는 23만 4000건 이상에 달했다. LABORDOC에 수록된 최신정보는 年 10회 발행되는

「International Labour Documentation」에 게재되고 있다.

### (2) 인터넷上에서의 情報提供

ILO는 1996년 3월부터 인터넷상에서 웹 사이트를 개설하고 있다(http://www.ilo.org). 웹 사이트는 인터넷의 사용 환경까지 갖추게 되면, 언제든지 어디서나 엑세스가 가능한 우수한 정보수단이 된다.

메인의 홈페이지로부터 항목을 선택해서 나누어 넣으면, 거기에는 몇 층이나 되는 정보페이지로부터 구성되는 중후한 ILO정보의 세계가 전개된다. 내용은 수시로 갱신되고 최신의 ILO정보에 접할 수 있게 된다. 메인페이지는, 각 정보에 대한 창구가 되고, ILO의 공용어인 英·西·佛의 3개국어로 관람할 수 있도록 하고 있다.

또, 세계각지로 부터의 엑세스에 따라 신속하게 대응하기 위해서, 美洲, 아시아太平洋, 구주에 미라사이트가 개발되어있어, 이것도 선택할 수가 있다. 메인페이지의 메뉴는, 최신정보 외에, ILO의기본적인 지식, 이사회, 총회 등의 회의정보, 프로그램 국제노동기준 등의 주요항목이 제시되고 있는데, 웹 사이트 전체개요의 일람은 사이트맵(site map)이라고 하는 索引에 해당되는 항목을 참조하면 된다.

사이트맵에서 제시되는 정보는 다음과 같은 것이 있다.

① ILO에 대하여

ILO헌장, ILO의 사명과 역사, 가맹국 일람 등의 기본적인 조직정보

② 홍보페이지

프레스·릴리스, 홍보지, 사무총장 연설, 사진 코너 등

③ 회의관계

총회·이사회·기타회의 일정, 회의문서 등이 포함된다.

④ 고용기회

인사국의 페이지에서, ILO에서의 구인정보, 영·프로페셔널, 인턴십·프로그램, 응모방법의 정보

⑤ 情報源

웹 사이트로부터 엑세스 가능한 데이터베이스 일람, 본부 · 지역에서의 정보 · 자료조회先 일람, ILO도서관의 정보 등

⑥ 출판물

출판물의 페이지에서, 서적, CD-ROM, 비디오 등의 최근 출판 목록 등이 게재되고, 이들의 간행물을 주문할 수도 있다.

⑦ 국제노동기준 · 인권

국제노동기준 등에 관한 페이지에서, 이들의 설명이나, NATLEX, ILOLEX의 데이터베이스가 포함된다.

⑧ 지역프로그램

지역사무소, 다각적 전문가팀의 홈페이지에의 링크

⑨ 프로그램

홈페이지를 개설하고 있는 본부의 부국 외에, IPEC 등 주요프로그램의 페이지 · 국제노동연구소, 토리노센터, ISSA등의 관계기관에의 링크가 가능하다.

근래까지 웹 사이트상에 공개되고 있는 데이터베이스로는, 다음과 같은 것이 있다. ① CATALOG(판매단상인 ILO출판물 목록), ② ILODOC(1919년 이 후의 ILO간행물자료 데이터베이스), ③ ILOLEX(ILO조약 · 권고 등, 국제노동기준의 데이터베이스), ④ ILOTERM(英 · 佛 · 西 · 獨에 의한 사회노동 용어의 同義的 辞典), ⑤ INSTEAD(기업개발과 기술관련 서적의 데이터베이스), ⑥ NATLEX(각국 노동 · 사회보장관계법의 데이터베이스), ⑦ PROGEVAL(ILO기술협력 평가보고서의 데이터베이스), ⑧ TRIBLEX(ILO行政不服審査機關의 판례집), 등이다.

# 제6장 財 政

## Finance

### 제1절 ILO憲章의 財政規定과 財務規則

ILO는 제1차 대전 후, 파리평화회의에 의해 國際連盟 하에서 창설되었으나, 그 예산은 1945년에 UN이 탄생될 때 까지 30년 동안, ILO스스로가 아닌 국제연맹에 의해 정해지고 있었다. ILO는 이사회가 승인한 예산안을 국제연맹에 송부하고, 연맹이 그것을 총예산 안에 편입해서, 연맹총회에 상정하고, 총회가 그것을 채택하고 있었다. 그렇기 때문에 ILO가맹국의 분담금은 직접 ILO에 납입되는 것이 아니고, 국제연맹으로부터 ILO에 교부되고 있었다. 말하자면, ILO는 재정적으로 국제연맹에 종속되는 것으로 되어 있었다.

1945년 6월 국제연합헌장(UN헌장)이 채택되고, 동연맹을 대신하는 새로운 국제기관인 국제연합이 탄생하면서, 사태는 일변했다. 국제헌장은, ILO등의 전문기관과의 재정적인 연대관계를 고려해서 「(국연)총회는, 전문기관과의 재정상 및 예산상의 결정을 심의해서 승인하고, 그리고 또 당해 전문기관에 권고할 목적으로, 이 전문기관의 행정적 예산을 검사한다」고 규정했다(17조 3항).

이에 따라서 ILO는, 동년 10월의 제27회 총회에서 헌장을 개정하고, 「국제노동기관은 적당하다고 생각되는 재정상 및 예산상의 결정을 국제연합과 체결할 수 있다(13조1항)」고 정했는데, 이 결정은 그 후에 「국제연합과 국제노동기관 간의 협정」으로써 양 기관의 승인을 받았다. 이 협정은, 두 기관의 운영이 더욱 능률적 · 경제적인 방법으로 수행되게 하기 위하여, 양기관이 긴밀한 예산상 · 경계상의 관계를 수립하는 것이 바람직하다는 것을 승인하고 있다. 그러나 예산이나 분담금에 대하여, 지금까지는 양기관 사이에서 구체적인 협정은 체결되지 않고 있었기 때문에, ILO는 ILO자신의 독자적인 예산안을 채택하게 되었고, 가맹국으로부터 직접, 분담금을 징수하는 등, 완전한 재정적 자치를 향유하고 있는 것이다.

개정 ILO헌장 13조는 앞에서 말한 1항외의 2~3항에서, 총회, 이사회의 자국대표 · 고문의 비용의 가맹국부담, 사무국, 총회, 이사회대표의 비용의 ILO부담, 총회대표의 3분의 2에 의한 예산 · 분담금의 승인, 분담금 미불국의 총회에서의 투표권 정지, 등을 규정하고 있다.

그 후 1946년 9~10월의 제27회 총회에서는 처음으로, 연차예산과 가맹국에 할당되는 분담금율을 채택했고, 그 때부터 ILO는 재정적 자립을 할 수 있게 되었다. 또 이 총회에서는, 예산편성, 예산채택, 분담금의 징수, 자금의 사용 등에 관한 세목을 정한 ILO의 재무규칙 등을 채택했다. 이에 따르면, 사무총장은 각 회계연도의 전년에 열린 최초의 이사회에, 예산안을 제출하며, 이사회는 그 예산안을 심의해서, 다음 총회의 2개월 전까지, 예산안과 거기에 관한 보고서를 가맹국에 송부하도록 하고 있다.

그런데 ILO의 예산이 1999년도 까지는 단년도 예산으로 되어있었으나, 그 해 총회부터 처음으로 二暦年인 2년을 (70~71년) 커버하는 2년도의 예산을 채택하게 됨으로써, 그 때부터 오늘에 이르기까지 2역연제 방식을 취하고 있다. 이 방식은 가맹국과 ILO의 양측으로 봐서 잇점이 있는 것으로 생각된다. 가맹국으로 봐서는 ILO에 대한 재정상의 의무에 대하여, 사전에 2년간의 예정을 준비할 수 있는 잇점이 있고, ILO도 장기적으로 활동계획을 구상할 수 있는 여유가 더 생겼다는 것이다.

■ ILO 헌장(제13조)

1. 국제노동기관(ILO)은, 적당하다고 생각되는 재정상 및 예산상의 결정

을 국제연합과 체결할 수 있다.

2. 전기의 결정이 체결될 때까지의 기간이 또는 유효한 전기의 결정이 없을 때에는 언제든지

(a) 각 가맹국은, 각각 총회 또는 이사회의 회합에 출석하는 자국의 대표 및 그 고문을 비롯한 대표자의 여비 및 체재비를 지급한다.

(b) 국제노동사무국 및 총회 또는 이사회가 회합하는 모든 타의 경비는, 국제노동사무국이 국제노동기관의 일반자금으로부터 지출한다.

(c) 국제노동기관의 예산승인을 비롯하여, 분담금의 할당 및 징수를 위한 결정은, 총회 출석대표의 투표의 3분의 2의 다수에 따라 결정하지 않으면 안 되고, 단지, 정부대표자의 위원회가 예산 및 이 기관의 가맹국간에 있어서의 경비의 할당을 위한 결정을 승인하는데 대하여 규정하지 않으면 안된다.

3. 국제노동기관의 경비는, 이 條의제1항 또는 제2항에 의한 유효한 결정에 따라 가맹국이 부담한다.

4. 이 기관에 대한 분담금의 지불이 정체되고 있는 이 기관의 가맹국은, 그 지체금의 액이 그때까지의 만2년 만에 그 나라로부터 지불해야 하도록 되어있었던 분담금의 액과 비슷하거나 또는 그것을 넘었을 때에는, 총회, 이사회, 혹은 위원회에서의 투표권을 행사하지 못한다. 단지, 총회는 지불의 불이행이 가맹국으로 봐서 부득이한 사정이 있었다고 인정되었을 때에는, 출석대표의 투표 3분의 2의 다수에 의해, 그 가맹국에 투표를 허용할 수 있다.

5. 국제노동사무총장은 국제노동기관의 자금의 적정한 지출에 대하여, 이사회에 (대하여) 책임을 진다.

또, ILO헌장 13조 2항 (e)에 따른 결정으로서, 1946년의 제29회 총회에서 채택된 ILO재무규칙에서는, 예산편성 · 예산채택 · 분담금의 징수 · 자금의 사용 등에 관한 세칙을 정해놓고 있다. 거기에 따르면, 예산채택과 분담금의 징수에 관한 절차가 있는데 그 내용은 다음과 같다.

■ ILO재무규칙(제2장)

[예산의 채택]

제5조, 사무총장은 각 회계연도의 전년에 열리는 이사회에 예산안을 제출한다.

제6조

1. 이사회는 예산을 심의하고, 다음총회의 2개월전까지 예산안과 거기에 관한 보고서를 가맹국에 송부한다.
2. 사무총장은, 이사회가 승인한 예산안을 총회에 제출한다.
3. 총회는 예산안을 염두에 두고, ILO의 정책과 사업에 관한 일반토의의 기회를 갖는다.
4. 총회는, 가맹국의 정부대표 각1명으로 구성되는 위원회를 설치한다 (주: 여기서 말하는 위원회는, 정부대표에 의한 재무위원회인 것이다).
5. 총회는, 사무총장이 제출한 예산안을 동위원회에 부탁하고, 심의와 보고를 구한다.
6. 사무총장은, 이사회의 삼자대표와 함께 동위원회에 출석해서, 예산안을 설명한다.
7. 동위원회의 결정은, 출석위원의 투표 3분의 2의 다수로 행한다.
8. 동위원회는, 승인된 예산안을 총회의 채택에 넘긴다.
9. 예산을 채택하는 총회의 결정은, 출석대표의 투표의 3분의 2의 다수로 이루어진다.

제7조~제8조(생략)

[자금의 징수]

제9조

1. ILO경비는, 총회에서 승인된 비율로, 가맹국이 부담한다.
2. 이사회는, 가맹국에 할당되는 분담금율을 고려해서 제6조 4항에서 언급한 정부대표총회위원회에 제안을 제출한다. 총회는 동위원회의 보

고에 따라, 결정하게 된다.
3. 결정된 가맹국의 분담금율 표는 예산에 첨부된다.
4. 할당된 분담금은, 스위스 프랑화로 지불된다.
제10조
1. 어느 회계연도에 있어서도 ILO의 수입예산은 1년째의 1월 1일에 총액의 반, 2년째인 1월 1일에 그 잔액이 불입되게 된다. 가맹국이 지불하는 역년마다의 분담금은 총회에서 정해진 분담금에 따라 계산된다.
제2항~제6항(생략)
7. 전년의 분담금을 전액 지불하지 못했던 가맹국에 의한 분담금의 지불에 대해서는, 총회가 특정한 사례에 대하여 다른 결정을 내리지 않는 한, 채무국의 의사에 관계없이, 그 지불은 이전의 가맹기간 중의 미불분담금액까지 포함해서, 지체금 중에서 가장 오래 된 것에 충당시킨다. 지체금이 병합 정리되었을 경우, 가맹국은 당해년의 분담금을 병합하기 전에, 매년의 分割拂金을 전액 지불하지 않으면 안 된다.

## 제2절 分擔金의 割當

ILO의 경비는, 총회에서 승인된 비율에 따라 가맹국이 부담한다. 가맹국에 할당되는 분담금율은, 국제연합의 분담금율을 기본으로 해서, UN과 ILO의 가맹국과의 상위를 계수적으로 조정해서 계산되고 있는데, 상한은 25%(미국), 하한은 0.001%(27개국)로 되어 있어 그 격차가 크다.

여기서, 분담금의 할당 방법에 관한 이해를 돕기 위해서 한국의 예를 들어 설명하고자 했으나 구체적인 설명 자료가 입수되지 않아, 1999년의 일본의 분담금율을 예로해서 그 계산방법을 설명하고자 한다.

① UN가맹국 185개국의 분담금율의 계를 100%로 하게 되면, UN방식에 의한 ILO에의 분담금율의 계는 100%+1,215%(UN비가맹국으로서 ILO가맹국인 스위스의 분담금율을 UN방식에 따라 산출)−0.06%(UN가맹으로 ILO비가맹

인 12개국의 분담금율의 계) = 101,155%

② 비례재배분의 대상이 되는 각국의 UN방식에 따른 ILO분담금율은, 101,155%~25%(분담상한에서 불변인 미국분)-0.027%(분담하한0.01%에서 불변인 27개국 분의 계)=76.128%

③ ILO가맹국에 의한 분담금율의 계를 100%로 하면, 비례재배분이 대상이 되는 제국의 분담금율은, 100%-25%-0.027%=74.973%

④ 따라서 재배분의 계수는 74,973÷79-128=0.98482818411 이에 따라 일본의 분담금율은 산출하면, 19,984(UN분담금율)×0.98482818441≒19,681(ILO분담금율)이 된다.

(참조: The ILO Asspciation of Japan, Inc)

ILO豫算額과 主要國의 分擔金率의 推移

| 년도 | ILO예산액 | 미국 | 러시아 | 일본 | 독일 | 프랑스 | 중국 | 영국 | 이탈리아 | 캐나다 | 인도 |
|---|---|---|---|---|---|---|---|---|---|---|---|
| 1974 | 45,134,500달러 | 25.00 | 10.45 | 4.49 | 6.02 | 6.07 | 3.55 | 7.78 | 3.09 | 3.36 | 2.04 |
| 1980 | 101,889,577 ″ | 25.00 | 11.53 | 8.58 | 7.65 | 5.78 | 5.46 | 4.49 | 3.36 | 3.02 | 0.67 |
| 1985 | 127,372,000 ″ | 25.00 | 10.45 | 10.23 | 8.47 | 6.46 | 0.87 | 4.63 | 3.71 | 3.05 | 0.36 |
| 1990 | 289,135,000<br>스위스프랑 | 25.00 | 9.92 | 11.30 | 8.02 | 6.21 | 0.78 | 4.83 | 3.96 | 3.07 | 0.37 |
| 1991 | 289,135,000 ″ | 25.00 | 9.92 | 11.30 | 8.02 | 6.21 | 0.78 | 4.83 | 3.96 | 3.07 | 0.37 |
| 1992 | 314,409,750 ″ | 25.00 | 9.92 | 11.30 | 9.29 | 6.21 | 0.78 | 4.83 | 3.96 | 3.07 | 0.37 |
| 1993 | 314,409,750 ″ | 25.00 | 9.34 | 12.36 | 8.86 | 5.95 | 0.76 | 4.92 | 4.26 | 3.09 | 0.37 |
| 1994 | 338,219,750 ″ | 25.00 | 6.69 | 12.41 | 8.90 | 5.98 | 0.77 | 5.00 | 4.27 | 3.10 | 0.36 |
| 1995 | 338,219,750 ″ | 25.00 | 6.62 | 12.28 | 8.81 | 5.92 | 0.76 | 4.95 | 4.23 | 3.07 | 0.36 |
| 1996 | 336,110,000 ″ | 25.00 | 4.45 | 15.22 | 9.04 | 6.40 | 0.73 | 5.31 | 5.19 | 3.10 | 0.31 |
| 1997 | 336,110,000 ″ | 25.00 | 4.21 | 15.43 | 8.93 | 6.33 | 0.73 | 5.25 | 5.18 | 3.07 | 0.30 |
| 1998 | 338,577,629 ″ | 25.00 | 4.21 | 15.43 | 8.93 | 6.33 | 0.73 | 5.24 | 5.18 | 3.07 | 0.30 |
| 1999 | 338,577,629 ″ | 25.00 | 1.464 | 19.681 | 9.659 | 6.441 | 0.958 | 5.013 | 5.350 | 2.712 | 0.294 |
| 2000 | 337,614,550 ″ | 25.00 | 1.061 | 20.260 | 9.707 | 6.445 | 0.980 | 5.014 | 5.354 | 2.690 | 0.294 |

자료: The ILO Association of Japan, Inc

그런데 2000년의 분담금율의 주요 가맹국별 순위를 보면, ① 미국, ② 일본, ③ 독일, ④ 프랑스, ⑤ 이탈리아, ⑥ 영국, ⑦ 캐나다, ⑧ 러시아, ⑨ 중국, ⑩ 인도의 순으로 집계되어 있다.

가맹국은 이렇게 해서 결정된 분담금을 지불하지 않는 경우, 그 기간이 2년을 넘게 되면, ILO사무총장은 그 가맹국에 대하여 총회나 이사회에서의 투표권이 정지된다는 것을 통고하게 된다. 단지, 총회가 부득이한 사정이 있었다는 것을 인정한 경우에는 출석대표의 3분의 2의 다수에 의해, 그 가맹국에 투표를 허용할 수 있다. 1999년 2월 현재, 이 규정에 의해 투표권을 잃고 있는 가맹국이 39개국이나 된다.

또, 1999년 2월 28일 현재, 지체금이 고액으로 되어있는 나라는 러시아연방이 544만 6,000스위스프랑, 브라질이 438만 8,800스위스프랑, 우크라이나 316만 2,703스위스프랑, 그리스 115만 843스위스프랑 등이다.

그래서 ILO는 근래에 와서, 가맹국에 의한 분담금이 조기지불을 확보하기 위하여, 몇 가지 장려책을 취하고 있는데, 이에 관한 재무규칙상의 규정을 보면 다음과 같다.

■ **ILO재무규칙**

**제11조**

4. 사무총장은, 통상예산자금의 일시적 잉여금에서 생기게 되는 전 이식의 60%를, 가맹국에 의한 조기분담금지불을 장려하는 기금으로 넣고(조입), 할당된 분담금을 당해 년의 12월 31일까지 지불한 가맹국에 대하여 배분한다. 매년의 장려금은, 가맹국이 현행연도의 분담금을 지불한 기일과 그 금액을 고려해서 정하게 되는 포인트제에 따라, 장려금을 받을 자격을 가진 가맹국에 배분된다.

5. 사무총장은, 스위스프랑 평가 시스템 하에서 회계연도 내에서 이루어진 미달러와 스위스프랑의 선물취득(先物取得)으로 얻어진 프리미엄을 다음과 같이 배분한다. 즉, 2분의 1을 상기 6항의 규정에 따라 상기4항에서

언급되는 장려기금으로, 또 타의 2분의 1을 下記 제 7항의 규정에 따라 가맹국에 배분한다. 그런데 프리미엄은 當該合計年度에 스위스프랑 평가 시스템 하에서 생긴 爲替의 손익을 상쇄한 후에 정하는 것으로 한다.

6. 장려기금에 배분되는 프리미엄의 2분이 1의 상당분은, 당해프리미엄을 받은 회계연도의 1년째 또는 2년째의 끝나는 시점에 할당된 분담금의 전액을 지불한 가맹국에 대하여, 상기제4항에서 언급된 장려포인트제 하에서, 당해회계년도에 가맹국이 얻은 모든 포인트에서 점하는 당해 가맹국의 포인트의 비율에 따라, 다음 회계연도의 2년째에 배분된다.

7. 가맹국에 배분되는 프리미엄 2분의 1의 상당분은, 당해 프리미엄을 득한 회계연도에 있어서, 모든 가맹국에 과해진 분담금의 총액에 대하여 당해 가맹국의 분담금이 점하는 비율에 따라서 배분되고, 하기에서 말하는 방법으로 가맹국의 분담금이 삭감된다.

(a) 당해프리미엄을 득한 회계연도 분으로 할당된, 분담금을 지불한 가맹국에 대해서는, 다음회계연도의 2년째의 분담금부터, 배분된 프리미엄 상당분을 감액한다.

(b) 기타의 가맹국은, 당해 프리미엄을 득한 회계 연도 분으로 할당된 분담금을 전액 지불할 때까지, 그 배분을 향수하지 않는다. 분담금을 지불할 경우에는, 지불후에 예산이 채택된 회계연도의 1년째 분담금으로부터, 배분된 프리미엄 상당액이 감액된다.

(이하생략)

위의 제11조 4~7항에 따라, 1999년의 분담금지불에 대하여, 자격을 가진 가맹국에 배분되고, 감액된 분담금의 총액은, 219만 7588 스위스프랑으로, 그 내역을 보면 1997년 분담금의 조기지불장려제도에 의한 것이 163만 3418스위스프랑, 1996~97회계연도에 득한 프리미엄의 50% 상당분에 의한 것이, 56만 4170스위스프랑이다.

## 제3절 ILO豫算의 規模와 使用

종래의 ILO예산의 사용폐단을 알아보기 위해서, 98~99년의 통상예산과 그 배분을 살펴보기를 했다. 1998~99년의 통상예산(가맹국이 거출하는 분담금을 재원으로 하는 예산)은 총액 4억 8,105만 미(UN)달러(1달러=1.46스위스프랑)가가 되는데, 그 전년도(1996~97년)에 비해9,845만 달러의 삭감을 보였다. 98~99년의 통상예산을 보면 그 배분은 다음과 같다.

| [事業内容別 内譯(통화:US(美)달러)] | |
|---|---|
| 정책결정기관(총회, 이사회, 지역회의) | 1,340만2,713 |
| 메니지먼트 | 783만7,894 |
| 기술프로그램(기준설정, 고용훈련, 노동조건 환경 등) | 1억 2,867만9,372 |
| 서비스지원활동(인사 · 제무, 출판 등) | 9,626만8,614 |
| 섭외(회의, 노사활동, 홍보 등) | 7,814만1,768 |
| 지역서비스 활동 | 1억 3,932만4,873 |
| 기타 | 2,063만 6,500 |
| 견직 등 인건비 조정분 | (411만 6,734) |
| 예비비 | 87만 5000 |
| [支出項目別 内譯] | |
| 인건비 | 3억 4,352만 4,490 |
| 출장여비 | 1,760만 1,841 |
| 위탁예약비 | 1,676만 0,117 |
| 일반운영비 | 3,236만 4,492 |
| 사무용품 | 451만 7,566 |
| 가구 · 비품 | 413만 4,943 |
| 사무소건물 · 용지(用地)관련비용 | 57만1,630 |
| 연수프로그램 및 필드 · 프로젝트 | 5,280만 4,951 |
| 기타 | 426만9,970 |

통상예산의 약17%를 점하고 있는 8,213만 5,680달러는, 기술협력통상예산(RBEC: Regular Budget for Technical Cooporation)으로서, 주로 아프리카, 미국, 아랍, 아시아태평양, 유럽, 중앙아시아의 5지역에 배분되어, 기술협력활동을 위하여 지출되고 있다. 그 당시(1999년경) 세계16개소에 설

치되어 있던 MDT(multidisciplinary adbisory team)의 유지비(활동비를 제외한 인건비 및 운영경비)는 총액 5,380만 달러로 되어 있으나, 이것도 RBEC에 의해 운영되고 있다. RBTC의 본부부국과 각 지역에 대한 배분상황은 다음과 같다.

| 本部部局 | 1,179만 4,900 |
|---|---|
| 아프리카(6MDT) | 2,213만 3969 |
| 아메리카(4MDT) | 1,970만 7,914 |
| 아랍(1MDT) | 464만 4,669 |
| 아시아태평양(3MDT) | 1,834만 4,016 |
| 유럽 · 중앙아시아(2MDT) | 551만 0,218 |

통상예산은, 위와 같이 총액 4억 8,105만 달러지만, 이와는 별도로 UN기관 기타로 부터의 지출을 재원으로 하고 있는 특별예산이 있다. 특별예산의 총액은 1998~99녀의 2년간에 2억 1,001만 1,454달러(내, UN관련재원 3,981만 4,588달러, 기타재원 1억 4,019만 6,866달러)가 되고, 특별예산을 재원으로 하는 기술협력활동을 포함한 ILO활동을 전체적으로 보면, 그 예산규모는 2년간에 약 7억 US달러가 된다.

앞에서도 전제했지만, 여기서 설명한 예산의 구조와 그 내용으로 되어 있는 예산액은 1996~99년의 통상예산과 그 당시의 예산폐단을 알아보기 위해서 설명했다고 하는 예시에 지나지 않는다.

다음으로는, ILO의 테크니컬 프로그램이 있다. 이것은 국제노동기준, 고용 · 훈련, 기업 · 협동조합개발, 노사관계 · 노동행정, 노동조건 · 환경, 부문별 활동, 사회보장, 통계, 개발정책, 노사활동 등에서 실시되는 것으로써, 통상예산과 특별예산을 합한 예산이, 어떠한 활동 내용에서 지출되고 있는지를 보면, 다음과 같은 배분으로 되어있다(통화는 US달러. 1996~97년의 비용 레이트를 적용. 그런데 내용이 없는 것은, 모든 통상예산을 재원으로 한다).

| 회의 | 953만 5,465 |
|---|---|
| 연구 | 1,473만 3,316 |

| | |
|---|---:|
| 정보제공 | 2,525만 5,938 |
| 기준설정 | 1,494만 7,438 |
| 기술협력활동 계 | 2억 2,434만 3,181 |
| 조언서비스 | 2,488만 7,643 |
| 후방지원 | 799만 2,838 |
| 프로젝트 | 1억 9,146만 2,700 |
| | (통상예산 1,170만 700) |
| | (특별예산 1억 7,976만 2,000) |
| 관리 · 인적 서포트 외 | 3,271만 7,110 |
| | (통상예산 2,545만 4,444) |
| | (특별예산 726만 2,666) |

근년에 와서, ILO사업은 ① 민주주의와 노동자의 기본적 권리의 지원, ② 고용의 촉진과 빈곤의 철폐, ③ 노동자보호라고 하는 3가지 목적을 주로해서 편성되었고, 사업 활동의 실시에 있어서의 기본정책으로서는, 엑티브 · 파트너십 정책이 채택되어왔다.

또, ILO의 사업 활동 중에서 큰 비중을 점하고 있는 기술협력활동에 대해서는, 1990년의 초기 이후, 많은 액의 임의거출을 받아 실시되고 있는 아동노동철폐 국제계획을 비롯해서, 「여성을 위한 보다 나은 노동, 중소기업, 직업안전 보건환경의 4개 분야」에서 중점적 국제 프로그램이 기획되고 있다.

## 제4절 소마비아 제9代 事務總長에 의한 豫算編成의 特徵

제9대 ILO총장으로 취임했던, 신임 소마비아 사무총장은, 1999년 3월에 개최된 제274회 이사회에서, 2000~2001년의 사업예산편성에 관한 기본방침을 발표했다.

신사무총장은 먼저, 예산집행에 있어서의 유연성과 전략적 예산편성의 중요성을 설명하고, ILO의 전략목표로써, ① 노동에 있어서의 원칙과 권리, ② 고용, ③ 사회보호, ④ 사회대화를 그 방침으로 들었다.

그리고 이들 목표가운데는 개발과 젠다라는 시점(시점)에 따라 지식 · 서비스 · 제창을 활동의 축으로해서 그 목표를 달성한다는 구상을 밝혔다. 또, 중점과제로서는, 노동에 있어서의 기본적원칙 · 권리선언의 지속적 폴로업, 아동노동문제에 대한 대응, 프레돈웃즈 기관과의 긴밀한 협력관계의 구축을 들고 있다. 4가지 전략목표를 다시 상세히 살펴보면, 다음과 같다.

**戰略目標1: 勞動에 있어서의 基本的 原則 · 權利를 促進하고 實現한다.**

**〈활동목표1〉**

(a) ILO가맹국은, 「노동에 있어서의 기본적 원칙 · 권리에 관한 선언」에서 재확인된 결사의 자유, 단체교섭, 차별 · 강제노동, 아동노동에 관한 원칙과 권리를 실행한다.

(b) 결사의 자유, 단체교섭, 강제노동과 차별의 철폐, 아동노동의 철폐에 관한 기본조약이 널리 비준되고, 충분히 적용되도록 한다.

(c) 최악의 형태의 아동노동에 대한 우선적 즉시 廢絕을 비롯해서, 아동노동이 점차 폐지되고, 어린이와 그 가족에게는 대체수단이 제공되도록 한다.

**戰略目標2: 男女의 適正한 雇用과 所得을 確保하는 機會를 增大 한다.**

**〈활동목표2〉**

(a) ILO의 구성멤버가, 경제 · 노동시장정세를 분석하고, 효과적인 고용촉진책을 考案해서, 교섭하는 능력을 갖춘다.

(b) 고용을 위해 전향적으로 볼 수 있는 기업육성정책이 효과적으로 실시되도록 한다.

(c) 많은 여성이 보다 좋은 노동을 할 수 있도록 한다.

(d) 인포멀섹터의 활동을 향상시키는 정책과 그 프로그램이 효과적으로 실시되도록 한다.

(e) 연소노동자, 신체장애자, 이민, 원주민의 적정한 취업을 가능하게 하는 프로그램이 채택되고, 강화되도록 한다.
(f) ILO의 구성멤버가, 고용에 관한 글로벌 및 지역적인 정책형성에 영향을 미치는 능력을 갖춘다.

**戰略目標3: 社會保障의 範圍와 效果를 强化한다.**

**〈활동목표3〉**

(a) 노동 · 고용조건에 관한 국제노동기준이 널리 비준되고, 효과적으로 적용되도록 한다. ILO의 구성멤버가 직장의 유해한 조건에 대하여 효과적으로 행동을 취할 수 있도록 한다.
(b) 가장 취약하고 착취당하고 있는 그룹을 대상으로 하는 노동자보호의 행동계획이 실시되는 것과 더불어, 현행의 시스템 하에서 충분히 보호되지 않고 있는 노동자에 대해서는 임의의 조치가 실시되어야 한다.
(c) 가맹국이 사회보장 시스템의 범위를 확대해서, 급부를 개선 · 다양화하고, 운영을 강화해서 財政難을 극복하는 정책을 개발한다.
(d) ILO의 구성멤버가, 사회 · 노동면에 있어서의 글로벌화의 영향을 각국수준에서 분석하고, 사회적 악영향으로부터 노동자를 보호하는 효과적인 정책을 개발한다.

**戰略目標4: 三者構成主義와 社會對話를 强化한다.**

**〈활동목표4〉**

(a) 노사단체가, 멤버에게 서비스를 제공하고, 경제, 사회정책에 영향을 미치게 하는 능력을 갖춘다.
(b) 사회대화와 합의를 위한 기구가 널리 형성되고, 두 세 사람 간의 대화가 충분히 기능하도록 한다.

그리고 위의 전략목표 및 활동목표와 관련해서 “In Focus"라고 불리는 여덟 가지 중점적 국제프로그램이 설정되어있다(〈 〉내에는 관련되는 전략목표 및 활동목표).

(1) 「노동에 있어서의 기본적 원칙 · 권리에 관한 선언」의 촉진〈활동목표1-(a)〉

(2) 아동노동의 점차폐절과 개발의 촉진〈활동목표1-(c)〉

(3) 경제의 재건과 고용집약형 투자〈활동목표2〉

(4) 지식 · 기능 · 고용가능성에의 투자〈활동목표2-(a)〉

(5) 小企業육성에 따른 고용창출〈활동목표2-(b)〉

(6) 안전한 노동: 직장에 있어서의 안전보건을 통한 보장과 생산성〈전략목표3〉

(7) 21세기의 경제 · 사회보장〈전략목표3〉

(8) 사회적 파트너의 강화〈전략목표4〉

제87회 ILO총회에서 채택된 2000~01년의 통상예산액은 4억 6,747만 달러(1US달러=1.53스위스프랑)로 전예산연도(1998년~99년)에 비해 명목제로(98~99년에 적용된 1US달러=1.46 스위스프랑으로 계산했을 경우, 동액의 4억 8,105만 달러)가 된다.

소마비아 사무총장이 제시한 예산편성의 최대특징은 종래의 부국프로그램별 예산안이 아니고, 위에서 말한 전략목표별로 예산이 배분되어 있다는 것을 알 수 있다. 구체적으로는, 1998~99년과 2000~01년의 예산을 새로운 비목구분내역에 따라, 코스트 조정 후 동액 레벨(4억 8,105만 달러)에서 비교하면 다음과 같이 된다.

| (單位: 미달러) | 1998~99年豫算 | 2000~01年豫算 |
|---|---|---|
| 政策決定機關 | 6,563万6,386 | 6,544万917 |
| (總會, 理事會, 地域會議) | | 3억5,806万7,950 |
| 戰略目標 | 3억5,708万7,481 | |
| (內訳) | | 7,856万5,118 |
| 1. 勞動에 있어서의基本的原則 · 權利 | | 1억3,212万4,622 |

| (單位: 미달러) | 1998~99年豫算 | 2000~01年豫算 |
|---|---|---|
| 2. 雇用 | | 8,855万3,188 |
| 3. 社會保護 | | 5,882万5,022 |
| 4. 社會對話 | | 4,093万1,367 |
| 매니지먼트 | 4,093万1,367 | |
| (人事, 財務, 事業計劃管理を含む) | | 2,063万6,500 |
| 기타 | 2,063万6,500 | (411万6,734) |
| 転職等人件費調整分 | 87万5,000 | 87万5,000 |
| 豫備費 | | (78万5,000) |
| 코스트 調整 | | |
| 1998~99年 豫算額 | 4억8,105万 | |
| 2000~01年豫算額(코스트 調整後) | | 4억8,105万 |

이중, 4가지 전략목표 충당되는 예산(3억5,806만7,950달러)는 (a) 테크니컬프로그램, (b) 지역프로그램, (e) 지원활동의 3가지 타입의 프로그램으로 각각 다음과 같이 할당되고 있다.

| ◈ 테크니컬프로그램 | 1억4,938만7,855 |
|---|---|
| 1. 노동에 있어서의 기본적원칙 · 권리 | 3,73만7,426 |
| 2. 고용 | 5,510만3,584 |
| 3. 사회보장 | 4,427만1,122 |
| 4. 사회대화 | 1,827만 5,723 |
| ◈ 지역프로그램 | |
| 1. 노동에 있어서의 기본적원칙 · 권리 | 3,191만8,244 |
| 2. 고용 | 5,194만6,056 |
| 3. 사회보호 | 2,733만9,510 |
| 4. 사회대화 | 2,970만6,063 |
| ◈ 지원활동 | |
| 1. 노동에 있어서의 기본적원칙 · 권리 | 1,490만9,448 |
| 2. 고용 2,507만 | 4,982 |
| 3. 사회보호 | 1,694만2,556 |
| 4. 사회대화 | 1,084만3,236 |

그 중에서도, 필드에서의 활동을 해야 하는 지역프로그램에 대해서는, 명목제로 성장 중에서도 전년도 예산에 비해서 158억5,000억달러의 증액으로 되어있다는 것이 주목된다. 이것은 1998~99년의 코스트증이 예산조치를 하회했기 때문에 생긴 余剩額 78만5,000달러와 회의비용과 간접적인 지원활동 등에서 삭감한 비용을 지역프로그램에 배분한 것이다. US달러와 스위스프랑의 위체를 불변으로 했을 경우에, 지역활동에 충당되는 통상예산의 배분상황은 다음과 같다.

| 단위: US달러 | 1998~99년 예산 | 2000~01년 예산 |
|---|---|---|
| 적극적 파트너십 자금동원 | 318만0,261 | 318만0,261 |
| 아프리카 | 3,961만5,698 | 4,045만0,698 |
| 아메리카 | 3,664만3,947 | 3,679만3,947 |
| 아랍제국 | 798만5,753 | 808만5,753 |
| 아시아태평양 | 3,942만0,668 | 3,982만0,686 |
| 구주 · 중앙아프리카 | 11,247만8,546 | 1,257만8,546 |
| 계 | 1억3,932만4,873 | 1억4,090만9,873 |

제87회 총회에서 결정된 2000~2001년도 예산에 관한 주요사항은 이상과 같다. 극히 예외적인 조치이기는 하지만, 새로운 사무총장으로의 이행시기와 예산편성시기가 중복되었기 때문에 예산의 세목에 대해서도, 1999년 11월의 이사회에 사무국안이 제출되고 심의되도록 되어있었다.

# 참고문헌


## 제2절

Instrument of Amendment of the Constitution of the International Labour Organization (official Bulletin, 15Nov, 1946, Vol, X X IX, No.4, ILO)

「The Policy, Programme and Status of the International Labour Organization」 Report I (International Labour Conference, 26th Session, ILO, 1944)

「Constitutional Questions, Part I: Reports of the Conference Delegation on Constitutional Questions」(International Labour Conference, 29th session, ILO, 1944)

「ILO 國際勞動機關」(飼手真吾 · 戸田義男, 日本勞動協會, 昭和35年)

「국제노동기준법-ILO와 日本 · 아시아」(吾鄕眞一, 三省堂, 1997年)

「Sharing in development-A programme of employment, equity and growth for the Philippines」(ILO, 1974)

Declaration of Principles and Programme of Action adopted by the Tripartite World

Conference on Employment, Income Distribution and Social Programme and the International Division of Labour, Geneva,4-17 June 1976(World Employment Conference, Geneva4-17 June1976, WEC/CW/EI, ILO)

## 제3절

「國際條約集」(小田 滋/石木泰雄, 三省堂, 제8版, 1999年)

Agreement between the United National and the International Labour Organization (Constitution of the International Labour Organization, 1963 Edition, ILO)

「開發途上國에 있어서의 ILO의 技術協力에 관한 調査研究」

The United Nations in Development, Reform Issues in the Economic and Social Fields: a Nordic Perspective, The Nordic UN Project, April, 1991

제4절

ILO Circular 「Active Partnership Policy」 (No505, 4. August 1993)

「Follow-up on the World Summit for Social Development」 (GB270/ESP/1/1, 270th Session, Committee on Employment and Social Policy, Geneva, November 1997, ILO)

「IPEC at a Glance」 (http://www.ilo.org/public/english/90ipec/about/glance.htm.21Aug.1998)

The ILO's Response to the Financial Crisis in East and South-East Asia (GB274/4/3, 274th Session, Geneva, March 1999)

제5절

「ILO와 日本」 (ILO동경지국, 1994년)

前揭 「앞으로의 勞動分野의 技術協力 · 調査研究報告」

제6절

International Labour Standards and Technical Cooperation (GB252/15/1, 252nd Session, Geneva, 2~6 March 1992, ILO)

The World Bank Labour Activities (Press Backgrounder, World Bank, 1998)

Globalization, Liberalization and Social Justice: Challenges for the International

Community (Public Address by Mr, Michel Hansenne, Director-General, International

Labour Organization, Washington D.C, 28 October 1998)

# 제2부

# 國際勞動基準(條約·勸告)의 解說

# 제1장 基本的 人權

## Fundamental Human Rights

### 제1절 開設

ILO사무국이 발행하고 있는 조약집이나, 기타의 간행물에서, 기본적인권기준(basic human rights standards)으로 활용되고 있는 몇 가지 기준이 있다. 한때는 기본적 사회권기준(basic social rights standards)이라고 불리던 시기도 있었다. 최근에 와서 다시 기본적 인권이라는 용어로 통일된 것 같다(이하에서는 「기본적조약」이라고 부르기로 한다). 강제노동 · 결사의 자유 · 차별 · 아동노동의 4가지가 이 그룹에 속하는 것이다. 강제노동의 그룹에 속하는 29호와 105호 조약을 제외하면, 다른 그룹을 구성하고 있는 각 2개 조약의, 그 반은 예시적인 선택이고, 각각의 카테고리에 속하는 조약 · 권고가 그 이외에도 다수 존재한다. 더욱이 차별금지에 관한 카테고리에는 상당히 많은 조약을 포함시킬 수 있다. 거기에 들어갈 수 있는 100호와 111호 조약인 이 두 조약은, 차별금지를 취급하는 조약 중에서도 특별이 일반성을 가지고 있기 때문에 그 성격을 특별히 붙이고 있는데 지나지 않는다. 또, 이들의 카테고리는 상호 배타적인 것은 아니고, 예를 들면, 강제노동조건의 가운데에는 파업(strike)권을 취급하고 있는 것도 있고(100호 조약 제1조 (e)), 결사의 자유에 관한 조약 가운데서도 차별금지로 취급하는 경우도(87호 조약 · 제2조)도 있다.

결국, 이들의 기본적 기준은, 거기서 취급되는 사항이 헌법의 용어로서의 기본적 인권의 카테고리에 포함되는 내용을 갖는다는 데서, 기본이라고 하는 말이 말머리에 붙어있다는 것 뿐이고, 국제노동기준에서 취급하는 타의 어떠한 분야나 대상으로 하는 노동자의 종류에 따라 영향을 받지 아니하며, 보편적으로 적용된다고 하는 의미가 들어있다. 그것은 노동자에 한하지 않고, 사용자는 물론이고, 생산과정에 들어가 있지 않는 사람들, 실업자나 아동, 연금생활자도 보호범위에 넣을 수 있는 것이다.

강제노동조약의 경우, 그 경향은 더욱 강해서, 죄수(囚人)나 부랑자의 문제가 종종 조약권고적용전문가위원회(이하 전문가위원회라고 칭한다)에 의해, 거론되는 일이 있는 것을 봐서도 알 수 있듯이, 통상의 사회경제생활을 영위하지 않고 있는 사람들까지 커버하고 있다. 기본권조약 이외의 조약이 중요하지 않다고 하는 것이 아니라, 어떠한 경제활동을 잘하든, 못하든, 적용된다고 하는 의미에 있어서의 기본적인 것이다. 예를 들면, 플랜테이션(농원)에 관한 110조약을 생각해 보면, 이 조약의 적용범위는, 플랜테이션이라는 경제단위에 한정되어 있는 것이고, 그와 같은 산업이 존재하지 않는 나라에서는 그 적용을 생각할 수 없기 때문에, 비준은 되지 않는다. 또, 국내에 해당되는 경제활동이 존재하는 경우라 해도 특정산업에 해당되는 조약의 경우(예를 들면 간호직원, 선원 등)은 그 산업에 관계하고 있는 사람 이외에는 적용되지 않기 때문에, 일반성이라는 관점에서는 그들의 조약의 중요성은 한정적이다. 이에 비해서 기본조약의 경우는, 어떠한 경우에도 적용이 있을 수 있기 때문에, 간호직원, 선원, 플랜테이션의 노동자 또는 사용자가 되었든지 기본적 조약의 효과에 미치게 된다.

현재, 해사관계의 중심적 조약인, 147호 조약에서는 결사의 자유에 관한 조약과 취로의 최저연령에 관한 138호 조약이 명시적으로 인용되는 것과 함께, 그러한 것들의 실질적인 적용이 의무화되어 있다. 기본권조약에 관한 적용문제가 감시기구의 작업 대상의 대부분을 점하고 있다는 것도, 이들의 일련의 조건의 기본성을 말해주고 있는 것이다. 예를 들면, 1998년의 專門家委員會의 報告書를 보면, 단순히 쪽(page) 수만 해도, 일곱 기본조약만으로, 전체의 40%를 더 기록(차지)하고 있다.

조약총수가 180여나 된다는 것을 생각한다면, 어느 정도 이것을 중시하고 있는지를 알 수 있다. 또 이러한 것은 기본권조약의 중요성을 말해주고 있는 동시에, 그 적용의 어려움을 말해주고 있는 것이다.

그런데 90년대 전반까지, 기본권조약으로서는 강제노동(29호, 105호), 결사의 자유(87호, 98호), 평등(100호, 111호)의 여섯 조약이었으나, 최근에는 4번째의 카테고리로써 아동노동이 추가됨으로써 138호 조약과 1999년의 「최악의 형태의 아동노동조약(182호)」이 채택됨으로써, 실질적으로는 모두 여덟 조약으로 되어있다. 아동노동이 ILO에서 70년 이상이나 기본권 조약의 카테고리에 들어가지 못하고 있었던 것은, 年少勞動者라고 하는 카테고리가 女性勞動者나 移民勞動者 등과 더불어, 특별한 카테고리를 구성하고 있었기 때문이지, 결코 그 중요성이 간과되고 있었던 것은 아니다. 아동의 권리조약이 성립되면서, 세계적 아동노동방지의 기운이 높아졌다는 것도 기본권 조약의 카테고리에 移植되었다는 배경의 하나로 보고 있다. 단지 최근 들어 많이 논의되고 있는 「社會條項(무역상의 이익을 노동조건과 링크시키는 사고)」을 운용하는데 있어서 기본조약이 그 판정기준으로서 사용될 것으로 예상한다면, 아동노동의 이 카테고리의 移入은 주의깊이 살펴볼 필요가 있을 것이다.

## 제2절 結社의 自由

### 제1항 開 設

결사의 자유를 규정한 기본적인 두 조약은 많은 ILO조약 중에서도 더욱 중요한 위치를 점하고 있다. 이념적으로 말하면, 결사의 자유 원칙은 그 외의 여러 가지 사회권을 확보하는데 필요한 기반이 되는 원칙이 되고, 민주주의사회의 근본으로서의 중심적 역할을 담당하고 있기 때문이다.

필라델피아 선언은, 「결사의 자유원칙」이 ILO의 기본규범이라는 것을 명확히 했고, 1947년에 UN(국제연합)의 경제사회이사회는, 이 문제에 대하여 국제규범이 필요하다는 권고를 한 바 있다. 이에 따라 ILO는 곧 바로 조약을 작성하기 시작했는데, 1948년에 「결사의 자유와 단결권의 보호에 관한 조약(87호)」, 이어서 1949년에 「단결권 및 단체교섭권에 대한 원칙의 적용에 관한 조약(98호)」을 채택했다. 약 반세기에 걸친 전문가위원회에 의한 이 조약의 해석에 더해서, 결사의 자유위원회가 보인 판단의 축적도 가해져서, ILO에 있어서의 결사의 자유원칙은 일대 「判例法」체계를 형성하기에 이르렀다.

국제연합 하에서의 세계인권선언이나, 국제인권규약에서도, 결사의 자유나 노동조합권이 정해지고, 부분적으로 문언 상으로는 ILO조약보다도 진보되고 있는 것 같이 보이는 경우가 있으나, 상세히 보면 반드시 그렇지는 않다는 것을 알 수 있다. 예를 들면, 경제사회권규약 8조에서는 파업권이 명기되어있으나, 비준을 할 때, 부분적으로 유보하는 것이 가능하기 때문에, 파업권을 제외하고 비준한다고 해도 그것은 합법적인 것이다. 또, 정비된 ILO의 감시기구나 그 실적을 생각한다면, 결사의 자유, 특히 노동조합권의 保障이라는 측면에 한정되고 있지만, 오늘 날의 국제인권보장체제 내에 있어서의 이들의 제권리가, ILO는 보다 높은 체계적인 보호가 확보되어 있다해도 그것은 이미 현실로 되어있다. 지금 인권규약 안에 있는 결사의 자유에 관한 것(8조, 자유권규약 22조)에 대해서는, 인권규약의 감시기구인 규약위원회의 판단은 적다. 그리고 규약을 비준한 나라가 적용에 대하여 보고하는 경우, ILO에 대한 보고서를 가지고, 거기에 대신해도 좋다고까지 되어 있다.

결사의 자유원칙이 ILO에 있어서 특별한 중요성을 가지고 있다는 것은, 총회나 기타 각종회의에 있어서의 각국 대표의 발언 속에서도 종종 표현되고 있다. 또 이사회의 주도권으로 전문가위원회가 하게 되는 소위 一般調査(General Survey)의 대상으로써, 87호 및 98호 조약이 1956년~57년, 73년, 83년, 94년의 6회에 걸쳐서 선발되고 있었다는 사실만 봐도 거기에 부여하고 있는 비중의 크기를 볼 수 있다. 같은 조약이지만 이 정도의 빈도로 일반조사의 대상이 되고 있다는 것은 이 외에는 거의 예가 없다.

## 제2항 結社의 自由 및 團結權 保護條約(87호)

이 조약은 1948년에 채택되어, 1950년에 발효되었는데, 1998년 현재 115개국이 비준하고 있다. 이 비준 총 수는, 98호 조약이나 강제노동에 관한 29호 조약에 비교하면 아직도 적기는 하지만 ILO조약 전반의 평균비준수와 비교하면, 상당히 좋은 성적이라 할 수 있을 것이다. 일찍이 결사의 자유를 음미하고 실천했던 선진제국의 뒤를 이어 전후의 많은 나라 등이 87호 조약과 98호 조약을 비준했고, 이어서 이들 조약을 비준하고 그것을 실행하려고 애쓰는 모습을 보면, 역사와 함께 민주주의가 가고 있는 인류의 대도는 누구도 막지 못할 것이라는 역사의 교훈을 읽는 것 같다. 그러나 현재에도 많은 도상국들이 관련조약(87호, 98호)을 비준하지 못하고 있는 현상에서는 민주적 룰이 확립되지 못하고 있을 뿐 아니라, 비준과 적용의 높이도 높다고 본다. 그러나 결사의 자유에 관한 특별절차(제1부, 제3장 · 6절, 4항을 참조)가 평행하게 실시되고 있기 때문에, 비준을 하지 않는다 해도 결사의 자유원칙을 지키지 않으면 안 될 정도로 많은 수단이 강구되고 있어, 비준의 신장은 여기서 더욱 개선될 것으로 보인다.

### (1) 條約 上의 權利의 主体

「노동자 및 사용자가」라는 문언에서 밝히고 있듯이, 이 조약은 노동조합을 결성할 수 있는 자유만을 다루고 있는 것은 아니다. 물론, 이 조약으로 인해 보호되는 대상의 대다수가 노동조합이라고 하는 것은 분명하지만, 나라에 따라서는 사용자단체의 단결권에 특수한 제한이 가해지고 있는 곳도 있기 때문에(1994년, 일반조사, 67항) 결사의 자유에는 사용자도 명기되어있다. 또 국제인권규약에서 노동조합만을 염두에 두고 있다는 것을 생각한다면, 이 87호 조약의 규정은, 다분히 ILO의 삼자구성(三者構成)의 영향이 강하다고 할 수 있을지도 모른다. 더욱이 여기에서 사용자를 명기하는 것은, 「실질적으로는 노동자인 사용자」라고 하는 것이 그 보다 더 고려되고 있다는데 주의를 해야 할 것 같다. ILO의 감시기구는 經營管理的役職에 있는 노동자가, 일반 노동자가 결성하는 노동조합에 참가 제한을 하는 것은 인정하고 있지만, 위장적승진(僞裝的昇進)을 시켜, 스스로가 선택하는 노동조합에의 참가를 결과적으로 금지시하는 법이나 실행은 조약위반이 된다고 할 수 있다(1994년 일반조사, 66항).

노동자 및 사용자라고 하는 문언 중에 공무원이 들어가 있는데 대해서도 다툼이 없다. 조약의 제정과정을 봐도, 공무원도 통상의 노동자와 마찬가지로 결사의 자유를 향수한다고 생각하고 있었다. 그러나 많은 나라에서 警察이나 軍隊라고 하는 특수한 공무원에 대해서는 단결권을 부정하고 있다는 것을 감안해서, 이 조약(제9조)에서는 이 두 카테고리의 공무원을 적용범위로부터 제외했다.

하지만, 제9조의 규정에서 명확하게 한 것처럼, 경찰과 군대인 구성원의 단결권은 각국의 법에 맡긴다는 것이고, 노동조합을 금지하지 않으면 안 된다는 것은 아니고, 단결권을 인정하고 있는 것과 큰 차이가 없도록 한다는 것이다. 현실적으로도 몇몇 나라에서는 인정되고 있다. 예를 들면, 오스트리아, 덴마크, 핀란드, 독일, 룩셈부르크, 노르웨이, 스웨덴에서는 군대에 대해서도, 일정한 단결권이 인정되어 있고 경찰에 대해서는 23개국에서 단결권을 인정하고 있다.

단지, ILO의 감시기구는 경찰이나 군대의 구성원이라는 말을 엄밀히 해석해서 비군사적 · 비정치적인 업무에 종사하는 민간인에 대해서는, 단결권을 제한해서는 안 된다고 생각해 오고 있다.

소방직원과 교도소직원도 그것과 비슷하다고 해서, 단결권을 제한하는 나라가 있다. 소방직원에 대한 단결권의 제한은, 일본 · 한국 등 여러 나라에서 아직도 많이 볼 수 있으나, 전문가위원회의 조사에 따르면, 교도소직원의 단결권을 제한하고 있는 나라는 7개국이나 되는데, 카메룬, 말레이시아, 멕시코, 나이지리아, 파키스탄, 스리랑카, 스와질랜드가 포함된다. ILO감시기구가 20년이 넘도록 감시해온 일본의 소방직원문제는 아직도 관계법령(지방공무원법 52조 5항)이 개정되지 않고 있다.

그런데, 소방직원이나 교도소직원에게 단결권을 인정하지 않고 있는 나라의 입장을 보면 단결권을 주게 되면, 파업을 일으킬 가능성이 있다는 것을 가장 중요한 이유로 하고 있는 것 같다. 단결권과 파업권은 별도의 문제다. 소방직원이나 교도소직원에게 파업권을 부여하지 않는 것 자체는 87호 조약에 반하는 것은 아니고, 이점에 대해서는 뒤에 파업권을 설명하는 기회에 해설하고자 한다. 국내법제 하에서, 노동법규의 적용범위로부터 제외되어있기 때문에, 단결권의 보장이 미치지 않는 것처럼 보이는 직종, 혹은 명시적으로도 단결권이 부정되고 있는 직종이 있다. 가사노동자, 개인적 또는 가족사업소에서 일하는 자, 해원, 수출가공국의 노동자 등이 그러하다. 이 조약은, 이들 직종의 어떠한 노동자도 제외하지 않고 있기 때문에, 모든 자가 보호의 대상이 된다. ILO의 감독기구는 이 조약에 관해서, 군대와 경찰을 제외한 모든 자에게 단결권이 주어지지 않으면 안 된다고 해석해 왔다.

### (2)「어떠한 差別도 없이」權利를 享受한다.

직종으로는 단결권이 인정되고 있어도, 그것이 차별적으로 적용된다면 조약의 보호범위가 좁아질 위험이 있기 때문에, 조약에서는 노동자 및 사용자가「어떠한 차별도 없이」결사의 자유를 향수 할 수 있도록 규정하고 있다.

여기서 차별이라는 것은, 인종 · 국적 · 성별 · 정치적 조건 등이 포함된다. 이민노동자가 많은 나라에서는, 국적에 따른 차별이 문제가 될 수 있으나, 그들 노동자가 자기의 이익을 지키기 위하여 결사의 자유를 가질려고 하는 것은, 당연한 일이고, 자유롭게 노동조합을 선택할 수 있는 권리도 보장되지 않으면 안 된다. 이것은 1952년에 채택된 노동조합운동의 독립에 관한 ILO총회결의로써, 「이와 같은 자유와 독립을 보지하기 위한, 하나의 조건은, 노동조합이 그 조합원의 人權, 母國 또는 政治的所屬機關을 불문하고, 결성되며 모든 노동자의 단체와 경제적 및 사회적 이해관계를 기반으로 해서, 노동조합의 목적을 추구하는 것」이라고 명백히 선언하고 있다.

### (3) 事前의 許可

「사전의 허가를 받지 아니하고」라고 할 때의 「허가」는 법인격취득을 위한 절차적인 것, 결사의 자유원칙에 반하지 않는다고 생각되는 것은 제외된다. 예를 들면, 단체가 그 규약을 예탁하지 않으면 안 된다는 것을 규정한 국내법규가 있다 하더라도, 그 법규가 당해규약을 공개한다고 하는 입법취지를 실현하기 위한 형식적 절차일 것 같으면, 이 조약 제2조에 반하지 않는다고 해석된다. 단지, 등록을 하게 된 결과, 일정한 세가 면제되거나, 분쟁해결제도나 부당노동행위의 처리절차를 이용하는 전제조건이 되거나, 단체교섭권이 그 단체에만 인정되게 되는 상황이 생길 경우에, 등록을 인정하는 기관이 재량권을 갖게 된다면 그것은 사전허가제와 비슷하게 될 수도 있다는데 주의할 필요가 있다. 마찬가지로, 등록절차가 불필요하게 길어지거나, 복잡할 경우에도 조약위반의 상황이 발생할 우려가 있다. 이 조약 7조에서 법인 취득을 위하여 조약적용을 제한하는 것 같은 성질의 조건을 붙여서는 안 된다고 하는 것은 그와 같은 상황을 염두에 두고 있는 것이다.

### (4) 숍(shop)制

소위 말하는 클로스트숍이나 유니온 숍이라는 제도는 조합원이라는 것과 특정한 노동조합에 소속하는 것을 의무화하는 것인데, 엄밀하게 말하면 이 조약2조에 반한다고 생각할 수 있다. 그러나 이 조약의 제정과정에서의 심의 내용을 보면, 그 문제에 대해서는 아무것도 정해진 것이 없고, 가맹국 각각의 국내법이나 관행에 맡긴다고 하는 정책판단이 이루어지고 있음을 알 수 있다. 말하자면, 노동자에 대하여 노동조합에 가입하지 않을 권리를 준다고 하는 조항을 삽입하는 수정안이 ILO총회에서 부결되었던 것이다. 숍제에 대하여, 이 조약이 아무것도 규정하지 않고 있다는 것은, 역으로 말해서 노동조합에 가입하지 않을 권리를 규정하는 국내법제가 있다고 하더라도, 그것도 또 조약의 적용범위라고 할 수 있게 된다.

### (5) 勞使組合의 規約 및 規則, 代表의 선정, 計劃의 策定

이 조약 제2조의 보호 하에 설립된 노동자 또는 사용자가 가입한 단체는 제3조 하에서 자유로운 활동이 보장된다. 대표의 선정에 대해서는, 국적, 정치적 견해, 범죄력 등의 자격요건이 문제가 되지만, 특정한 직업 또는 기업에의 소속이 포인트가 되는 조합전임임원문제가 특히 중요하다. ILO의 감시기구는 일반적으로는 이 문제에 대하여 전임제를 인정하지만, 개별의 경우는 함축성이 있는 어프로치를 취하고 있다(前揭 일반조사, 117항).

계획의 책정에는, 정치적인 활동도 포함된다. 정부의 일반적 정책결정이 노동자에게 영향을 주지 않을 수 없기 때문에, 노동조합활동은 좁은 의미에서의 노동자의 권리, 즉 보수(임금) · 휴가 · 노동조건 · 기업의 활동 · 사회보장만의 활동에 한정되는 것은 아니고, 더 넓은 문제, 예를 들면 무역에 대한 이국 간, 다수국간조약의 내용에 대하여, 국제금융기관의 개별적인 결정 등에 대하여 의견을 말하거나 활동을 전개하는 것은 「자유로운 계획책정」의 범위 내에 있다.

### (6) 스트라이크권

스트라이크(strike)권은 단체행동권의 중핵으로써, 한국에서 흔히 말하는 노동삼권의 하나를 구성하는 중핵적인 권리의 하나가 되지만, 국제문서 가운데서는 그 취급방법이 여러 가지다. 세계인권선언(23조 4항)에서는, 스트라이크권이라든가 단체교섭권에 대한 직접적인 언급이 없고, ILO에 있어서도 명시적으로 규정이 있는 것은 강제노동에 대한 105호 조약, 任意調停 · 仲裁에 대한 92호 권고밖에 없고, 결사의 자유에 직접적으로 관계되는 87호와 98호 조약에서는 단결권과 단체교섭권이 취급되고 있다. 그러나 87호 조약(제3조)에서 말하는 「계획의 책정」에는 스트라이크를 하는 결정의 포함된다고 ILO감시기구는 일관해서 판단해왔다. 더욱이 87호 조약상에 스트라이크권의 문언이 없다는 것이 해석상의 쟁점이 되고 있었다.

조약의 작성과정에서 파업권을 명문적으로 확정 또는 부인하는 제안이 채택되지 않았다는데 의거해서 87호 조약에는 파업권이 포함되지 않는다고 하는 논의가 있으나, 그 추론에는 문제가 있다. 왜냐하면, 기초과정에서는 파업권을 긍정도 부정도 하지 않기로 결정되었던 것이고, 조약자체는 이 점에 대하여 중립인 것이다. 그보다는 그 후의 감시기구의 판단의 축적에 따른 무게에 비중이 있다. 즉, 전문가위원회는 1998년의 일반조사에 있어서 파업을 일반적으로 금지하는 법령이 「노동조합이 가지고 있는 잠재적인 활동 능력을 제한하게 되고, 87호 조약 제8조 2항에 반하는 것이 될 수 있다.」는 판단을 하게 되었다. 그 후에도 같은 취지의 의견을 계속 말해오고 있어, 확립된 해석의 원칙이 되고 있다. 1994년의 일반조사에서는 그러한 사실을 확인하고, 다음과 같이 총괄하고 있다. 「스트라이크권은 경제사회적 권리의 향상과 옹호를 위해, 노동자와 그 단체가 사용할 수 있는 기본적 수단의 하나이다. 이러한 것에 대한 이익은 노동조건의 개선과 직업적 성격의 집단적 요구 실현에 관한 것에 그치지 아니하고 경제사회적 정책이나, 노동자에게 직접적으로 관련이 있는 모든 노동문제에 대하여 관계되는 것이 되어야 한다(前揭 일반조사, 147항)」.

결사의 자유위원회도, 그 판단기준으로써 87호 조약의 해석을 원용하는 형태로 파업권을 노동기본권상의 당연한 원칙으로 취급해왔다. 결사의 자유위원회가 삼자구성의 위원회이고, 그 원칙으로써 컨센서스(consensus: 합의)방식으로 최종결론을 내고 있다는 것을 고려하게 된다면, 근년에 와서 총회의 場 등에서, 일부대표가 파업권에 대하여 ILO의 감시기구의 판단은 잘못된 것이 아니라는 발언을 하는 것은 문제가 있다. 87호 조약 가운데, 파업권이 당초에는 명기되지 않았으나, 그 후의 실행으로부터 명기된 것처럼 동일한 결과가 도출된 것 같이 말 할 수 있을 것이다. 물론, 그것이 관습법적으로 성립된 것이라고 한다면, 별도의 관행이 확립되는 단계에서 판단은 달라지게 될 것이다. 그러나 87호 조약에서 파업권이 인정되지 않고 있다는 의견은 다수를 점하지 않고 있으며, 또 충분히 유력한 논거가 될 수 없다. 현재로서는 전문가위원회가 말하고 있듯이, 「스트라이크권은, 87호 조약에서 보호되고 있는 단결권으로부터 당연히 도출되어야 하는 것(前揭 일반조사 151항)」이라고 보는 생각이 타당할 것 같다.

그러면 다음으로 파업은 어떠한 경우에도 허용되어야 하는 것인지, 물론 그렇지는 않다. 전문가위원회도 그 점을 확실히 다음과 같이 말하고, 상세한 판단기준을 설정하고 있다. 「스트라이크(파업)권을 절대적인 권리로 보아서는 안 된다는 것을 강조하고 있는 것이다. 그것은 예외적인 상황에서는 전면적 금지의 대상이 되는 것까지 있기 때문에, 여러 가지 조건이나 제약을 해야 한다는 것도 충분히 생각할 수 있다(前揭 일반조사, 151항)」

어떠한 경우에 파업이 전면적으로 금지되고, 어떠한 경우에 일부가 제한되는지, 또 실질적으로 결과로써의 파업금지를 의미하는 것 같은 제도가 있다고 하는데 대해서, 각국의 法令와 慣行이 매우 다채롭고, 일반적 경향을 파악하기가 어렵다. 그러나 분명히 말할 수 있는 것은, 공무원이기 때문이라는 것만으로, 무제한 파업권을 인정하지 않는 법제는, 조약에서 정하는 노동조합의 자유원칙에 반한다. 공무원이 아니라 해도, 일정한 업무에서는, 그 停止가 사회일반에 큰 영향을 미치게 되는 경우도 있을 수 있다고 하는데서, 파업권의 억제가 정당화되는 일이 있다. 그래서 판단기준은 각 노동자의 지위에서가 아니고, 제공하는 役務의 구체적인 내용에서 구해지지 않으면 안 된다. 전문가위원회는 「그 역무의 중단이, 주민(住民)의 전부 또는 일부의 생명, 개인적 안전 혹은 건강에 위험을 미치게 할 수 있는 불가결한 업무(essential services)의 경우에만, 스트라이크 규제가 허용된다고 한다. 따라서 불가결업무의 업종은, 일반적인 형태에서 처음부터 정해지지 않는다. 예를 들면 멀리 떨어져 있는 섬이나 본토를 연결하는 선박에 근무하는 선원의 경우, 그것은 불가결 업무의 정의에 알맞을 것이다. 또, 통상은 불가결업무라고 할 수 없는 업종인 가정집 쓰레기 수집공이라 하더라도, 그 업무의 중단기간이 너무 장기화했을 경우에는 불가결 업무의 성질에 가까운 것으로 생각할 수 있을 것이다(동, 일반조사 160p)」. 여기서 중요한 것은, 그들의 불가결 업무에 있어서 스트라이크가 제한되어 있을 때, 적당한 대상조치가 강구되지 않으면 안 된다는 것이다. 전형적인 대상조치로는, 관계 당사자가 신뢰할 수 있는 조정중재절차가 있을 것이다.

파업에 관해서, 이따금 문제가 되는 또 하나의 개념으로는 政治파업 및 同情파업이 있다. 한계 상황과 케이스의 판단이 어렵기는 하지만 전문가위원회는 그들이 합리적 범위 내에서 이루어지는 것을 유보한 가운데, 전면적인 정치 및 동정파업의 금지는 조약에 적합하지 않다는 판단을 보여왔다(前揭 일반조사 168항).

또 파업에 들어가는 조건(스트권 확립을 위하여, 일정한 조합원의 찬성투표를 필요조건으로 하는 것)을 설정하는 것 자체는, 조건위반은 되지 않지만, 그것이 사실상 스트권의 행사를 불가능하게 하는 조건이 되어서는 안 된다. 전문가위원회는, 또 파업 참가자에 대한 제재에 대해서도 판단을 가하고 있다. 위법파업에 대하여 형사 죄를 과한다는 것은, 조약위반이라고는 할 수 없지만, 많은 벌금이나 징역형을 포함한 균형을 잃게 되는 형벌은, 문제해결이 되지 않을 뿐만 아니라, 건전한 노사관계를 육성하기 위해서는 악영향을 줄 수 있다고 보고 있다(전게 일반조사 177항). 여기서 이웃나라 일본의 한 예를 들어보자. 일본국가공무위법 · 지방공무원법이 파업을 일반적인 형태로 금지하고 있는 것은, 그 자체로써도 조약위반의 의문이 있을 수 있지만, 여기에 비하여 징역형을 포함한 벌칙이 규정되어 있는데 대하여 조약권고적용전문가위원회는 거듭 일본정부에 주의를 환기해오고 있다(전문가위원회 보고서, 87호 조약 적용에 관한 개별의견, 1995년 일본을 참조).

### (7) 行政權에 의한 解散 · 活動停止의 禁止

行政的權限에 의해 해산되거나, 활동을 정지당하지 않을 권리는 이 조약의 제2~3조를 다시 보강하는 의미를 갖지만, 이 규정이 있다고 해서, 국가의 내부적 또는 대외적 안전보장을 위태롭게 하려고 하는 비합법적조직의 결사의 자유까지도 보호되어야 하는 것은 아니다. 이 조약의 제8조 2항에 따라, 국내법령을 존중하지 않으면 안 되기 때문이다.

### (8) 聯盟 및 總聯盟을 設立하고, 國際團體에 加入할 수 있는 團體의 權利

개인수준에서의 노동자와 사용자가 자유롭게 스스로 선택하는 단체를 설립하거나 가입하는 권리를 그대로 옮기거나 바꾸고, 그들의 단체가 연합체를 조직하거나, 상부조직에 가입할 수 있는 권리를 규정하고 있는 것이 제5조인 것이다. 노동자 단체는 그 활동을 조정하고 활동의 효율을 높이기 위하여 동일 내지는 유사한 노동자를 대표하는 조직을 대상으로 하는 從型구조를 가진 연합체에 집결하거나, 다른 직업이나 활동부문에 있어서의 동일지역의 노동자를 대표하는 橫型구조를 가진 연합체에 집결하거나 하는 것이 보통이다.

연합체는 전국적 내지 직업종단적규모(職業從斷的規模)로 설립되는 경우가 많기 때문에 일응, 개별적인 단결권을 인정받고 있어도, 연합체에의 가맹을 제한하는 일이 있으면, 노동조합활동이 대폭 좁아지는 결과가 되고, 결사의 자유가 완전하게 인정되어 있다고 할 수 없게 된다. 이와 같은 케이스는, 종종 볼 수 있기 때문에, 결사의 자유를 확실히 보장하기 위하여 이 규정은 중요한 것이다. 그리고 그들의 단체가 국제수준에서의 연합체, 총연합에 가입할 수 있는 권리를 규정하고 있다. 특히 ILO에 국제노동조합연맹이나 국제사용자연맹(IOE) 등의 국제단체가 자문적인 지위를 인정받고 있어, 상당히 실질적인 활동을 하고 있다고 생각한다면, 결사의 자유 원칙을 최종적으로 완성하기 위해서도, 이 조약의 후단은 중요하다고 할 수 있을 것이다.

### 제3항 團結權 및 團體交涉權 條約(98호)

결사의 자유에 대한 ILO조약이라고 할 때에는, 보통 87호 조약과 함께 1949년에 채택된「단결권 및 단체교섭권에 대한 원칙의 적용에 관한 조약(98호 조약)」이 함께 논의되는 경우가 많다. 한 말로 말하면, 87호 조약이 노동조합의 자유를 공권력으로 부터의 보호를 목적으로 하고 있는데 비해, 98호 조약은 노사간의 상호불간섭원칙을 통해서 조합권(노동조합권)을, 사용자와 노동자의 사이에서 보호하려고 하는 것이다. 이것은, 반조합적 차별금지에 주안점을 두고 있는 조약이며, 그것을 통해서 단결권이 보장된다.

#### (1) 反組合的差別行爲

제1조 1항에는「노동자는, 고용에 관한 반조합적인 차별대우에 대하여 충분한 보호를 받는다」고 규정하고, 2항에는 그 보호의 범위를 규정하고 있다. 거기에 따르면「노동조합에 가입하지 못하도록 하거나 또는 노동조합으로부터 탈퇴할 것을 노동자의 고용조건으로 하는 것(동조2항 (a))」및「조합원이라고 하는 이유, 또는 노동시간 외에 혹은 사용자의 동의를 얻어 노동시간 내에 조합활동에 참가했다는 이유로, 그 노동자를 해고하거나 그 외에 그 노동자에 대하여 불이익한 대우를 하는 것(동항 (b))」으로 되어 있다. 이들 2항의 모두에「특히 다음과 같은 것」이라고 하는 말과 동항 (b) 안에 있는「기타」라고 하는 말에서 밝히고 있듯이, 이 두 항목은, 한정적열거가 아닌 예시인 것이다. 반조합적 차별로써의 불이익 대우중 가장 명백하고 중대한 것은 解雇인 것이다. 그런데 배치전환, 전근, 감봉(강등),

기타의 각종권리의 제한(보수, 사회적 급부, 직업훈련 등)도 불이익을 줄 수 있다. 경제적 이유로 인한 해고라는 위장 하에, 반조합적 차별행위가 이루어지고 있는 경우도 있는데, 이것은 판단하기가 어렵고해서 입증하기가 곤란하다는 것이 키포인트가 된다. 이 어려움을 극복하기 위하여, 일부 나라의 노동법에서는 거증책임(擧證責任)의 전환이 이루어지고 있다. 1982년의 「해고의 종료」 조약(158호)에서는, 이 점에 대해서 수당이 주어지고 있다. 즉, 「종료가 정당하지 않았다는 것을 입증하는 책임이 사용자에게 있다는 것...의 가능성에대하여 규정한다(제9조 2항)」고 되어 있어 1971년의 「노동자대표권고(143호)」에서도 「노동자 대표의 차별적인 해고 또는 그 고용조건의 불리한 변경이 신청되었을 경우에는, 그 행위가 정당하다는 것을 입증할 책임을 사용자에게 부담시키는 규정」이 권고되고 있다(6항 2(e)).

전문가위원회는 「반조합적 차별행위」의 해석으로써 보상의 문제도 논의하고 있다. 거기에 따르면, 반조합적 차별행위의 결과, 노동자가 당한 불이익은 금전 · 직업적 양측면에 있어서 충분히 보상되어야 하지만, 그 행위의 참된 목적이 해고 등 조합활동에 대한 방해일 경우에는 복직이 적절한 조치일 것이고, 금전적 보상이 있었다 하더라도 그것을 불충분하다고 본다(前揭 일반조사 220항).

역시, 이 조약의 제1조 2항 (a)에 대하여 문제가 되는 것이, 87호 조약의 경우에도 문제가 된 숍(shop)제도이지만, 87호 조약의 경우와 마찬가지로, 이것은 각국의 국내수준에서 해결해야 하는 것으로 해서, 98호 조약자체는 이 문제에 대하여 중립적인 입장이다.

### (2) 干涉行爲에 대한 保護

이 협약 제2조에서 보호하고 있는 간섭행위로 부터의 자유는, 동조제2항에 「노동자 단체를 사용자 또는 사용자 단체의 지배하에 두기 위해 사용자 또는 사용자 단체에 지배되는 노동자단체의 설립을 촉진하거나, 또는 노동자 단체에 經理상의 원조, 또는 기타의 원조를 하는 행위」라고 정의하고 있으나, 여기에 한하지 않고, 실제의 간섭행위는, 헤아릴 수 없을 정도의 양태를 취하고 있기 때문에, 예시하기 어려울 정도이다. 결사의 자유위원회에서도 많은 경우를 취급하고 있다. 그 대표적인 것을 든다면, 「하나의 노동조합 내에 두 개의 집행위원회가 존재하고, 그 중 하나가 사용자의 조정을 받고 있는 경우」고, 또 「경합하는 노동조합이, 사용자의 압력에 의해 설립된 경우가 있다(일반조사, 231항).」

그런데 후단에서 말하는 「원조를 하는 행위」를 보면, 법령이나 관행으로, 노동조합재정에의 거출이나, 사무소 등 기타의 제편의를 사용자가 부여하는 것으로 인정되고 있는 것이 상당히 일반적이다. 전문가위원회는 이러한 것이 「사회적 파트너로서 노동조합을 승인하는 표현방법」으로서 용인할 수 있다고 하면서도, 그것이 노동조합에 대한 컨트롤이나, 하나의 노동조합을 타에 비하여 우대하는 결과가 된다면 그것은 문제가 있다고 보고 있다(前揭 일반조사, 229항).

### (3) 團體交涉의 促進

제4조에 정해진 단체교섭의 촉진은, 공적관계에 의한 행동과, 당사자의 자주적인 행동의 두 가지 측면이 있다. 승인된 노동조합만이 교섭대리자로서 인정된다고 하는 경우가, 이따금 눈에 띄고 있으나, 그 자체는 조약과 양립되지 않는다고 하는 것은 아니다. 그 승인의 절차에 있어서, 결과적으로 단체교섭권을 저해하게 되는 것 같은 조건을 붙이는 것은 문제다. 예를 들면, 노동조합이 교섭대표로서 승인을 받기 위하여, 교섭단위의 구성원의 50%의 지지를 받지 않으면 안된다고 하는 법률상의 제한이 있는 경우에, 노동자의 50% 이상을 대표하고 있는 조합이 없을 때에 문제가 생기게 되는 것이다. 그와 같은 경우에는, 모든 조합에 적어도 자기의 조합원을 대표해서 단체교섭을 하게되는 권리를 부여해야하고, 더 일반적으로 말할 것 같으면, 단체교섭을 위한 가장 대표적인 노동조합을 판정할 수 있는 객관적 절차를 작성해서 운용하는 것이 바람직하다(전게 일반조사,

241~242항).

이 조항은 한편으로 단체교섭을 촉진하는 의무를 비준국에 부과하는 규정이기는 하지만, 다른 한편으로는 어디까지나 자주적인 교섭이 이루어져야한다는 것이 최종목표이기 때문에, 국가의 역할은 당사자에게 최대한 가능한 자주성을 허용하면서도, 노동협약의 체결이 가능하게 하는 법적·행정적 구조를 정비해야하는 것이다. 법률에 따라, 단체교섭의 상대방을 지정하거나, 그 내용을 한정하거나, 혹은 또 노동협약을 행정기관 내지는 財務當局의 사전승인의 대상으로 하거나 하는 것은, 이 조약과 상용(相容)되지 않는다. 나라에 따라서는, 당사자 간에서의 노동협약이 효력을 발생하기 전에, 행정기관이나 법원(재판소) 등에 승인을 구하지 않으면 안 되도록 하는 의무를 과하고 있는 경우도 있지만, 협약에 절차적인 하자가 있는 경우나, 노동법에서 정하는 최저기준에 충족되지 않는 내용의 협약을 체크하는 의미를 가진 승인제도 일 것 같으면, 모르지만, 그렇지 않고 당국에 더 넓은 재량권을 두고 있는 것 같은 성질을 갖게 될 때에는, 조약과의 양립성이 문제가 된다(전게 일반조사251).

이 조약의 적용상, 이따금 문제가 되는 것으로 強制仲裁制度라는 것이 있다. 당사자 간의 자주성에 따른 단체교섭이라 해도, 합의가 이루어지지 않을 경우에는 분쟁의 해결을 위하여 중재를 의무화하는 법제도가 상당히 널리 존재하고 있다. 그 최후의 단계가. 양자의 합의에 따라, 중립의 제3자에게 중재를 부탁하는 것이라고 할 수 있는데, 그 裁定에 법적구속력이 있다고 하는 의미의 강제중재일 것 같으면 어떠한 문제가 없겠지만, 그 중재에의 부탁이 일방의 당사자 내지는 정부에 의한 것이어서, 재정의 수락이 의무적인 것일 경우에는 문제가 있다. 전문가위원회는 이에 대하여 곧바로 조약과의 양립성을 문제로 하는 판단은 하지 않고, 상당히 함축성 있는 말을 하고 있다. 거기에 따르면, 「당국이 스스로의 주도권으로 강제한 중재는, 98호 조약 제4조에 정해진 임의성이라는 원칙에 반한다고 생각되지만, 오래 끌거나, 실속이 없는 교섭 끝에, 당국의 일정한 주도권 없이는 교섭상의 어려움을 타개할 수 없다는 것이 명백해 졌을 경우에, 당국의 개입이 정당화되는 경우가 있다(前揭 일반조사 250항).」

### (4) 適用除外

이 조약 제5조에는, 87호 조약의 경우와 마찬가지로 군대 및 경찰에 관한문제를 국내법에 위임하고 있듯이, 조약의 적용범위로부터 군대 및 경찰을 제외하지 않으면 안 된다는 것이 아니고, 國內法令이 그들의 구성원에 대하여 조약상의 제권리를 주고 있다고 한다면, 그것은 존중되어야 한다는 것이 동조제2항에 명기되어 있다는 점도, 87호 조약의 경우와 같은 것이다.

87호 조약의 경우와 다른 것은, 제6조에서 「나라의 행정에 종사하는 공무원」도 적용범위로부터 제외할 수 있다고 하는 점이다. 전문가위원회가 여기서 말하는 「나라의 행정에 종사하는 공무원」이라고 생각하는 것은 「나라의 행정에 그 직무상, 직접적으로 고용되고 있는 공무원, 정부의 각 부처나, 거기에 준하는 기관에 고용되어있는 상급공무원이나 그 보조적 직원(스텝)」으로 매우 한정적이다. 「만약, 그렇지 않다고 한다면, 98호 조약은 그 범위로부터 많은 것을 빼앗기게 될 것이다」고 하는 것이 그 이유가 된다(전게 일반조사 200항).

## 제4항 기타의 結社의 自由關係의 基準

적용의 일반성이라고 하는 의미에 있어서, 「기본」度가 약하기 때문에 7가지 기본조약 안에는 들어가지 않고 있지만, 같은 결사의 자유를 취급하고 있는 것으로, 다음과 같은 것이 있다.

「결사의 권리(농업)(11호 조약, 1921년)」

「노동자대표(135호 조약, 동권고 143호, 1971년)」

「농업종사자단체(141호 조약, 동권고 149호, 1975년)」

「노사관계(공무)(151호 조약, 동권고 159호, 1978년)」

## 제3절 强制勞動의 禁止

### 제1항 勞動을 强制당하지 않을 自由

강제노동의 금지는, 대부분의 나라의 헌법에 규정되어있는 일반적인 기본적 인권의 하나가 되겠지만 ILO의 경우(場)에 있어서도 기타의 일반적인 노동기준의 실현을 위한 전제조건으로써 없어서는 안될 국제노동기준인 것이다. 이 문제는 ILO의 아주 초기단계에서부터 검토되어왔고, 국제연맹의 논의를 포함해서 1930년에 29호조약이 채택되면서 결실을 맺었다. 그 후, 강제노동의 형태에 다양성이 있다는 것을 알게 되었고, 1947년에는 UN과의 협력 하에서 합동으로 「강제노동위원회」가 특별히 설립되고, 새로운 보고서가 작성되었다. 그 결과, 국제노동기준의 설정이 준비되고, 29호 조약을 보강・보충하는 것을 목적으로 해서 1957년에 강제노동금지조약이 채택되게 되었다. 이 두 가지 조약이 강제노동금지에 관한 ILO의 기본적 조약이 되겠지만, 후자는 전자의 개정조약이 아니고, 상호보완적인 관계에 있기 때문에 가맹국으로서는 양쪽을 다 비준하기를 기대하고 있다. 또, 일의 성질로 봐서, 나라에 따라서도 조약 내용의 적용방법이 달라도 좋은 것은 아니다. 관련되는 ILO권고가 부수되지 않고 있는 것은, 결사의 자유에 대한 기준의 경우와 같기 때문이다. 그것뿐 아니고, 결사의 자유와는 달리 29호와 105호 조약이외에는 관련되는 강제노동협약이 없다. 단지, 청소년특별계획에 관한 136호 권고가 강제노동조약에 비하여, 일정한 해석의 여지를 주고 있다는 데는 주의를 요한다.

본인의 뜻에 반해서 강제되는 노동의 역사적인 전형은 奴隷제도인 것이다. 오늘날의 세계에 있어서, 전근대적인 노예제도가 있는 나라나, 노예자체의 존재를 공식으로 확인한다는 것이 어렵게 되어있는 나라도 있지만, 1930년에 이 조약이 채택될 당시는 식민지도 많이 있었고, 또 노예제라고 하는 말을 느끼고 있어, 문자그대로 노예노동도 중요한 규제대상이 되고 있었다고 생각할 수 있다.

한편, 29호 조약은 강제노동이라는 정의를 넓히게 됨으로써, 적용범위가 광범위한 것으로 되어있고, 협의의 강제노동에 한하지 않고, 모든 것이 본인의 의사에 반해서 강제되는 노동을 커버하고 있어 오늘날에 와서도 충분히 기능할 수 있는 조약이 되어 있다. 그리고 29호 조약에 대한 ILO의 감독기구의 判斷集積을 보면 60년 동안에 걸친 판단의 집적이, 하나하나의 조문에 의미를 부여하고 있어, 시대 상황에 따른 살아있는 法을 만들어 내고 있다는 것으로 이해된다.

### 제2항 强制勞動條約(29호)

이 조약은, 모든 ILO조약 중에서 가장 많은 비준수를 자랑하고 있는 조약이다. 條文數는 사무규정을 제외하고 실제로 26개조가 있지만, 그 중의 대부분이 1930년이라는 시대상황을 반영하고 있어, 식민지 시대의 노동형태를 염두에 두고 있다. 따라서 제2조와 25조를 제외한 다른 조문은 소위 사문화되었다고 보는 경향이 많은데 감시기구의 코멘트에 있어서도 최근의 수십 년 동안, 거의 활용된 일이 없었다는 평을 받고 있다.

#### (1) 强制勞動의 定義

이 조약은 제2조에서, 강제노동 내지는 의무적 노동을「처벌의 위협 하에 강제되고, 스스로의 의사에 의하는 것이 아닌 일체의 노무」라고 정의하고 있다. 이것은 극히 포괄적인 정의이기 때문에, 거의 모든 강제적인 노동행위가 규제대상이 되고 있다는 것을 알 수 있다.

「처벌」로는, 형사 처벌은 물론이고, 불이익을 준 모든 경우가 포함되고, 연금수급권의 박탈과 같은 경제적 불이익도 여기에 해당된다. 「모든 者」에는 외국인도 포함되고, 그 체재자격도 문제가 되지 않는다. 즉, 위법 또는 在留資格未決定者라 하더라도, 이 조약이 적용된다.

또, 「자발적으로 제공하는」노동이었다고 하더라도, 근속연한의 기간에 따라서는 이 조약이 적용되는 경우도 있다. 그것은 「年期奉仕」와 같은 것인데, 그 시작이 자유의사에 따른 것이라 하더라도 그 기간이 이상하게 길고, 도중에서 그 역무의 제공을 자유롭게 중지할 수 없을 때도 강제에 해당된다. 전형적인 예는, 인도의 bonded labour(債務노동: 노예제에 가까운 賃金前拂노동)이 있다. 이와 같은 「年期奉仕」는 아시아나 아프리카의 도상국에서 볼 수 있는 문제에 한정되어 있는 것은 아니다. 최근에 와서 ILO의 감시기구에서 특히 빈번히 취급하고 있는 것으로, 장학금을 받고 교육을 받은 자가, 교육기간 종료 후 어느 특정한 직업에 일정기간 취업하지 않으면 안 된다고 하는 케이스가 있다. 구체적으로는 유럽의 상당수의 나라에서 미성년 때에 사관학교에 입학해서, 졸업한 후에는 직업군인이 되는 것을 의무화하고 있다는 것이 문제가 되었다. ILO의 지적을 받은 몇몇 나라에서는 법령을 개정해서 거기에 대응하고 있다. 더욱이 공적 자금을 이용해서 무상의 교육을 받고, 재학 중에는 생활비 까지 공급받고 있는 경우에도, 그 후의 일정기간 「感謝奉仕(일정기간동안의 은혜에 감사하는 뜻에서 노동에 봉사 하는 것)」을 의무로 하는 것 자체는, 곧 바로 강제노동이라고는 할 수 없고, 교육비나 생활비를 돌려주었을 경우, 곧 바로 의무적 업무로부터 개방된다는 것, 또는 일정기간(ILO의 판단에서는, 장학금 등의 恩典을 받은 기관과 동일 내지는 최고 그 배의 오래된 기간 동안, 어떻든 10년을 넘기지 않는 기간)을 일한 뒤에는 언제든지 직업선택의 자유를 준다는 것이 확보되어있으면, 이 조약의 적용상의 문제는 생기지 않는다.

오늘날의 문제의 하나로, 浮浪兒내지는 寄生생활자가 있다. 이것은 기생생활자(부랑아)를 벌하는 나라가 이따금 있기 때문이다. 노동에 대한 사고의 차이도 있지만, 그와 같은 立法例를 가진 나라의 정부의 입장을 보면 노동은 의무인 것이지, 정당한 이유도 없이 일을 하지 않고 있는 것은 반사회적 행위이기 때문에 범죄를 구성한다고 주장하고, ILO의 견해와 종종 대립된다. 이에 비하여, ILO감시기구는 일관해서 노동은 자유의사에 기초를 두고 있다는 자세를 취하고 있고, 본인의 의사로 노동을 하지 않는 것

자체를 처벌하는 것은 29호 조약에 반하는 것이라고 보고 있다.

### (2) 適用除外

제2조 2항에서는, 이 조약에서 말하는 강제노동에 해당되지 않는 것이 다섯(5)개나 열거되고 있다.

첫째로, 병역제도를 취하고 있는 나라에서는 그것이 순수한 군사활동의 역무라고 하는 조건으로 그 간의 노동을 조약의 적용에서 제외하고 있다. 국가의 기본적 권리로서 전쟁을 할 권리가 포괄적으로 인정되고 있었던 시대와 오늘날을 비교하면 알 수 있듯이, 장래에 있어서의 전투행위 자체가 自衛權의 행사를 포함해서, 일반적으로 금지되는 것 같은 나날이 오지 않는다고도 단정할 수 없다. 그와 같이 된다면, 이 제외규정도 재고하지 않으면 안 되겠지만, 현시점에서는 많은 나라에 있어서, 병역의무가 과해지고 있어, 이 제외는 막을 수 없다고 생각된다. 단지, 병역의 이름을 빌린 경제적 착취(예를 들면, 병역종사 중에 일반건설공사 등의 비군사적 작업을 하게 하는 등)은 제외되지 않는다. 더욱이 양심적 병역 거부자에 대하여 어떠한 비군사적 작업을 과한다는 것은 허용된다고 해석되고 있다.

둘째는 통상의 시민적 의무가 제외되고 있다. 배심제도를 채택하고 있는 나라에서 배심원으로서 사법과정에 참가할 의무나, 의무적 보통선거제도를 취하고 있는 나라에서의 役票義務 등을 생각할 수 있지만, 이 항의 적용에 대해서는 큰 문제가 생기지 않고 있다.

셋째는 사법기관의 결정에 따라 과해진 형벌로써의 역무(전형적인 것이 징역형 하에서의 교도소노동)가 제외된다. 나라에 따라서는 자유형인 형태로서의 禁固만으로 징역을 인정하지 않는데도 있지만(예를 들면 미국), 많은 나라의 형법에서는, 자유형에 따라 교도소노동을 과하는 징역형이 정해져 있다. 교도소에 구금되어 노동을 강제당하는 것은 바로, 이 조약에서 말하는 강제노동이 되지만, 징역형이 일반적으로 합리적이라고 해서 이루어지고 있다는 것을 감안해서, 이것을 적용제외하기로 했다는 것이다. 그러나 그것은 조약이고, 「공적인 기관에 의한 감독 하에서 이루어지지 않으면 안 되고, 개인이나 사적인 단체, 회사 등에 존속되어서는 안 된다」고 되어 있다. 교도소안에서, 나라가 직접 지휘감독을 하는 노동에 종사하는 경우는 문제가 없지만, 교도소 內라고 하더라도 사기업의 관리 하에 노동이 제공되는 경우는, 조약을 위반하는 것이 된다.

교도소 경영의 합리화를 이유로 해서, 역무소 내의 생산활동을 민영화하거나, 극단의 경우에는 교도소 자체를 민영화하는 것이 최근의 경향으로 볼 수 있으나, 이것이 이 조약에 저촉된다고 하는데서 이따금 체약국과의 사이에 문제가 생기고 있다. ILO측도, 민간기업을 전면적으로 배제하는 것은 아니고, 공적기관의 감독 하에서 이루어진다면 사기업에의 업무위탁을 인정하고 있어, 다시 형기만료직전의 수형자에 대해서는 적정한 임금 및 노동조건이 일반의 노동자와 다르지 않다는 것을 조건으로 사회복귀를 위한 직업훈련이 된다고 하는 이유에서, 민간기업에의 출향을 인정하고 있다. 민영화라고 하는 세계적인 경향 속에서, 교도소에 대해서도 규제완화의 파도가 밀어닥치고 있어, ILO의 감독기관이 세계의 조류에 어떻게 대응할 것인지가 주목된다.

네 번째로는, 긴급사태에 직면했을 때의 제외규정이 있다. 긴급의 정의에 따라서는 확대해석의 우려가 있기 때문에, 이 항에서는 한정적으로 열거하고 있다. 거기에 따르면, 긴급사태라 함은 「전쟁의 경우, 또는 화재, 홍수, 기근, 지진, 맹렬한 유행병, 또는 가축유행병, 수류 · 벌레 또는 식물에 대한 害物의 침입과 같은 재해 등이 있는 경우 및 주민의 전부 또는 일부의 생존 또는 생활을 위험하게 할 우려가 있는 일체의 사태」인 것이다(제2조 2항 (d)). 그런데 이 긴급사태의 정의는 결사의 자유원칙을 해석하는데 있어서, 중요한 하나의 요소가 되어 있다. ILO의 감독기구는 기간산업에 있어서 스트라이크 금지를 허용하기 위한 기준으로써, 이 정의의 후반부분을그대로 원용하고 있다. 또 긴급사태가 종료된 후에는 곧 바로 의무적 노동은 정지되지 않으면 안 된다.

다섯 번째는 지역주민으로서의 경미한 역무제공은 용인된다는 것이다. 예를 들면, 마을이나 길거리의 수준에서, 각자의 집 앞에 있는 公道의 청소를 매주 한번 한다고 결정되어있는 경우를 생각할 수 있다. 단지 여기서도 확대해석을 막기 위해, 상세한 조건을 붙이고 있다. 「지역주민이 그 지역의 직접적인 이익을 위하여」일을 하게 되는 것이고, 「그 지역주민의 대표가, 당해 役務의 필요성에 대한 의견을 들을 수 있는 권리가 확보되어 있지 않으면 안 된다.」 지역으로 봐서 간접적인 이익이 된다고는 하지만, 거주 지역으로부터 멀리 떨어진 지방에 있는 댐의 건설에 동원된다고 하는 경우는 「경미한 지역적 역무」라고는 볼 수 없는 것이다.

## 제3항 强制勞動廃止條約(105호)

### (1) 105호 條約의 特殊性

105호 조약은, 전통적인 의미에 있어서 강제노동을 주로 규제대상으로 하는 29호 조약에서 다시 진전해서, 강제노동 그 자체를 규제하는 것만으로 그치지 않고, 결과적으로 강제노동에 이르는 과정을 규율대상으로 하는 특이한 성질을 가지고 있다.

그 과정 중에는, 표현의 자유나 평등권과 같은 본래 직접적으로는 노동문제가 아닌 것 까지 포함되어 있다는 것에서, 이 조약은 일반적 인권보장조약이라고 할 수 없는 것도 아니다. 105호 조약은, 분량 적으로 보면 아주 짧은 조약이어서, 사실상은 제1조 뿐이라는 말까지 나올 정도다.

이 조에는 다음과 같이 규정하고 있다.

「이 조약을 비준하는 국제노동기관의 각 가맹국은, 다음에 게재된 수단, 제재 또는 방법으로서의 모든 형태의 강제노동을 금지하고, 또한, 이것을 이용하지 않는 다는 것을 약속한다.

(a) 정치적인 압제 혹은 교육의 수단 또는 정치적인 견해 또는 기존의 정치적, 사회적 혹은 경제적 제도에 사상적으로 반대하는 견해를 의탁

하거나 혹은 발표하는데 대한 제재

(b) 경제적 발전의 목적을 위하여, 노동력을 동원하고 또는 이용하는 방법

(c) 노동규율의 수단

(d) 동맹파업에 참가했다는데 대한 제재

(e) 인종적, 사회적, 국민적 또는 종교적 차별대우의 수단」

여기서, 일결해서 알 수 있듯이, 이 조약은 강제노동을 전반적으로 금지하는 것은 아니다. 강제노동이라는 개념의 정의도 되어있지 않다. (a)~(e)에 나와 있는 원인에 따라 강제노동이 과해졌을 때에, 처음으로 이 조약이 적용되는 것이다. 그러나 정치적인 의견을 표명하게 됨으로써, 곧바로 강제노동이 과해지거나, 파업에 참가했다고 하는 사실에 따라 직접 어떠한 노동이 강요되는 입법의 예는 많지가 않다. 통상은, 먼저 그들의 행위(정치활동이나 스트라이크에의 참가 등)를 위법으로 하는 법이 있기 때문에 거기에 반했을 때에 자유형을 과하는 규정이 있고, 한편, 교도소법등에서 노동에 관한 의무가 정해지게 되고 거기에서 처음으로「본인의 의사에 반하는 노동이 강제되게 된다고 한다면」이 조약은 '강제노동의 금지에 이름을 빌린 타의 제권리의 보호를 목적으로 한 조약인 것이다' 라고 해도 과언은 아니다. 그래서 (c) 노동규율과 (d) 스트라이크에 관한 항목을 제외하면, 노동문제에 직접 관계되게 되는 내용의 것은 거의 없다. 아주 과장하게 말한다면, 이것은 표현의 자유나 평등권과 같은 基本的 人權을 지키기 위한 국제조약이라고 말할 수도 있다.

이 조약에는 강제노동이라는 말의 정의가 되어있지 않다고 하는데서, 무엇이 강제노동에 해당되는지는, 29호 조약의 정의를 원용해야만 하는데 그렇다고 한다면, 29호 조약에서 제외된 것은, 이 조약에서도 마찬가지로 제외되어야만 한다는 생각을 할 수도 있다. 그렇게 해석했을 경우, 가맹국에 있어서 이 조약의 각 항목에 규정된 행위를 벌하는 법령이 있고, 벌로써 징역형이 과해졌다고 하더라도, 그것 자체는 이 조약에 반하는 것이 아

니라는 결론이 나온다. 이것은 이론적으로는 성립되는 해석이다. 실체법의 내용은 묻지 않고, 정당한 절차에 따라서 내려진 판정을 집행했을 것 같으면, 복역 중에 있는 노동은 29호 조약의 제외 예에 따라 강제노동이 되지 않는다고 하는 사고방식이 대두된다. 해석론으로서는, 그래도 일응, 논리적 적합성은 있지만, ILO의 감시기구에서는 그렇게는 해석하지 않고, 105호 조약 제1조에 있는 사실의 결과로써 이루어지는 의무적인 노동이 있으면, 설사 그것이 재판소의 판결에 의한 노동이라고 해도, 105호 조약의 강제노동에 해당된다고 하는 상태로 해석해 오고 있다.

그 논거는 이러하다. 29호 조약 하에 있었다 하더라도, 이 조약에 실려 있는 다섯 가지 점에 대하여, 강제노동이 벌(罰)로써 과해지게 되는 것이라면, 그것이 재제의 결과로서의 노동이 아닌 한, 조약위반이 되는 것이다. 이 조약이 모처럼 다섯 가지 케이스를 특기하고 있는 것은, 29호 조약에서는 커버할 수 없는 상황을 구하기 위해서였고, 재판의 결과, 과해지게 되는 노동까지도 강제노동으로 보게 된다고 해석하지 않는 한 이 조약의 존재의의가 없어져 버린다. 따라서 이 조약은 다섯 가지 케이스에 대하여 가해지는 교도소노동을 포함하는데 있어서의 강제노동을 특히 금지하고 있다는데 지나지 않는다고 하는 것이다. 확실히, 교도소 노동을 제외하는 29호 조약인 강제노동의 정의를 여기서도 적용시켜 버린다면, 대부분 이 조약의 의미가 없어져 버린다는 것이고, 전문가위원회가 내린 「의견」을 분류해서 보면 일목요연하다, 대부분의 의견이 조약에 열거된 사항과 관련되는 교도소노동을 대상으로 하고 있는 것이다.

역으로 말하면, 여기에 이 조약의 아킬레스건(Achilles tendon)이 있다고도 생각할 수 있다. 결국, 표현의 자유나 파업권 등의 열거된 法益을 지키는 것이 본래의 목적이라고 한다면, 그것을 금지하거나 제한하거나 하는데 대하여 징역형을 과하지 않도록 한다면, 이 조약의 적용상 문제는 없어져 버리게 되는 것이다. 정치활동, 표현의 자유, 파업권의 행사를 규제하는 수단으로써, 벌금형이나 금고형(교도소 내 노동은 자유의사에 따른다)일 경우는 이 조약 위반이 되지 않는다. 지금 실체법의 쪽은 건드리지 않고, 벌칙에서 징역형을 제외하게 함으로써, 이 조약의 적용을 확보한다고 하는 대처방법을 취하는 조약 당사국도 많이 존재한다. 이와 같은 약점을 가지고 있는 105호 조약이지만, 오늘날까지 과해온 역할은 크다고 본다. 많은 당사국들이 조약의 규정에 따라 법령을 정비해 왔다고 본다.

### (2) 105호 條約適用 上의 問題

앞에서도 언급했듯이, 이 조약은 (a)~(e) 까지 규정되어 있는 사항에 대하여, 교도소노동을 포함한 일체의 강제적 역무를 금지하고 있는 것이다. ILO의 감시기관의 판단을 볼 것 같으면 (a), (b), (c), (d)에 관한 것이 압도적으로 많다는 것을 알 수 있다.

(a)는 총체적으로 시민적자유권이 확립되어있지 않은 나라에 많은 문제점이 있다. 그러나 이미 시민적 자유권이 보장되어 있는 나라에서도 불과 얼마 되지 않는 법령에 징역형을 포함한 벌칙이 있다고 하는데서 적용상의 문제를 발생시키고 있는 곳도 있다.

(b)의 「경제개발을 위한 동원」은 이미 29호 조약에서도 커버되고 있기 때문에, 105호 조약 전문가인 프로퍼(proper)의 문제로써 취급되고 있는 것도 적고, 29호 조약을 비준하지 않고, 105호 조약만을 비준하고 있는 나라로 봐서는, 29호 조약의 일부를 여기에서 보장할 수 있다는 것을 의미한다. (e)의 「노동규율의 수단으로써」 강제노동이 가해지는 경우는 그렇게 많지는 않다. 옛날의 영국의 선원법(船員法)에 있었던 규정에서, 탈주선원에 대하여 선장이 그들을 배에 끌어와서 복무시키는 권능을 부여했던 것이 문제가 되었으나, 그 나라(영국)에서는 당해 조문이 개정됨으로써 적용상의 문제가 없어졌다. 그러나 旧英連邦제국에서 잉글리시선언법의 영향을 받은 나라에서는 같은 형태의 옛 규정이 남아있는 나라도 있었으나 ILO의 지적에 따라 서서히 개정작업이 이루어지고 있다. (d) 의 파업에 참가한데 대한 벌칙으로서의 강제노동은, 이따금 문제가 되는 경우가 있다. 거기

에 대한 최대 문제는, 위법한 파업에 대해서도, 이 조약의 보호가 미치게 되는가 하는 점이다. 결사의 자유 원칙에서도 언급했듯이, 예를 들면 경찰과 군대에 대해서는 노동조합권까지 제한하는 것이 가능하기 때문에 파업을 금지하는 것은 가능하다고 생각되고 위법한 스크라이크에 대해서는 징역형을 가하는 것이 이 조약에 위반으로 해당되는지가 문제되게 된다.

전문가위원회는 그 판단의 축적으로부터 다음과 같은 기준을 찾아 내고, 거기에 적합할 수 있는 경우, 파업은 제한 할 수 있게 하고, 거기에 반하는 것 까지 조약의 보호 하에 두지 않는다고 하는 판단을 보여 왔다. 그 기준이라는 것은, 「업무의 중단이 주민의 전부 또는 일부의 생명, 개인적 안전 또는 건강을 위태롭게 하는」 성질의 것인(1970년, 강제노동에 관한 일반조사, 126항)인데, 상당한 수의 나라에서는, 특정한 업종을 「불가결업무」로 규정하고, 스트라이크를 제한하고 있으나, ILO는 이것을 앞에서 언급한 것처럼 제약을 하는 가운데서 追認하고 있는 것이다. (e)에서 말하는 「인종적, 사회적, 국민적, 또는 종교상의 차별의 수단으로써」의 강제노동은 그리 많지가 않다. 인종차별이나 종교상의 차별을 하지 않으면, 징역형을 가한다고 하는 적극적인 법령이나 실행은 상정하기 어렵기 때문에, 「인종, 사회, 국민, 종교에 대한 차별이 결과적으로 있을 수도 있는 강제노동」이라고 하는 상태를 생각해 볼 수도 있을 것 같다.

그렇다고 하더라도 전문가위원회의 의견이, 이 점에 대하여 거의 나오지 않고 있기 때문에, 실례는 그다지 많지 않는 것 같다. 얼마 되지 않는 예의 하나로, 남미에 있는 어느 나라에서, 원주민과 통상하는 시민과를 구별하고 적용되는 형법이 다른 법제도를 취하는 일이 있었으나, 원주민에게만 징역형이 과해지고 있었기 때문에, 이 항목이 적용되고, ILO가 법령의 개정을 요구한 경우가 있다.

## 제4절 差別待遇의 禁止

### 제1항 開 設

제1절의 개요에서도 언급했지만, 단결권에 관한 98호 조약의 기본도 反組合的 차별로 부터의 자유를 내용으로 하고 있다는 의미에서, 차별금지 원칙의 실정화에 있고, 마찬가지로 노동자 대표에 관한 135호 조약이나 공무에 있어서의 단결권인 151호 조약에서도 차별금지조항은 기본적인 규정의 하나로 되어있다.

그 외의 ILO조약에서도, 여러 가지 의미에 있어서 차별금지조항을 추출해보면 상당한 수가 될 것이다. 家族的責任이 있는 남녀노동자에 관한 조약(156호)도 사실상, 차별금지 조약인 것이다. 이민노동자에 대한 각종 조약 · 권고도, 거의 차별금지를 중심으로 하고 있다고 볼 수 있다. 사회보장에 대한 118호 조약은 표제가 「내외국인균등대우」라고 하고 있는 데서도 알 수 있듯이 바로 차별금지기준인 것이다. 규정 가운데서 「차별 없이」라든가, 「구별 없이」라는 말이 들어간 기준을 찾아낸다면 상당히 많은 수가 될 것이다. 그러나 차별에 대한 것을 일반적인 형태로 정한 기준으로서는, 100호 및 111호 조약이 대표적인 것인데, 그 일반적인 적용성에 착목(감안)해서 기본권조약이라고 높여주고 있다.

### 제2항 同一報酬條約(100호)

차별금지원칙 중에서도, 특히 대표적인 것이 성에 의한 차별을 금지하는 것이다. ILO에서 평등문제에 대하여 채택한 최초의 일반적조약이 이 「同一價值勞動에 대한 남녀노동자의 동일보수에 관한 조약(100호)」이다.

### (1) 報酬의 定義

이 조약 제 1조에는 「보수」 및 「평등(同一價値勞動)」에 대하여 정의하고 있다. (a)호에 따르면, 보수에는 「통상의, 기본의, 또는 최저의 임금 또는 급료 및 사용자가 노동자에게 그 고용을 원인으로 해서 현금 또는 현물을 직접 또는 간접으로 지불하는 모든 추가적 급부」가 포함된다고 되어 있어, 통상적으로 말하고 있는 임금에 더해서, 모든 형태의 보수가 포함되는 것으로 규정하고 있다.

### (2) 平等(同一價値勞動의 定義)

제1조 (b)는, 이 조약의 선진적(先進的) 성질을 나타내는 것이어서, 평등은 단순한 숫자적인 평등이 아니고 「동일가치노동」에 대한 평등이라고 하는 것이 명기되어있다. 흔히 남녀평등이라고 말할 때의 평등은, 「같은 노동」에 대하여 「동일임금」을 의미하는 경우가 많고, 현실적으로도 많은 나라에서, 동종의 규정에서 「동일노동 동일임금」으로 규정되고 있는 것이 일반적이다. 세계인권선언의 규정에서는, 단지 「동등한 노동」에 대하여 「동등한 보수」라는 표현으로 되어 있는데 지나지 않는다(제23조 2항). 100호 조약에서, 그것이 동일「가치」노동이라고 하는 것은, 동일노동, 동일임금이라는 것을, 어떻게 보면 평등한 것처럼 보이는 규정으로 위장해서, 명칭만 바꿔놓고, 실제는 같은 노동이 아니라고 해서 차별적인 임금을 설정한다는 것은 이 조약의 규정이나 방법에 따라 배제되어야 하기 때문이다.

### (3) 平等賃金의 實質方法

이 조약 내용을 담보하기 위해서는 새로운 입법에 따르거나, 기존의 임금결정방법을 활용하거나, 노동협약(단체협약)에 포함시키거나, 이들의 조화(콤비네이션)를 이용하거나 함으로써 달성된다(제2조). 그리고 이 조약은 「노동내용인 작업의 객관적 사정이 이루어져야만 한다.」고 하지만(제3조), 이것은 「동일가치노동」을 판정할 때의 키포인트가 되기도 하기 때문에 제

1조 (b)를 보강하는 중요한 규정인 것이다. 이것이 적절하게 이루어진다면, 격차가 있는 보수도 정당화할 수 있다고 보고 있다(제3조제3항).

### (4) 監視機構에 의한 解釋의 方向性

이 조약을 비준하는 많은 나라에서는, 헌법 또는 관련 노동법규 중에서 남녀평등임금이 규정되어 있는 경우가 많아서, 법률상 큰 문제는 생기지 않지만, 동일가치노동을 어떻게 판정할 것인가 하는 실제의 적용의 측면에 있어서, 그것을 클리어(clear)한 후에도 여전히 존재하는 실질적인 남녀간의 보수불평등을 어떻게 없앨 것인가 하는 문제에 대해서는, 전문가위원회를 비롯한 ILO의 감시기관이, 한걸음 더 나아가서 판단하고 있다. 어느 특정한 국면을 찾아내서 조약과의 적합성을 찾았을 경우에는 법률상의 문제가 생기지 않지만, 다른 각도에서 보면, 역시 거기에는 평등한 보수의 원칙이 철저하지 않다는 경우가 존재할 수도 있기 때문이다.

그 대표적인 것이, 고용에 있어서나 승진의 과정에 있어서의 性에 의한 차별이라고 본다. 결과적으로 보수에 영향을 주게 되고, 사회적으로 여성의 진출이 많다고 하는 나라에서까지, 남녀 간의 평균임금을 비교하면 여성 쪽이 낮은 경우가 많다. 그것은 사회구조상의 문제로서, 여성의 임금이 결과적으로 낮을 수밖에 없는 구조가 원인이라고 생각되지만, 그것을 해소하는 데는, 채용에서 부터의 차별이 없도록 하는 한편, 많은 경우 채용 후의 고용조건으로 자녀의 양육과 함께 가정책임을 맡고 있는 여성에게는 불리하게 되어있는 전체적인 구조를 재고해야 한다는 것이다.

생각에 따라서는, 이 문제는 뒤에서 말하는 111호 조약의 문제이지, 100호 조약의 수비범위로부터 떨어져 있다고도 할 수 있으나, 전문가위원회에서는 충분히 100호 조약에서도 취급할 수 있는 문제라고 보고 있다(1986년, 일반조사, 100항). 그 근거는 제2조에 따라 각 비준국의 과해진 노력의무 가운데서 찾아 볼 수 있다. 일본은 이 문제에 대하여 전문가위원회에 의한 의견에 따라, 총회위원회에서도 1993년과 94년의 2회에 걸쳐 심의의 대상이 되었다. 법률상으로는 남녀동일임금이 인정되고 있는데도 불구하고, 남녀 간의 평균임금의 차를 보면 다른 나라보다도 크고, 정부가 그 원인으로서, 年功序列制度자체를 문제로 하고 있는 것이 아니고, 제3조 1항에서 말하는 객관적인 업무분석이 충분히 이루어지지 않는 것은 아닌지 하는 점을 더욱 문제시하고 있다(1994년 전문가위원회보고, 100조약). 조약과 동시에 채택된 90호 권고는, 조약에서는 충분히 말할 수 없었던 점에 대해서 상세한 규정을 두고 있는 동시에, 권고사항의 첫 번째로서, 이사회의 요청에 다라, 규정사항에 대하여, ILO에 보고서를 제출하도록 한 예가 있다.

### 제3항 差別待遇(雇用과 職業) 條約(111호)

100호 조약이 성에 의한 그리고 보수라고 하는 점에 한정된 차별을 대상으로 하고 있는데 비해서, 1958년의「고용 및 직업에 있어서의 차별대우에 관한 조약(111호)」은 극히 망라적으로 모든 차별을 금지하는, 상당히 일반성을 가지고 있는 국제인권조약이라고도 할 수 있다.

#### (1) 定 義

제1조에서는 상세하게 정의를 하고 있다. 인종, 피부의 색, 성, 종교, 정치적 의견, 국민적 출신, 사회적 출신에 따른 것(1조 1항 (a) 호) 및 기타 가맹국이 각각의 절차에 따라 정의하는 차별대우(동 (b) 호)가 금지의 대상이 된다. 대부분의 나라의 법령은, 차별금지를 헌법에서 일반적으로 규정하고 있으나, 노동법규나 관련되는 법령에 특별한 규정을 두는 경우도 있다. 전자의 경우는, 차별내용의 예시를 하지 않는 경우도 적지 않지만, 개별의 법규에서 규정하는 경우에는 구체적인 차별내용이 본조약과 같은 모양으로 예시하는 일이 있어, 1958년 이후에 관련법령을 작성한 나라(예를 들면, 적도 키니아 기본법, 르완다 노동법 등)의 경우는 이 조약의 규정을 그대로 이용

하고 있는데도 있다.

조문(條文)에서도 밝히고 있듯이, 여기에 있는 차별항목은 한정적인 열거는 아니다. 인종가운데는 소수민족등도 포함되게 되고, 성에는 기혼 · 미혼의 구별 등도 들어가게 된다. 또, 섹슈얼 · 하라스멘트(성적혐오감)도, 그 안에 들어간다. 한편, 이 예시가운데서 유달리 제외되고 있는 것에 「국적」이 있다고 하는데 주의하지 않으면 안 된다. 「국민적 출신(national extraction)은 국적을 의미하지 않는다. 이것은, 공무원이나 일부의 직종에 국적요건을 붙이고 있는 나라가 많아서, 국적에 의한 차별을 금지하게 되면, 이 조약을 비준할 수 있는 나라가 적어지게 된다고」 하는 배려에 따른 것이다. 여기서 「국민적 출신」이라고 하는 것은, 현재는 국적을 가지고 있다 해도, 출생지가 외국에 있거나, 양친의 한쪽이 외국인이라는 등, 외국인의 요소를 탐색하는 것을 의미한다. 미국이나, 일본에서 많이 볼 수 있듯이 「在美」, 「在日」의 사람들로 그 나라의 국적을 가지고 있는 사람의 경우 등이 그 전형이다. 거기다가, 일단 합법적으로 영역 내에서 노동이 허용된 외국인에 대하여, 별도의 외국인과의 관계에서 균등한 대우가 주어지지 않는다고 한다면, 그것은 국적에 의한 차별은 아니고, 여기서 말하는 「국민적 출시에 의한 차별」에 해당된다. 그런데 이러한 각종 차별은, 고용과 직장의 양 측면에 있어서 금지된다. 이러한 것은 채용을 하는데 있어서의 차별과, 채용된 후의 차별의 양쪽에 보호가 미쳐야 한다는 것을 의미한다. 또, 제2조 3항에 명기되어 있는 것처럼, 「고용 및 직업에 있어서」라는 말이 「직업훈련」도 포함된다고 해석되고 있기 때문에 고용의 전단계로서의 직업훈련에서의 국면에 있어서의 차별도 대상이 된다. 따라서 학교교육이 직업훈련의 의미를 갖는 한에 있어서는, 교육에의 기회균등도 이 조약의 보호범위 내에 있게 된다.

단지, 제1조 2항에 있는 것처럼, 직종에 내재하고 있는 성질로부터 특별한 구별, 우대, 보호가 필요하다고 인정되는 것에 대한 차별은, 합리적인 것으로 인정된다고 보고 있다. 예를 들면 여성을 대상으로 한 신체검사를 하는 출입국관리사무소의 직원에 여성만을 채용한다는 것, 종교적 교육을 하는 기관에 당해 종교의 신자만을 채용한다는 것 등은 차별대우에는 해당되지 않는다. 마찬가지로, 타의 ILO조약이나 권고에서 정해진 사람들에 대한 보호조치나, 각국에 있어서 노사의 대표의 의견을 받아들여서 채용된 각종의 (성 · 연령 · 장애 · 가족적책임 · 사회적 및 문화적 지위 등에 따른) 보호조치도 또한, 이 조약에서 말하는 차별대우에는 해당되지 않는다(5조). ILO조약에는, 원주민의 특수한 상황에 관한 것(107호 조약 제3조)이나, 모성보호(3호 및 103호조약, 110호 조약) 제4부등, 특별히 위험 또 불건강한 업무(4,13,45,89,127호 조약 등)가 여기에 해당된다고 생각되지만, 여성의 야간노동에 관해서는 사회상황에 따라서는 보호가 아닌 고용에 있어서의 차별이 될 수 있는 경우도 있기 때문에 주의를 요한다.

그런데 이 조약의 4조에는 「국가의 안전을 위협하는 행위」에 관여하고 있는 자의 제외가 규정되어있으나, 이것은 극히 한정적으로 해석하지 않으면 안 된다고 하는 것이 전문가위원회의 견해다(1988년, 일반조사 134항). 「공적이익」에 대하여, 너무나 일반적인 형태로 「국가의 안전」을 정의하고 있는 것 같은 경우는, 정치적 의견에 의한 차별에 해당될 가능성이 충분히 있다. 그렇게 때문에 이 규정을 원용(援用)할 수 있는 경우라고 하는 것은, 국가의 안전에 관한 엄밀하고, 한정적인 정의가 되어있고, 또한 4조 후단에 있는 것처럼, 평등원칙의 적용으로부터 제외된 자가 적절한 기관에 제소할 수 있는 제도가 만들어져있는 경우에 한한다.

### (2) 平等促進政策

제2조에는 비준국에 대하여, 조약에 규정된 각종 평등원칙의 실시를 위하여, 국정에 맞는 정책을 작성해서, 실시하도록 하는 의무를 과하고 있다. 정책을 「선언하고, 추구한다.」는 말은 조약상의 의의가 선언적이라는 것을 나타내고는 있으나, 그렇다고 해서 조약 전체가 宣言的 · 原則設定的인 문언이라는 것은 아니다, 100호 조약에서도 「선언하고, 추구한다」고

하는 말을 사용하고 있으나, 남녀 간의 불평등을 명기한 법령이나 관행이 있었다고 한다면, 그것은 곧 바로 조약위반이 된다. 이 조약의 경우도 제1조에 정의되어있는 차별이 법령상 및 실제상 존재한다면 조약과 저촉되게 된다. 프로그램규정적이라고 하는 것은, 제2조에서 말하는 정책의 책정과 그 실시에 대한 것 뿐이다. 이 경우에도, 정책이 선언되지 않는 경우, 또는 정책이 있었다 하더라도, 그것이 실효적으로 실시되지 않고 있는 경우는 조약과의 정합성이 문제된다.

제3조에서는 그들의 정책에 관해서 어느 정도의 지침이 제시되어 있다. 그러나 나라로 봐서 사회현상이 크게 다르고, 차별을 없애는 정책에도 다양한 대응을 생각할 수 있기 때문에, 이 조약에서는 더욱이 이 차이를 유연하게 하고 있다. 벌칙을 포함한 입법조치에 따라 차별금지가 구체화되는 일도 있는가 하면, 지역적인 조건에 따라 새로운 실질화가 기획되는 일도 있을 수 있다. 법원에 따른 판결법 형성이 큰 영향력을 갖는 경우도 많다. 나라에 따라서는, 사실상의 차별을 없애기 위해서 역으로 우대정책(affirmative action)을 취하는 것이 적당할 때도 있을 것이다.

## 제5절 兒童勞動

### 제1항 開 設

아동노동은 어느 의미에서, ILO의 설립요인의 하나가 되고 있었는데 제1회 총회에서 채택된 5호 조약을 단서로 해서 수많은 기준이 채택되어 왔다. 그런데 그러한 중요성에도 불구하고, 제1절에서 언급했듯이, 이 기준이 기본적 조약의 한 무리에 들어가게 된 것은 극히 최근의 일이다. 아동의 권리조약이 생기고, 아동노동이 갖는 문제성이 국제연합기관의 여러곳에서 지적되면서, 국제여론도 크게 확대되었다는 것이 그 배경에 있었다고 생각된다.

단지, 근래에 화제가 되고 있는 사회조항에 있어서, 판단기준의 하나로써 아동노동이 채택되어 있다는 것에 주목하고자 한다. 사회조항에 대한 논의가 선진국의 주도로 전개되면서, 주로 도상국이 반발하고 있었으나, 아동노동의 문제와 그 대부분이 도상국에서 있었고, 더욱이 빈곤의 정도가 높은 도상국에 집중되어 있다는 점에서, 아동노동 조약이 기본권조약 그룹에 들어가게 된 것은 정치색이 느껴지지 않는 것도 아니다.

아동노동을 금지하는 조약에 특별한 중요성을 부여하는 것은 정당하지만, 기본권조약의 카테고리에 들어가게 됨으로써 사회조항이 자동적으로 발동하는 것 같은 결과를 가져오는 것 만으로 되어서는 안되고, 아동노동 철폐를 위한 적극적인 대응과, 동시에 더욱 요구되어야 한다고 본다. 그러한 의미에서, 1998년에 채택된 소위 ILO기본권선언이 거기에 들어가 있는 기준을 보호무역을 위한 도구로 사용해서는 안된다고 하는 주장은 매우 중요한 일이다.

지금까지 138호 조약만이 기본권조약의 그룹에 들어가 있었으나, 1999년에 채택한 182호 조약이 추가되었다. 여기서는 그들 양자에 대한 개요만을 간단하게 알아보기로 한다.

## 제2항 最低年齡條約(138号)

1973년의 「취업의 최저연령에 관한 조약(138호)」은 취로의 최저연령을 정하고 있는 총합적인 조약이다. 총합적이라는 의미는, 이전에 채택된 최저연령에 대한 10개 조약을 개정하는(개정된 것으로써 5호, 7호,15호, 33호, 58호, 59호, 60호, 112호, 123호가 있다.) 한편, 모든 영역에 있어서의 아동노동을 일반적으로 폭넓게 규제하려고 하는데 있다.

여기서는, 원칙으로써 15세미만인 의무교육 수료전의 아동의 취로가 금지된다. 더욱이, 이것은 절대적인 금지라고 하는 것 뿐 아니라, 「경미한 노동」에 대한 제외의 예나(7조), 발전도상국에 의한 일반적 기준의 인하(2

조 4항)가 규정되어있다는 데에서도 알 수 있듯이, 현실에 대응하는 실현성이 높은 기준을 설정하고 있다. 그러나 역으로 연소자의 건강 · 안전 · 도덕을 손상시킬 우려가 있는 노동에 대해선, 18세(특별한 조건하에서는 16세)를 하회해서는 안된다고 해서 엄격한 기준을 설정해 놓고 있다.

138호 조약에서 개정되지 않았던 것으로, 1946년의 「비공업적업무에 있어서의 아동 및 연소자의 야업(夜業)의 제한에 관한 조약(79호)」과 1948년의 「공업에 사용되는 연소자의 야업에 관한 조약(90호)」이 있으나 이 두 조약에서는 연소자의 야업이 금지 되어있다.

그리고 또 현재에도 살아있는 조약으로서, 1946년의 「공업에 있어서의 아동 및 연소자의 고용적격을 위한 건강검사에 관한 조약(78호)」을 비롯해서, 1965년의 「광산의 坑內노동에 사용되는 연소자의 적격성에 대한 건강진단에 관한 조약(124호)」이 있다.

### 제3항 最惡의 形態의 兒童勞動條約(182号)

아동노동 중에서도 특히 가혹하다는데 초점을 둔 아동노동철폐를 위한 강한 의지표명을 보이고 있는 것이 1999년에 채택된 「최악의 형태의 아동노동의 금지 및 폐절을 위한 즉시행동에 관한 조약(182)」이다. 조약의 전문에서도 밝히고 있듯이, 이 조약은 138호 조약을 개정하는 것이 아니고, 보충하는 것이다. 매춘, 채무에 따른 구속, 농노(農奴), 무력분쟁에의 사용을 목적으로 하는 징용 등을 「최악의 형태의 아동노동」으로 하고 있어, 비준국은 그들을 폐절하기 위한 각종조치를 집행하는 것이 의무로 되어 있다. 이 조약과 동시에 채택된 동격의 권고(190호)는, 조약을 더욱 보충하는 것이 목적으로 되어 있어, 이 조약의 제6조에서 말하는 행동계획이 어떠한 것이며, 제3조 (d)에서 말하는 「위험한 업무」가 무엇이고, 계획을 실시하는데 있어서 무엇을 해야 되는지를 상세하게 규정하고 있다.

조약 · 권고 모두 반대 · 기권 없이 만장일치로 채택되었는데, 이것은 극히 드문 일이다.

# 제2장 勞動行政

## Labor Administration

### 제1절 勞動行政의 意義 · 槪念

아무리 좋은 노동법이 있고, 거기에 따른 규칙이 제정되어 있다 하더라도, 만약 그 나라가 그것을 시행할 수 있는 의지가 희박하거나 유능한 노동행정기관을 갖지 못하고 있다면, 그러한 법제나 규칙은 그림의 떡과 같을 것이다. 따라서 노동행정의 존재는 그 나라의 노동법제가 어느 정도 필요 · 유효하게 기능하고 있는지를 측정하는 중요한 요인(factor)이 되는 것이다.

그렇기 때문에 ILO가 제정한 노동기준 중에는, 노동행정에 관한 조약 · 권고가 많이 포함되어있다는 것은 당연 할 것이다. 또, 이들 노동행정에 관한 국제기준의 노동행정의 창설 또는 강화를 목적으로 하는 수많은 기술협력 활동이, ILO사무국에 의해 이루어져 왔다는 것도 잊어서는 안 될 대목이다.

다음으로, 노동행정의 개념, 그 종류에 대한 문제지만, 이것은 노동법제의 내용에 따라서, 스스로 규정되게 된다. ILO가 제정한 노동기준의 내용에서 그 종류를 대충 열거한다면, 최저노동기준 등의 노동조건의 감독, 고용안전과 능력개발, 노사관계의 규제, 여성문제의 대책, 사회보장, 그리고 노동통계의 정비등을 들 수 있다.

그 가운데, 각종의 노동조건, 고용 · 능력개발, 노사관계, 여성문제, 사회보장에 관한 노동행정에 대해서는, 이 책의 다른 장에서도 취급하고 있기 때문에, 이 章에서는 「노동행정일반」, 「노동감독」, 그리고 「국제노동기준에 관한 삼자협의」의 4가지에 대하여 개설하기로 한다.

## 제2절 勞動行政 一般

[노동행정(역할, 기능 및 조직)에 관한 조약(150호)]은, 1978년의 제64회 총회에서 채택되었다. 동총회에서는, 또 이 조약을 보충하는 권고 [노동행정(역할, 기능 및 조직)에 관한 권고(158회)]도 동시에 채택되었다. 노동행정에 관한 일반구조를 규정한 조약은, 이것이 최초인 것이다. 그러나 노동감독과 직업안정조직에 관한 조약은, 이미(전자는 1947년, 후자는 1948년에) 채택되어 있었던 것이다. 이와 같이 노동행정의 개별성에 관한 기준이 이미 몇 가지가 채택되어 있었기 때문에, 1970년대에 들어와서, 다시 「노동행정의 전반적인 시스템에 관한 가이드라인을 확립하는 문서를 채택하는 것이 바람직하다(조약전문)」고 해서 이 조약이 제안된 것이다.

### 제1항 定 義

「노동행정」이라 함은, 국제노동정책의 분야에 있어서의 행정활동을 말한다. 그리고 「노동행정제도」라 함은 노동행정에 책임을 지고, 또 노동행정에 종사하는 모든 행정기관(그것이 각 부, 준국가기관, 지역적기관이 되든지를 불문하고), 또 그와 같은 제기관이 활동을 조정하고, 또 사용자, 노동자 및 그들의 단체와의 협의 및 이들 단체의 참가를 확보하기 위한 제도적 구조를 포함한다(제1조)고 되어 있다.

이러한 정의에 따라, 노동행정제도(시스템)란, 협의의 행정활동뿐만 아니라 행정과 노사단체와의 협의의 제도 및 노사단체의 행정에의 참가제도까지 포함한, 보다 넓은 개념으로 생각되고 있다. 이것은 노동행정의 특질인 동시에, ILO자체가 삼자구성의 시스템이라는데서 생긴 극히 자연스러운 규정이라고 생각된다.

### 제2항 勞使團体와의 關係

이 조약은, 노동행정과 노사단체와의 관계에 대하여, 특히 조문(條文)을 설정해서 상세하게 규정하고 있다(제2, 3, 5조).

먼저, 가맹국은 법령 또는 관행에 따라 노동행정의 일정한 활동을 비정부단체, 특히 노사단체, 또는 노사의 대표자에게 위임하거나, 또는 위임할 수가 있다(제2조). 또, 가맹국은, 그 국내노동정책의 분야에 있어서의 특정한 활동을, 법령 또는 관행에 따라, 노사단체간의 직접적 교섭에 의해 규제되는 사항으로 할 수가 있다(제3조).

그리고 가맹국은, 노동행정시스템 내에 있어서, 공의 기관과, 가장 대표적인 학사단체(또는 노사의 대표)와의 사이의 협의, 협력 및 교섭을 확보하기 위하여 국내사정에 적합한 조치를 취할 수 있다고 하고 있다(제5조).

이와 같이, 노동행정의 일부의 노사단체에의 위임, 노사의 직접교섭의 장려, 政勞使 삼자의 협의 · 협력의 제도화를 널리 알리고 있다는 점이 이 조약의 특징이라고 할 수 있다.

### 제3항 勞使行政의 組織

가맹국은 기능 및 책임이 적절하게 조정된 노동행정의 제도를, 그 영역 내에서 조직하고, 효과적으로 운영하는 것을 확보하도록 한다(제4조).

또, 노동행정제도 내에 있어서의 권한 있는 기관은 국내노동정책의 작성 · 실시 · 조정 · 감독 · 재검토에 대하여 책임을 진다. 또는 거기에 기여하는 것으로써, 또 노동정책을 구체화하는 법령의 작성 · 실시의 책임자가 되지 않으면 안 된다(제6조).

국제노동문제에 대해서는, 노동행정제도내의 권한 있는 기관은, 법령 · 관행과 양립되는 한, 국제노동문제에 관한 나라의 정책의 작성에 기여하고, 당해문제에 관해서 국가를 대표하고 참가하는 것으로 하고 있다(제8조).

그리고 노동부는 특정한 노동행정활동에 대하여 책임을 지는 준국가기관(parastatal agencies), 및 특정한 노동행정 활동이 위임되어있는 지역적 또는 지방적 기관이, 국내법령에 따라 활동하고 있는지의 여부를 확인하는 수단을 갖는 것으로 하고 있다(제9조).

### 제4항 기 타

법률상 피용자가 아닌 자가 다수 존재하고, 그들의 노동조건 및 생활상태가 노동행정 기타에 의해 충분히 커버되지 않고 있는 경우는, 그들의 노동에 관한 보호를 할 수 있도록 노동행정의 기능과 그 점진적인 확대를 도모해야한다(제7조).

그러한 사람을 예시하면, 다음과 같다.

(a) 제3자의 조력을 이용하지 않는 小作農, 分益農, 기타의 농업종사자

(b) 소위 비공식부문(informal sector)에 취업하고 있는 자영업자로 제3자의 조력을 사용하지 않는 자.

(c) 협동조합 및 노동자가 경영하는 기업의 구성원

(d) 공동체의 관습 또는 전통에 따라 만들어진 시스템 하에서 일하는 자.

노동행정에 종사하는 직원에 대해서는 적당한 자격을 갖도록 할 것. 필요한 훈련의 기회를 갖도록 할 것, 또한 부당한 외부의 영향을 받지 않는 자가 되어야 한다는 것이 규정되어있다(제10조).

### 제5항 勸 告

노동행정(역할, 기능 및 조직)에 관한 권고(158호)는, 전기의 150호 조약을 보충한 권고로써, 같은 총회에서 채택되었다.

이 권고는, 먼저 조약에서 규정한 노동행정의 정의, 노사단체와의 관계 및 노동행정의 조직 · 운용의 일반원칙에 대하여 재확인한 다음, 노동행정

의 각 개별분야에 대하여 구체적으로, 어떠한 목적 하에서, 어떠한 구체적 제도로서 설정되어야 할 것인지를, 상세히 규정하고 있다. 그 개별분야로서는, 노동기준, 노동관계(노사관계), 고용, 직업훈련, 통계조사를 들고 있다. 또, 노동행정에 관한 각종 행정조직, 노사단체간의 조정, 정보공개에 대해서도 규정하고 있다.

끝으로, 노동행정의 제원, 직원의 채용, 양성, 내부조직에 대해서도 구체적인 지침이 나와 있다.

## 제3절 勞動監督

### 제1항 背 景

노동법제의 시행을 감독할 임무가 있는 감독행정을 설치해야 할 필요성은, 일찍부터 알려져 왔는데 영국에서는 1833년에 최초의 감독기관이 설치되었다. 그 후, 각종의 국제회의에서 이 문제가 논의되었는데, ILO가 창설될 무렵에는 베르사유 조약 제427조에 기록된 일반원칙 중의 하나로써 거론된 일이 있다. 거기에서 「각국은 피용자의 보호를 위한 법률 · 규칙의 실시를 확보하기 위하여, 감독의 제도(거기에는 여성도 참가해야 한다.)를 설치하지 않으면 안된다」고 하고 있었다.

ILO에 있어서, 이 분야에서 최초로 채택된 문서는, 1919년의 「노동감독(보건기관)에 관한 권고(5호)」인 것이다. 이어서, 1923년에는, 보다 일반적이고 상세한, 「노동감독에 관한 권고(20호)」가 채택되었으나, 이것은 그 후인 1947년의 81호 조약의 내용을 많이 커버한 것이었다. 그 후, 1920~30년대에는, 특별한 업종에 있어서의 감독이나 최저임금 · 노동재해(산업재해)방지에 관한 감독 등에 대하여 몇 가지 권고(28호, 30호, 31호, 54호)가 채택되었다.

그러다가, 오랜 기간의 준비 끝에, 戰後인 1947년의 총회에서, 가장 기본적인 문서인 「노동감독조약(81호)」이 채택되었던 것이다. 또, 이 총회에서는 두 가지 권고(81호, 82호)도 채택되었다. 특별한 업종이라고 할 수 있는 농업에 대해서는, 1969년에 「농업노동감독조약(129호)」이 채택되었다. 그리고 1995년의 총회에서, 위의 81호 조약의 적용범위를, 공업 및 상업뿐 아니라, 비영리 서비스 부문에까지 확대하기 위하여, 「1947년의 노동감독 조약의 1996년의 議定書」가 채택되었던 것이다.

### 제2항 勞動監督條約(81號) 및 勸告(81號,82號)

이 81호 조약은, 정식으로 「공업 및 상업에 있어서의 노동 감독에 관한 조약」이라고 칭하는데, 4부 39조나 되는 상세한 문서로 되어있다. 제Ⅰ부는, 공업에 있어서의 노동 감독이고, 제Ⅱ부가 상업에 있어서의 감독으로 되어 있는데, 이 조약을 비준하는 가맹국은 선언(宣言)에 따라, 제Ⅱ부를 조약의 수락에서 제외할 수 있다고 되어있다(25조).

조약은 우선, 비준국은 노동 감독의 제도를 保持해야 한다고 규정하고(1조), 감독의 기능으로써 (a) 노동보호에 관한 법규의 실시를 확보할 것, (b) 노사에게 전문적인 정보와 조언을 부여할 것, (c) 현행 · 법규의 결여 또는 남용에 대하여 권한 있는 기관의 주의를 환기해야 한다는 것을 들고 있다(3조).

다음으로 노동감독의 조직은, 중앙기관(central authority)의 감독 및 관리하에 있어야 한다(4조). 또 노동감독기관과 타의 정부기관과의 사이의 협력, 그리고 노동감독기관의 직원과 사용자, 노동자 또는 그들 단체와의 사이의 협력도 촉진되지 않으면 안된다(5조). 감독직원은 신분의 안전을 보장받고, 정부의 교대 및 부당한 외부로부터의 영향에 無關係하지 않으면 안 된다(6조). 다음으로 감독관의 권한으로서 다음과 같은 사항을 들고 있다. (a) 감독을 받을 예정에 있는 사업장에 주야로 언제든지 자유롭게, 또한 예고 없이 출입할 수 있어야 한다는 것, (b) 감독관이 감독을 해야 할 이유가 있다고 믿는 사업장에 출입할 것, (c) 법규가 엄격하게 준수되어 있다는 것을 확인하기 위하여 필요하다고 인정되는 조사 · 검사, 또는 심문을 할 수 있다는 것이다(12조). 또, 감독관은 설비 · 레이아웃 · 작업방법 등의 결함이 노동자의 건강 또는 안전을 위협한다고 인정할 때에는, 그 결함을 교정하기(remedy)위한 조치를 취할 권한이 있다(13조).

법규위반에 대해서는, 사전의 경고없이 재빨리 사법상의 절차 위반에 대처하거나, 또는 권고하는 대신에 경고를 하거나 조언을 할 수 있다(17조). 또, 법규위반에 대해서는, 상당한 형벌을 국내의 법령에 따라 규정하지 않으면 안 된다(18조).

상업에 있어서의 노동 감독관에 대해서는, 제Ⅱ부의 22~24조에서 규정하고 있으나, 감독제도에 대한 상세한 내용은 이 조약의 3~21조까지의 규정을 준용한다고 되어 있고, 공업에 있어서의 감독제도도 같은 방법을 준용하고 있다.

다음으로, 이 조약을 보충하기 위하여「노동감독에 관한 권고(81호)」가 같은 1947년의 총회에서 채택되었다.

81호 권고는, 노동감독관의 예비적 임무로써, 기업의 신설, 시설 · 작업공정의 신설에 있어서 노동자의 건강과 안전을 확보하기 위한 계획을 제출하도록 해서 그 실행을 요구하는 것, 기업내의 건강과 안전을 개선하기 위하여, 노사 간의 협력의 결정을 촉진하도록 해야 한다는 것, 그리고 감독기관의 활동에 관해 출판되는 연보에 기재해야 할 항목의 상세한 내용을 규정하고 있다.

또, 82호 권고에서는, 광업 및 운송업에 대해서도, 가맹국은 적당한 감독제도를 적용하지 않으면 안 된다고 규정하고 있다.

### 제3항 勞動監督條約(81号)에 관한 議定書

전기의 노동감독조약(81호)은 공업적 및 상업적 사업장에만 적용되는 것이지만, 이것들은 개념적으로는 비영리의 서비스부문(non-commercial services sector)을 포함하지 않는다.

그러나 비영리인 서비스 부문은, 공무 · 군대 · 경찰 · 교도소 · 소방 · 교육 · 보건 · 우편.통신 · 공동교통기관 · 공익사업 등을 포함한 광범한 부문이기 때문에 노동자의 노동조건에 대한 감독도, 이 부문에까지 확대해야 한다는 소리가 높이지고 있는 가운데, 81호 조약의 수정이라고 하는 형태로, 이 「의정서」가 1998년의 총회에서 채택되었던 것이다.

의정서(protocol)라 함은, 그 자체가 「○○호 조약」이라는 번호를 붙이지는 않았지만, 총회에서 채택되는 「조약」과 같이 비준이 요구되었던 것이고, 국제법상의 성격은 타의 조약과 전적으로 같은 것이다. 이 의정서 외에도, 1982년, 90년 등에 몇 가지 예가 있다(제1부 3장 2절 1항 참조).

이 의정서의 내용이 되겠지만, 먼저 전문에서 1981년의 「직업상의 안전보건 및 건강을 비롯한 작업환경에 관한 조약(155)」이 공무를 포함한 전산업에 적용되고 있다는데 유의한다고 하고 있다. 직업안전보건대책이 공무를 포함한 전산업에 적용된다면, 이에 맞서 강한 관련성을 갖는 노동감독조약도 전산업에 적용을 확대해야 하지 않겠는가하는 논의가 있었다. 그러나 이 의정서는 각국에 있어서의 공무와 노동감독과의 관련에 있어서, 실제상 여러 가지 문제가 있다고 하는데서, 그 제2조에서 제외규정을 설정하고 있다. 즉, 가맹국은 비준에 있어서, (a) 나라의(정부의) 행정부문, (b) 군사부문, (c) 경찰 등의 공안부문, (d) 교도소부문의 전체 또는 일부를 적용범위로부터 제외 할수 있다고 하고 있다.

또, 81호 조약의 감독에 관한 규정은, 그대로 비영리 서비스부문의 활동에 적용된다. 단지, 이 의정서는 국가행정 · 군대 · 경찰 · 교도소의 감독에 대해서는, 신분증명서, 사전의 예고, 군사훈련중의 감독의 제한 등에 대하여 특별한 조치를 정할 수 있다고 하고 있다.

## 제4항 農業에 있어서의 勞動監督條約(129号)와 勸告(133号)

농업 중에, 소위 플랜테이션(열대 · 아열대지방의 고무, 사탕수수 등의 농업적 기업)의 노동자의 노동조건에 관한 감독에 대해서는, 1958년의 「농업노동자의 고용조건에 관한 조약(110호)」과 「권고(110호)」가 채택되어 왔다. 그러나 보다 일반적인 「농업」에 있어서의 노동 감독으로서는, 이 1960년의 129호 조약 및 133호 권고에 따라, 처음으로 취급하게 되었다.

이 조약의 주요한 원칙은, 1947년의 공업 및 상업에 있어서의 감독조약을 거의 답습하고 있는 것이지만, 일부분은 새로운 사고와 농업에 특유한 성질의 내용을 포함하고 있다.

조약은 먼저, 농업에 있어서의 노동감독제도를 保持해야한다는 것을 주장하고 있다(3조). 적용대상은 피용자 및 직업훈련생(4조)이지만, 비준국은 다음과 같은 사람들에 대해서도 감독제도를 적용하도록 약속할 수 있다(5조). 즉, (a) 제3자의 조력을 이용하지 않는 소작농 · 분익농 등, (b) 협동조합원 등의 공동경제사업의 참가자, (c) 기업운영자의 가족의 구성원이 그러한 대상자들이다. 농업감독제도의 기능은, 공업의 경우와 거의 같아서, 노동자의 보호에 관한 법규의 실시 확보, 노사에 대한 정보 · 조언의 제공, 법령의 개선에 관한 제안 등이다(6조).

농업노동감독직원은, 원칙적으로 공무원이지만, 농업에 있어서의 특수한 사정에 따라, 직업단체의 역원(임원) 또는, 대표자를 포함할 수 있어, 그들의 활동은 공(公)적인감독직원의 활동을 돕게 된다(8조).

그 외에는 공업에 있어서의 감독의 경우와 마찬가지 규정이 이어진다. 예를 들면, 감독관의 자격 · 훈련(9조), 타의 정부기관과의 협력(12조), 감독기관과 노사단체와의 협력(11조), 사업장에 대한 출입의 권한(16조), 신설비등의 예방적 규제에의 참가(17조), 설비 등의 교정조치권한(矯正措置權限)(18조), 위반에 대한 사법상의 또는 행정상의 절차(22조) 등이다. 농업에 있어서의 노동감독에 관한 권고(133호)는 상기의 조약을 보충하는 것이다.

권고는 우선, 농업노동감독 기관이 직무를 확장해서, 농업생산자가 그 보유지 및 거기에 있어서의 從業者의 생활상태 · 노동조건을 개선하는 것을 원조하기 위하여, 권한 있는 당국과 협력해야 한다고 되어 있다(1조).

또, 농업노동감독관의 직무는, 원칙적으로 노동쟁의에 있어서의 조정자, 또는 중재자로서의 활동을 포함해야 하는 것은 아니지만, 그와 같은 기관이 존재하지 않는 경우에는, 잠정적으로 당해 감독관이 조정자로서의 활동을 요구하게 되는 일도 있다고 하고 있다(3조).

## 제4절 勞動統計

### 제1항 背 景

ILO의 임무의 하나로써, ILO헌장 제10조에 다음과 같은 규정이 있다. 「국제노동기관 사무국의 임무는, 노동자의 생활상태 및 노동조건의 국제적 조정에 관한 모든 사항에 대한 자료의 수집 및 배포…(略)…포함하는 것으로 한다」. 이 규정은, ILO사무국이 노동통계를 수집하고, 배포하는 것을 포함하고 있다. 일국의 노동정세를 정확하게 파악하기 위해서는, 노동통계의 작성이 시비(是非) 모두 필요하지만, 노동통계가 유용하고, 비교가능하기 위해서는 국제적 기준을 설정하는 것이 필요하게 된다.

이와 같은 관점에서, 1923년 이후, ILO의 주최하에 「국제노동통계전문가회의」가 개최되고, 노동통계의 국제기준에 대하여 논의를 거듭해왔다(지금까지의 전문가회의의 개최수는 10회가 넘는다). 그 제5회 회의에서, 노동통계에 관한 조약의 주요내용이 집약되었고, 그것이 1938년의 「임금 및 노동시간의 통계에 관한 조약(63호)」의 기초가 되었다.

이 63호 조약의 정식 명칭은, 「주요한 광업 및 제조업(건축 및 건설을 포함)을 비롯해서 농업에 있어서의 임금 및 노동시간의 통계에 관한 조약」이라는 것이다. 이 조약을 비준하는 각국은, 임금 및 노동시간의 통계를 정기적(4반기, 6개월마다, 또는 매년)으로 수집해서, 간행하고, 그것을 ILO에 제출한다. 이 외에 조약으로는, 평균소득, 실노동시간, 시간임금율, 통상노동시간 등의 개념, 통계조사의 방법에 대하여 상세하게 규정하고, 각국의 노동통계가 국제적으로 비교가 가능한 것이 되도록 의도하고 있다.

이 조약이 채택된 1938년 이후, 특히 제2차 세계대전 후에는, 세계의 노동정세가 크게 변화해서, 고용 · 실업문제와 노사관계, 노동재해의 문제 등 63호 조약으로는 커버할 수 없었던 노동의 많은 부분이 부상했다.

그래서 노동통계의 대상을 인구 · 고용 · 노동재해 등에도 확대하고, 내용도 더욱 충실하게 해야 하는 63호 조약을 개정하는 형태로, 「노동통계에 관한 조약(160호)」이 1985년의 총회에서 채택되고, 동시에 그것을 보충하는 권고(170호)도 채택되었다.

### 제2항 勞動統計에 관한條約(160号)

이 조약에서는 먼저, 가맹국은 기본적인 노동통계를 정기적으로 수집해서 공표한다는 것을 약속한다고 규정하고 있다(1조). 그리고, 통계의 대상으로서는, 임금, 노동시간뿐만 아니라 다음사항을 포함하도록 전진적으로 확장한다고 하고 있다.

(a) 경제활동인구, 취업, 실업, 불완전 취업
(b) 경제활동인구의 구조 및 분석
(c) 평균임금, 평균노동시간, 시간임금율, 소정노동시간
(d) 임금구조, 임금분포
(e) 노동비용
(f) 소비자물가지수
(g) 세대지출 · 세대수입
(h) 직업재해 · 직업병
(i) 노동쟁의

다음으로, 각국은 통계의 수집 · 작성 · 공표에 사용하는 개념 · 정의 등에 대해서는 ILO에서 설정한 최신의 기준, 지침을 고려하도록 하고(2조), 또 이와 같은 개념이나 정의 등을 설정 또는 개정하는 경우에는 노사단체와 협의하는 것으로 하고 있다(3조)

조약은 7~15조에서, 기본적인 노동통계의 종류(취업 · 임금 등, 상기(a)~(i)의 사항)마다 기본적인 생각(방침)이나 지침을 제시한다. 그리고 가맹국은 상기의 9항목의 통계 중, 1또는 그 이상의 조항에 대하여, 이 조약의 의무를 수락하는 것으로 하고 있다(16조). 이것은 도상국이 이 조약의 비준을 용이하게 할 수 있도록 배려하고 있다는 것을 의미한다.

### 제3항 勞動統計에 관한 勸告(170号)

이 권고의 제1부는, 9종류의 노동통계의 각각에 대하여, 그 통계실시를 바람직한 빈도(년에 1회, 1월에 1회, 3개월에 1회 등)에 대한 지침이나, 대상의 분류의 바람직한 모양(예를 들면 남녀별 · 연령계층별 · 산업별 · 직업별 등)에 대한 지침 대상항목에 대한 지침 등을 말하고 있다. 이러한 것들은, 앞에서 언급한 국제노동통계전문가회의에서의 검토에서 나온 것이다.

권고의 제Ⅱ부는 「통계의 기반」으로서, 표본조사 또는 全數調査를 위한 사업소 또는 기업의 포괄적인 記錄簿를 정비, 사업소조사 · 세대조사를 실시하는 제도와 능력의 발전, 국내 표준분류의 채택용 등에 대하여 언급하고 있다.

## 제5절 三者協議

### 제1항 背 景

1976년의 제61회 총회에서, 「국제노동기준의 실시를 촉진하기 위한 삼자협의에 관한 조약(Convention Concerning Tripartite Consultations to

Promote the Implementation of International Labour Standards(144호))」이 채택되었다.

그 약칭은 「1970년의 삼자협의(국제노동기준)조약」으로 되어있다.

ILO에서 제정하는 국제노동기준의 효과는 각국이 거기에 대하여 보여주고 있는 관심의 여하에 따라 다를 수도 있다. ILO헌장은 제19조제5항(b)에서, 「각 가맹국은, 입법 또는 타의 조치를 위하여, 총회의 회기가 끝난 후 늦어도 1년 이내에 ...그 조약을 당해사항과 함께 자국의 권한 있는 기관에 제출하는 것을 약속한다.」고 되어 있다. 그 권한 있는 기관이라 함은, 많은 나라의 경우, 입법부인 국회가 되겠지만, 많은 개발도상국들 중에는 ILO조약의 비준이 너무 진행되지 않고, 또한 그 실시도 그다지 진척되지 않고 있는데다가, 그것을 타개할 수 있는 하나의 수단으로써, 국회에 있어서의 심의뿐 아니라, 전국적 삼자구성기관에서 ILO조약에 대하여 심의하는 제도를 만들자고 하는 견해와 여론이 나와서 이 조약을 탄생시키게 된 것이다.

이러한 생각은 1972~73년에 걸쳐 ILO이사회에서 논의되었고, 1975년의 총회에서 정식 의제로 채택이 결정된 후, 2년간의 심의를 거쳐, 1976년의 총회에서 조약(144호)와 권고(152호)가 함께 채택되었다.

## 제2항 條約의 內容

이 조약의 내용을 한 말로 말하면, 가맹국정부는 ILO에 대한 여러 가지 회답이나 보고의 제출, 조약 · 권고의 권한 있는 기관에의 제출 등에 있어서, 가장 대표적인 노사단체와 협의하지 않으면 안 된다고 하는 것이다. 협의를 의무화해야하는 경우는 한정되어 있으며, 구체적으로 열거되어 있다.

먼저, 이 조약의 배경으로는, 전문에서 결사의 자유(87호), 단결권 · 단체교섭권조약(98호) 및 1960년의 삼자협의권고(113호) 등을 상기하는 내용이 설명되고 있다. 이 113호 권고를 「산업 및 전국적 규모에 있어서의 公의 기관과 사용자단체 및 노동자 단체와의 사이의 협의 및 협력에 관한 권고」라고 한다. 그것은 산업 수준, 전국수준에서, 경제 · 노동의 제문제에 관해서 정부와 노동단체와의 삼자간의 효과적인 협의 및 협력을 촉진해야 한다는 내용인 것이다.

이와 같은 삼자협의에 관한 권고는 있었으나, 조약 수준에서 삼자협의를 명확하게 규정하고 있는 것은 그다지 많지 않고, 그것도 직업안정조직조약(88호) 등, 개별조약 내에 있는 하나의 규정으로서 기록되어있는데 그치고 있었다. 그래서 이 조약에서는 먼저, 가맹국은 제5조에 열거한 ILO의 활동에 관한 사항에 대하여, 政 · 勞 · 使의 삼자간에서 효과적인 협의가 이루어질 수 있는 절차와 그 실시를 약속하는 것으로 되어 있다(2조). 여기서는 조약작성의 과정에서 일시 논의하고 있었던 「협의기관의 설치」라고 하는 생각(구상)은 멀리하고 실질적인 협의가 이루어지게 된다면, 협의 기관의 설치문제는 그때 가서 생각하기로 하고 당장은 그 형태를 논의하지 않는 것으로 했다.

다음으로 협의의 상대방이 되는 사용자 · 노동자의 대표는, 각각 그들의 대표적 단체로부터 자유롭게 선출된 자가 되어야 하고, 또 협의에 있어서의 사용자 · 노동자의 대표는 同數가 되어야 한다(3조).

협의의 대상사항은, 제5조에 열기되어 있는데, 그것은 다음과 같다.

(a) 호에는, 「국제노동총회의 의사일정 중의 의제에 관한 질문서에 대한 정부의 회답, 및 총회에 의해 토의되는 안문(案文)에 관한 정부의 의견」이 해당된다. 이것은, 총회의 의제(특히 조약 · 권고의 채택을 목표로 하고 있는 것)에 대해서는, 정노사가 상호간의 견해를 알지 못하고, 질서없이 대응하는 것은 아니고, 사전에 상호의 의견이나 입장을 알고나서 대응하는 것을 가능하게 하기 위한 규정이라고 이해된다.

(b) 호에는, 「ILO헌장 제19조의 규정에 따른 조약 및 권고의 제출에 관련해서, 동조에서 말하는 권한 있는 기관에 대해서 하게 되는 제안」이라고 되어 있다. 이 제안이라는 것은 조약을 국회에 제출하는 경우, 정부로

서 이 조약을 곧 바로 비준할 수 있을 것인지, 법률개정 등이 없이는 비준할 수 없는 것인지, 또는 비준이 적당한지 어떤지, 이와 같은 점에 대하여 제시하는 견해라고 생각된다. 이러한 제안에 관해서도, 대표적 노사단체와의 협의를 필요로 하고 있다.

(c) 호는, 「비준되지 않고 있는 조약 및 또 실시되지 않고 있는 권고에 대하여, 그 실시 또는 비준을 촉진하기 위하여 어떠한 조치를 취할 수 있는 지를 검토하기 위한, 적당한 간격을 둔 그들 조약 및 권고의 재검토」라고 되어 있다.

가맹국은, 미비준 조약에 대하여, 이사회가 요청하는 적당한 간격을 두고, 관련되는 자국의 법령의 상황, 비준할 수 없는 이유에 대하여 ILO사무국에 보고하는 것으로 되어 있다(ILO헌장 19조 5항 (e)). 이들의 검토에 있어서도, 노사단체와 협의해야 한다고 되어 있다.

(d) 호는, 「헌장 22조의 규정에 따라 ILO의 사무국에 대하여 하게되는 보고로부터 발생되는 문제」인 것이다. 이것은 가맹국이 이미 비준한 조약의 규정을 실시하기 위하여 취해진 조치에 대하여, 매년 ILO에 보고하기로 되어있으나, 그러할 경우에도 노사단체와 협의하는 것으로 되어 있다.

(e) 호는, 「비준한 조약의 폐기에 관한 제안」이다. 이것도 위의 경우와 마찬가지로 노사단체와 협의 하는 것으로 되어있다.

이상에서 말한 협의사항은, 합의에 따라 정해진 적당한 간격으로(적어도 年에 1회), 하게 되는 것으로 되어있다(5조 2항).

### 제3항 勸告의 內容

삼자협의에 관한 권고(152호)에서, 조약을 보충하고 있는 주요내용은 다음과 같다.

먼저, 「협의」의 형태에 대하여, (a) ILO에 관한 특별위원회, (b) 경제·사회 또는 노동의 분야에 있어서 일반적인 권한을 갖는 기관, (c) 특별한 임무를 갖는 제기관, (d) 문서에 의한 협의의 4가지를 예로 들고, 어느 것이라도 좋다는 입장이다.

다음으로 조약의 5조에 있는 협의 대상에 더해서, 그리고 1항 「조약·권고를 실시하기 위한 입법 기타의 조치의 준비, 실시」에 대해서도 협의하는 것으로 하고 있다. 또 정부는 노사단체와 협의하는 가운데, (a) ILO가 하는 기술협력활동의 준비, 실시, 평가, (b) ILO의 총회·지역회의·산업별위원회에서 채택된 결의·결론과 관련해서 취해져야할 조치, (c) 경제사회정책에 사용될 요소로서의 ILO의 활동에 관한 지식의 증진에 대해서도 협의 절차를 정하는 것으로 하고 있다.

## 제6절 勞動行政에 관한 技術協力

### 제1항 戰後初期의 技術協力

제2차 대전 후의 ILO의 기술협력활동은, 1950년대부터 시작해서, 아프리카·아시아·라틴 아메리카 등의 개발도상국을 주된 대상지역으로 하고 있었다. 50~60년대의 기술협력의 중요한 분야로서는, 고용·훈련분야가 금액으로 약50%를 점하고 있었으나, 이것은 전후의 경제부흥을 이루기 위해, 이 분야의 기술협력이 긴급했기 때문이다. 이 고용과 훈련관계의 분야에 있어서는 가맹국의 고용행정이나 훈련행정을 위한 원조가, 상당한 비율을 점하고 있었다는 것을 알 수 있다. 특히, 식민지로부터가 독립된 신흥국으로 봐서는, 이들의 기본적인 행정기관의 확립이나, 교원의 양성 등이 가장 중요했고, 그러한 면에서도 ILO의 지원이나 전문가의 원조는 매우 유익한 것이었다.

또, 이와 같은 시기에, 사회보장 분야에서도, 기술협력이 실시되고 있었다. 금액으로는, 기술협력예산의 5~6%를 점하고 있었으나 매년(거의 10~30만 달러), 이것도 신흥독립국이 사회보장제도를 창설하기 위하여,

ILO의 원조를 요구했던 것이다. 이 협력 가운데서도, 사회보장에 관한 규칙의 정비나, 행정기구의 창설과 같은 노동행정에 관한 협력이 큰 지위를 점하고 있었다.

또, 노동행정의 또 하나의 주요 분야인 노동감독과 안전보건에 대해서도, 초기의 단계에서부터 상당한 기술협력이 이루어지고, 이에 관한 노동법의 정비와 노동행정기구의 정비가 이루어졌다.

거기에서, 50년대에 있어서의 노동행정에 관한 아시아 제국에 대한 기술협력의 일부 사례를 과음과 같이 찾아 볼 수 있다.

### (1) 미얀마

① 노동력조사(1952.10~1953.6)

경제개발계획에 따른 직업 조정을 위한 공업과 농업에 있어서의 노동력조사의 지원.

② 사회보장(1952.3~1954.1) 保險數理面을 포함한 시설의 조사, 입법, 행정, 재정에 대한 지원.

③ 노동행정과 노동감독(1955.11~) 노동행정, 감독사업의 재편성과, 노동보험에 관한 신규입법의 지원.

### (2) 세이론(현 스리랑카)

① 노동력조사(1951.7~1952.11)

② 고용서비스(1952.8~1953.12)

특히 입법 · 노동행정, 계획작성, 기술이전, 요원훈련에 중점을 둔 고용서비스의 개발지원으로는 다음과 같은 것이 있다(약).

### (3) 印 度

노동자보험제도(1952.9~1953.3) 의료보험의 전국으로의 확대, 요원 훈련을 포함한 관리기구 만들기의 지원.

### (4) 필리핀

노동감독(1953.9~) 노동감독의 조직화와 운영, 감독관의 훈련에 관한 지원.

## 제2항 70年代 以後의 技術協力

1970년대 이후, 현재에 이르기까지의 협의의 노동행정 분야에 있어서의 기술협력 금액 전체에서 점하는 비율은 4~5%로 적은 편이었다. 그러나 고용 · 훈련 · 안전보건 · 사회보장 등의 분야의 기술협력활동의 안에는 그 일부로서, 관련 행정체제의 정비, 직원의 훈련과 같은 노동행정에 대한 지원이 포함되어 있다. 이러한 점을 감안한다면, 노동행정에 대한 기술협력은, 기술협력 전체 중에서 상당히 큰 비중을 점해 온 것으로 생각된다. 1970년대 이후부터 최근에 이르기까지의 ILO의 노동행정면에서의 기술협력의 특징적인 면을 다음의 두 가지 점에서 살펴보고자 한다.

### (1) 行政關連機構의 整備

행정기구로는, 「部」「廳」과 같은 중앙행정기관 외에, 광의의 행정기구로써, 이들의 중앙기관을 보완하고 정책의 실시부문을 담당하는 기관이 있다. 행정의 발전과 더불어 그와 같은 기관의 창설도 필요하게 되었다. 여기서 그 한 예를 소개하고자 한다.

■ 태국(타이) 국립중앙직업훈련센터-(NASD)

태국이 제2차 경제사회개발5개년계획(1967~7년)을 책정함에 있어서, 숙련공이 많이 부족하다는 것을 예상되었기 때문에, 태국정부는 기능훈련을 위한 센터설치에 따른 기술협력을 ILO에 요청했다. ILO는 전문가를 파견해서 태국측과 검토한 결과, 내무부노동국의 관할 하에 국립중앙직업훈련센터(NISD)를 설치하는 제안을 결정하고, 여기에 UNDP의 자금을 지원받아 지원하게 되었다.

제1단계(1967~71년)는 100만 달러의 예산으로 기재의 도입, 전문가 수입, 연수원 송출이 이루어졌고, 태국측은 실습장의 건설을 부담했다. 방콕 · 테인단 지역의 센터가 완성되었다. 제2단계에서는(1972~77년) 서부의 라푸리, 동부의 죤프리, 북부의 란팡의 각지에 지역훈련센터를 건설하기로 했는데, 이것도 ILO와 UNDP가 협력했던 것이다.

NISD는 이 3개 훈련센터를 포함한 전국 7개소의 센터의 총괄기관으로써, 커리큘럼과 교제의 작성, 지도원의 양성, 인사의 배치, 기능검사 등을 하고 있어, 이 NISD가 하고 있는 준행정기관으로서의 역할이 크다고 본다.

■ **태국 국립 노동조건 · 환경센터-(NICE)**

태국에서는 공업화에 따라 노동재해나 직업병의 발생이 증가하고 있었으나, 1980년대에 들어와서는 ILO의 협력으로 이에 대처하는 전문적 기술을 도입하려고 하는 움직임이 강화되었다. 그래서 ILO의 기술과 UNDP의 자금으로 방콕교외에 국립 노동조건 · 환경센터-(NICE)를 건설하게 되었는데, 83~86년의 제1차 협력으로 이것이 완성되었다.

이 센터의 기능은, 내무성 노동국의 하부조직으로서 노동안전보건에 관한 연구, 정보의 수집, 홍보, 안전보건에 관한 노동감독관의 연수, 민간기업의 안전보건 담당자의 연수 등을 하고 있는데, 이것은 국가의 안전보건 행정의 실시부문으로서 중요한 역할을 하고 있는 것이다. ILO의 제2차협력(87~90년)에서는, 약간의 지역에서 지역센터를 설립하고 있다.

### (2) ILO의 地域行政센터의 設立

1960년대의 후반 이후에는 국제협력 면에서 소위 TCDC(도상국간의 기술협력)의 사고가 강해지고 있었다. ILO에서도, 이러한 생각을 받아들여서, 각 지역(아시아, 아프리카 등)마다, 특정한 분야에 관한 지역협력센터를 만들려고 하는 움직임이 나타나기 시작했다. 이러한 센터는 노동행정 · 고용 · 직업훈련의 3분야에서 각지역마다 설립하기로하고 있어 UNDP의 초기에 있어서의 자금원조까지 받아가면서 계속 설립되었다. 아시아에서는 「아시아태평양지역노동행정센터-(ARPLA)」가 1974년에 설립되었다. 또, 이와 전후해서 같은 형태의 노동행정센터가 아프리카, 라틴 · 아메리카 등에도 만들어졌다. 그런데 「아시아고용촉진 팀-(ARTEP)」, 「아시아태평양기능개발프로그램-(APSDEP)」도, 1970년 전후에 설립되었다.

ARPLA의 주요한 목적은, 각국의 노동행정 담당자가, 지역적인 세미나나 역내인 타국에서의 연수를 통해서 상호간의 경험교류를 하고, 거기에서 교훈 · 지침을 배우는데 있다. 그 대상이 되는 분야는, 노동행정 일반의 조직과 운영, 노동감독, 직업소개의 방법(실제), 노사관계의 실제와 방법 등이다.

그 프로그램의 한 예로서는, 1980년대 중기에 인도의 뭄바이에 있는 노동안전보건센터에서 이루어졌다. 아시아 각국의 안전보건 행정관을 대상으로 하는 집단 연수였다. 원래, 이 센터는 ILO의 협력하에서 만들어진 것이지만, 그 기능이 비교적 뛰어나 있었기 때문에, 아시아 지역을 대상으로하는 연수센터로 선발되었다. 이 집단연수는 수주간에 걸쳐 이루어졌지만, 강사진 중에는 인도를 비롯한 도상국의 전문가도, 선진국의 전문가와 함께 나란히 참여하고 있었다.

ILO의 지역적 노동행정센터는 현재 ① 아프리카(영어권-ARLAC), ② 아프리카(불어권-CRADAT), ③ 남미(CIAT), ④ 카리브제국(CIAC), ⑤ 아시아태평양(ARPLA), ⑥ 아랍제국(RACLA)의 6개 지역에 존재하고 있는데, 매우 활발한 활동을 하고 있는 것으로 전해지고 있다.

# 제3장 雇 用
## (1) 雇用 · 失業 · 人的資源開發
## Employment
### Employment·Unemployment·Human Resources Development

### 제1절 開 設(雇用과 人的資源開發)

고용은 많은 노동의 기초를 이루고 있어, ILO에서 규정하고 있는 국제노동기준을 비롯하여 사회 여러 곳에서 인간생활의 기초가 되고 있다. 그래서 ILO창립이래, 고용을 둘러싼 문제는 하나의 주요한 주(柱)가 되고 있으며, ILO헌장 전문에도 「실업의 방지」를 주요 목표로 내걸고 있다. 그래서 1919년의 ILO창설 당시에도 2호 조약과 1호 권고를 채택한 바 있는데, 이 두 문서가 모두 실업에서 비롯되었다.

그 후에는 연소자(45호, 1935년)나 공공사업(50호, 1937년)등의 권고가 고용문제를 둘러싸고 채택되었다.

그 다음의 단계에서는, 직업소개 등의 고용서비스를 위한 기준설정에 중점이 옮겨지고, 특히 1933년의 유료직업소개조약(34호)이 채택되었고, 1949년에는 그 개정조약이 채택되었다. 1944년의 필라델피아 선언에서는, ILO가 지향하는 활동의 중심에 고용을 둘러싼 세계적 과제를 앞세워 고용에 관한 원칙의 확립, 즉 완전고용을 목표로 할 것을 높이 주장했고, 그러기 위해서 경제, 금융, 재정 정책의 종합적인 정책노력을 요구했던 것이다. 그리고 20년의 세월을 겪은 1964년에는, 이 분야의 기본적인 국제노동기준이 된 고용정책조약 · 권고(우연하게도 양쪽이 모두 122호로 되어 있다)

가 채택되었다. 이에 따라, 「자유롭게 선택된 생산적인 완전고용」이라고 하는 목표를 달성하기 위한 고용정책이, ILO문서(조약 · 권고)에서, 고용을 둘러싼 준거(準據)가 될만한 지침이 되었다.

그리고 그때까지 단편적으로 존재하고 있었던, 직업훈련이나 직업지도에 관한 조약 · 권고를 통합하는데 의미를 갖게 되는, 인적자원의 개발에 관한 142호 조약과 150호 권고가 1975년에 채택되는 동시에 장애자의 고용과 리허빌리테이션(rehabilitation: 再活) 159조약과 168호 권고가 추가되고, 고용을 둘러싼 분야에서의 기본적인 ILO기준이 정비되게 되었다. 이 분야는 1987년에 ILO의 이사회에 제시되었던 작업부회문서에서, 표1과 같이 분류되었다.

〈표1〉 국제노동조약과 권고의 분류(고용정책과 인적자원개발)

| 分 野 | 우선적으로 促進되어야 할 文書 | 기타의 文書 |
|---|---|---|
| 雇 傭 政 策 | C.122.R.122.R.169 (雇傭政策)<br>R.136 (青少年計劃) | R.11 (農業)<br>R.45 (年少者)<br>R.50 (公共事業)<br>R.51 (公共事業)<br>R.71 (平時로의 過渡期)<br>R.73 (公共事業) |
| 雇傭 서비스 | C.88, R.83 (雇傭서비스)<br>C.96 (有料職業紹介所)<br>↓<br>C.181 (民間職業仲介事業所) | C.2 (失業)<br>C.34 (有料職業紹介所)<br>R.1 (失業)<br>R.42 (職業紹介所)<br>R.72 (雇用 서비스) |
| 職業指導와 職業訓鍊 | C.141, R.150 (人的資源開發)<br>↓<br>2000年 ILO總會에서 一般討議 | R.15 (農業)<br>R.56 (建設業)<br>R.57 (職業訓鍊)<br>R.60 (見習制度)<br>R.87 (職業指導)<br>R.88 (成人)<br>R.101 (農業)<br>R.117 (職業訓鍊) |

| 分 野 | 우선적으로 促進되어야 할 文書 | 기타의 文書 |
|---|---|---|
| 障碍者의 雇用과 리허빌리테이션 | | |

(注)C=條約, R=勸告
(資料)ILO Governing Body (1987), Report of the Wofking Party on International Labour Standards에 筆者가 加筆

그런데 이들 문서는 시대의 변화에 따라 현실적으로 차이가 생기면서, 개정을 해야 하는 움직임이 활발해지게 되었다. 특히 90년대에 들어와서는, 경제의 구조적인 변화가 가속화 했다. 그 결과 유료직업소개 조약(96호)이 개정되면서, 중소기업의 고용창출권고가 1998년에 채택되는 등의 움직임을 보였다. 그리고 2000년의 ILO총회에서는, 이미 인적자원개발에 관한 문서가, 개정되거나 새로이 기초되는 방향으로 가게 되리라는 예측을 보이고 있었다. 1999년의 ILO총회에 제출된 사무총장보고에서, 소마비아 사무총장은 4가지 전략목표라는 새로운 ILO의 방침을 내놓았다. 그 중에서도, 「고용」이 하나의 柱로서 자리 잡고 있었다. 세계의 고용정세가 급속한 변화를 따라 가는 가운데, 앞으로도 「고용」은 ILO의 중심적 활동분야를 지키면서, ILO의 존재의의를 발휘해야 할 분야로 계속 남아있게 될 것이다.

## 제2절 雇傭政策

### 제1항 雇傭政策(122号 條約 · 勸告)

#### (1) 條約 · 勸告의 槪要

필라델피아 선언은, 가맹국의 의무로써 완전고용과 생활수준의 향상을 위한 정책을 필두로 내세우고 있다. 1964년의 고용정책에 관한 조약 · 권고는 그것을 국제적노동기준 가운데서도 촉진적인 조약 · 권고로 자리 잡도록 하고 고용에 있어서의 이 후의 ILO문서로 봐서 기본적으로 준거해야

하는 원칙적인 지침을 제시하게 되었다. ILO에서는, 이 조약을 우선적으로 비준해야 하는 조약 중의 하나로 분류하고 있다. 1994년의 이사회에서는, 122호 조약을 7개의 기본조약으로 이어지는 4개의 우선조약 중에 포함시켰다.

이들의 촉진적 조약의 특징은, 「비준한다고 하는 의무」가 완전고용 등의 구체적 사항을 곧 바로 달성할 수 있는 「결과의 의무」에 있는 것은 아니고, 규정되어있는 정책을 기본목표로 선언하고 추구한다는 『태양의 의무(態樣의 義務)』에 있다」고 하고 있다.

### (2) 雇傭政策條約의 內容

122호 조약은 선언적 성격을 띠고 있는 짧은 조약으로써 제1조만이, 실질적인 조항으로 되어있다. 여기서는, 경제정책과 고용정책의 밀접한 관련성을 인식하면서, 「경제성장과 경제발전을 촉진하고, 생활수준의 향상, 노동력수요의 충족, 실업과 불완전취업의 극복을 도모한다고 하는 관점으로부터」 앞서가면서 각 가맹국에 「완전고용, 생산적인 고용 및 기업의 자유로운 선택을 촉진하기 위한 적극적인 정책을, 주목표로 선언하고, 수행한다.」는 것을 의무로 하고 있다. 이러한 생각은 경제성장에 따라서 자연히 고용이 따르게 된다는 생각과 같은 선을 긋고 있는 것이다. 그리고제2항에서 이 3가지 정책적 요소 ① 완전하고, ② 생산적이며, ③ 자유로운 선택을 다음과 같이 거듭 설명하고, 그것을 목표로 할 것을 요구하고 있다.

① 일을 할 수가 있고, 일을 구하고 있는 모든 사람에 대하여 일거리가 있어야 한다는 것.

② 일은 가능한 한 생산적이라야 한다는 것.

③ 인종 · 피부의 색 · 성 · 종교 · 정치적 견해 · 국민적 출신 또는 사회적 출신의 여하를 불문하고, 직업선택의 자유로부터, 각 노동자가 자신에게 걸 맞는 일에 대한 자격을 취득하고, 자기의 기능과 재능을 이용할 수 있는 최대한의 가능한 기회가 있어야 한다는 것.

이 고용정책은 「경제발전의 단계 및 수준에 타당한 고려를 해야 하고, 또한 국내의 조건 및 관행에 적합한 방법에 따라 추구되어야 하는 것」으로써 상당히 유연한 적용을 용인하고 있다. 또, 이들의 정책입안에 있어서, 사용자 및 노동자대표와의 협의를 확보하는 것이 요구되고 있다.

### (3) 雇傭政策勸告의 內容

122호 조약은 원칙을 제시하는 것이며, 현실적인 정책을 전개하고 시증하는데는 맞지 않다. 그래서 이 조약을 보완하는 동격의 122호 권고에서는, 전문과 7개 부분을 통해 항목별로 목표로 하고 있는 사항을 제시하고 있다.

제1부는 고용정책의 목적이라는 제목으로, 조약의 제1조와 같은 문언이 규정되어 있다.

제2부는 고용정책의 일반원칙으로서, 고용정책의 실행에 있어서 고려해야할 항목을 열거하고 있다. 예를 들면, 구체적 수치 목표의 설정, 정책입안단계에서의 노사의 협의, 통계자료나 조사연구의 정비, 교육 · 직업지도 · 훈련, 보호시설이나 주택, 청소년, 실업수당 등에 관해서 적절한 조치를 취해야 하도록 규정하고 있다.

제3부는, 고용정책의 일반적 및 선택적 조치라는 제목으로, 고용정책에 포함되는 대책을 제시하고 있다. 먼저, 일반조치로서는 고용정책의 전제가 되는 경제는 그 지속적인 성장을 촉진하는 것이라고 하고 있다. 거기다가, 단기적인 일반적 대책으로써, 실업과 불완전 취업의 심각화가 예상될 때에는, 소비와 투자를 재촉하고 인플레를 억제하기 위한 조치를 취해야 한다는 것이 제시되어 있다. 이들의 조치는 그 후, 특히 歐洲에서 정책적으로 전개되고 있었다.

제4부는 경제의 저개발에 기인하는 고용문제에 언급하고 있다. 먼저, 국민소득의 성장과 공정한 분배를 촉진하고, 그 정책의 입안에 있어서 노사의 적극적 참가가 필요하다는 것을 언급하고 있다. 그리고 자본의 부족에

대해서는 국내저축의 증대와 외국이나 국제기관으로부터의 지본유입을 장려해야 한다고 하는 한편, 그것을 조정하는데 대한 중요성을 언급하고 있다. 다음으로는 공업적 고용의 촉진의 항을 설치하고, 국내자원의 유효한 활용과 노동집약적인 산업의 촉진을 들고 있다. 이것은 ILO의 공업화에 대한 기본적 스탠스(stance)로, 그 후의 기술협력프로젝트의 방향설정에도 공헌하고 있는 것이다. 그리고 「협동조합의 발전의 장려」와 소규모공업과 대규모공업과의 사이에 상호보완적인 관계를 설정하고, 공업제품의 새로운 판로를 개척하도록 노력해야한다」는 것을 시증하고 있다. 또, 농촌고용의 촉진의 항에서는, 농촌에서 많이 볼 수 있는, 불완전 취업에 대하여, 생산적 고용을 창출해야 한다고 하는 필요성이 언급되고 있다. 끝으로 인구증가와 고용기회의 밸런스와 관련되는 양호한 정책의 중요성도 언급되고 있다.

제5부는, 사용자나 노동자(또는 이들 단체)가, 자유로이 선출된 생산적인 완전고용의 달성을 위하여 전국적인 조치나 기업수준에서, 취해야 할 조치에 대하여 언급하고 있다.

제6부는, 고용목적을 촉진하기 위한 국제적 조치라는 제목을 두고, 그 내용은 국제무역을 확대하고 도상국으로부터 수입을 증가시킨다는 것과, 노동력의 수급을 충족시키기 위한 노동자의 국제적 이민을 용이하게 한다는 것과, 조언, 훈련시설의 제공, 전문가 파견 등의 국제적인 기술협력을 노사의 참가 하에 실시해야한다는 것이다. 여기에는 추가해서 기술이전이나 종업원의 현지화가 열거되어 있다.

그리고 제7부를 적용방법에 관한 제안으로 해서, 부속문서 가운데, 권고본문에 들어있는 내용을 다시 상세하게 설명한 항목을 더 추가한다고 하는 중층적인 적용이 제안되어있는 문서구조로 되어있다.

### (4) 世界雇用計劃과 世界雇用會議

세계고용계획은, ILO의 주요활동으로써, 고용정책조약 · 권고의 채택

후 5년을 경과한 1969년에 발족했다. 그 배경에는, 개발도상국들의 독립이 이어지고, 1960년대의 후반부터는, 세계의 번영이 증대되는 소위 말하는 남북문제가 심각했던 적이 있었다.

도상국에 있어서의 고용확대를 위하여, 정력적인 조사연구 활동과 기술협력활동이 이 계획 하에서 실행되었던 것이다. 그래서 1970년대에 들어와서 석유위기가 발생하고, 고용문제는 선진국에서도 심각하게 되었는데, ILO로서도, 새로운 세계적인 대책이 요구되게 되었다. 이러한 가운데서, 1976년에 세계고용회의(정식명칭은 「고용 · 소득분배 및 사회진보를 비롯한 국제분업에 관한 삼자구성세계회의」)를 개최하고, 「원칙의 선언」과 「행동의 계획」을 채택했다. 이 회의에 내놓게 된 것이 완전고용을 세계의 공통목표로 한다는 것과, 모든 사람의 「기본적 니즈」를 달성한다고 하는 정책적 개념이 더욱 중요시되고, 특히 도상국의 개발의 중심에 후자가 "키워드"로써 확립되게 되었다는 것은 매우 주목할 만하다. 그 후, 이 개념은 기본적 인권 니즈(Basic Human Needs)로써 개발경제학의 분야에서의 어프로치로써 정착하면서 발전되어 가는 인포멀섹터라는 용어도, 이 계획의 구조가운데서의 연구로 정착해 가고 있다.

이와 같이, 70~80년대 전반까지의 개발경제학의 발전 중에는 세계고용계획에 공헌한 역할이 컸다고 할 수 있을 것이다. 그 하나의 증거로서 동 계획관계자의 노벨 평화상을 들 수 있을 것이다.

대표적인 인물을 지적한다면, 세계고용계획의 연구계획의 책정에 관계했던 데인바겐이나, 아사루이스는 각각 1960년과 1979년에 노벨 경제학상을 수상했고, 같은 초기에 이 계획의 고문이었던 센은, 1998년에 노벨 경제학상을 수상하고 있다.

그러나 이 계획은 활동 및 예산의 면에서 조사연구부문이 비대화해서, 긴축재원이 요구되는 과정에서, 재검토의 필요성을 맞게 되었다. 1992년에는 이 계획을 재검토하는 출판물이 취합되고, 조사연구는 기술협력이나 정책제언으로 이어질 수밖에 없었고, 구체적인 政策指向을 수반하는 성과를 가져와야만 한다는 계획의 효율화가 필요하다는 결론을 짓고 있었다.

### (5) 1984年의 雇傭政策(補充規定)勸告(169号)

이 권고는 1979년의 ILO총회의 중간에 열린 위원회의 「세계고용회의의 폴로업에 관한 결의」를 기록으로 해서, 총회의제가 되고, 토의 · 채택된 것이다.

이 권고에서는, 일반원칙으로, 122호 조약에서 논의된 「자유로이 선택된 생산적인 완전고용의 촉진」은 「노동의 권리의 실현의 사실상의 수단이라고 볼 수 있어야 한다.」고, 노동의 권리를 확립하는 기초로써, 고용정책을 자리매김하는 것으로 규정되어 있다. 그리고 또, 개별의 구체적인 고용정책에 대하여 촉진해야 할 내용을 규정하고 있다. 말하자면, 「인구정책」, 「연소자 및 불리한 입장에 있는 集團 및 사람들의 고용」, 「기술정책」, 「인포멀섹터」, 「소기업」, 「지역개발정책」, 「공공투자계획 및 특별공공사업계획」, 「국제기술협력 및 고용」, 「국제이주 및 고용」등이다. 이와 같은 분야에서의 「기본적 니즈」전략의 구체화가 이 권고의 가운데에 촉진되고 있어, 각국의 정책지침과 기술협력의 방향으로서의 역할을 함께하는 성격의 문서로 되어있다.

### (6) 世界雇用報告의 發表

1990년대에 들어와, ILO는 새로운 고용상황을 재차 정리하면서 세계고용 보고를 원칙적으로 2년마다 발표하기로 했다. 1994년에 최초의 「세계고용보고서」가 발표되고 나서, 2년을 거쳐 제2회 보고서「세계의 고용 1996/97년도 판이 그리고 1998년에는 98/99년판」이 발표되었다.

제1회 보고서의 개요에서는, 산업구조가 세계적으로 변화하는 가운데, 완전고용을 목표로 하는 정책의 전개가 아직도 필요하다고 하는 입장을 분명히 하고 있었다. 제2회 째의 보고서에는, 다시 완전고용의 개념을 상황에 따라 비추어 보면서, 거기에 따른 선진국 · 도상국 · 이행경제국 등 국별의 국내정책의 실시를 구체적으로 제시하는데 역점을 두고 있다. 부제에서는, 「글로벌한 상황 하에서의 국내정책」이라는 제목으로, 다음과 같은 「완전고용」의 재검토라는 내용으로 재차 제시하고 있었다. 여기서는, 이 「완전고용」에 대하여 살펴보고자 한다.

ILO는 완전고용을 다음과 같이 인식하고 있다. ILO는 완전고용의 정의에 대하여, 실업자가 제로가 되는 것이 아니고, 취업이 가능하고 그 의지를 가진 대다수의 남녀가, 생산적이고 또한 유급(有給)하고 자유롭게 선택할 수 있는 고용에 취업하는 상태에 있다고 하는 입장을 견지하고 있다. 이렇게 해서, 비자발적 실업이 없어지고, 모든 적극적 구직자에 대한 職이 준비되어 있는 상태라고 해석할 수 있다. 이것은 ILO의 고용정책에 관한 국제노동기준인 122호 조약에 준거하는 사고방식인 것이다.

1970년대 전반까지는, 이 정의에서 마찰적실업(摩擦的失業)으로서의 2~3%의 실업율을 가진 상태가 완전고용의 수준으로 되어 있었으나, 그것을 완전고용을 목표로 하기 위한 실업율의 목표치로 한다는 것은, 근래의 여러 가지 상황의 변화에 따라 적절하지가 않다고 보고 있다. 완전고용의 현재적 의미에 대하여, 많은 의문이 드러나고 있는 가운데, 또 한 번 ILO의 생각을 세계에 밝혀야 한다는 문제의식이 강해진 것으로 생각된다. 특히, 산업구조의 변화에 따라 새로운 고용형태가 확대되고 있는 가운데, 지금까지의 고용보장과 동등한 보장을 하는 새로운 메커니즘을 구축한다는 것이 과제가 되고 있다. 새로운 고용형태의 마이크로(micro) 레벨에서의 보장을 실현한다는 것이 근본적으로 중요하다. 그리고 모든 적극적 구직자에 대한 직이 준비되어 있는 상태를 보장하기 위하여, 훈련이나 재훈련 기회에 용이하게 접근하는 것이 확보되지 않으면 안 된다는 것을 강조하고 있다. 특히 일반적인 기한부 노동자에게는 직업훈련의 비용부담을 어떻게 할 것인지 하는 문제가 생긴다. 또, 非典型勞動에 정규의 풀타임 노동과 동일한 보수를 어떻게 실현할 것인지 하는 문제도 또 하나의 과제가 되고 있다.

비전형노동이나 단기노동에 비해, 장기의 전형노동도 노사쌍방에 메리트가 있기 때문에 앞으로도 노동시장에서 널리 채용되게 될 것이다. 이와 같은 여러 가지 형태가 혼재되는 가운데, 노동시장에 있어서의 기회균등의 보장은 고용전체의 성장률을 상승시키는 정책이 따라야만 실현된다고 하는 입장을 ILO는 견지하고 있는 것이다.

「98/99년도 세계고용보고」에서는 글로벌한 세계의 임플로이 어빌리티의 중요성을 다시 강조하고 있다. ILO는 앞으로 기능이나 능력의 향상과 적합이 고용을 촉진하는데 필요하다고 보고, 거기에 필요한 훈련이나, 또는 인적자원개발이 필요하다는 결론을 내리고 있었다. 그래서 1999년에 「지식 · 기능 · 임플로이 어빌리티(employ ability)의 투자」에 관한 인포커스 프로그램(ILO의 전략적 기능을 높이기 위해, 특정한 분야에 초점을 맞추어서 활동을 하는 프로그램, 소마비아 사무총장에 의해 취합되었다)이 발족했다.

## 제2항 失業

### (1) 失業條約(2号, 1919)과 그 후의 展開

이 조약은, 1919년에 ILO가 설립되었을 때, 최초로 설정한 6조약 중의 하나다. 실업에 대한 대책은 ILO의 근본목적이라고 할 수 있을 정도로 긴요하다. 이웃나라 일본은 이미 1922년 1월에 이 조약의 비준을 등록하고 있다. 속된 말 같지만 "강 건너 불 보듯이 한다."는 말처럼 많은 ILO조약들이 아직도 미비준 상태에 있다는 우리의 현실을 검토하려면, 너무 많은 조건과 장벽이 가로 놓여있어, 아무래도 별도의 큰 장(場)을 열어놓고 진지하게 오랫동안 논의해야 될 것 같다. 적어도 OECD가맹국답게 말이다. 쌓이고 쌓인 만시지탄은 그때 이야기하기로 하고...

여기서는, 지금 설명하고 있는 실업조약을 다시한번 살펴, 제1조에서 비준국은 적어도 3개월마다 실업통계를 정리해서 ILO사무국에 보고하도록 요구하고 있다. 제2조에는, 중앙관청에 따라 무료의 직업소개소를 설치한다는 것, 그러기위해서 노사를 포함한 위원회를 직업소개소가 있는 경우는, 전국규모로 조정되어야 한다고 규정하고 있다. 또, 제3조는 실업보험에 대한 조항에서, 비준국이 타의 영토에서 노동하는 노동자에 대하여, 그 외의 보험급부와 동율의 것을 보험할 수 있고, 또 수속할 수 있도록 요구하고 있다. 이 조약의 의미는 당시의 상황으로부터, 실업에 대한 제 대책을 위해서 필요한 몇 가지 원칙을 제시하고 있다는데 있다. 이것은, 그 후의 ILO의 역사 가운데서, 노동통계 · 직업소개 · 실업보험 등의 중요한 국제노동기준이 설정되는 계기가 되었다. 또 동년에는 실업에 관한 권고(1호)도 채택되어 있으나, 여기서는 유료직업소개의 금지와 지방의 공공사업의 중요성에 대하여 주로 언급되고 있다.

실업문제가 특히 심각했던 세계대공항기(1929년~33년)를 거쳐서 ILO에서는 유료직업소개소(34호 조약)나 실업보험(44호 권고)에 관한 조약 · 권고의 설정이 이루어졌다. 특히 실업에 대해서는 연소자의 실업문제가 사회문제로써 극도로 심각하게 되어 있다는 것을 감안해서, 연소자의 실업에 관한 권고(45호)가 1935년에 채택되어 있다.

### (2) 靑少年特別計劃勸告(136号, 1970年)

1970년대에 들어와서, 136호 권고가 채택되었다. 정식명칭은 「개발을 목적으로 하는 청소년의 고용 및 훈련을 위한 특별계획에 관한 권고」로써, 앞에서 설명한 표1에서 우선적으로 촉진되어야 할 문서로 구분되어 있기 때문에 여기에서 다시 지적해 두고자 한다. 이것은 청소년의 고용문제의 심각화에 대하여, 청소년이 자국의 개발에 적극적으로 참가하기 위하여, 필요한 기능을 부여하는 고용계획이나 훈련계획을 실시하는 어프로치를 촉진하는 것으로써, 청년의 고용문제에 대하여, 교육 · 훈련에 대처하는 특별계획을 촉진하도록 제기하고 있는 것이다. 이 권고는 전문과 6部로 구성되어 있다.

전문에서는, 고용시장의 변화에 따른 새로운 고용의 니즈를 만족하게 하는 특별계획이나, 청소년의 실업자에게 필요한 교육이나 기술적 자격을 활용할 수 있도록 하는 것 등을 들고 있다. 제1부는 「특별계획의 성질」이라는 제목으로, 동권고가 자국의 경제사회 개발활동에 참가할 수 있도록 하는 교육 · 기능 및 경험을 청소년(특히 실업중인 청소년)에게 습득시키는 특별계획에 대하여 적용되도록 명기하고 있다.

제2부에서는, 「일반원칙」으로써, 이 특별계획이 자국에서 개발계획이 존재하는 경우에는 생산적인 완전고용의 달성을 위하여, 그 국내에서 조직되어야 한다는 것을 제시하고 있다. 이 계획은, 긴급한 경제 · 사회적 필요성으로부터 얻어지는 잠정적인 조치라고 하는 것, 그리고 노동기준의 인하나 사기업의 이익을 가져오게 하는 것이 되어서는 안 된다는 것을 언급하고 있다.

다음으로, 이 특별계획의 불가결한 요소로써, 인간의 존엄성보호, 개성의 개발, 개인적 · 사회적 책임감의 개발이 포함되어야 한다고 봐서 청소년의 고용 · 훈련에 있어서의 심려 깊은 지적을 하고 있다. 그리고 이러한 특별계획이, 모든 차별적 성질을 포함해서, 그 참가는 임의적이며, 강제노동이나 최저연령 등의 현행의 국제노동조약의 규정에 충분히 합치되어야 한다고 기록되어 있다.

제3부는, 「현행의 나라의 교육계획 혹은 직업훈련계획에 따라 또는 고용시장에 있어서의 통상의 기회에 의해 만족되지 않고 있는 청소년의 고용 및 훈련의 필요를 만족하게 하는 계획」이라는 제목으로 특별계획을 구체적으로 ⓐ 목적, ⓑ 참가, ⓒ 내용, ⓓ 복무조건, ⓔ 직원의 선임 및 훈련, ⓕ 참가자에 대한 장래의 직업을 위한 원조 등 여섯가지로 설명하고 있다. 그 목적은 교육상 그 외에 불이익한 입장에 있는 청소년에게 필요한 교육이나 기능 및 노동습관을 부여한다는 것이고, 자국의 경제사회개발에 참가시키는데 있다.

특별계획에의 참가에 있어서는, 최저연령조약에 따라, 청소년의 교육 · 훈련, 노동경험, 적성 등을 고려해서 선정한다. 또, 특별계획을 통해서,

할 수 있는 한(限) 많은 청소년이 통상의 경제활동이나 교육 · 훈련계획으로 이행할 수 있도록 가능하게 해야 하고, 참가기간은 거기에 따라 제한해야 한다는 것을 제시하고 있다. 구체적으로는, 참가자의 연령 · 성별 · 교육 · 훈련수준 · 능력에 따라서, 계획도 적합하게 해야 하며, 그 직업적 선고에는 가능한 한 충분한 고려를 하도록 해서 경제활동에의 참가에 필요한 기능을 부여하도록 제시하고 있다. 또, 복무조건으로써, 복무기간의 2년을 넘지 않도록 할 것과, 교육, 휴식이나 여가활동을 위한 충분한 시간이 주어지도록, 노동 및 훈련에 쓰여질 수 있도록 있는 시간이 제한되어야 한다는 것, 충분한 의식주의 보장에 더해서, 현금 급부를 받아 저축을 할 수 있어야 한다는 것, 연차휴가나 통상의 사회보장규정의 적용대상이 되어야 한다는 것 등이 기록되어 있다.

직원의 선임과 훈련에 관해서는, 그 일을 담당하기 위해서 충분한 자격과 경험을 가지고 있을 뿐 아니라, 청소년에 대한 이해력, 지도성 및 적응성 등도 고려되어야 한다고 하고 있다.

참가자의 장래의 직업을 위한 지원에 대해서는, 특별계획의 종료후, 통상의 경제활동에의 빠른 참입(參入)을 촉진하기 위하여 이루어져야 할 노력에 대하여 제시되고 있다. 구체적으로는, 직업결정을 위하여 필요한 정보의 제공, 경제활동을 하기 위해 필요한 도구제공이나 현금 급부 등이다. 이러한 노력은 직업소개기관 등의 적당한 기관에 의한 추가적인 활동도 기록되어 있다.

제4부는, 「사회가 개발을 하기 위하여 필요로 하는 교육, 또는 기술적 자격을 가진 청소년이 그와 같은 자격을 사회를 위해 활용할 수 있도록 하는 것을 가능하게 하는 계획」이라는 제목으로, 청소년에게 사회에 대한 책임감을 개발할 것, 그리고 그와 같은 자격을 가진 자가 그 분야, 또는 밀접하게 관련되는 분야에서 취업할 수 있도록 하는 것은 앞에서 설명한 바 있다.

참가자는, 자격을 활용하게 됨으로써 취업을 하고, 필요한 경우에는 훈련과 조언을 하게 되고, 특별계획의 복무가 끝난 후, 통상의 경제활동으로의 이행(移行)을 요구받게 된다.

제3부와 마찬가지로, 복무기간이 2년을 넘겨서는 안된다고 하는 것, 교육·휴식·여가활동을 위한 충분한 시간이 주어지도록, 노동 및 훈련에 쓰여지는 시간이 제한되어야 한다는 것, 충분한 의식주의 보장에 더해서, 현금 급부를 받고, 저축을 할 수 있어야 한다는 것, 등이 기록되어 있다.

마지막의 제6부에서는, 이러한 특별계획의 실시에 있어서, 공동의 조치가 필요하게 될 때의 경우에는, 관련기관이 가능한 한 협력을 해야만 한다고 하고 있다.

### 제3항 中小企業에 있어서의 雇用創出勸告

정식명칭은, 「중소기업에 있어서의 고용창출의 장려를 위한 일반조건에 관한 권고(189호, 1998년)」라고 한다. 이 권고의 설정 배경에는, 중소기업에 있어서의 고용흡수력에 각국이 주목하고 있었다는 사정이 있다. 기준의 기초·수정단계에서는, 중소기업의 고용창출이 크게 바람직한 가운데, 그 고용량의 증대와 질의 향상을 어떻게 정합적으로 받아들일 것인지 하는 것이 과제가 되었다. 토의 결과, 전 가맹국의 지침이 되고, 유연하게 이행할 수 있는 권고라는 형태로 채택되었다. 권고에는, 중소기업의 발전에 대하여 각국의 경험이나 구체적 조치가, 예시적으로 참고가 될 수 있도록 제시되어 있다. 또, 그와 같은 구체적인 정책이나 조치를 촉진하는 문서로 취합되어 있어, 종래의 조약보완형의 기준이 아니고, 실질적으로 큰 효과를 가져올 수 있다는 것이 기대되고 있다. 그러한 의미에서는 권고로써 새로운 모델을 제시하는 것으로 평가되고 있다.

#### (1) 勸告採擇의 背景

ILO는 1980년대부터, 그때까지의 대량생산형 산업의 변화로써, 그 과정에서 중소기업이 생산전반에 미치는 역할이 증대하고 있다는 점에 주목해 왔다. 예를 들면, 미국의 실리콘벨리는 벤처적 중소기업이 세계적인 기업으로 비약하는 온상지대로 되어 있었고, 이탈리아나 독일 등에서도 중소기업의 국제경쟁력의 높이가 주목되고 있었다. 또, 개발도상국에서도 세계규모로 중소기업의 존재나 그 증대가 확인되고 있었다.

이러한 가운데, 1986년의 제72회 총회에서 중소기업의 촉진에 관한 일반토의를 거쳐 관련결의가 채택되었다. 그 후 공산주의 제국의 붕괴와도 맞물려서 지구규모로 고용문제가 악화되었다. 1994년의 디트로이트에 있어서의 고용 서밋드를 시작으로, 실업증대의 저지가 세계적인 큰 과제가 되었다. 이와 같은 과정 속에서, 고용증대에 있어서의 대기업의 한계가 인식되기 시작했고, 거기에 대신해서 중소기업의 공헌이 점점 주목되기 시작했다. ILO이사회는 중소기업의 역할에 한한 촉진적 기준의 필요성이 높아졌다는 판단에서, 이 문제를 1997년의 총회의제로 거론하기로 결정했다. 그리고 1996년의 제83회 총회에서는, 지역규모에 있어서의 고용정책에 관한 결의가 채택되고, 기본안작성을 위한 기운이 높아져 갔다. 그래서 그 전년의 제1차 토의를 거쳐서, 1998년의 총회에서는 189호 권고가 찬성403, 반대 제로의 표결로 채택되었다.

### (2) 勸告의 槪要

이 권고는, 전문과 6부로 되어 있다. 제1부에서는 정의 · 목적 · 범위, 제2부에는 정책 · 법적구조, 제3부에는 기업문화의 개발, 제4부에는 효과적인 서비스기반의 개발, 제5부에는 사용자단체 및 노동자단체의 역할, 그리고 마지막 6부에는 국제협력을 규정하고 있다.

전문에서는, 중소기업이 고용창출에 있어서, 여러 가지 측면에서 점점 중요성을 높이고 있다는 사실을 인식하고, 중소기업이 생산적인 고용의 場을 제공하는 한편, 여성 등에게 불리한 조건을 강요당해온 그룹에 대해서는 「지속적이고 질이 높은 고용기회」를 제공한다고 하는, 고용의 양 · 질면에서의 공헌의 가능성에 대하여 언급하고 있다.

또, 동총회에서는 필라델피아선언 50주년을 기념해서, 「노동에 있어서의 기본적 원칙과 권리에 관한 선언」이 채택된 일도 있고, 4개 분야의 중핵적 노동기준이 표현되었다. 그 중에서도, 특히 아동노동의 철폐를 위한 노력이, 심의 과정에서 강조되고, 同권고에 포함되게 되었다. 또, 관련되는 조약 · 권고나 ILO가 추진해 왔던 기술협력의 성과를 고려해서 중소기업에 초점을 맞추는 기준을 권고라는 형태로 채택하는 것이, 각국에 유효한 지침을 제공하게 된다는 결론을 내리고 있다.

제1부는 정의 · 목적 · 범위라는 제목으로 제1항(정의)에서, 각국 노사단체와 협의해서, 「국내의 사회적 · 경제적 조건을 고려해서 적절하다고 생각되는 기준을 참조해서」, 탄력적으로 정의해야 한다고 보고, 각국공통의 정의를 하는 것을 피하고 있다. 이에 대한 의의는 소유 형태에 관계없이 모든 형태의 것을 포함한다는데 있으나, 몇 가지의 정의의 공유가 데이터의 수집과 분석에 도움이 된다고 지적되고 있다. 제2항(목적)에서는 먼저, 122호 조약에 있는 「완전하고 생산적인, 또한 자유롭게 선택된 고용의 촉진」을 들고, 이하에 고용기회의 확대, 지속적인 성장과 유연한 대응, 불이익집단의 참가의 증진, 저축과 투자의 확대, 인적자원개발, 지방의 개발, 사회적 보호, 혁신성, 시장참입, 양호한 노사관계를 위하여 여러 가지 조치를 강구해야 한다고 되어 있다. 또, 중소기업의 노동자에게 기본적 보호를 부여하기 위한 적절한 조치도 부기(附記)하고 있다.

제4항 (적용범위)에서는, 모든 경제부문의 전체기업의 중소기업으로서, 구체적인 예로, 민간회사(民間會社), 공영회사(公營會社), 협동조합, 공동경영, 가족기업 등을 들고 있다.

제2부의 「정책 및 법적 구조」에서는 중소기업의 발전을 위한 환경조성에 필요한 조치를 들고 있다. 이러한 것들을 圖示하면 도1과 같이 된다. 제5항에서는, 고용은 경제의 파생요인이라고 하는데서, 적절한 재정 · 금융 · 고용정책을 전개해야만 한다는 것을 언급하고, 재산권이나 계약의 이행, 공정한 경쟁 등의 법규제도 사회 · 노동법의 제정과 적용, 그리고 기

업가정신을 유발할 수 있는 조치를 실행하도록 지적하고 있다. 그러기 위한 보완적 시책으로써, 제6항에서는, 신용보증이나 외화 · 수입원재료에의 평등한 이용기회, 공평한 과세, 차별이 없는 노동법의 적용 등의 외에 아동노동에 관한 국제노동기준의 준수를 들고 있다. 여기서, 특히 아동노동에 관해서는 이론(異論)도 많이 나왔지만, 구미 제국정부의 강한 요망에 의해 가해졌다. 또, 노동법의 적용은「평등한」이라는 표현에서, 중소기업의 상황을 배려하고, 약간 유연하게 해석할 수 있는「차별이 없는(non-discrrminatory)」이란 표현을 쓰기로 했다.

〈도1〉 중소기업의 개발과 성장에 기여하는 환경

| Ⅰ<br>최적의 경제환경을<br>만들어 내는 정책 | Ⅱ<br>적절한 법제도의 확립과 적용 | Ⅲ<br>기업가정신의<br>매력의 향상 |
|---|---|---|

〈자료〉 ILO Recommendation 189-SYNOPSIS, ILO사무국 자료, 1999년 9월

또, 중소기업이 직면하고 있는 각종 제약을 제거하기 위하여, 특히 제2圖와 같은 분야가 제시되어 있다. 자금조달 · 기능 · 경영능력 · 정보 · 물류 · 통신 · 연구개발 등의 면에서 노동감독을 저해하지 않는다고 하는 조건부로, 행정절차의 완화조치를 재촉하고 있다. 심의과정에서는, 아프리카 제국으로부터 인포멀섹터에 관한 한(1) 항을 설정해야 한다는 의견이 종종 제안되었으나, 이 요망에 대해서는, 동부문을 조직화시킨 정규의 산업부문으로 격상시키기 위한 특별조치를 취하기로 했다.

〈도2〉 다음의 분야에 있어서의 制約을 除去한다.

| 자금조달에의 엑세스 | 기능 및 경영관리기능 | 적절한 비즈니스 법규제 완화 |
|---|---|---|
| 생산성과 품질의 향상 | 물류 및 통신 인프라 | 공공 및 민간부문의 조달기회 |
| 적절한 정보 | 연구 · 개발의 지원 | 신기술에의 엑세스 |

(출처) 제1도와 같음

부가가치조치로써, 적절한 경우에는 중소기업에 대한 정보의 수집, 정책적 영향에 대한 주의, 그리고 가장 대표적인 노동단체와의 협의를 통해서 중소기업에 여러 가지 사회적 보호가 미치고 있는지의 여부와 그 재검토를 들고 있다.

제3부에서는, 중소기업의 창출에 있어서 그 기초가 되는 기업가 정신의 고양을 위한 기업문화의 개발에의 조치를 독촉하고 있다. 여기서도 가장 대표적인 노사단체와의 협의에서 기업가적 태도의 개발과 환경조성 등이나 리스크를 일으키게 한다든가 사업의 실패에 가치를 발견할 수 있는 태도의 함양, 거기다가 기업가 · 노동자의 생애교육의 촉진을 언급하고 있다. 마찬가지로 노동자의 권리나 법의 역할, 노동조건의 향상을 수반하게 되는 높은 생산성이나, 물품 · 서비스의 질의 향상을 존중하는 것, 여성이나 불리한 입장에 놓여있는 그룹을 고려한 기업가의 역할 모델이나 장려제도를 촉진할 수 있는 의식 캠페인을 기획 · 실시하는 것을 들고 기업가와 노동자의 이익을 위해서, 발란스를 취하는 표현으로 되어있다.

제4부는 「효과적인 서비스 기반의 개발」에서 중소기업진흥을 위한 대책기반의 정비의 유효성과 이용가능성을 고려해야 한다는 논의가 있고, 직접 · 간접적으로 대책의 예가 열거되어 있다. 거기에는 기업이나 인적자원개발 · 금융 등 23종류의 시책이 열거되어 있다. 이외에도 각국의 성공사례를 취합하는 형식으로 구체적인 방법이 제시되어있다. 예를 들면, 테크놀로지 파크나 비즈네스 인큐베이터(business incubator)를 들고 있고, 또 지방 분산에 따른 중소기업의 이용가능성을 볼 수 있도록 하고 있다. 금융서비스에도 언급하고, 중소기업의 공동으로 보증단체나 벤처캐피털 등의 기관을 설립하는 것도 장려되고 있다.

이 외의 조치로서는, 중소기업과 대기업의 협력관계를 촉진하기 위한 조치가 논의되고 있다. 여기에는 중소기업이나 노동자의 이익의 보호에 해당 조치가 특히 가해지고 있는 한편, 중소기업의 경험교류, 자원과 위험의 분담을 위하여 중소연합이나 기업의 네트워크, 협동조합등의 구체적인 예가 제시되고 있다. 그리고는 가장 대표적인 노사단체와의 협의나 여성이나 불리한 입장에 있는 사람들의 기업가육성에 대한 조치도 언급되고 있다.

제5부에서는, 「사용자 및 노동자단체의 역할」로서, 노사단체의 중소기업발전을 위한 공헌의 수단을 제시하고, 촉진하는 것을 목적으로 하고 있다. 정부에 대한 의지표명, 경영상 또는 노사관계의 조언이나 지원서비스, 여러 수준에서의 연대와 협력, 관련되는 정보의 분석과 그 성과의 제공 등에 대하여 수단의 예시가 시도되고 있다. 거기다가, 이 부문에서 결사의 자유가 존중되고, 노사단체의 구성원의 확대를 중소기업까지 포함하도록 노력한다는 것이 촉진되고 있다.

제6부 「국제협력」은 경제의 글로벌화에 따라, 국내의 중소기업에 대한 국제적인 영향이 커지고, 중소기업의 활동이 국제적으로 확대를 보여주고 있다는데서, 어떠한 협력이 촉진되어야 할 것인가 열거되고 있다. 정책책정을 위한 정보수집의 공통적인 방법의 확립, 고용창출을 위한 정보의 교환, 국제단체간의 인적교류나 정보의 교환이 논의되고 있다. 또, 중소기업간의 파트너십이나 연대, 하청관계의 구축지원이나 타의 상업적 제휴의 확립이라고 하는 구체적인 조치가 촉진되고 있다.

여성기업가나 타의 불이익을 입고 있는 집단을 위한 지원이나 기업가정신 향상을 위한 국제회의 등에서의 대응, 중소기업에 유익한 데이터베이스의 이용이 가능해지도록 하는 대책이 논의되고, 별항에서 근대적인 정보기술(인터넷 등을 가르친다고 보지만)을 이용한 새로운 기구의 창설이 촉진되고 있다.

### (3) 國際小企業計劃

앞에서 말한 권고는, 구체적인 조치를 제시하고, 그것을 실행할 것을 기대하고 있다. 이러한 의의에 현대적인 조치를 하기 위하여 권고에서 말하고 있는 기술협력 활동을 통합해서 자리매김하는 것이 ILO자체에 요구되고 있다.

ILO스스로가 이 문서를 지침으로 해서 기술협력 활동에 연계해 나가기 위한 하나의 시도로써, 국제기업계획(ISEC)이 설치되고, 그때까지의 ILO의 활동과 경험을 통합하는 모양으로 발족했다.

ILO가 중소기업개발에 있어서, 중요한 역할을 한 분야는, 고용의 양적 확대와 동시에 질적 향상을 촉진하는데 있었다. ILO는 이 분야에서 오랜 경험의 축적이 있으나, 15의 MDT의 확립에 따라 각 지역의 수요를 늘려온 활동을 전개할 수 있는 체제가 됨으로 해서, 포괄적 프로그램으로서 취합되게 된 것이다.

특히, 권고의 전문에도 언급되고 있듯이, ILO의 국제훈련센터(토리노센터)에서의 경험이나 「당신의 일을 시작하고, 개선하자(Start and Improve your Business)」 계획의 성과를, ILO는 큰 무기로 삼고 있다. 그러나 그 실행에 있어서는 지역의 상황에 따라 유연하고 혁신적으로 대응하는지 어떤지도 의문스럽다. 그렇기 때문에 이 계획의 기획 · 실행에 있어서는 현지의 파트너와의 협력이 조건이 된다. 파트너라는 것은 당연히, ILO삼자구성멤버인 정부 · 노사단체가 포함되고, 상공회의소나 중소기업단체가 그 대표적인 예가 된다.

ISEP의 활동 분야에는, 다음과 같은 우선적인 활동이 있다. ① 소기업을 지원하는 활동의 영향을 크게 할 것, 費用代効果가 높아서, 고용의 질을 높이기 위한 직접적 지원이나, 베스트 프렉티스의 보급에 초점을 두고 있다. ② 소기업의 촉진에 도움이 되는 비즈니스 환경을 형성하는데 있어, 저해요인을 제거하는 것을 들고 있다. ③ 금융 · 재정서비스의 이용을 촉진할 것. ④ 생산성이나 기능의 향상, 기술혁신을 촉진하기 위하여, 여러가지 비즈니스 서비스나 유망시장, 정보나 훈련기회에의 이용가능성을 높일 것, ⑤ 노동조건이나 안전보건, 사회적보호등이 높아지게 되는 질의 고용을 촉진한다. 이렇게 함으로써 아동노동의 철폐를 목적으로 하는 IPEC와의 연대가 중요하게 된다.

그런데, 1999년 가을에 「중소기업고용창출」 인포-가스 프로그램이 발족했다는데서 ISEP도 곧 여기에 통합되어 갈 것으로 보고 있다.

## 제3절 職業紹介에 관한 國際勞動基準

### 제1항 職業紹介에 관한 ILO基準의 展開

1919년에 ILO가 설립될 당시에 채택된 2호 조약에서는 이미, 공적인 무료직업소개소를 설치할 것을 독촉하게 되었다. 그리고 수수료를 징수하는 유료직업소개사업소에 대해서는 동년 1월에 채택한 1호 권고에서 금지조치를 권고하고 있다. 이 배경에는 유료로 직업을 소개·중개하는 가운데, 사람을 상품과 같은 매매의 대상으로 하게 되었다는데서 인권침해, 강제노동, 법외의 요금·사기적방법 등 많은 피해가 발생하고 있었던 예가 있다. 이 문제는 ILO설립당시에 취급되면서, 조약·권고의 내용이 되고 있었다는 것을 생각한다면, 이것도 ILO가 해야 할 역할의 기본적인 분야라는 것을 알 수 있다.

그래서 이 분야에서, 보다 총합적으로 취급할 수 있는 조약이 필요하다는 인식이 확대되면서, 1933년에 34호 조약이 채택되었다. 이것은 조약의 효력발생 후, 3년 이내에 유로직업소개소를 폐지한다는 것을 취지로 하고 있었던 것인데, 어디까지나 예외로써, 권한이 있는 기관이 인정하고, 관계노사단체와의 자문을 거쳐서 감독하게 되고 허가를 받는다는 것이 유료직업소개의 전제로 되어 있었다. 그러나 이 조약은 10개국의 비준 밖에 얻지 못했고, 제2차 대전 후인 1949년에 유료직업소개에서 규제의 조건을 약간 완화한 유료직업소개조약(96호)이 채택되게 되었다. 또 그 전년인 1948년에는,제2항에서 설명한 것처럼 公共職業安全組織條約(88호)이 채택됨으로써 공공직업소개 서비스의 기간이 되는 조약이 채택되어있다. 여기서 직업소개에 대해서는 공공이라는 것과 유료 혹은 민간이라는 것의 두 가지 흐름이 ILO기준 안에 내포되게 된 것이다. 그것이, 근래에 이르러 고용의 유동화와 함께 유료직업소개는 민간과 비즈니스로 육성되고, 이 사태에 대응한 기준이 필요하게 되었는데, 1997년에는 이것도 개정되어 「민간직업중개사업소조약(181호)」으로 채택되었다. 이상과 같이 직업소개(혹은 고용서비스)에 대한 ILO기준은 96호와 그 개정조약인 181호가 취급하는 유료직업중개의 분야와 무료인 공공직업소개의 두 기준의 주(柱)로 되어있다. 먼저 공공직업소개의 기본적조약에 있는 88호 조약을 소개하고자 한다.

### 제2항 職業安全組織條約(88号)

무료의 공공직업소개에 대해서는, 1948년에 직업안전조직에 관한 조약(88호)이 채택되어 있다. 이 조약의 목적은, 비준국이 고용을 둘러싼 시장 안에서, 무료로 직업소개를 하는 공공서비스를 창설 또는 유지하기 위하여, 가능한 最良의 조직을 확보할 의무가 있다는 것을 규정하는데 있다. 이 조직은 완전고용의 달성, 생산자원의 개발 · 이용을 위한 국가적 계획의 불가분의 일부로써, 고용시장을 더욱 잘 조직화한다는데 그 임무가 있다. 전국수준에서의 조직으로 활동하고, 지방의 구석구석까지 갈 수 있는 네트워크가 구축되어 있지 않으면 안 된다. 또, 이 조약은 조직의 임무, 모집이나 알선이 실효적으로 이루어지도록, 노사의 대표를 자문기관에 받아들이게 하거나, 타의 기관과의 협력에 대해서도 규정하고 있다.

고용서비스의 중요한 내용은, 취직알선, 직업적 지리적 이동을 용이하게 하거나, 고용을 둘러싼 시장의 정보제공, 실업보험이나 타의 실업대책의 행정적인 연대 등을 들 수 있다. 또, 이 고용서비스에 관계하는 직원의 지위와 조건은, 독립성이 보장된 공무원이라야 한다는 것도 규정되어 있다. 즉 정부의 更迭이나 부당한 외부로 부터의 영향과 무관하고, 신분의 안정이 보장되는 공무원이어야 한다.

이 조약은 동년에 채택된 83호 권고에 따라 보충되었다.

## 제3항 有料職業紹介條約(96号)

유료직업소개소조약은, 오랫동안 이 분야의 기본문서로 되어 있었으나, 1997년에 채택된 181호 조약의 성립에 따라, 이 조약의 오늘날의 의미는 하나의 장부처럼 되었다고 볼 수 있다. 그러나 181조약에 이르게 된 역사적 경위를 보게 됨으로써 중요한 조약이라고 보는데서, 그 개요를 소개하고자 한다.

이 96호 조약은 비준에 있어서, 각 가맹국이 이자택일적(二者擇一的)로 선택할 수 있다고 하는 유연조항을 가지고 있다. 구체적으로는, 제2부의 「영리를 목적으로 해서 경영되는 유료직업소개소의 점진적 폐지 및 타의 직업소개소의 규제」가 제3부의 「유료소개소의 규제1의 어느 쪽을 수락한다는 취지를 批准書에 명시하지 않으면 안 된다.」

제2부(원칙)는, 공공직업안정조직이 확립되면 권한 있는 기관이 정하는 기한까지 영리목적의 유료직업소개소를 폐지한다. 그러나 그것은 공공직업안정조직이 확립될 때까지는, 일정한 조건하에서, 유료직업소개소는 존속할 수 있다는 것을 의미한다.

그 경우, 폐지대상의 예외는 국내법령에 따라 명확히 정해진 구직자의 종류에 대하여, 공공직업안정조직으로 적당한 직업소개업무를 할 수가 없는 경우에 있어서, 노사단체에 자문을 받아, 그 종류를 특별이 인정할 수 있다고 한다. 그들은 권한 있는 기관의 감독을 받아, 유효기간 1년의 허가증을 갖고 있지 않으면 안 된다. 또 징수할 수 있는 요금이나 경비는, 권한 있는 기관의 승인을 필요로 한다. 국외에 걸친 직업소개에 대해서도 허가한 경우에만 한한다.

제3부는, 폐지방침을 포함하지 않고, 규제만을 규정하고 있는 것이지만, 그 규제 · 조건의 내용은, 제2부에서 예시하고 있는것과 같은 것이다.

이 조약은, 40개국 이상의 비준을 얻고 있어, 국내법령의 기본이 되고 있다. 그러나 앞에서 언급한대로 직업소개에 관계되는 새로운 민간 비즈니스가 하나의 산업에까지 발전하게 되고, 독일 등의 제국이 이 조약의 비준을 파기한다고 하는 경향도 보이고 있었다. 그래서 ILOSMS 새로운 조약 · 권고의 채택을 1990년대에 들어와서부터 보고만 있을 수 없게 되어, 1997년에 민간직업중개사업소조약(181호) · 동권고(188호)의 채택을 실현하게 된 것이다.

### 제4항 民間職業仲介事業所에 관한 條約(181호) · 勸告(188호)

#### (1) 條約 · 勸告採擇의 経緯

이 조약의 명칭을 영어로는 Private Employment Agency에 관한 조약으로 되어 있으나, 일본정부가 1999년에 이 조약을 비준할 때, 일본어의 공식번역을 「민간직업중개사업소에 관한 조약」이라고 했다. 그래서 위의 96호 조약은 Fee-charging Employment Agencies로 되어있고, 이것을 「유료직업소개소에 관한 조약」이라하고 있다.

이 조약이 이와 같은 訳語로 된 것은 적용 대상을 직업소개뿐 아니라 노동자의 파견업 등을 포함하고 있기 때문이라고 생각된다.

이 조약의 성립에 있어서는, 1994년의 81회 총회에서 이 문제를 둘러싸고, 일반토의가 이루어졌고, 거기에서의 결론은 민간직업중개를 둘러싸고 다음과 같은 방향성이 제시되었다.

ⓐ 다이나믹하게 변화하는 노동시장에 대응해서 각 주체자의 역할을 명확화 할 수 있는 패턴을 설정하는 것.

ⓑ 공공의 서비스와 민간의 직업소개소와의 상호관계 및 고객과의 관계에 보편적인 요소를 보이는 것.

ⓒ 이하의 일반원칙과 보호를 설정하는 것.

- 빈곤층이나 비윤리적 관행을 막는 노동시장의 실재
- 노동자의 이익, 예를 들면, 민간직업중개소사업소에 노사관계제도의 안전이 손상되는 것으로부터의 보호

• 타국에서 일을 하기 위하여 모집되는 노동자를 포함 하는 것.

ⓓ 모든 직업중개사업소가 기능을 개선할 수 있도록 하는 환경을 창출하는 것.

ⓔ 각국정부가 상기의 조건을 충족시키기 위한 조치를 자유롭게 결정할 수 있어야 한다는 것.

이상의 일반토의의 결론을 바탕으로, 새로운 조약과 권고가 실현되었다. 심의에서, 사용자는 노동시장의 효율성과 구직자의 이익을 높이기 위하여 민간사업소의 적극적인 역할을 강조했고, 노동측은 惡慣行 · 惡利用으로부터의 보호를 요구했다. 여기서 말하는 악이용이란 말은, 예를 들면 다액의 비용을 징수한 후에, 자국이나 타국의 누구도 하지 않는 노동을 소개 받는 것, 또는 본인의 동의 없이, 매춘이나 가사노동에 강제적으로 종사하게하는 행위를 말한다. 스트라이크를 못하게 하기 위해, 또 사용자가 법적의무를 피하기 위해서 파견노동자를 현장에 보내게 한다든지, 별도의 조직을 만드는 등의 위험성이 있는 행위 등을 지적하고 있다. 그런데, 정부측은 크게 봐서 두 흐름이 있고, 선진국에서는 민간사업자에 대한 모니터링 시스템을 이미 확립하고 있는 나라가 많다고 하는데서 규제완화에 동조적이었다. 그 심의결과에 대한 최종체결은, 찬성 347표, 반대 5표, 기권 30표로, 85회 총회(1997년)에서 채택되었다. 이 조약 권고는 민간직업중개사업소의 업무를 인정하고, 거기에 따라 노동시장의 기능을 높이는 동시에, 이러한 서비스를 통해서 구직하는 사람들을 보호한다는 것을 주된 목적으로 하고 있었다. 이것은, 민간직업중개사업소의 활동이 세계적으로 큰 산업으로 성장되어가고 있는 노동시장의 실태를 인식하고, 그것을 받아들이는 반면, 노동이 「상품」처럼 취급당할 수밖에 없는 우려도 있기 때문에 ILO의 원칙을 지키기 위하여, 그와 같은 인식을 타파하고, 착취나 차별 등으로부터 보호한다는 것을 명확하게 하고 있다.

직업중개분야의 위치는, 이 조약의 제16조 이후에 명기되어 있다. 동조에는 96호 조약(1949년)과 34호 조약(1933년)을 개정하고 있다는 것을 명확히 하고 있다. 따라서 이 분야의 ILO조약은 공공직업소개를 취급하는 88호와 민간직업중개사업을 취급하는 181호 조약의 두 가지가 柱로 되어 있다.

### (2) 條約의 內容

제1조에서는 민간직업사업소의 적용상의 분류를 들고 있다. 사무국은 총회토의를 위한 보고서에서 각국의 실태를 취합해서, 여러 형태의 민간직업소개 서비스가 있다는 것을 소개하고 있으나 결국 이 조약에서는, 3가지의 카테고리에 속하는 서비스로 분류했다. (a) 구인과 구직을 연결시키는 서비스는 제공되지만, 고용관계의 당사자가 되지 않는 경우, (b) 제3자의 기업에 사용시키게 할 목적으로, 노동자를 고용할 수 있는 서비스, (c) 특정의 구인과 구직을 결부시키는 것은 아니지만, 대표적인 노동단체(노총 등)와 협의해서, 권한 있는 기관의 결정에 따라 인정되는 구직에 관련되는 정보의 제공 등 타의 서비스로 되어 있다. 지금까지 유료직업소개로서, ILO의 기준 내에서 예외적인 존속을 인정해서, 규제의 대상으로 되어 있는 것은 (a) 의 카테고리의 것이고, 이것은 실태에 맞게 크게 적용범위를 넓혔다. (b)는 우리가 흔히 말하는 파견노동자를 포함한, 직업중개 서비스다. (c)는 큰 논의가 있었기 때문에 매우 넓은 범위를 포함할 가능성이 있고, 삭제에 매우 넓은 범위를 포함할 가능성이 있고, 삭제되어야 한다는 의견도 많았으나, 장래의 발전 추세를 감안해서, 권한이 있는 기관이 가장 대표적인 노사단체와 협의해서, 이 범위를 한정한다고 하는 취지로 되어 있다.

제2조는, 조약의 적용범위를 제시하고 있는 것인데, 노사쌍방의 대립이 눈에 띄고, 많은 수정안을 거쳐서 집약되었다. 여기서, 모든 민간직업중개사업소에 대하여 적용되고(동1항), 모든 종류의 노동자와 모든 부문의 경제활동에 대하여 적용된다(2항). 선원의 모집 · 직업소개는 적용을 제외하고 있다. 또, 이 조약의 목적이 민간직업중개사업소의 영업을 인정하는 한

편, 그 서비스를 이용하는 노동자를 보호하는데 있다는 것을 말해주고 있다(3항). 제4항은 논의가 있었던 것이다. 여기서는 가장 대표적인 노사단체와 협의한다는 것을 전제로, 특정한 종류의 노동자나 특정한 부문의 경제활동에 대해서는, 제1조의 서비스를 제공하는 것을 금지할 수 있다고 해서(동항 ⓐ), 노동자 측의 보호에 중점을 둔 관점으로 부터의 규제의 가능성을 말하고 있다. 또, 노동자의 보호가 확보되어 있는 경우에 한해서, 특정부문의 경제활동이나 노동자에 대해서는 이 조약의 전부 또는 일부 규정의 적용을 제외할 수 있다고 하고 있다(동항 ⓑ).

제3조는, 민간직업중개사업소의 법적지위는 국내법령 및 관행에 따라, 가장 대표적인 노사단체와 협의해서 결정하거나, 또는 영업을 허가하는 조건을 허가제 또는 인가제에 의해 정하도록 하고 있다. 이 경우, 96호 조약에 있었던 1년의 허가라는 유효기한인 의무규정은 없어졌다. 제4조는 가맹국이 민간직업중개사업소에 의해 모집된 노동자의 결사의 자유와 단체교섭권을 확보하기 위한 조치를 취하는 것도 규정하고 있다. 이와 관련해서, 쟁의 중의 노동자에 대체하기 위해서 민간직업중개사업소가 노동자를 파견하는 것을 금지하도록 하는 조항을 노동측이 주장하면서, 몇 가지 수정안을 제출했으나, 이 항목을 조약에 넣게 되는 것은 가맹국이 이 조약을 비준을 하는데 있어서, 실제상 곤란이 있다고 해서 최종적으로는 삭제되고, 동격의 권고에서 그 내용을 명기하게 되었다.

제5조는, 기회 및 대우의 균등원칙을 지키기 위하여, 인종, 피부색, 성, 종교, 정치적 견해, 국민적 출신, 사회적 출신, 연령, 장해 등으로 인한 차별을 받지 않는 조치를 확보해야 한다고 규정하고 있다.

단지, 연령에 의한 취급을 차별로 특정해야 하는지의 여부가 노동관행상 미묘한 문제로 되어 있는 나라나, 추가적인 차별을 포함한다는 것을 유연하게 처리하기 위하여 「국내법 및 국내관행의 대상으로 되어 있는 차별 없이」라는 문언이 들어가게 되었다.

제6조는, 노동자의 개인 데이터의 처리에 대하여 민간직업중개사업소의

프라이버시의 존중 등, 수비의무(守秘義務: 비밀을 지킬 의무)가 논의 되었다. 여기에서 말하는 개인 데이터의 처리라는 것은 정보수집 · 보관 · 편집 · 전달 · 기타의 취급전체를 말하는 것이다.

제7조는, 민간직업중개사업소는 직접 · 간접으로, 어떠한 요금이나 경비도 노동자(구직자를 포함)에게 부과해서는 안 된다는 원칙을제1항에서 설명하고 있다. 거기다가, 제2항에서, 권한이 있는 기관이, 관계되는 노동자의 이익이 되도록 대표적 노사단체와 협의해서, 특정의 노동자 및 민간직업중개사업소가 제공하는 특별한 종류의 서비스에 관해서는, 예외를 인정할 수 있다고 하고 있다. 제3항에서는 그러할 경우, ILO사무국에 그 이유를 보고하지 않으면 안 된다는 것이다. 제8조는, 이민노동자와 국외에서의 직업소개의 보호, 제9조는 아동노동의 금지, 제10조에는 고충처리시스템의 설치, 제11조와 12조에는 노동자의 권리나 노동조건의 보호와 민간직업중개사업소의 사용자책임의 명확화를 규정하고 있다.

제13조는, 공공직업안정조직과 민간직업중개사업소와의 협력에 대하여 설명하고 있으나, 그 경우, 공공직업안정기관이 노동시장정책의 책정과 그 실시를 위한 자금의 이용과 관리에 책임을 져야한다는 것을 규정하고 있다. 또, 민간직업중개사업소로부터 권한 있는 기관에의 내용을 적용하기 위한 규정인데, 여기서는 국내법령 · 판례 등에 따 라 실시되는 외에, 노동감독관이나 공적기관에 의한 감독 등도 정해져있다.

그런데, 이 조약은 같은 해에 채택된 동격의 권고(188호)에 의해 보충되고 있다.

### (3) 勸告의 內容

앞에서 말한 것처럼, 비준의 가능성을 높이는 목적도 있기 때문에, 조약에서는 유연조항이 들어가게 되었다. 그러나 권고에는 조약에 넣을 수 없었던 상세한 각종의 규정 등이 들어가 있다. 역시, 권고내용의 수정에 있어서는 노동자측 주체로 이루어지고, 내용으로서도 노동자보호의 색채가 강한 것으로 되어있다.

제1부는, 일반규정으로, 정노사 삼자의 관여나, 국내법령과 그것을 보충하는 조치의 구체적인 예, 그리고 관련정보의 제공과 교환에 대하여 설명하고 있다.

제2부는, 노동자의 보호로써, 그 구체적인 조치에 대하여 규정하고 있다. 특히, 제4항에서는, 비윤리적인 행위에 대하여, 민간직업중개사업소의 금지를 포함한 벌칙을 국내법령으로 정할 수 있는 등 적절한 조치를 취할 수 있도록 정하고 있다. 또제5항에서는, 고용되는 노동자가 취로하기 전의 노동조건을 명시하는 서면에 의한 계약을 하도록 하는 것이 바람직하다고 보고 있다.

제6항에서는, 조약에는 들어가지 않았지만, 스트라이크중의 노동자로 대체시키기 위하여 타의 노동자를 보내서는 안 된다는 것을 설명하고 있다.제7항에서는, 오해를 불러올 수 있는 광고의 취재를 규정하고 있다. 제8항에는, 위험성이 있는 작업이나 차별적 취급을 받는 노동을 소개하거나, 고용해서는 안된다는 것, 그 중에서도, 이민노동자에 대해서는 이해할 수 있는 말로 고용조건을 통지해야 한다고 하고 있다. 그리고 제9항에서는 인종, 성별, 종교, 정치적 의견, 사회, 민족적 출신, 장애, 혼인, 또는 가족상황 등을 이유로 하는 직접 · 간접적인 차별로 연결되는 결원통지나 구인신청을 작성 · 공표하는 것을 금지하고, 또 방지시켜야 하는 것 등으로 되어 있다.

또,제10항에서는, 고용평등의 추진을 위하여, 어퍼머티브 엑션(affirmative action: 差別修正計劃)을 촉진해야 한다고 하고 있다. 제11항과 12항에서는, 노동자의 개인적 데이터 보호에 관한 것이다. 전항에서는, 구직자의 적성을 판단하는데 있어서 불필요한 데이터를 서류나 등기기(登記機: registers)보관해서는 안된다는 것, 후 항에서는 적성을 판단하는데 있어서 정당하다고 판단되는지, 노동자가 바라고 있는 일에 한해서 개인의 데이터를 보관해야 하는 것으로 되어 있다. 또, 개인 데이터를 당해 노동자가 입수해서, 검증하고, 정정, 삭제하도록 하는 정보에 대해서는 사용 제한이 있다는 것 등을 설명하고 있다. 제3부에서는, 공공직업 안정조직과 민간직업중개사업소와의 협력관계에 대하여 언급하고 구체적인 조치를 들고 있다.

## 제4절 職業訓鍊

### 제1항 人的資源開發에 관한 條約 · 勸告의 系譜

#### (1) 戰前의 人的資源開發의 條約 · 勸告

직업훈련(인적자원개발)도 ILO창립이래의 주요한 관심사항으로 되어 왔다. ILO헌장의 전문에는, 노동조건의 향상을 위한 조치로써, 「직업적 및 기술적 교육의 조직」을 요망하고 있다. 또, 필라델피아선언에는, ILO가 촉진하려고 하는 여러 시책의 목적 중, 첫째가 「완전고용 및 생활수준의 향상」이고 둘째로가 「숙련 및 기능을 최대한도로 제공하는 수준 높은 사회경제발전과 일반의 복지에 최대로 공헌할 수 있는 직업으로서의 고용」이다. 그리고 셋째는 「이러한 목적을 달성하는 수단으로써, 그리고 모든 관계자에 대한 충분한 보장 하에, 훈련을 위한 편의를 비롯한 고용 및 定住를 목적으로 하는 아민을 포함한 노동자의 이동을 위한 편의를 제공하는 것」이라고 해서, 고용을 위한 직업훈련의 항목을 모두에 제시하고 있다.

이 분야에서 최초로 거론된 것으로는 1921년에 채택된 직업교육(농업) 권고(15회)가 있다. 그 후 특정한 경제부문인 건설업을 위한 직업교육에 관한 권고(56호)가 1937년에 채택되었다. 1939년에는 모든 경제부문의 직업훈련에 있어서의 일반원칙과 방법을 언급한 직업훈련권고(57호)가 채택되었다. 여기서는, 그 중에서도, 일반교육과 직업훈련을 담당하는 권한 있는 기관의 계획에 따라 각각의 훈련기관의 활동이 정합성 있는 내용이 되도록 관계자가 협력할 것을 요구하고 있다. 또 동년에는 도제제도에 관한 권고

(60회)도 채택되었는데, 적절한 훈련을 하게 되는 사용자의 책임과 도제와의 계약의 명료화를 기대하고 있다.

### (2) 戰後의人的資源開發의 條約 · 勸告

1949년에는, 직업지도에 관한 권고(87호)가 채택되었는데 직업지도가 계속적인 과정으로 되어야 한다는 것을 규정하고 있다. 특히, 여기서는 재학생을 포함한 연소자인 성년으로 나누어서 배려해야 할 사항을 제시하고 있다. 이어서, 다음해인 1950년에는 신체장애자를 포함한 성년의 훈련에 관한 권고(88호)가 채택되었는데 신체장애자나 타의 노동시장에 적응하기 곤란한 성년에 대한 훈련방법이 제시되고 있다.

그리고 1962년에는, 이 분야의 중요한 포인트가 될 직업훈련에 관한 권고(117호)가 채택되었다. 이것은 관리직 · 선원 · 농업을 제외한 노동자를 대상으로 훈련에 관한 모든 측면에 따라 상세히 규정하고 있다. 여기서는, 훈련기회나 직업지도에 관한 정보, 개발도상국의 훈련시스템을 점진적으로 발전하도록 하는 경우의 노동행정의 역할을 관계기관의 협력을 강조하고 있다.

이 기준의 중요성은 1970년대에 생겨난 직업훈련에 관한 새로운 개념적 조류를 앞질러갔다고 하는 점에 있다. 결국, 그 때까지의 기준에서는, 직업훈련을 단지 고용의 場에 있어서의 수요관계의 균형을 확보하기 위한 수단으로 취급하고 있었는데 비해, 여기서는, 직업훈련이 경제적 · 사회적 개발의 주요한 수단으로써, 광범위하게 다이나믹(dynamic)한 의미를 가진 「인적자원개발」의 개념으로 발전하고 있었다는 것을 볼 수 있다. 이 새로운 개념에는 직업훈련이나 직업지도를 개인의 생애을 통해서 지속적인 과정에 있는 것으로 받아들이고 교육에 대한 기회의 증대를 시도하고, 개인의 의지와 관심을 존중하면서, 커뮤니티의 복지로 연결된다고 하는 의미를 포함하고 있다. 환언하면, 사회정의와 공정을 달성하는 수단으로써 갖게 되었다고 볼 수 있다.

## 제2항 人的資源開發에 관한 條約 · 勸告의 概要

### (1) 人的資源開發에 이르게 된 背景과 ILO의 対応

「인적자원개발」이라는 개념의 강조된 배경에는, 몇 가지 요인이 있는데, 그 하나는 1950년대 후반부터 1960년대 초반에 걸친 국제연합(UN)에서의 개발에 관한 논의라고 볼 수 있다. 이 논의의 경위를 보면 최초에는 식량을 비롯한 생활필수품의 생산 · 개발이었으나, 그 후 생활의 질의 향상을 위한 논의의 중점이 옮겨지고, 거기에 따른 개발목표도 물적인 富의 추구로부터 인간적인 목표를 언급하는 일이 많아지게 되었던 것이다. 또 미국에서는 「인적자원」이라고 하는 말을 이미 60년대에 사용하기 시작했고, 70년대에는 인적자원관리라고 하는 용어가 기업의 현장과 더불어 대학이나 비즈니스 스쿨에서도 노무 관리를 취급하는 분야에서 새로이 정착했는데, 인적자원개발이나 공공정책도 이 사안에 넣게 되는데, 이것이 새로운 분야로써 발전을 시작한 적도 있다. 이와 같은 상황의 변화에서, ILO에서도 졸업생의 취업의 시점에 있어서의 직업지도나 원조의 제공에 중점을 두는 직업지도 권고(87호, 1949년)나 직업훈련권고(117조, 1962년)에서 인적자원개발 개념을 일찍이 취득했다. 그러나 기본적으로는 과거의 기준을 통합 · 수정하는데 지나지 않고, 근본적인 재검토를 하지 않을 수 없었던 것이다.

왜냐하면, 이들 기준은 어느 것이나 한 시점에서의 훈련 · 지도를 염두에 두고, 「직업지도」와 「훈련」을 별도의 것으로 해서, 교육이나 직장에서의 지속적 학습과정과는 구별하고 있었기 때문이다. 그 때문에, 1975년의 조약 · 권고의 채택에 따라, 이 분야에서의 총합적이고 본격적인 기준 만들기의 대응이 개시되었던 것이다.

〈표2〉 人的資源開發에 관한 ILO의 系譜와 分類

R.15 (농 업) (1921) → R.87 (농업지도) (1949)
R.57 (직업훈련) (1939) → R.01 (농 업) (1956)
R.60 (도제제도) (1939) → R.117 (직업훈련) (1962)
R.88 (성 년) (1950)

C.142 (인적자원개발)
R.150 (인적자원개발) → 2000년의 ILO총회에서 일반토의

기타의 특정분야

R.56 (건 설 업) (1937)
R.126 (어 업) (1966)
R.77(선원) (1946) R.137 (선 원) (1970)
R.99 (직업재활) (1955)
R.136 (청 소 년) (1970) → C.159 (직업)재활 및 고용) / R.168 (직업)재활 및 고용) (1983)

타의 문서에 포함되어 있는 것

C.107
C.110
C.111
C.117
C.122

(注)C=조약, R=권고, 괄호안 숫자는 채택연차.

### (2) 條約 · 勸告의 槪要

앞에서 말한, 경과 후 1973년의 ILO총회에서, 인적자원 개발에 관한 조약(142호)와 권고(150회)가 채택되고 노동자의 능력개발분야에서 기둥이 되는 국제노동기준이 설정되었다.

이 조약은, 이 분야를 총합적으로 취급한 최초의 조약이며, 150호 권고를 비롯해서 그때까지 설정된 동분야의 권고를 통합해서 개선하는데 있었다. 이 기준의 목적은 고용과 밀접하게 관련되는 직업지도와 직업훈련의 분야에서 총합적 프로그램의 실시와 발전을 비준국에 재촉하는데 있는 것이다. 또, 이들의 실시에 있어서, 고려해야할 것으로 고용기회나 고용의 니즈(needs), 그 나라의 개발수준, 타의 경제 · 사회 · 문화적인 목적을 들 수 있어, 차별 없이 모든 사람을 대상으로 하는 것이 되어야 한다고 규정하고 있다. 그리고 권고에서 구체적인 제 조치가 보충되고 있다. 또, 권고

에서는 기업 내부까지를 포함한 직업지도와 직업훈련을 시야에 넣어, 관리직이나 자영업자의 훈련이나 특정한 경제부문이나 특정한 주민그룹도 대상으로 하고 있다. 그리고 고용과 훈련에 있어서의 남녀의 기회균등의 촉진, 이민노동자, 직업지도 · 훈련을 위한 요원의 훈련, 조사연구 등에 대하여 언급하고 있다.

■ **條約의 概要**

이 조약은 실질적으로 5조로 구성되어 있다. 제1조에는 인적자원개발에 관한 정책 · 계획으로서 ① 공공직업안정기관을 중심으로 고용과 밀접하게 관련된 총합적인 직업지도와 직업훈련을 조정할 수 있는 정책 · 계획이 실행되어야 한다는 것, 이러한 정책 · 계획은, ② 경제 · 사회 · 문화적 발전수준을 고려해서 실시되어야 한다는 것이 명시되어 있다. 그 중에도, 문화적 발전에 대한 고려에 대해서는, 제2차 토의에서 노동자측이 제시한 수정제안에 따라 추가된 것이다. 그 취지는 이들의 정책 · 계획을 책정함에 있어서도, 특히 연소노동자의 총합적인 개발을 중시해야한다고 하는 관점에서, 노동시장에 관심을 가질 뿐만 아니라, 문화적인 목적도 고려하지 않으면 안된다고 하는 것이다. ③ 그리고 평등원칙 하에서 사회의 필요성을 고려하면서, 모든 자가 자기에게 가장 유리하게, 또 자기의 희망에 따라서 능력을 개발할 수 있어야 한다고 규정되어있다. 이러한 점도, 노동측이나 스웨덴, 스위스 정부 등의 제안에 의해 수정이 이루어진 것이다. 당초에는, 「他者의 需要」라는 표현을 썼으나 「사회의 필요」로, 고려해야한다는범위가 확대되었다. 이 취지는 개인의 직업선택에 있어서, 개인도 사회의 일원이라고 하는데서, 사회적 이익을 무시할 수 없다는 점을 의식하고 있다.

제2조에서는, 이 목적 달성을 위한 수단에 대하여 언급하고 있다. 학교교육제도 하에서 이루어지고 있는지의 여부를 불문하고 일반교육, 기술교육, 직업교육 · 훈련에 관해서, 탄력적이고 보충적인 공개의 제도가 확립 · 발전되어야 한다는 것을 규정하고 있다.

제3조에는, 직업지도에 대한 원칙을 들고 있다.제1항에서 청소년이나 성년자에 나아가, 아동이나 신체장애자를 위한 계획이 규정되고, 가능한 한 광범한 대상을 확보하기 위하여, 직업지도제도를 점전적으로 확대해야 한다는 것을 말해주고 있다. 또, 제2항에서는, 직업지도나 정보의 내용으로써, 직업에 대한 여러 측면이나, 노동안전 · 보건, 타의 노동생활의 측면까지를 대상으로 해야 한다는 것도 지적하고 있다. 그리고 제3항에서는 노동협약이나 노동법에 따른 정보에 따라 보충되고, 그 정보가 노사의기능이나 임무를 고려해서, 국내법이나 국내 관행에 따라 제공되어야 한다는 것을 말해주고 있다.

제4조는, 직업훈련에 대한 원칙으로, 모든 산업부문이나 단계에서 생애에 걸쳐 직업훈련을 받을 수 있는 제도를 점진적으로 확대해야 한다는 것을 규정하고 있다.

제5조는, 노동자 측으로부터, 점차 제기될 수정안을 한(1) 조항으로 해서 독립시킨 것인데, 위에서 말한 정책이나 계획은 노사단체와 협력해서, 또 적당한 경우에는 타의 관계기관과 협력해서, 책정하고 실시해야 한다는 것을 확인해 주고 있다.

■ **勸告의 槪要**

조약과 동격인 권고는 각국이 동조약을 효과적으로 실시하도록 하기 위한 촉진문서가 될 수 있도록 기획되고 있는데, 15부(77항)에 걸친 상세한 규정을 두고 있다. 주요 항목만을 열거하면 다음과 같다. 상세한 내용에 들어가 있지 않는 142호 조약은, 대략 현상에 적합하고 있기는 하나, 이 150호 권고는 현상의 인적자원개발에 적합한 실현에 부족한 것으로 판단되고 있기 때문이다.

1. 일반규정
2. 정책 및 계획
3. 직업지도

4. 직업훈련(A-일반규정, B-직업훈련 기준 및 지침)
5. 관리자 및 자영업자에 대한 훈련
6. 경제활동의 특정분야 또는 부문에 관계되는 계획(A 농촌지역, B 구식화 되어가는 기술 및 작업방법을 사용하고 있는 경제활동 부문, C 사양화 또는 활동을 전환해가고 있는 산업 및 기업, D 신규산업)
7. 특정한 주민층(A 취학한 적이 없는 자 또는 중도 포기자, B 중노령 노동자, C 언어상 등의 소수집단, D 심신장애자)
8. 훈련 및 고용에 있어서의 여자 및 남자의 기회균등의 촉진
9. 이민노동자
10. 직업지도 및 직업훈련의 활동을 담당하는 직원의 훈련
11. 조사
12. 관리 및 대표적인 단체
13. 정기적 재검토
14. 국제협력
15. 종래의 권고에 대한 효과

권고의 전문(前文)에도 언급하고 있듯이, 이 권고는 일반의 교육과 훈련을 소관하는 국제기관인 유네스코의 활동과 중복되지 않는 직업지도와 직업훈련의 분야에 적용되는 것이라는 것을 규정하고 있다.

### (3) 새로운 人的資源開發의 勸告案 策定을

142호 조약과 150호 권고가 채택되고 나서, 이미 40년 이상이 경과했다. 그 동안, 인적자원개발을 둘러 싼 환경은 큰 변화를 겪어 왔다. 이것은 기능과 훈련의 경제·사회적 발전에 있어서의 역할을 다시 높이면서 더욱 복잡하게 되어 가고 있다. 훈련은 이미 공공재로 인식되고, 시설이나 인프라(infrastructure. 기간시설)등의 하드면의 투자와 동등한 중요성을 갖도록 되어있다. 국제경쟁력의 유지, 경제구조의 변화, 비전형 고용의 증대, 생산시스템이나 노동내용의 변화 등, 이들의 과제나 요인이 그 경향에 탄력

을 더하고 있다. 그러나 기술개발을 위한 公共的財源의 조달은 산업구조의 변화와 긴축재정에 따라 점점 한정되고, 니즈에 따르지 못하는 상황이 되어가고 있다.

이와 같은 상황 하에서, 훈련 시스템은 많은 나라에서 개혁되어가고 있으며, 훈련을 위한 새로운 재원조달이 많은 나라에서 다양하게 모색되고 실현되어가고 있다. 그 중에서도 훈련을 위한 시장이 급속히 성장하고, 민간부분에 큰 역할이 부여되어 가고 있는 경향이 두드러지고 있다. 이러한 경향은 지금까지의 전형적인 훈련제도나 정책 · 조치에 재고를 촉진하게 되었다. 그렇기 때문에, ILO가맹국의 정노사와 사회적 파트너는 훈련에 대한 정책적 의지 결정에 있어서, 국제노동기준에 혁신적이고 효과적인 새로운 길을 부여하기 위해서는 이러한 논의에 관여할 필요가 있지 않겠느냐 하는 소리도 나오고 있다.

142호 조약은, 58개국이 비준하고 있으나, 그 영향은 한정된 것으로 평가되고 있다. 사무국은 가맹국의 이러한 평가를 기초로 ILO조약의 비준 촉진활동과 동조해서, 각국의 훈련 정책을 비추어보면서, 이 기준을 연구했다. 그 결과 142호 조약에 명시되어 있는 제반 원칙은 현상에 적용되는 것으로 해석되었지만, 앞에서 말한 것처럼 150호 권고에서 말하고 있는 제반사항은, 각국이 안고 있는 기능개발에 대한 여러 과제를 해결하기 위한 적절한 지도성을 충분히 갖지 못하고 있는 것으로 비판되고 있었다. 그래서 1998년 3월의 이사회에서는 인적자원개발을 88회 총회(2000년)의 의제(일반토의)로 결정했다. 이것은 새로운 인적자원개발에 관한 국제노동기준의 설정을 눈앞에 두고 있는 것이었다.

## 제3항 職業리허빌리테이션에 관한 條約과 勸告

### (1) 開 設

ILO는 제1차 세계대전의 강화조약으로부터 발족했다는 것은 이미 다 알고 있는 일이지만, 대전의 결과 수많은 상이군인을 발생시켰다고 하는데서 부터 상해노동자에 대한 ILO의 대책이 시작되었다.

1921년에는 상이군인에 대한 보고를 취합해서 1923년에 제네바에서 최초의 전문가위원회를 개최하고, 「상해를 입은 군인이 능력을 최대한으로 발휘해서, 독립된 직업생활을 할 수 있도록 해야 한다는 의의를 확인하고 그들에 대한 고용문제를 법제화해서, 그들을 위한 제반 조치를 취한다.」는 것은 국가의 책임이라고 하는 결론을 채택하게 되었다. 이 결론은, 1925년에 채택된 「노동자 보상의 최소한도의 규모에 관한 권고(22호권고)」로 취급하게 되었고, 상해노동자의 직업재교육의 규정설정으로 이어졌다.

제2차 세계대전의 발발과 전쟁의 장기화는 큰 노동력부족을 가져오게 되었다. 그 결과, 장애자들이 넓은 범위에서 노동을 할 수 있게 된다는 것이 인식되면서, 적극적으로 그들을 활용해야한다는 평가가 높아졌다. 이것을 토양으로 해서, 1944년의 총회(필라델피아)에서는 직업재활 및 유용한 고용에 대하여, 충분한 기회를 주어야 한다는 원칙을 받아들여서 「戰時로부터 平時로의 과도기에 있어서의 고용조직에 관한 권고(71호 권고)」를 채택했다.

그리고 이러한 생각을 보다 일반적으로 장애자의 재활원칙까지 높이는 의의를 갖게 된 것이, 1955년에 채택된 「장애자의 직업재활에 관한 권고(99호 권고)」인 것이다. 이 권고가 가지고 있는 최대의 의의는 장애자의 정의를 그때까지의 傷害노동자에 한하지 않고 장애자 일반에게도 확대했다는 것과 상해의 성질에 관계없이, 「정신적 손상의 결과」로 장애를 갖게 된 정신장애자까지 포함해서 직업재활의 적용 범위를 규정한 것이다.

1960년대의 세계적인 호황을 배경으로 해서, 고용가능한 장애자가 노동시장으로 흡수되는 한편, 1970년대 이후에는 중도장애자가 사회에 남아있게 됨으로써 국제적인 대응이 요구되게 되었다. 그래서 ILO는 1975년에 「장애자의 직업리허빌리테이션과 사회복귀에 관한 결의」를 채택했던 것이다. 이것은 국제연합(UN)이 1981년을 「국제장애자의 해」로 선언하게 됨으로써, ILO가 거기에 협력해서, 99호 권고를 개정하기로 약속한 배경에 있다.

### (2) 職業리허빌리테이션과 雇用(障碍者)에 관한 條約(159号)

이상의 경위를 거쳐서, 1981년에 채택된 「장애자의 직업리허빌리테이션 및 고용에 관한 조약(159호)」은 현재 ILO의 직업재활분야에서, 기본적인 국제노동기준으로 되어있다.

이 조약은 직업재활에 대한 기본적 원칙을 축출한 형식으로 되어있고, 상세한 것은 동년에 채택한 168호 권고에 따라 보충되어 있다.

이 기준의 목적은 완전 참가와 평등을 전제로 한, 장애자의 적절한 고용과 사회적 통합을 확보하는데 있다.

조약은 가맹국이 국내사정과 국내의 가능성에 응해서, 장애자의 직업재활과 고용에 관한 정책을 실행하고, 모든 종류의 장애자에 대하여 취할 수 있는 조치를 확보하도록 규정하고 있다. 그리고 「장애자의 사회에 있어서의 통합 또는 재통합의 촉진을 도모하는 것」이 직업리허빌리테이션의 목적이라고 하는 「사회적 통합」의 개념을 전국면에 들어 내놓고 있다. 제1조에서는, 장애자의 정의로써, 「정당하게 인정된 신체적 또는 정신적 장애로 인해, 적당한 직업에 취업해서 그것을 계속하고, 그 직업에 있어서 향상될 전망이 상당히 감소되고 있는 자」라고 명시하고 있다.

다음으로 대표적인 노사단체 및 대표적인 장애자단체는 일반의 노동자와 장애자인 노동자가 남녀의 차별 없이 기회균등 원칙에 따른 정책의 실행에 따라, 협의를 받아야 한다고 규정하고 있다.

그렇다고 그것은 장애자를 대상으로 특별한 적극적 조치를 제외하는 것은 아니라고 첨언하고 있다.

이것은 장애자를 타의 노동자와 함께 출발점으로 끌어올리기 위한 시책은, 역차별적 시책으로 볼 수밖에는 없다는 의견에 의한 것이다. 결국 국내에 있어서의 구체적 조치로서, 상황에 적합한 직업지도 · 직업훈련 · 직업소개, 고용 등에 있어서의 서비스를, 장애자에게 활용시키도록 해야 한다는 것이다. 이것은 조약으로서 전형적인 탄력조항이며, 「국내사정에 적당하고, 국내실행에 적합한 조치」라고 하는 문언이 사용되고 있다. 그리고 조약은 이들 여러 가지 서비스를 농촌지역이나 벽지인 사회에 전개하도록 독촉하고, 특별한 카운슬러를 훈련해야 한다는 것도 부언하고 있다.

보다 상세한 조치에 대해서는, 이미 1955년에 채택되어있는 99호 권고나, 이 조약과 동시에 채택된 168호 권고에 제시되고 있어 그것들을 참조하기 바라고 있다.

### (3) 職業리허빌리테이션과 고용(장애자)에 관한 권고(168호)

구체적인 제 정책 등에 대해서는 「노동자의 직업 리허빌리테이션 및 고용에 관한 권고(168)」에 제시하고 있다. 먼저, 사회적 통합을 촉진하기 위해서 제1부(정의 및 적용 범위)에서는, 「직업리허빌리테이션은 할 수 있는 한 조기에 시작해야 하고」, 「의료 및 사회적 리허빌리테이션에 대하여 책임을 지는 건강관리기구 기타의 기관은, 직업리허빌리테이션에 대하여 책임을 갖는 기관과 협력해야 한다」고 종래의 구조를 초월한 직업리허빌리테이션의 사고방식과 촉진 조치를 재시하고 있다.

제2부(직업리허빌리테이션과 고용의 개념)에서는 장애자를 위한 보호고용의 개념을 부각시키고, 거기에 대한 구체적인 조치를 제시하고 있다. 예를 들면, 장애자를 위한 NGO 나 협동조합에 대한 정부의 원조, 공공의 건축물이나 시설을 신설하는 경우의 적당한 기준의 고려, 수송수단(통근) 등의 제공, 풀타임 고용이 어려운 경우에는 능력에 따라 파트타임고용을 할 수 있는 조치를 제시하고 하고 있다.

이하, 지역사회의 참가, 농촌지역에 있어서의 직업재활, 직원의 훈련, 노사단체의 공헌, 장애자단체의 공헌, 사회보장에 따른 직업재활, 그리고 제 정책의 조정에 대하여 바람직한 여러 조치가 구체적으로 열거되어 있다.

### (4) ILO에 있어서의 職業리허빌리테이션의 近來의 움직임

앞에서 말한 것처럼, 장애자에 대한 직업재활에 대하여 ILO의대응은 긴 역사를 가지고 있다. 그 결과, 현재로써는, 159호 조약과 168호 권고 가 같은 분야에서의 기본적인 기준으로 되어있다.

그러나 1995년에 개최된 국제연합(UN) · 사회개발 서밋드에서는 지속적인 개발을 위해서는 장애자에 대한 보다 긴요한 조치가 필요하다고 하는 행동계획과 선언이 채택되는 등, 장애자에 대하여 보다 차원높은 참가가 지속적 개발을 위하여 필요하다고 하는 세계적인 인식이 높아지고 있다. 이에 호응해서, ILO는 1997년 12월 3일의 장애자의 국제기념일을 기해서 유네스코 · 유니세프 · WHO의 UN제기관과 함께 공동선언을 작성했다.

이것은 「모든 인류가 존엄과 권리에 있어서 평등하고 자유롭게 태어났다」는 세계 인권선언의 취지를 기조로 해서 볼 때, 장애자는 지역사회에 살아가면서, 건강하고 양호한 교육기회와 일할 권리를 갖는다고 하는 확인인 것이다. 거기에서, 특히 아동노동에 초점을 두고, 건강하고 양호한 거주와 안전한 환경을 아동에게(분쟁지역의 아동은 특히)제공함으로써, 상당한 장애들이 삭감되리라고 보는 것이다. 그 모든 장애자가 자신의 주거 가까이에서 리허빌리테이션(재활조치)를 받을 필요가 있고, 장애자를 포함한 모든 아동이 같은 학교에서 배운다고 하는 것이, 차별을 없애고, 사회적 통합을 추진하는 것이라고 보고 있다. 또 장애자는 일을 할 권리가 있고, 개방된 노동시장에서 생산적인 노동을 할 수 있다는 것이 많은 사람에게 줄 수 있는 생활의 양식이 될 뿐 아니라, 그들의 지위와, 자존심을 가지게 되는 경제적 사회적 통합의 가장 효과적인 기본 방법이라고 결론짓고 있다.

#### 참고문헌

吾郷眞一 著「國際勞動基準」(三省堂, 1997년)

大山博　著「職業리허빌리테이션의 國際勞動基準」

# 제4장 雇 用

## (2) 새로운 形態의 雇用

# Employment

## Employment in New Forms

### 제1절 概 要

### 제1항 社會的 · 經濟的인 背景의 變化와 ILO의 基準

#### (1) 勞動市場의 背後에 있는 變化

선진국 경제는 60년대까지, 평균적으로 보면, 이미 순조로운 경제성장을 해 왔으나, 70년대의 석유 위기 이후에, 정체현상을 보이면서, 높은 실업률을 기록했는데, 그것이 90년대를 통해서, 지속되는 나라가 적지 않았다. 이와 같은 실업정세를 배경으로 해서 선진국에 있어서도 전통적인 고용형태와 다른, 각종의 비전형적(비표준적)인 새로운 고용형태의 파트타임 노동자, 파견노동자, 가내노동자 내지 재택형태의 노동자 등 소위 말하는 계약노동자 등이 그러한 것 들이다. 실업률의 저하를 계속해왔던 미국 등에서는, 종래의 정규 종업원이 아닌, 비정규노동자의 증가를 볼 수 있었는데, 임시 고용의 인재파견업이 급성장했다. 한편으로 높은 실업률이 지속한 나라에 있어서도, 저성장으로 변동하는 시장의 상황에 유연하게 대응하기 위해, 비전형 노동자를 이용하는 경향이 보였다. 선진국의 높은 실업률을 배경으로 한, ILO「세계고용보고」 1996/97에서는, 국제무역, 국제투자(직접투자, 단기의 국제금융을 포함)의 증대에서 볼 수 있는 경제의 글로벌화와, 통신 등에 있어서의 기술혁신을 들 수 있다. 그로 인해, 시장에 있어서의 경쟁이 격화되고, 변동도 격화되고 있다.

이것은 선진국의 대기업 경영행동에도 영향을 주게 되었는데 기업은 세계규모에서의 경영전략을 세워서 사업의 재구축이나 조직편성의 개혁 등에 대처하기 시작했다. 그 때문에, 정규종업원의 고용을 최소로 줄이게 하거나, 한편으로는 생산 · 영업의 활동거점을 발전도상국으로 옮기는 등의 아웃소싱(out sourcing: 업무의 외부위탁)의 행동을 보이게 되었다. 이것은 선진국 내부에서의 실업의 증가와 비전형 고용의 이용형태로 나타나는 한편, 일부의 발전도상국의 제조업의 고용을 증가시키면서도, 그 중에 非典型雇用이 이용된다고 하는 현상을 보여주고 있다. 크게 보면 이와 같은 시장조건으로부터, 노동시장에 있어서의 유연성을 수반하고 있는 비전형 고용이 선호되는 경향이 많아졌다고 봐야 할 것 이다. 한편, 경제의 글로벌화나 기술혁신의 진전을 배경으로 해서 선진국과 이미 같은 모양의 변화가 일어나고 있다. 이것은 노동시장의 공급측의 사정의 변화에 따라 나타나고 있고, 비전형고용의 증대의 하나의 요인이 되고 있다. 계약노동증가의 공급측 요인으로서, 실업률이 높고, 구직자가 타의 선택의 여지없이, 비전형고용에 취업하게 되는 등, 공급자로써, 고령자 · 여성 · 연소자층의 비중이 높아지고 있다는 것, 이러한 가운데서도, 비전형고용의 고용형태를 선호하는 자도 있다는 것이 지적되고 있다.

### (2) 勞動市場의 變化와 ILO의 對應

비전형고용이 증가하고 있지만, 이 중에는 파견노동자, "테러워크" 등의 새로운 형태의 고용도 있는가 하면, 옛날부터 존재하면서, 글로벌 경제 내에 함께 있는 것도 있다.

전통적인 비전형노동에 비하여, 그 노동조건이나 노동환경 등에 문제가 크다고 하는 것은, 종종, ILO의 여러 회의 등에서도 지적되어 왔지만, 그들의 고용형태인 노동자보호를 주목적으로 하는 국제노동기준은 가히 공백상태에 있었다. ILO조약은, 모든 노동자에게 적용되는 경우가 많지만, 비전형고용에서는, 각각 특유한 상황이 있고, 또 각국에서도 노동·사회보장법제의 적용이 불분명한 경우도 있어, 그 실태를 보면, 기존의 법령의 보호를 받지 못하고 있는것도 많다고 생각된다. 그래서 적어도 비전형고용의 주요성에 대해서는 포괄적인 조약·권고가 필요하다고 생각하게 된 것이다.

특히, 근래에 와서 출현하고 있는 비전형고용에 대해서는, 사용자가 노동시장의 유연성을 요구하게 되면 그것을, 이용해서 발전시켜 온 면이 있어, 사용자의 공통적인 태도는 유연성의 존중으로 대응하고, 노동시장에 있어서의 규제에 반대하는 방향을 보이고 있다. 노동시장 전체에서 보면, 비전형 고용에 따른 고용의 기회는 증가했지만, 노동조건 등의 질의 면에서는 문제가 지적되고 있다. 그래서 비전형고용에 대해서는 그것이 새로운 양호한 고용기회가 될 수 있도록, 노동자 보호를 포함한, 새로운 조약·권고를 제정하는 것이 ILO의 과제가 되었던 것이다. 이렇게 해서 1994년의 파트타임 노동조약(175호)·동권고(182호)나, 1996년의 재택형태의 노동 [가내노동]조약(177호)·동권고(184호)가 이어서 채택된 것이다. 또, 1997년의 민간직업중개소사업소조약(181)·동권고(188호)는 민간직업중개사업소의 활동의 대상이 되는 노동자를 보호의 대상으로 하는 외에, 파견노동도 그 대상에 포함하고 있다. 이 조약에는 파견 노동자 등만을 대상으로 하는 보호규정과 그 사용자측의 책임 분담의 명확화에 관한 조문도 들어가 있다. 97~98년의 총회에서 두 번이나 토의를 했던, 계약노동(Contract Labour)에 대해서는 뒤에서 언급하듯이 이례적인 회의전개가 되어, 2회 토의를 했음에도 불구하고, 결론 문서는 채택되지 않고, 그 취급은 훗날로 넘어가게 되었다.

그런데, 비전형고용에 관한 정노사의 태도는 이미 다음과 같은 경향을 보이고 있다. 사용자는, 자유로운 시장경쟁을 고집해서, 규제를 좋아하지 않는 태도를 취하는 경향이 있다. 한편, 노동자 측은 어디서나 볼 수 있듯이 약한 입장인 비전형고용의 노동자의 권리를 지키고, 또 동일노동에 대해서는 정규종업원과 균등한 처우를 요구하고 있는 것이다. 정부의 입장은, 문제에 따라 나라마다 다르다. 민간직업중개사업소의 활동을 공인하는 181호 조약은 별도로 하고, 총회에서의 사용자측의 태도가 상기와 같다고 하는데서, 각국 수준에서 ILO조약의 비준이 문제가 된다 해도 삼자가 쉽게 합의에 도달하기는 어려움이 있는 것 같다. 실제, 99년 6월 현재로 파트타임 노동조약의 비준은 4개국, 재택형태의 노동(가내노동)조약비준은 2개국에 지나지 않았고, 조약의 채택 후의 시간의 경과가 짧기는 하지만, 비준의 속도는 너무 느린 것 같다.

## 제2절 파트타임勞動(175호 條約)

### 제1항 背 景

#### (1) 파트타임勞動의 實態

파트타임 노동이 사회적인 존재로 인지되게 된 것은, 비교적 새로운 일이고, 길게 봐도 최근의 30~40년 정도 밖에 안되는데, 그것도 선진국을 중심으로 한 현상이다. OECD제국에서는 상당수의 파트타임 노동자가 있지만, 상대적으로 후진적인 제국에서는, 고용전체에 대한 비율이 낮다. 이 조약의 심의를 위하여 준비했던 자료에 따르면, 네덜란드, 北歐제국, 영국, 오스트레일리아, 뉴질랜드 등에서도 고용의 20%를 초과했고, 미국, 일본이 그 뒤를 따르고 있는 상태에 있었다(1990년). 한국에서도 그렇지만, 파트타임 노동자의 증가경향은 최근 들어 현저하게 늘어나고 있는 것이다. 개발도상국에서는, 아직도 그 비율이 나타나지 않고 있는 나라도 있으나, 위에서 본 ILO의 자료에서는 체제변혁과정에 있는 나라나 라틴아메리카에서 파트타임 노동자가 증대하고 있는 것으로 보고되고 있다.

파트타임 노동자의 증가는, 여성의 노동시장에의 진출, 그리고 경제의 서비스화와 관련이 많다. 선진국에서는, 근대가족의 전통적 방식이나, 산업 · 직업구조의 변화 등으로 인해, 부인이 노동시장에 진출해 있거나, 가족적 책임과 관계에서 볼 수 있는 상황에서 많이 볼 수 있는데, 파트타임 형태를 선택하는 경우가 적지 않다. 그 때문에, 파트타임노동자의 대부분은 각국이 주로 여성들에게 맡기다시피 해왔다. 그러나 고령자나 학생 등을 비롯해서, 남성의 파트타임 노동자도 적지 않다. 선진국 정부에서는 상당기간, 파트타임 노동에 대해서, 각종의 시책을 취해왔다. 특히, 파트타임 노동에의 취업을 촉진해서 실업을 감소시키거나, 연소 · 미경험 층이 풀타임 노동으로 취업하기 쉽도록 하기 위한 순서로써, 또는 가족적 책임과의 양립을 가능하게 하는 고용형태로써, 파트타임노동을 중시해왔다고 지적할 수 있다.

사용자로 봐서는, 임금 및 사회보험비용을 포함한 노동비용이 싸고, 또 업무의 각종변동(소매업에 있어서의 시간대에 의한 노동수요의 변동, 영속성이 불확실한 수요에의 대응 등)에 유연하게 대응할 수 있는 노동의 형태로써 매력적인 조건, 그리고 특정기업의 경험이 있는 자 등, 이러한 노동형태에서 계속 고용할 것인지, 새로운 종업원등의 채용 · 훈련보다 유리한 경우 등도 적지 않다. 한편, 노무관리상으로나 코스트면에서의 디메릿드(demerit, 결점: 채용 · 훈련에 코스트가 들어가고, 근무태세의 조정이 곤란하다는 등)을 지적하는 사용자가 있다.

노동자의 입장에서 보는 메릿드는 가족적 책임 등과의 양립이 가능하다는 것 등, 자발적으로 선택해서, 이러한 형태로 고용되는 경우도 있다. 그러나 달리 적당한 취업의 場이 없고, 할 수 없이 비자발적으로 파트타임 노동에 종사하는 경우가 많아서 낮은 노동조건에 빠지지 않을 수 없다는 문제가 생기고 있다.

### (2) ILO의 파트타임勞動에의 對應

175호 조약과 그것을 보충하는 182호 권고는, 이와 같은 실태와 과제를 안고, 조약의 전문에서는, 생산적이고 자유롭게 선택된 고용으로써, 파트타임노동을 자리매김해 나갈 필요가 있다는 것, 파트타임노동이 경제적으로 중요하다고 하는 것, 파트타임노동이 추가적 고용의 장으로 될 수 있다는 것, 고용기회 · 노동조건 · 사회보장의 분야에서, 파트타임 노동자의 보호가 필요하다고 하는 것을 인정하고 있다.

이 조약 · 권고는, 위에서 언급한 것들을 실현하기 위한 것을 목적으로 하는 국제노동기준이라고 할 수 있다.

ILO에서는, 이러한 노동기준이 생기기 이전부터, 몇몇 문서를 통해 지금의 파트타임노동을 위해 직접 · 간접으로 관계되는 사항들이 규정되고 있었다. 조약 전문에서 밝히고 있는 문서의 일부에서는 그러한 증거를 보여주고 있다. 다른 몇몇 문서에서도, 중요한 그 원칙을 파트타임노동에 미치게 하는 취지로 인용하고 있었다. 관련이 있는 조약 · 권고로는, 가족적 책임이 있는 노동자권고(165호)가 있다. 여기에는 파트타임노동자의 고용조건, 사회보장 등이 풀타임노동자와 동등(적절한 경우에는 비례적)해야 한다는 것, 풀타임노동자의 결원이 있을 경우, 또는, 파트타임노동에 대한 배려를 결정할 수 있는 상황이 존재하지 않게 되었을 경우는, 파트타임 노동자에게 풀타임고용으로 취로 또는 복직하는 선택을 부여해야 한다는 것, 가족적 책임을 가지고 있는 노동자는 자신의 어린이를 포함한 가족의 질병(차료, 간병)등을 위해 휴가를 얻을 수 있다는 것(따라서 파트타임노동이 된다) 등의 규정이 있다.

고령노동자권고(162호)에서도, 고령노동자에게 대한 몇 가지 경우에 대하여, 기업수준에서, 파트타임과 노동시간이 짧아지게 될 경우의 수당의 지급(제23항)의 규정이 있다. 그 외에, 직업리허빌리테이션 및 고용(장애자)권고(168호)나, 간호사 권고(157호)에서도, 파트타임노동자의 영향을 적극적으로 활용할 수 있도록 지적하고 있다.

일반적으로 ILO조약은 그 적용에 대하여, 파트타임노동자를 특별히 제외하지 않고 있기 때문에, 풀타임노동자와 마찬가지로, 87호 조약이나 100호 조약 등의 보호규정을 적용하고 있다. 그런데 175호 조약은 제2조에서, 타의 국제노동조약에서 파트타임노동자에게 적용할 수 있는 더 유리한 규정으로는, 이 조약의 규정에 따라, 영향을 받지 않는다고 규정하고 있다. 그러나 제조약 · 권고는, 특히 파트타임노동을 염두에 두고 있지 않기 때문에, 111호 조약에서도 노동시간의 길이에 따른 고용 · 직업에 있어서의 차별대우를 금지하지 않고 있다. 198호 조약(고용의 촉진 및 실업에 대한 보호조약)의 제6조에서도, 각종의 속성에 따라 차별없이, 모든 보호대상자의 균등대우를 규정하고 있으나, 파트타임노동에는 언급되지 않고 있다. 그러나 현실적으로는 노동시간이 짧다는 것을 이유로, 열악한 조건이 적용되는 실태가 있다. 또 이 조약의 제2부에서도, 생산적 고용의 촉진에 대하여 규정하고 있으나, 파트타임노동에 대해서는 언급하지 않고 있다. 1985년의 총회결의에서는, 파트타임노동을 포함한 비전형노동자에 대한 고용조건의 차별의 철폐, 모성보호와 그 소득보장, 이들 노동자에 대한 확대의 필요성을 지적하는 동시에, 추가적인 기준의 필요성을 언급하고 있다. 조약권고적용전문가위원회도, 1988년부터 1990년대에 걸쳐, 파트타임노동을 포함한 비정규고용형태에 대하여 우려를 표명하고 있다. 이상과 같은 ILO 내부에 있어서의 논의도 있었고 해서, 1991년에 파트타임노동자의 기준설정을 총회의 의제로 할 것을 결정하고, 175호 조약의 심의를 추진하게 되었다. 이사회에서는, 노동조건의 보호와 고용의 촉진이라는 두 측면을 포함해서, 총회의제로 한다는데 합의를 보게 되었다.

이 조약과 동조약을 보충하는 권고에 대하여, 사용자 측은, 제1차 토의에서는, 유연성의 확보를 위하여 문서는 不要하다는 입장을 취하고 있었으나 조약 · 권고로 하는 것으로 심의가 진행되었다. 제2차 토의에서는, 유연성을 손상받는다고 해서, 조약에는 반대했으나, 고용창출이라는 관심에서, 파트타임노동자에게 공정한 처우를 각국별로 하게 한다는 것을 반대하는 것이 아니기 때문에, 권고만을 채택하자는 입장을 주장했다. 노동자측은 사회적 보호나 균등대우에 관심이 있었고, 권고에 보충을 할 수 있는 조약을 성립시키고자 해서, 정부의 다수의 지지를 얻게 되었는데, 결국, 그것이 실현되었다. 조약의 채택을 둘러싼 최종투표(필요 투표수271)에서는, 찬성 258(이중 사용자12) · 반대88(이중사용자 69, 정부18, 노동자1) · 기권43(이중 사용자9)이었다.

이 조약이 채택되게 된 배경에는, 파트타임노동이 정당한 노동형태로 인정받게 되었다는 점과 고용기회의 지장 제거, 또 발전도상국으로 봐서는 장래의 정책모델로서의 의의를 인정하는 경우도 있다는 것을 생각하게 되었다. 그리고 사용자의 이익도 고려되었다는 점이 있어, 사용자의 투표도 반대만은 아니었고, 거기다가 권고는, 찬성291 · 반대35 · 기권71이었다.

## 제2항 條約의 內容

### (1) 定義와 適用

조약의 실질적인 부분은 11조로 되어있어. 정의와 적용, 파트타임노동의 균등처우, 고용을 용이하게 하는 조치를 주요한 내용으로 하고 있다. 많은 논의를 거쳐서 확정된 정의는, 먼저 「파트타임노동자」를 「비교가능한 풀타임노동자」와 비교하고, 통상의 노동시간 페이스(pace)로 비교해서, 그것이 짧은 고용노동자라고 한 (제1조 (a)항) 논의의 경과에 비추어서, 짧은 정도라면 관계가 없다. 노동시간은 1주간단위로, 또는 일정한 고용기간의 평균으로 계산한다(동조 (b)항). 따라서 예를 들면, 주35시간이라고 하는 구체적인 시간의 길이를 지표로 하지 않고 있다.

다음으로 「비교가능한 풀타임노동자」를 정의할 필요가 있는데, 다음은 3조건을 언제나 갖추고 있는 풀타임의 노동자로 되어있다.

(1) 동일한 종류의 고용관계를 가져야한다는 것

(2) 동일 또는 유사한 종류의 노동 또는 직업에 종사하고 있어야 한다는 것

(3) 동일사업소에 고용되어 있다는 것, 해당자가 없는 경우는 동일한 기업에 고용되어 있거나, 또는 동일기업에 해당자가 없는 경우는 동일한 활동 부문에 고용되어 있다는 것

(1)의 동일 종류의 고용관계라 함은, 예를 들어, 임시고용이라든가 계절고용을 파트타임노동으로부터 제외하는 의견이 있었다는 것과 관련해서, 이것도 파트타임노동에 포함된다는 것, 그래서 고용관계의 형태마다 비교하는 것으로 하고 있다. (2)는, 노동의 내용(또는 직업)의 동일 또는 유사를 의미한다. (3)은 사업소 · 기업 · 산업으로 범위를 넓히면서, 대응하는 풀타임 노동자를 구해 나간다는 취지인 것이다.

논리적으로는, 타에 유례가 없는 아주 짧은 단시간노동자의 경우의 취급이, 분명하지가 않아서, 제2차 토의에서도 논의된 바 있으나, 현행의 정의대로 결착되었다. 그러나 (2)의 유사의 규정에서, 실제상, 그러한 노동자는 그다지 나타나지 않을 것으로 기대된다.

이 정의의 방법으로는, 사회적 표준시간이나, 平均的所定內勞動時間이라고 하는 社會橫斷的인 노동시간이 기준으로 되어있지 않고, 또 추상도가 높은 정의를 해서, 각국에 구체화를 위탁하는 방침도 취하지 않고 있다는 것이 주목된다.

이와 같이, 대응하는 풀타임노동자와 비교하는 정의를 채택하게 됨으로써, 이하의 균등처우와 관계되는 규정이 용의하게 되어있다는 것은 분명하다. 그런데 부분적 실업(경제적 기타의 이유로 통상의 노동시간이, 집단적 또한 일시적으로 단축되어있다)의 풀타임노동자는, 파트타임노동자라고는 볼 수 없다(제1조 (a)항).

제3조에 따르면, 이 조항은 모든 파트타임노동자에게 적용된다. 단지, 특정 종류의 노동자 또는 사업소에 대하여, 특별히 중요한 문제가 발생하는 경우에는, 적용범위에서 제외할 수 있다. 그러한 경우에는, 신중한 절

차가 정해져 있다.

### (2) 파트타임勞動의 均等待遇

공공정책으로써, 파트타임노동자에게 풀타임노동자와 균등한 보호를 부여한다는 것은 이 조약의 주요한 목적이라고 할 수 있을 것이다. 그러나 균등의 정도에는 노동자인 이상, 모든 평등에 권리를 보장하는 것부터, 시간에 비례해서 임금을 지불하는 것까지, 일에 따라 균등의 양상에 차이가 있다. 제4조에서 제8조는, 결과적으로 차이별로 정리되어있다.

제4조는, 다음의 3가지 사항에 대하여, 파트타임노동자가 비교가능한 풀타임노동자에 비해서 부여받게 되면, 동일한(the same) 보호조치가 취해져야 되는 것으로 되어있다.

① 단결권, 단체교섭권 및 노동자대표로써 행동할 권리,

② 직업상의 안전 및 보건(건강)

③ 고용 및 직업에 있어서의 차별대우

이러한 것들은 기본적 인권에 관한 것으로써, ①과 ③은, ILO가 일관해서 중시해온 대원칙인 것이다. ②는, 노동자의 생명이나 건강에 관련해서, 노동자로서, 동일한 조치를 받도록 규정하고 있는 것이다.

제5조는 임금에 대하여, 파트타임노동자가 파트타임으로 일을 하고 있다는 이유만으로, 시간 · 생산량 또는 생산고에 비례해서 계산되는 기본임금에 대하여, 동일방법으로 계산된 비교가능한 풀타임노동자의 기본임금보다 낮은 것을 수령하는 일이 없도록, 국내법 및 국내관행에 적합한 조치를 취하도록 규정하고 있다. 그러나 현실은 많은 나라들이 이 조약에서 보호하고자 하는 조약의 내용을 실행할 준비도 하지 않고 있는 것 같이 보인다. 종종 들을 수 있는 말이지만, 일부 경영자들 중에는 파트타임을 선호하는 사람도 있는 것 같은데 그들이 말하는 메릿드(선호)에는 「노동코스트가 낮아서 좋다」는 것처럼 들리는 것 같기도 하다. 파트타임과 풀타임노동의 동일임금은 지금까지, 사람마다의 생각에 있을까 말까할 정도로 적

었다고 할 수 있을 것이다. 또 파트타임노동은 그 상대적 저임금으로 인해 고용증가의 장이 되어왔던 사실도 있어, 제1차 토의에서, 사용자는 이의 삭제를 제안한 경과가 있다.

그렇게 해서 이 규정에 따라 파트타임노동자의 보호에 있어서의 중요한 기준이 확립되었다고 할 수 있을 것이다. 비교되는 것은, 동일가치의 노동이 아니고, 어디까지나 "동일한 노동과 동일한 직업"인 것이다. 또, 「파트타임으로 일을 하고 있다는 이유만이라고」하지만, 근속년수, 책임의 정도 등 임금의 차이가 생기게 할 수 있는 타의 요인에 따라, 기본임금에 차이가 생긴다고 하는 것은, 이 규정의 범위외에 있다. 또, 비교되는 임금의 범위가, 기본임금(basic wage)에 한정되어있고, 기본임금이란 무엇인가 하는 것이 문제가 되지만, 제2차 토의에서 언급했던 사무국의 설명으로는, 임금표 가운데서 특정한 활동에 적용되는, 실제의 임금(최저임금이 아닌)인 것이다. 퇴직금 · 상여 · 근속급 · 심야작업수당 등은 포함되지 않는다.

제6조에서는 직업 활동을 기초로 하는 사회보장제도는 파트타임노동자가 비교가능한 풀타임노동자와 「동등(equivalent)」의 조건을 향수할 수 있도록 조정된다고 원칙적인 규정을 하고 있다.

「동등」한 내용을 이 條에서는, 노동시간, 거출금 또는 근로소득에 비례하거나, 국내법 및 국내관행에 적합한 타의 방법에 따라 결정하는 것으로 했다. 파트타임노동은, 이따금 사회보장제도로부터 적용을 제외하거나, 그 취급이 애매하게 될 수 있는 각국의 실태로부터, 중요한 사고가 제시되고 있는 것으로 보인다. 업무재해급부에 관련되는 것을 제외하고, 노동시간 또는, 근로소득이 일정한 기준을 하회하는 파트타임 노동자에게는, 적용범위로부터 제외할 수 있다(제8조 1항 (a)). 이 적용제외 범위가 넓어지게 되면 원칙이 무의미하게 되기 때문에, 이 기준은 부당하게 많은 비율의 파트타임노동자를 제외하는 일이 없도록, 충분히 낮은 것으로 한다고 규정하고 있다(동조 2항). 그 외에, 이 기준의 정기적인 검토나, 적용제외에 관한 절차를 정해서, 신중을 기하고 있다(동조 3~4항).

파트타임노동자의 고용조건의 보호에 관해서, 풀타임노동자와 동등한 취급을 하도록 하는 사항이, 제7조에 규정되어있다. 거기에는, ① 모성보호, ② 고용의 종료, ③ 연차유급휴가 및 급부가 지급되는 공휴일, ④ 병가휴가 등이 있다. 동등한 내용으로서의, 금전상의 권리는 노동시간 또는 근로소득에 비례해서 결정할 수 있다고 하고 있다.

노동시간이 기준이하로 짧은 자 등에 대한 기준제외는, 사회보장제도의 경우에도 같듯이, 또 같은 방침과 절차 하에서 가능하게 되어있다. 단지, 모성보호의 조치를 중시하고, 법정사회보장제도에 따르지 않는 것에 대해서도, 적용제외는 할 수 없는 것으로 되어있다.

### (3) 파트타임勞動의 容易化

70년대 후반부터, 세계 전체로 봐서, 실업대책이 중요한 정책과제로 되어있었다. 이러한 국제노동기준을 거론할 당시에도, 파트타임노동에 의한 고용의 촉진이라는 과제가 당초에 고려되었다. 그러나 심의하는 과정에서, 풀타임노동자와 균등한 고용조건 등을 향유하는 파트타임노동을 정당한 고용으로 인정하게 되었으나, 풀타임노동과의 兼合하는 경우도 많고, 고용의 촉진이라는 적극적인 정책태도도, 어느 정도 후퇴해서 정당한 파트타임노동의 활용을 용의하게 하는 정책을 취한다고 하는 표현을 하게 되었다.

제9조는 파트타임노동(「사용자 및 노동자 쌍방의 니즈를 충족하는」, 「생산적이고, 자유롭게 선택된」, 「제4조에서 제7조까지의 보호가 확보되었다」고 하는 조건을 충족하게 하도록)을 「활용하는 것을 용의하게 하기 위한 조치를 취한다.」고 규정하고 있다. 그러한 조치로써 다음과 같은 3가지 점을 포함해야한다고 하고 있다.

(a) 파트타임노동의 이용 또는 수입(받아들이는 것)을 막을 위험이 있는 법령을 재검토하는 것,

(b) 직업안정조직의 활용. 이 조직이 있는 경우, 「그 정보제공 및 직업소

개활동에 있어서 파트타임노동의 가능성을 명시하는 것 및 공표하는」것,

(c) 특정한 집단(실업자, 가족적 책임이 있는 노동자, 고령노동자, 장해가 있는 노동자, 교육 또는 훈련을 받고 있는 노동자 등)의 「니즈 및 선호에 대하여, 고용정책에 있어서 특별히 주의 한다」는 것.

제10조에서는, 풀타임노동과 파트타임노동의 두 방향의 전환에 대하여, 그것이 「임의로 이루어지도록 확보하기 위한 조치를 취한다」고 규정하고 있다. 노동자가 가족적 책임을 가지고 있을 때 파트타임노동에 따른 그 필요가 없어지게 되면, 풀타임노동으로 복귀한다던가, 연소실업자가 많은 노동시장에서, 파트타임노동으로 취업경험을 쌓아서, 결원이 있을 때 풀타임노동에 취업한다던가, 고령의 풀타임노동자가 은퇴하기 전에 파트타임노동에 취업하는 예가 그러한 것들이다. 조약은 고용조건 등의 균등이 보장되게 되면, 노동자의 선택에 따라 노동형태간의 이동이 자유롭게 이루어질 수 있는 조치를 강구해야한다는 것이다.

## 제3절 在宅形態의 勞動(家內勞動)

### 제1항 背景

177호 조약과 그것을 보충하는 184호 권고가 성립됨에 따라, 그것을 필요로 하는 사실적 배경이나, 노사의 스텐스(stance)등에 대하여 언급하고자 한다. 이 조약이 앞으로, 널리 비준되게 될 것인지의 여부에도 관계되는 일이 많을 것으로 생각되기 때문이다.

전통적인 가내노동 외에, 1980년대 이후, 선진국을 중심으로, 탤레워크 등의 새로운 주택형태의 노동이 발전하고 있다. 이 조약은 이러한 노동형태와 관련되는 노동조건을 위해 적용되는 것이다. 전통적인 가내노동은 대부분의 나라에서 그러했듯이, 위탁을 받은 자영업자도 그 실태를 보면,

일반의 노동자와 같은 위치에 있다. 말하자면 사용자(업무위탁자 · 중개인 등)에 종속되어, 그들이 지정하는 노동을 하고 있는 것이다. 그 작업조건 등은, 열악한 경우가 많다. 사실상, 이들 노동자는 이따금 불리, 불공정 · 위험한 상황에 놓여있었다. 그렇기 때문에 기본적으로 노동자보호를 고용노동자에 한정하고 있는 나라에서도, 예를 들면, 가내노동법 등이 제정되어 오늘에 이르고 있다. 그러나 전통적인 가내노동자, 특히 발전도상국에 있어서도 한국과 유사하거나, 혹은 매우 심각한 문제를 안고 있는 나라도 있다.

그래서, ILO조약에서는 일반적으로 이러한 종류의 사실상의 단독노동자를 조약의 대상으로 포함하고 있는 경우가 많다. 이 조약의 전문에서도, 많은 ILO조약 · 권고에서 노동기준의 일반적 규정에서의 재택형태인 노동자에게도 적용가능하다는 것을 언급하고 있음을 알 수 있다.

가내노동에 많은 문제가 있다는 것을 감안해서, ILO총회는 1984년 이후 여러 차례 결의를 했고, 정노사를 비롯한 여러 방면에 관심을 촉구해왔다. 1990년 10월에는 전문가회의가 열리면서 논점이 정리되었는데, 그것은 이 조약의 채택을 준비하는 기반이 되었다. 그러나 이 회의에서는, 조약 · 권고를 만든다는 것이 고용창출에 마이너스가 되는 것이 아닌가 하는 의견도 나오고 있어, 조약 · 권고를 만들어야 할 것인지의 여부를, 이사회의 판단에 맡기게 되었다. 이사회는 1993년 11월에, 82회 총회(95년)의 의제로 결정했다. 이 배경에는 앞에서 말한바와 같이, 선진국에도 새로운 타입의 재택형태의 노동이 발전하게 되었다. 전통적인 가내노동과 함께 그 보호를 모색하는 것은 세계전체의 과제라고 하는 것과, 고용의 문제에도 배려해야한다는 세간의 여론에 따라 사용자측을 포함한 정노사 삼자의 합의에 도달하게 된 것으로 생각된다.

그래서 사무총장은 총회의 준비를 위하여, 예비보고서를 준비했다. 여기서는, 그 당시의 세계에 있어서의 주택형태 및 노동의 실태와 거기에 대한 대책, 관계 단체의 동향 등을 취합한 귀중한 분석이 실려있는 외에 거기에 따른 제1차의 각국정부에 대한 질문사항이 기재된 질문서가 함께 실려 있다. 이 보고서에서는, 전통적 가내노동을 염두에 두고 있어 이 노동은 사용자(업자)를 위하여, 자택 기타 스스로가 선택한 장소에서, 직접 감독을 받지 않고, 보수를 받으면서 제조 또는 서비스를 하는 자라야만 한다고 되어있다. 재료는 지급되는 경우도 있고, 그렇지 않는 경우도 있다. 아동 등의 가족을 무상으로 해서 조수보조로 사용하는 경우도 있었다. 중개인이 개재하거나, 노동자 자신이 노동을 타에 위탁하거나 하는 경우가 있어, 매우 복잡한 사회관계가 형성될 수 있다. 재택형태와 노동자수는, 인구조사 등을 통해 단편적으로 그 수를 짐작할 수 있는데 지나지 않지만, 개발도상국 · 선진국을 불문하고, 상당한 수에 이르고 있다. 시간이 갈수록 증가 경향을 보이고 있는 것으로 판단하고 있다. 선진국에서는, 정보업무나 비정규종업원 중에서 증가하고 있는 것으로 보고 있다. 개발도상국에서는, 전통적으로 농촌의 부업, 숙련직종 등에서 볼 수 있으나 농촌에서 도시로 유입하는 인구의 노동형태로도 되어있고, 또, 국제 분업에 따른 선진국에서의 전통적 가내노동의 쇠퇴현상의 반면으로 증가하는 경향도 보인다. 대부분의 재택형태의 노동자는 여성이 대부분이다. 그리고 在住기간이 짧은 외국인이 종사하는 경우도 있다.

이러한 현상을 노동의 잇점으로 본다면, 사용자로 봐서는 유연성이 있다는 것이다. 계절적 · 불규칙 유행의 변화에 대응해서, 자본코스트를 크게 필요로 하지 않고, 또, 글로벌한 관점에서도 싼 임금코스트를 이용할 수 있다는 것을 들 수 있다. 노동자로 봐서도, 육아나 가사와의 양립이 용이하다는 것과, 재택근무에서는 통근 스트레스를 회피할 수 있다는 등을 들 수 있다. 또, 고용의 장(場)의 확보, 농촌지역 등에서의 소득기회, 수출에의 공헌 등, 국민경제에도 일정한 역할을 하고 있다는 것이 밝혀지고 있다. 디메릿트로서는, 주로 노동자로 봐서 문제가 크다는 것을 보고서에서도 지적하고 있다. 저임금, 장시간노동, 아동노동, 사회보호의 결여, 안전과 건강의 문제, 사회적 고립, 노동이외의 생활의 침식 등 보고서에 상세하게 지적하고 있다. 이들의 사회적인 문제를 세계 전체로 보면, 공공정책은 그다지 취해지지 않고 있으며, 독립된 법률이 있는 나라는, 조약 채택 당시 18개국 정도에 그치고 있었다. 또 그 정책의 방향도 각각 달라서, 가내노동 그자체를 금지하는 것, 가내노동의 일정한 조건을 규제하는 것, 일반노동자의 보호가 적용되는 것 등이다. 보고서는 이들의 법률과 관행을 조사하고, 거기에서 국제노동기준으로서 상응할만한 것을 찾아내려고 했던 것 같다.

보고서는, 사용자의 일반적인 태도로서는, 유연한 고용으로서 환영하고, 엄격한 규제를 좋아하지 않는 경향이 있다는 것, 한편 조직노동자의 대부분은 정상의 고용을 위협하는 것으로써 금지를 요구하고 있으나, 타의 노동조합은 많은 노동자가 재택형태의 노동에 종사하고 있다는 데서 그 量이나 분야를 제한하는 동시에 노동조건의 보호를 요구하고 있다고 판단했다. 또, 전통적 가내노동자 등의 협동적 · 협조적 · 자주적 활동의 현저한 예도 있다는 것을 이 보고서에서는 소개하고 있다.

이상과 같이, 실태와 정책을 정리한 가운데, 사무국은 조약 · 권고의 골자가 될 수 있는 질문을 준비했다. 질문에 대한 회답에서는, 조약 · 권고를 만드는데 있어서는 찬성이 압도적이었으나, 사용자 단체의 대부분은 아무것도 만들지 않아야 한다는 의견이었다. 또, 질문에 대한 반응에서, 사무국이 상정하고 있던 「재택형태의 노동」과 「노동자」를 개별로 정의한다는 것과, 중개인을 정의하는 것은 그만두는 동시에, 안정과 건강을 위해 금지되는 노동의 타입에 관한 규정에 대해서도, 권고안에서 조약안으로 옮기는 작업이 이루어진 후, 제1차 토의가 시작되었다. 제1차 토의에서는, 문서의 형식은 권고에서 보충된 조약으로 하는 것으로 정해졌다. 그 과정에서 영국, 캐나다, 일본 등은 권고만을 할 것을 사용자는 당초 기준을 만드는 것 자체에 소극적이었으나, 권고만을 하는 것을 지지했다. 제1차 토의가 시작된, 조약안의 실질적 내용은, 대충 단순 명확한 것이었으나, 제2차 토의에서 사용자측은 조약안은 미성숙 · 부적당하기 때문에 반대한다고 하는 태도였다.

결국, 투표에서 패했지만, 그 이후, 조약안의 심의에 참석하지 않는 이례를 남겼다. 또, 권고안의 심의에 대해서는 참가했지만, 그 수정안은 거의 채택되지 않았다.

이러한 전개과정을 통해서 최종기록투표로, 조약이 채택되었지만, 사용자의 투표불참가로 인해, 근소한 차로 필요투표수를 상회하게 되었다. 권고에 대해서도, 최종투표에서 찬성 303, 반대4, 기권 111로 채택되기는 했지만, 사용자 중에 찬성으로 돌아간 나라는 9개국에 그쳤다. 사용자와 일부의 정부가 기권으로 돌아갔다. 이상과 같이, 사용자측은 재택형태의 노동에 관한 국제노동기준 그 자체에 강한 반대의 태도를 보였다. 이것은 각 가맹국에도 영향이 미칠것으로 생각되기 때문에, 조약의 비준에 어려움이 예상된다.

### 제2항 條約의 內容

조약의 본체부분은, 10조로 된 비교적 단순한 것이다. 특히 중요한 것은, 먼저 정의라고 할 수 있다. 앞에서 언급한 것처럼, 이 노동(Home Work)를 흔히 "가내노동"이라고 가역하고 있지만, ILO 등에 보내는 가역에서는, 「재택형태의 노동」이라고 표현하고 있다는 것을 볼 수 있다. 실제적으로도, 이것은 新舊의 주택형태가 복잡하다는 것과, 또 모든 조약에 그 명칭이 공통되어 있지만, 조약의 적용에 있어서는, 그 범위가 定義에 따라 정해진다고 하는데서, 역어(譯語)를 포함한 실체적인 정의는 매우 중요하다고 보는 것이다. 그런데 여기서 사용하고 있는 「재택형태의 노동」이라는 표현은 일본이 이 조약을 비준하면서, 조약의 일본어譯을 正文으로 하고 있는 것인데, 이 글을 쓰는 현시점에서는 假譯이라고 하는 것을 알고 사용하는 것이 좋을 것 같다. 더욱이 이 조약을 비준하지 않고 있는 한국의 입장에서 보면 반드시 가내노동이라고 미리 단정하기 어려운 점도 없지 않다.

### (1) 定義 · 適用範圍

제1조 (a)항에서는, 「재택형태의 노동」은, 재택형태의 노동자로서 언급되어야 할 자가, 다음과 같이 행하는 노동을 의미한다고 전제하고, 다음 3가지를 들고 있다. ① 자택 또는 스스로 선택한 장소에서(사용자의 작업장소를 제외), ② 報酬를 위하여, ③ 사용자가 정한 제품 또는 서비스에 관계되는 노동(설비, 재료, 기타의 투입물을 누가 제공하는지는 묻지 않는다). 단지, 국내법 등에서, 독립노동자라고 볼 수 있는 일정한 자주성 및 경제적 독립성을 갖지 않은 경우에는 재택형태의 노동자로 볼 수 있다. 반대로 국내법 등에서, 독립노동자로 볼 수 있고, 또한 경제적 독립성이 있는 자영업주등은 재택형태의 노동자에 포함되지 않는다.

위에서 지적한 ①~③은, 사용자와 노동자의 계약의 종류가, 위탁이나 고용 등을 문제로 하지 않고, 고용관계에 있는 자도 포함된다고 하는 것이 주목된다. 또, 나라에 따라서는 노동자를 고용하고 있는 소사업주도 재택형태의 노동자로서 취급되고 있으나, 국내법의 규정에 따라 그와 같은 층도 조약의 재택형태의 노동자가 될 수 있다. 조약에서는, 존속성(보수를 위하여 일하고, 사용자의 지시에 따르는)과 노동의 장소가 자택 등이라는 것이 기준이고, 계약형태에 주목하지 않고 있다는 점에 특징이 있다. (b)항에서는, 고용관계에 있는 자가, 수시로 자택 등에서 노동을 하는 경우는, 재택형태의 노동자가 아니라고 보고 있다. 제2조에서 이 조약은 제1조에서 정의한 재택형태의 노동을 하는 모든 자에게 적용된다는 것을 규정하고 있다. 적용의 예외를 두는 것이 예정되지 않고 있다는 점이 주목된다.

### (2) 其他의 規定

조약의 내용으로서, 기본적인 규정은 두 가지가 있다. 첫째는, 이 조약의 비준국은 재택형태의 노동자의 상황 개선을 목적으로 하는 국내정책을 채택하고, 실시해서, 정기적으로 재검토하는데 있다.

(제3조)이 정책입안 등의 과정에는 가장 대표적인 사용자단체 · 노동자단체가 존재하는 경우는, 재택형태의 노동자와 관계가 있는 단체, 재택형태의 노동자의 사용자 단체와 협의해야 한다고 규정되어 있다. 국내의 개선정책의 내용으로는 특히 규정되어있지 않지만, 이하에서 말하는 균등대우 · 안전건강 · 감독제도, 또 권고에서 볼 수 있는 여러 사항들이 포함될 것으로 생각된다.

기본적인 규정의 두 번째는 제4조에서 말하고 있는 균등대우인 것이다. 재택형태의 노동자의 특수성과 적절한 경우, 기업 내에 있어서의 동일 또는 유사한 노동과 비교해서, 재택형태의 노동자와 임금노동자와의 균등대우를 "할 수 있는 한" 촉진하는 원칙이,제1항에 규정되어있다. 이 규정에 이어, 제2항에는 균등대우가 촉진되어야 할 특히 중요한 8항목을 들고 있다. 이것은 전항과 관련해서 보면 중점항목의 예시라고도 생각된다. ① 재택형태의 노동자의 자주적인 단결과 행동의 권리, ② 고용 · 직업에 있어서의 차별대우로부터의 보호, ③ 직업안전 보건 분야에 있어서의 보호, ④ 보수, ⑤ 법적인 사회보장의 보호, ⑥ 훈련을 받을 기회, ⑦ 최저연령, ⑧ 모성보호.

이상의 외에도, 노동자보호의 관점에서 중요한 규정이 있다. 제7조에서, 재택형태의 노동자의 특수성을 고려해서, 노동안전보건법령이 이 노동에도 적용되어야 한다는 것, 그리고 일부의 물질의 사용을 금지하는 조건을 설정하도록 하고 있다.

재택형태의 노동자의 수나 실태를 파악하기 위해서나, 정책입안의 전제로서도, 신뢰할 수 있는 통계가 필요하지만, 조약은 노동통계가 가능한 범위에서 재택형태의 노동자를 포함하도록 하는 조치를 강구하도록 규정하고 있다(제6조). 또, 재택형태의 노동자에게 적용되는 법령이 준수되도록 하기 위해, 제9조에서는, 국내법령 및 관례에 합치되는 감독제도가 기능해야 한다는 것을 규정하고 있다. 적당한 경우에는 벌칙도 적용된다.

## 제4절 派遣勞動

### 제1항 背景과 課題

#### (1) 開 設

1997년의 민간직업중개사업소에 관한 조약(181호) 및 그것을 보충하는 권고(188호)는, 1949년의 유료직업 소개소 조약(개정)(96호조약)을 개정한 것으로써, 공적직업소개소에 의한, 직업소개 등의 노동시장 관련서비스의 독점의 원칙을 폐지하고, 민간직업중개사업소(유료직업소개소나 노동자파견사업 등)을 공인하고, 거기에 관한 국제기준을 정하고 있다. 그 경우, 사업활동의 대상이 되는 구직자, 또는 사업체에 고용되는 노동자의 권리와 보호도 목적으로 하고 있다(전문 및 제2조 3항). 민간직업중개사업소의 종류는 많지만(하기보고에서 16종), 조약개정에 이른 연혁에서 논쟁의 표적이 되었던 것은, 임시노동의 인재파견업(인재파견업: TWA. Temporary Work Agencies)이었다. 이 조약 · 권고의 안에는, 전체로서 민간직업중개사업소와 관계노동자의 보호 등에 관한 국제노동기준상의 규정이 있다. 단지, 파견노동자만에 관한 권리나 보호를 규정하는 조문도 있다는 것이 주목된다. 이 조약 · 권고는 원칙적으로는 모든 민간직업중개사업소에 적용된다고 하는데서부터 파견노동자 이외의, 예를 들면 전통적인 직종의 유료직업소개소의 구직자(실업자)나, 아우트플레이스먼트(outplacement: 재취직 알선업), 헤드헌팅(head hunting: 고급 기술 인력 따위의 전문 인력을 확보하여 기업에 소개해 주는 것) 등의 서비스업자가 조약의 규정(제1조 1항(c))에 따라 민간직업중개사업소로 인정되면서, 그 서비스의 대상인 구직자도, 같은 취급을 받게 된다. 그런데 ILO 조약은 특별히 제외규정이 없는 한, 통상 모든 노동자에게 적용되기 때문에, 파견노동자도 그 적용을 받는 걸로 알고 있다.

#### (2) 條約改正에 이른 經過

1997년의 조약개정에 이르게 된 과정은 매우 길었다. 1966년에 스웨덴

정부가, 자국에서 급속히 성장하고 있었던 인재파견업이, 96호 조약인 유료직업소개소에 해당되는지를, ILO사무총장에게 조회한데서 부터 시작된다. 사무총장은 해당된다고 답하고, 유료직업소개소를 폐지해 나가는 정책을 선택한 나라에서는, 그 예외를 인정하는 규정(제5조)의 원용을 시증했다. 또, 조약권고전문가회의의 견해도 방향을 같이하고 있었다. 그러나 이 조문에서 자유로운 영업활동에 상당한 규제를 피할 수 있도록 되어 있었다는데서 부터, 이들의 견해를 가맹선진국에서 받아들이지 않게 되었다. 즉 인재파견업은, 구인자와 구직자의 중개를 하고 있는 것이 아니고, 사용자로서 노동자를 고용한 후, 노동자를 제3자에게 파견하고 있기 때문에, 유료직업소개에는 맞지 않는다는 입장에서, 유료직업소개소 규제와는 별개의 입법을 하는 나라가 생겨났다. 1970년~1980년대에는, 종종 이사회에서 인재파견업을 총회의 의제로 하는 움직임이 있었으나, 반대가 강해서 성공하지 못했다. 그러나 각국의 노동시장구조가 변화했고, 그 후 다양한 직업서비스가 등장하게 되었다는데서, 96호 조약만으로 대응한다는 것은 현실적이 아니라는 것을 느끼게 되면서, ILO도 조사를 하게 되었다. 그 결과 1992년에, 인재파견업 뿐만 아니고, 민간직업중개사업소 전체를 포함한 문제를 1994년의 총회에서 일반토의의 의제로 결정했다.

### (3) 人材派遣業의 現況

이 일반토의를 위해 준비된 보고서에 따르면, 인재파견업은 96호조약이 되기 직전에 미국에서 생겨났고, 사무국의 추정으로는, 그 사업의 규모가 현재로서는 민간직업중개사업소 전체를 상회하고 있었다. 그래서 양적으로는 이 분야에서 가장 큰 민간 활동으로 주목받고 있었던 것이다. 보고시점에서 10의 다국적 기업이 있었고, 30개국 이상에 네트워크를 형성하고 있었다. 인재파견업은 노동자를 모집해서, 파견기간의 고용계약을 체결하고, 한편으로는, 派遣先과 일정기간의 人員派遣의 계약을 맺는다. 이러한 삼각관계 하에서, 노동자가 일하는 것이 보통의 형태인 것이다. 나라에 따라, 법령으로, 폐해가 생기기 쉬운 분야에서의 활동이 한정되거나, 분야가 특정되거나 하고 있다. 대부분의 인재파견업에서는, 파견선의 노동을 처리하는 것처럼, 단기의 교육훈련을 하고 있는 경우가 많다고 보고되고 있다. 또, 미국 등에서는 장기의 계약을 맺고, 기업의 주변업무를 항상적으로 담당하게 하는데도 있다. 각국마다 각각 특징이 있기 때문에 일율적으로 예시하기는 어렵지만, 이웃나라 일본의 경우를 보면, 정규고용을 스텝으로 하는 예가 외국보다 적고, 전문적인 파견노동자가 되는 경우가 많다고 생각된다. 일반적으로 파견기간이 길다는 것, 그리고 특정노동자 파견사업과 같은 항상적인 관계도 있다는 것 등이 특징이라고 할 수 있을 것 같다.

인재파견업의 국제조직인 국제인재파견업협회(the International Confederation of Temporary Work Organizations)에 따르면, 1992년에 파견한 노동자의 총 노동시간은, 풀타임 노동자의 년당 150만 명 분에 상당한다. 또, 그 사업의 성장은 매우 현저했고, 거의 규제가 없었던 미국의 경우는, 1970년부터 1992년에 매상이 30배에 미치고 있다. 유럽제국, 브라질에도 사업의 성장은 현저했다. 인재파견업 등 민간직업중개사업소의 성장요인을 보면, 사용자로 봐서는 유연하게 주변적인 업무를 위탁할 수 있다는 것, 글로벌한, 그리고 변동이 심한 시장, 기술혁신, 이들의 변화에 급속히 대응해서, 필요한 기술을 가진 노동자를 적기에 조달할 필요가 있다는 것, 노동코스트의 인하 가능성이 있다는 것 등이다. 그리고 또, 노동자로 봐서는, 사회적 실업이 증대하고 개개의 상황에 따라서 고용의 기회가 요구되었다는 것, 특히, 상용 풀타임의 노동에의 스텝이나 직업 경험의 기회로 이용되고 있다. 가족적 책임을 가진 여성의 고용에도 인재파견업이 이용되는 등, 노동자측(공급측)의 행동에 변화가 생기고 있다는 것도 성장요인의 하나가 되고 있는 것이다.

### (4) ILO에서의 討議

1994년 일반토의에서는, 양호하게 기능하고 있는 민간직업중개사업소는, 노동시장에서 유효한 공헌을 하고 있다고 인정되었으나, 한편, 노동자 측으로부터는 심각한 폐해도 있다는 것이 지적되고, 노동자보호의 필요성이 요구되고 있다. 96호 조약은 오늘의 상황에 적합하지 않기 때문에, 개정을 필요로 한다는 등의 결론에 도달했던 것이다.

그래서 이 개정은 1997년에 1회의 토의에서 이루어졌고, 181호 조약과 188호 권고가 성립되었다. 이에 따라, 직업소개를 공적독점으로 하는 원칙은 放棄되고, 민간직업중개사업소가 소수의 기본적 규제 하에 인정받게 되었다. 그런데 인재파견의 노동자나 구직자에는, 보편적 · 인권적인 권리가 명확하게 인정되었다는 것, 노동자로 봐서는, 노동자의 보호나 권리를 규정할 수 있었다는데서, 조약은 쌍방에게 밸런스가 취해진 것이 되었다. 선진국의 정부의 대부분은 96호 조약이 현대의 사회적 경제적 조건에 적합하지 않게 되어있다고 판단하고 있어, 이 章은 타의 조약에 비해, 비준되기 쉬운 상황에 있다고 추측된다.

## 제2항 條約과 派遣勞動者

민간직업중개사업소 그 자체에 관한 규정은, 제3장 3절에서 설명하고 있어, 여기서는 관계노동자(이 조약에서는 구직자를 포함, 제1조 2항) 특히, 파견노동자의 권리의 보호를 중심으로 말하고 한다.

제1조에 민간직업중개사업소의 정의가 있는데, 3가지 서비스를 들고, 그 하나 이상을 제공하는 민간인(법인)을 민간직업중개사업소로 하고 있다. 3가지 서비스 중의 하나가, 노동자 파견사업에 해당되고, 「제3자(사용자 기업)의 사용에 이바지하는 것을 목적으로 해서, 노동자를 고용하게 되는 서비스」라고 정의하고 있다. 정의에서는 또, 사용자기업이 그 노동자에게 업무를 부여하고, 그 실시를 감독하는 것으로 하고 있다. 고용관계와

업무의 지휘가 분리되어 있어, 그들을 사용하는 측인 사용자가 노동자파견업에 해당된다. 그런데 노동자파견사업이라든가 TWA의 용어는, 조약·권고에서는 사용되지 않고 있다.

제2조에 따라, 조약은 모든 민간직업중개사업소에 대하여, 또 모든 산업·직업(선원을 제외)에 대하여 적용되지만, 대표적인 노동단체와 협의해서, 특정한 상황 하에서, 특정한 산업·직업에 대하여, 민간직업중개사업소의 서비스제공을 금지할 수 있다. 이것은 폐해가 생기기 쉬운 분야등에서의 민간직업중개사업소의 활동을 금지할 수 있다는 것을 의미하고 있다. 그러한 의미에서, 노동자 보호로써 기능할 수 있는 조항인 것이다. 그러나 민간직업중개사업소는, 원칙적으로 자유롭게 활동할 수 있는 네거티브·리스트 방식을 취하고, 활동할 수 없는 분야가 지정되게 되어있다는 점이 주목된다. 이상은 민간직업중개사업소측의 적용제외라 할 수 있는데, 특정한 상황 하에서는, 특정한 산업·직업의 노동자에 대한 조약의 전체 또는 일부의 적용제외인 규정도 있다. 이 경우, 조약에 노동자 보호의 제규정이 있기 때문에, 적용이 제외되는 노동자에게 충분한 보호가 이루어지고 있는 경우에 한한다고 해서, 노동자보호에 제동을 걸고 있다.

민간직업중개사업소의 관계노동자 일반(파견노동자도 당연히 그 안에 포함된다)에 대하여, 기본적 또는 중요한 제권리가 보장되도록 하기 위하여, 몇가지 조문이 있다. 상세한 내용은 생략하지만, 제4조에서 「민간직업소개사업에 모집된 노동자의 결사의 자유와 단체교섭권」, 제5조에서, 「고용 및 특정의 직업을 얻기 위한 기회 및 대우의 균등(인권, 피부의 색, 성, 정치적 의견, 국민적 계통, 사회적 출신 또는 국내법·관행의 대상으로 되어있는 타의 형태에 의한 차별 없는 대우)」, 6조에서 노동자의 개인정보 처리에 있어서의 프라이버시의 존중 등, 제7조에서, 노동자가 민간직업중개사업소로부터 수수료·경비를 징수되지 않는 원칙, 제8조에서 이민 노동자에 관계되는 부당한 취급의 금지와 보호, 제9조에서 아동노동의 사용 및 공급의 금지 등 이상이 각각 규정되어있다. 또, 제10조에서 이상의 권리보호의 실효와 관련해서, 고충처리나 부당한 취급 및 사기행위를 조사하는 정당한 제도와 절차를 두도록 하고 있다. 거기다가, 제4조제2항에서는, 조약의 규정에 관한 실시의 감독은, 노동감독기관 기타의 권한 있는 공기관에 의해 할 수 있도록 규정되어있다.

민간직업중개사업소 중, 노동자파견사업에 대해서는, 사업자와 고용관계가 발생하기 때문에 파견노동자 고유의 규정인 제11조와 제12조를 두게 되었다. 제11조는 노동자파견사업주에 고용되는 노동자에 대하여, 충분히 보호가 되도록, 국내법 및 국내관행에 따라 필요한 조치를 취하도록 규정하고, 다음의 10개 기본항목을 두고 있다. 이러한 조치는, ① 결사의 자유, ② 단체교섭, ③ 최저임금, ④ 노동시간과 기타의 노동관행, ⑤ 법령상의 사회보장, ⑥ 훈련을 받을 권리, ⑦ 직업상의 안전 및 건강, ⑧ 직업상의 재해 또는 질병의 경우에 있어서의 보상, ⑨ 지불불능의 경우에 있어서의 보상 및 노동자 채권의 보호, ⑩ 모성보호 및 모성급부를 비롯한 부모에 대한 보호 및 부모에 대한 급부 인 것이다.

이러한 것을 노동자의 입장에서 보면 기본적인 권리나 고용조건이 되지만, ⑨나 ⑩과 같이 공공정책에서 보면, 고도의 것도 포함되어 있다. 또 타의 비정규고용의 경우와 같이, 같거나 유사한 노동이나 직업과의 동등한 취급을 명시하지 않고, 「충분한 보호」라고 하는 유연한 표현이 사용하고 있다는 것이 주목되고 있다.

제12조는, 노동자파견 사업에서는, 고용계약과 업무지휘의 사용자가 다르기 때문에, 상기의 10조항 중, 최초의 노동자가 주체가 되는 결사의 자유를 제외한 9개 항목에 대하여, 노동자파견사업주와 사용자기업과의 책임분담을 분명히 하도록 요구하고 있다.

# 제5장 勞使關係

## Labor-management Relations

### 제1절 開 設

ILO헌장에는, 「노사관계」라는 표현을 볼 수 없다. 그러나 1944년의 필라델피아선언에서는, ILO의 엄숙한 의무의 하나로써, 「단체교섭권의실효적인 승인, 생산능율의 부단한 개선을 위한 경영과 노동의 협력을 비롯하여, 사회적 및 경제적 조치의 준비 및 적용에 관한 노동자와 사용자의 협력」을 주장하고 있다.

그리고 1947년의 제30회 총회에서는, 결사의 자유와 단결권 · 단체교섭권의 보호에 관한 결의를 채택하면서, 새로운 방향을 정했다. 이 분야에 있어서의 전전의 ILO활동은, 많은 나라에서 노사단체의 육성을 도모하고, 노사단체간의 조직적인 협력의 방법을 발전시키기 위해서, 기준설정보다는 더 케이스 스터디(case study: 사례연구)에 치중하고 있었다. 그러나 1947년 총회의 결의에 따라 ILO는 노사관계의 국제적 규제를 목적으로 하는 광범한 계획에 착수하게 되었다.

먼저, 1948~49년에 이어, 「결사의자유와 단결권」, 「단체교섭권」이라는 기본적 권리에 관한 중요한 두 조약(87호 · 98호)이 채택되었다. 이어서 1950~60년에 걸쳐, 勞動協約 · 調停 · 仲裁 · 協議 · 協力 · 雇用終了(解雇), 기업 내 커뮤니케이션 · 企業內苦情審査 등의 구체적인 기준이 채택되었다. 그 동안에 1955년의 총회에서는, 노사관계를 테마로 하는 사무총장보고가 제출되어, 일반토의의 대상이 되었는데, 거기서는 각국대표에 의한 토의를 거쳐, 노사관계에 관한 결의가 채택되었다. 이 결의는 「양호한 노사관계는, 순연한 노동의 분야를 넘어서 그 반영을 보여주는 것이고, 직접 관계되는 당사자 간의 대화와 합의라고 하는 민주적 절차를 통해서, 또 공공의 이익에 비추어서, 다시 경제사회적 정책에의 노동자 측의 적극적 참가와 책임을 강화하는 견지에서, 사회전체로 봐서 힘의 원천이 된다」고 하는 발상에서, 이 분야의 ILO활동과 그 강화를 요청했다. 이때까지의 경과를 요약하면, 첫째로, 노동자와 사용자의 단결, 노사단체에 대한 공적기관에 의한 간섭과 개입의 배제라고 하는 결사의 자유가, 대 전제로써 존재한다. 둘째로는, 노사간의 불간섭 · 불개입 · 부당노동행위로 부터의 노동자의 보호라고 하는 단결권의 보호가 있다. 세 번째는 단결권의 행사에 따라 발생하는 단체교섭의 문제가 있고, 교섭의 결과에서 나오는 노동협약이 거기에 이어진다. 그리고 교섭이 진행되고, 협약이 성립된다하더라도, 피할 수 없는 것은 "노사간의 분쟁"인 것이다. 그래서 노사간 분쟁의 해결을 위하여, 조정 · 중재가 필요하게 된다.

그리고 마지막에는 단체교섭과는 차원이 다른 협의 · 협력을 하게 된다. 이것은 노사간 또는 정노사 삼자간의 관계가 되며 기업 · 산업 · 전국의 3단계로 나누어지게 된다.

그리고 1970년~80년대에 걸쳐서는, 기업내 노동자대표와 단체교섭의 兩 조약이 채택되었다. ILO의 분류에서 보면, 노동자대표는 「기본권리」에 그리고 또 고용종료는 고용보장으로서 「고용」에 포함하고 있으나, 여기서는 「노사관계」로 취급하기로 했다. 그런데 1978년의 공무 노동관계조약(135회)은 「산업별 기준」으로써 별도로 상세히 소개하고자 한다.

근래의 글로벌리제이션의 진전에 따라 정치 · 경제 · 사회의 각 분야에서, 대변화가 나타나고 있다. 노사관계도, 더불어 그 영향을 받고있는 가운데 사태에의 대응에 압박을 받고 있다. 이와 같은 상황 하에서, ILO는 1997년 10월, 「97/98 세계노동보고」를 발표했다. 그것은 "세계의 노사관계의 민주주의와 사회적 안정"을 부제로 하는 것으로써, 세계의 노사단체나 노사관계의 특색, 사회적 대화, 장래의 이정표 등에 대하여 언급하고 있다. 안센느 당시 ILO사무총장은 그 서문에서, 노사관계에 대하여 다음과 같이 말하고 있어, 많은 시사를 주고 있다.

「노사단체, 그리고 때로는 공기관도 관련되는 노사관계는, 전통적으로 생산 및 성장의 성과배분에 대한 참가라고 하는 경제적 기능을 하고 있다」 그런데, 이 외에도 두 가지 기능이 있다. 그 하나는 노동자에게 직장에서의 발언권을 준다고 하는 민주적 기능이고, 또 하나는, 노동자에게 사회의 통합을 확보한다고 하는 사회적 기능인 것이다. 목전의 이익으로 만족하는 것과, 비용이나 힘의 균형만을 생각하고 있는 것이 아닌 인간관계를 구축하고 싶어 하는 원망(願望)의 사이에는, 끊어지지 않는 충돌이 있었다. 지금 여기에 있는 위험은, 「승자」와 「패자」로부터 이루어지는 평등성의 핍박한 사회가 민주주의와 사회의 안정을 위협할지도 모른다는 것이다. 사실 그렇다고 한다면, 사회적 파트너는, 진행중의 변화를 경제효율과 사회진보와의 통합을 바라보면서 그 방향을 조정해 나가야 할 중대한 책무를 맡고 있는 것이다.

## 제2절 企業内 勞動者代表條約(135호)

일반적으로, 우리들 주변에는 1기업 1노동조합이 대세를 이루고 있기 때문에 기업에 있어서의 노동자대표는 곧 노동조합대표와 같은 사람으로 인식되어있다. 그러나 1기업 복수노동조합이 많은 유럽에서는, 기업수준의 노동자대표가 다양하다. 특히 워크스 · 카운슬(從業員代表制)이 발달하고 있는 나라에서는, 노동자대표는 노동조합대표와는 달리, 소위 말하는 종업원대표로 되어있는 경우가 많다. 그렇기 때문에 양자의 관계를 명확히 해야할 필요가 생긴다.

그래서 1971년의 제56회 총회에서는, 「기업에 있어서의 노동자대표에게 부여하는 보호 및 편의에 관한 조약(135호)」이 채택되게 되었다.

### 제1항 勞動者代表保護의 原則

이 조약의 제1조에는, 「기업에 있어서의 노동자대표는 현행의 법령·노동협약 또는, 노사의 합의에 따른 기타의 결정에 따라 행동하는 한, 노동자대표로서의 지위 혹은 활동, 노조원이라고 하는 것 또는 노조활동에의 참가를 이유로 해서 취해지는 해고 등을 포함해서, 그들에게 불리한 어떠한 행위에 대해서도 효과적인 보호를 받는다」고 되어있다.

제1조는 98호 조약의 제1조에 대응하는 것으로도 생각할 수 있지만, 98호 조약의 경우에는 기업에 있어서의 노동자대표만이 대상이 아니고, 일반적인 적용범위이기 때문에, 그러한 한에서는 이쪽이 한정적이라고 할 수 있다.

여기서 보호되는 자는, 현행법이나 현행협약에 따라 행동하는 자 만을 말하고, 불법행위나 협약의 합의에 반하는 행위는, 보호의 대상이 되지 않는다. 노동자대표로서의 신분이라든가 활동을 이유로 하지 않는 제재는 이 조약과는 관련이 없다는 것이고, 노동자대표 측의 불법·부정 법령이나 협약에 따라 행동하는 한, 노동자 대표라고 하는 것과 그 활동, 조합원이라고 하는 것, 조합 활동에의 참가를 이유로 하는 해고, 기타 일체의 불이익 행위로부터 보호된다고 하는 것이다. 조약의 원안에는, 이 외의 98호 조약 제1조제2항 (b) 과 마찬가지로 「노동시간 외 또는 사용자의 동의를 얻은 노동시간 내의 노동조합활동에의 참가」라고 하는 문언이 있었으나, 이러한 규정은 사용자측의 의지에 따라 좌우될 해석의 위험이 있기 때문에 바람직하지 않다는 이유로 삭제되었다.

### 제2항 適切한 便宜提供

편의제공에 대하여, 「노동자대표가 그 임무를 신속하고 효율적으로 수행할 수 있도록 하기 위하여, 기업에 있어서의 적절한 편의가 노동자대표에게 주어지도록(제2조1항)」하고, 「그것과 관련해서, 국내의 노사관계제도의 특색을 비롯해서 당해기업의 필요, 규모 및 능력을 고려한다는 것(동조 2항)」. 또「이와 같은 편의의 제공은, 당해기업의 능율적인 운영에 지장을 줘서는 안된다(동조3항)」고 규정하고 있다. 여기서는 적절한 편의제공의 원칙을「원칙적 규정」·「편의제공에 있어서의 고려사항」·「기업운영을 방해하지 않는 원칙」의 3항목으로 나누어 규정하고 있다. 제공되어야할 구체적인 편의에 대해서는, 동시에 채택된 동명의 권고(143호)의 제10~17항에 상세히 규정되어있다(후술).

그런데, 이 조약이 제정과정에서, 제2조 1항의「적절한」이란 표현은 애매하기 때문에 삭제하자는 의견도 있었으나, 실제의 운용을 생각한다면 탄력적인 방법도 좋다고 해서, 그대로 두기로 했다. 그리고 3항에 대해서는 그 기업에서 일하고 있는 노동자가 기업의 능률적 운영을 손상하게 된다면, 자기의 노동을 위험하게 되는 일이 되기 때문에, 노동자가 그러한 일을 할 리가 없다고 봐서, 전면 삭제가 제안되었으나, 다수의견은 되지 못했다.

### 제3항 「勞動者代表」의 定義

제3조에서는, 노동자대표에 대하여「국내법령 또는 국내관행 하에서 노동자대표로 인정되는 자를 말하고, 다음의 어느 것에 해당하는지는 묻지 않는다. (a) 노동조합대표, 즉, 노동조합 또는 노동조합원이 지명하거나 선출한 대표, (b) 피선출 대표, 즉 기업의 노동자가 국내법령 또는 노동협약(단체협약)에 따라 자유로이 선출한 대표로서, 그 임무에 당해국에 있어서 노동조합의 전속적 특권으로써 인정되고 있는 활동이 포함되어 있지 않다는 것」으로 정의하고 있다.

이 조는, 이 조약 중에서 가장 중요한 부분이라고 생각된다. 기업내 노동자대표는 노동조합대표에만 한하지 않고, 워크스 카운슬 등에 속해있는 노동자대표, 결국 종업원대표 등 별도의 형태에서 존재하고 있는 사람도 인정하고 있기 때문이다.

그렇지만, 비준국에 대하여 어떠한 특정의 노동자 대표제도의 설치를 요구하는 것은 아니고, 各國 各樣의 노사관계제도에 따라 유연하게 적용할 수 있도록 하는 것을 가능하게 하고 있다. 그러한 의미에서는, 노동조합운동이 아직 충분하게 발달하지 못하고 있는 도상국 등 여러 가지 상황을 고려한 탄력적인 규정이라고 할 수 있다. 기업내 노동자대표는 각국 각양이라고 하지만 유형적으로 나누어보면, (a)~(b)항의 두 종류로 볼 수 있을 것이다.

(a)항은 문자 그대로 노동조합대표로서, 자명한 것이다. (b)항의 「전속적 특권」은 구체적으로 말해서 단체교섭이라는 것이다. 노동조합은 오랫동안에 걸친 노동 운동을 거듭하면서 오늘의 지위를 맡을 수 있도록 된 것이고, 단체교섭이라는 매우 중요한 역할을 해왔다. 이것은 노동조합의 기득권으로써, 임금 · 노동시간 등의 기본적 노동조건을 단체교섭으로 처리하는 것이 지배적이다. 그래서 워크스 카운슬 등, 단체교섭과는 차원이 다른 것과는 한 선을 그으려고 하는 것이다. 결국, 기업내대표자는 노동조합대표뿐만 아니라 종업원대표도 인정하고 있지만, 후자는 노동조합의 기득권인 단체교섭이라는 중요한 기능을 하고 있는 자와는 별도로 취급한다고 하는 것이다.

그래서 종업원대표나 노동자대표도 인정되게 되어있지만, 일정한 조건이 붙어있는 것이다. 그 나라의 국내법령이나 조약에서 이러한 종류의 형식의 노동자대표제가 규정되어있다고 하는데서, 예를 들면 워크스 카운슬 같은 제도가 있는 데에는, 인정한다는 것이다. 그리고 이러한 대표는 「자유로이」 선출된 자여야만 한다. 노동조합대표의 경우는, 노동조합 그 자체가 민주적으로 운영되기 때문에 별문제가 없지만, 종업원 대표의 경우에는, 사용자 측의 관여 · 간섭의 가능성이 있다. 사용자측은 노동조합대표 이외의 대표를 통한 지원을 기회로 해서, 그 기업에 있는 노동조합을 서서히 약체화하고, 나아가서는, 노동조합의 존재 그 자체를 위태롭게 할 위험이 있다. 그러한 것들을 방지하기 위해서는, 「자유로이」 선출된 자가 아니면 안된다는 것이다.

이조약이 채택될 당시의 세계에 있어서의 기업내노동자대표의 유형을 보면 노동조합 대표제가 지배적 내지 알반적이었는데, 그러한 나라의 예로써, 영국 · 영어계제국 · 중남미 · 북구 · 동구가 있었고, 거기에 비해서 종업원대표제가 비교적 우위를 점하고 있었던 나라는, 서유럽제국, 아프리카 중 프랑스어권제국(舊 프랑스, 벨기에의 식민지에서 전후에 독립한 나라)들이 많았다.

## 제4항 勞動者代表의 種類, 기타

이 조약에 규정되는 보호와 편의를 제공받게 되는 노동자대표의 종류(단일 또는 복수)는, 조약에 그 세목을 정하지 않고, 각국의 국내법령 · 노동협약 · 중재재정 · 재판소(법원)의 판결 등에 의해 결정할 수 있다. 이것은 가맹국의 국내사정에 큰 차이가 있기 때문에 탄력적인 규정을 두고 있는 것이다. 또, 조약의 실시방법에 대해서도, 탄력적으로 규정되고, 국내법령 · 노동협약 · 국내관행에 합치된 기타의 방법으로도 좋을 것이다. 결국 각국 다양의 대표제를 고려해서, 법령이나 관행에 합치된 방법일 것 같으면 좋다는 것이다. 따라서 이 조약을 비준하는 나라는, 이 조약의 실시를 가능하게 할 수 있는 조치가, 노동협약 등에 의해 정해져 있다고 한다면, 반드시 법률상의 조치를 요구하게 될 리는 없을 것으로 보고 있다.

동일기업 내에 노동조합대표와 종업원대표의 양자가 존재하고 있는 곳에서는, 사용자측이 종업원대표를 노동조합대표의 입장을 압박하는 수단으로 이용할 우려가 있기 때문에, 그 방지책이 필요하게 된다. 또 양자간의 협력을 장려하기 위하여 적절한 조치를 취할 수 있게 된다.

## 제5항 企業內勞動者代表勸告(143호)

기업내 노동자 대표조약(135호)은, 동시에 채택된 동격의 권고(143호)에 의해 보완되고 있다. 이 권고는 [Ⅰ실시방법], [Ⅱ일반규정], [Ⅲ 노동자대표의 보호], [Ⅳ 노동자대표에게 부여되어야 할 편의]의 제4장(전17항)으로 나누어 규정하고 있다. 이중제1항에서 제5항까지와 제9항에서는, 조약에서 정하는 원칙적인 규정을 재언하고 있으며, 제6항 다음(제9항을 제외하고)에 상세한 보충적 규정을 두고 있다.

### (1) 保護의 具體的인 方法

노동자 일반에게 적용되는 충분한 보호조치가 없는 경우에는 노동자대표의 효과적인 보호를 확보하기 위하여, 다음과 같은 특별한 조치를 취한다.

(a) 노동자대표의 해고를 정당화하는 이유를 상세하고 정밀하게 정의한다. 단지, 노동자측의 비행으로 인한 해고는 별도로 한다.

(b) 해고에 있어서는, 사전에 공사의 독립기관 또는 합동기관과 협의해서 의견을 구해서 합의를 하도록 한다. 여기서 말하는 독립기관이라 함은, 나라에 따라서는 재판소(법원)가 되거나 노동조합이 되는 경우도 있다.

(c) 부당노동행위나 불이익 취급의 경우에는, 특별한 제소절차를 둔다.

(d) 부당해고의 구제조치로써, 지불하지 않고 있는 임금의 지불, 기득권의 계속, 대표의 복직 등을 하게 된다.

(e) 노동자대표의 해고나 노동조건의 불리한 변경이 차별적이라고 신청되었을 경우에는, 그것이 정당하다고 하는 입증책임을 사용자에게 지운다.

(f) 인원정리의 경우에 노동자대표가 그 직에 잔류할 우선권을 승인한다.

### (2) 保護의 範圍와 任期후의 復權

이 권고에 의해 부여되는 보호는, 노동조합대표나 종업원대표의 임기중에 있는 자 뿐만 아니라, 현재 그 선거의 후보자로 되어있는 자나 전대표에게도 부여된다. 후보자의 단계, 또는 대표라고 하는 것을 사임한 단계에서, 사용자가 부당간섭을 할 가능이 있기 때문에, 이러한 규정이 필요하게 된다. 대표로서의 임기를 끝내고 기업에 복귀하는 자는 직무의 성질 · 임금 · 선임권 등 모든 권리를 保持하고 회복하는 것으로 한다. 前대표에 대한 보복이나 차별의 위험성이 있다고 우려되는 데에서, 이와 같은 규정을 두고 있는 것이다.

### (3) 부여된 便宜

노동자대표는, 일반적으로 그 임무수행에 필요한 휴가를 받게 된다. 또 노동조합의 회합 · 훈련코스 · 세미나 · 회의 등에 참석하기 위한 휴가도 받게 되는데, 이 경우의 비용부담은, 국내법령 · 협약 · 관행에 따라 이루어진다. 이것은 사용자부담의 경우도 있고, 노동조합 자체에서 부담하는 경우도 있다고 한다.

노동자대표에게는, 필요한 경우, 기업내의 모든 직장에 출입을 할 수 있도록 인정되어야 한다. 단지 비밀保持나 안전확보를 이유로 출입을 제한하는 경우도 있을 수 있다. 또 기업의 경영자나 결정권을 가진 경영자대표와 합의하는 기회도 부여하게 된다. 노동조합을 대표하는 노동자대표는, 체크오프제도가 없는 곳에서는, 기업의 구내에서 정기적으로 조합비를 징수 할 수 있다. 또 기업의 구내에서 눈에 띄기 쉬운 장소에 노동조합의 전시 · 선전활동을 게시할 수 있도록 인정하고, 노동조합의 기관지 · 팸플릿 · 출판물 기타의 문서를 기업내의 노동자에게 배포하는 것도 허용된다. 단지 이와 같은 게시나 배포는 통상의 노동조합활동에 관한 것이 되지 않으면 안되고, 기업의 질서있는 운영을 방해하는 것이 되어서는 안된다.

그 기업에 고용되지 않고 있는 노동조합 대표는, 그 대표가 소속하는 노동조합이 그 기업에 고용되는 조합원이 있는 경우에는, 그 기업에 출입할 기회를 얻게 된다.

이 조약 · 권고의 중요한 점을 요약하면, ① 노동조합대표와 종업원(선출된)대표의 양자가 인정되고, 종업원대표제가 성숙한 나라의 사정이 충분히 고려하고 있다는 것, ② 단체교섭의 자유는 침해되지 않는다고 하는 원칙이 保持되고 있다는 것, ③ 노사가 사회적 파트너로서 책임을 나누어 가진다고 하는 사고가 확인되었다고 하는 점이다.

## 제3절 단체교섭조약(154호)

단체교섭권을 취급한 1949년의 98호 조약은, 협약에 따라 고용조건을 규제할 목적으로 하게 되는 노사간의 자주적 교섭으로서의 단체교섭을 규정하고 있다. 그 후 세계의 단체교섭은 눈부시게 발전했고, 적용노동자의 수도 크게 증가하면서, 교섭사항의 범위가 확대되었다. 당초에는, 임금 기타의 기본적인 노동조건이 주된 교섭사항이었으나, 그 후 휴가 · 안전보건 · 연금 · 훈련 · 작업조직 · 인원정리, 기타 기업의 투자방침이나 약간의 경영분야에 이르기까지 상당히 광범한 것들이 그 대상이 되게 되었다.

이와 같은 사태에 대응하기 위하여, 1981년의 제67회 총회에서, 「단체교섭의 촉진에 관한 조약(154호)」가 채택되었다. 사무국의 원안에서는, 권고만을 채택할 예정이었으나, 권고안 내의 기본적인 부분이 조약화되게 되어있어 조약과 권고를 나누기로 한 것이다.

조약은 「제Ⅰ부-적용범위와 정의(제1~3조)」, 「제Ⅱ부-적용방법(제4조)」, 「제Ⅲ부-단체교섭의 촉진(제5~8조)」, 「제Ⅳ부-최종조항」의 4부 9조로 나누어서 규정하고 있다.

### 제1항 適用範圍와 定義

제1조에서, 적용범위를 「경제활동의 모든 부문」으로 하지만, 「군대 및 경찰에 적용하는 범위는, 국내의 법률 또는 관행으로 정할 수 있다」, 또 「공무에 대해서는, 이 조약의 적용의 특별한 방식을 국내의 법령 또는 관

행으로 정할 수 있다」고 규정하고 있다.

단결권 · 단체교섭권의 원칙의 적용에 관한 98호 조약과 비교하면, 이 조약에서는 적용범위가 확대되고, 경제활동의 全부문에 대하여 적용되게 되고, 단체교섭의 당사자의 범위도 대폭 확대되었다. 군대와 경찰에 대해서는, 적용범위를 국내의 법령 뿐만 아니고 「관행」으로도 정하는 것이 가능하게 되어, 98호에는 없었던 「관행」이 추가 되었다. 또 98호에서는, 「나라의 행정에 종사하는 공무원」은 적용에서 제외되고 있었는데, 이 조약에서는 일반적 표현인 「공무」에 대해서는 국내법령이나 관행으로 「적용의 특별한 방식」을 정할 수 있는 것으로해서, 96호보다 탄력적으로 되었다.

제2조에서는, 「단체교섭」을 정의하고, 「다음사항 중 단체 또는 둘 이상의 사용자단체 또는 둘 이상의 노동자단체와의 사이에서 이루어지는 모든 교섭을 말한다」고 규정하고 있다. 여기서 말하는 「다음사항」이란, (a) 노동조건 및 고용조건을 결정하는 것, (b) 사용자와 노동자와의 관계를 원만하게 하는 것, (c) 사용자 또는 사용자단체와 하나 또는 둘 이상의 노동자단체와의 관계에 대하여 律을 정하는 것이다.

제1조에서는, 단체교섭의 당사자의 범위가 대폭으로 확대되었으나, 그것뿐 아니라 제2조에서는, 98호 조약에서 「고용조건」에 한정되어 있던 교섭사항의 범위도 (a)~(c)의 규정과 같이 확대되었다.

제3조에서는, 국내의 법령 또는 관행이 1971년의 노동자대표조약 제3조 (b)에 규정된 노동자대표의 존재를 인정하는 경우에는, 「이 조약의 적용상, 『단체교섭』을 당해 노동자대표와의 교섭에 적용되는 범위에 대해서는, 국내의 법령 또는 관행으로 결정할 수 있다」고 하고 있다(1항). 또 동조 2항에서는, 「단체교섭」에서 말하는 노동자대표와의 교섭을 포함하는 경우에는, 「이들의 대표의 존재가 관계가 있는 노동자단체의 지위를 해롭게 하기 위해 이용되는 일이 없도록 하기 위하여, 필요할 떼에는 적당한 조치를 취한다」고 하고 있다.

1971년의 노동자대표조약에서는, 노동조합대표뿐만 아니라, 종업원대표에게도 필요한 보호와 편의가 제공되어야 한다고 되어있었으나, 그와 같은 종업원대표는 노동조합의 「전속적 특권」인 단체교섭에는 관여시키지 않는다는 것이 강조되었다. 그러나, 그 후 10년간에 있어서의 상황 변화가 커서, 종업원대표도 단체교섭에 참가할 수 있는 가능성이 인정되게 되었다. 단지, 국내의 법령이나 관행이 그 존재를 인정하는 경우에 한하고, 그와 같은 경우에만, 그를 단체교섭에 참가시키는 범위를, 국내법령이나 관행으로 결정할 수 있게 된다. 그러한 경우, 종업원대표의 존재가, 관계노동조합의 지위를 손상하는데 이용되지 않도록 하는 배려는 당연히 필요하게 된다.

### 제2항 團體交涉의 促進

단체교섭을 촉진하기 위해서는, 각국이 각각 국내사정에 적절한 조치를 취하게 된다. 그래서 제5조에서는, 다음의 (a)~(e) 의 5개 항목을 목적으로 하고 있다.

(a) 단체교섭은 이 조약이 적용되는 활동분야에 있어서의 모든 사용자, 모든 노동자단체로 봐서 가능한 것이어야 한다.

(b) 단체교섭은 앞에서 말한 정의의 (a)~(c)에서 규정하는 모든사항에 대하여, 점진적으로 확장되어야 한다.

(c) 사용자단체와 노동자단체와의 사이에서 합의된 절차에 관한 규칙의 제정이 장려되어야 한다.

(d) 단체교섭은 사용되는 절차를 규율하는 규칙이 결여되거나, 불충분, 부적절하다는 것으로 인해 지장을 받아서는 안된다.

(e) 노동쟁의의 해결을 위한 기관과 절차는, 단체교섭의 촉진에 기여하는 것으로 해석되어야 한다.

조약의 규정은 단체교섭 중의 당사자가 자주적으로 참가하는 조정 · 중재제도의 범위 내에서, 단체교섭이 이루어지는 노사관계제도의 운용을 막지 않는 것이 되어야 한다. 또, 단체교섭의 발전을 장려하고, 촉진하기 위하여 공의 기관이 취하는 조치는, 공의 기관과 노사단체간의 사전협의의 사항으로 한다. 그리고 단체교섭을 촉진하기 위하여 취해지는 조치는, 단체교섭의 자유를 방해하도록 해석되거나, 적용되어서는 안된다.

### 제3항 團體交涉勸告(163호)

154호 조약과 동시에 채택된 권고는, 단체교섭촉진을 위한 구체적인 방법을 상세히 규정하고 있다. 먼저, 단체교섭의 당사자인 자유롭고 독립된 대표적인 노사단체의 설립과 발전이 필요하다고 보고, 그것을 목적으로 해서, 국내사정에 적절한 조치가 취해져야만 한다. 그리고 단체교섭을 위해서는, 자유롭고 독립된 노동단체가 승인되어야 한다. 또 단체교섭은 기업·산업·지역·전국의 각종단계에서도 가능할 수 있도록, 필요한 조치가 취해지도록 하고 교섭당사자는, 이러한 단계에서 조정을 확보하도록 해야 한다. 교섭을 성사시키기 위해서는, 필요한 정보의 입수가 필요하다. 이에 대해서는, 공사의 사용자에 대하여 교섭단위나 기업전체의 경제적·사회적 상황에 관한 정보를, 노동자단체의 요구에 따라서 제공하도록 요구하고 있다. 단지, 이 정보의 일부의 공개가, 기업에 불이익이 되는 경우에는, 그 정보는 필요한 범위에서 비밀로 취급하는 취지의 약속을 조건으로 할 수가 있다. 마찬가지로, 공(公)의 기관은 국익에 반하지 않는 범위에서, 나라 및 관계 활동 부문의 경제적·사회적 상황에 관한 정보를 제공하도록 요청받게 된다.

### 제4항 團體交涉, 成功의 條件

ILO의 사고방법에 따른 단체교섭의 성공에 불가결한 조건은, ILO노동자교육강좌「단체교섭」의 제3과에서 취급하고 있는데, 다음의 6개항목을 성공의 조건으로 하고 있다.

### (1) 바람직한 政治的「環境」

단체교섭이 효과적이기 위해서는, 바람직한 정치적「환경」이 필요하다. 특히, 정부나 여론이 고용조건을 다스리는 방법으로써, 단체교섭을 최선의 방법이라고 확신하고 있다는 사실이 필요하다. 전체주의적 경향이 있는 곳에서는, 노동조합의 규제도 있기 때문에 단체교섭은 존재하지 않는다. 역으로, 단체교섭을 장려하는 곳에서는, 저해요인이 배제되고, 각종의 원조를 볼 수 있다.

### (2) 結社의 自由

결사의 자유는 단체교섭으로 봐서 불가결하다. 이러한 자유가 없는 곳에서는, 단체교섭의 실행이 불가능할 것이고, 그것이 제약되는 곳에서는 단체교섭도 제약을 받을 것이다. 결사의 자유는 단결에 대하여 법률적인 제약이 있는 경우에는 그것을 폐기하고 노사단체의 결성을 촉진하게 됨으로써 助長할 수가 있다.

### (3) 勞動者團體의 安全性

노동자는, 결사의 자유가 있다 해도 스스로의 권리를 행사해서 안정성이 있는 조합을 결성해서 유지해나가지 않는 한, 단체교섭은 효과가 없어지게 된다. 사용자 중에는 弱體인 조합은 노동자를 대표하지 않고 있다 해서, 그 단체와의 교섭을 거부하는 일도 있다. 또 노동자끼리의 적대관계가 노동자단체를 불안하게 하는 경우도 있다. 복수의 노동조합에 힘이 분산되고, 그 조합도 참된 대표라고 할 수 없는 상황에 있는 경우라고 한다면, 이러한 문제가 해결되지 않은 채 그대로라면, 사용자는 교섭의 상대가 어느 노동조합이 되어야 할지 묵시적으로 고민하게 될지도 모른다.

### (4) 勞動組合의 承認

결사의 자유가 있고, 안정된 노동조합이 존재한다 해도, 사용자가 이와 같은 단체를 교섭상대로 승인하기 까지는, 단체교섭을 개시하지 못할 것이다. 노동조합이 충분하고 강력하다면, 사용자는 조합을 승인해서, 교섭하는 것이 자기들의 이익이 된다고 생각하게 될 것이다. 노조의 승인은, 스트라이크로 인한 손실을 피하는 수단이 될 뿐 아니라, 교섭의 결과라고 할 수 있는 협약은, 노사관계 개선이라는 적극적인 이익을 가져오고, 생산증가에 바람직한 영향을 주게 될 것이다.

### (5) 「기브 앤 테이크」의 用意

교섭에 들어간다는 것은, 합의에 달할 수 있다는 기대 하에서 양자의 상위점이 타협이나 양보에 의해 조정되는 것을 의미한다. 교섭의 테이블에 앉게 되었을 때, 어느 한쪽이나 쌍방이 각각, 일방적으로 요구만 내놓고 자기 주장만 하다가는, 대화도, 합의도 쉽사리 진전되지 않는다. 처음에는 쌍방이 각각 교섭의 진행에 따라 상대편과 타협을 하다가 보면, 어느 부분의 양보에 동의할 수 있게 된다. 그렇게 하다보면 서로가 주고받는 대화를 통해 열매를 맺게 할 수 있는 것이다. 그렇기 때문에 교섭은 주고받는데서 시작되어야 하는 것이다.

### (6) 不當勞動行爲의 回避

교섭 당사자의 일방 또는 쌍방이, 어떠한 부당노동행위를 하려고 하는 일이 있게 되면, 단체교섭의 전체 분위기가 깨져버린다. 양자의 관계가 험악해지고 긴박하게 되어, 교섭은 시작에서부터 어려워 곤란해진다. 노사교섭은 시종, 상호간의 입장을 존중하는 신의 성실의 노력이 필요할 것이다.

## 제4절 勞動協約 勸告(91호)

※ 노동협약을 단체협약으로 표기하는 경우가 많으나 여기서는 "협약의 내용과 방법 · 적용범위 · 수권자 등을 고려해서, 노동이라는 말을 그래도 표방한 노동협약이라는 용어를 사용한다.

1951년의 ILO총회에서는, 노사관계와 관련되는 3가지 권고가 이어서 채택되었다. 노동협약(단체협약) · 조정중재 · 기업내 협력 등에 관한 것들이다. 이러한 것은 어느 것이나 각국의 상황에 따라 큰 차이가 있을 수도 있기 때문에, 조약이 아닌 권고의 형식을 취하는 경향도 있다.

노동협약권고(91호 · 1951년)는 단체교섭제도, 노동협약의 정의 · 효과 · 확장 · 해석 · 적용의 감독 등에 관한 8개 항에 걸쳐 규정하고 있다. 권고는, 먼저제1항에서, 단체교섭에 의한 노동협약의 체결에 대하여 당사자를 지원하기 위하여, 「각국의 현상에 적절한 제도를 설정해야 한다」고 보고 유연한 생각을 하고 있다. 제2항에서는, 노동협약을 「한쪽은 사용자, 사용자의 한개 단체, 혹은 둘 이상의 사용자 단체와, 한편은 하나 또는 둘 이상의 대표적 노동자 단체 또는, 이와 같은 단체가 존재하지 않을 경우에는 국내법령에 따라 노동자에 의해 정당하게 선출되고, 또한 수권된 노동자 대표와의 사이에서 체결되는 노동조건 및 고용조건에 관한 서면에 의한 모든 협약을 말한다」고 정의하고 있다. 이에 따르면, 관계노사 간에 「노동조건, 고용조건」에 관해서 합의된 결과를 「서면」으로 한 것이 노사협약이라는 것이다.

이러한 노동협약의 당사자 쌍방은, 이 협약에 따라 구속되게 된다. 협약이 있는데도 불구하고, 노사 간의 고용계약 안에 협약에 반하는 규정이 있거나 삽입해서는 안 되고, 그러한 규정은 무효가 된다. 단지, 협약보다도 노동자로 봐서 유리한 고용계약의 규정은 협약에 반하는 것이라고 보지 않는다. 다음과 같은 경우에는, 협약의 적용범위를 확장할 수 있다. (a) 이미 대표적인 수의 사용자와 노동자에게, 그 협약이 적용되고 있다는 것, (b)

협약의 당사자인 노사단체가 그 협약의 확장을 요구하고 있다는 것, (c) 적용확장의 前에, 그 대상이 되는 사용자와 노동자에게 의견을 제출할 기회를 준다는 것.

노동협약의 적용과정에 있어서는, 그 조항의 해석을 둘러싸고 의견의 상위가 생기는 일이 많다. 일반적으로 협약의 대부분은 해석을 둘러싸고 의견의 상위가 생기는 경우에 취해야 할 절차를 명기하는 조문을 포함하고 있다. 이에 비해서 권고는 「노동협약의 해석에서 생기는 분쟁을, 국내사정에 적절하게 함으로써, 당사자 간의 협약 또는 법령에서 확립된 적당한 해결절차에 따라야」하는 것으로 보고 있다. 이외에, 협약의 적용상황에 관한 감독은, 당사자인 노사단체, 기존의 감독기관, 또는 특설된 기관에 의해 확보되어야한다고 보고 있다.

마지막의 雜則에서는, (a) 협약에 의해 구속되는 사용자에 대하여 그 사업에 적용되는 협약의 본문에, 관계 노동자의 주의를 환기시키기 위한 적당한 조치를 취할 것을 요구하는 것, (b) 협약 및 그 협약에 가해진 그 후의 변경을 등록 · 기탁하는 것, (c) 협약에 반대하는 규정이 없는 경우에는, 당사자가 사전에 개정 또는 폐기하지 않는 한, 협약이 구속력을 갖는다고 볼 수 있는 최단 기간의 3가지 점에 관해서, 국내법령이 규정을 설정해야 한다는 것이다.

## 제5절 任意調停 · 任意仲裁勸告(92호)

단체교섭을 하고 있는 노사는, 만일 교섭이 결렬되었을 경우에는 스트라이크(파업)나 록 아웃(lockout: 직장폐쇄)가 될지도 모른다는 것을 충분히 인식하고 있을 것이다. 그래도 노사쌍방은 작업정지를 피하려고 하고, 해결방법으로써 조정이나 중재를 환영할지도 모른다. 그렇기 때문에 일반적으로 조정절차 중에는, 스트라이크나 록 아웃을 해서는 안되는 것으로 되어 있다. 임의조정 · 임의중재권고(92호, 1951년)는 이와 같은 배경에서 채택된 것이다.

이 권고는 임의조정 · 임의 중재 · 일반규정의 7항목에 걸쳐 규정하고 있다. 임의조정에 대해서는, 사용자와 노동자 사이의 노동쟁의를 방지하고, 그 해결을 도울 수 있는 제도가 이용될 수 있도록 하지 않으면 안된다는 것이다 이 제도가 노사합동일 경우에는, 노사의 대표는 동수가 되어야 한다. 임의조정의 절차는 무료로 실속하게 이루어져야하고, 그 기간은 처음부터 최단기간으로 정해두는 것으로 한다.

이 절차의 발동은, 쟁의당사자 어느 쪽의 발의가 되든지, 또 임의조정기관의 직권으로 하든, 어느 쪽이라도 가능하다. 쟁의가 모든 관계 당사자의 합의로 조정절차에 부쳐졌을 경우에는, 조정의 진행 중에, 관계 당사자는 스트라이크나 록 아웃을 중단하도록 장려되어야 한다. 당사자가 조정절차를 통해서, 도달하게 되는 모든 협정은 서면으로 작성해야 하고 통상의 방법으로 체결된 노사협약에 상당하는 것으로 볼 수 있다.

임의 중재에 대해서는, 쟁의가 모든 관계 당사자의 합의로, 최종결정을 위하여 중재에 붙여졌을 경우 관계당사자는 중재의 진행 중에는 스트라이크나 록 아웃을 하지 않고, 중재결정을 수락하도록 장려되어야 한다. 끝으로 이 권고는 일반규정으로서, 「이 권고의 규정은 파업권을 어떠한 방법으로도 제한하는 것으로 해석해서는 안된다」고 규정하고 있다. 많은 ILO조약 · 권고 중에서도 「스트라이크 권」에 언급하고 있는 것은, 이 권고뿐인 것 같다. 단지 일반적인 표현에 그치고 있어, 내용에는 언급하지 않고 있다. 스트라이크권의 문제는, 나라에 따라서 多種 多様하고, 정치적인 관련도 있다고 하는데서, ILO조약이나 권고 중에서 언급하기 어려운 곳이 있다고 보여진다.

그러나 이사회의 결사의 자유위원회나 조약권고 적용전문가위원회, 총회위원회에서는, 이따금 거론되고 있어, 어떠한 종류의 판례집과 같은 것이 생겨나게 될 것으로 보인다. 요약하면 다음과 같은 것이 된다. 스트라이크권은, 노동자가 자기들의 경제적 이익을 지키기 위한 究極의 수단으로 인정된다. 단지, 공무나 불가결한 업무 등, 국민들에게 중대한 영향을 줄 수 있는 경우에는, 본래 가지고 있는 권리를 빼앗기게 되는 것이기 때문에, 그 대상조치로써, 불편부당한 기관을 설치하고, 거기서 협의를 하게 된다면, 그 결정은, 노사간의 분쟁을 완전하고 신속하게 처리할 수 있는 또 하나의 길이 될지도 모른다.

## 제6절 企業에 있어서의 協力勸告(94호)

1952년의 제35회 총회에서 채택된「기업에 있어서의 사용자와 노동자 간의 협의 및 협력에 관한 권고(94호)」는 ILO의 조약·권고 중에서도, 가장 간결한 것 중의 하나로서, 2항목 밖에 안되는 규정이다(47호 조약은 실제 1개조).

일반적으로 노사 간의 단체교섭에서는, 임금·노동시간 등 이해관계가 상반되는 문제를 취급하고 있다. 그러나 노동자의 모집·채용·훈련·능율적인 작업방법, 시장의 현황과 전망, 개발계획, 안전보건, 복지 등에 대해서는 노사공통의 관심이 많다. 이와 같은 공통의 관심사에 대하여, 노사가 정기적으로 회합을 하게 되면 상당한 이익을 얻을 수 있다. 이와 같은 협의·협력은 단체교섭과는 별도의 차원에서 유효한 기능을 하고 있다. 그러나 구체적인 방법은 각국각양으로 상당히 폭 넓은 것들이 있다. 그래서 보편적이라고 생각되는 것들을 찾아내서,제2항의 권고로 하게 된 것이다. 그런데 동년의 ILO총회에서는, 이 권고 외에 산업수준·전국수준의 정노사의 협의와 협력에 관한 권고도 채택할 예정으로 있었는데, 각국의 실상이 너무나도 다양하게 걸려있었기 때문에, 뒤로 미루게 되었다(1960년의 총회에서 권고113호로 채택).

이 권고는제1항에서 노사쌍방에 관계가 있는 사항으로서, 단체교섭제도의 범위 외에 있는 것, 또는 고용조건결정에 관한 기타의 제도로 취급되지 않고 있는 것에 대해서는, 기업에 있어서의 노사간에서 협의·협력을 촉진하기 위한 조치가 취해지는 것으로 규정한다.

제2항에서는, 이와 같은 협의 · 협력은, 국내의 관습 또는 관행에 따라, 다음의 어떠한 방법으로 촉진하도록 규정하고 있다.

(a) 당사자간의 자유적 협정을 장려한다.

(b) 협의, 협력에 관한 기관을 설치하는 법령으로, 각종기업의 특수사정에 적합하도록, 이들 기관의 권한을 결정한다.

(c) 위의 방법을 조합시킨다.

## 제7절 協議(産業 · 全國)勸告(113호)

94호 권고가 채택된 후, 세계의 경제적 · 사회적 발전이 가속되었고, 더욱이 생산성 향상, 오토메이션 등의 경제혁명이 진행되면서, 새로운 노동문제나 사회문제가 발생하고, 고용이나 훈련 등에 대한 영향이 눈에띠게 되었다. 이러한 문제가 노사공동의 관심사이기는 하지만, 한 기업의 단계에서 처리할 수 있는 것은 아니고, 산업 또는 전국수준에서의 대응이 필요하게 되었다.

이러한 배경으로부터, 1960년의 제44회 총회에서는, 「산업적 및 전국적 규모에 있어서의 공(公)의 기관과 사용자단체 및 노동자 단체와의 사이에서의 협의 및 협력에 관한 권고」가 채택되었다.

### 제1항 一般規定과 差別待遇 排除

이 권고에서는, 경제를 발전시키고, 노동조건을 개선하고 또 생활수준을 향상시키기 위하여, 공적기관과 노사단체의 3자는 상호 이해를 조장하는 것을 협의 · 협력을 일반적인 목적으로 하는, 그리고 상호 관계있는 사항에 대해서는, 합의에 의한 해결을 할 수 있는 한 도달하기 위하여, 노사단체가 합동해서 검토한다는 것과 공적기관이 입법조치 등의 적절한 방법으로, 노사단체의 의견 등을 확보하는 것을 협의·협력의 구체적인 목적으로 하고 있다. 그리고 이들 당사자가 결정하게 되는 상호 관계가 있는 사항에 대해서는, 산업적·전국적 규모에서, 효과적인 협의·협력이 촉진되도록 국내사정에 적합한 조치가 취해져야 한다고 하고 있다. 여기서는 노사단체 상호간의 관계는 처음부터, 공(公)의 기관과 노사단체와의 관계도 정해지게 된다. 이 3의 관계에 있어서, 협의·협력의 일반적 목적과 구체적 목적이 정해진다. 여기서 말하는 「산업적」이라는 것은, 개별의 기업을 초월한 금속·화학·섬유 등의 경제활동의 각 부문의 수준이라는 것인데, 당연히 여기에는 농업과 상업도 포함된다.

그 당시, 소련권 제국은 협의·협력이라는 사고방법은 노동자계급의 입장을 약체화시키는 것이기 때문에, 이것은 노동자의 권리확대를 위하여 해서는 안된다고 주장했으나, 대세는 이미 이 권고안을 지지하고 있었던 것이다. 또, 「국내사정에 정합한 조치」라고 하는 표현은 너무 막연하다고 해서, 극단적으로 말하면, 각국이 훌륭한 일을 해서 좋다는 것으로 들리기 쉽다는 반론도 있었으나, 권고의 유연성을 위해서 이 표현이 채택되었다는 것이다.

또, 권고에서는 이러한 협의·협력에 맞추어 앞에서 말한 단체와 단체 사이에서, 그 구성원의 인종·성·종교·정치적 견해 또는 국민적 출신의 이유에 따른, 어떠한 종류의 차별도 없이 적용되어야 한다(제1항 (2)). 세계의 많은 나라는, 다원적·복합적인 사회로써, 인종도 다종다양하지만, 하나의 나라로 성립되어 있다. 그러한 곳에서는, 인종·성·종교·정치적견해·국민적출신 등을 이유로 해서 차별을 하는 일이 있었기 때문에, 이와 같은 규정이 필요하게 되었다. 종교나 인종간에 발생한 전쟁 등이 지금도 존재한다는 것을 생각한다면, 이러한 종류의 필요성이 이해된다. 원안에는, 「정치적 견해」는 없었으나, 1958년의 「차별대우(고용·직업)조약(111호)」와 조정하기 위하여 삽입되게 되었다.

여기서 말하는 「국민적 출신」은 국적을 의미하는 것은 아니고, 어느 나라에 거주하고 있는 국민으로, 그 사람의 조상이 외국인이거나, 그 사람이 이따금 외국에서 태어난 경우를 말한다. 예를 들면, 한국계 미국인이나 중국계 태국인 등이 여기에 해당되는 것으로 생각된다. 그렇기 때문에 외국國籍을 가진 사람이라 하더라도, 인종 · 성 · 종교 · 정치적 견해 · 국민적 출신 등 그중 어느 부분에서 차별 받는 일이 있다면 이 권고의 적용을 받게 된다.

### 제2항 勸告 · 協力의 條件

앞에서 말한 협의 · 협력은 결사의 자유나 단체교섭권을 포함한 노사단체의 권리를 제한 하는 것이 되어서는 안된다(제2항).

처음부터 노사단체의 존재는 결사의 자유를 전제로 한 것이며, 노사단체간의 자유로운 교섭에 따라 문제를 해결하는 것이 전제로 되어있다. 그러나 노사공통의 관심사에 대해서는, 교섭이 아니고 협의 · 협력이라고 하는 방법이 취해져야 할 때가 있다. 따라서 이러한 협의 · 협력이, 노사관계의 대원칙인 결사의 자유나 단체교섭권에 어떠한 영향을 미치게 하는 것은 허용 되지 않는다. 위에서 말한 제2항에서는 그것을 분명히 밝히고 있다. 단지 제1항에서나 제2항에서도, 이와 같은 협의 · 협력의 이니시어티브는 명확하지 않다. 누구의 이니시어티브로 협의 · 협력을 할 것인가 하는 점이다. 이것은 조약이 아니고 권고인 것이고,제1항에서는, 「국내사정에 적합한 조치」라고 되어있기 때문에, 각국각양으로 해도 되는 것인지, 여기에는 더 검토해야 국내문제들을 안고 있는 것 같다.

### 제3항 協議 · 協力의 具體的 方法

협의 · 협력의 구체적인 방법에 대하여, 이 권고는, 「전기의 협의 및 협력은, 국내의 관습 또는 관행에 따라, 다음에 제시하고 있는 방법에 따라 준비되고, 또는 촉진되어야만 한다」고 하고 있다(제3항). 여기서는 「(a) 사용자단체 및 노동자단체측의 자주적 조치, (b) 공의 기관측의 조장적 조치, (c) 법령, (d) 전기의 각 방법의 조화」를 들고, 협의 협력을 하기 위한 구체적인 방법이 (a)~(d)에 규정된다.

(a)는, 노사간의 문제는 공적 기관의 관여를 가능한 한 배제하고 직접관계당사자인 노사가 자주적으로 처리하는 것이 좋다고 하는 나라의 예가 있다. 노사관계가 성숙해 있는 곳에서는, 이것이 가능할 것이다. (b)는 이와는 역으로, 공적 기관이 적극적으로 조성책을 취하는 방법이있다. 특히, 노사관계가 미숙한 도상국이나 선진적인 정부의 경우에 볼 수 있는 예인 것이다. (c)는 어떠한 일도 법령에 따라 처리하는 것을 관행으로 하고 있는 나라의 예가 있고, (d)는 (a)~(c)의 종합도 좋다는 것이다. 각국에 있어서의 협의 협력은 각각 국내관습이나 국내관행에 따라, 이들중 어떠한 방법으로 촉진되어야 하는 것으로 하고 있다.

### 제4항 協議 · 協力의 一般目的

앞에서 말한, 협의 · 협력은, 경제전반 또는 경제의 각 부문을 발전시켜, 노동조건을 개선하고, 또한 생활수준을 끌어올리기 위해, 공의 기관과 사용자단체 및 노동자 단체와의 사이를 비롯해서, 이들 단체간의 상호이해 및 양호한 관계를 조장하는 것을 일반목표로 하고 있다. 이 권고에 있어서의 협의 · 협력의 일반적인 목적은, 노사단체 상호간은 원래부터 그러하고, 공적 기관과 노사단체와의 사이에서도 상호이해를 촉진하고, 양호한 관계를 조장하는데 있다. 그러나 그냥 단순하게 상호이해나 양호한 관계를 촉진하는 것으로는 의미가 없기 때문에, 그것은 경제전체나 산업별 발전, 노동조건의 개선, 생활수준의 향상을 목적으로 하는 것이 되어야 한다. 직접적인 목적은, 「상호의 이해와 양호한 관계」에 있으며, 그 배경에는 경제발전 · 노동조건개선 · 생활수준향상이 있는 것이다.

## 제5항 協議·協力의 具體的 目的

이 권고 제5항은, 전기한 일반적인 목적을 옮겨서, 다시 구체적으로 그 목적을 제시하고 있다.

협의 및 협력은 특히 다음사항을 목적으로 해야 한다.

(a) 상호간에 관계가 있는 사항에 대하여 가능한 한 합의에 따른 해결에 도달하기 위해, 그 문제를 사용자 단체 및 노동자 단체가 합동해서 검토해야 한다.

(b) 다음과 같은 사항에 대하여, 권한 있는 공적기관이 적절한 방법으로 사용자단체 및 노동자단체의 의견, 조언 및 지원을 구하도록 할 것.

① 사용자단체 및 노동자단체에 관계가 있는 법령의 입안 및 시행

② 고용조직, 직업훈련 및 재훈련, 노동자의 보호, 산업보건 및 안전, 생산성, 사회보장을 비롯한 복지에 대하여 책임을 지는 기관과 같은 국가기관의 설립 및 운영

③ 경제적 및 사회적 개발계획의 작성 및 실시

여기서는 前항에 대하여, 협의·협력의 구체적인 방법을 규정한다. (a)는 노사간의 직접 협의 협력에 있다. 노사간에 상호관계가 있는 문제에 대하여, 최대한으로 가능한 한 당사자 쌍방이 받아들일 수 있는 해결에 이르도록 노사 합동으로 협의 협력하는 것으로 한다.

(b)는 이 문제에 대하여, 권한 있는 기관이 노사단체의 의견이나 조언을 구해야 할 사항으로 3가지를 들 수 있다.

먼저 ①은 노사단체에 관계가 있는 법령의 입안과 시행, ②는 「고용조직」에서 「복지」로 끝나는 이들의 문제에 대하여, 책임있는 국가기관을 설치하고 그것을 운영하는데 있어서는 공적 기관이 노사단체의 의견을 구한다. ③에서는, 경제적·사회적 개발계획의 작성과 실시인 것이다. 동 권고의 심의 과정에서, ②에서는, 임금·노동시간 등, 노동자의 이익이 되는 가장 중요한 문제를 제시하도록 요구하는 의견도 있었으나, 「원래, 임

금 기타의 노동조건은 단체교섭의 범위 내에 있는 사항이기 때문에, 그것을 협의 · 협력의 대상으로 할 수는 없다」고 하는 주장이 있었으나 요구자의 주장은 일단 후퇴했다. 또 ③의 개발계획의 「계획」에 대해서도, 시장경제권 제국으로부터 중앙통제의 계획경제로 오해받을 소지가 있다는 의견도 나왔으나, 이것도 원안대로 되었다.

113호 권고의 내용은 이상과 같았지만, 이 권고에서도 「국내의 관습 · 관행」 「국내사정」이라는 표현이 자주 나오고 있다. 이것은 제국에 있어서의 협의 · 협력의 실태가 다종다양해서 대폭적인 차이로 인해, 충분한 탄력성이 필요했기 때문이다.

그래서, 권고가 채택되었을 때, ILO총회에서는 협의 · 협력에 관한 각국의 실정에 대하여 의견교환이 있었다. 그 결과는 사무국에서 취합되었고, 참고로 하기 위해 총회에 제출되었다. 그 보고서 중에는, 협의 · 협력의 성공을 위한 전제조건들이 정리되어 있다.

### 제6항 協議 · 協力成功의 條件

협의 · 협력이라는 사고는 나라마다 달라서, 다종다양하지만, 어느나라와도 공통되고 있는 것은 노사단체가 자기들에게 영향을 주는 문제에 대하여 공적 기관과 협의 협력해야 한다는 것이 일반적으로 인식되어 있다는 것이고, 이러한 경향은 높아져가고 있다. 공적 기관이 노동경제나 사회문제에 관계하되 정책을 입안해서, 실시하려고 하는 경우에는, 국민경제의 담당자이고 산업의 당사자인 노사단체와 협의해서 협력을 구하지 않으면 안된다. 정부가 생각하고 있는 구상에 대하여, 노사단체가 어떠한 반응을 보이고, 어떠한 의견을 가지고 있는지를 듣고 난 후가 아니면, 정책의 효과적인 실시는 어려울 것이라고 하는 생각이 공통적인 것 같다.

일반적으로 보면, 공의 기관과 노사단체의 이해관계가 반드시 일치되어 있는 것은 아니고, 시기에 상반하는 경우도 있다. 그러나 국민경제 전체라든가, 특정한 산업전체와 같은 넓은 관점에 보면, 공통의 이익은 반드시 존재한다. 그래서 넓은 의미에서의 조화가 취해진 노사관계의 확립이 기대되고, 협의 · 협력이 차제에 더욱 기대되고 있는 것이다.

이와 같은 협의 · 협력에서는 전제가 되는 조건이 몇 가지 있다. 먼저, 노사단체의 측에서 보면, 공의 기관이 정말로 자기들의 의견을 구하고, 거기에 주목하고 있다고 하는데 만족할 수 있는 것이 되지 않으면 안된다. 또, 협의 · 협력은 단순한 형식적인 것이 아니고, 어디까지나 실질을 따르는 것이 되지 않으면 세레모니(ceremony: 의식(儀式))화 되어버리고 성공을 확신하기 어렵다. 그리고 권고제2항에도 있는 것처럼, 「결사의 자유」는 불가결한 것이다. 이것이 확립되어 있지 않으면, 진실한 의미에서의 협의 · 협력은 기대할 수 없다. 결사의 자유가 있으면, 당연히, 노사단체의 독립성도 인정되고, 정노사의 3자가 자기들의 의견을 자유롭게 표명할 수 있는 조건이 정리되는 것이다. 그래서 「권리와 의무」는 「표리일체」라는 말과 신의성실이라는 말을 다시 한번 강조하는 것이다. 협의 · 협력이라고 하는 경우에는 어느 정도 책임의 분담을 각오해야 할 것이다. 책임의 분담을 각오하지 않으면 그 성과나 실효에도 결핍을 느낄 수 있을 것이다.

### 제7항 協議 · 協力의 具體的인 例

협의 · 협력의 구체적인 방법은, 다종다양하지만, 가장 중요한 것은, 관계당사자가 먼저 같은 테이블에 앉아서, 공통의 과제에 대하여 의견을 나누어야 한다는 것이다. 그 방법은 다기하다. 공공기관으로부터 문서나 구두로 공식 · 비공식으로 노사단체의 의견을 구하는 일도 있을 것이고, 역으로 노사단체로부터 자주적으로 의견서를 공공기관에 제출하는 일도 있을 것이고, 국회의 위원회 등에서 공청회의 형식으로 노사의 의견을 듣거나, 정부에 대한 반응을 듣는 경우도 있을 것이다. 상설 또는 특설의 공식 · 비공식의 각종회합, 그리고 심의회나 간담회와 같은 것도 사례로 들 수 있을 것이다. 또 조약의 심의과정에서는, 많은 나라들로부터, 협의 · 협력의 목적은 어디까지나 당사자간의 합의를 얻는데 있기 때문에, 투표방식을 채택하는 것은 반드시 바람직하지 않다고 하는 의견도 나왔다. 이것은 각종 회합의 경우, 그것이 상설이 될 것 같으면 큰 利點이 있다. 상설일 것 같으면, 특정한 문제에 대하여 경험이 축적되고, 회합의 구성원간에 인간적인 접촉이 깊어져서, 상호이해 · 신뢰가 조장되어, 문제처리기능이 높아지게 되기 때문이다. 이와 같은 일에 着目해서 나오게 된 의견인 것 같다. 더욱이, 이 경우는 구성원이 바뀌지 않는다는 것, 또 대표적인 노사단체로부터 선출된 위원이, 출신단체의 의견을 정당하게 반영하고 있다는 것이 전제가 된다.

구성원의 수에 대해서는(권고에서는), 반드시 노사동수가 아니라도 좋다는 입장을 취하고 있는 것이 권고의 입장이다. 노사동수에 신경을 쓰면 구성원의 수가 너무 늘어나게 된다. 중요한 것은, 자신이 소속하고 있는 단체의 의견을 정당하게 반영할 수 있는 사람이면 된다는 것이기 때문에, 수에는 너무 신경을 쓰지 않는 것이 좋다는 것이다. 또 어떠한 회합에서도 의장의 능력이 협의 · 협력에 큰 영향을 주기 때문에, 가능하면 의장은 거론할 수 있는 문제를 소관하는 행정기관의 장이면 좋다고 하는 의견도 나오고 있다.

## 제8절 雇用終了條約(158호)

1952년의 제68회 총회에서는, 「사용자의 발의에 의한 고용의 종료에 관한 조약(158)」과, 그것을 보충하는 동격의 권고(166호)를 채택했다. 이들 두 문서는, 노동자의 부당해고로 부터의 보호를 목적으로 한 1963년의 동격의 권고(119호)에 의해 바꾸어지게 되는 것이다.

119호 권고에서는 ① 고용의 종료(해고)에는, 「타당한 이유」가 요건이 된다는 것, ② 고용을 부당하게 종료시킨다고 생각하는 노동자는 적당한 구제를 명할 권한이 있는 기관에 제소할 권한을 인정받을 수 있어야 한다는 것, ③ 고용의 종료에 있어서는 예고기간이 설정되고, 이직수당 기타의 소득보장이 인정되어야 한다는 것, ④ 고용증명서를 받을 권리가 인정되어 있어야 한다는 것, 기본적인 원칙이 정해진 외에, 「노동력의 삭감(흔히 말하는 인원정리에 관한 보충규정)도 설정되어있다」.

그 후, 많은 나라에서는 해고에 관한 법령이 제정 · 개정되고, 새로운 경제정세나 기술변화에 대응하는 움직임이 나타났다. 해고에 관한 판례는 크게 늘어나게 되었고, 노동협약(단체협약)중에서도 해고관계에 관한 조항이 증가했다. 그 결과, 부당해고로 부터의 보호를 규정하는 경우는 입법조치에 의존하는 경향을 많이 볼 수 있게 되었다. 또, 고용종료의 타당한 이유의 구성 방법에 새로운 움직임이 나타났다. 타당한 이유의 요건은 「객관적 원인」, 「일정한 중대한 이유」, 제3부(경제적 · 기술적 · 구조적, 유사한 이유에 의한 고용의 종료에 관한 보충규정)의 3부(14개조)로 나누어 규정하고 있다.

### 제1항 實施方法 · 範圍 · 定義

실시방법에 대하여, 「이 조약의 규정은, 노동협약, 중재규정, 또는 재판소(법원)의 판결에 따라, 또는 국내 관행에 합치된다고 인정되는 기타의 방법에 따라 실시되지 않는 한, 법령에 따라 실시되지 않으면 안된다(제1조)」고 규정하고 있다.

여기서는 이 조약을 비준하는 가맹국이, 실시방법을 몇 가지 있는 선택지중에서 자유롭게 선택하는 것이 가능하고 탄력적인 규정으로 되어있다. 단지, 협약이나 재판소(법원)의 결정, 기타의 방법으로 조약에 있는 규정의 일부밖에 적용되지 않을 경우에는, 법령에 따라 실시하는 것이 요구된다. 1963년의 119호 권고에서는, 국내법령 · 노동협약(단체협약) · 중재재정 · 재판소의 판정 · 기타의 방법으로 병기되어 있고, 취업규칙도 방법의 하나에 들어가 있다.

1995년의 ILO의 일반조사(General Survey)에 따르면, 태반의 나라는 법령에 따라 실시하고 있다. 노동법전과 같은 일반적인 것도 있고, 고용이나 고용조건 종료에 관한 특별법령도 있다. 또 브라질과 같이 헌법에서 규정하고 있는 나라도 있다. 그러나 대부분은, 당초 노동협약(단체협약)에 따라 그것을 규정하고, 점차 그 적용범위를 확대하고 있는 나라들이다.

제2조의 적용범위에서, 「이 조약은 모든 활동부문 및 고용되는 모든 자에 적용된다.」고 규정하고 있다. 이것은 고용관계에 있는 자를 모든 대상으로 한다는 것이다. 당연히, 내국인이나 외국인 할 것 없이 일정한 조건이 되는 공무원도 적용된다. 이와 같이 적용범위는 광범위해졌지만, 가맹국은 일정한 종류의 노동자를 적용제외로 할 수 있다고 해서, 탄력성을 가미하고 있다. 이 조약의 전부 또는 일부규정의 적용으로부터 제외되는 것은, 우선 다음의 3종류에 속하는 사람들이다.

(a) 특정한 기간, 또는 특정한 노동을 위한 고용계약 하에서 고용되는 노동자.

(b) 사용기간 중 또는 자격취득 중에 있는 노동자, 단지 그 기간은 처음부터 결정되어야 하고 또한, 합리적인 것이어야 한다.

(c) 단기간에 임시적으로 고용되는 노동자.

많은 나라에서는, (a)와 기간의 정함이 없는 노동자와의 사이에는 취급상의 相違가 있어, 부당해고를 규율하는 일반규칙은, 후자인 고용의 종료에 한정시키는 일이 많다. 특정기간의 계약노동자에게는, 통상의 해고절차가 적용되지 않기 때문에, 이들 노동자는, 고용기간 중의 직무보장에 대해서는, 기간의 정함이 없는 노동자보다 유리한 위치에 있다. 이들 노동자가, 기간이 끝나기 전에 계약종료 되는 것은 중대한 비행이나 불가항력에 의한 경우에 한하는 경우가 많다. 이와 같이 특수한 특정기간의 계약노동자는 적용제외의 대상이 될 수 있다.

(b) 의 試用期間중의 노동자에 대해서도, 적용제외가 될 수 있다. 단지 여기서 말하는 「합리적인 기간」에 대해서는, 나라마다 상당한 큰 차이가

있기 때문에, 구체적으로 몇 월 몇 년이라고 정할 수는 없었다. 중요한 것은, 이 기간을 사전에 정해서, 노동자가 그것을 알고 일할 수 있고, 그것이 부당하게 장기화되지 않도록 방지하는 것이다.

법령이나 협약에서 이 기간의 갱신이 인정되는 경우에도, 그 합계기간도 마찬가지로 「합리적」인 것으로 해서, 사전에 정해져야 한다는 것이다. 자격취득중인 자에 대해서도, 그 기간은 수개월부터 수년까지라는 폭이 있다. 여기서도 마찬가지로, 그 기간을 사전에 정하고, 「합리적」인 것으로 해야 한다.

(c)의 단기간에 임시적으로 고용되는 자도, 일반적으로 (a)와 같은 취급을 받는 경우가 많다. 그것은 극단의 繁忙期나 통상의 기업활동의 범위를 넘어선 경우를 고려한 것으로, 이러한 노동자도 제외가 가능하다. 특정의 기간을 정하는 고용계약은, 장기상용고용의 대체 · 보완의 방법으로 증가해가고 있으나, 그것이 이 조약에서 정하는 보호를 회피하는 것을 목적으로 한다면, 남용의 방지나 제소절차(提訴節次) 등으로 인한 적당한 보호조치가 제공되어야 한다.

(a)~(c)의 3종류의 노동자 외에, 공무원과 같이 특별한 조치로 고용조건이 정해지게 되는 것이나, 영세기업 · 가내노동 등 기업의 규모 · 성질에 비추어서 특수한 문제가 있는 노동자도, 「이 조약 또는 그 일정한 규정의 적용으로부터 제외할」수가 있다. 이 경우에는 두 가지 요건이 있다. 먼저 「관계가 있는 사용자 단체 및 노동자 단체가 존재하는 경우에는 그들 단체와의 협의를 통해」그것을 하도록 한다. 그래서 「권한이 있는 기관에 따라, 또는 각국의 적당한 기구를 통해서」 적용제외의 조치를 취할 수 있게 된다.

일반 공무원의 경우, 많은 나라에서 그 고용조건은 특별한 조치로 정해지고, 그 조건하에서 얻어지는 보호와 적어도 같은 보호를 받고 있다. 즉, 직무보장이 확보되는 일이 많기 때문에, 고용 제외를 해도 문제가 없다고 하는 것이다. 또, 군대 · 경찰 · 판사에 대해서도, 고용조건이 특별한 법규로 규율되어있는 일이 많아서, 그것도 별도취급으로 되어있다. 단지 근래에는 많은 나라에서, 예산의 제약이나 리스트럭처링(人員削減)로 인해 상황이 엄격해지고 있기 때문에, 이와 같은 분야에서 문제가 일어나고 있다.

영세기업 · 가족기업 · 관리직원 · 정년후의 노동자 · 농업노동자 · 양성공 · 가내노동자 · 해원(海員)등과 같이 고용조건이 특수하고 실질적으로 특별한 문제가 있는 자도 적용제외가 가능하다. 그렇다고 해서, 이들을 전부 제외하기보다, 노동단체와 협의해서 필요한 경우에만 한 한다. 이 조약을 비준하는 가맹국은, 조약의 적용상황을 ILO에 보고할 때에는, 제외된 노동자의 분류에 대하여, 이유를 붙여 설명하고, 관계되는 법규 · 관행의 상황과 적용범위에 관한 제안을 제시해야 한다.

제3조, (정의)에서는, 「이 조약의 적용상, 「종료」 및 「고용관계의 종료」라 함은 사용자의 발의에 의한 고용의 종료를 말한다」고 규정하고 있다. 여기서는, 고용관계의 종료인 것이고, 사용자의 발의에 의한 것에 한 한다. 노동자의 발의나 당사자 간의 자유로운 교섭의 결과에 의한 것은 포함되지 않는다. 또, 질병이나 임신출산에 따른 고용관계의 중단 등은 종료가 아니라고 본다. 또 사직 · 계약위반 · 정년 · 계약수정 등도 이 정의에는 들어가지 않는다.

### 제2항 終了의 正當性

제4조(노동자의 고용)은, 노동자의 능력이나 행위와 관련되는 타당한 이유, 또는 기업 · 사업소 · 시설의 운영상의 필요에 따라 타당한 이유가 없는 한, 종료시켜서는 안 된다.

이 조항은 다음의 제5조와 더불어 이 조약 중에서도 가장 중요한 것 중의 하나인 것이다. 사용자는 「타당한 이유」가 없는 한, 고용의 종료(해고)를 할 수 없다. 이러한 원칙의 채택에 따라, 사용자에 의한 일방적인 해고는 없어지고, 해고의 경우에도 필요한 예고기간이나 그 대상이 요구된다.

이것은 사용자에게 요구되는 것이어서, 노동자의 기간의 정함이 없는 고용을 종료할 자유는 노동의 자유로서 기본적으로 보장된다. 이「타당한 이유」는 노동자의 능력 · 행위나, 기업측의 운영상의 필요에 의하는 것에 한한다. 전자는 기능 · 실적의 부족, 무자격, 규율위반, 이유가 없는 결근 · 지각 등인데, 후자는 경제구조의 변화, 기술혁신에 의한 인원정비 등이 해당된다. 그 이외의 이유로 종료되게 되면, 해고권의 남용으로 볼 수 있어 무효가 되는 일도 있다. 단지, 이에 대해서는 구체적인 규정이 없고, 제1조의 실시방법에 맡겨지게 된다.

제5조에서는 종료의「타당한 이유」가 되지 않는 것으로 다음의 5개항목을 들고 있다.

(a) 노동조합 조합원이라는 것, 또는 노동시간외에, 혹은 사용자의 동의를 얻어 노동시간 내에 노동조합활동에 참가했다는 것,

(b) 노동조합대표로서 취임하려고 해서, 또는 노동자대표의 자격으로 행동하고, 혹은 행동했다는 것,

(c) 법령의 위반을 이유로 해서, 사용자를 상대방으로 하는 고충을 신청하고, 혹은 사용자를 상대방으로하는 절차에 참가했다는 것, 또는 권한이 있는 기관에 제소했다는 것,

(d) 인종 · 피부의 색 · 성 · 혼인상의 지위 · 가족적책임 · 임신 · 종교 · 정치적의견 · 국민적출신.

(e) 출산휴가중의 휴업.

(a)는 98호 조약의 제1조의 규정에 따른 것으로 노동자를 반조합적차별로부터 보호하는 것을 목적으로 하고 있다. 87호 조약에도 이러한 사고방법이 있다. (b)는 135호 조약의 사고방법을 채택한 것으로서 제1조에 이러한 종류의 규정이 있다. 여기에는,「하려고 하는 것 」「하는 것」「한 것」의 미래 · 현재 · 과거의 모든 것이 포함된다. 거기다가 일반적인 노동자대표 외에, 직업상의 안전보건을 담당하는 노동자대표가 증가 경향에 있다. (c)는 사용자 측의 불법행위를 제소한데 대한 보복조치로 부터의 보호인

것이다. 이 규정이 있으면, 보복을 두려워하지 않고 불법행위를 지적할 수 있게 된다. (d)는, 111호 조약에 혼인상의 지위와 임신을 그리고 156호 조약의 가족적 책임을 加한 것이다. (e)에서는 다시 모성보호조약의 출산휴가에도 언급하고 있는데, 차별대우의 이유로 해서는 안되는 요건이 대부분이다. 그런데 사회적 출신은 가사로 해석하는 것이 좋다고 보고, 사회적 출신은 출생지로 해석하는 것이 좋다고 보고 있다. 이어서, 제6조에서는, 질병이나 상처로 인한 일시적인 휴업은, 「타당한 이유」로 해서는 안 된다고 규정하고 있다. 이 경우는, 기간은 수개월 · 수년이 걸릴지도 모르지만 여기서는 기간의 특정은 없이, 제1조에 맡기게 된다. 그런데 최근은 HIV 감염이 문제로 되어있어, WHO에서도 편견을 없애도록 당부하고 있다.

### 제3항 提訴節次

제6~10조는 제소절차는 규정하고 있다. 제8조에서는, 고용을 부당하게 종료시킨다고 생각하는 노동자가 공정한 기관에 제소할 수 있는 권리를 규정하고 있다. 공정한 기관이라 함은, 법원 · 노동재판소 · 중재위원회 · 중재인 등이다. 제소의 심사과정에 있어서는, 각종의 증거가 필요하게 되는데, 거증책임을 당해 노동자에게만, 부담시키는 것은 가혹하기 때문에, 사용자에게도 이 책임을 요구하는 것이, 제9조로 생겨났다. 이와 같은 경과 후, 고용종료가 부당하게 되었다는 경우의 조치는, 제10조에서 정하게 된다. 이에 따르면, 제소의 심사기관은 그 종료를 타당하지 않다고 선언해서, 노동자의 복직을 命하고, 적당한 보상의 지불, 기타의 구제를 명하게 된다. 고용의 종료를 돌연 통고받게 되면, 노동자는 나머지 일이 막연해서, 앞뒤의 일에 경황을 잃게 된다. 사전에 예고가 있으면, 새로운 사태에 대응할 수 있는 준비도 할 수 있고, 다음의 일자리를 찾을 수 있게 된다. 그래서 고용의 종료에는 예고기간이 필요하게 된다. 제11조는 이에 대하여 규정하고 있다. 중대한 非行으로 인한 경우를 제외하고, 고용을 종료 당하게 되는 노동자는, 합리적인 예고기간, 또는 그 대상을 받을 권리가 있는 것이다. 합리적인 기간에 대해서, 조약에서는 구체적으로 몇 일동안 · 몇 주간이라는 식으로 명기하지 않고 있다. 이것은 각국에 따라, 직업 · 조약형태 등이 천차만별이기 때문이다. 그래서 제1조에 의한 방법으로, 이것을 탄력적으로 정하게 된다. 대상에 대해서는 예고기간 중의 보수에 대응하는 것이 지불된다.

### 제4항 離職手當, 기타

고용을 종료 당하게 되는 노동자는 소득이 정지되기 때문에, 그들의 소득을보장하기 위한 조치가 필요하게 된다. 제10조에서는, 복직이나 적당한 대상이 그리고 제11조에서는 예고기간과 그 대상이 정해져있다. 또 제12조에서는, 이직수당 · 기타의 소득보장에 대하여, 당해 노동자는 다음의 어느 것을 부여받게 될 권리를 가지게 되는지를 규정하고 있다.

(a) 직접 사용자로부터 사용자의 거출로 설정된 기금으로부터 지출되는 이직수당 또는 타의 이직급부 등, 이들의 금액은, 특히 근무기간 및 임금수준에 따른다.

(b) 그들의 급부의 통상적인 조건에 따른, 실업보험 혹은 원조로부터의 급부 또는 노령 혹은 장해급부 등의 기타의 형식의 사회보장,

(c) 상기의 수당은 급부를 합한 것.

사회보장제도가 발달하지 못한 곳에서는 이직수당이 중요한 역할을 하고 있다. 사회보장제도는 일반적으로, 노사의 거출금이나 공공자금으로 운영되고 있으나 이 수당은 전적으로 사용자의 의무가 된다. 수당의 금액을 산정할 때에는, 국내법령이나 국내관행에 따르도록 되지만, 더욱이 근무기간과 임금수준을 기초로 해서 하게 된다.

은퇴(퇴직)연령에 달한 자나 장애자로 인정된 자의 고용의 종료에 대해서는, 노령급부나 장해급부의 지급에 따라, 이 조약의 의무는 다하게 되는

것이 된다. 조기은퇴급부를 받고나서, 실업급부의 자격을 받게 되는 노령 노동자의 경우도 마찬가지다. 더욱이 실업급부 등으로 자격조건을 충족하지 못한 노동자는 실업급부를 받지 않고 있다는 이유만으로는 이직수당의 지급을 요구할 수 없다. 또, 중대한 비행으로 인한 종료의 경우에는 제1조에 따라 처리된다.

### 제5항 人員整理

제1~2조는, 주로 개인의 고용종료에 관한 규정으로 되어있지만 「집단적」고용종료도 있다. 119호 권고에서는 「노동력의 삭감」이라고 하는 표현이었으나, 이 조약에서는 「경제적, 기술적, 구조적 또는 유사한 이유에 의한 고용의 종료의 보충규정」으로서, 제13조(노동자대표와의 협의)와 제14조(권한이 있는 기관에의 통고)가 있다. 여기서는, 대량의 인원정리와 리스트럭처링(人員削減: restructuring)의 경우에, 특히 배려해야 할 사항을 들고 있다.

먼저, 사용자는 관계노동자대표에게, 종료의 이유 영향을 받는 노동자의 수와 종류, 시기 등을 포함한 관련정보를 제공하지 않으면 안된다. 그래서 종료를 회피하고, 그것을 최소한으로 줄이게 하기 위한 조치, 대체고용 등 그 영향을 경감하는 대책에 대하여 협의 할 기회를, 가능한 한 조기에 관계노동자대표에게 부여해야 한다. 또, 사용자는 권한 있는 기관에 대하여, 가능한 한 조기에 계획을 통고하고, 관계문서 기타의 모든 정보를 제출해야 한다.

### 제6항 雇用終了勸告

158호 조약을 보충하는 동격의 권고 166호는, 「Ⅰ.실시방법 · 적용범위 · 정의」「Ⅱ.일반적 적용의 기준」「Ⅲ.경제적 · 기술적 · 구조적 또는 유사한 이유로 인한 고용의 종료에 관한 보충규정」「Ⅳ.이전의 권고에의 영향」의 4부(27항)로 나누어서, 조약에서 정하고 있는 원칙을 제언하는 외에 다시 상세한 규정을 설정하고 있다. 그 중에서, 여기서는 타당한 이유라 할 수 없는 사항의 추가, 고용증명서, 재고용의 우선권 등 3항목을 들고 있다.

먼저, 타당한 이유라고 할 수 없는 사항은, 연령과 의무병역 그 외의 공민의무가 추가되어 있다. 연령의 경우 작업수행능력과 관계가 있고, 가령(加齡: 연령이 많아짐)으로 인해 능력의 저하를 가져오는 일은 적지 않다. 그래서 능력의 저하가 종료의 이유가 될 것 같으면 문제가 없지만, 연령이 이유가 되는 것을 인정할 수 없는 것이다. 징병의 경우, 일정한 연령에 달하게 되면, 일정기간은 직장을 떠나게 된다. 그것을 이유로 하는 종료는 타당한 것이 되지 않는다. 병역기간을 휴가로 취급하는 나라도 있고, 자발적으로 병역에 복무하는 자를 징병과 같이 취급하는데도 있다. 공민으로서의 의무는, 선거업무 등의 외에, 배심원이나 증인이 되는 경우도 있다.

고용증명서는, 노동자가 새로운 일을 찾을 때나, 지역에 관한 상세한 정보가 필요할 경우에 도움이 되기 때문에, 노동자가 요청을 하게되면, 사용자로부터 그것을 수취할 권리가 있다. 사용자에 의한 부정적 평가가 다음의 취직을 위태롭게 하는 일이 없도록 하기 위하여, 그 내용은 객관적인 사실관계에 한하게 되지만, 노동자의 요구가 있으면 업무수행에 관한 평가도 포함된다.

재고용의 우선권에 대해서는, 인원정리된 노동자가 일정기간 내에 재고용을 희망하고 있었다는 것을 조건으로 사용자가 동등한 자격을 가진 노동자를 사용하는 경우에, 그것이 우선된다. 단지 이 우선권은 일정한 기간 내에 한정하게 된다. 또, 재고용의 우선권의 기준, 재고용시의 권리(특히 선임권)의 보유, 재고용된 노동자의 임금에 관한 조건은, 국내법령 등 기타에 따라 탄력적으로 결정되어야만 한다는 것이다.

## 제9절 企業內 커뮤니케이션勸告(129호)

1967년의 제51회 총회에서는, 기업 내 노사관계에 관한 두 권고가 채택되었다. 「기업내에 있어서의 경영자와 노동자 사이의 커뮤니케이션에 관한 권고(129호)」와 「기업 내에 있어서의 고충의 해결을 위한 고충의 심사에 관한 권고(130호)」의 두 가지다.

기업내 노사관계를 양호한 것으로 하기 위해서는, 노사 간의 상호이해와 상호신뢰가 불가결하다는 것은 두말할 나위도 없다. 그렇기 때문에 노동자측에 욕구불만이나 의구심이 있어서는 안 된다. 노동자는 자신의 일이나 기업과 관련되는 각종의 정보, 경영자의 사고를 되도록 많이 알고 있어야 할 필요가 있다. 이와 같이, 알려지고 알게 된다는 데는 노동자의 희망이 만족해질 뿐 아니라, 기업의 능률에도 유익한 것이 된다. 이와 같은 정보의 흐름은, 일방통행이 아니고 노사쌍방으로부터 유통해서 만나는 쌍방향이 되지 않으면 안 된다. 그리고 특히 중요한 것은, 그것이 「결사의 자유의 원칙」을 침해하거나 「노동조합의 약체화」를 시도하려고 하는 것이 되어서는 안 된다.

129호 권고는, 이와 같은 사고에 따라, 기업내 커뮤니케이션에 대하여, 「Ⅰ.일반적 고려」「Ⅱ.기업내 커뮤니케이션 정책의 요소」와 2부(15항)에 걸쳐 규정하고 있다. 일반적 고려에서 노사 쌍방은 공유의 이익을 위하여, 기업의 능율 노동자의 향상심의 쌍방으로 봐서, 바람직한 기업내의 상호이해와 상호신뢰의 분위기의 중요성을 인식해야 한다는 것으로 되어있다. 그리고 완전하고 객관적인 정보의 신속한 전달과 교환을 통해 그 분위기를 증진하고, 커뮤니케이션의 효과적인 정책을 실시하기 위한 조치가 요구되고 있다. 이와 같은 정책은, 경영자로 봐서 이해관계의 큰 사항에 관한 결정을 하는데 앞서서, 정보의 전달이 어느 당사자에게도 손해를 주지 않는 한, 그 정보가 부여되고, 당사자간에 협의가 이루어지도록 확보해야한다는 것이다.

### 제1항 結社의 自由의 不可侵

커뮤니케이션의 방법은, 어떠한 경우에도 "결사의 자유"를 해쳐서는 안 된다. 또 어떠한 경우에도, 자유롭게 선출된 노동자의 대표자나 그 단체에 불이익을 주거나, 국내법령 · 관행에 따라 노동자를 대표하는 단체의 기능을 축소해서는 안 된다.

여기서는, 기업내 커뮤니케이션이 이루어지는 결과, 결사의 자유가 침해되거나, 노동조합의 기능을 손상시키는 일이 있어서는 안된다고 규정하고 있다. 이에 대해서는, 사용자측이 반드시 결사의 자유를 침해하거나, 노동조합의 약체화를 의도하지 않는 경우에도, 어떠한 결과로서 나쁜 결과가 생길 가능성도 있다. 그러한 경우에도 사용자가 책임을 추궁 받게 되는 것은 지나치기 때문에, 「意圖」라는 문언을 삽입해서 한정적인 표현을 하는 편이 좋다고 하는 사고도 있었으나, "결사의 자유는 불가결의 원칙"이기 때문에, 한정적 표현은 좋지 않는 것으로 인식되었고, 그 대신에 원안에는 없었던, 「국내의 법령 및 관행에 따라」라는 문언이 삽입됨으로 인해, 탄력성이 풍부해졌다.

### 제2항 커뮤니케이션方法의 使用에 관한 訓練

기업의 규모가 커지게 되면, 커뮤니케이션의 방법이나 내용도 점점 복잡해진다. 또 기술변화나 사회변화의 가속화에 따른 커뮤니케이션의 복잡성도 있다. 이에 대응해서, 효과적인 커뮤니케이션 활동을 하기 위해서는, 충분한 지식과 이해가 있는 담당자를 훈련시키지 않으면 안된다. 그래서 제6항에서 「커뮤니케이션 방법의 사용에 관한 훈련을 관계자에게 부여하고, 또 모든 사항에 가능한 한 精通하도록 하기 위한 조치를 익혀야만 한다」고 규정하고 있다. 이것은 원안에는 없었던 것인데, 노동자측의제안에 따라 추가되었다. 이 외에 경영자가 전달해야 할 사항을 규정한 제15항에 (3)으로 추가하게 된 것도 노동자 측의 제안에 따른 것이다. 이것은 「기업내에 있어서의 사용자와 노동자 혹은 그 대표자와의 사이의 교섭 또는 기업단계를 넘어서 체결되는 노동협약의 대상이 되고 있는 문제에 대해서, 정보는 이러한 일에 명시적으로 언급해야만 한다」는 규정이 있다. 이것은 단체교섭이나 노동협약에 따라 획득된 여러 가지 노동조건의 개선이 사용자의 자주적인 의사로 이루어진 것처럼 정보를 전달시킬 우려가 있어, 그러한 페어(fair: 公正)가 아닌 결과는 좋지 않다는 생각인 것이다.

사용자 중에는 너무 현실적이지 않다고 하는 자도 있었으나, 이 문언이 활용되었다.

## 제10절 苦衷審査勸告(130호)

「기업내에 있어서의 고충 해결을 위한 고충심사에 관한 권고(130호, 1967년)」는 「Ⅰ. 실시방법」「Ⅱ. 일반원칙」「Ⅲ. 기업내의 절차」「Ⅳ. 미해결인 고충의 조정」의 4부(18항)로 나누어서 규정하고 있다.

제1항(실시방법)에서는, 이 권고는 국내법령 · 노동협약 · 취업규칙 · 중재재정, 기타의 국내관행으로 정당하다고 인정되는 방법으로 실시 할 수 있다고 규정하고 있다. 이 점은 타의 ILO조약 · 권고에도 이따금 볼 수 있는 탄력적 규정인 것이다.

### 제1항 一般原則

여기서는, 노동자의 고충신청권이 명기되어 있다. 이것은 「(a) 어떠한 불이익도 받지 아니하고 고충을 신청할 수 있는 권리, (b) 적당한 절차에 따라 이 고충을 심사받을 권리」라고 규정하고 있다(제2항).

(a)에서는 고충을 제기해도 그 노동자가 불이익을 받지 않을 권리, 또 (b)는 적절한 절차로 자기가 제기한 고충을 심사하게 할 권리이다. 이 권리의 문언에 대해서는 사회적으로 인지된 것인지의 여부에 문제가 있기 때문

에 「가능성」과 같은 유연한 표현으로 하는 것이 어떤지 하는 의견도 있었으나, 일반원칙으로서는 타당한 표현으로 평가되었다. 이렇게 해서 신청된 고충은, 먼저 사용자와 노동자와의 관계에 관련되지 않으면 안된다. 그리고 노동자의 고용관계의 여러 가지 조건에 영향이 있는 것, 혹은 그러할 우려가 있는 조치나 상태로써, 그것이 협약이나 취업규칙에 反한다고 생각되는 것에 한 한다.

고용조건의 개정을 목적으로 하는 단체교섭은, 고충처리와는 다른 것이기 때문에, 이 권고의 적용은 받지 않는다. 단체교섭에서 취급해야할 문제와 이 권고에서 말하는 고충심사에서 처리하는 문제를, 어떻게 구별하면 좋을지 하는 문제에 대해서는, 국내사정에 상위(相違)가 있기 때문에, 「국내의 법령 또는 관행에 따라 결정」해도 좋다고 규정하고 있다. 고충심사절차가 노동협약에 설정되어있는 경우에는, 소위 말하는 「평화조항」이 필요하게 된다. 결국, 협약당사자는 그 협약의 유효기간 중에는, 고충의 해결을 촉진하고, 그 절차의 효과적인 운용을 방해하는 행동을 하지 못하도록 약속하는 규정을 협약에 포함시켜야 하는 것이다. 이와 같은 고충심사절차의 설정과 운영에 관계노사는 동등한 권리와 책임을 가지고 참가해야한다는 것이다. 동등한 권리와 책임이라고는 해도, 그것은 공동결정권을 의미하는 것은 아니고, 어디까지나 심사절차의 설정과 운영에 관한 문제에 한정된다. 따라서, 그 심사절차와 관계되는 개개의 사실의 결정에 대하여 공동으로 결정할 이유는 없다. 고충의 수를 최소한으로 하기 위해서는, 건전한 인사정책이 도움이 되기 때문에, 경영자가 노동자의 권리와 이익을 고려 · 존중하는 정책의 책정과 운용에 대하여 최대의 주의를 기울이고, 결정을 하기 전에, 노동자대표와 협력한다는 것이다. 여기서도 공동결정이 문제가 되지만, 어디까지나 「협력」이라고 하는데 주의를 환기시키고 있다. 또, 고충은 가능한 한 기업내에서 해결되어야 하지만, 노동재판소(법원), 기타의 사법기관에의 제소권을 제한하는 것은 허용되지 않는다.

## 제2항 企業內의 節次

고충은 우선, 관계노동자와 직속상사와의 사이에서 직접 해결하도록 해야 한다. 그러나 거기서 실패하거나 중소기업 등 직속상사가 사용자이거나, 대기업에서 직속상관에게 권한이 없는 경우 등은, 고충의 성격이나 기업규모에 따라, 몇 가지 단계를 설정해 놓을 필요가 있다. 고충심사의 형식은 가능한 한 간소화하고, 소요시간은 단축되어야한다.

고충심사절차에 정통하고 있는 노동자가 기업내에 없거나 기업외의 자의 협력이 없는 한, 노동자의 권리는 지켜지기 어렵다. 사용자는 통상 그러한 경우, 외부의 법률전문가에게 처리를 의뢰한다. 그렇게 되면, 노동자에게도 같은 배려가 필요하게 된다. 그래서 「노동자단체의 대표자」나 「자신이 선택하는 그 외의 사람」에 의해 원조를 받게 되고, 代理되는 권리가 인정된다. 이렇게 해서 노사 모두 대표위임권이 인정되게 되었다.

고충심사에 관계되는 노동자 또는 그 대리자는, 절차에 필요한 충분한 시간을 인정받게 된다. 이 시간이 결근으로 취급되어, 수입이 줄어드는 경우에는 어떠한 방법으로든지 그것이 보상되도록 고려해야한다. 단지 너무 미세한 일로 고충을 제기하는 것은, 기업경영상 바람직하지 않기 때문에, 남용방지를 위한 조치가 필요할 것이다.

## 제3항 未解決의 苦衷의 調整

고충은 기업내에서 해결하는 것이 원칙이지만, 고충의 성질이나 상황에 따라서는, 기업의 내부에서 해결할 수 없는 경우가 있다. 그러한 경우에는 최종적인 해결을 위하여 다음과 같은 방법을 취할 수 있다.

(a) 노동협약(단체협약)에 따라 설정되는 절차. 예를 들면, 관계되는 노동자단체 및 사용자 단체에 의한 사건이 합동심사 또는 관계되는 사용자 및 노동자 또는 그 각각의 단체의 합의에 따라 지명된 하나 또는 둘 이상의 자에 의한 임의 중재

(b) 권한이 있는 공의 기관에 의한 조정 또는 중재

(c) 노동재판소(법원) 기타의 사법기관의 이용

(d) 국내사정에 맞는 기타의 절차가 (a)~(d)의 방법은, 우선순위가 아니고, 이러한 것들을 이용해도 좋다는 것이다. 본래, 기업내에서 해결되어야 하지만, 실패했을 경우에는 이러한 방법을 이용할 가능성이 있다는 것이다. 이 경우도, 절차에 참가하기 위한 충분한 시간을 주는 것은 물론, 수속참가에 따른 수입감(收入減)은 보상되게 된다. 그러나 수입감에 대한 보상은 사용자만의 책임으로 한정되어야 하는 것은 아니다. 사용자 이외에도 보상의 가능성은 있다. 예를 들면, 노동조합이 보상금을 생각해본다든가, 노사합동으로 기금을 만들어, 거기에서 거출된 기금을 사용하는 등 탄력성 있는 보상의 방법도 생각할 수 있다. 또 가능한 경우에는 회의 절차를 근무시간 외에서 운용하기 위한 노력도 필요할 것이다.

# 제6장 勞動條件

## (1) 賃金 · 勞動時間

## Working Conditions

## Wages·Working Hours

### 제1절 賃 金

#### 제1항 開 設

임금은 가장 중요하고 어려운 노동조건 중의 하나라고 하지만, 동시에 국제노동기준을 작성 하는데 있어서도 가장 어려운 분야라고 본다. 오늘날의 선진국이나 개발도상국에서 볼 수 있는 임금 · 소득의 격차를 살펴봐도 알 수 있듯이, 구체적인 임금수준은 경제발전의 단계와 결부되고 있어, 시대에 따라 또는 나라의 상정에 따라 크게 달라지고 있어, 통일적인 국제노동기준으로 규제하기는 불가능한 것 같이 보이는 현상이다. 그러나 임금이 많은 노동자나 그 가족으로 봐서는 생활의 양식이라고 하는데서, 적당한 임금의 확보는 ILO의 창설당시부터 눈여겨왔던 중요한 문제인 것이다. 그렇지만, 직접 임금수준을 언급한 국제노동기준은 거의 없었고(예외로 海員에 관한 ILO조약이 있을 뿐), 최저 임금제도, 임금보장, 동일임금 등 수많은 ILO조약 · 권고가 임금과 관련되는 국제기준을 규정하고 있는 것이다. 임금에 관한 국제노동기준은 주로 3가지 영역을 커버하고 있다.

### (1) 最低賃金

먼저, 첫 번째 영역으로 최저임금과 관계되는 일련의 기준이 있다. 그 주요한 기준으로는 26호 조약과 30호 권고(1928년), 99호 조약과 89호 권고(1951년), 그리고 131호 조약과 135호 권고(1970년)를 들 수 있다. 26호 조약은 기본적으로 최저임금을 단체교섭제도의 보충으로 커버하고, 단체교섭이 제도화되어 있지 않는 저임금산업에 있어서의 최저임금 결정기구를 설치하도록 규정하고 있다. 최저임금이 법적구속력을 갖는다는 것, 그리고 노동자 및 사용자의 대표가 대등한 입장에서 최저임금의 결정기구에 참가하는 등을 규정하고 있다. 1951년의 99호 조약은 26호 조약의 기준을 농업노동자로 확대한 것인데, 내용적으로는 거의 26호 조약과 같은 것이다.

이에 비하여, 1970년에 채택된 131호 조약과 135호 권고는 매우 성격이 다른 현대적인 최저임금제도에 관한 기준이다. 131호 조약의 가장 혁신적인 조항은 최저임금의 적용 범위인 것이다. 비준국은, 고용조건에 비추어서 대상으로 하는 것이 적당하다고 보는 임금노동자의 전체에 적용되는 최저임금제도를 설치할 의무가 있다. 또, 최저임금의 위반에 대한 제재, 그리고 최저임금을 필요에 따라 수시 개정하는 조치를 취할 수 있도록 규정하고 있다. 그리고 새로운 조항으로서 다음에 개제하고 있는 최저임금의 결정기준이 일반적인 형태로 제시되어 있다.

① 노동자 및 그 가족의 필요에 따라서 국내의 임금의 일반 수준, 생계비, 사회보장급부 등의 요소

② 경제적 요소(경제개발상의 요청, 생산성의 수준 및 고수준의 고용을 달성하고 유지하는 것)

결국, 새로운 131호 조약은, 26호 조약이나 99호조약과는 상당히 다른 역할을 최저임금에 부여하고 있다. 26호와 99호의 두 조약이 보충적인 최저임금 결정기구에 주목하고 있는데 비해서, 131호 조약은 포괄적인 적용범위를 상정(想定)하고, 실제로 유효한 최저임금의 결정을 비준국에 요구하고 있다. 26호 조약의 문제점을 수정해서, 현대적으로 개선한 것이 131

호 조약이라 할 수 있다. 그런데, 이 131호 조약과 135호 권고에는, 「개발도상국에 있는 나라를 특히 고려한」이라는 용어를 쓰고 있으나, 내용적으로는 일반적인 노동기준인 것이다.

### (2) 賃金保護

노동자의 임금보호가 제2의 영역이 된다. 임금보호에 관한 95호조약 · 85호권고는, 임금의 지불형태를 규정하고, 노동자에게 신속하고 완전한 형태의 임금이 지급되도록 보장하는 것을 규정하고 있다. 임금의 중간착취를 막고, 본의 아닌 노동을 강제당하지 않게 하기 위하여, 노동자에게 임금을 자유롭게 쓸 수 있는 권리를 갖도록 하고, 쿠폰이나 약속수표 등에 의한 임금지불의 금지, 현물급여의 인정 범위 등도 정하게 하고 있다. 또, 이 조약은 기업이 도산했을 경우에는, 노동자의 임금채무에 우선적 지위가 주어지도록 하고 있다. 이 임금채무의 문제를 보다 포괄적으로 취급고 있는 것이 1992년의 노동자 채권보호조약(173호 조약 및 180호 권고)이다. 이 신조약은 노동자채권에 대한 우선권의 내용을 규정하고 있다. 우선권의 순위에 대해서는, 임금 · 퇴직수당 등은 국세나 사회보험료 보다 우선적으로 취급한다는 것을 의무로 하고 있다. 그리고 이 조약은 임금기금과 같은 공적인 보증기관이 지불을 보장하도록 규정하고 있다.

1949년에 채택된 94호 조약과 84호 권고 「공계약에 있어서의 노동조항」은 공공사업에 있어서의 노동자 보호규정의 준수를 의무화하고 있는 것이다. 정부나 자치단체 등에서 공공사업에 대한 계약을 체결할 때, 기업이 낮은 임금으로 노동코스트를 내려서, 계약을 획득하려고 하는 행위등을 금지하고 있다.

구시대의 낡은 제도라고 할 수 있는데, 미국 등에서는 아직도 여성이나 흑인 등의 마이너리티(minority: 소수) 그룹의 고용증대를 위하여 종종 사용되고 있는 제도라고 볼 수 있다.

### (3) 同一賃金 · 均等待遇

제3의 영역은 동일임금 또는 균등대우의 원칙에 관한 기준이다. 이 중 가장 유명한 것이 「남녀의 동일임금(100호 조약 · 90호 권고)」이지만, 이 기준은 최근에 와서 차별의 항목으로 취급되는 일이 많아서, 이 장에서는 설명하지 않기로 했다. 그러나 균등대우의 원칙은 수많은 ILO조약 · 권고에서 볼 수 있는 조항이라고 하는데서 유의할 필요가 있다. 플랜테이션 노동자, 이민(移民) 노동자에 관한 균등대우 중에는, 임금면에서의 균등대우가 포함되어있다. 최근에는 1994년의 파트타임 노동(175호 조약 · 182호 권고)이 임금 · 노동 조건면에 있어서의 균등대우에 대하여 자주 지적되고 있다.

임금보호나 공계약에 있어서 노동조항은, 제도의 차이 등으로 인해 아직도 비준을 하지 못하고 있는 나라도 많이 있다. 노동자 채권에 관한 조약도 같은 처지에 있는 것 같다.

## 제2항 最低賃金決定機構

앞에서 말한 것처럼 최저임금에 관한 국제노동기준은 매우 성격이 다른 두 가지 기준으로 되어있다. 제2차 대전 前에 작성된 26호 조약(1928년)은 당시의 선진공업국의 주류라고 하는 사고를 바탕으로 해서 정해진 것인데 비해, 1970년의 131호 조약은 발전도상국의 사정을 고려하면서 26호 조약의 약점을 강화하는 목적에서 채택되었다. 이 두 기준의 사이에서 40년 동안, 각국의 최저임금제도가 크게 변화했다는 표증이기도 하다. 거기서, 각국의 최저임금제도의 발전상황을 개관해보기로 하자, 1928년의 시점에서는, 우선 최저임금 제도를 보유하고 있는 나라가 적었다. 불과 오스트레일리아, 뉴질랜드, 영국 등이 최저임금 제도를 활용하고 있었다. 그런데도 내용적으로는 이들 나라에서도, 최저임금의 역할을 달리하고 있었다. 오스트레일리아, 뉴질랜드의 경우는 독특한 중재제도의 일부로써 최저임금이 정해져 있었다. 결국 산업별의 협의(중재)내에 산업전체를 적용범위로 하는 최저임금이 제도화되고 있었다. 이에 비해서, 영국의 최저임금은 노사간의 단체교섭이 기능하지 않거나, 만약 그것이 존재하지 않을 경우에는, 임금위원회법에 따라 극단의 저임금을 배제하려고 했던 것이다. 기존의 제도(단체교섭)에는 간섭하지 않고, 시장의 약자라고 볼 수 있는 저임금 노동자에게 최저의 임금 · 노동조건을 확보하는 것을 목표로 하고 있었다. 따라서 적용범위가 좁고, 보호되어야 할 노동자의 수도 한정되어 있었다. 이러한 영국의 최저임금제도가 1928년의 26호 조약의 모델이었던 것이다. 1930년대 이후, 달라진 최저임금제도가 선진국뿐만 아니라, 발전도상국에서 발달했다. 1930년대에는 멕시코, 브라질, 코스타리카, 우루과이 등에서 지역별 최저임금제도가 확립되었다. 이것은 공권력이 적극적으로 임금결정에 개입했고, 지역의 직업별 최저임금을 규정하면서 발전했다.

전국일률의 최저임금은 주로 제2차 대전 후, 주요국으로 보급되었지만 선진적인 케이스로는 미국의 최저임금법(1938년)을 들 수 있다. 이 법은 루즈벨트대통령의 뉴딜 정책의 일환으로 최초에 성립되었는데, 현재까지 계속되고 있다. 連邦수준에서 시간당 법정최저임금액이 정해졌고, 그것이 광범위하게 노동자를 커버했다. 제2차 대전 후에는, 프랑스, 스페인, 네덜란드 등도 일율적인 최저임금을 채택했다. 프랑스의 경우는, 전후의 임금통제를 해제했을 때에서도 하한인 최저임금만은 노동조합의 강력한 요청 등으로 인해 남게 되었는데, 현재까지 이어지고 있다. 그리고 1960년대에는 많은 신생아프리카제국도 적극적으로 최저임금을 제도화했다. 이들 도상국의 나라들에서도, 공업화가 미발달했던 곳이 많고, 최저임금의 대상이, 실질적으로는 다국적인 기업, 국영기업의 경우가 많았다. 이와 같이, 각국의 최저임금제도는 시대의 흐름에 따라 그 형태나 역할이 변화했다. 전체적으로는, 26호 조약에서 상정했던 것처럼, 단체교섭의 보완이라는 한정된 역할에서부터, 저임금노동자 전체에 대한 안전의 변화를 느끼게 되었다. 그래서 적용범위의 확대에 따라 최저임금제도가 그 나라의 경제전체에 주는 영향도 증대되었다. 그리고 사회보장 등이 미정비된 발전도상국에 있어서는, 최저임금제도에 과도한 역할마저 주어지고, 인프레와 소득차의 확대(농민과 도시노동자)를 자초한 예도 있다. 이와 같은 각국의 실태와 그 추이로 새로운 조약이 생겨났다고 할 수 있다.

그러면, 여기서 보다 구체적으로 최저임금에 관한 ILO조약 · 권고의 내용을 살펴보자.

### (1) 26호 條約과 99호 條約 및 부수되는 勸告

26호 조약은, 기본적으로 최저임금을 단체교섭제도의 보충적인 역할로 하고 있다. 결국, 단체교섭이 제도화 되어있지 않은 저임금산업에 있어서 최저임금제도를 창설하는 것이 26호 조약의 주된 대상이었던 것이다. 이 26호 조약의 제1호에서는, 「노동협약 기타의 방법에 따라, 임금을 유효하게 하는 제도가 존재하지 않는 약간의 산업 또는 산업의 부분(특히 가내노동의 산업)에서, 예외적으로 임금이 낮은 부문에 사용되는 노동자를 위한 최저임금율을 결정할 수 있는 제도」라고 규정하고 있다. 이것은 1920년대에 주류였던 영국형의 최저임금이 모델로 되어있다는 것을 보여준다. 일반적으로 임금은 노사의 교섭에 따라 정해지는 것이 원칙이지만, 가내노동 등의 노동자가 조직화되어있지 않은 저임금부문에서는, 공적인 개입에 의한 임금결정이 필요하다. 그 때문에 저임금 산업에 관해서, 최저임금심의회와 같은 기관이 설치되어야 한다는 것이, 제1조의 취지인 것이다. 그런데 26호 조약의 적용범위는 주로 제조업과 상업에 있었다.

#### ■ 26호조약 · 30호권고

26호 조약에서는, 최저임금제도의 성질 · 형태 또는 운용방법을 가맹국의 자유에 맡기고 있으나, 3가지 조건을 붙이고 있다. ① 관계되는 사용자 및 노동자대표와 최저임금결정제도를 적용하기 전에 협의한다. ② 사용자 및 노동자는 대등한 人數 · 條件에서 최저임금제도의 운영에 참여한다. ③

결정된 임금율은 인하 할 수 없다. 그리고 이들 조건의 준수를 보장하기 위하여, 필요한 감독 제재조치를 설정한다. 또 불법으로 최저임금 이하의 임금을 받은 노동자에게는 부족액의 지불을 받을 권리를 인정한다고 규정하고 있다.

이 26호 조약에 부수되는 30호 권고에서는, 몇 가지 보충적인 조항을 정하고 있다. 먼저 적용범위로는, 여성이 많이 고용되어있는 산업에 최저임금제도를 설치하는 것이 바람직하다고 하고 있다. 또 최저임금결정을 위하여, 사용자와 노동자대표가 대등한 입장에서, 논의에 참가하고, 결정에 참여한다는 것, 중립적인 위원의 선출에는 노사의 협의와 가능하면 그 승인이 필요하다고 규정하고 있다.

최저임금의 결정기준에 대해서는, 해당되는 노동자가 적절한 생활수준을 확보할 필요성을 배려해야한다고 기록하고 있다. 그러기 위해서는, 유사한 노동에서 노동협약(단체협약)이 존재하는 산업의 임금, 또는 그 나라나 지역으로 봐서 일반적이라고 인정되는 임금을 참고로 해야 한다고 하고 있다.

■ **99호조약 · 89호권고**

1951년의 99호 조약은, 원칙적으로는 26호 조약을 농업 노동자에게 적용했던 것이다. 즉, 농업적사업 및 업무에 있어서, 최저임금율을 결정하는 제도를 설치하는 것이 의무로 되어있다. 단지 가족종사자와 같은 사람들에게는, 적용제외가 인정된다. 또 농업노동자라는 특수성을 고려해서, 최저임금의 일부를 일정한 조건하에서, 현물급여로 지불하는 것을 인정하고 있다. 예외적인 조항으로, 「권한 있는 기관은, 신체 또는 정신에 장애가 있는 노동자의 고용기회의 감소를 방지하기 위하여, 필요한 경우에는, 개별적으로 최저임금율의 제외를 인정할 수 있다」는 문구가 들어가 있다. 이외에, 노사대표의 최저임금결정에 관한 참가, 최저임금의 감독, 제재조치 등은 26호 조약과 같다.

87호 권고는, 최저임금의 결정기준에 대하여, 새로운 조항을 두고 있다. 최저임금을 결정하는데 고려해야할 요소로써, 다음과 같은 것이 列記되어 있다. ① 생계비, ② 제공된 노무에 대한 공평하고도 적절한 가치, ③ 농업에 있어서의 같은 노동에 지불되는 협약임금, ④ 같은 지역에서 같은 기능수준의 노동에 지불되는 임금의 수준 등을 들고 있다.

### (2) 131호 條約과 135호 勸告

1970년에 채택된 131호 조약과 135호 권고는 부제(副題)를「개발도상에 있는 나라를 특히 고려한 최저임금의 결정」이라고 하고 있다. 이것은 이 기준을 작성할 때 개발도상국의 상황을 염두에 두었다고 하는 의미일 분, 적용범위를 발전도상국으로 제한한다고 하는 취지는 아니었다. 또 旧조약을 개정하는 것이 아니라는 것도 명기되어있다. 그렇기 때문에 구래의 최저임금의 기준을 강화하기 위한 조약 · 권고로 해석하는 것이 맞을 것 같다. 新기준은 3가지 조항에 대하여 혁신적이다. 제1조에서는, 최저임금의 적용범위를「고용조건에 비추어, 대상으로 하는 것이 적당한 임금노동자 모두의 집단에게 적용되는 최저임금제도의 설치」라고 하고 있다. 결국, 최저임금의 일반적인 적용이 원칙이 되고 있어, 旧來의 기준과 같은 특별히 임금이 낮은 노동자라고 하는 한정이 없다는 것이다. 직종 · 산업 · 지역 등과 관련 없이, 최저임금에 따른 보호를 필요로 하는 모든 노동자를 커버하는 최저임금의 설치가 비준의 요건이 되는 것이다. 제2의 新조항으로는, 최저임금의 결정과 수시조정(隨時調整)의 필요라는 것이 있다. 제4조에는, 최저 임금율은 필요에 따라 수시 개정되지 않으면 안 된다는 것이 명기되어있다. 제3의 신조항으로서, 최저임금의 결정기준이 있다. 제3조에는 (a) 노동자 및 그 가족의 필요에 따라, 국내임금의 일반수준, 생계비, 사회보장급부 및 타의 사회적 집단의 상대적인 생활수준을 고려하고 있다는 것, (b) 경제적 요소(경제개발상의 요청, 생산성의 수준을 비롯해서, 고수준의 고용을 달성하고, 그리고 유지하는 것...)의 두 종류를 결정기준으로 제시하고 있다. 즉, 최저임금의 결정에 있어서는, 노동자와 그 가족의 니즈와 경제적 요소의 양측면을 고려할 필요성을 지적하고 있다. 물론 이들의 결정기준은 절대적인 것은 아니고, 「국내관행 및 국내사정과의 관련에 있어서 가능하고 적당한 한, 다음의 것을 포함한다」고 기록되어있다. 이 결정기준에 있어서 주목되는 것은, 먼저 경제적 요소라고 하는 경영측의 요소와 노동측의 요소와의 밸런스를 강조하고, 기준의 내용을 일반화 하고 있다는 것이다. 어느 의미에서, 절대적인 기준은 없고, 상황에 따라서 판단한다고 하는 필요성이 제시되었다. 그렇지만, 노동자 이외에 그 가족이라는 표현을 사용하고 있다는 것이 눈에 띤다. 독신의 노동자가 아니고 가족을 지원하는데 필요한 임금이 최저의 니즈가 된다는 것이다.

이상의 3가지 점을 제외하면, 신조약과 권고는, 구래의 기준을 재확인하고 있다. 최저임금은 법적효력을 가지고 있어, 인하할 수 없다. 또 최저임금의 적용을 보장하기 위하여, 적절한 감독 등의 조치를 취해야 한다. 사용자 단체 및 노동자 단체의 대표는, 최저임금결정제도의 운용에, 평등한 입장에서, 직접 참가해야 한다는 등의 사실이 있다. 이외에도, 단체교섭의 자유는 충분히 존중되어야한다고 명기되어있다. 付隨된 135호 권고는, 조약의 보충적인 조문으로서, 최저임금결정의 목적, 최저 임금율을 결정하기 위한 기준, 최저임금제도의 범위, 제도의 내용, 최저임금의 개정 등이 기재되어있다.

### 제3항 賃金保護

임금은, 노동자와 그 가족으로 봐서 생활의 양식 바로 그것이고, 그 신속한 지불은 생활을 위한 기본조건인 것이다. 또 임금의 중간착취를 막고, 본의 아닌 노동을 강요당하지 않도록 하기 위하여 노동자에게는 임금을 자유롭게 사용할 권리가 보장되어야 한다. 또, 현물급여가 인정되는 범위 등 델리게이트한 문제가 포함되어 있다.

임금의 보호에 관한 일반적인 기준으로서는, 1949년의 95호조약과 85호 권고가 있다. 그 중 95호 조약은, 문제의 성질상 매우 상세한 의무규정이 많아서, 비준을 어렵게 하는 면도 있다. 그렇지만, 최근 들어 이 조약의 비준은 상당히 증가했고, 1999년 6월 현재 비준수는 합계 94(그 중 폐기한 것이 하나, 영국을 포함)로 되어있었다.

### (1) 95호 條約

95호 조약에서는, 먼저 임금의 정의부터 하고 있다. 임금은 명칭 또는 계산방법의 여하를 불문하고, 금전으로 평가할 수가 있고, 쌍방의 합의 또는 국내법령에 따라 정해진 노동의 대가로서의 보수 혹은 소득이라고 본다. 따라서 현물급여도 임금의 일부가 된다. 제2조에서는, 허용할 수 있는 적용 제외의 노동자로서 가내노동자 등을 들고 있다.

제3조는, 일반원칙으로서, 임금은 법화(法貨)로 지불되는 것으로 하고, 약속어음, 채용증서 혹은 쿠폰 등의 지불을 금지하고 있다. 단지, 나라의 공적기관은 은행수표, 우편수표 · 우편위체 등에 의한 지불이 습관화되어 있어서, 관계노동자의 동의가 있을 때에는 인정되고 있다.

제4조는 현물급여의 조항으로 현물급여가 습관화하고 있는 산업이나 직업에서는, 국내의 법령 혹은 노동협약 등에 따라, 임금의 일부를 현물로 지불하는 것을 허가하고 있다. 또, 현물급여의 조건으로서, 술은 안 된다는 것, 현물급여가 노동자와 그 가족에게 이익이 된다는 것, 그리고 현물급여의 평가가 공정하고 타당해야한 다는 것 등을 명기하고 있다.

제5조는 일반원칙으로서, 임금은 노동자에게 직접지불하지 않으면 안된다고 하고 있다. 중개업자나 대리인에 의한 임금의 지불을 금지하고 있는 것이다. 그리고 6조에서 사용자는 노동자 자신의 임금을 자유롭게 사용하는 것을 조금이라도 제한해서는 안 된다고 하고 있다. 또 7조에서 공장매점은 노동자의 이익이 되는 경우에는 영업이 인정되지만, 그러한 경우라도 매점이나 시설의 이용을 강제해서는 안 된다.

임금으로부터의 직접공제는, 법률 혹은 노동협약(단체협약) 또는 중재재정에서 정하는 조건 및 범위에서만 허용된다. 노동제공을 목적으로 한 공제(선불)는 금지된다. 임금의 차압 또는 양도는 국내법규에서 정하는 방법과 한도내에 있어서만 인정된다. 단지 노동자 및 그 가족의 생활에 필요한 한도는 차압과 양도로부터 보호된다.

그리고 기업이 도산되었을 때에는 일정한 기간 중에 제공한 노동에 지불해야 할 임금은, 우선적 채권으로서 취급하지 않으면 안된다는 것으로 한다. 우선권을 가진 임금은, 타의 채권의 전에, 노동자에게 지불해야 하는 것으로 되고, 우선적 채권순위는 나라의 법률에 따라서, 정해지는 것으로 한다. 이 임금채권의 우선순위의 문제로 발전한 것이 1992년에 ILO가 채택한 조약과 권고라 할 수 있다.

제12조는 임금의 정기적인 지불의 원칙을 명시한 것으로서, 지불의 간격은 법률이나 노동협약에서 정하는 것으로 하고 있다. 노동계약의 종료시에도 적당한 기간 내에, 최종결제가 행해지지 않으면 안 된다. 그리고 현금에 의한 임금의 지불은, 일반적으로 일하는 날에 작업장 또는 그 가까이에서 지불하도록 의무화되어있다. 음식점 등에서는 임금지불이 금지되어 있다. 임금의 명세는, 노동자에게 알릴 필요가 있는 것으로 이 조약에 규정되어 있다. 끝으로, 이 조약에서 규정하고 있는 국내법을 관계자에게 알릴 수 있도록 하는 것, 위반자에 대하여 벌칙규정을 법률에서 정하도록 하는 것으로 되어있다.

### (2) 85호 勸告

이 조약과 동시에 채택된 85호 권고는 임금으로부터 공제가 인정되는 범위, 임금지불의 정기성, 임금조건의 노동자에의 통고, 임금명세서, 임금명세서나 임금대장, 공장내 매점의 관리에 관한 노동자의 참가 등에 관한 보충규정을 하고 있다. 이 중, 임금으로부터의 공제로서, 노동자의 과실이 책임으로 또는 도구나 재료 등의 파손이 생겼을 경우, 그것들의 공제가 타당한 금액이 되어야 한다고 보고, 몇 가지 보호조항을 열거하고 있다. 임금지불의 정기성에 대해서는, 시급 · 일급 · 주급 · 의 노동자에 대하여, 적어도 월에 2회는 임금을 지불해야 한다고 되어있다. 월급 또는 연봉인 노동자에게는 적어도 월에 1회에 지불을 필요로 하고 있다. 또, 2주간을 초가하는 청부노동의 경우에도, 2주간에 1번의 임금의 일부지불을 필요로 하게 된다.

노동자에 대한 임금조건의 통고에서는, 적어도 (a) 임금율, (b) 임금의 계산방법, (c) 지불의 기간, (d) 지불의 장소, (e) 공제를 하게 된 조건이 제시되어야 한다고 하고 있다.

### 제4항 公契約에 있어서의 勞動條件(94호條約 · 84호勸告)

공공사업은 일반적으로 공적기관과 민간기관과의 공계약에 의해 수행된다. 이 계약은 통상, 가장 저렴한 조건을 제시한 기업과의 사이에서 이루어지기 때문에, 공계약을 수주하려고 하는 당사자는 낮은 임금에 의해 코스트가 삭감될 가능성이 있다. 그러나 한편의 계약당사자인 공적 기관은 모델 사용자로서, 도의적인 비판의 대상이 되는 것을 피해, 민간기업의 모범을 보이게 할 필요가 있다. 그래서 공계약 내에 적정한 노동조건을 삽입해서 공정조건을 확보하고, 저임금을 제거하는 것이 이 조약의 목적으로 되어있다. 한국에서는 보기 드문 제도지만, 미국 등에서는, 여성이나 흑인, 기타 마이너리티 그룹의 고용증대를 위해서 종종 사용되고 있는 제도인 것이다. 인사정책의 개선노력이 없는 경우, 연방정부 등으로부터 공적계약이 중단될 가능성도 있기 때문에, 미국의 많은 대기업은 적극적으로 마이너리티(소수)의 채용증가나 임금격차의 개선을 시도하고 있다는 사실을 볼 수 있다.

### (1) 94호 條約

그런데 1949년에 채택된 94호 조약은, 공적기관이 일방의 당사자로서, 공적기관에 의한 자금의 지출이 있고, 한편 계약을 청부받은 기업이 노동자를 고용해서, 토목공사나 건축, 재료나 장치 등의 제작, 노무의 제공 등을 하게 되는 모든 계약이 적용된다. 관련되는 사용자 및 노동자 단체와 협의해서, 일정한 한도를 초과하지 않는 액의 지출을 수반하는 공계약은 적용을 제외하도록 인정되어있다.

다음으로 이 조약의 주목적인 적정한 임금, 노동조건의 항목이 들어있는 이 조약이 적용되는 공계약에서는, 노동협약 · 중재재정이나, 국내법규 또는 규칙에 따라 동종의 노동에 대하여 정해진 임금(제수당을 포함), 노동시간 기타의 노동조건보다도 낮은 조건을 정해서는 안 된다. 이 조약에서는 또, 노동자의 건강 · 안전 · 복지에 관한 공평하고 합리적인 조건을 확보하기 위한 조치를 취하도록 하는 것이 의무화되어있다. 그리고 조약을 실시하기 위한 문서의 공개, 감독, 제재조치 등이 정해져 있다.

### (2) 84호 勸告

이 조약을 보충하는 84호 권고에서는, 사적(私的)사용자가 보조금을 교부받거나, 공공사업을 하게되는 허가를 받고 있는 경우, 공정한 대우의 원칙이 적용되어야 한다고 하고 있다.

이 조약의 비준은, 1999년 6월 현재 59개국 밖에 안 되는 비율이 낮은 숫자에 머물러 있다(영국에서는 비준을 폐기했다). 공계약 내에 노동조항을 두게하는 습관이 없는 나라들에서는, 이와 같은 조약의 비준이 어려울지도 모른다. 그런데 이 조약을 적용하기 위해서는, 일반노동자를 커버하고 있는 최저임금, 노동시간, 기타의 노동조건에 관한 법률로는 충분하지 않고, 개개의 공계약에 노동조항이 포함될 수 있는 특별한 조치가 필요하게 된다.

## 제5항 勞動者 債權의 保護

기업의 도산 절차가 개시되면, 기업이 소유하는 자산이 매각되고 채권자에 대한 반제가 시작된다. 이 때에, 채권의 우선순위가 통상 큰 문제로 등장된다. 법률 등에 따라, 노동자의 임금의 不拂에 대한 우선이 정해져있지 않으면, 은행이나 거래선(去來先)인 기업 등의 채권을 무리하게 모아서(collect), 유리한 입장에 서게 된다. 그래서 노동자로 봐서는 생활의 양식이라고 할 수 있는 임금채권을 보장받기 위해 당연히 어떠한 국가적인 보호를 필요로 하게 된다.

이러한 점에서, 95호 조약의 제11조에는, 임금을 우선적 채권으로 해서 취급하지 않으면 안 된다고 하고 있으나, 임금과 타의 우선적 채권과의 우선순위는 국내의 법령으로 정한다고 하는 규정만으로 되어있었다. 1992년의 79총회에서, 많은 논의 끝에 채택된 173호 조약과 180호 권고가, 이 우선 순위의 내용을 국제적기준으로 정하게 된 것이다.

### (1) 173호 條約

이 노동자채권의 보호에 관해서 규정하고 있는 신조약은 3개 부분으로 구성되어있다. 제Ⅰ부분은 절차규정으로 되어있고, 제Ⅱ부분은 노동자채권의 우선순위의 문제, 제Ⅲ부분은 임금기준과 같은 보증기관에 대하여 언급하고 있다. 비준은 제Ⅱ부 혹은 제Ⅲ부의 한쪽만을 비준 할 수도 있다.

또, 신조약의 제Ⅱ부를 비준하게 되면, 95호 조약의 11조에 따른 의무를 종료하는 것으로 보고, 95호 조약의 개정이라고 하는 것을 명확히 하고 있다.

특히 제Ⅱ부는 우선권의 내용을 규정하고 있다. 먼저, 노동자 채권은 우선권에 의해, 보호되는 것이라고 하고 있다. 다음으로는 노동자채권의 최저의 범위를 명기하고 있다.

(a) 지불불능인 이전의 임금에 대한 노동자채권(기간은 적어도 3개월 이상), (b) 지불불능의 해(年) 및 그 前年의 유급휴가에 대한 채권, (c) 유급휴가 기간의 임금, (d) 고용종료때에 노동자에게 지불되어야 할 퇴직수당으로 되어있다. 다음으로 국내법령은, 노동자 채권의 상한을 정할 수 있도록 하고 있다. 이 상한은 적어도 사회적으로 용인할 수 있는 것으로 조건이 붙어있다. 우선권의 단위는 제8조에서「국내법 또는, 노동자채권에 타의 대부분의 우선적 채권, 특히 국가 및 사회보장제도 보다 높은 순위의 우선권을 주도록」규정하고 있다. 결국, 국세나 사회보험료 보다도 노동채권이 우선적으로 취급되는 것을 의무화하고 있다.

노동자채권의 우선권이 인정된다고 하더라도, 실제로는 자산이 빈약해서 지불불능의 상태에 있는 경우가 많은 것으로 상상된다. 그래서 임금기금과 같은 공적인 보증기관에 의한 보증이 필요하게 된다. 173호 조약의 제3부는 이와 같은 보험기관의 문제를 취급하고 있다.

이 보증기관의 운영 · 조직 등은 이 조약에 부수되는 권고에 포함되어 있고, 일반원칙만이 조약 내에 들어있다. 그 원칙의 중심은 사용자가 지불불능일 때에는, 공적인 보증기관이 지불을 보증한다고 되어 있다.보증의 대상이 되는 노동채권은, 다소 제Ⅱ부와 달라서 (a) 지불불능의 전, 또는 고용종료 전의 임금(적어도 8주간 이상), (b) 지불불능 전의 6개월 이상의 유급휴가에 대한 노동채권, (c) 유급휴가기간에 있어서의 임금(적어도 8주간), (d) 퇴직수당 등이 포함되지 않으면 안된다.

### (2) 180호 勸告

이 조약에 부수되는 180호 권고에는, 매우 상세한 규정이 포함되어있다. 특히 주목되는 것은, 보호되는 채권으로서, 노동재해, 사회보험제도에 대한 거출금, 혹은 산업수준에서의 노동자의 생활에 영향을 주는 기금에의 거출금 등이 열거되어있다.

또, 이 권고는 보증기관의 운영의 원칙에 대해서도, 몇 가지 규정을 두고 있다. (a) 보증기관은, 관리상 · 재정상 및 법적으로 사용자로부터 독립되어 있다는 것, (b) 보증기관의 재원에 사용자는 공헌해야만 한다는 것, (c) 지불 불능한 사용자가 보증기관에 거출하지 않고 있을 때에도 노동자 채권을 보호한다. (d) 보증기관은, 사용자의 책임에 대하여 부차적 책임을 진다. (e) 기금은 당해 목적에만 이용된다.

이와 같이 권고는 기금의 운영원칙에 대하여 규정하고 있으나, 각국 간의 법제도의 차이가 있을 때에는 기존의 기금과 기술적인 문제가 있다는 것도 예상된다.

## 제2절 勞動時間 · 休日 · 休暇

### 제1항 노동시간기준의 역사

#### (1) 勞動時間基準의 槪要

「장시간노동으로부터의 해방」이라는 노동자의 절규는 19세기를 통해서 일어난 노동자의 최대 요구조건이었고, 노동조건 개선의 상징이다. 국제적 노동운동의 시대를 획으로 한 제1인터내셔널의 제1회 회의(1866년)에서는 「1일 8시간」이라는 노동시간 규칙의 요구가 결의되었다. 또, 1884년의 미국 최초의 메이데이에 등장한 최대의 요구와 슬로건도 「1일 8시간 노동」이었다. 그 후, ILO의 창설에 이르기까지, 중단되지 않고 「1일 8시간」 「주 48시간 노동」은 노동운동을 이끌어가는 슬로건이 되었다.

1919년 10월에 최초의 ILO총회가 워싱턴에서 개최되었을 때, 당연하게도, 노동시간(공업)의 의제가 상정 되었는데 여기서 "ILO 1호 조약"이 채택되었다. 1호 조약은 일반적인 기준으로서 노동시간을 1일 8시간, 주48시간을 초과해서는, 안된다고 규정하고 있다. 제1차 세계대전의 초기에는, 공업에 있어서의 1일의 노동시간이 유럽의 선진국에서도 10시간이 일반적이었던 상황을 생각하게 된다면 1호 조약은 실로 야심적인 국제기준이었다. 오랜 전쟁의 결과 ILO의 창설, 노동운동의 발생이라는 특수한 사정을 제외한다면, 1919년에 태어난 1호 조약의 탄생을 생각할 수 없었을 것이다.

1호 조약은 원칙적으로 노동시간을 1일 8시간 주48시간으로 하고 있으나, 많은 예외가 인정되고 있는 경우를 볼 수 있다. 예를 들면, 감독 또는 관리의 지위나 기밀의 사무를 처리하는 자에게는 적용되지 않는다. 또 週중 1일 또는 그 이상의 날의 노동이 8시간 보다 적을 경우에는, 1일 1시간을 초과하지 않는 범위에서 노동시간을 길게 할 수가 있다. 또 초과근무에 대해서는, 사용자 및 노동자단체와 상담한 후, 허용되는 최장근무의 한도를 규정하여야 한다. 그 초과노동에 대해서는, 적어도 25%의 할증된 임금이 지불되어야 한다. 그런데 이 조약은 공사의 공업적기업의 노동자가 적용대상이 되었는데, 그 후에 와서 상업 및 사무소의 노동시간에 대해서도 유사한 기준이 1930년에 30조약으로 채택되었다. 1호 조약과 마찬가지로 1주 48시간, 1일 8시간(단지 주와 일이라는 순서는 역전하고 있다)이 원칙이지만, 1일의 최장시간이 10시간을 초과하지 않는 한도에서, 주내의 조정이 인정된다는 점이 다르게 되어있다.

이 1일 또는 1주간의 노동시간에 대응하는 모양으로, 주휴의 기준도 1921년에 14호 조약으로 규정되어있다. 이 조약은 7일의 기간마다 한번, 적어도 계속 24시간의 휴식을 노동자에게 주도록 규정하고 있다. 그래서 그 휴무는 당해 기업의 모든 노동자에 대하여, 가능한 한 동시에 부여하고, 지역의 전통이나 관습에 따라 가능하면 날이 일치되도록 하고 있다. 조약의 적용범위는, 1호 조약과 같은 공업적기업의 노동자가 대상이다. 상업 및 사무소의 노동자에 관해서는, 제2차 대전 후인 1957년에 같은 기준이 채택되었다. 그런데 조약과 동시에 채택된 103호 권고에서는, 주휴의 최소한의 기간이 36시간으로 되었다.

## ■ 勞動時間基準의 課題

이와 같이 노동시간 · 주휴라고 하는 노동조건의 중심적인 기준은, 주로 1919~1921년의 ILO창설기에 작성되었다. 그런데 그 후의 노동시간에 관한 ILO의 활동은 많은 어려움을 겪어왔는데, 오늘에 와서는 국제노동기준의 작성 · 개정의 가장 늦어진 분야로 되어있다. 그 원인으로는 주로 두 종류의 장애를 지적하고 있다. 먼저 기술적으로 노동시간은 획일적이고 국제적인 규제를 하기가 실로 곤란한 분야라고 하는 것이다. 산업에 따라 생산 활동은 큰 차이가 있고, 계속적인 생산을 하고 있는 공장(전력, 중공업 등)에서부터 노동형태가 다양화 하고 있는 서비스업(교통 · 의료 등)에 이르기까지 획일적으로 제한하는 데는 무리가 있다. 그리고 노동시간의 결정을 보더라도 많은 선진국에서는, 노사간의 교섭에 맡겨(위임)지고 있는 노동자치의 영역이 많고, 법률에 의한 규제는 예외적이다(미국, 프랑스, 일본 등). 따라서 週單位 혹은 1일의 최장노동시간의 규제는, 기술적으로 매우 곤란하다. 그러나 뭐라해도, 최대의 장애는 경쟁조건의 악화를 두려워하는 사용자나 정부의 강한 반대인 것이다. 그들은 규제색이 강한 ILO조약이 채택되면, 그 조약을 비준하는 나라와 비준을 하지 않고, 장시간 노동을 인정하는 나라와는 큰 코스트의 차이가 나오게 될 것을 염려하게 된다. 그리고 「노동시간의 제한」과 동시에 1일 혹은 1주간의 최장노동시간이 고정되어, 생산 활동의 유연한 변화가 저해되는데 대해서도 반대하고 있다. 1일 10시간×4일이나, 주말12시간×2일과 같은 노동시간 편성의 필요성을 주장하는 경영자의 입장에서 보면, 일률적인 1호 조약의 기준은 인정되지 않는다. 따라서 코스트에 영향을 받기 쉬운 노동시간의 규제에는 사용자, 정부의 반대가 강하다는 것이 통례로 되어있다.

## ■ 勞動時間規制의 展望

1920년대부터 노동시간에 관한 ILO활동은 정체되었다. 유명한 1호 조약은 가맹국의 발효(2개국 이상의 비준이 조건이었다)했으나, 그 비준은 좀처럼 진행되지 않았다. 1930년 이 후, 일부의 농업(炭坑, 자동판유리 등)에서는 산업별 노동시간의 기준을 작성했는데, 그러한 시도도 성공하지 못했다. 겨우 제2차 대전 이 후에와서는, 상당히 특수한 워크셰어링(work sharing)에 배려한 1935년의 47호 조약이 채택되었다. 이 조약은 생활수준을 저하시키지 않고 주40제 시간제를 승인하는 것을 선언하고, 그러기 위해서 적당한 조치를 취한다(이 1항만의 조약)고 규정했다. 제2차 대전 후에도 노동시간에 관한 기준은 실패를 계속했고, 유일한 성과로는 1962년에 사회기준으로서 40시간까지 점진적으로 단축한다는 것을 내용으로 한 116호 권고가 채택된 것으로 그치고 있다.

이 권고 채택에의 경위가, ILO에 있어서의 노동시간 기준의 개정에 관한 어려움을 잘 말해주고 있다. 1961년의 총회에 있어서, 주 40시간으로의 시간 단축을 명시한 조약안은 총회최종일의 투표에서 사용자측 그룹을 중심으로 한 기권전술로 인해 채택에 필요한 투표수를 확보하지 못하고, 부결이라고 하는 해프닝(happening)이 일어나고 말았다. 그 다음해 주40시간이라는 말을 조약의 본문에 삭제하고, 전문에서만 40시간조약으로 언급한다고 하는 타협에 따라, 겨우 1962년에 권고로 성립되었다. 그래서 현재까지 이 116호 권고가 일반적인 노동시간단축에 관한 최후의 ILO기준 설정의 시도에 그치고 있는 것이다. 이러한 가운데, 선진공업국에 있어서의 노동시간은 급속히 단축되었다. 특히 1960년대에 주휴2일제 주40시간제가 많은 나라에서 실현되었다. 그리고 1970년대 이후에는 독일, 벨기에 그리고 근래에 와서 프랑스 등에서, 워크셰어링을 위한 노동시간 단축이 추진되고, 상당한 수의 나라에서 주 평균적 노동시간은 40시간을 하회해서 35시간에 가까워지고 있는 것이 현상인 것 같다. 현재의 국제노동기준은 이와 같은 선진국의 수준에 크게 떨어지고 있어, 기준의 개정을 기다려야 할 처지에 있으나, 지금 ILO이사회가 노동시간과 관련되는 의제를 채택할 전망은 보이지 않고 있는 것 같다.

### (2) ILO의 休日, 休暇基準의 概要

협의의 노동시간의 기준(노동시간 · 주휴)이 진행되지 않고 있는 가운데서 또 활발한 기준작성이 이루어지고 있는 부분은 유급휴가와 夜業의 분야라 할 수 있다(야업(야간근무)에 대해서는 지면을 고려해서 뒤에서 취급하고자 한다). 유급휴가의 확대는, 어느 의미에서, 노동시간의 척도를 1년 단위로 장기화하는 의미도 포함되어있다. 연차유급휴가에 대해서 보면, 1936년의 52호 조약은 유급인 「노동자의 휴가」라고 하는 제도를 도입했다는 점에서 획기적이었다. 당시에는, 노동자의 휴가법은 구소련이나 프랑스에서 법제화되었을 정도로 다른 선진국에도 예가 없었다. 이 조약에 자극을 받아 노동자 휴가법을 만들게 된 나라도 많다. 그리고 1970년에는 132호 조약이 성립되었는데, 연차유급휴가는 1년의 취로에 대하여 3주간을 하회할 수 없다고 규정하고 있다. 이 새로운 조약에서는 몇 가지 혁신적인 항목이 있다. 먼저, 연차유급휴가의 권리가 발생하는 최저의 근무시간은 「6개월을 초과해서는 안된다」고 정해졌다. 또 연속휴가에 대해서는 「노사협정에 별단의 정함이 있는 외에는, 분할의 일부분은 적어도 2勞動週의 휴가가 되어야 한다」. 그래서 휴가 중의 급여는 「휴가에 앞서서 당해자에게 지불된다」는 것도 규정되게 되었다.

이 신조약은 연차유급휴가가 제2차 대전 후의 서유럽에서 급속히 확대된데 대한 상징인 것이다. 1964년에 2~3노동주가 일반적인 수준이었던 것이 1984년에는 4~6주간의 장기휴가가 표준이 되었다. 이 연차유급휴가의 비약적인 증대는, 주로 노동협약에 의해 달성된 것이고, 그 배경에는 서유럽의 노동자의 생활에 장기휴가의 관습이 되었던 경험이 있다. 이에 따라, 여가수요가 증가하고 새로운 연차유급휴가의 장기화로 이어졌다. 한국도 그렇지만 미국이나 일본에서도 장기휴가라는 관습은 없고, 이 132호의 조약으로부터는 상당히 떨어져있다고 본다.

1974년의 유급교육휴가조약(140호)도, 이 여가의 고도성장을 배경으로 채택되었다. 이 조약에서는, 「유급교육휴가가 현대사회에 있어서의 개개의 노동자의 참된 필요를 충족시키기 위한 한 수단으로 볼 수 있어야 한다는 것」, 그리고 「계속적인 교육 및 훈련에 점진적이고 효과적인 방법으로 실시되는 정책으로서 기획되어야 한다는 것」에 배려해서, 유급교육휴가를 부여하는 정책을 책정하고 실시하도록 규정하고 있다. 이 유급교육휴가의 목적으로서, 「모든 단계에서의 훈련」, 「일반교육 및 시민교육」, 「노동조합교육」의 3가지를 들고 있다.

#### (3) 夜業(야간업무)

여성의 야업에 관한 ILO의 보호기준은 수없이 개정의 대상이 되었다. 1919년의 4호 조약에서 시작해서, 1931년 41호 조약, 1948년의 89호 조약, 그리고 근래에는 1990년의 171호 조약의 내용이 개정되게 되었다. 초기의 조약은 여성노동자의 보호라는 시점에서, 야업에 대한 여성노동의 금지의 원칙이고 내용이었다.

그러나 여성만의 야업금지는 남녀의 기회균등을 저해할 가능성이 많고, 불필요하게 여성노동자를 불리한 입장에 있게 한다는 비판이 있었다. 최근의 171호 조약에서는 산전 · 산후의 모성보호 등에 규제의 범위를 한정하고, 남녀의 기회균등의 원칙과 전통적인 야업규제의 양립을 기획하고 있다.

### 제2항 勞動時間

#### (1) 最初의 勞動時間條約

노동시간에 관한 국제노동기준으로서는, 1919년의 노동시간(공업)조약(1호), 1930년의 노동시간(상업 및 사무소) 조약(30호), 1935년의 40시간제 조약(47호), 그리고 1962년의 노동시간단축권고(116호)가 주요한 것으로 되어있다. 이 외에 1979년의 노상운송에 있어서의 노동시간 및 휴식시간에 관한 조약(153호)도 있으나, 이것은 특수한 노동자(트럭운전수 등)에 한한 것이어서 여기서는 설명을 생략하고자 한다.

1호 조약은 먼저 적용범위를 정하며, 공사(公私)의 공업적 기업에서 일하는 자가 그 대상이 된다. 이 조약에서 공업은 상당히 폭 넓은 건설 · 운수 등도 포함된다(제1조). 노동시간은 1일에 8시간, 또 주에 48시간을 초과해서는 안 된다고 규정되어 있다. 그러나 이 조약은 여러 가지의 적용제외를 인정하고 있다. (a) 감독 또는 관리의 지위에 있는 자 또는 기밀업무를 처리하는 자, (b) 週중 1日 또는 그 이상의 날의 노동이 8시간보다 적을 경우는, 그 分을 타의 날에 추가할 수 있으나, 추가는 1일 1시간을 초과해서는 안 된다. (c) 교체제인 노동의 경우는 3주 이하의 1기간 내에서의 노동시간의 평균이 조약의 일반기준을 초과해서는 안 된다. 또, 노동의 계속성이 요구되는 공정에서는, 평균 56시간까지 인정된다. 그리고 이 조약에서는, 몇 가지 항상적 또는 임시적 적용제외를 인정하고 있다. 그 경우에는 관련단체와의 협의를 통해, 초과시간의 최대한도에 관한 규칙을 제정해야만 하고, 초과시간에 대한 임금율은 보통 임금율의 25%增 이하가 되어서는 안 된다. 사용자는 노동자에 대해서 노동시간이나 휴식시간을 공시하고, 초과노동을 기록할 의무가 있고, 조약에 정해진 시간 이외에 노동자를 사용하는 것은 위법이라고 하는 조항도 포함되어있다. 1930년의 상업 및 사무소에 관한 노동시간조약(30호)은, 1호 조약과 같은 기준을 그 때까지 적용범위에 넣지 않고 있었으나, 상업 · 사무소 · 우편 · 전신전화의 업무에까지 확대했다. 주된 적용상황은, 거의 같지만, 조정에 있어서의 1일의 최장노동시간이 10시간으로 되어있다. 특례나 초과노동에 관해서는 1호 조약과 유사한 규정이 있다.

### (2) 勞動時間의 短縮에 관한 條約 · 勸告

1935년의 40시간제 노동조약(47호)은 대불황(大不況)의 최중에 워크셰어링(work sharing)을 막게 한 아주 특수한 조약인데, 내용적으로 보면 1개조

뿐이다. 비준국은, 생활수준을 저하시키는 일이 없이 1주 40시간의 원칙을 승인하도록 선언하고, 그러기 위하여 적당한 조치를 취하도록 하는 것을 요구하고 있다. 이 조약의 역사적인 의미는 「40시간제」라고 하는 새로운 목표가 정해지게 되었다는데 있다. 1962년의 노동시간의 단축에 관한 권고(116호)는 가맹국이 「노동시간의점진적 단축의 원칙 채택을, 국내의 조건 및 관행을 비롯한 각 산업의 조건에 적절한 방법으로 촉진되기 위한 국내정책을 인정하고, 또한 실시해야한다」고 하고 있다. 또, 통상의 주노동이 48시간을 초과하는 경우는, 바로 그 이하로 내리도록 하고 있다. 그리고 권고는 노동시간의 점진적 단축을 위한 방법, 우선순위, 노동시간의 정의, 허용되는 예외, 사용자 및 노동자와의 초과노동에 관한 협의, 감독 등을 들고 있다. 그런데 이 권고의 전문(前文)에는, 1935년의 조약에서 내놓았던 원칙 40시간제를 인용하고 있으나, 권고本文에는 「40時間勞動週」라는 표현은 없다. 앞에서 말한 것처럼 1호 조약은 비준을 위해 고심해왔던 기준이지만, 오늘날에 와서는 그 비준이 60개정도에 이르고 있다(1999년 6월 현재 52개국이 비준).

### 제3항 週休

주휴에 관해서는, 1921년의 주휴(공업)조약(14호)이 현재에도 주요한 국제노동기준으로 되어있다. 주휴는 베르사유조약의 일반원칙 내에서 언급되었는데, ILO가 취급한 최초의 문제 중 하나였다. 14호 조약은 1호 조약과 유사한 형태를 취하고 있으면서 먼저, 적용범위를 정하고 있다. 우선 공업적 기업에 사용되는 노동자가 대상이 된다. 다음으로 그들 노동자는 7일간의 기간마다 한번, 적어도 계속 24시간의 휴식을 얻게 된다. 이 휴식은 당해 기업의 모든 노동자에 대하여, 가능한 한 동시에 부여하게 되고, 그 나라나 또는 지역의 전통이나 관습에 따라 정해진 날짜(경축일 · 명절)와 가능한 한 일치되도록 하고 있다. 이 조약은 예외를 상당히 인정하고 있으나, 그 경우에는 할수 있는 한 代休가 확보되어야 한다. 그 외에도, 1호 조약과 마찬가지로 사용자는 휴일 및 휴식시간을 종업원에 공시하기 위한 조치를 취해야 한다.

1957년의 주휴(상업 및 사무소) 조약(106호)은, 같은 기준을 상업이나 사무소로 확대한 것이다. 조약은 7일간의 기간 중에 24시간 이상의 중단되지 않은 주휴를 받을 권리를 규정하고 있다. 나라 또는 지역의 관습이나 전통에 따라야하는 경우에 있어서는 30호 조약과 같은 규정을 적용받게 된다. 그 외, 임금이 규정되어 있는 경우에는 주휴가 그 노동자의 수입의 감소가 되어서는 안 된다고 규정하고 있다. 또 감시나 감독의 방법, 적당한 제재조치가 강구된다고 하는 것 등도 규정되어 있다. 그런데 이조약과 동시에 채택된 권고(103호)에서는, 주휴의 최소한이 36시간으로 되어있다.

이 두 주휴에 관한 조약의 비준수는 1999년 6월을 기준으로 14호가 116개국, 106호가 62개국으로 되어있는데, 지금은 그 수가 월등하게 증가했을 것으로 추계된다. 1999년 10월 29일에 발행한 일본 ILO협회의 「강좌 ILO」에 따르면 일본도 미비준 상태에 있다고 한다. 비준이 안 되는 이유는, 일본의 노동기준법이, 원칙으로 매주 1회의 휴일을 부여하지 않으면 안 된다고 하고 있으나, 4주 4일의 휴일도 인정하고 있다는 것(동법 35조), 또 휴일을 가능한 한 동시에 부여하는데 대한 규정이 없다는 것 등이 그 이유라고 한다.

### 제4항 有給休暇

연차유급휴가에 관한 기준은, 1970년의 132호 조약이다. 단지 1936년의 52호 조약은 역사적인 의미를 가지고 있고, 그 외에 1952년의 농업에 관한 유급휴가의 기준도 존재하고 있다.

### (1) 제52호 條約

1936년의 유급휴가조약(52호)은, 그 당시로서는 진보적인 기준이었다. 이 조약은 적용범위가 넓고, 공업 · 상업의 공사(公私)의 기업이나 시설에서 일하는 노동자가 대상이 된다. 1년간의 계속근무의 후에는, 적어도 6노동일의 연차유급휴가가 인정되어야 한다.

공휴일 · 축일, 또는 관습상의 휴일과 질병으로 인한 취업중단은 연차유급휴가에 포함시켜서는 안 된다. 휴가 중에, 노동자는 평상시의 보수, 또는 노동협약에 의해 결정된 보수를 받을 권리가 있다. 이 조약은 54개국의 비준을 받았으나, 132호 조약(개정)의 발효로 인해, 비준을 위하여 개방되지 않고 있다.

### (2) 132호 條約

52호 조약의 6노동일을 연차유급휴가로 하는 기준을 고칠 필요가 있다고 해서 1970년에 개정 조약으로 채택된 것이 132호 조약이다.

이 조약은, 먼저 적용방법과 범위를 정하고 있다. 방법으로서는, 노동협약, 중재재정, 판결, 법정의 임금제도 기타 국내사정에 있어서 적당한 방법으로 국내관행에 합치되는 것에 따라 실시하지 않는 한, 국내법령에 따라 실시한다. 적용범위는 海員이외의 모든 피용자에게 적용된다. 이상의 두 조항 모두, 이 조약이 매우 일반적인 기준이라는 것을 보여주고 있다.

그 후, 이 조약은 비준을 위해 발표한 선언에서 비준국은 휴가의 기간을 정하고 있지만, 어떠한 경우에도, 1년의 근무기간에 따라 3노동주를 하회해서는 안 된다. 근무가 12개월 보다 짧을 때에는, 그 근무에 비례한 휴가가 주어져야 한다. 휴가권을 얻기 위하여 최저근무기간의 설정은 인정되지만, 그 기간은 6개월을 초과해서는 안 된다. 질병 · 장해 · 출산 등, 당해 피용자로 봐서 견딜 수 없는 이유로 인한 결근은, 근무기간의 일부로 계산된다. 공휴일, 축일 및 관습상의 휴일은 연차유급휴가의 일부로 계산해서 안 되고, 질병 또는 장해로 인한 노동 불능의 기간은 각국의 권한 있는 기관이 결정하는 조건으로, 휴가의 일부로 봐서는 안 된다. 그리고 휴가기간 중에는 평균적인 보수가 지불되고, 더욱이 원칙적으로 휴가에 앞서 지불되어야 한다고 규정하고 있다.

연차유급휴가의 분할 취득은 일정한 조건에서 허용되지만, 분할된 부분의 하나는 적어도 중단되지 않는 2勞動週로 되어있어야 한다. 결국 2주간의 연속 휴가가 최저의 기준이 된다는 것이다. 유급휴가의 취득기한에 대해서는, 연속된 부분은 휴가를 받을 자격이 발생한 해의 끝나는 날부터 1년 이내에, 잔여부분은 18개월 이내에 부여되고, 또 취득되지 않으면 안 된다. 소정의 최저기간을 초과하는 휴가의 부분은, 당해 피용자의 동의를 얻어 이월이 인정된다. 휴가를 얻는 시기에 대해서는, 업무상의 필요나 피용자가 이용할 수 있는 휴식 및 휴양을 위한 기회를 고려해, 원칙적으로 사용자가 당해 노동자 또는 그 대표자와 협의해서 정한다. 6개월의 최저근무기간을 완료한 피용자는 고용종료에 있어서, 유급휴가 혹은 거기에 대신하는 보상을 받는다.

또 조약은 최저연차유급휴가를 받을 권리를 포기하거나, 또는 그 휴가를 폐지하는 협정은 무효로 하고, 이를 금지한다. 그리고 휴가 중에 휴가의 목적에 합치되지 않는 有償활동에 대하여, 각국의 권한 있는 기관이 특별한 규칙을 정할 수 있도록 하고 있다. 끝으로 조약은 연차유급휴가에 관한 규칙 또는 규정의 적정한 적용 및 실시를 확보하기 위하여, 적절한 감독, 기타의 조치가 취해져야 하는 것으로 보고 있다.

이 1970년의 유급휴가(개정)는 1999년 말 현재 30여 개국이 비준하고 있었으나, 현재는 상당히 증가된 것으로 추정하고 있다.

### 제5항 有給教育休暇

1974년의 유급교육휴가(140호)는 새로운 型의 기준으로써, 취로 중에 있는 노동자에게 훈련, 교육을 받을 권리를 보장하려고 하는 것이다. 가맹국은 모든 단계에서의 훈련, 일반교육, 사회교육 및 시민교육, 노동조합교육 등을 위한 유급교육휴가의 부여를 촉진하기 위한 정책을 책정하고, 적용하도록 해야 한다. 이와 같은 정책의 목적으로써, 직업상 및 직무상 필요한 기능의 취득, 고용의 촉진의 보장, 노동자 및 노동자 대표의 참가, 노동자의 인간적 · 사회적 및 문화적 향상, 노동자에 대한 지원으로서의 교육 · 훈련의 촉진 등을 들 수 있다. 이 정책은, 발전단계나 특수한 필요에 따라서 고용 · 교육 및 훈련에 일반정책을 비롯하여 노동시간에 관한 정책과 조정된다. 이 정책의 책정과 적용을 위하여 교육 및 훈련의 공적기관, 사용자 단체, 노동자 단체 기타의 단체가 참획하게 된다. 유급교육휴가의 기간은 근무시간으로 볼 수 있다. 이 조약은 148호 권고에 따라 보충되고, 거기서는 정책의 작성, 실시의 방법, 유급교육휴가 부여의 조건등을 취급하고 있다.

이 조약은 소위 말하는 촉진적인 기준으로써, 유급교육휴가라고 하는 새로운 이념을 주장하고 있는 것이다. 계속적인 교육 · 훈련의 필요라고 하는 자체에는 누구도 이의가 없지만, 유급이라고 하는 것과 동시에 교육 · 훈련의 범위 등에 대해서는, 총회에서도 논의가 있었던 것이다.

이 조약은 1999년 6월 현재로 30개국에 의해 비준되고 있으나, 그 후 다소 늘어나고 있는 것으로 예상된다.교육휴가라고 하는 제도가 발달하지 않고 있는 가운데, 「일반교육, 사회교육 및 시민교육」 등을 목적으로 하는 휴가가 포함되어 있다는 데서, 국내법제도와의 정합성에 문제가 많은 것 같다.

## 참고문헌


K, 발티코스 著, 「國際勞動基準과 ILO」(三省當 1983年)

花見忠監修 · 吾鄭眞一著

鈴木宏昌著 「國際勞動基準 ILO條約 · 勸告의 개설

-賃金-(1) (2) 「世界의 勞動」1991年2~3月号」 日本ILO協會月号」
日本ILO協會

吾鄭眞一著 「國際勞動基準法: ILO와 日本 · 아시아」

(三省堂, 1997年)

中山和久著 「ILO條約과 日本」(岩波新書, 1983年)

高橋武 「國際勞動基準=ILO條約 · 勸告의 개설

- 勞動時間-「世界의 勞動」(1993年 4~7月号)」 (日本ILO協會)

# 제7장 勞動條件
## (2) 勞動安全保健
# Working Conditions
## Labor Safety and Health

## 제1절 勞動安全保健과 ILO基準의 歷史的 움직임

### 제1항 開 設

노동안전보건의 확보는 노동조건 중에서도 가장 중요한 요건의 하나라고 하는데서, ILO는 창립 당시부터 역점을 두어왔다. ILO기준의 3분의 1 정도가 노동안전보건에 해당되고 있다는 것이다. 산업별로나 지역회의 등 제 회의의 의제로서 노동안전보건이 종종 거론되고 있다는 것, 기술협력 가운데 중요한 분야로 되어 있다는 것, 기술협력 가운데 중요한 분야로 되어 있다는 것 등은, 이러한 중요성을 잘 보여주고 있다. 주목되는 것은, 1980년대를 계기로 해서, 이 노동안전보건에 대한 대책이 ILO를 시작으로 하는 국제기준이나 그 외의 국제협력활동 중에서도, 큰 전환을 거듭해 왔다는 점이다. 이 전환은 각국의 관련 법규나 안전보장·환경관리의 국제적 트렌드(trend)와 궤를 하나로 하고 있지만, ILO의 기준제정과 국제협력활동이 그 집약 점으로서의 역할을 해왔다는 것이 주목된다. 이러한 전환은, 그 후의 ILO활동의 전개를 위해 잘 이어가고 있다.

고용의 장에 있어서의 노동조건 중에서 노동자의 생명과 건강의 존중이 기본이 되고 있다는 것은 당연한 일이고, ILO기준 내에서도, 안전보건을 직접 취급하는 조약 · 권고는, ILO의 창설당시부터 제정되어 이어왔다. 산업별로나 유해 요인별의 실시준칙(code of practice)도 많다. 1970년대까지의 조약 · 권고에는, 위험 유해요인에 대한 보호, 구체적인 기술적 조치에 따른 최저수준의 확보, 건강진단 등의 의무화를 목적으로 하는 개별기준이 대부분이었다. 그것이 1981년의 직업상의 안전 및 건강조약(155호)과 동권고(164호), 1985년의 직업보건기관조약(161호)과 동권고(171호)에서는, 새로운 견지에서, 포괄적인 안전보건 확보책임과 복합요인 대책을 정하는 기준으로 전환했다. 이 兩조약 이후의 노동안전보건에 관한 ILO기준은, 모두 새로운 포괄적인 안전보건책임을 근간으로 하게 되었고, 이 분야의 ILO활동 전체에 그것이 반영되게 되었다. 따라서 안전보건에 관한 ILO기준의 움직임을 보는 데는, 1980년대 이후의 전환의 意義를 잘 이해할 필요가 있다.

이들의 기준제정의 배경에는 다발하는 노동재해와 직업병, 노동생활의 질 향상을 요구하는 각국에 공통된 요구가 있고, 그것을 바탕으로 ILO총회의 의제로서 안전보건이 거론되는 일이 많았다는 것을 지적하지 않을 수 없다. 노동시간 등 타의 노동조건에 대해서는, 노사대립으로 인해 의제가 되기 어려운 경우가 적지 않았으나, 안전보건을 주제로 하게 됨으로써 비교적 노사협력이 이루어지기 쉬웠다고 하는 온건한 사정도 있었다.

또, 제2차 대전 이후부터의 예방정책에 관한 강한 사회적 요청에 따라, 각국의 법규 · 기준의 정비와 기준감독제도의 보급, 기술면까지 포함한 예방책의 진보와 다채로운 안전보건활동 등이 전개되어왔다는 것이 지적되고 있다. 그것을 반영해서, 공정한 국제경쟁에 안전보건조건의 확보가 결여되어서는 안 된다는 인식이 강해지고, 이어서 안전보건기준을 제정하는데 까지 이르게 되었다고 볼 수도 있다. 그리고 최근에는 방사선이나 발암물질, 아스페스트 등 사회적관심사가 높았던, 위해요인을 우려하는 조약 · 권고가 적지 않다는 것도, 이러한 사회적 요청을 기반으로 해서 안전보건 분야의 국제기준이 점차로 요구되어왔다는 것도 뒷받침 되고 있다.

이와 병행해서, 노동생활의 질 향상에 대한 포괄적인 대응에 대한 사회적 국제적인 관심이 강해지게 된 배경에도 언급할 필요가 있다. 더욱이 제2차 대전 후의 선진국의 경제성장, 급속한 공업화의 폐해와 안전에 대한 광범한 관심, 공해 · 환경문제의 임팩트(impact: 충격), 복합요인과 생활의 질향상에 대한 대응으로부터 복합요인을 들 수 있는 포괄적인 예방책의 필요성이 널리 인식되게 되었다. 이 영향은 이미 1949년의 「安全모델實施準則」의 채택에서 볼 수 있고, 1963년의 「기계방호조약(119호)」이나 1964년의 위생(보건)(상업 및 사무소)조약(120호)에서도 볼 수 있다. 그러한 조약들을 배경으로 해서, 1977년의 작업환경(공기오염 · 소음 및 진동)조약(148호)과 동 권고(156호)와 같은 다요인 기준에도 그러한 영향을 볼 수 있다.

그리고 그것을 노동생활전체의 향상을 위해서 진전시키는 것이, 1967년에 시작한 ILO국제노동조약 · 환경개선계획(프랑스어의 머리글 두 문자로 된 PIACT로 알려져 있다)이 있다. PIACT는, 공업국과 개발도상국에 공통된 노동조건 · 환경개선의 방향으로서 (1) 안전하고 건강한 노동환경, (2) 노동자의 행복과 존엄을 지원하는 근무조건, (3) 자기실현과 사회봉사에 통하는 노동의 3가지를 목표로 한, 안전보건, 노동시간, 노동의 질적 내용을 동시에 취급하면서 「노동의 인간화」를 도모하도록 호소한 국제 프로그램인 동시에, 1984년 ILO총회에서 그 계속이 결정된 것이다. 이것은 1990년대의 총합안전보건활동으로 발전해서, 그 후 준비 중인 노동안전보건 글로벌 프로그램에서 받아들여지고 있다. PIACT에 의한 폭 넓은 ILO기준의 적용과 국별 프로그램의 추진은, 155호 161호 조약의 보급과 시기를 같이 하고 있다. 그와 함께 새로운 포괄적 어프로치를 취할 기준 보급과 국제계획이 병행하게 된 것은 주목된다. 노동안전보건대책은, 기계설비의 안전확보나 유해물 관리, 보건서비스와 같이, 매우 구체적이고 일정한 "기술적인 요건"을 갖추고 있어야 한다는 것을 요구하고 있다. ILO기준은, 당초 이러한 요인마다. 특수하게 다른 "기술적" 요건에 먼저 착목해서, 개별적인 위험유해요인과 거기에 대한 예방책을 세워온 것으로 보인다. 그러나 그와 같은 개별기준만으로는 안전보건확보를 위해서 반드시 충분하다고 볼 수 있는 대책이 강구되어있지 않고, 기업이나 산업간의 격차도 좀처럼 해소되지 않고 있으며, 또 기준내용도 기술진보에 잘 따르지 못하고 있다는 것을 인식하게 된 나머지 자주 관리주체의 기준제정에 이르렀다고 볼 수 있다. 기술적 조치를 세밀하게 지킨다는 것을 주로 하기 보다는 기업의 이니시어티브에 따른 활동을 촉진하는 의의의 쪽이 크다는 것이 인정되어왔기 때문이다.

## 제2항 安全保健基準의 形態

표1에 노동안전보건 분야의 주된 ILO조약 · 권고를 제시하고 있다. 포괄규정을 목적으로 한 기준으로써 155호 · 161호 조약 및 164호 · 171호 권고가 있으나, 이 두 조약 · 권고를 별도로 보면, 그 이전의 조약은, 많은 경우 특정위해로부터의 보호가, 특정업무에 있어서의 보호를 주체로 한 기준이었다.

### (1) 特定危害로 부터의 保護

특정위해로 부터의 보호에 대해서는, 1986년의 석면조약(162호) · 동권고(172호)를 별도로 하게 되면, 1921년의 白鉛조약의 이후는 1960년대와 1970년대에 집중적으로 제정되었다. 1980년대 초에 방사선보호조약(115호, 1960년)이 그 흐름을 만들었고, 기계방호조약(1119호, 1963년), 최대중량조약(127호, 1967년)으로 이어진 후, 1970년대에 벤젠조약(136호, 1971년), 직업암조약(139호, 1974년), 작업환경(공기오염, 소음 및 진동)조약(128호, 1977년)이 채택되었다.

백연조약과 같은 특정한 물질에 대한 규제는, 그때그때의 국제적인 관심을 반영해서, 벤젠과 발암물질규제 · 석면조약 · 권고로 받아들여 왔다. 그러나 1970년대 이후에는, 특정한 물질을 들어 올리는 기준을 다수의 유해물질로 확대하는 방향으로 가지 않았다는데 유의하고자 한다.

〈표1〉 勞動安全保健分野의 ILO條約과 批准國數(1999년 6월 현재)

| 契約番號 · 採擇年 | | 契約名(略稱) | 批准國數 | 對應勸告番號 |
|---|---|---|---|---|
| 〈包括規定〉 | | | | |
| 155 | 1981 | 직업상의 안전 및 건강 | 30 | 164 |
| 161 | 1985 | 직업위생기관 | 18 | 171 |
| 〈特定危害에 있어서의 保護〉 | | | | |
| 13 | 1921 | 백선(페인트도료) | 62 | |
| 115 | 1960 | 방사선방호 | 47 | 114 |
| 119 | 1963 | 기계방호 | 49 | 118 |
| 127 | 1967 | 최대중량 | 25 | 128 |
| 136 | 1971 | 벤젠 | 35 | 144 |
| 139 | 1974 | 직업 암 | 34 | 147 |
| 148 | 1977 | 작업환경(공기요염, 소음 및 진동) | 40 | 156 |
| 162 | 1986 | 석면 | 23 | 172 |
| 〈特定職業에 있어서의 保護〉 | | | | |
| 27 | 1929 | 중량표시(선박운송의 포장화물) | 65 | |
| 32 | 1932 | 재해보호(중사)(개정) | 45 | 40 |
| 62 | 1937 | 안전규정(건축업) | 30 | 53 |
| 73 | 1946 | 건강검사(선원) | 43 | |
| 77 | 1946 | 연소자건강검사(공업) | 43 | 79 |
| 78 | 1946 | 연소자건강검사(비공업적업무) | 39 | 79 |
| 113 | 1959 | 건강검사(어선원) | 29 | 106 |
| 120 | 1964 | 위생(상업 및 사무소) | 49 | 120 |
| 124 | 1965 | 연소자건강진단(갱내노동) | 41 | |
| 134 | 1970 | 재해방지(선원) | 27 | 142 |
| 152 | 1979 | 직업상안전 및 위생(항만노동) | 19 | 160 |
| 164 | 1987 | 건강보호, 의료(선원) | 9 | |
| 167 | 1988 | 건설업의 안전건강 | 14 | 175 |
| 170 | 1990 | 화학물질 | 9 | 177 |

| 契約番號 · 採擇年 | | 契約名(略稱) | 批准國數 | 對應勸告番號 |
|---|---|---|---|---|
| 174 | 1993 | 대규모 산업재해 | 4 | 181 |
| 176 | 1995 | 광업의 안전건강 | 11 | 183 |
| 〈關聯 規定〉 | | | | |
| 18 | 1925 | 노동자보상(직업병) | 66 | 24 |
| 42 | 1934 | 노동자보상(직업병)(개정) | 53 | |
| 81 | 1947 | 노동감독 | 122 | 81 |
| 89 | 1948 | 야업(여자) | 65 | |
| 121 | 1964 | 업무재해급부 | 22 | |
| 129 | 1969 | 노동감독(농업) | 38 | 133 |
| 171 | 1990 | 야업(주) | 6 | 178 |
| 178 | 1996 | 노동감독(선원) | 2 | 185 |

(주)1948년의 야업(여자) 조약개정과 1990년 의정서가 동시에 채택되었다.

### (2) 技術的인 基準에 의한 保護

유해물질규제가 아니고, 기술적인 최저기준을 받아들인 것이 기계방호조약 · 권고와 최대중량조약 · 권고인데, 전자는 안전한 기계 또는 안전장치의 사용을 의무로 하고, 후자는 노동자의 안전과 건강을 해칠 위험이 있는 荷物의 人力에 의한 규제적인 운반을 제한하고 있어, 안전건강 배려 중에서도 중요사항으로 취급하고 있다. 이들에 비해서, 공기오염 물질일반의 규제를 소음 · 진동과 함께 취급한 작업환경조약(148호), 동권고(156호)는, 마찬가지로 특정한 위해를 취급하고는 있지만, 공기오염물질일 것 같으면 대상으로 하는 포괄성을 가지고 있어, 규제의 시야를 넓힌 기준으로써 의의가 깊다.

### (3) 一般의 規制에 따른 保護

한편, 특정한 유해요인에 한하지 않고, 일반의 규제를 목적으로 한 기준이, 실은 ILO기준의 기초로서 계속 되어왔다고 볼 수 있다. 일반성이 있는 최초의 기준은 산업재해예방권고(31호, 1929년)라고 할 수 있는데, 법령에 따른 기준을 설정해서 노동감독제도를 운용하는 것과, 기업내의 노사협력을 추진하는 것을 권고하고 있었다. 그리고 노동자건강보호권고(97호, 1953년)는, 건강장해방지를 위한 기술적 조치를 일반규제의 대상으로 해서 위험방지를 위한 법령, 사용자의 노동환경유지의 구체적 항목, 유해물질로부터의 보호에 관한 제조치, 작업환경관리, 노동자의 의무, 노사단체와의 협의를 규정하고, 보건면에는 특정한 위험에 접촉되는 노동자의 건강진단, 직업병에 관한 보고제도, 구급조치 등을 들고 있어, 기술적으로 보면 포괄적이었다. 어느 것이나 다 산업보건관리의 보급에 공헌했다. "기술면"에 주안을 두고 있었는데도, 총합적인 요인대책을 요구하고 있었던 점에서 보면 그 후의 155호 · 161호 조약으로 이어져가고 있는 기초가 그 나름대로 형성되고 있었다는 것을 볼 수 있다.

### (4) 特定事業에 있어서의 保護

특정업무에 있어서의 보호를 거론하고 있는 기준은, 거기다가1920년대부터 어느 시기에도 제정이 이어져왔고, 하이리스크한 노동에의 국제적인 관심의 정도가 그 배경이 되고 있다는 것을 알 수 있다. 초기의 재해보호조약(28 · 1929년)은 너무 엄격했기 때문에, 1932년에 재해보호(개정)조약(32호)으로 개정되었다. 따라서 건축업이 거론되면서 안전규정(건축업)조약(62호, 1937년)은 발디딤(足場) · 揚重설비 · 안전장치와 구급에 대하여 일반원칙을 규정하고 있었다. 한편, 특정업무 내지 연소자를 취급하는 건강검사 · 건강진단에 관한 일련의 기준이 있다. 건강검사(선원)조약(73호, 1946년)을 비롯해서, 공업과 비공업업무에 있어서의 연소자 건강검사(77호와 78호 모두가 1940년), 漁船員을 위한 건강검사조약(113호, 1959년), 연소자건강진단(갱내노동)조약(124호, 1965년)으로 제정되어 1960년대까지 이어왔다. 건강의 보호 및 의료(선원)조약(164호, 1987년)은 해상노동에 대해서도, 이 흐름을 다소 받게 되었다고 볼 수 있다.

### (5) 産業別의 保護

산업별 기준으로는, 1960년대까지 건축업의 안전규정조약(62호, 1937년)과 보건(위생)(상업 및 사무소)조약(120호, 1964년) 등이 있었는데, 그 후, 1970년대 이후에 와서 차차 제정되게 되었다. 재해방지(선원)조약(134호, 1970년), 직업상의 안전 및 보건(항만노동)조약(152호, 1979년)이 155호 조약이전에 있었으나, 포괄규정인 155호 조약이 채택되고 난 후에도 산업별 기준은 거론되고 있었다. 이것은 산업별 기준의 형태를 취하게 되면, 포괄책임을 안전건강조약(167호, 1988년)은 그러한 의미에서 주목된다. 그 후 광업에 있어서의 안전보건조약(176호, 1995년)과 연결되게 되었다. 또, 전산업에 있어서의 화학물질 거래 업무를 대상으로 한 화학물질조약(170호, 1990년)은 환경규제의 국제동향과도 관계가 있어, 모든 화학물질사용업무에 적용된다는 점에서 시야가 넓은 포괄책임기준이다. 대규모산업재해방지조약(174호, 1993년)은 각국에서 발생하고 있는 화학물질의 폭발, 화재내지는 漏泄로 인한 기업외의 환경에 대한 영향을 포함한 중대재해를 대상으로 하고 있어, 이 화학물질조약과 함께, 대상업무는 특정되어 있다고 해도, 어디까지나 포괄규제를 목적으로 하고 있는 것으로 봐야할 것이다.

### (6) 關聯規定

노동분야에 관련이 깊은 기준으로는, 재해 · 직업병보상과 노동감독에 대한 기준이 있다. 노동시간이나 야업에 대한기준과 더불어 비교적 초기부터 취급되어 왔다. 노동자보상(직업병)조약(18호, 1925년)과, 1934년에 개정된 42호 조약이, 직업병을 중시하고 있다. 이것은 후에, 재해일반의 보상으로써 업무재해급부조약(121호, 1964년)에 이르는 121호 조약에 있는 직업병리스트는, 그 후에 개정되었으나, 각국의 법령에 큰 영향을 준 것으로 알려져 있다. 노동감독조약(81호, 1947년)과, 노동감독(농업)조약(129호, 1969년)은, 안전보건을 포함한 노동감독의 기본적인 기초로써 중요한 것이다. 또 야업(여자)조약(89호, 1948년)의 야업규칙의 배경에는 안전보건의 중시가 있었으나, 이것은 남녀균등규제의 그 후의 움직임에 따라, 남녀를 함께 대상으로 하는 야업조약(171호, 1990년)에 이르렀다. 이 야업조약은 동년에 채택된, 1948년 야업(여자)조약의정서와 함께 균등보호와 노사협정에 역점을 둔 기준으로써, 새로운 동향을 반영하고 있다. 특히 야업조약은, 균등보호 하에서의 보건대책강화를 남녀 모두 거론하고 있어, 역시 포괄책임중시의 흐름에 따르고 있다는 것을 보여주고 있다.

### 제3항 安全保健基準의 動向

이러한 안전보건기준분야의 ILO기준의 흐름을 연대별로 개관하기 위하여 기준의 대상으로하는 책임 구분을 표2에서 취합해 보았다.

#### (1) 基準의 推移

이 표에서도 알 수 있듯이, 기준에 역점을 두게 되는 연대별 추이를 볼 수 있는데, 여기서는 적어도 두 부류의 큰 흐름으로 확인할 수 있다. 특정업무의 기술면에 역점을 둔 경우와 산업별 책임을 들고 있는 경우를 나누어 보면, 첫째로, 당초에는 특정업무를 취급하는 기준이었던 것이, 1960년대부터는 위험유해요인을 취급하는 기준으로 향하는 흐름을 알 수 있다. 건축업의 안전규정조약(62호)도, 보다 전자에 포함되어 이해할 수 있을 것이다. 그리고 이 흐름은 다시 전환해서 제2의, 포괄적인 사용자책임과 노사협력을 기초로 한 155호와 161호의 두 조약이 1980년대 전반에 등장했는데, 이러한 것들은 기술적인 상세한 사항은 조약에서 정하지 않고 책임체제를 확립시키도록 하는 포괄적 책임을 규정하는 방향의 흐름으로 되었다.

이 제1과 제2의 흐름에, 공통된 ILO기준으로서의 당연한 특징도 있다. 특정업무나 위해요인에 대한 기준의 경우도, 감독기관에 의한 감독, 노사단체와의 협의, 명확한 사용자책임, 위험의 존재와 안전건강대책의 주지, 노동자의 교육 등이, 특정의 환경조치나 취업제한과 함께 이들의 조약·권고에 규정되어 있다는 것이다. 그러한 공통점이, 1980년대 이후의 포괄적인 책임을 중심으로 규정하는 새로운 基準群으로 이행하는 추이의 하나가 되었다고 보여 진다.

〈표2〉 노동안전보건분야의 ILO조약의 책임구분별 연대별추이

| 채택년대 | 특정업무 | 관련조치 | 위해요인 | 산업책임 | 포괄책임 |
|---|---|---|---|---|---|
| 1920년대 | 27선박화물<br>28중사 | 18직업병실상 | 13백연 | | |
| 1930년대 | 32중사<br>62건축안전 | 42직업병보상 | | | |
| 1940년대 | 73선원검사<br>77연소자검사 | 81노동감독<br>890야업(여자) | | | |
| 1960년대 | 120상업위생 | | 115방사선<br>119기계방호<br>127최대중량 | | |
| 1970년대 | 134선원재해 | | 136벤젠<br>139직업 암<br>148공기소음등 | | |
| 1980년대 | | | 162석면 | | 155안전위생<br>161산업보호 |
| 1990년대 | | 171야업 | 174대규모산업재해 | 170화학물질<br>176광업 | |

(※) 숫자는 조약번호

### (2) 80년대 以後의 動向

1980년대부터 현저해진 포괄적인 안전보건의 대응에 있어서는, 사용자책임의 강화를 기반으로 하는 자주관리가 중요하게 되었다. 155호·601호의 두 조약은 그러한 의미에서의 전환이 포함되어있다. 그것과 더불어, 노동자의 알 권리·참가의 권리의 강화도 기획되고 있다. 그러한 점에서 지워지지 않고 남아있는 것이, 화학물질조약(170호)과 대규모 산업재해조

약(174호)인 것이다. 동시에 사용자책임의 강화를 핵으로 하면서, 자주관리의 강화를 규정하고 있다. 170호 조약에서는, 안전데이터 시트 등 화학물질정보의 기업내 흐름과 거기에 따른 구입으로부터 사용 · 폐기처리까지의 포괄적 자주관리와, 알권리의 중시를 강조한다. 174호 조약은 다발했던 보팔 재해형의 대규모로 중대한 재해의방지에 대응하는 것이다. 1984년의 일이지만, 남인도(보팔)의 유니언카바이드사의 공장으로부터 새어난 메틸이소시아네트로 인해, 2500명이 사망하고 20만 명이 被災했다. 이 세계최대의 공장재해의 교훈은 일상 관리의 중요성에 있어, 당시 선진국에서나 개발도상국에서나 이어서 일어나고 있었던 일련의 중대재해라는 점에서 공통된다. 보팔 재해는, 대책이 추진되고 있는 것으로 보고 있었던 다국적기업에서 일어난 것만으로도, 예방조치의 기본적 결함이 확대되고 있다는 것을 예측하게 하고 있어, 全세계적으로 큰 임팩트(impact)를 주었다. 동조약에서는, 세밀한 기술기준이 아니고, 대상사업장의 등록에 따른 책임자각과 안전 리포트작성에 따른 自主감사에서, 중대재해의 참된 원인인 자주관리의 약점극복을 바라고 있다. 또, 이와 동시에, 1976년에 이탈리아의 세베소에서 일어난 중대재해를 계기로, EC는 중대재해방지지회를 제정하고 가맹 각국에 대한 적용을 촉진했고, 인도 등 도상국의 중대재해방지시스템 확립을 위한, 기술협력 프로젝트가 시작되었다. ILO에서도 중대재해방지 매뉴얼 · 실시준칙 등의 제정이 촉진되고, 그러한 국제적인 움직임을 배경으로 해서, 1993년의 대규모 산업재해방지조약을 채택하게 되었다. 이러한 시스템 재해방지의 움직임이 노동안전보건 전체의 기준, 정합화의 움직임에 반영되어 왔다고 할 수 있다.

### (3) 勞動安全保健의 國際的 動向

그리고, 1992년에 리오데자네이루에서 개최된 환경서밋드에서 채택된 지구환경대책의 헌장이라고도 할 수 있는 「아젠더 21」은, 그 후 국제협조의 움직임과 함께, 이와 같은 ILO기준의 방향과 더불어 연동해 왔다는 것은 이미 알려진 사실이다. 화학물질분류의 국제통일의 움직임과 화학물질관리강화의 움직임도, ILO, WHO와 UNDP(국제환경계획)의 공동에 의한 「국제화학안전 프로그램(IPCS)」을 중심으로 이루어져 왔다는데서, ILO활동과 밀접하게 그 기준이나 ILO에 의한 기술협력지원이 반영되고 있었다.

이와 같은 일련의 배경을 바탕으로, 1990년대 중반부터는, 이들의 ILO 안전보건기준과 ISO국제규격과의 관계가 검토되고 있다. 품질규격인 1987년의 ISO 9000이 기업내의 매니지먼트 체제의 확립을 촉진하게 됨으로써, 1996년에 ISO 14000시리즈가 지역 · 지구환경을 위한 환경관리에 대하여 같은 모양의 매니지먼트 체제나, 매뉴얼 등의 문서화, 자주감사에 의한 계속적인 개선을 제시했다. 이러한 움직임은, 노동안전보건에도 파급되어가고 있다. 1997년에 ISO는 국제회의를 바탕으로 노동안전 보건 분야의 국제규격 만들기에 착수했다. 이 노동안전보건규격 만들기에는, ILO의 기준이 노사관계를 바탕으로 특히 근래에 와서 포괄규정으로 정해져 있다는 것이 고려되기도 한 것 같다. 오래전부터 각국에서는 새로운 국제규격에 대하여 법규정비가 추진되고 있었던 업적이 있었는가하면, 과제도 안고 있었다. 영국의국내의 노동안전보건 매니지먼트 규격인 BS 8800이, ISO 14000을 받아들여서 실용화되어있고, 유럽각국이나 오스트레일리아 등을 중심으로, 국내규격 만들기나 산업별자주적 대책, 혹은 법규에의 同 매니지먼트 체제 정비의 사고와 채택이 진행되고 있다. 이 매니지먼트 시스템이 기대하는 자주관리책임의 방향을 국제적으로 최초에 제시한 것이, 155호 조약과 161호 조약이었다는 것을 지적하고 있듯이, 새로운 노동안전보건 매니지먼트 시스템의 규격화와 ILO기준과의 상호 정합화는 지금부터의 과제가 되겠지만, 155호 · 161호 조약이 선행한 경위로부터 배울만한 점은 많이 있다고 생각된다.

이러한 기업내의 노동안전보건 매니지먼트 중시의 국제적인 움직임과 장래의 ILO기준과의 관계가 주목된다.

## 제2절 基本基準으로서의 155호 · 161호 條約

### 제1항 開 設

ILO기준이 각국의 법제에 갖는 의의는, 비준국에만 그치지 않고, 크다고 볼 수 있는데, 노동안전보건분야에서는, 155호 · 161호 조약이 새로운 노동안전보건관리의 방향을 제시하고 있다는데서, 이 두 조약을 중심으로 한 제기준이 각국의 법제에 미친 영향은 특히 크다고 봐야 할 것이다.

155 · 161호 조약 이후의 전환에 깊이 관여한 것이 1970년대 부터의 각국의 노동안전보건법제의 진전인 것이다. 그 중에서도 1972년에 영국고용성에 제출된 「로벤스 위원회보고」가 중요하다. 그때까지의 노동안전보건에서 주류였던 법규준거형의 노력이 반드시 기능하지 못하고 있었던 점을 반성하고 로벤스 보고는 노동안전보건행정기관의 일체화와 사용자책임 강화를 포함한 자주대응형의 법제화에 따라, 노동안전보건활동을 활성화할 수 있다고 생각했던 것이다. 그것은 바탕으로 해서 영국의 노동안전보건법(1947년)이 생기고, 그때까지의 법규준거독려(法規準據督勵)로부터 사용자책임에 따른 자주개선을 촉진하는 방향으로 전환이 기획되었다. 이 점이 유럽제국의 노동환경법이나 안전보건행정으로 받아들여지게 되었고, 미국이나 오스트레일리아 등에서도, 「기업의 자주관리 시스템」을 장려하는 방향을 취하게 된 것이다. 아시아에서는 말레이시아의 노동안전보건법(1994년)등에 자주대응법제가 파급되었다고 본다.

### 제2항 傳統的인 基準과 近來의 基準

표3에, 전통적인 안전보건기준 · 법령과 155호 조약 이후의 ILO안전보건기준으로 대표되는 안전보건국제 · 국내기준을 대비해서 표시하고 있다. 종전의 법규준거형의 기준 · 법령에서는 그대로 법규준거 형이어서 세분화에 걸친 기술적 룰을 기준으로 해서 정하고, 감독에 의해 독려하게 됨으로

써 안전보건이 확보되는 것으로 보고 있었다. 그래서 법령 내지 노동기준 감독의 정함에 따른 기술수준 이상의 조치가 채택되는 것을 목적으로 하고 있었기 때문에, 기술 기준의 법정과 개정, 세분화된 감독행정과 벌칙적용에 의한 독려를 노동조건개선의 기본에 두고 있다. 분명히, ILO기준 전체 중에는 노동기본권을 비롯해서, 이 최저기준 준거에 의한 의무와 권리의 보증이 기반으로 되어있다고 해도 좋지만, 안전보건의 경우에는 기술적인 최저기준으로 세분되는 경향이 항상 있었다는 것을 지적할 수 있다.

그러나 이에 비하여 근래의 안전보건기준은, 사용자의 의무나 노동자의 알 권리의 보증 등 기본부분에 있어서는 최저기준규정이면서도, 안전보건 수준향상에 대해서는, 분명히 자주관리를 지향하고 있다. 그 자주관리기준으로는, 기업의 자주노력으로 관리할 수 있는 것을 기본 이념으로 하고 있다. 즉, 기준으로 정하게 되는 것은 안전 · 건강확보 의무와 거기에 따른 방침책정, 계획, 조치실시와 검정책임 등 기본 룰에 그치고, 세밀한 기술적 기준은 정하지 아니하고 실시준칙 등에서 규정해 나가는 방향을 취한다는 것이다. 기술적 조치에 대해서는, 법령에 의한 외적기준에 따른 대응으로써, 당사자인 「노사가 자주관리」함으로써 계속적인 개선이 달성된다고 하는 사고에 입각하고 있는 것이다. 행정기관은 지도와 지원을 하는 입장에 서게된다. 또, 이 자유관리 어프로치의 움직임은, 법률체계를 자주 대응형으로 하는 동시에

〈표3〉 전통적인 안전보건기준과 근년의 ILO안전보건기준

| 대응점 | 전통적 안전보건기준 | 근년의 ILO안전보건기준 |
|---|---|---|
| [기본 시점] | 법령에의 준거에 의한 勵行 | 기업책임명시에 의한 자주개선 |
| [기본 원칙] | 기술기준의 법정,개정<br>벌칙의 적용 | 책임기준에 의한 책임소재<br>명확화와 지도지침의 정비 |
| [개선의 추진] | 감독행정에 따른 독려 | 자주책임에 따른 합의의 실시<br>노동자의 참가와 알권리 |
| [특　징] | 외적기준준거와 수동개선 | 자주대응 · 참가와 계속개선 |

실시준칙의 지침류를 충실하게 해서 관리의 질을 향상하도록 한다는 것이다. 종래부터, ILO가 중시해 온 정노사가 추천하는 전문가에 의해 확정된 실시준칙의 의의가 다시 인식되어 가고 있다. 戰後 곧 바로 책정되었던 ILO안전모델 실시준칙은 기술기준중심이었으나, 1980년대 이후의 ILO기준에 연동되는 실시준칙은, 自主管理를 중시한 것이고, 건설 · 광업을 비롯한 몇몇 주요산업, 화학물질관리, 중대재해방지 등의 분야에 대하여, 조약 · 권고를 비롯해서 큰 영향을 주고 있는 것이다.

노동안전보건조약의 비준국은, 타의 기본조약에 비해, 비록 적은 편이기는 하지만, 가장 중요하다고 할 수 있는 두 조약(155호 · 161호)만 하더라도, 1999년 6월 현재, 155호 조약은 30개국, 161호 조약은 18개국으로 현재, 155호 조약은 30개국, 161호 조약은 18개국으로 아시아지역에서는 매우 적은 편이다. 타의 안전보건조약도 아시아에서는 그 비준수가 적다. 최근에 와서 중국이 170호 조약을 비준하게 된 것이 뉴스가 될 정도로 되어있다. 그러나 조약이 갖는 권고의 기능으로 봐서 두 조약을 포함한 제조약이나 권고 등 많은 실시준칙이 기여해온 노동안전보건관리촉진의 선구적인 역할은, 높이 평가할 수 있다. 발전도상국에서도, ILO기준의 취지를 받아들이고 있는 법규정비가 추진되어 가고 있다. 이 분야의 ILO기준이 갖는 의미는 크다고 볼 수 있다. ILO기준이 이러한 방향을 취하고 있는 것은, 최근의 노동안전보건 매니지먼트 시스템 구축의 동향과 정합화를 기도하고 있는 기반이 있다고 보인다. 앞으로의 노동안전보건 매니지먼트의 진전에 따라, ILO기준의 개선과 그 의의가 재확인 될 것으로 기대된다. 155호 · 161호, 두 조약의 공통점은, 노동의 장을 안전하게 하고 건강리스크가 없는 직장으로서의 사용자책임의 명시, 복합요인에 대한 예방조치, 자주관리의 의의 확인, 노동자의 참가와 정보입수 및 교육훈련의 권리 등을 들 수 있을 것이다. 155호 조약은 이러한 점을 노동안전보건관리 전반에 대하여 마찬가지로 기본점을 강조하면서 자주관리에 대한 산업보건조직으로서의 지원기능에 대한 기능을 규정하고 있다.

### 제3항 勞動安全保健條約(155호)

표4에서는, 노동안전보건조약(155호)의 개요를 보여주고 있다. 원칙적으로 전 산업의 노동자에게 적용되고, 나라가 대표적인 노사단체와 협의해서 안전보건과 노동환경에 관한 정합적인 정책을 세워서 실시할 수 있도록 규정하고 있다. 거기다가, 국가수준과 기업수준에서 해야할 포괄적 조치를 규정하고 있는 것이 특징이다. 나라수준에서 해야 할 조치로서는, 적절한 법령, 감독제도와 벌칙, 법준수의 지도, 또 설비기계 · 자료 등의 본질적인 안전화, 올바른 취급등의 정보와 제공, 또 급박하고 중대한 위험으로부터 퇴피한 노동자의 보호를 들 수 있다. 그 포괄적인 책임규정을 잘 보여주고 있는 것이 155호 조약(제16조)인 것이다. 제1항에서 「사용자는, 작업장, 기계, 장치 및 공정에 있어서 당해 사용자의 관리 하에 있지만, 합리적이고, 실행가능한 한 안전해야하고 또한 건강에 대한위험이 없도록 하는 것을 확보하도록 요구하고 있다」.

〈표4〉 제155호 조약상의 안전 및 건강에 관한 조약의 개요

| 條文 | 規定 內容 |
|---|---|
| | **제1부 適用範圍 및 定義** |
| 제1조 | 경제활동의 모든 부문(삼자협의에 의한 적용제외)에 적용 |
| 제2조 | 대상 부문의 모든 노동자(삼자협의에 의한 적용제외)에 적용 |
| 제3조 | 경제활동부문(공무를 포함), 작업장, 건강 등의 정의 |
| | **제2부 國內政策의 原則** |
| 제4조 | 일관된 정책의, 책정, 실시와 정기적 검토 |
| 제5조 | 안전, 건강, 작업환경정책의 考慮분야 |
| 제6조 | 공기관, 사용자, 노동자의 안전 건강, 작업환경에 관한 직무책임 |
| 제7조 | 직업상의 안전, 건강, 작업환경에 관한 상태의 정기적 검토 |
| | **제3부 나라의 段階에 있어서의 措置** |
| 제8조 | 삼자협의에 의한 제4조 실시를 위한 조치 |
| 제9,10조 | 감독제도, 사용자와 노동자의 지도 |
| 제11조 | 조업의 안전, 공정 또는 물질관리, 재해통계, 재해조사, 시험제도의 점진적 실시 |

| 條文 | 規定 內容 |
|---|---|
| 제12조 | 기계, 설비 또는 물질의 제조, 수입, 제공, 수송자의 조치 |
| 제13조 | 급박한 중대한 위험상태로부터 퇴피한 노동자의 보호 |
| 제14조 | 안전위생에 관한 교육훈련 |
| 제15조 | 가장 대표적인 사용자단체, 노동자단체와의 협의에 의한 조정조치 |
| | **제4부 企業의 段階에 있어서의 措置** |
| 제16조 | 안전한 건강에 대한 위험이 없도록 확보하는 사용자 책임 |
| 제17조 | 동일 작업장의 2 이상의 기업의 협력 |
| 제18조 | 비상사태와 사고에 대처한 사용자책임 |
| 제19조 | (a~e)노동자, 노동자대표의 협력, 정보제공과 수비의무, 훈련, 조사의 권리 |
| | (f)노동자가 급박하고 중대한 위험상태로부터 퇴피할 권리 |
| 제20조 | 사용자와 노동자, 노동자대표와의 기업내 협력 |
| 제21조 | 안전위생조치의 비용을 노동자에 負担시키지 않는 것 |

제2항에서, 「사용자는 화학적 물리적 및 생물학적인 물질 및 인자로서 당해 사용자의 관리 하에 있는 것이, 합리적이고, 실행 가능한 한, 건강에 대한 위험이 없도록 하는 것을 확보하도록 요구하고 있다」. 제3항에서 「사용자는, 필요한 경우에는, 사고의 위험 또는 건강에 대한 유해한 영향을, 합리적이고 실행 가능한 한 방지하기 위한 적절한 保護衣 및 保護具를 제공하도록 규정하고 있다」. 제17조에서는, 「2이상의 기업이 동일한 작업장에서 동시에 활동하는 경우에는, 이들 기업은 이 조약의 조건을 적용하는데 서로 협력해야 한다」고 규정하고 있다.

특히, 중요한 규정으로 주목되고 있는 것이 제19조 (f)의 급박하고 중대한 위험으로부터의 퇴피권이다. 「노동자가 자기의 생명 또는 건강에 대하여 급박하고 중대한 위험을 가져오게 될 것으로 예측되는 합리적인 이유가 있는 상태는 곧바로 직접 감독자에게 보고해야 하고, 이 경우에 있어서, 사용자는 필요한 경우, 시정조치를 취할 때까지는, 생명 또는 건강에 대하여 급박하고 중대한 위험이 존재하고 있는 작업이나 그 인근으로부터 퇴피하도록 해야 하며, 위험이 완전히 회복될 때가지는 그 장소나 인근에서의 작업을 금지하도록 해야 한다」.

이와 같이, 155호 조약에는, 포괄책임 규정과 노사협력을 기반으로 하는 정책적인 어프로치가 취해지고 있다. 국가가 하는 목표를 두고, 공기관, 사용자, 노동자의 책임규정을 포함한 정책, 참가와 협력이 중시, 물적 조건과 정보·교육훈련을 포함한 인적대책의 양면을 바라보고 있다고 지적할 수 있을 것이다.

### 제4항 職業保健機關條約(161호)

표5에서는 1985년에 채택된 직업보건기관조약(161호)의 개요를 보여주고 있다. 「직업보건기관조약」이라고 해석하고 있으나, 실제적으로 보면 기업수준에서의 「산업보건 서비스」에 대하여 규정하고 있는 조약인 것이다. 이 조약과 동시에 171호 권고가 채택되었다. 161호 조약은 리스크평가나 건강상태확인, 구급조치 등의 전문기능을 기반으로해서 노사에 대한 조언기능을 강조하고 있다. 그 조언은 직장설계, 리스크평가에 따른 대책, 보호구이용, 노동개선, 정보, 훈련 등에 미친다. 이 조약에서는, 산업보건조직의 독립성과 노동자의 참가·협의의 권리를 중시하고 있지만, 그것도 이 노사의 자주대응을 잘 지원해 나가기 위한 조건과 자리를 같이하고 있기 때문이다.

161호 조약은 타의 조약과도 공통되는 최종조항을 별도로 한다면, 산업보건조직의 감독과 조언을 위한 기관설치를 규정하고 있는 16개조로 된 비교적 짧은 조약이다. 제1조에서 「산업보건서비스」는 「본래 예방적인 기능을 위탁시키고, 또 다음의 사항에 대하여 사용자 노동자 및 기업에 있어서의 노동자대표에게 조언하는 책임을 지는 기관을 말한다」고 하고나서, 「(ⅰ)작업과 관련되는 최량의 신체상 및 정신상의 건강을 촉진할 수 있도록 하는 안전하고 건강적인 작업환경의 실현 및 유지를 위한 요건, (ⅱ)노동자의 신체상 및 정신상의 건강상태를 고려한 작업의 노동자의 능력에 적합」을 담당사항으로 들고 있다. 이 산업보건조직의 설치는, 제6조에 따라

〈표5〉 제161호 産業保健서비스條約의 槪要

| 條 文 | 規定 內容 |
|---|---|
| | **제1부 國內政策의 原則** |
| 제1조 | 산업보건서비스 정의(안전하고 건강한 작업환경, 작업의 노동자 능력에의 적합에 대해 사용자와 노동자, 노동자 대표에 조언하는 책임을 지는 서비스조직) |
| 제2조 | 정합적 정책의 책정, 실시와 정기적 검토 |
| 제3조 | 전분야의 모든 노동자에 대한 서비스의 점진적 발전 |
| 제4조 | 가장대표적인 사용자단체, 노동단체와의 협의 |
| | **제2부 機能** |
| 제5조 | 기업내의 직업상의 위험에 대하여 충분하고 적당한 (a)~(k)의 제기능 |
| | (a) 작업장에 있어서의 건강에 대한 위험의 확인과 평가 |
| | (b) 노동자의 건강에 대한 영향을 주는 작업환경 · 작업관행요인의 감시 |
| | (c) 작업계획과 편성, 기구의 선정과 보전, 사용물질에 관한 조언 |
| | (d) 작업관행의 개선과 신설비, 건강면의 검사와 평가에의 참가 |
| | (e) 직업상의 건강 · 안전위생, 인간공학조건, 보호구에 관한 조언 |
| | (f) 작업에 관련하는 노동자건강의 감시 |
| | (g) 노동자에게 작업을 적합시키는 것의 촉진 |
| | (h) 직업리허빌리테이션 조치에의 원조 |
| | (i) 직업상의 건강 · 위생과 인간공학에 있어서의 정보 · 교육훈련에의 협력 |
| | (j) 응급수당과 응급치료의 편성 |
| | (k) 직업성재해와 직업병의 분석에의 참가 |
| | **제3부 組織** |
| 제6조 | 법령, 노동협약기타에 의한 서비스의 규정 |
| 제7조 | 단일기업을 위해 혹은 복수기업에 공통 국내사정에 의한 조직 |
| 제8조 | 노사공평의 입장에서의 협력과 참가 |
| | **제4부 運營의 條件** |
| 제9조 | 국내법과 국내관행에 따른 學際的서비스, 타서비스와의 협력 |
| 제10조 | 서비스 직원의 제5조 기능에 관하여 노사로부터의 충분한 직무상 독립 |
| 제11조 | 서비스 직원의 자격에 대한 당국의 결정 |
| 제12조 | 노동자의 부담없는 가능한 한 시간내의 건강감시 |
| 제13조 | 작업에 있어서의 건강위험에 대해 모든 노동자에게 통지 |
| 제14조 | 잘 알지 못하고 의심스러운 작업환경요인의 서비스의 통지 |

| 條 文 | 規定 內容 |
|---|---|
| 제15조 | 노동자의 불건강, 건상상의 이유에 따른 결근 서비스의 통지 |
| | **제5부 一般規定** |
| 제16조 | 서비스운영의 감독과 조언에 책임을 지는 기관 |

(a) 법령, (b) 노동협약, (c) 대표적인 사용자 단체 및 노동자단체와 협의해서 승인한 기타의 방법에 따른다. 제7조에서 단일기업 또는 복수기업 공통으로 조직되는 것으로 한다.

중요한 것은 제10조에서, 산업보호업무를 제공하는 직원은, 「제5조에 규정하는 기능에 관해서, 사용자 및 노동자를 비롯하여 노동자대표가 존재하는 경우에는 그 대표로부터 충분한 직무상의 독립성을 갖는다」고 하는 독립성 규정이 있다는 것이다. 산업의 기타의 자격요건을 규정하기로 한 제11조가 그것을 담보하게 된다. 표5에서 볼 수 있듯이 제5조의 「기능」은 (a)에서 (k) 까지 11항목을 들고, 「노동자의 건강 및 안전에 대한 사용자의 책임을 해함이 없이, 또 직업상의 건강 및 안전에 대하여 노동자가 관여하게 되는 필요성을 충분히 고려해서, 기업의 직업상의 위험에 대하여 충분하고 적당한」기능으로 되어있다. 155호 조약과 관련해서, 사용자의 안전보건 확보책임, 노동자의 참가권을 서포트하기 위하여, 산업보건조직이 기능해야 한다는 것이 명확하게 된다. 이 기능의 내용도 표에서 볼 수 있는 것처럼 포괄적이다. 161호 조약을 특징짓고 있는 것이, 제3조의 점진직 고용의 규정이고, 그것을 그대로 따라, 상기와 같은 원칙과 많은 나라가 채택까지 하게 된다면 비준할 수 있다고 하는 것을 보여주고 있는 중요한 규정인 것이다. 동조의 제11항에서 「가맹국은, 공공부문에 있어서의 노동자 및 생산협동조합의 구성원을 포함한 모든 노동자를 위하여, 경제활동의 모든 부문 및 모든 기업에 있어서」, 산업보건조직을 「점진적으로 발전시킨다는 것을 약속한다고 하는 조치는, 기업에 특유한 위험에 대하여 충분하고 정당한 것으로 한다」고해서, 거기에 포괄책임원칙이 있다면, 전기업에의 적용은 점진적으로 좋다는 것을 규정하고 있다. 제2항에서는, 모든 기업을 위하여 산업보건조직을 곧 바로 설치할 수 없는 경우에는, 「가장 대표적인 사용자 단체 및 노동자 단체가 있을 때에는 이들 단체와 협의해서」산업보건조직의 산업보건조직 설치계획을 작성한다고 되어있고, 제3항에서, 이 조약의 적용에 관한 제1회보고에서 이 설치계획을 언급하고, 그 후의 보고에서 적용상의 개선을 논의하기로 했던 것이다. 즉, 전기업에 적용되는 것을 요구하고 있으나, 그것을 비준조건으로는 하지 않고 있다. 그 보다는, 「포괄책임을 인정하는 원칙」을 인정하게 함으로써, 산업보건조직의 보급에 역점을 두고 있는 것이다. 이것은 이 조약의 특징을 볼 수 있는 것이다.

161호 조약에서 볼 수 있는 포괄책임규정은, 171호 권고를 비롯해서, 복합리스크 평가의 경우에 특히 중요하다. 작업관련의 복합리스크를 작업방법, 인간공학요인, 건강에 영향을 주는 노동 · 생활조건, 복지조건까지 포함해서 여러 가지로 폭넓게 거론하면서, 대책의 실시를 추진해 나가야 한다는 것이다. 특히, 제5조의 기능에서 (a) 건강리스크의 확인과 평가, (b) 건강영향요인의 감시, (d) 작업관행개선계획과 機器평가에의 참가, (k) 직업상의 사고와 직업병의 분석에의 참가 등 리스크평가가 폭넓게 규정되어 있다는 것이 주목된다. 그리고 (c) 작업계획 · 작업편성 · 기기선정 · 작업물질에 관한 조언, (e) 직업상의 건강 · 안전 · 보건 · 인간공학 · 보호구에 관한 조언, (g) 노동자에게 작업을 적합하게 시킨다고 하는 광범한 조언기능을 들고 있다.

사용자책임과 노동자참가에 의한 예비조치의 계획과 실시를 기초로한 평가에의 참가와 조언이라고 하는데 유의하고자 한다. (f) 노동자의 건강감시는, 중요한 산업보건조직의 기능이지만, 어디까지나 이와 같은 평가에의 참가 · 조언의 일환이라고 하는 것이 명시되어 있다. 또, (h) 직업리허빌리테이션 조치, (j) 응급수당 · 응급치료의 편성 등, 치료활동도 그들의 평가 · 조언에 있어서의 기능으로 볼 수 있다는 것이다. (i) 정보 · 훈련 · 교육의 제공도, 역시 리스크평가와 예방조치를 하는 사용자와 노동자에 대한 조언을 보완하기 위한 빈틈없는 기능으로 꼽히고 있다. 그런데 161호 조약과 관계가 깊은 규정으로써, 업무재해급부조약(121호)의 부표에 있는 직업병리스트가 있다. 이 부표는, 그 후 일부가 개정되었으나, 유해요인에 의한 직업병명의 열거방식을 취하고 있어, 전통적인 방식의 규정이라고 볼 수 있다. ILO는 이 부표의 발본적인 개정을 의도하고 있으나, 총회의제로는 좀처럼 상정되지 못하고 있다. 그래서 ILO에서는 1980년 이후의 리스크관리의 새로운 흐름에 따라, 1994년의 재해 · 직업병 보고에 관한 실시준칙에서, 거기에 대신한 새로운 직업병리스트를 제안한 바 있어 그 귀추를 주목하고자 한다. 이 실시준칙에서는, 직업병을 물리 · 화학 · 생물요인에 의한 것, 호흡기 · 피부 · 근골격계의 것, 발암물질에 의한 것과의 계통적 분류를 제시하고 있다. 이것은 121호 조약의 채택이래 각국에서 취급하기 시작한 계통적 분류를 채택한 것으로써, 이 새로운 분류가 국제적으로도 통용되어가고 있다. 이것도 포괄적인 리스크관리를 위한 현재의 노동안전보건의 동향을 그 나름대로 반영된 것으로 볼 수 있다.

### 제5항 最近의 使用者責任의 動向

155호 · 161호 조약과 관련된, 각국과 EU의 노동안전보건의 구조를 바탕으로 한 사용자 책임을 열거해 보면, (a) 포괄적인 예방정책의 확립, (b) 안전보건정책을 위한 기업내 조직, (c) 노동중의 리스크의 평가와 적절한 예방조치, (d) 정보와 훈련의 제공, (e) 안전보건에 관한 노동자 · 노동자대표와의 협의, (f) 사용자간의 협력으로 취합해 볼 수 있다. 여기서 중시되고 있는 것이, 사용자가 책임을 자각해서 예방정책을 밝히고, 리스크평가와 대책실시를 계획해 나가도록 기대하고 있다는 점이다. 그래서 그 후의 ILO노동안전보건 기준에서도 사용자 책임, 포괄적 자주관리, 노사협력으로 발길을 이행하려고 하고 있는 것이다.

## 제3절 勞動安全保健基準의 움직임

### 제1항 槪 要

최근의 ILO조약 · 권고에서는, 새로운 공통점으로 사용자책임의 중시와 복합요인의 동시취급을 강조하고 있다. 노동자가 한 사람이라도 있으면, 사용자는 그 직장이 안전하고, 건강장해리스크로부터 보호되도록 할 책임이 있다는 것을 규정하고 있다. 그 책임에 따라 안전 · 보건상의 리스크를 사용자의 책임으로 평가하고, 대책을 강구해 나가야 한다. 상세한 안전보건조치의 기술기준은 더 정하지 않고, 지침이나 실시코드로 표시하게 되었다. 1980년대부터의 155호 · 161호 조약을 승계하는 기준의 흐름에는, 두 가지가 있다. 하나는 리스크가 큰 산업별 기준이고, 또 하나는 화학물질조약이나 대규모산업재해 조약 등의 자주적 리스크평가와 방지조치체계를 위한 기준인 것이다. 전자에 해당되는 것이 건설업에 있어서의 안전건강조약(167호)과 광업에 있어서의 안전건강조약(176호)인데, 이들은 포괄적인 책임을 먼저 중시하고, 그것을 기초로 한 하이리스크대책을 요구하고 있어, 새로운 흐름에 따른 기준이라고 볼 수 가 있다. 후자에서는, 화학물질조약(170호)이 화학물질정보의 제공과 현장마다의 리스크대책을 규정하고 있어, 포괄적인 책임을 근간으로 하는 기준이 되고 있어, 대규모 노동재해조약(174호)과 함께 같은 형태의 새로운 견해를 함께 하게되는 기준이라해도 좋을 것이다.

### 제2항 安全健康條約의 比較

이러한 점을 보기위해, 155호 · 161호 조약의 흐름을 건설업에 있어서의 안전건강조약(167호, 1988년)을 그 이전의 항만노동조약(152호, 1979년)과 비교한 결과를 표6으로 제시하고 있다.

167호 조약이 모든 건설활동에 적용되는데 대해서, 152호 조약은 특정업무로서의 하물의 적재작업을 대상으로 하고 있다. 두 조약에 있는 삼자협의에 대해서 보면, 167호 조약에는 기업활동 전체의 실시조치에 대하여 시행하는데 비해, 152호 조약에서는 기술적 조치의 수정의 협의에 그치고 있다는 차이가 있다. 모두가 안전확보에 대한 사용자의무가 있어나, 152호 조약에서는 기술요건 이행을 의무로 하고 있고, 167호 조약에서는 작업장에 있어서의 안전건강조치준수를 의무로 하는 외에, 설계 · 계획자의 안전건강배려 의무도 포함하고 있다. 두 조약에는 역시 상위가 있다. 노동자참가권은 두 조약 모두 찬성하고 있으나, 167호 조약에서는 사용자 협력을 거론하고 있다. 167호 조약에서는 위험통지가 규정되어있고, 훈련 외에 정보에도 무게를 두고 있다. 이와 같이 규정의 취급영역에는 공통점이 많지만, 역점은 다르고, 167호 조약에서는 기술적 조치보다도 포괄적인 배려책임과 정보를 공유한 협력을 취지로 하고 있다는 것을 지적할 수 있다. 예방조치의 범위도 152호 조약이 개별조치를 개방하고 있는데 비해, 167호 조약에서는 작업장의 안전이나 건강리스크를 들고 있어 총합적이다. 이들의 계통적인 차이가, 167호 조약의 경우에 볼 수 있듯이 포괄적 자주관리 책임을 근간으로 하는 1980년대 이후의 기준의 특질에 따르고 있다는 것은 명확하다.

리스크평가를 중시하는 170호 조약 등의 성격도, 표7에 나타난 위험유해성정보의 노사공동활용에 잘 인정된다. 이 정보의 흐름과 대책은, 안전건강 매니지먼트에 대한 노사협력을 기반으로 하고 있어, 그것이 화학물질에 의한 건강장해 등의 예방의 기본선이 되고 있다는 것이 이해 될 것이다. 이 정보 · 대책의 흐름에서는, 유해요인이 본래 가진 유해성정보에 맞는 「하자드(hazard)정보」를 나누어 취급하고 있어, 리스크평가가, 자주적 리스크대책의 실시에 직결되는

〈표6〉 제152호 港灣勞動條約과 제167号 建設業에 있어서의 安全健康條約의 比較

| 항 목 | 제152호 항만노동조약 | 제167호 건설업안전건강조약 |
|---|---|---|
| 적용범위 | 화물적재작업(적용제외가) | 모든 건설 활동 (적용제외가) |
| 삼자협의 | 관계가 있는 사용자단체, 노동자 단체와의 기술적조치수정의 협의 | 가장 대표적인 사용자단체, 노동자 단체와의 실시조치에 관한 협의 |
| 법령의 정비 | 기술적조치에의 합치되는 법령 | 법령의 정비와 실시기준제도 |
| 사용자의무 | 사용자, 선장의 기술요건 이행 동일장 1인 이상 사용자의 이행 | 작업장에 있어서의 안전건강조치의 준수동일현장의 2인이상의사용자의 책임건설사업설계, 계획자의 안전건강 배려 |
| 노동자참가권 | 안전확보 참가와 의견표명권 | 노동조건확보에의 참가와 의견표명권 |
| 노동자의무 | 자타보호, 합리적주의, 위험의 가능성이 있는 사태의 보고 | 사용자협력, 합리적주의, 자타보호, 위험의 가능성이 있는 사태의보고, 안전건강조치준수 |
| 예방조치 | 위험책, 조명, 상, 차량하역, 기계방호 전기, 승선, 계단, 핫치(hatch) 개구부, 선창내, 하양기계, 파렛드 등 컨테이너, 소음, 개인용보호구 | 작업장안전, 족장, 하양기구, 운반설비, 프랜트, 기계, 고소작업, 굴삭 등, 케이슨(caisson), 압축공기 구조물, 수상작업 등, 해체, 조명, 전기, 폭발물, 건강리스크, 방화, 개인용보호구 |
| 응급수당 · 복지 | 응급수당 | 응급수당, 복지시설 |
| 건강진단등 | 취업시와 정기, 특별한 조사 | |
| 정보와 훈련 | 위험과 조치의 지시와 훈련 | 안전건강상의 위험통지, 위험방지지도와 훈련 |
| 안전위생위원회 | 항만마다의 조직 | |
| 감독 | 감독업무와 벌칙 | 감독업무와 제재 · 시정조치 |

형태로 이루어져야 한다는 것이 강조되고 있다. 이웃나라 일본에서도 170호 조약에 따라 유해성 표시제도에 겨우 힘이 들어가기 시작했다는 것도, 이와 같은 노사협력에 보다 새로운 전개의 의의를 다시 생각하게 된다는 자평을 하고 있다. 마찬가지로, 야업조약에서도, 남녀공통의 야업근무조건의 확보를 규정하려고 하는 가운데, 노사협의와 복합리스크의 배려를 중시하고 있다.

〈표7〉 化學物質의 危險有害性情報의 흐름(제170호 化學物質使用의 安全條約)

| | [위해정보] | [대책정보] |
|---|---|---|
| 1. 위해유해성의 (hazard) 정보의 제공 | label<br>위험유해성<br>↓ | 주된 안전위생 대책 |
| | 안전데이터시드<br>물질특성과 위험유해성<br>↓ | 안전위생대책 · 응급대책 |
| 2. 위험유해도(리스크) 정보의 입수와 통지 | 리스크평가결과의 기록<br>직장별리스크<br>↓ | 실제리스크대책 |
| | 리스크와 대책의 통지<br>해당리스크 | 훈련에의 응용 |

### 제3항 勞動安全保健活動에 있어서의 三者의 役割

이와 같은 ILO기준의 동향이 국제적인 자주관리촉진과 공통되고 있는 것은, ILO기준의 선구적인 역할이 그 나름대로 기여해왔다는 것을 이해할 수 있을 것이다. 사용자책임, 노사참가를 축으로 하는 복합리스크평가 · 대책의 실시를 중심으로 한다면, 산업보건스텝을 포함한 안전보건담당자가 조언자 · 지원자의 역할을 맡게 된다. 이 역할을 행정 · 사용자 · 노동자 각각의 역할과 대비해서 볼 수 있는 것이 표8인 것이다.

〈표8〉 ILO 기준과 최근의 국제지침에서 본 노동안전위생활동에 있어서의 행정기관 · 사용자 · 노동자 · 안전보건스텝의 역할

| 당사자 | 계획 · 조직 | 대책의 요점 |
|---|---|---|
| 행정기관 | 국가정책의 입안 · 실시와 점검<br>전노동자에게 적용<br>노사단체와 협의 | 실시감독<br>지도와 지침조언<br>노사협력의 촉진 |
| 사용자 | 기업내예방계획의 확립<br>안전위생확보의 조직<br>복구사용자의 협력<br>노동자 · 노동자대표와의 협력 | 작업장 리스크평가와 조직<br>보호구의적정사용<br>정보와 훈련<br>긴급시조치의 확보<br>건강점검과 보건조치 |

| 당사자 | 계획 · 조직 | 대책의 요점 |
|---|---|---|
| 노동자와 대표 | 사용자책임에의 협력체제<br>안전위생협의에 적극참여<br>정보취득과 훈련 | 예방조치에의 협력<br>보호구의 적정사용<br>개선개소, 긴급사태의 보고<br>긴급시의 적절조치와 퇴피 |
| 안전보건스텝 | 포괄적 예방정책에의 공헌<br>정보제공, 훈련에의 협력<br>작업, 환경개선 계획에의 조언 | 노동환경의 리스크평가<br>노동자건강상태 점검<br>구급조치, 초기치료<br>재해, 직업병 분석에 참가 |

행정 · 사용자 · 노동자는 각각 포괄적인 예방조치가 구체적으로 직장의 리스크에 대응해서 대처해 나가도록 책임을 분담해야 한다. 행정기관은, 정책의 확립과 점검, 노사협력의 촉진과 지도를 담당하고, 자주적이고 포괄적인 사용자책임과 각각의 노동자의 참가와 협력으로 이어지는 구조가 핵심이 되도록 한다. 그러한 가운데서, 안전보건담당자도 적절하게 기능을 할 수 있게 된다.

행정기관은 정책의 입안 · 실시와 점검, 직업상의 안전보건조치의 전체 노동자에 대한 적용, 그들의 정책과 계획에 대하여 노사단체와의 협의가 중요한 역할이 되고, 상세한 법령기준이 주임무가 되는 것은 아니다. 최근의 자주 매니지먼트 촉진에 대한 표적이 1980년대 이후의 ILO기준이라고 볼 수 있는 것은, 이러한 원칙이 통하고 있기 때문이다. 따라서 실시 · 감독과 함께 지도와 지침의 조언이나 노사협력의 촉진이 중요한 기능이 된다는 것이다. 그 자주안전보건조치를 위한 사용자측 책임과 노동자참가의 구조가 되는 것이, 사용자의 의한 기업내 예방계획과 조직, 노동자의 협력과 협의, 정보취득 · 훈련인 것이다. 여기에는 구내에 복수사용자가 있는 경우의 하청기업과의 협력도, 당연히 포함된다. 그 구체화에 있어서는 개별직장에서의 리스크평가를 기반으로 한 예방조치, 보호구 관리, 정보와 훈련이 중요하고, 긴급시조치의 계획과 건강점검 · 보건조치가 그 일환으로 행해진다. 노동자와 그 대표에 의한 사용자책임에의 협력과 협의 참가에는, 예방조치에 대한 협력과 보호구 등의 적정사용 뿐만 아니라, 알권리의 구체적인 정보취득과 훈련, 改善個所의보고, 긴급시의 적절한 조치와 퇴피권이 매우 중요하게 된다. 안전보건스텝의 기능은, 155호 조약과 그것을 보충하게 되는 161호 조약의 규정이 있음으로 인해 명확하다.

안전보건스텝(요원)은 안전보건계획과 예방조치를 대신해서 하는 것도, 맡겨져서 담당하는 것도 아니고, 포괄적 예방대책과 노동 · 건강리스크평가의조언, 폭넓은 작업 · 환경개선 계획에의 조언, 그리고 정보제공훈련에의 협력을 다시 말하자면 측면에서 하는 입장에 있다. 거기다가 노동 · 환경리스크 평가의 일부의 실시 · 노동자의 건강상태의 점검, 재해 · 직업병 분석에 참가하게 된다. 직장에서의 조언과, 이와 같이 리스크평가의 일부 실시의 연장으로써 구급조치나 초기치료를 유연하게 한다고 한다. 리스크 평가를 축으로 한 자주적인 활동책임이, ILO의 기준안에 있다고 하는 의미는 크다고 본다.

이들 행정기관 · 사용자 · 노동자 · 안전보건스템의 역할 분담의 구조는 1980년대 이후의 155호 조약에서 시작된 ILO기준의 큰 흐름이 공통되고 있어, 각국의 법령과 기업활동에 현저한 임팩트를 주고 있다. EU제국의 안전보건의 통일법령화는 1980년대 후반부터 1992년의 경제통합에 걸쳐 급속히 진행되었으나, 미국의 최근의 자주안전보건관리의 행정상의 연결고리를 포함한 촉진의 움직임, 캐나다, 오스트리아 등의 자주대응법제에의 움직임도 강화되어있다. 또 이러한 것들은 일본을 비롯한 아시아제국들을 포함한 오늘날의 자주안전보건 매니지먼트 시스템을 바라보는 법률 · 기준 · 규격의 흐름의 기초가 되고 있다.

일본의 노동안전위생법은 1972년 제정으로, 이러한 흐름을 개정하거나 통달하는 등으로 추구하는 모양을 취해왔으나, 최근의 자주노동안전보건 매니지먼트 시스템 강화를 위한 시책이나 화학산업의 책임적 조치 촉진을 비롯한 산업별 지침의 확립의 움직임 속에서 새로운 국면을 맞이하고 있다. 말레이시아의 1994년의 노동안전보건법은 자주대응형법제여서, 새로운 임팩트를 주변각국에 부여하고 있다. 최근의 ISO 14000의 환경관리규격과 노동안전보건 매니지먼트 시스템 촉진의 움직임은, 국제적으로 공통되어 있는 ILO기준의 역할이라는 좋은 의미에서의 개선이 추진되고 있다. 단지, 비준국수의 다소에서 보는 것과는 달리, 이와 같은 년대별의 흐름과 그 내용에 들어가서 보는 이해가 필요하다는 것이 지적되고 있다.

지금부터의 안전보건 분야의 ILO기준의 역할, 실시준칙 등의 역할도, 이러한 구조를 구체화해나가는 방향으로 나아갈 것으로 보인다. 안전보건 매니지먼트 시스템의 보급과 향상과의 관련이 더 깊어지기 때문에, 과제가 더 많아지게 되고, 그러한 방향에서의 ILO기준의 진전이 있을 것으로 보인다.

## 제4절 勞動安全保健에 있어서의 國際協力

### 제1항 開 設

노동안전보건분야의 국제협력에 있어서의 ILO의 활동은 이상에서 본 ILO기준의 동향과 밀접하게 관련되어 있다. 국제협력의 주된 수단은, (1) 국제기준의 설정과 적용, (2) 실천적인 정보와 조언의 폭 넓은 제공, (3) 주로 발전도상국을 위한 기술협력의 3가지로 볼 수 있다.

이 3가지 수단을 병행해서 적용하면서 국제협력이 추진되고 있다. ILO기준의 방향이 전환되고 있는 가운데, (1) 의 기준설정과 적용을 위한 협력과, (2) 정보의 조언제공이나, (3) 기술협력과의 관계가 점점 중요해지고 있다. 그러한 의미에서, 반드시 조약비준이 추진되지 않고 있는 노동안전보건 분야이기는 하지만, ILO기준의 원칙의 적용, 각국의 산업현장에서의 상황에 따른 노동안전보건관리의 추진을 목표로한 국제협력은 광범하게 전개되고 있다.

(1)의 ILO기준적용면에서는, ILO조약 · 권고에 따른 노동안전보건법규 · 정책의 정비는, 노동안전보건 매니지먼트 시스템 확립의 움직임과

서로 작용해서 그 나름대로의 파급을 볼 수 있다. (2)의 정보와 조언은, 1994년 이후에 세계 14지역에 각각 하나의 다각적 전문가 팀(多角的專門家팀: MDT)이 설치되고, 대부분의 지역에 노동안전보건전문가가 있어, 본부와 협력하면서 그 지역의 가맹국의 정노사에 조언을 하는 체제가 취해지고 있다. 국별로 국제기준이나 국제가이드라인에 따른 시책이 진행되도록 지원하고 있다. 정책조언에 더해서, 기술정보의 제공과 트레이닝의 지원에 큰 역점을 두게 된 것이, 최근에 볼 수 있는 각지역의 공통된 특징이라고 평가되고 있다. 정보는 ILO등 국제기관에 조사연구결과나 가이드 라인류의 외에, 각국의 법규, 트레이닝자료, 개선정보 등, 실천에 도움이 되는 정보의 수집과 제공이 강조되고 있다. 또, 트레이닝도 대책 지향적으로 중시되고 있다. (3)의 기술협력에는 ILO의 경상예산을 사용한 비교적 소형(수만에서 20만 달러 정도)의 프로젝트 외에, 외부자금을 도입한 중 · 대형(30만에서 수백만 달라 정도)의 프로젝트가 조직되어 있다. 법규 · 국내체제의 정비의 조언이나, 안전보건센터 연구소의 설립(강화)나 트레이닝의 지원 등, 여러 가지 활동이 있다. 이러한 기술협력 중에서도, 노동안전 보건의 당사자인 노사의 직접참가를 축으로 하는 복합리스크의 평가 · 대책의 실시가 점점 중시되고 있다.

### 제2항 아시아地域의 勞動安全保健分野의 ILO活動

표9에서 아시아지역에 있어서의 노동안전보건 분야의 ILO의 활동보고를 볼 수 있다. 이 보고는, 학제팀인 MDT로부터 제시된 것인데, 지역내의 대상국의 정노사에 정책 · 법제도 · 산업활동에 대하여 조언하는 체제를 취하고 있는데, 노동안전 보건은, 지역에 있어서의 MDT활동에서도 중요한 분야로 되어있다.

근래의 대책성과로는 ① 노동재해통계의 개선, ② 안전보건법제도의 충실을 정책 · 법제면에서 들고,

〈표9〉 아시아지역에 있어서의 노동안전위생분야의 ILO활동 (동아시아지역MDT의 노동안전위생 상급전문가에 의한 보고)

| 대책의 효과 | 기술협력프로젝트 | 앞으로의 과제 |
|---|---|---|
| 1) 노동재해통계의 개선<br>2) 안전위생법제도의 충실<br>3) 트레이닝에 의한 안전의식 향상활동<br>4) 사용자단체에 의한 안전위생활동<br>5) 노동조합에 의한 안전위생 활동<br>6) 기타의 호사례<br>• 안전위생관리체제의 감사<br>• 건설노동자의교육<br>• 화학안전대책 | (1) LO/FINNIDA아시아 노동안전위생프로젝트(지역네트워크)<br>(2) DABUDA 프로젝트 (법제정비, 트레이닝)<br>(3) 사용자단체에 의한 안전위생생활의 촉진<br>(4) ILO출판물의 번역<br>(5) 소기업육성프로그램에 안전위생의 도입<br>(6) WISE(소기업노동개선)<br>(7) 국별 활동계획지원 안전이식의 고양 베스트프렉티스의 촉진 법제도 충실과 안전교육 의무화 사업장활동의 지원 | (1) 시장경제화 중의 비국영기업대책<br>(2) 국내의 이민노동자<br>(3) 인포멀섹터의 보호<br>(4) 글로벌프로그램의 촉진<br>(5) 진폐박별프로그램의 추진 |

구체적인 산업수준으로는, ③ 트레이닝 및 안전의식향상활동과, ④ 사용자단체에 의한 안전보건 활동, ⑤ 노동조합에 의한 안전보건활동을 들 수 있다. 그 외의 좋은 사례로는, ⑥ 안전보건관리체제감사의 촉진과, 지역 프로젝트에서 경험해온 건설노동자의 교육, 화학안전대책이 지적되고 있다. 어느 경우도, 나라나 산업수준의 구체적인 노동안전보건의 촉진을 목적으로 하는 ILO활동이 이루어지고 있다는 것을 알 수 있다. 155호 · 161호 조약을 근간으로 한 ILO기준의 원칙보급을 배경으로 하고 있는 것이다.

지역적으로 보면, ILO조약의 비준국수가 노동안전보건분야에서는 매우 적은 그대로지만 안전보건법제도의 충실면에서 보게되면, 이와 같은 ILO기준의 원칙보급의 영향은 착실히 인정되고 있다. 사용자단체나 노동조합에 의한 안전보건활동도, 나라에 따른 차이는 존재하지만, 촉진의 기운을 보이고 있다. 사회보장제도의 정비에 따른 노동재해통계의 개선은 많은 나라에서의 노동재해 보고수가 증가되고, 실제로 관심이 모여져서, 그러한 착실한 진전에 크게 관계하고 있다. 직업병보고는, 또 정비의 지연이 현저해서 직업병 건수를 보고하는 나라는 적은 그대로 있지만, 마찬가지로 관심은 높아지고 있다. 주목되는 것으로는, MDT가 조언 · 지원하고 있는, 역내의발전도상국을 위한 기술협력이 같은 ILO기준의 원칙보급에 따른 삼자협력, 정책, 법제정비와 정보, 훈련의 촉진을 체계적으로 추진해 나간다는 점이다. 아시아지역에서는, ILO/FINNIDA아시아 노동안전보건프로젝트에 의한 네트워크 만들기가 1990년대를 통해서 대응하고 있어 노동안전보건정책 · 법제와 정보 · 훈련에 역점을 둔 역내교류가 인터넷을 이용해서 진행되고 있다. 또, DANIDA프로젝트에서는, 각국수준에서의 1년 단위의 법제정비, 트레이닝 지원을 하고 있다. 사용자단체나 노동조합에 의한 안전보건 활동의 촉진과 소기업체 대상의 안전보건 · 노동개선훈련은 많은 나라에서 진전되고 있다. 그래서 국별의 프락티스의 촉진, 법제도의 충실과 안전문화 서포트가 기획되고 있다는 것도 큰 특징인 것이다.

### 제3항 ILO에 의한 指針 · 教材開發과 情報 · 訓練의 支援

ILO에 의한 지침 · 교재개발과 정보 · 훈련의 지원을 위한 활동은 본부와 MDT의 전세계적인 체제에서 계통적으로 이루어지고 있다. 본부에 위치하고 있는 ILO국제안전보건정보센터-(CIS)네트워크의이용정보는 약90개국에 있는 CIS센터 경유에서의 이용 외에, 온라인의 CIS DOC 데이터베이스나 CIS인쇄물 배포와 보급을 하고 있다. 배포자료도 기준해설, 각 영역의 실시준칙, 문헌내용의 수집, 화학안전 데이터시트, 직장안전 정보시트 등과 노동안전보건 엔사이크로피티아를 비롯한 폭넓은 간행물이 있다. 기술협력을 지원하는 매뉴얼도 많다. 중대재해방지, 건설안전, 화학물질사용 등의 매뉴얼, 국제인간공학회와 공동으로 개최한 「인간공학체크포인트」 회사의 직장개선지침 등도 널리 이용되고 있다.

앞에 나온, 표9에서도, ILO가 타의 국제기관이나 각국의 정노사와 협력해서, 전개하고 있는 기술협력의 구심점이, 정책확립과 법규체제의 정비 및 정노사 삼자협력에 의한 직장개선에 있다는 것을 알 수 있다. 구체적인 목표로는, 법규와 감독체제의 정비 및 노동안전보건센터의 강화, 인재육성, 삼자협력의 장 만들기, 직장개선을 위한 정보와 훈련활동이 주로 되어 있다. 중소기업을 대상으로 한 정보 · 훈련활동도 활발하다. 이것은 행정기관이나 노사단체에 의한 지원을 기획하면서 자주관리를 촉진하는 방향을 취하고 있다. 아동노동박멸과 인포멀 센터에의 대응도 기술협력 내에서 중시되고, NGO의 지원에 의한 구체적인 활동에 역점을 두게 되었다.

한 예로써, 중소기업에 있어서의 현장 활동지원의 사례를 들어 보자, 이것은 ILO가 추진하고 있는 와이즈(WISE: Work Improvement in Small Enterprises) 프로그램으로 불리는 참가형의 소기업 직장개선훈련이다. 이 훈련 방식은

〈표10〉 기술협력 촉진되고 있는 소기업직장개선 와이즈 프로그램 진행방법

| | | |
|---|---|---|
| 직장방문과 기존의 현장<br>개선예의 수집 · 기록 | 체크리스트<br>사용의 연습 | 지원 개선 실례의<br>그룹의 토의 |
| 참가사업장의 체크<br>상호교류의 그룹워크 | 우선대책선정 · 실시 | 개선결과의 합동토의 |
| 프로그램의 특징: 지원호사례로부터의 출발, 자주체크, 그룹워크, 저코스트개선 | | |

1980년대부터 대응해서, 지금은 중남미 · 아프리카에까지 확대되어, 참가형의 이점을 실증하고 있다.

표10에서 볼 수 있듯이, 그 현지의 관행으로 출발해서 현지의 개선실태를 모아서 그룹토의를 하고, 저코스트 개선책 체크리스트를 바탕으로 곧바로 될 수 있는 우선대책을 선택해서 훈련기간 중에 개선을 실시한다. 생산성과 노동환경 개선을 링크하도록 강조하고, 지역의 우수사례에서 배운다는 것을 기본으로 해서, 환경요인과 인간공학에 걸친 개선책이 그룹 워

크로 실시되어가는 것이, 보고되고 있다. 이러한 참가형 프로그램에서는, 자주대응에 따라 폭넓은 리스크를 찾아내는 다면적인 어프로치를 취하는 것이 효과적이다. 실제적인 문제해결, 노동자의 알권리와 참가의 권리를 중시해 나가는 방향이 취해지게 된다. 중소사업자나 노동조합에 대한 지원에 따른 전국적인 전개와 네트워크의 활동이 과제로 되어있다.

노동안전보건분야의 ILO의 새로운 대응책으로 내세우고 있는 글로벌프로그램은, 법제, 통계, 정보 · 훈련네트워크를 포함한 총합적인 계획이 중시되어가고 있는 ILO와 WHO의 협력에 의한 진폐박멸이나 소기업 · 인포멀섹터대책이 병행해서 짜여지고 있다. 이들의 국제협력은 현지수준에서의 기술협력의 방향성으로서, ILO가 강력히 내 걸고 있는 엑티브 파트너십의 진전을 기반으로 하고 있다. 국별로 우선사항을 한데 모음 행동계획의 촉진이 기획되고 있는 것이다. ILO가맹국 등 각국에 의한 개발원조 중에도 노동안전보건촉진을 위한 교육훈련 · 정보활동 · 법제도의 정비 · 연구센터의 강화 등 다양한 지원활동을 볼 수 있는 가운데, ILO나 WHO에 의한 기술협력이나 도상국간 협력과 연대 활동이 늘어나고 있다. 또, 대학 · 연구기관이나 NGO에 의한 기술협력 프로젝트에의 참가기회도 많다. 이러한 다채로운 국제협력중에서, 국제기준의 적용과 노동안전보건 매니지먼트 시스템이나 문제해결형 트레이닝 활동이 협력해서 적극적으로 대응하고 있다. 상호의 조정과 협력, 지속적 개발원조와의 조화가 더욱 과제가 되고 있고, ILO의 역할에 기대를 하고 있다. 여기서는 이들 노동안전보건 분야의 국제협력과 ILO의 역할을 표11에 모아서 제시하고 있다. ILO에 의한 국제협력의 수단으로는, ILO조약 · 권고의 제정과 그 적용을 위한 직접활동이 큰 특징이지만, 정보와 조언, 기술협력이 그것과 병행해야 하는 중요한 역할을 맡고 있다는 것을 외면할 수 없다. 지금부터의 노동안전보건 분야의 국제협력으로, 특히 다음의 諸側面이 중시되어 갈 것으로 예상된다.

(a) 노동기본권의 확립, 지속적 개발과 조화된 제도형성, 능력형성적인

기술협력을 효과적으로 추진한다는 것.

(b) ILO노동안전보건기준을 핵으로 한 노사협력에 따른 자주관리 시스템을 촉진하는 법제도, 조언지도, 교육훈련사업을 촉진한다는 것.

(c) 실제적인 안전건강 리스크평가와 문제해결을 위한 정보 · 훈련네트워크 만들기를 지원한다는 것.

(d) 실시 가능한 직장개선을 위한 저비용책을 포함한 정보제공과 실천 트레이닝 활동을 보급시킨다는 것,

(e) 다채로운 기술협력활동의 연대, NGO활동의 촉진, 베스트프락티스 등 선진적 실적의 교류를 추진한다는 것 등이다.

〈표11〉 노동안전위생분야의 국제협력수단과 ILO의 역할

| 국제협력의 수단 | ILO의 역할 | 참고 |
|---|---|---|
| (1) 국제기준 | ILO조약 · 권고 | ILO총회에서 채택 |
| (2) 정보와 조언 | | |
| 가이드라인 만들기 | 실시코드, 제결의 | 삼자협의에 따른 지침 |
| 정책조언 | | WHO등과의 협력 |
| 정보의 제공 | 14지역의 MDT | 국제기준을 기초로한 조언 |
| 트레이닝의 추진 | 국제정보센터(CIS) | 실용정보의 네트워크<br>(약90개의 국내센터) |
| (3) 기술협력 | 모듈개발 응용<br>경상예산프로젝트<br>외부예산프로젝트 | 실천적트레이닝 촉진<br>(노사 · 안전보건 워크샵, 조언 등 체제 · 센터 · 훈련 등) |

ILO활동을 비롯한 최근의 국제노동협력으로부터, 많은 시증을 받고 있다. ILO에 의한 지역기술협력이 핵심이 되고 ILO기준의 보급과 노사에 의한 자주활동이 진행되고 있다는데 기대하고 있다.

# 제8장 勞動條件
## (3) 勞動者福祉施設
## Working Conditions
### Establishment of labor Welfare

### 제1절 開 設

ILO에서 간행하고 있는 영문의 「ILO조약 · 권고집」의 목차를 보면, 「Ⅳ, 노동조건」에 (a) 임금, (b) 고용의 일반조건, 노동시간, 심야업(야간근무), 주휴, 유급휴가, (c) 노동안전 · 보건, (d) 복지의 4개항목이 나란이 있다. 그리고 (d)에 속하는 것으로써, 「여가시간의 활용(21호 권고, 1924년)」, 「복지시설(102호 권고, 1956년)」, 「노동자주택(115호 권고, 1961년)」의 3가지를 볼 수 있다. 또, 「농업노동자의 고용조건(110호 조약, 1958년)의 제12부(주거) 및 해상노동 등, 특수직업 분류관련 조약의 안전 · 보건 · 복지에 관한 조문도 참조로」추가되어 있다.

이 장에서는 위의 (d)에 있는 3가지 권고를 설명하고자 한다.

### 제2절 勞動者福祉施設에 관한 ILO의 基本的立場

첫째로, ILO가 지금까지 노동자복지시설로 거론하고 있는 것이 무엇인지를 보자, 앞에서 말한 3가지 권고에서 대상으로 하고 있는 노동자 복지시설은, 목적 · 기능 · 제공자 등에서 그 내용이 다종다양하다. 여기서 거론하는 것 중에는 작업장에 있어서의 작업용의자 · 휴게실 등, 더욱이 생산관련시설이나 안전 · 보건(위생) 등의 관련분야에서 볼 수 있는 기업내의 설비에서(102호 권고), 도서관 · 수영용 풀장 의 여가시설(21호 권고), 노동자주택(115호 권고)에 이르는 넓은 범위에 이르고 있다. 둘째로, 복지시설(welfare facility)의 시설(facility)이라는 의미는, 단순히 건물 · 설비 뿐 아니라 교육이나 레크리에이션 등의 각종활동 지원(21호, 102호 권고), 식비 · 교통비 · 家賃 · 지가 등의 비용보조(102호 권고), 저축(115호), 그리고 시설의 기획 · 관리 · 운영 · 노사의 비용부담(3가지 각권고) 등으로 통괄된 개념이다. 「시설」은 「제도」 「시책」을 의미하는 것이다. 셋째로, ILO는 그들 시설의 제공은, 노동자에게 직역(職域)의 내외에 있어서, 「자유 및 독립으로 생활하는 것을 확보」하고, 그 「私事에 대한 여하한 외부의 간섭」에도 반대한다는 것을 기본원칙으로 해야한다는 입장을 밝히고 있다(21호 권고). 넷째로, 이상의 원칙과도 관련이 되지만, 노동자복지의 기본은, 기본적으로 나라 · 지방자치단체, 기타의 공공기관에 의해 제공되어야 한다고 하는 입장에 있다. 기업내 노동자복지시설의 사용자에 의한 제공은, 작업장 내의 생산관련시설(의자 등, 102호 권고), 사업장 주변에 관련시설이 없는 경우(급식시설 등, 102호 권고), 노동자대표에 의한 필요성의 표명이 있었던 경우(레크리에이션 시설, 동권고), 직무에 부수되는 특수한 필요상 피할수 없는 경우(노동자주택, 115호 권고) 등에 한정되어야 한다는 입장에 있다. 더욱이 노동자주택이 사용자에 의한 직접적인 제공은, 위에서 말한 특수한 경우를 제외하고는, 「바람직하지 않다」고 한다. 다섯째로, 노동자 복지시설의 제공과 노사의 관계에 있어서의, 그 제공은 정부 · 지방자치단체, 기타의 공공기관이 노 · 사 · 지역사회 · 생활협동조합 등의 대표와의 협의에 따라 해야만 한다. 또, 기업내 시설의 경우, 그 설치 · 운영 · 관리는, 직장의 종업원대표와 사용자대표로 구성되는 공장위원회, 또는 그 하부조직과의 협의에 따라야 한다는 것이 권고되고 있다(102호 권고). 이 공장 위원회에 의한 협의는, 독일이나 프랑스의 종업원대표제와 같은 조직이다. 끝으로, 이 장의 표제인 「노동조건」과 「노동자복지시설」의 관계에 대하여 코멘트하고자 한다. 「노동조건」은 ILO의 조약 · 권고집에서 「노동자복지시설」에 관한 3가지 권고를, 임금 · 노동시간 · 안전보건에 관한 조약 · 권고와 나란히 "Conditions of Work"의 項밑에 두고, 「노동조건」이라는 제목하에 함께 쓰고 있는 것이다. 그러나 노동조건이라 해도, 그 최저기준이 노동기준법(근로기준법) 내지 노동안전보건법에 따라 법제화되고, 또 그것을 상회하는 부분은 단체교섭에 의해 결정된다고 하는 임금 · 노동시간 · 안전보건의 기본적 노동시간과, 노동자 복지시설과는 동열(同列)이 아니라고 생각한다. ILO권고에 있어서의 노동자복지시설을 노동법의 대상으로 하고 있는 것은, 저축관리 · 기숙사관리인 것이다. 또, 노동자의 복지를 제공하는 경우에는, 10인 이상의 규모에 있어서는, 노동자대표의 의견을 청취해서 취업규칙을 정하고, 소관하는 감독관청에 계출하는 것을 의무화해야할 정도로, 상당한 의미의 재량이 인정된다. 법제에 따른 노동복지는 사회보장이고, 그것은 독립된 별도의 항목인 것이다. 이상과 같이, 3가지 권고에서 대상으로하는 노동자복지시설은, 각각 최저기준을 법제화한 임금 · 노동시간과 사회보장의 사이에 있어서 다양한 임의의 성격을 특징으로 한다. 노동조건에 대해서도, 기본적인 조건보다는 상당히 보완적 · 부가적 · 이차적인 것이다. 개별노동자가 제공한 노동의 양이나 질과는 직접 관계없이 지불된다고 하는 점에서 말하면 간접적 노동조건인 것이다. 임금 · 노동시간과는, 성격을 달리한다는 것을 인식할 필요가 있다. 그것이 조약이 아닌 권고로 되어있는 이유인 것이다.

## 제3절 勞動者의 餘暇利用施設의 發達에 관한 勸告

### 제1항 開 設

1919년의 제1회 총회에서는, 1호조약이 채택되었다. 이 절의 21호 권고(1924년)에서는, 1호 조약의 목적이 노동시간을 단축하고, 여가시간을 증가시키는데 있다고 하는데서, 그 여가시간을 노동자가 자유롭게 활용하고, 심신의 건전한 발전을 가져오도록 해야 한다는 것이다. 그런데, 이 권고의 시대적 배경으로는, 벨트콘베이아생산방식의 확대에 따른 노동에 있어서의 인간성소외문제, 대중오락과 성병 등 공중보건(위생) 악화의 문제가 있다. 또, 당시에는, 세계의 일부에, 독일의 나찌나 이탈리아의 파시스트에 의한, 대중의 여가를 국가주의를 위하여 조직 · 동원화하는 움직임이 나타나서, 여가의 실제가 문제시되었던 적이 있다.

### 제2항 餘暇의 定義

이 권고는, 전문과 5개항으로 되어있는데, 전문에서는 다음과 같이 권고의 주지(主旨)를 말해주고 있다.

(1) 1호 조약의 목적의 하나는, 수면에 필요한 시간외에, 「노동자가 하고자 하는 것을 하기 위한 적당한 기간, 다시 말하면 적당한 여가기간을 노동자를 위하여 확보하는데 있었기」 때문에,

(2) 노동자는 그 여가를 신체상, 지능상 및 도덕상의 능력을 각자가 좋아하는 바에 따라 자유롭게 발달시킬 기회를 갖도록 보장되어야 한다. 그리고 그 발달은 문명의 진보로 봐서 가치가 있기 때문에,

(3) 여가의 보다 좋은 사용은, 작업으로 인한 피로를 완화하고, 나아가 노동자의 생산능력을 증진하고 그 생산성을 상승시킨다고 생각하기 때문에, 여가의 최선의 사용을 최적으로 인정하는 원칙 및 방법을 정한다는 것은 유익하다고 생각해서, 총회는 다음과 같은 권고를 채택했다는 것이다.

(1)은 유명한 ILO의「여가의 정의로 이따금 인용되는 문언이다. 이 전문에 이어 5개 항목의 권고 내용의 요점을 살펴보자.

### 제3항 餘暇의 保全

노동자에게 여가시간을 확보시키기 위하여, 단축된 노동시간 하에서도 노동자가 충분히 생계를 유지할 수 있도록 임금을 보장시켜야 한다는 것, 시간외 노동이나 이중취로의 방지 노동협약(단체협약)등에서 적절한 대응을 취하도록, 국가는 노사를 장려해야 한다고 규정하고 있다. 이러한 것들을 인식한 가운데, ① 여가기간이 가능한 한 계속적인 것이 되도록 노동시간을 편성하기 위한 적절한 수단을 취할 것, ② 통근시간을 최소한도까지 단축하도록, 승차임(차비) 및 시간표 등에 대하여 노동자에게 편의를 주기위한 적절한 조치를 취할 것, 그러기 위하여 노사단체는 관계되는 公·私의 운수기관과 널리 협력해야 한다는 것으로 되어있다.

### 제4항 餘暇와 社會保健

노동자의 여가이용은, 사회일반의 여가이용과 분리할 수 없다고 하는 인식에서, ① 공중목욕탕, 수영장 등의 제공에 따른 개인의 위생(보건)장려, ② 알코올 남용·결핵·성병 및 도박에 대한 법적 또는 사적인 조치를 취하도록 장려하고 있다.

### 제5항 住宅對策

여가를 사용하는 주된 장소는 주택이며, 또 前항에서 지적한 위험으로부터 노동자를 보호하는 가장 유효한 수단은, 적절한 주거를 노동자에게 제공하는 것이기 때문에, 필요한 경우에는 국가 및 지방당국의 협력에 따라, 전원도시 또는 교외의 지역에, 건전한 오락의 환경을 구비한, 건강하고 저렴한 가임(家賃)의 주택수를 늘려야 한다는 것을 권고하고 있다. 이 부분은 뒤에 115호 권고에 확대·발전시키게 된다.

### 제6항 餘暇利用의 營造物

여가이용의 영조물(institutions)의 위치 및 그 발달은, 그 수익자인 노동자의 희망 · 기호 및 니즈에 따라 이루어져야 한다는 것과 그것은 개인 및 가족의 조화있는 발전과 동시에 지역사회의 일반적 발전에 공헌해야 한다는 원칙을 제시하고 있는 가운데, 다음사항을 권고하고 있다. ① 노동자의 휴양으로 인한 이익과 함께, 다소나마 가계 및 가정의 「재원(resources)」에 도움이 될 수 있도록 계획할 것(예를 들면 정원 · 집에서 기르는 동물 등), ② 운동경기를 통해서 노동자의 자발심이나 창조성을 고무시키고, 더욱이 연소노동자의 경쟁심을 자극함으로써 노동자의 심신의 건강과 강신(强迅)함을 키우도록 하는 것, ③ 노동자가 가장 바라고, 또한 산업사회의 발전으로 봐서도, 최선의 수단이 되는 기술교육이나 가정교육, 일반교육의 보급(도서관, 독서실, 강좌, 기술과정 및 일반과정), 등을 권고하고 있다.

그리고 여기에서 열거한 여가활동은, 국가의 관계단체에 대하여 보조금을 부여함으로써 장려되어야 한다는 것이 권고되고 있다.

## 제4절 勞動者의 福祉施設에 관한 勸告

1956년의 102호 권고는, 모양으로 봐서 3가지 개별시설에 대하여 거론하고 있는 것이다. 그 내용은, 노동자복지시설 전체에 관한 이념과 설치 · 관리 · 운영의 방법이나, 거기에 있어서의 정 · 노 · 사의 기본적인 역할과 관계 등에 관한 일반적 지침에 미치는 것으로써, 3가지 권고 중에는 기본적이고 중심적인 위치를 점하고 있다. 권고는 전문에 이어, 급식 · 휴식 · 레크리에이션, 통근수송의 3가지 시설과 그 관리운영에 대하여 취급하고 있다.

## 제1항 前 文

다음의 노동자 복지시설, 즉 ①「기업내 또는 그 부근에 있어서의 급식시설」, ②「기업내 또는 그 부근에 있어서의 휴식시설 및 레크리에이션 시설(휴일시설을 제외)」, ③「통상의 공공수송시설이 불충분하거나 또는 그 이용이 곤란한 경우에 있어서의 통근을 위한 수송시설」에 관해서, 원칙과 기준을 확립하는 것이 바람직하다고 보았기 때문에, 총회는 각 가맹국에 대하여 다음과 같은 규정의 적용과, 그 실시를 위하여 채택한 조치에 대하여, 이사회의 요청에 따라 국제노동사무국에 보고하도록 권고했다.

그래서 그들 노동자복지시설은, ①「법령에 따라」 또는 ②「권한 있는 기관이 사용자단체 및 노동자단체와의 협의를 통해 승인하는 타의 어떠한 방법에 따라」, 또는 ③「노동협약 또는 관계되는 사용자와 노동자의 쌍방이 합의한 타의 조치에 따라」,「제공할 수 있다」고, 제공 내지 실시방법이 제시되어 있다. 기업의 임의에 의한 제공은 언급되지 않고 있다.

## 제2항 施 設

### (1) 給食施設

첫째로, 기업의 노동자 수, 식당에의 수요자 수 등을 감안해서, 타의 적당한 시설을 이용할 수 없는 경우, 그리고, 환경 등이 적합할 경우에는, 기업내 또는 그 부근에 식당을 설치해서 운영해야 한다는 것, 둘째로, 노동협약(단체협약) 또는 공장위원회의 책임에 따라 설치 · 운영되는 경우에는,「관계되는 사용자와 노동자가 합의」하는데 따른다는 것, 그리고 셋째로, 권한 있는 기관은, 식당의 설치 · 운영에 관해서, 적당한 면적 · 조명 · 난방 · 환기 등의 기준, 표준설립 영양, 칼로리기준, 핫치식(hatch式) · 카페테리아식(cafeteria式) 등의 형태와 필요종업원수, 위생기준, 식사가격, 건설비 · 비품비 등의 당초비용과 유지비용 및 그 경리 등의 기술적 제문제에 대하여, 지도 · 조언 · 정보제공 등을 해야 한다는 것이 권고되고 있다.

단지, 그들 기준의 구체적인 수치에 대해서는 권고 그 자체에서는 명시하지 않고 있다.

그 외에, 식당을 설치할 수 없는 기업, 또는 이미 식당은 있지만 추가로 존재해야 할 필요가 있고, 또 적당한 경우에는 ① 간이식당 및 손으로 끌고 다니는 이동용 식당, ② 식당시설 및 타의 적당한 장소, ③ 이동식 매점 등을 제공해야 하는 것도 제시되고 있다. ②는 노동자가 자유롭게 도시락 등을 먹을 수 있는 장소를 의미하는 것이다. 교체 노동자에 대해서는, 적당한 시간에 식료 및 음료를 받을 수 있도록, 특별한 배려를 해야 한다고 특히 주의를 촉구하고 있다. 또 특별한 건강상의 이유에서 법에 따라 필요로 하는 이외에는, 어떠한 노동자도 급식 · 급식시설의 이용을 강제되어서는 안 된다고 하고 있다.

### (2) 休息施設

휴식시설은 좌석과 휴게실의 두 가지에 대하여 취급이 규정되어있다. 좌석에 대해서는, ① 노동자(특히 여성노동자 및 연소노동자)가 작업 중에 그 작업에 지장을 주지 아니하고 적시에, 앉을 기회를 가질 수 있는 기업에 있어서는, 그들 노동자에게 좌석을 제공해야 한다는 것, ② 그 좌석은 충분한 수를 가져야 하고, 또한 그 노동자의 작업장에 적당하게 근접해 있어야 한다는 것, ③ 노동의 대부분을 앉은 채로 늘 일을 할 수 있는 기업에 있어서는, 좌석을 제공하고, 또한 유지해야하며, 그리고 그 좌석은 노동자 및 작업에 적절한 설계 · 구조 · 길이를 갖춘 것으로써, 필요한 경우에는 발을 올려놓을 수 있는 대를 갖추어야 한다는 것, ④ 각국의 권한 있는 기관은 적당한 정부직원에게 좌석에 관한 기술상의 조언 · 지도 · 정보제공의 권한을 주도록 인정해야 한다고 하고 있다.

또, 휴게실에 대해서는 ① 노동자가 노동시간 중에 약간의 휴게를 취하기 위한 작업이외의 시설을 갖추지 못한 경우에는 작업의 성질, 기타의 관련조건 및 환경을 고려해서, 희망하는 경우에는 휴게실을 설치해야 한다는 것, ② 특히 여성노동자나 노동시간 중에 짧은 휴식을 취할 필요성이 높은 곤란한 또는 특수한 작업에 종사하는 노동자, 혹은 「불규칙 교대 노동자」의 니즈를 충족하기 위해 휴게실을 설치해야 한다는 것, ③ 국내법령으로 적당한 경우에는, 권한 있는 기관에 대하여, 그것이 필요하다고 인정되는 경우에는, 그 작업장에 휴게실의 설치를 요구할 수 있도록 해야 한다는 것, ④ 그리고 그 경우에 휴게실은 (ⅰ) 寒氣 또는 暑氣에 의한 불쾌를 경감하는 설비, (ⅱ) 적당한 환기 및 조명장치, (ⅲ) 충분한 수의 적당한 좌석을 갖추어야 한다는 것을 권고하고 있다.

### (3) 레크리에이션(recreation)施設

레크리에이션시설에 대해서는, ① 전문기관이나 지역사회에 의해 노동자의 이용을 위한 레크리에이션 시설이 제공되어 있지 않은 경우, 및 「관계노동자의 대표자」가 그와 같은 시설의 필요성을 표명한 경우에는, 노동자가 고용되어 있는 기업내, 또는 그 부근에 노동자의 레크리에이션 시설을 설치하도록 장려하기 위한 적당한 조치를 취해야 한다는 것, ② 이러한 조치는, 국내법에 의해 공장위원회 등 기타의 기관이 설치되고, 그들이 그 분야의 임무를 담당하는 경우에는 그 기관에 의해, 또는 관계되는 사용자와 노동자의 협의의 결과에 따라 집행되어야 한다는 것, ③ 그리고 그들의 조치는 레크리에이션시설의 배치 등의 요구에 따르도록 공공기관에 의한 활동을 촉진하고, 또한 지지하는 방법으로 해야 한다는 것, ④ 끝으로, 「노동자는 레크리에이션시설의 제공을 위하여 집행되는 방법의 여하를 불문하고, 어떠한 경우에도, 제공시설을 이용하는 의무를 지도록 해야하는 것은 아니다」라고 권고하고 있다.

## 제3항 給食 · 레크리에이션施設의 管理

급식시설의 관리에 대해서는, ① 국내법에 따라 공장위원회가 설치되고, 급식시설의 관리가 그 임무로 되어있는 나라에서는, 그 공장위원회 또는 위원회가 설치하는 소위원회에 의해, ② 기타의 나라에서는 관계기업의 노사에 의한 협의에 따른다. 그리고 실제의 식사의 제공이나 식당의 관리 등은, 노동자대표로 구성된 식당위원회를 통해서, 경영자 또는 경영자가 지명한 전문 청부인에 의해 이루어져야하는 것을 예시하고 있다.

레크리에이션 시설의 관리에 대해선, 먼저 위의 ①과 같은 내용의 규정이 제시된 후, 법에 따른 공장위원회제를 갖지 않고 있는 나라에 있어서는, 기업내의 노동자에 의해 선출된 노동자 대표로 구성되고(경영자가 참가하는 경우도 있고, 참가하지 않는 경우도 있다), 「중앙레크리에이션위원회」에 의한 관리, 또는 레크리에이션에 관심이 있는 기업내의 노동자에 의해 임의로 조직된 몇몇 그룹위원회에 의한 관리가 제시되어 있다.

그래서 각국은, 국내법령에 따라 설치된 「복지시설」의 관리 및 감독의 방법에 대하여, 노동자단체 및 사용자 단체와 협의하기 위한 조치를 취해야 한다는 것을 권고하고 있다.

### 제4항 給食 · 레크리에이션施設의 經理

급식시설에 대해서는, ① 사용자에 의한 비용부담(설비 · 도구 등을 포함한 식사시설의 건설비 · 임차의 타의 경비, 난방 · 조명 · 청소 · 稅 · 보건에 관한 경영비, 설비 및 도구의 유지비), ② 노동자에 의한 비용부담(식사 기타의 식품의 비용), ③ 사용자 또는 노동자에 의한 비용부담(사용자, 또는 식사 기타의 식물의 비용에 대한 지불을 통해서의 노동자에 의한 급식시설에 근무하는 인원의 임금 · 사회보험료에 요하는 경비의 부담)이 정해져있다.

레크리에이션시설에 대해서는, ① 사용자에 의한 비용부담(내구적 설비 · 도구를 포함한 실내 레크리에이션 시설, 및 실외 레크리에에션 시설의건설 · 임차, 기타 그들의 제공에 필요한 경비, 난방, 조명, 청소, 세금 · 보험에 요하는 경상비를 비롯한 건조물 · 부지 · 설비도구의 유지비), ② 노동자에 의한 비용부담(회원비 · 사용료 · 시합의 입장료, 기타의 지불 등을 통한 소모품비 및 지급물의 구입비를 포함한 일상경비)를 「고려해야 한다」고 하고 있다.

이상에서 지적하고 있는 이외에, ① 식사가 사용자 또는 그 청부인에 의해 노동자에게 제공되는 경우에는, 그 가격이 합리적인 것이 되지 않으면 안 되고, 사용자의 이익으로 되는 것이 되어서는 안 된다. ② 어떠한 경우에도, 노동자 스스로가 사용하기를 바라지 않는 복지시설의 경비를 분담하도록 해서는 안 된다. ③ 노동자가 복지시설에 대하여, 지불을 하지 않으면 안 될 경우에도, 分割拂 또는 지불연납을 인정해서는 안 된다는 것을 권고하고 있다.

### 제5항 輸送施設의 管理

수송시설에 대해서는, 권고내용에 들어가는 상세한 것은 생략하지만 필요한 경우에는, 노사협의 등에 따라 주차장의 시설, 자가수송시설의 제공, 시차 통근, 시 종업시각의 교통기관의 혼잡 정도에 맞추어서의 조정, 통근이 곤란하고, 기업이 수송시설을 제공하지 않는 경우 등에 있어서의 교통수단의 지급 등의 대책을 취해야 하는 것 등을 권고하고 있다.

## 제5절 勞動者 住宅에 관한 勸告

### 제1항 前 文

1961년의 115호 권고는, 전문에서, ① ILO헌장이, 충분한 주거의 제공계획을 세계제국에 촉진하고 있는 것은 ILO의 의무라고 선언하고, ② UN의 세계인권선언은, 모든 사람이 자가 및 가족의 건강 및 주택을 포함한 복지에 있어서의 충분한 생활수준을 保持할 권리가 있다는 것을 인정하고, 그리고, ③ 1949년에 국제연합(UN) 및 ILO는, 각각 경제사회이사회와 이사회에서 UN은 주택일반에 대하여, ILO는 노동자주택에 대하여 책임 내지 특별한 관심을 갖는다고 표명하고 있기 때문에 각 가맹국이 자국의 사회경제정책의 범위 내에서 국내조건에 맞는 방법에 따라, 다음과 같은 일반원칙을 실시해야 한다는 것을 권고한다고, 같은 115호의 권고를 채택한 취지를 밝히고 있다.

### 제2항 一般原則

일반원칙에서는, 처음으로 나라의 주택정책의 목적을 거론하고 있다. 여기서 나라는, ① 모든 노동자와 가족이 충분하고 적절한 주택과 적당한 생활환경을 확보할 수 있도록 하는 주택 및 관련공동시설의 건설을 촉진한다는 것, 또, 곤궁도가 높은 자에게 어느 정도의 우선순위를 부여해야 한다는 것, ② 현재의 주택이나 시설의 유지 · 개선 · 근대화를 도모한다는 것, ③ 家賃 또는 구매대금의 부담은 노동자의 소득의 합리적인 범위를 초과하지 않아야 한다는 것, ④ 노동자주택계획에 의한 주택건설은, 개인적 · 공동적 및 공적인 사업체에 의해 탄력적으로 행해져야 한다는 것, ⑤ 주택건설과 기타의 생산이 경합하는 경우에는, 노동력 그 외의 자원배분에 있어서 주택에 어느정도의 우선순위를 부여하도록 하는 것을 권고하고 있다.

#### (1) 公的機關의 責任

다음으로 공적 기관의 책임에 대해서 ① 국가는 주택에 대하여 어떠한 책임이 있는 모든 공적 기관이 관계하는 중앙기관을 설치하고, ② 이 기관에 있어서, 노동자주택의 수요의 연구와 산정, 및 노동자의 주택계획을 작성하고, 노사를 비롯하여 관계되는 단체는 그 활동에 관여해야 한다는 것, ③ 공적 기관은 가능한 한 노동자에 대하여 임차 또는 자기 소유의 자택을 직접제공하거나, 또는 그 제공을 촉진하는데 책임을 져야한다는 것, 등이 제시되어있다.

### (2) 使用者가 提供하는 住宅

그런데, 사용자가 제공하는 주택에 대해서는, ① 사용자는 그 노동자에 대하여 자기의 기업과는 관계가 없는 공적 기관 또는 협동조합 기타의 주택협회 등, 독립된 사적기관이 공평한 원칙에 따라 주택을 공급한다는 중요성을 인식해야 한다는 것, ② 「사용자가 그 노동자에게 직접 주택을 제공한다는 것은, 예를 들면 사업소가 통상의 성질상 노동자를 곧바로 취업을 시키지 않으면 안 되는 경우와 같이, 할 수 없는 사정이 있는 경우를 제외하고, 일반적으로는 바람직하지 않다는 것을 인식해야한다는 것」, ③ 주택이 사용자에 의해 제공되는 경우에는, (ⅰ) 노동자의 기본적인권, 특히 결사의 자유를 인정할 것, (ⅱ) 고용계약의 종료와 주택사용종료의 관계에 대해서는 국내법 및 관습을 존중할 것, (ⅲ) 가임은 어떠한 경우에도 투기적 이윤을 포함하는 것이 되어서는 안 된다는 것 등을 권고하고 있다. 그 외에, 주택융자 · 최저주택기준(구체적인 넓이, 설비 등의 기준은 권고 그 자체에는 제시되지 않고 있다)이나 건축 산업의 능률촉진 조치, 주거건축 및 고용의 안전, 도시 계획 · 촌락계획 및 지역계획, 등이 권고 되고 있다.

## 제3항　一般原則의 適用方法

이어서 이상의 일반원칙의 내부에 걸친 적용방법이 제안된다. 먼저, 일반적 사고로, 이주노동자와 국내노동자의 사이의 평등한 취급이 있다. 다음은, 주택의 최저기준으로서는 1인 또는 1가족당의 床面積 · 공간면적 · 방의 크기와 수를 고려해야 한다고 되어있다. 단지, 이들의 최저기준에 대한 구체적인 수치의 제시는, 권고 그 자체 내에는 없다. 또, 상하수도, 폐기물 처리, 서기(暑氣) · 한기 · 습기 · 대기 · 해충에 대한 보호, 충분한 위생시설 · 환기시설, 조리 · 저장시설, 채광 · 조명, 가족 간 및 가족과 외부와의 사이의 프라이버시의 보호 등을 들고 있다.

가임정책으로는 「가임에 해당되는 노동자의 소득의 비율이 점차 감소하고 있다는 것을 일반적 목표로 해야 한다」는 것, 도시계획 등의 지역계획에 대해서는 권한 있는 기관은 불량주택(스람)일소를 위하여, 그 주인 · 관계자와 협력해서, 모든 수단을 강구해서 그 재개발을 추진해야 한다는 것을 들고 있다. 도시의 과밀을 피하기 위해서는 도시개발과 농촌개발의 균형을 기해야 한다는 것이다. 이상이 권고의 주된 내용으로 되어있다.

## 제6절 勞動者 福祉施設에 관한 기타의 ILO活動

ILO는 이상에서 취급한 3가지 활동 외에도, 노동자 복지에 관해서 몇가지 활동을 전개하고 있다. 전후에 있었던 주된 활동이라고 볼 수 있는 3가지 활동에 한해 소개하고자 한다.

### 제1항 勞動費用調査

첫째는 잘 알려져 있는, ILO의 노동자 보호활동을 위해 오랫동안 영향을 주었던 노동비용조사를 들 수 있다. 1955년에 실시했던 ILO가맹 西歐 10개국(8산업, 약8000사업소)을 대상으로 한 막대한 조사의 실시활동을 소개하고자 한다. 이것은 「노동자의 1인 1시간 당 노동비용조사」한 것인데, 조사항목은, ① 임금 · 급여, ② 불취업시간에 대한 지불, ③ 상여, ④ 식료 등의 현물급부, ⑤ 사용자 부담의 노동자 주택시설 기타의 비용, ⑥ 사용자 부담의 사회보장 거출비, ⑦ 직업훈련비, ⑧ 문화 · 체육 · 레크리에이션시설과 복지 서비스비, ⑨ 통근비 · 모집비 등 기타의 비용, ⑩ 노동비용이라고 볼 수 있는 세 등을 포함하고 있다.

이 배경에는 1950년대에 있어서의 무역확대 중에서 임금이외 노동비용이 국제경쟁에 미치는 영향의 논의가 많았던 일이 있다. 거기서, 먼저, 그 실태를 밝혀야 한다고 주장하고 제1회 ILO유럽지역회의에서 ILO이사회에 요청하게 되었었는데, 이것이 발단이 되어 이루어지게 된 것이다. 이 조사

결과는, 1959년 「Labour Costs in European Industry」로 공간되었다.

### 제2항 勞動者福祉施設에 관한 專門家會議

두 번째는, 1964년에 열린 「노동자복지시설에 관한 전문가회의」이다. 여기에는 15개국으로부터 전문가가 참가했는데, 여기서는 앞에서 말한 3가지 권고에는 포함되어있지 않은 노동복지시설문제에 대하여 토의했다. 이 회의에서는 여성노동자를 위한 "보육시설", 직장에 있어서의 구호 · 위생 · 보건시설 등에 관한 시설을 널리 취급했다. 시설 뿐만 아니라 서비스나 현물급부 등을 포괄적인 대상으로 해서, 그것들의 설치 · 제공의 이념, 관리 · 운영의 방법에 관한 일반원칙 등, 노동복지 전반에 대하여 총괄적으로 검토하고, 보고서를 제출했다. 또 3가지 권고가 채택된 후에 있어서의 환경 · 사정의 변화에 대한 권고의 적용상의 유의점 등을 검토하고 있다.

### 제3항 國際標準勞動費用分類의 採擇

셋째는, 1966년에 열린 제11회 국제노동통계가회의인 것이다 여기서는, 「국제표준 노동비용 분류(International Standerd Classification of Labour Cost)」를 채택한 바 있다. 그 분류를 보면 앞에 나온 "Labour Costs in European Industry"에 기초하고 있다. 당초에는 이 분류에 따라, ILO의 통일적 국제통계로써 노동비용조사를 실시하는 의도였을 것이다.

그러나 앞에서 언급한 유럽에 있어서의 실태조사를 집계하는데만 4년이 걸렸다는 것으로 미루어봐서, 그 실태, 특히 중심이 되는 노동복지시설 · 서비스 등, 그 내용의 각국에 있어서의 다양성 · 복잡성, 혹은 시설 · 현물급부 등의 화폐가치 환산의 국제적 통일의 기술적 곤란성 등이, 그 의도의 실현을 단념하게 했다고 상상할 수 있다. ILO가 1949년 이래, 계속하고 있는 국제통일조사 "The Cost of Social Security"와는 큰 차이가 있는 것이다.

# 제9장 女性·家族的 責任

# Women·Responsibility for Family

## 제1절 開 設(女性勞動)

### 제1항 女性勞動의 沿革과 女性勞動의 性格

여성은 태고시대부터, 남성과 함께 물질을 생산하는 노동에 종사해왔으나, 남성과는 달리, 「낳는(産) 기능을 가진 性」으로서, 생명의 생산을 비롯한 재생산노동에 종사해 왔다. 산업혁명에 따른 자본재생산의 확대로 인해, 여성의 임금노동자도 급증했으나, 그 태반은 도시나 농촌의 빈곤가정의 여성으로, 교육의 정도나 기능수준이 낮았다. 거기다가, 「남성은 유상의 직업노동」으로, 「여성은 무상의 가정노동」이라고 하는 당시의 사회통념과 낮은 이윤을 얻기 위하여, 노동코스트의 절하를 시도하는 경영측의 요청 등을 반영해서, 여성의 고용 · 노동제조건은 일반적으로 매우 低劣했다. 그 결과, 결핵, 나병환자나 임신 · 출산 장해 등의 건강파괴에 고심하는 자가 속출해서 큰 사회 문제가 되었고, 사회정책상의 견지에서, 선진공업제국에서는 여성노동자보호법제가 책정되게 되었다. 이와 같은 움직임은, 1906년에 처음으로 다국적 간의 여성노동보호조약인 베른조약으로 결실을 맺었다. 이 조약은, 그 후 곧 설립된 ILO의 여성노동기준에 큰 영향을 미치게 되었다. 베른조약 이후, 약 1세기를 거쳐 오늘날에 와서도, 세계적으로 여성의 경제적 · 사회적 평가는 아직도 남성에 비해 낮고, 여성은 노동에 대한 부의 정당한 배분을 얻지 못하고 있다.

### 제2항 ILO와 國際聯合(UN)이 해온 役割

제1차 세계대전 당시에 채택된 베르사유 평화조약은, ILO의 설치를 규정하는 한편, 1일 8시간 노동제, 실업의 예방 · 구제, 여성노동보호(산전산후, 야간, 유해작업), 남녀 동일가치 노동 동일보수, 노동감독관 제도에의 여성의 참가 등을 규정했다. 이들의 중요한 노동보호는, ILO헌장의 전문에도 명기되었다. 이에 따라 ILO는 당시의 가맹제국에 있어서의 여성 노동실태를 감안해서, 제1회 총회에서, 산전산휴휴가 및 야간노동에 관한 기준을 채택했고, 그 후, 제2차 대전 종료까지, 오직 노동보호기준의 충실에 힘을 기울여왔다. 그러나 1940년대 초에는, 일찍부터 선진제국에 있어서의 여성의 고학력자와 전문지식에의 참입자가 나타나기 시작해서, 고용의 기회와 직장에 있어서의 대우에 대한, 남녀평등요구가 나오기 시작했다.

1944년의 제26회 총회는, 발족이래 처음으로 여성의장으로서, 미국노동장관(후란시스 파긴스)을 맡아, 유명한「국제노동기관의 목적에 관한 선언(필라델피아 선언)」을 채택했다. 여기에서, 노동권의 남녀평등보장과 모성보호의 중요성이 확인되었다(참고자료 참조).

제2차대전 종결과 함께 국제연합(UN)이 설립되고, ILO는 그 노동문제 전문기관으로 자리잡게 되었다. UN은 국제연합헌장의 전문(前文)에서, 기본적인 인권의 존중이라는 관점에서 남녀동권을 명기하고, 설립된 다음해에, 여성문제의 전문가로 구성되는「여성지위위원회」를 설치하고, 문제점의 파악과 해결책의 책정을 맡도록 했다. 동위원회는, 여성노동문제에 관해서, 오늘에 이르기까지 ILO와 연대를 가지면서, 계속적으로 활동을 하고 있어, 그 성과가 ILO의 남녀고용평등정책에 구체화되고 있다. 그러한 의미에서 UN이 ILO의 활동에 기여한 영향도 평가되지 않으면 안될 것 같다. ILO의 여성노동정책이 획기적으로 전환하게 된 것은 1975년의 UN「국제여성의 해」이 후 인 것 같다. 이 배경에는, 1960년대 이후, 미국이나 스웨덴을 필두로, 선진제국에서 급속히 진전한 남녀평등운동과 남녀고용평등법제의 정비 등에 영향이 크다. 이 시기에 와서 겨우, 여성에 대한 고용차별과 가정 · 교육 · 사회 등에 있어서의 성별역할 분담의 의식과 관행의 관련성이 명확하게 인식되고, 그 시정이 우선과제로 자리매김 되었다. 또, 같은 무렵, UN이나 ILO의 멤버로서 급증한 도상제국에 있어서의 여성노동문제의 해결이, 긴급과제로 부상했다. UN은 1979년, 인류사상 처음으로 여성인권조약인 「여성에 대한 모든 형태의 차별의 철폐에 관한 조약」을 채택하고, 인간생활의 모든 분야에 있어서의 남녀평등의 보장을 국제법상의 원칙으로 확립하게 되었다. UN은 「국제여성의 해」를 위해, 계속 10년간을 「국제여성의 10년」으로 설정하고, 80년 · 85년 · 95년에 세계여성회의를 개최하면서 문제해결에 대처해왔다. 이것은 인류사회의 지속가능한 발전으로 봐서, 여성이 할 수 있는 역할이 매우 중요하다고 하는 UN의 인식을 보여준 것이다. UN은 법제상으로 뿐만 아니라, 사실상의 남녀평등을 실현한다는 이념에서, 여성의 경제적 · 사회적 실력을 높이고, 모든 분야의 의사결정 수준에 남녀평등참획을 적극적으로 실현하는 정책을 내놓았다. 예를 들면 93년의 「인권에 관한 세계회의(빈宣言 · 행동계획)」, 94년의 「인구와 개발에 관한 국제회의(카이로 행동계획)」, 95년의 「제4회 여성회의(북경행동계획)」. 동년의 「사회개발을 위한 세계 서밋드(선언 · 행동계획)」 등이 그러하다. 더욱이 「북경 행동 강령」에서는, 교육 · 훈련 · 경제활동 참획 등에 있어서의 남녀평등, 빈곤의 여성화에 대응하는 여성의 지위향상 촉진을 위한 국제적 · 국내적 기구의 불비, 직장에 있어서의 여성의 인권존중의 결여, 소녀나 성년여성에 대한 차별과 폭력 등을 들고 있어, 적극적인 대책이 불가결하다는 것을 지적하고 있다.

### 제3항 젠더 平等에의 ILO對応

「젠더평등」은 100호나 111호 조약을 논하는 경우에 키워드가 되는 중요한 개념이다. 「젠더」라는 것은 인간이 살아가는 과정에서 배울 수 있는 사회적 · 문화적인 성차(性差)라는 것으로써, 생물학적 · 보편적 성차인 섹스와는 다른 개념이다. 젠더의 역할이나 니즈는, 연령 · 인종 · 민족 · 사회계층 · 종교 · 사상 · 지리적 · 경제적 · 정치적 환경 등의 차이에 따라, 그 엄격성 · 유연성, 유사성 · 상이성, 대립성 · 보완성 등이 다양하다. 「젠더평등」이라는 사고방식은, 남녀쌍방의 역할이나 니즈에 초점을 두고, 남녀 간의 평등을 보다 효과적으로 실현하기 위하여, 남녀쌍방이 변화해야 한다는 것을 요청하는 것이다. 가령, 여성이 동등한 사회적 · 경제적 수준에 있는 남성과 비해서 불리한 입장에 있는 경우의, 「젠더평등」의 촉진이라고 하는 것은, 여성의 니즈나 이익, 장래전망 등에 대하여, 명확하게 배려하는 적극적 조치를 취하는 동시에, 그러기 위하여 필요로 하는 남성측의 변혁도 동시에 추진하게 함으로써, 여성의 지위향상을 도모하고, 평등화를 추진한다는 것을 의미한다. 「젠더평등」의 개념에 따른 ILO의 근래의 활동은, 젠더분석과 「젠더푸레이닝」이라는 구체적인 수단을 써서, 가맹국의 정노사와의 사이에서 「젠더평등」에 대한 이해와 인식을 높이는 동시에, ILO의 모든 프로그램에 있어서, 통합적으로 젠더평등정치를 추진하는데 역점을 두고 있는 것 같다. 그 목표는, 공적생활이나 개발에 있어서 여성의 적극적인 참획을 추진하는데 있다. 즉 여성의 주변화를 배제하고 이익배분의 남녀평등을 실현하기 위하여 여성을 「주류화」하는 것(메인스토리밍), 여성의 경제적 · 사회적실력을 강화해서 「자립을 실현」하는 것(엔파워먼트), 빈곤여성까지 포함한 여성의 경제적 · 사회적 역할을 「顯在化」하는 것(피지피리티) 등이다. 이러한 정책을 유지하는 경우, 남녀간의 종래의 불균형을 시정하고, 혹은 여성중에서도 특히 취약한 그룹을 지원하기 위하여 적극적인 차별시정조치를 취하는 것이 매우 중요하다고 보고 있다.

### 제4항 「平等과 保護」에 대한 ILO의 立場

ILO는 발족당시부터, 오늘에 이르기까지 일관해서 남녀노동자를 모두, 과중한 노동이나 위험 · 유해업무로부터 보호하는 정책을 취해왔다. 그러나 여성노동자에 대해서는, 그 모성기능을 보호하기 위하여, 특별한 보호조치를 취하도록 인정해왔다. 특히, 제2차 대전이 종료하기까지는 가맹제국에 있어서의 고용 · 노동의 제반 조건이 여성의 가정이나 사회에 있어서의 지위까지 저열했다고 하는데서, ILO는 여성보호를 중시하는 정책을 취해왔다.

전후, 여성의 지위가 향상되고, 평등요구가 높아짐에 따라, 여성노동정책의 중점은 남녀평등화로 시프트(shift: 변화 · 이동)해 왔다. 남녀평등의 새로운 개막이라고 할 수 있는 1975년의 UN 「국제여성의 해」에 ILO는 제60회 총회를 개최하고, 「여성노동자의 기회 및 대우의 평등에 관한 선언 및 행동계획」, 그리고 그것을 촉진하기 위한 「결의」를 채택했다. 이 문서는 선진공업제국을 중심으로, 다양한 활동을 시작하게 된 여성들이, 남성과 평등한 기반을 통해, 경제적 · 사회적 활동에 적극적으로 참획하기 위한 불가결한 전제조건과, 앞으로의 기본적인 조건정비의 방침을 제시한 것이었다. 그 중에서 「남녀평등과 여성특별의 보호」에 대하여, ILO의 입장이 명확하게 나타났다. 말하자면, 종래의 여성특유의 노동보호법제 중, 임신 · 출산에 관한 모성보호는 종전대로 확충하지만, 그 이외의 것에 대해서는, 「최신의 과학적 지식 및 기술의 진보 발전)에 비추어, 국내 상황에 따라 재검토해서, 개정, 보충, 유지, 폐지, 또는 모든 노동자에 대한 적용을 확대하는 등의 조치를 취해야 한다」는 것이었다. 여기서 간과할 수 없는 것은 종래의 여성특별보호법의 폐지 뿐만 아니라, 국정에 따라서는, 그것을 「모든 노동자에게 적용확대 한다」는 것도 인정하고 있다는 점이다. 이것은 남녀노동자를 모두 가혹한 노동으로부터 보호한다고 하는 ILO의 설립취지에 따르고 있을 뿐 아니라, 오늘날에 있어서도, 더욱 그 기본적인 방침에 변화가 없다는 것을 보여주고 있는 것이다.

실제로 ILO는 이 결의를 채택한 이듬해인 1976년에, 「국제노동조건 · 환경개선계획(PLACT)」을 입안해서, 「남녀 모든 노동자의 생활의 질을, 노동시간의 단축 등에 따라 종합적으로 향상시켜, 노동의 인간화를 추진하겠다」는 결의를 밝히고 있다. 바라건대, 「인간에게 상응하고 노동생활에서 필요로 하고 있는 보호는, 남녀평등으로 보장된다」고 하는 것이, ILO의 시종일관된 입장이라고 생각된다. 그런데 그 구체적인 내용은, 가맹각국의 정노사가 국내 상황에 따라서 정하게 되어있어, 당해 정부의 노동정책이념, 그리고 勞使의 力關係가 중요한 열쇠가 될 것이다. ILO는, 경제의 글로벌화가 진행되는 가운데, 세계적으로 확대되고 있는 「노동 분야의 규제완화」에 중대한 관심을 보이고 있어, 여성노동자 보호법을 개정하는 경우, 기본적으로 유의해야 할 중점으로써 다음과 같은 점을 들고 있다.

(a) 저열한 노동제조건, 및 직업안전보건상의 유해성으로부터, 남녀를 평등하게, 또한 적절하게 보호한다.

(b) 임신 · 출산 · 젖먹이에 관한 보호, 객관적이고 최신의 과학적 증거에 따라 정당하다고 보는 남녀의 생물학상의 조건에 관련되는 보호는 필요하다.

(c) 남녀쌍방의 생식기능의 보호는, 특히 중요시되어야 한다.

(d) 현행의 보호법의 폐지, 유지, 또는 개정 등을 결정하는 경우에는, 남녀 제조건의 상황을 충분히 고려해야한다. 또 직업안전보건법, 건전한 작업방법을 지키도록 지도하는 제기관, 객관적이고 또한 최신의 과학적 지식, 적절한 훈련, 노동자가 이용할 수 있는 예방 및 규제의 조치 등이 존재하는지의 여부에 대하여 고려한다.

### 제5항 貧困의 女性化

OECD제국은 처음부터, 도상제국에 있어서도 1980년대 이후부터는 여성의 노동력 참가가 급속히 증대되면서, 소위 말하는 노동력의 여성화가 진행되었다. 그러나 그 한편으로는, 기술혁신의 진전이나, 새로운 국제분업과 경제의 글로벌화의 확대로 인해, 경제경쟁이 격화되면서 경영의 효율화가 추진되고 있다. 그 결과, 안정적인 풀타임고용이 감소하고, 실업자가 급증하고 있다. 새로이 창출되고 있는 것은 파트타임이나 임시고용, 파견노동, 재택노동, 청부, 위탁계약노동, 자영업, 영세한 인포멀 부문의 노동 등, 소위 말하는 비전형적, 불안정적 취업 제형태로 인해 그들 취로자의 압도적 다수를 점하고 있는 것이 여성들인 것이다. 이들 여성노동자의 대부분은, 가족적 책임을 맡기 위하여 안정적 · 계속직업이 곤란한 미혼이나 이혼 등으로 인한 독신(단친), 이민, 교육이나, 훈련 등이 불충분한 자 등, 취업선택의 여지가 적은 자들이다. 이들 여성들의 저열한 노동 제조건은, 차세대의 빈곤으로 이어지지 않는다고 볼 수 없는 중대한 문제를 안고 있어, 조급한 대책을 필요로 하고 있다.

빈곤퇴치를 위한 투쟁은, ILO발족당시부터, 그 활동의 핵심이 되고있었던 것이다. 빈곤의 여성화에 대하여 ILO는 일반적인 남녀고용평등의 제반 정책을 추진하는 동시에, 특히 도상국에 관해서는, 기술협력 등으로, 모성보호 기타의 사회적 보호를 확충하는데도 대처하고 있다.

## 제6항 「勞動에 있어서의 基本的 原則 및 權利에 관한 ILO宣言」의 意義

경제의 글로벌화에 따른 경제의 경쟁격화 중에, 1998년의 총회에서 반대표 없이 채택된 새로운 문서는, 오늘의 상황에서 노동자의 기본적 인권을 지키기 위하여 기본적으로 중요4원칙으로 7조약을 재확인하고, 모든 가맹국에 대하여, 이들 조약비준의 여부에 관계없이, 이러한 원칙에 따른 노동자의 권리를 존중할 것을 요청하고 있다. 가맹제국에 대해서는 아직도 비준을 하지 않고 있는 미비준조약의 비준을 촉진하고 이미 비준하고 있는 기비준조약에 대해서도, 그 실태를 확인하지 않으면 안된다.

여성노동으로 봐서, 기본 4원칙은 모두 중요하지만, 더욱이 「고용 · 직업에 있어서의 차별대우 금지」의 원칙을 실체화하는 것이, 가장 우선과제가 되고 있다는 것은 두말할 나위도 없다. 선언에 나와 있는 관계조약은, 「남녀동일가치노동 동일보수」의 원칙을 규정하고 있는 100호 조약과, 「고용 및 직업상의 차별대우」를 금지하고 있는 111호 조약이다. 별도로 언급할 기회가 있겠지만, 이 두 조약을 모두 비준하고 있는 나라의 수는 상당히 많다. 그러나 그로 인해 가맹각국에 있어서의, 「법제상의 평등」은 수반되지 않고 있다는 것이 과제로 남아있는 것이다.

## 제2절 男女平等

### 제1항 男女同一價値勞動 同一報酬

#### (1) 開 設

고용이나 직업에 있어서의 여성차별은, 남녀간의 임금격차에서 단적으로 나타난다. 그렇기 때문에 남녀평등을 실현하기 위한 대책은 국내적으로나 국제적으로도, 먼저 남녀평등임금의 원칙을 확립하는 데서 시작되었다. ILO는 이러한 남녀평등에 관한 처음의 국제노동기준으로서, 제2차 대전 후에 1951년에, 「동일가치의 노동에 대한 남녀노동자의 동일보수에 관한 조약(100호)」과 동권고(90호)를 채택했다. 이 원칙은 제1차 대전 후에 체결된 「베르사유 평화조약(1919년)」의 일반원칙 안에 이미 명시되어 있었다. 제2차 대전 중에, 남성과 동일한 노동에 종사하면서도, 남성에 비해 낮은 임금밖에 받지 못했던 참전제국의 여성들로부터, 전후, 남녀평등임금의 요구를 높이 주창하게 되었다. 이러한 요청에 대응해서, ILO가 UN 「여성지위위원회」와의 연대 하에 이 문제를 조약화 하게 된 것이, 이 조약의 권고인 것이다. ILO의 기본 7조약의 하나인 이 조약은, 당연하게도 비준국수가 많아서, 1999년 6월을 기준해서 139개국이나 된다.

남녀 간의 임금격차를 가져오게 되는 원인은 여러 가지가 있다. 그 중에는 남녀의 직역분리나 젠더편견 등이 있다. 그 결과 생기게 되는 임금격차를 배제하기 위하여, 이 조약과 권고에서 요청하고 있는 직무의 객관적 가치평가라는 조치를 국내법에서 규정하게 되는 것은 확실히 매우 유효한 방법인 것이다.

그러나 그것이 진정으로 실효성을 발휘하기 위해서는, 직무의 분석 · 평가나 직무가치의 비교가 동일사업장 내에 한정되지 아니하고, 산업별인 횡단적인 기준에 따라 이루어진다는 것과, 그와 같은 시스템의 개발이나 운용에 남녀가 평등하게 참획할 수 있는 대책이 필요하다. 또 간접차별의 금지를 포함한 고용 · 직업상의 남녀평등의 제 조치, 남녀평등의 가족적 책임을 둘러싼 제 조치, 노동조합에 있어서의 남녀평등 참획조치 등도 병합해서 추진하는 등 종합적인 대책이 불가결 할 것이다.

### (2) 100호 條約과 90호 勸告의 要點

「남녀동일가치노동 동일임금」이라함은, 「성별에 따른 차별 없이, 정해지는 임금율을 말한다(1조(b))」. 즉 남녀가 하는 직무의 명칭 · 분류 내용 등이 동일하지 않고, 「동일노동」이라고 할 수 없는 경우에도, 노동으로서의 가치가 동일하다고 판단되는 경우에는, 「동일가치노동」이라고 보고, 동일보수를 지불해야 하는 원칙인 것이다. 또, 「보수」란, 「통상의 기본의 또는 최저의 임금 또는 급료 및 사용자가 노동자에 대하여 그 고용을 이유로 해서, 현금 또는 현물에 의해 직접 또는 간접으로 지불하는 모든 추가적 급여를 말한다(동(a))」고 되어있어, 임금외에 지불되는 모든 형태의 보수도 포함한다.

이 원칙은, 모든 노동자에게 적용되지 않으면 안된다(2조 1항). 또, 국내법령, 법령에 따른 임금결정제도, 노사협정, 혹은 이들 수단의 조화 여하에 따라서 이 원칙을 적용한다(제2항). 그리고 직무를 객관적으로 평가하는 조치가, 조약의 실시에 도움이 되는 경우에는, 그 조치를 취한다(3조 1항).

#### ■ 90호 권고

「남녀동일가치노동 동일보수」의 원칙은, 적당한 경우에는 법률로 규정하지 않으면 안되고, 정부는 그 법적상황에 관해서, 노사에 주지하지 않으면 안된다(3항 (a) ·(b)). 또 조약의 규정을 곧 바로 실시하는 것이 가능하다고 인정되지 않는 경우에는, 점진적으로 실시할 수 도 있다(제4항).

그리고 이 원칙을 가장 적절하게 적용하기 위한 수단으로써 다음과 같은 것을 들고 있다.

① 직무분석의 방법을 확립한다(5항). ② 여성의 생산성을 높이기 위해, 직업지도 · 직업훈련 · 직업소개 등에 대하여 남녀에게 평등한 편의를 제공한다(6항 (b)), ③ 여성의 니즈에 합치되는 복지 · 사회서비스를 제공한다(동항(c)), ④ 여성의 건강 · 복지에 관한 국내외의 법규에 저촉되지 아니하고, 취업기회의 남녀평등을 촉진한다(동항 (d)), ⑤ 이 원칙에 관한 일반의 이해를 촉진하고(7항), 이원칙의 적용을 촉진하기 위한 조사를 한다(8항).

### (3) ILO加盟國의 狀況

남녀평등임금법제를 정비하고 있는 나라는 많지만, 그 규정내용은, 각국의 남녀평등정책의 성숙도나 임금결정제도 등에 대응해서 다양한 것으로 되어있다. 북미, 북구 · EU제국에서는, 「동일가치노동 동일임금」의 원칙을 명기하는 일이 많다. 그리고 예를 들면, 캐나다(온타리오주법)와 같이, 젠더편견을 배제하는 직무평가방법을 도입하고 있는 선진적인 곳도 있어, ILO조약 권고 적용전문가위원회의 평가를 받고 있기 때문에, 세계적으로 주목받고 있다.

일본은 자국의 노동기준법 4조의 규정(남녀동일임금의 원칙)을 갖게 되면서 부터, 1967년에 이 조약을 비준했는데, 정부의 임금통계에 의하면, 2000년 전후해서, 남녀의 평균임금 격차가 약 10대 6으로 나와 있다. 이 격차는 근래에 와서 파트타임노동자가 증가함에 따라, 다시 늘어나는 경향까지 보이고 있다. 선진국 사이에서 주목을 끄는 이 큰 격차에 대하여, ILO의 상기 위원회는 중대한 관심을 보이고, 1992년에 일본정부에 설명을 요구한 바 있다. 일본에서는, 남녀고용기회균등법 · 육아개호휴업법(育

兒介護休業法) · 파트타임 노동법 등의 법제정비가 진행되고 있기는 하지만, 남녀동일가치 노동 동일보수의 원칙을 명기하는 법규정이 결여되어 있다는 것 등으로, 남녀임금격차의 축소는 진전되지 못하고 있다. 앞으로는 정노사를 비롯해서 남녀가 공동으로 참여해서, 조속히 공정한 임금결정제도를 확립하는 것이, 100호 조약의 폴로업으로서 요청된다.

### 제2항 雇用의 機會와 待遇에 있어서의 男女平等

#### (1) 開 設

임금의 남녀평등을 실현하기 위해서는, 고용의 기회나 직장에 있어서의 대우가 남녀평등하게 보장되지 않으면 안된다. 관련되는 주요한 ILO의 기준으로서는, 1958년의 「고용 및 직업에 있어서의 차별대우에 관한 조약(111호)」, 1964년의 「고용정책에 관한 조약(122호)」와 동권고(122호) 및 동명의 169호 권고(1984년), 1986년의 「인적자원의 개발에 있어서의 직업지도 및 직업훈련에 관한 조약(142호)」과 동권고(150호), 1981년의 「남녀노동자 특히 가족적 책임을 지고 있는 노동자의 기회균등 및 균등대우에 관한 조약(156호)」과 동권고(165호) 등이 있다.

또 주요한 결의로서는, 1975년의 「여성노동자의 기회 및 대우의 평등을 촉진하기 위한 행동계획에 관한 결의」 1985년의 「고용에 있어서의 남녀평등의 기회와 대우에 관한 결의」, 1991년의 「여성노동자를 위한 ILO의 활동에 관한 결의」가 있다. 이들 중 가장 중요한 것은 두 말할 것도 없이, ILO의 기본 7조약의 하나인 111호 조약인 것이다. 1999년 6월 현재로 비준국수도 133개국이나 되는데, 100호 조약과 병행해서 비준하고 있는 나라도 많다. 이웃나라 일본은, 122호, 142호, 156호 조약을 비준하고 있으나, 111호 조약은 미비준 상태에 있어, 그 조기 비준이 과제로 되어있다.

### (2) 111호 條約과 111호 勸告의 要點

이 기준은 고용 · 직업에 있어서의 차별대우를, 더욱 포괄적으로 금지하는 것으로써, 남녀고용평등촉진에 대해서도, 국제적으로나 국내적으로 큰 영향을 미쳐왔다. 이 기준은 기본적 인권에 관한 것이며, 모든 노동자를 비롯해서 모든 고용형태에 적용된다.

여기서 말하는 「차별대우」라고 하는 것은, 「인종 · 피부의 색 · 성 · 종교 · 정치적 견해 · 국민적 출신 · 사회적 출신에 따라 이루이지는 모든 차별, 제외, 또는 우선」으로써, 그것이 「고용 또는 직업에 있어서의 기회 또는 대우의 균등을 저해하거나 또는 방해하는 결과가 되는 것(조약1조 1항 (1) (a))」, 권고 1항(1) (a) 을 말한다.

이 기준의 적용대상으로는, 직업훈련, 고용 및 개개의 직무에의 엑세스(access), 그리고 고용의 제조건에 있어서의 차별(직접 및 간접)이 포함된다(조약1조3항, 권고1항 (3)). 또, 이 기준에서 차별대우로 보지 않는 것은 다음과 같은 것 들이다.

(a) 「고유의 요건에 따른 특정한 업무에 대하여, 차별 · 제외 또는 우선(조약1조2항, 권고1항 (2))」, 포지티브 액션(positive action: 적극적 차별폐지조치)은 여기에 해당된다.

(b) 「타의 ILO조약 · 권고에서 규정하고 있는 보호 또는 원조에 관한 특별한 조치(조약5조1항)」

(c) 정노사가 협의해서 정한 「성, 연령, 폐질, 세대상의 책임 또는 사회적 혹은 문화적지위로 인해, 일반에게 특별한 보호 또는 원조가 필요하다고 인정되는 자의 특정한 필요를 충족시키는 것을 목적으로 하는 특별조치(권고6항)」. 예를 들면, 육아 · 개호를 위한 원조 조치는 「차별대우」에 해당되지 않는다.

이 기준은, 각국정부에 대하여, 고용 · 직업에 있어서의 모든 형태의 차별대우를 배제하는 나라의 정책을 확립하고, 주지를 철저히 해서, 실시하도록 요청하는 한편, 노동단체에 대해서도 협력을 요청하고 있다(조약2~3조, 권고2항, 3항, 9항), 또 나라에서 정하는 차별대우금지의 구체적 사항으로써, 다음과 같은 것을 열거하고 있다(권고2항 (b)).(a) 직업지도 · 직업소개의 시설의 이용

(b) 자기의 적성에 따른 직업훈련 및 고용의 선택

(c) 각자의 성질 · 경험 · 능력 및 근면에 따른 승진

(d) 고용 중의 신분보호

(e) 동일가치노동 동일보수

(f) 노동제조건(노동시간, 휴식시간, 연차 유급휴가, 산업안전보건조치를 포함), 사회보장조치, 복지시설 및 급부

### (3) 織業指導 · 職業訓鍊 上의 對應(142호 條約 · 150호 勸告)

이 기준은, 고용과 밀접하게 관련되는 직업지도와 직업훈련에 관한 정책의 확충을, 가맹제국에 요청하는 것이다. 이 중에도, 차별대우의 금지에 대하여 「평등의 기초 위에서 또한 어떠한 차별도 없이」 모든 자의 직업능력을 개발하고 활용하도록 하는 것을 국가는 장려하고, 또한 가능하게 하지 않으면 안 된다고 규정하고 있다(1조 5항). 이것을 보충해서, 권고는 「훈련 및 고용에 있어서의 여자 및 남자의 기회균등의 촉진」 조치로써, 예를 들면, 다음과 같은 것을 들고 있다(54조항 · 55항).

(a) 사회일반, 부모, 교원, 직업지도 · 직업훈련 담당자, 직업안전기관 등의 사회서비스직원, 및 사용자 등에 대하여, 남녀가 사회 · 경제에 대등한 역할을 해야 한다는 것, 가정 및 직업생활에 있어서의 남녀의 전통적인 역할 의식을 개변할 필요가 있다는 것, 등을 교육해야 한다.

(b) 연소 및 성년의 남녀에 대하여, 동일한 범위의 교육, 직업훈련 및 고용의 기회에 관한 직업지도를 제공한다.

(c) 소년 및 성년인 남녀가, 모든 종류의 교육, 모든 직종에 관한 직업훈련을 받을 기회의 균등을 촉진한다.

(d) 연소 및 성년인 여성의 자기개발, 숙련직종 및 책임 있는 지위에의 승진을 확보하기 위한 향상훈련을 촉진한다.

(e) 가정책임을 가진 연소 및 청년이 통상의 직업훈련을 이용하는 기회를 가질 수 있도록, 가능한 한, 보육원 기타의 서비스를 제공한다.

(f) 초취업 또는 재취업을 희망하는 여성으로, 통상의 취업연령을 초과한 자에 대하여 직업훈련계획을 제공한다.

(g) 남성으로서, 유사한 문제를 가진 자에 대해서도, (e) 및 (f) 가 이용할 수 있도록 한다.

### (4) 家族的 責任을 가진 勞動者에의 對應(156호 條約 · 165勸告)

이 기준은, UN「국제여성의 해」이 후의 성별역할분담의 검토에 따른 세계적 동향을 반영하는 것이다. 이것은, 남녀의 구별 없이, 가족적 책임이 있는 노동자가, 고용의 기회 및 직장의 대우에 있어서, 차별을 받지 않는다는 것을 보장하는 것이다. 많은 나라에서, 가족적 책임이 여성에게 편중되어 있다는데서, 이 기준은 여성차별배제에 공헌하는 일이 많다는 것이다.

## 제3항 ILO의 主要決議

여성문제에 관해서는, ILO에서는 몇 가지 결의가 이루어지고 있어, 이 문제에 대한 주의를 환기하고 있다. 주요하다고 보는 몇 가지를 다음과 같이 소개하고자 한다.

### (1) 75년 決義

이 결의는, UN「국제여성의 해」에 개최된 ILO 제60회 총회에서,「여성노동자의 기획 및 대우의 평등에 관한 선언 그리고 행동계획」과 함께 채택되었다. 여성의 노동권을 보장하기 위하여, 사회 · 경제활동의 모든 부문 및 기능 · 책임의 모든 수준에서, 여성에 대한 모든 형태의 차별을 철폐하기 위하여, 특별한 조치를 취하도록 요청하고 있다.

### (2) 85년 決議

이 결의는, 1985년에 UN이 채택한 「여성의 지위향상을 위한 나이로비 장래전략」을 반영하는 동시에, 「국제여성의 해」이래 10년간의 「UN여성의 해」에 있어서의 ILO의 여성정책을 취합한 것이다. 특히, 도상제국에 있어서, 여성이 개발의 모든 과정에 참획하도록 하기 위해서 ILO 및 가맹제국에 대하여, 다음과 같은 조치를 취하도록 요청하고 있다.

(a) ILO 100호 조약의 완전실시를 촉진한다.

(b) 여성이 집중적으로 취업하는 부문이나 직업, 파트타임 · 임시 · 계절 · 재택 · 청부계약 · 가사 등에 종사하는 노동자 및 자유무역지대에서 수출처리 업무에 종사하는 노동자에 대하여, 특별한 배려를 하고 그 노동의 제조건의 향상을 기한다.

(c) 가정과 직장의 책임의 균형화를 생각한다.

(d) 사회보장에 있어서의 남녀평등대우를 촉진한다.

(e) 모든 수준의 결정과정에 있어서, 여성을 충분히 참획시킨다.

(f) 남녀직역분리를 시정한다.

(g) 여성 중에서도, 특히 취약한 자(농촌 · 이민 · 난민 · 장애자 · 한부모 · 장기실업자, 재취업자 등)에 대하여 특별한 배려를 한다.

### (3) 91년 決議

이 결의는, ILO 발족당시부터 여성노동정책을 확인하는 것으로, 젠다평등의 이념에 입각한 남녀고용평등조치의 필요성을 강조하고 있다. 예를 들면, 다음과 같은 조치들이다.

(a) 정부와 노사단체는, 고용에 있어서의 남녀평등참획의 장애를 배제하기 위한 총합적인 전략을 취한다. 특히 남녀 직역분리의 시정, 모든 노동,

더욱이 전통적으로 여성이 종사해온 노동에 대한 공정한 평가, 가정과 직장의 책임의 남녀평등부담 등.

(b) 남녀동일가치노동 동일보수의 원칙을 실체화하기 위하여 직무분리와 직무평가의 기준에 성적인 편견이 혼입되지 않도록, 직무평가 제도를 검토한다.

(c) ILO의 총회나 주요 위원회에, 보다 많은 여성대표를 참획시킨다.

(d) 정부는, ILO조약의 비준을 포함한, 남녀고용평등 관련 법제를, 보다 효과적으로 실시하는 조치를 취한다.

(e) 노사의 대표 · 단체는, 성차별철폐를 위하여, 노사교섭을 포함한, 모든 적절한 행동을 취한다.

(f) 정부는 인포멀섹터에서 일하는 남녀의 제조건을 개선하고, 그 활동을 포말한 것이 될 수 있도록 하는 정책을 취한다.

(g) 파트타임 노동자를 노사협정에 참획시키기 위한, 적절한 대책을 강구한다. 특히, 파트타임 노동자에 대한 제수당 · 보너스 · 잔업수당 등에 대해서는, 풀타임노동자와 평등한 기반에 서서 비례적으로 지불한다. 또, 모성휴가 · 부모휴가 · 아동시설 이용 등에 대하여, 적절한 조치를 취한다.

### 제4항 ILO加盟諸國의 狀況

성차별의 철폐가 어렵다고 하는데서, ILO는 1988년과 1996년에 「고용 및 직업에 있어서의 평등」과 관련되는 조사를 해왔다. 거기에 따르면, 많은 나라들이 젠다평등을 촉진하는 국내정책의 실시기관을 설치하고 있다는 것을 알게 되었다. 또, 남녀고용평등에 중대한 영향을 미치는 간접차별이나 섹슈얼하라스먼트(sexual harassment: 성희롱)의 배제, 그리고 포지티브엑션(positive action: 적극적 차별 철폐조치)의 실시 등에 대해서도 연구나 대책이 진행되고 있었다. 가맹제국의 경험에서 밝혀지게 된 것은, 단지 차별을 금지하는 것만으로는 불충분하고, 정부에 의한 입법, 실제적 조치와 개몽활동 등을 총합적으로 행하는 어프로치가 필요하다는 것을 알게 되었다. 그 중에서 특히 중요한 어프로치에 대하여 잠간 언급하고자 한다.

### (1) 글라스 실링과 포지티브 액션

글라스 실링(glass ceiling)이란, 유리 천정을 의미한다. 이것은 관리직 · 전문직의 여성들에 대하여, 일정수준 이상의 커리어 업(career up: 승진)을 막는 장애 행위를 의미하는 것인데 직장내에서 의식적, 문화적, 조직적 편견으로 존재하면서 기능하고 있는 것이다. 이것을 타파하기 위해서는, 여성의 능력을 최대한으로 육성해서 활용할 수 있는 기업을 비롯해서 사회 전체적으로 활용될 수 있는 조직적 어프로치가 필요하게 된다. 111호 조약은, 고용 · 직업에 있어서의 차별대우를 철폐하는 하나의 조치로써, 포지티브 액션(positive action)이라는 조치를 인정하고 있다(1조 2항). 직장에 있어서의 남녀평등을 표현하는 데는, 현재의 차별을 배제하는 것만으로는 불충분하고, 과거의 차별의 효과를 시정할 필요가 있다.

포지티브 액션은 이러한 목적을 위하여, 차별철폐존치와 병행해서, 특별하고 잠정적으로 실시되는 조치인 것이다. 따라서 진정한 평등이 달성되기까지는 이러한 포지티브 액션을 역차별로 볼 수가 없다. 이 조치를 효과적으로 실시하는 데는 차별시정의 수치목표, 목적달성의 일정표 및 실시상의 감독기관 등을 설정할 필요가 있다.

포지티브 액션의 내용은, 예를 들어 다음과 같은 것이 포함된다.

(a) 모집 · 채용에 관한 性偏見을 배제한다.

(b) 책임도가 높은 기술부문이나 경제적으로 발전해가고 있는 부문에 여성의 참가를 촉진한다.

(c) 고용의 선택지를 다양화하기 위해, 여성의 직업기능을 향상시킨다.

(d) 의사결정 수준에 여성참가를 촉진하기 위하여, 구체적인 목표를 설정한다.

(e) 여성의 참가가 적은 직업 · 부문 · 직무 또는 책임 있는 지위 등에, 여

성을 채용 또는 승진시키기 위해, 사용자에 대한 동기를 부여한다.

(f) 여성의 니즈에 적합한 노동제조건 및 노동시간, 작업동선 등을 조정한다.

(g) 직장 · 가정 · 지역사회의 일을 남녀가 평등하게 부담한다.

(h) 고용전체에 대하여 결정권을 갖는 기관에, 여성의 적극적 참여를 촉진하는 포지티브 액션의 개념은, 미국의 어퍼머티브 액션(affirmative action: 차별철폐 조처)에 유래해서, 북미제국에서는 어퍼머티브 액션이라는 용어가 일반적이다. 내용적으로는 포지티브 액션과 거의 같다고 해도 좋을 것이다.

이 개념은 UN「여성차별철폐조약(4조)」에 명기되어, 세계적으로 법제화가 진행되고 있다. UN의 세계사회개발회의「행동계획」및「북경행동강령」에도, 이 조치의 중요성이 강조되고 있다.

### (2) 間接差別

고용 · 직업상의 성차별에는, 직접차별과 간접차별이 있다. 직접차별이란, 법령이나 관행이, 명백해서 남녀별로 취급할 수 있는 것을 말한다. 예를 들면 법률이 여성에게는 계약에 서명하는 것을 허용하지 않는 등의 경우인 것이다. 간접차별이란 규칙이나 관행이, 표면상은 성별에 관해서 중립인 것 같으면서도 실제상은 여성을 차별하거나, 불이익을 주는 결과를 가져오게 하는 것을 말한다. 예를 들면, 모집 · 채용을 하는 경우에, 일반적으로 남성만이 만족할 수 있는 요건을 설정하고 있으면서도 그 요건이 당해직무의 수행과는 무관계한 경우는, 그 요건이 본래의 차별의도를 감추기 위한 것으로 사용되고 있기 때문에, 간접차별로 판단된다.

111호 조약은, 성별 기타에 따라 이루어지는「모든 차별대우」로「고용 또는 직업에 있어서의 기회 또는 대우의 균등을 파괴, 또는 해치는 결과가 되는 것」을 금지의 대상으로 하고 있기 때문에(1조 1항 (a)), 간접차별도 직접차별과 같이 금지되고 있다고 해석된다.

가족적 책임을 맡고 있는 여성은, 파트타임노동이나 재택노동 등의 비전형적고용으로 보는 노동이나, 재택노동 등의 경향이 있고, 또 이러한 취업이 늘어나고 있다. 이와 같은 고용형태에 많은 여성이 집중되고, 지금까지 많았던 전형적인 고용에 있어서의 보수나 처우 등에 비해서 불이익을 받는 경우가 많은데 이와 같은 고용형태가 실제에는 간접차별로 기능하고 있다고 생각된다.

1970년대 이후, 구미제국에서는 법제상, 간접차별을 명문으로 금지하는 곳이 많았다. UN「북경행동강령」도「성을 근거로 한 직접 · 간접의 차별을 금지하는 법률을 제정 · 실시하고, 비준수에 대비한 보상수단 및 재판에의 엑세스를 포함한 실시책을 도입하도록」가맹국에 요청하고 있다.

### (3) 섹슈얼 하라스먼트

직장에 있어서의 섹슈얼 하라스먼트(성희롱)란, 원하지 않는 성적인 요구나 언동에 의해, 개인의 노동업적을 부당하게 방해하고, 혹은 협박적 · 적대적 · 학대적 또는 불쾌한 직장환경을 어지럽게 하는 행위를 말한다. 그 악질적인 정도는 다양하지만, 성에 관한 괴담이나 암시(suggest)도 거기에 포함된다고 해석되고 있다. 남녀쌍방이, 이 행위의 가해자 또는 피해자가 될 수 있다. 일반적으로, 피해자가 섹슈얼 하라스먼트에 대한 자신의 권리에 대하여 무지하거나, 혹은 실직이나 보복이 두려워서 권리를 행사할 수 없는 경우가 적지 않다.

여성의 職域이, 소위 말하는「여자의 직장」이라고 한정되다 시피 했던, 1950년대의 상황을 반영해서, 111호 조약에는 섹슈얼 하라스먼트라는 문언은 사용되지 않고 있었다. 그 후, 전통적으로「남자의 직장」으로 여겨왔던 분야에까지 여성의 직역이 확대되게 됨으로써, 직장에 있어서의 섹슈얼 하라스먼트가, 특히 여성으로 봐서의 노동 장해로 클로즈업되고, 성차별 배제의 관점에서 대책이 취해지게 되었다. 111호 조약의 해석상, 섹슈얼 하라스먼트는 同조 제1조 (a)에서 금지하는「성에 따른 차별대우」에 해당된다고 해석하고 있다. 그런데 1989년에 채택된 「독립국에 있어서의 선주민 및 종족민에 관한 조약(169호)」에서는, 「이들의 인민에 속하는 노동자가, 고용에 있어서의 남녀간의 균등한 기회 및 대우를 비롯해서 성적혐오로부터 보호를 받는다」고 명기하고 있어, 오늘날의 상황에 대응하는 문언이 되고 있다(20조 3항(d)).

섹슈얼 하라스먼트는 직장환경을 악화시키고, 노동자의 존엄을 침해하고 있어, 대우의 평등원칙에 위반할 뿐 아니라, 노사관계의 기반을 약체화하고, 생산성을 저하시키기 때문에, 노사쌍방으로 봐서 심각한 문제가 되고 있다.

사용자측에 건전한 직장환경을 保持할 책임이 있다는 것은 더 말할 나위도 없지만, 노동조합도 조직내의 의식변혁이나 방지대책, 고충처리절차, 피해자에 대한 카운슬링이나 리허빌리테이션 등의 노력을 다하도록 요청하게 된다. 피해자의 보호를 비롯해서 가해자에 대한 형사·민사상의 처벌을 철저히 하지 않으면 안된다. UN 「북경행동강령」에서도, 기본적인 인권을 침해하는 이 차별에 대하여, 법적보호의 강화를 가맹제국에 요청하고 있으며, 구주제국을 중심으로, 벌칙 등의 적용을 포함한 적극적인 대책이 진행되고 있다.

## 제5항 決定權에의 男女平等參劃

### (1) ILO에 있어서의 男女平等 參劃

결정권에 대한 남녀평등의 참획은, ILO발족 당시부터의 이념으로써, ILO현장에도 들어가게 되고(헌장 3조 2항), 제1회 총회 때부터, 여성도 ILO 총회의 대표고문 또는 가맹국의 정노사의 대표로서 참가해왔다.

그러나 이것이 본격화 된 것은 1975년의 UN 「국제여성의 해」이후인 것이다. 같은 해(동년)에 ILO가 채택한 「여성노동자의 기회 및 대우의 평등에 관한 결의」는, 국제·국내·지역 등 각 수준의 모든 결정기관에 남녀평등참획을 추진한다는 것, 그리고 ILO의 총회나 지역회의 등에, 여성을 남성과 동일한 기반 · 동일한 기준으로, 대표로서 임명하는 것을 보장하도록 요청했다. 이와 같은 요청이, 1981년의 「ILO의 회합에 있어서의 여성의 참획에 관한 결의」, 87년의 「여성의 기회와 대우의 평등에 관한 ILO행동계획」, 91년의 「여성노동자를 위한 ILO활동에 관한 결의」, 등을 거듭 채택 · 표명했다. 1993년의 ILO의 차별에 관한 위원회보고서 「남녀고용기회와 대우의 평등을 위한 ILO의 활동」은 ILO이사회에 대하여, 「ILO의 회합에 더 많은 여성을 참가시킬 것, 결의권을 가진 자에게 남녀평등 문제에 대한 이해력을 높힐 것, 보다 많은 여성에 대하여 참획과 리더십에 대한 주지 · 준비 · 훈련을 실시할 것」등을, 가맹제국에 요청하도록 요구했다. 동시에 ILO사무국장에 대해서도, ILO의 회합에 여성의 강연자를 초대할 것, 회합의 직전 준비활동에 남녀참가자를 초대할 것, 화합기간 내에 여성참가자를 위한 비공식집회를 기획할 것, 회합기간 중의 보육시설 설치에 대하여 검토하도록 할 것」등을 요청했다. 동년의 총회기간 중에는, 여성참가자를 위한, 처음의 회합이 열렸는데, 「ILO의 회합에 있어서의 여성의 참가」라고 하는 제하의 논의가 있었다. 이러한 회합은, 그 후에도 계속되고 있다.

### (2) 勞動組合에 있어서의 男女平等參劃

여성노동자의 증가에 따라, 여성의 노동조합참가율은, 세계적으로 봐서 약33%에 달한다고 하지만, 집행적 지위에 있는 자는 약1%에 지나지 않고, 노동조합운동에 있어서의 남녀평등참획은 아직은 그 실현이 어려운 실정이다. 그 주요원인으로 생각할 수 있는 것은, 여성의 능력 · 역할 등에 관한 고정관념이나 편견, 남성의 네트워크 내에서 비공식으로 진행되는 노조임원의 임명절차, 여성의 참획을 저해하는 조직적 룰이나 관료적 기구, 여성측에 편중하고 있는 가족적 책임, 여성의 취업분야가 파트노동이나 저숙련 업무 등에 편중되어 있어 조합간부에 취임하기가 어렵고, 보육코스트가 높기 때문에 노동조합활동에 참기하기 어렵다. 그리고 여성이 자기의 능력에 자신을 갖지 못하고 있다는 것 등 많은 요인을 들 수 있다.

노동조합활동에 여성의 참여가 없으면, 노동조합은 여성이나 가족적 책임을 갖는 노동자의 니즈에 적합한 정당한 노동 제조건의 제공에 대하여, 사용자를 설득하기 위해 필요한 정보나 동기를 충분히 얻을 수가 없다. 그래서 ILO는 수단으로서 노동조합에 있어서의 남녀평등참획을 촉진하는 구체적인 수단으로써, 다음과 같은 제안을 하고 있다.

(a) 노동조합조직의 모든 수준에 있어서의 인원수 및 노동조합활동의 참가인수에 대하여, 성별을 밝힌 통계자료를 작성한다.

(b) 중앙집행위원를 포함해서, 노동조합의 모든 수준에 여성임원을 임명한다.

(c) 집행위원의 남녀비율은 노동조합원 수의 남녀비에 따라 비례적으로 반영하도록 한다.

(d) 집행부에 여성을 위한 특별기구를 설치한다.

(e) 노사교섭상의 책임있는 직무에 여성을 임명한다.

(f) 연차대회에서는 워크샵이나 세미나를 개최하고, 여성문제를 충분히 논의한다.

(g) 여성위원회나 평등위원회를 강화해서 충분한 자금을 충당한다.

(h) 여성부 또는 평등담당임원의 포스트를 확립한다.

(i) 노동조합의 문서 · 스피치 · 발표 등에 있어서는 성차별을 배제하고, 성적으로 중립의 문언을 사용한다.

(j) 여성의 니즈에 적합한 조합원 훈련과 노동교육을 제공한다.

(k) 노동조합활동에의 참가를 보장하기 위하여, 유급휴가에 대하여 사용자와 교섭한다.

## 제3절 母性保護

### 제1항 開 設

모성보호는, ILO로 봐서, 발족당시부터 핵심적인 과제로 되어있었고, 제1회 총회에서는「산전산후에 있어서의 여성사용에 관한 조약(3호)」을 채택하고, 산전산후 휴가 · 의료급부 · 소득보장 · 해고금지 등에 대하여 규정하고 있다. 그러나 제2차 대전 후, 가맹각국에서 사회보장법제에 관한 정비가 진전되었는데, 거기에 반영하는 것으로, 1952년에「모성보호에 관한 조약(103호)」과 동권고(95호)를 채택했다. 이것은 3호 조약과 기본원칙은 같지만 규정하는 방법은 보다 명확하고, 규정내용도 적용범위, 추가휴가, 의료, 금전급부, 조세관련규정, 급부 비용에 관한 사용자 개인의 면책 등으로 확충되었다. 동년에 채택된「사회보장의 최저기준에 관한 조약(102호)」도, 모성급부에 관한 규정을 정하고 있다.

그 후, 여성의 노동력률은 증가를 계속해서, 출산 후에도 근속하는 자가 늘어나게 되어, 모성보호의 중요성은 더욱 높아지고 있었으나, 3호를 비롯한 103호의 두 조약의 비준국 수는 늘어나지 않고, 1999년 6월 현재, 각각 33개국, 37개국으로 적은 수에 머물러 있었다. 이웃나라 일본도 모성보호법제를 점차 확충하고 있으나 두 조약 모두 미비준 상태에 있다.

모성보호에 관한 법률은, 대부분의 나라에 존재하고 있지만, ILO조약의 규정과는 중요한 점이 다르다고 하는데서, 비준이 잘 이루어지지 않고 있는 것 같다. 그래서 ILO는 모자의 보호라고 하는 기본적으로 중요한 원칙을 保持하면서도, 보다 유연성이 있고, 비준하기 쉬운 기준으로 개정할 필요성이 있다고 인식해서, 1999년의 총회부터 개정안의 심의를 시작했던 것이다.

## 제2항 母性保護條約(3 · 103호)의 目的

### (1) 適用對象

3호 조약은, 공업과 상업적 기업을 대상으로 하고 있으나(1조), 103호 조약은 공업적 · 비공업적 기업, 농업적 업무, 가내노동 혹은 개인의 가정의 가사노동에 종사하는 임금노동자까지 대상으로 해서, 폭 넓게 적용되는 것으로 하고 있다(1조 1항).

### (2) 休暇期間

3호조약(3조 (a) (b))에서, 산전 6주간 · 산후 6주간으로 하고 있는데 비해, 103호 조약에서는, 최저 12주간으로 하고, 그 중 6주간은 산후의 강제휴가로 했다. 출산일이 지연될 경우 및 임신 · 출산에 기인되는 질병의 경우에는 산전휴가의 추가 · 산후휴가의 연장이 필요하다고 하고 있다(3조 3~6항).

### (3) 金錢給付 및 케어(Care)

3호 조약은 산휴취득 중 여성노동자 및 그 신생아가 건강한 생활을 유지할 수 있는 급부를 지급하는 것과, 의사 또는 유자격 조산부의 수당을 무료로 받을 권리를 보장하고 있다(3조 (c)).

그리고 103호 조약에서는, 금전 및 의료급부는 강제적 사회보험 또는 공적기금으로 지급한다는 것, 그 금전급부액이 종전의 소득에 따라 결정되는 경우에는, 그 3분의 2를 하회하지 않도록 요청하는 한편, 여성노동자에게 의사 및 병원을 선택할 자유를 존중한다(4조 1항). 급부의 비용부담에 대해서는, 개인으로서의 사용자의 책임을 면제한다(동조 8항)는 것 등을 규정하고 있다.

### (4) 授乳

3호 조약에서는, 수유시간을 노동시간 중에 1일 2회, 30분 정도를 안고 있게 되는 경우로 하고 있는데(3조 (d)), 이에 비해서 103호 조약은, 포육을 위하여 업무를 중단하는 권리를 보상하고, 그 중단을 노동시간으로 계산하고, 거기에 따라서 보수를 부여한다는 것(5조 1~2항)으로 하고 있다.

### (5) 解雇의 禁止

두 조약 모두, 산휴기간 중에 해고의 통고를 하거나, 또는 그 기간 중에 만기가 되는 등의 해고의 예고를 금지하고 있다(3호 조약 4조 · 103호 조약 6조). 말하자면, 1982년에 채택한 「사용자의 발의에 대한 고용의 종료에 관한 조약(18호)」에서도, 임신이나 출산휴가 중의 휴업은, 고용종료의 타당한 이유가 되지 않는다는 것을 명기하고 있다(5조 (d) (e)).

## 제3항 母性保護勸告(95호)의 要點

103호 조약을 보충하는 이 권고는, 다음과 같은 규정을 두고 있다. 여성의 건강상, 필요하고 또 가능한 경우에는, 산휴기간을 14주간으로 연장할 수 있다(1항 (1)). 금전급부는 가능한 경우, 종전의 소득의 100%에 가까운 율로 한다(2항 (1)). 수유시간은 가능한 경우, 적어도 1일 1시간 반으로 한다(3항 (1)). 탁아시설은, 기업외에 설치하는 것이 바람직하고, 그 설비, 위생조건, 직원의 수 및 자격은, 타당한 기준에 합치되어야 한다(동항 (2) (3)). 또 해고 금지기간은, 사용자가 여성의 임신통고를 받은 날부터 출산 휴가의 기간 경과 후, 적어도 1개월까지 계속되도록, 연장되어야 한다(4항 (1)).

임신 중 및 수유중의 여성에 대해서는, 심야업 및 시간외 노동을 금지하고, 충분한 휴식을 확보한다(5항 (1)). 여성 또는 그 신생아의 건강에 유해한(동항 (3))에는, 임신 중 및 산후, 적어도 3개월 간, 그리고 수유를 하고 있는 경우에는, 다시 장기간 취업시켜서는 안된다(동항 (2)). 여성은 자신 및 그 생아(生兒)의 건강에 유해한 업무로부터, 감급(減給)되는 일이 없이 업무를 전환할 권리가 있다(5항 (4) (5)).

### 제4항 社會保障의 最低基準條約(102호)에 있어서의 母性給付

이 조약은 모성급부에 관해서 7개조의 규정을 두고있는데, 임신 · 출산으로 기인하는 소득정지에 대해서는, 모성급부를 보호하는 한편, 의사 또는 유자격 조산부에 의한 수당이나 병원에서의 수용 등의 모성의료급부도 보장하고 있다(46 · 48 · 49조).

### 제5항 103호 條約의 改正審議

세계적으로 보면 1970년~94년 사이의 출생율이 저하했고, 유아사망률도 줄어들고 있다. 그러나 나라에 따른 빈부의 차로 인해서 반영되는, 임산부 사망의 약99%를 도상제국이 점하고 있다. 선진제국도 고용상의 여성차별, 더욱이 임신 · 출생과 관련되는 차별은 여전히 그 뿌리가 깊다. 한편 약 반세기 사이에 여성의 직업의식이나 취업형태, 가족형태 등이 크게 변화하고 있다. 여성노동의 중요성이나 모성의 사회적 기능이 인지되고 있는 가운데, 모성보호도 종래의 「모성존중」이라는 구조내에 그치지 않고, 「여성의 노동권 보장」이라는 견지에서, 다시 고쳐져야 할 필요성이 인식되고 있다.

앞에서도 본 바와 같이 이미 103호 조약의 개정심의는 시작된지도 오래되었고...(중략) 2000년이 지나면 새로운 기준이 등장할 것으로 예상되고 있었다. 설사 가맹제국으로 봐서 보다 비준하기 쉬운 유연한 규정이 검토되고 있다 해도, 모성보호를 중시해온 ILO의 기본노선이 바꾸어지지는 않을 것으로 보인다. 조약의 적용범위, 산휴기간 및 그 연장, 모성과 관련되는 차별의 금지, 고용의 보장, 출산휴가 중의 소득보장, 임신 · 출산과 관련되는 모성, 의료급부, 직업안전보건, 부모의 육아책임에 대한 수행 등의 관점에 대하여, 종전의 기준과는 다른「젠다평등」이라는 새로운 관점에서, 여성의 노동권을 보장하는 전향적인 검토가 이루어질 것으로 예상된다.

## 제4절 女性一般의 保護

### 제1항 夜間勞動

#### (1) 開 設

ILO의 야간노동기준에 관한 변천의 역사는「여성보호와 남녀평등」에 관한 ILO정책의 변화를 보여주는 좋은 예가 되는 것이다. ILO는 제1회 총회에서「야간에 있어서의 여성사용에 관한 조약(4호)」를 채택하고, 공업적 기업에서 일하는 여성에 대하여「오후10시부터 오전6시까지의 시간을 포함한, 적어도 11시간의 계속시간」의 노동을 금지했다 이 배경에는 당시의 노동제조건, 작업환경, 여성의 교육 · 훈련 · 기능 · 가정 · 사회에 있어서의 여성의 지위나 생활환경의 제조건, 교통사정 등이 일반적으로 저열해서, 값싼 노동력으로써 야간노동에 쫓기게 될 가능성이 높은 가난한 여성들과 어린아이들을 보호해야 할 필요성이 등장하게 되었던 것이다.

그 후, 4호 조약은, 사회 · 경제상황의 개선이나 여성노동자의 주체적 변화에 대응해서, 1934년「야간에 있어서의 여성사용에 관한 조약(41)」, 1948년「공업에 사용되는 여성의 야업에 관한 조약(89호)」이 두 번에 걸쳐 개정 되었다. 41호 조약은「책임있는 관리자의 위치에서 통상 근육노동에 종사하지 않는 여성」을, 89호 조약은「관리적 · 기술적 성격의 책임있는 지위에 있는 여성 및 보건 · 후생 시설에서 일하고 통상 육채노동에 종사하지 않는 여성」을 적용제외로 했는데(8조), 공업적 기업의 여성노동자만을 대상으로 했다는 것과,「야간」의 정의 등에 대해서는 4호 조약과 같은 것이었다.

1970년대 이래, 선진공업국을 중심으로 남녀평등운동은 더 활발성을 보였다. 거기다가, 이혼 기타 경제적인 필요성으로 인해 야간 노동을 통해 남성과 같이 종사하면서, 수입이나 직장에 있어서의 지위를 획득하려고 하는 여성이 증가하기 시작했다. 이와 같은 동향에 따라서, 예를 들면, 미국과 같이 여성 특별의 노동보호법을 개폐하는 나라들도 생기게 되었다. 한편, 기술혁신도 세계적으로 증가하기 시작했다. 그래서 남녀평등보호라는 관점에서, 야간 노동에 종사하는 노동자를 남녀의 구별없이 보호하는 기준을 설정할 필요성이 높아지게 되었다. 이러한 요청에 따라서, ILO는 1990년에 「89호 조약에 대한 의정서」, 그리고 이어서 「야업에 관한 조약(171호)」과 동권고(178호)를 채택했다. 이들의 신기준은 여성의 야간노동금지의 유지나 폐지에 대하여, 하나의 타협을 제시하게 된 것이다. 가맹제국은, 신구제기준(新旧諸基準) 내에서 국정에 적합한 기준을 선택해서 비준할 수 있게 함으로써, 비준의 선택지가 늘어나게 된 것이다.

### (2) 89호 條約에 관한 議定書

이 의정서는 「1948년의 야업(여자)조약개정의 1990년의 의정서」라는 제목으로, 89호 조약을 비준한 정부에 대하여, 노사단체와 협의해서, 동조약 제2조에서 정의하는 「야간」의 시간의 변경 및 조약 제3조의 야업금지에 관한 규정의 적용제외 등을 도입해서 동조약을 탄력적으로 적용하도록 인정하자는 것이다(동의정서 1조(1)). 단지 이 변경 및 적용제외는, 출산예정일전의 적어도 8주간을 포함한 산전산후의 적어도 16주간의 기간은 적용해서 안된다고 되어있다(2조 1항).

또, 모(母)와 어린아이의 건강과 생활을 지키는 규정도 정해져 있다(2조 2~3항).

### (3) 夜間勞動에 관한 條約(171호)

이 조약에 대하여 특기해야 할 점은, 농어업 등을 제외한 사업에 고용되는 모든 남녀피용자에게 적용된다는 것과 「야간노동」은 「오전 영시부터 오전5시까지의 사이를 포함해서 7시간 이상 계속되는 사이에 이루어지는 노동(1조 (a))」이라고 정의하고, 89호 조약의 「야간」의 정의(4호 조약과 같음)에 비해서, 대폭으로 축소하게 된 것이다.

조약은 야간노동의 도입에 있어서, 야간노동자의 보건조치, 사회적 편익, 상세한 근무계획 및 야간노동의 편성형태에 대하여, 노사간에 사전협의를 하도록 요청하고 있다(10조 1항).

야간노동자에 대한 특별조치로써, 다음과 같은 것을 규정하고 있다. 야간노동자에 대한 건강보호(4~6조), 야간노동자가 가족적 책임 및 사회적 책임을 지기위한 원조(3조 1항), 직업상 승진의 기회의 제공(7조 3항(e)), 노동시간이나 급여의 형태로 보상을 하는 경우에 야간노동의 성질을 인식시킬 필요성(8조), 모성보호(7조1~3항), 사회적 편익의 제공(9조), 그런데 이들의 조치는 점진적으로 행할 수 있다고 되어있다(3조 2항).

여성의 야간노동자에 대한 특별한 배려로서는, 다음과 같은 규정이 있다. 즉, 출산예정일 전의 적어도 8주간을 포함한 산전산후의 적어도 16주간의 기간, 혹은 모 또는 어린아이의 건강을 위해 필요하다고하는 증명서가 제출되어 있는 추가 기간에 있어서는, 주간노동으로의 배치전환, 사회보장급부의 지급, 모성휴가의 연장 등, 야간노동에 대신할 수 있는 것의 이용을 보장한다(7조 1항 (a) (b) 2항). 또 이 기간 중에는 정당한 이유가 없는 한, 해고가 금지된다(7조 2항 (a)). 소득은, 본인 및 그 자녀의 생활유지에 충분한 수준이 보장되고(동조 3항 (b)). 야간직무에 부수되는 지위 · 선임권 · 승진의 기회에 관한 이익은 상실되지 않는다(동조 3항 (c)).

### (4) 178호 勸告

이 권고는 야간노동자의 노동시간에 대하여, 「통상의 노동시간은 8시간을 초과해서는 안된다(4항 (1))」고 규정하고, 또 「2회 연속의 교체근무는 금지(6항 (a))」, 「二 교대 근무의 사이에는, 적어도 11시간의 휴식시간을 보장한다(동항 (b))」는 등을 규정해서, 과중 노동을 규제하고 있다.

금전보상에 대해서는, 「주간에 동일한 조건에서 이루어지는 동일한 노동에 지불되는 보수에 대하여, 추가적인 것이 되지 않으며 안 된다(8항 (1))」고 하고, 「동일한 노동 또는 동일가치의 노동에 대하여, 남녀동일임금의 원칙을 존중해야 한다(동항 (1) (a))」고 명기하고 있다. 또 노사의 합의에 따라 금전보상을 노동시간단축에 대신할 수가 있다고 하고 있다(동항 (1) (b)).

안전보건에 대해서는, 야업이라는 노동의 성격을 고려해서, 유해물질 · 소음 · 진동 · 조명수준 등의 작업환경요인, 심신의 강한 긴장을 수반하는 근부편성형태와 이들의 복합적인 영향에 대하여 배려해야한다고 규정하고 있다(10항).

사회적 편익에 대해서는, 주거와 직장간의 이동에 관한 편익이나 안전성의 확보(13항), 휴식의 질을 개선하기 위한 주거조건의 향상(14항), 기업내 시설의 충실(15항), 야간의 음식의 편의확보(16항), 야간보육의 확충(17항), 훈련 · 재훈련 · 스포츠 · 레크리에이션 · 문화적 제활동 등에의 참가의 장려(18항) 등을 규정하고 있다.

## 제2항 危險有害業務

ILO는, 여성노동자를 위험유해업무로부터 보호하기 위해, 다음과 같은 기준을 설정하고 있다.

### (1) 坑內勞動

1935년에 「모든 종류의 광산의 갱내작업에 있어서의 여자의 사용에 관한 조약(45호)」이 채택되었다. 이 조약은 「연령에 관계없이, 광산에 있어서의 갱내작입에 여자를 사용해서는 안된다(2조)」고 규정하고 있다. 그러나 관리의 지위에 있고 육체노동에 종사하지 않는 여성(동조 (a))이나, 보건 · 복지의 업무에 사용되는 여성(동조 (b))이나, 실습의 과정에서 갱내에서 훈련을 받는 여성(동조 (c)), 근육노동의 성격을 갖지 않는 직업을 위해 수시로 갱내에 들어갈 필요가 있는 여성(동조 (d))에 대해서는, 적용제외를 인정하고 있다.

### (2) 重量物 運搬

1967년에 「한 사람의 노동자가 운반할 수 있도록 허용하는 하물의 최대중량에 관한 조약(127호)」과 동권고(128호)가 채택되었다. 이 기준은 남녀 모두의 노동자에 대하여, 건강 또는 안전을 해칠 위험이 있는 중량물의 운반을 금지하는 원칙을 설정하고 있는 것이다(3조).

조약은 정부에 대하여, 인력에 의한 하물운반에 노동자를 배려하는 경우에는, 거기에 앞서서, 작업방법에 대한 충분한 훈련 또는 교육을 하는 조치를 취하도록 요청하고 있다(5조).

특히, 여성 및 연소자에 대해서는, 경량의 하물 이외에는 인력에 의한 운반으로 배치하는 것을 제한하여야 한다고 규정하고(7조 1항), 인력에 의한 운반을 시킬 경우에는 성년남성에게 허용되는 중량을 상당히 하회하는 것이 되어야 한다고 규정하고 있다(7조 2항). 그리고 권고에서는, 인력에 의한 규칙적인 운반작업에는, 성년여성을 가능한 한 배치해서는 안된다(16항)고 하고, 설사 배치할 경우에는, 「하물을 들어 올리고, 옮기고, 아래로 내리는 일에 실제로 걸리는 시간을 단축하는 조치 및 특히 어려운 업무에 배치하는 것을 금지하는 조치를 취하지 않으면 안된다(17항 (a) (b))」. 또 모성보호의 견지에서, 의사의 진단에 따라, 임신 중 또는 출산 후 16주간은, 본인 또는·그 어린애의 건강을 해칠 두려움이 있는 운반작업에 배치해서는 안된다고 규정하고 있다(18항). 그 외에 연소노동의 보호규정도 있다(19~23항).

### (3) 鉛 毒

鉛의 유독성으로부터, 여성과 어린이들을 보호해야 한다는 중요성은, 이미 널리 알려진 베른조약의 예에서 볼 수 있듯이, 오래전부터 국제적으로 인식되어왔다. ILO는 제1회 총회에서 곧 바로 권고를 채택했고, 1921년에는 조약을 채택했다. 즉 1919년의 「연중독에 대한 여성 및 아동의 보호에 관한 권고(4호)」는, 여성 및 18세 미만의 연소자를, 연의 화합물의 사용이나 연의 溶融작업 등에 사용하는 것을 금지하고 있는 것이다. 또 1921년의 「페인트에 있어서의 백연의 사용에 관한 조약(13호)」은, 모든 여성 및 18세 미만의 남성을, 백연, 연의 유산염 또는 그들의 안료를 포함한 제품을 사용하는 페인트작업에 취업시키는 것을 금지하고 있다(3조 1).

### (4) 벤 젠

1921년에는, 「벤젠으로부터 생기는 중독의 위해에 대한 보호에 관한 조약(136호)」과 동권고(144호)가 채택되었다. 그들의 기준은, 벤젠 및 벤젠함유량이, 용적의 1%가 넘는 제품에 노출되는 모든 업무에 종사하는 자에게, 남녀의 구별없이 적용된다.

조약에서는, 「무해한, 또는 유해도가 일층 적은 대체제품을 이용할 수 있는 경우에는 그것들을 사용한다(2조 1항)」고 규정하고 있지만, 예를 들면, 원동기의 연료에 있어서의 벤젠의 사용 등에 대해서는, 이 규정이 적용되지 않는다(2조 2항). 또 임신 중 및 수유기에 있는 여성, 그리고 18세 미만의 연소자에 대해서는, 벤젠 또는 벤젠함유제품에 노출되는 작업공정에서의 취업을 금지하고 있다(11조). 권고에서도 같은 주장을 하고 있으나, 보다 상세한 규정으로 되어있다.

### (5) 電離放射線

1960년에 채택된 「전리방사선으로 부터의 노동자의 방호에 관한 권고(114호)」는, 남녀노동자를 전리방사선의 유해성으로부터 보호하는 것을 목적으로 한다. 그러한 관점에서, 전리방사선의 최대허용수준, 방호문제를 기업을 위하여 담당하는 유자격자, 방호방법, 감시, 의학적 검사, 검사 및 통보, 노사의 협력 등에 대하여 규정하고 있다. 모성보호의 견지에서는, 임신 가능한 연령의 여성은 강도 높은 방사선의 위험에 쏘이지 않도록, 모든 것을 고려해야 한다고 되어있다(16항).

## 제3항 特殊한 職域에서 일하는 女性의 保護

ILO는 여성이 집중적으로 모여 일하는 지역(농업이나 간호)에 대하여 다음과 같은 기준을 설정하고 있다.

### (1) 農 業

1958년의 「농업노동자의 고용조건에 관한 협약(110호)」과 동권고(110호)는, ILO의 여러 조약에 있는 일정의 규정이, 모든 농업노동자에 적용되는 것을 보장하게 됨으로써, 그 노동조건을 개선하려고 하는 것이다. 특히 모성보호에 관해서는, 이 조약의 7부(출산에 관한 보호)에 상세하게 규정되어 있다.

또 권고는 남녀평등의 견지에서 농장에서 일하는 모든 남녀에 대하여, 100호 조약에서 규정하고 있는 「남녀동일가치 노동 동일보수의 원칙」의 적용을 촉진 · 확보해야 한다고 규정하고 있다(27항 (1) (2)).

### (2) 看護職員

1977년의 「간호직원의 고용, 노동제조건 및 생활상태에 관한 조약(149호)」과 동권고(157호)는 간호노동이 이루어지고 있는 특수한 제조건과 거기에 종사하는 직원이 종래부터 압도적인 여성으로 되어있다는 것을 고려해서, 이 기준을 채택하고 상황의 개선을 지도하고 있다. 조약은, 전문에서, 간호직원에게도 ILO의 제기준이 적용되기를 바라고, 단결권 · 단체교섭권 · 평등대우 · 노동시간 · 휴가 등의 노동조건, 모성보호 등의 권리를 확인하고 있다.

권고는 모성보호에 관해서 상세한 규정을 정하고 있다. 예를 들면, 「임부 및 육아중인 여성으로서, 그들이 통상으로 취로하는 업무가 스스로의 건강 또는 그 자식들의 건강을 손상시키게 할 우려가 있다는 것은, 그들의 권리를 상실당하는 일이 없이, 그 상태에서 적합한 업무에 배치 전환되어야 한다(50항)」고 하고 있다. 그리고 「실제적 적용에 관한 제안」이라는 제목의 부속서가 첨부되어있는데, 그 중에는 임신 또는 육아중인 여성을 취로시켜서는 안 되는 업무로써, 95호 권고(5항 (3))에 열거되어 있는 업무와, 전리방사선, 마취물질에 노출되는 업무, 전염병과의 접촉을 수반하는 업무를 들고 있다(26항).

## 제5절 家族的 責任

### 제1항 開 設

1975년의 UN「국제여성의 해」 이 후, 인간생활의 모든 분야에 있어서의 성별 역할분담의 재검토와, 남녀평등참획의 필요성이 확인되었다. 이것은 1979년에 채택된 UN「여성차별철폐조약」에도 명기되어있어, 그 후, 남녀평등에 관한 국제법상의 새로운 원칙이 되고 있다. 이 이념에 따르게 될 것 같으면, ILO가 1965년에 채택한 「가정책임을 가진 여성의 고용에 관한 권고(123호)」의 타당성이 문제되는 것은 당연하다. 그래서 1975년의 ILO총회는, 「여성노동자의 기회 및 대우의 균등에 관한 선언 및 행동계획」을 채택하는 한편, 123호의 권고의 개정을 되도록 조기에 총회의 의제로 할 것을 결정했던 것이다. 이 배경에는 동권고가 채택되었을 당시, 이미 남녀평등에 대하여 세계를 리드하고 있었던 북구제국으로부터 「가족적 책임은 남녀가 공평하게 나누어 갖는다는 것이었다. 가족적 책임은 여성이 담당한다고 하는 전제에서 있었던 123호 권고는 되도록 속히 개정되어야 한다」고 하는 주문이 나오기도 했다.

1981년 ILO는 「남녀노동자 특히 가족적책임이 있는 노동자의 기회균등 및 균등대우에 관한 조약(156호)」과 동권고(165호)를 채택하고, 동시에 125호 권고를 폐기하는 시대의 요청에 응했다. 이 신기준은 가족적 책임을 가진 남녀노동자의 고용·직업상의 불이익한 제조건을 해소하고, 가정과 직업의 이중의 부담을 경감한다고 하는, 모양을 취하면서, 실제상으로는, 현상에 있어서, 남성에 비해, 보다 많은 가족적 책임을 지는 여성노동자의 제문제를 개선하고, 가정과 직장에 있어서의 남녀평등을 달성하는 것을 목적으로 하고 있는 것이다.

### 제2항 156호條約 · 165호 勸告의 要點

#### (1) 156호 條約

이 조약과 권고에 있어서, 「가족책임」이라는 것은 「보육책임」뿐만 아니라 「보호 또는 원조를 필요로 하는 어린이 이외의 근친자에 대한 책임」도 포함된다(조약1조1~2항, 권고1항(1) (2)). 또 「가족적 책임이 있는 노동자」라 함은 「가족적 책임을 갖기 위하여, 사회생활에 들어가기 위한 준비, 경제활동에의 참입, 참가, 경제활동에 있어서의 향상 등의 가능성이 제약되는 자(조약2조 권고2항)」인 것이다.

정부는, 가족적 책임을 가진 남녀노동자가 차별을 받지 아니하고 일을 할 수 있도록 하는 것을 보장하는 국내정책을 책정하지 않으면 안된다. 이 경우의 「차별대우」는, 111호 조약 제1조와 정의에 의한다고 되어있다(3조1~2항).

조약의 목적을 달성하기 위한 조치로써, 주로 다음과 같은 것이 제시되고 있다.

가족적 책임이 있는 노동자가 직업을 자유롭게 선택할 권리의 보장(4조 (a)), 그 니즈를 배려한 고용조건과 사회보장의 정비(동조 (b)), 보육과 가족에 관한 지역적 · 사회적 제서비스의 확충(5조 (b)), 일반사회의 이해를 넓히기 위한 교육과 정보의 제공(6조), 직업지도 · 훈련의 분야에 있어서의 특별조치의 실시(7조). 그리고 조약에서는 해고에 관해서 「가족적 책임만을 가지고, 고용종료의 타당한 이유로 해서는 안된다(8조)」고 규정하고 있다.

### (2) 165호 勸告

권고는 위에 말한 규정에 더해서, 가족적 책임을 가진 노동자에 대한 차별을 배제하기 위하여, 111호 조약의 제규정을 근거로 한 제조치를 취하도록 요청하고, 예를 들면 간접차별의 금지(7항)나 포지티브 액션의 실시에 대해서도 명기하고 있다(8항 (2)). 가족적 책임이 있는 노동자로 봐서 중요한 고용 제조건으로서 권고는 다음과 같은 것을 들고 있다.

(a) 1일 당의 노동시간의 점진적인 단축 및 시간외노동(時間外勞動)을 삭감한다(18항(a)).

(b) 작업계획, 휴식기간 · 휴일에 관해, 한층 탄력적인 조치를 취한다(동항 (b)).

(c) 교대제노동 및 야업을 할당하는 경우 노동자의 특별한 요구를 고려한다(19항).

(d) 지방으로 이동되는 경우, 노동자의 가족적 책임 · 배우자의 취업장소, 자녀들의 교육가능성 등을 고려한다(20항).

(e) 파트타임 · 임시 · 가내노동에 종사하는 자의 고용제조건을, 풀타임 및 상용노동자의 고용제조건과 가능한 한 동등한 것으로 한다. 적당한 경우에, 양자의 권리를 비례적으로 고려한다(21항 (2)).

(f) 파트타임노동에 대하여, 풀타임고용에의 취업 또는 복귀의 선택권을

부여한다(21항 (3)).

(g) 육아나 개호 등의 사회적 서비스를 무료 또는 노동자의 지불능력에 따른 타당한 요금으로 제공한다(25조 (b)).

(h) 공공수송, 물이나 에네르기의 공급 등, 지역적 서비스를 제공한다(34항).

(i) 유급양친휴가의 도입에 따라, 남녀평등참획을 장려하고, 또 휴가중의 제권리를 비롯해서 사회보장상의 보호를 유지한다(22 · 23 · 28항).

(j) 가적적책임에 관한 공식적인 정보의 제공 및 교육프로그램의 책정(10항), 그리고 연구 · 교육의 촉진 등을 행한다(11항 (a) (b)).

(k) 취업 및 재취업을 위한 직업지도 및 직업훈련을 위한 조치를 취한다(12항).

# 제10장 年少勞動

## Labor of Minor

## 제1절 開 設

### 제1항 年少勞動의 沿革과 年少子 問題의 性格

어느 나라에서도, 가난한 가정에서는, 생계를 이어가기 위해서, 어린이들이 부모의 일손을 도와 가사노동이나 바깥일을 거들어 왔던 것을 당연한 일처럼 생각하고 살아온 것이, 그 옛날 우리들의 생활상태였다. 그러나 산업혁명 이후, 장시간 노동의 전반적인 확대 등으로 인한 노동제조건의 가혹 화, 구미제국을 중심으로 한 교육중시의 가치관의 보급, 그리고 인간존중이념의 확립 등으로 인해, 연소자를 과중한 노동으로부터 보호하고, 심신의 건전한 성장을 보장하는, 그리고 장래를 위한 교육을 받도록 하는 중요성이 점차 인식되게 되어왔다. ILO의 1996년의 자료에 따르면, 경제활동에 종사하는 5~14세의 연소자 수는 남녀를 포함해서 세계에서 2억 5000만 명이나 되었는데, 그 61%를 아시아, 32%를 아프리카, 7%를 라틴아메리카, 카리브의 제국이 점하고 있었다. 이들 연소자가 노동에 종사하는 산업분야는 농업 · 수렵업 · 임업 및 어업에서 남녀 모두 가장 많은 약 70% 전후를 점령하고, 남성의 경우는 도 · 소매업, 레스토랑 · 호텔업이, 여성의 경우는 지역사회나 개인서비스업이 그 뒤를 이어가고 있었다. 그런데 남녀 모두 제조 · 운수 · 건설 · 광업 등의 분야에서 일하는 자도 있다.

연소노동문제가, 도상제국에서 심각했던 것은 말할 것도 없지만, 빈곤이 존재하고, 부모의 가치관이 교육보다도 아동노동을 중시하는 경우는, 선진제국에서도 유사한 문제를 안게 되었다. 오늘날 세계적으로 확대되고 있는 빈곤의 여성화는, 연소노동자문제와 밀접하게 링크되고 있어, 남녀 평등의 노동 · 사회정책의 추진, 더욱이 어머니만의 가정의 경제상황의 개선 향상이 연소 노동자문제를 해결하는데 있어 긴급한 과제가 되고 있다.

### 제2항 ILO와 UN의 對應

#### (1) 年少勞動에의 國際的 對應

빈곤과 연소노동문제가 국제적으로 널리 문제시된 것은, 20세기에 들어서고 난 후 부터의 일이다. 먼저 ILO가 1919년의 제1회 총회에서, 「공업에 사용하게 되는 아동의 최저연령을 정하는 조약(5호)」을 채택하고, 14세 미만의 아동의 사용을 금지했다. 계속해서 UN(국제연맹)은, 1924년에 「어린이의 권리선언」을 채택하고, 어린이가 인간으로서의 권리의 주체라고 하는 것을 인정했다.

제2차 대전 후, 이 선언은 UN이 1959년에 채택한 「어린이의 권리 선언」에 따라, 보다 더 포괄적인 것이 되었다. 이것을 바탕으로 더욱 충실해지고, 법적구속력을 가지게 된 것이, UN의 1989년 「어린이의 권리에 관한 조약」이다. 이 조약은 UN의 「세계인권선언(1948년)」「국제연합헌장(1956년)」「인권에 관한 국제규약(1966년)」 등에서 제시한, 인권존중의 이념에 따라 성년보다 약한 입장에 있는 18세 미만의 연소자에게 필요하게 될 보호조치를 취하고, 그 인권을 지키도록 가맹제국에 요청한 것이다.

노동에 관해서는 「경제적 착취 및 심신의 건강이나 건전한 발전에 유해한 노동으로부터 보호될 권리」를 확인하고, 특히 「취로가 허용되는 최저연령 및 노동시간을비롯한 노동조건을 규정한다는 것」, 그리고 「노동보호를 실효적으로 보장하기 위한 벌칙 기타의 제재를 규정하는 것」도 요청했다(동조약 32조). 대부분의 가맹국이 이 조약을 비준하고, 국내법의 정비를 추진하고 있는 것으로 알려져 있다. 이 조약이 성립된 배경에는, 경제경쟁의 글로벌한 확대와 격화 속에서, 그 마이너스의 영향을 받게 될 가난하고 취약한 입장에 있는 사람들, 더욱이 도상국의 어린이들을 보호해야하는 긴요성이 세계적으로 인식되고 있었다는 것이다.

### (2) ILO의 對應

연소노동에 대한 ILO의 대책은, 3가지 단계로 대별할 수 있다. 제1단계는, ILO설립당시부터 1973년까지의 주로 보호기준의 설정활동에 중점이 놓여진 시기라고 볼 수 있다. 말하자면 ILO헌장의 전문(前文)에, 우선적 활동의 하나로서 연소노동의 보호가 거론되고, 위에서 말한 제1회 총회에서 「공업에 사용할 수 있는 아동의 최저연령을 정하는 조약(5호)」이 채택되었다. 고용기준을 설정하는 많은 조약 · 권고가 채택되었다. 그들 기준의 목적은, 고용이 허가되는 연소자의 최저연령을 점진적으로 인상하게 함으로써, 장기적으로는 연소노동의 폐지를 확보하려고 하는데 있었다. 1973년의 ILO총회에서는 연소노동문제를 상세히 재검토하고, 포괄적인 기준인 「취업의 최저연령에 관한 조약(138호)」와 동권고(146호)를 채택했다. 이것은 매우 영향력이 컸기 때문에 취업의 최저연령을 18세로 정한 이 기준을 지키고자하는 가맹국이 증가하게 되었다. 그러나 법률만으로는 연소노동을 완전히 배제할 수 없었던 것이다. 연소자가 법률의 기준이하의 저 연령에서 일하는 것은, 통상 그 가족의 가난함으로 인해, 또는 빈곤한 사람이 많이 실고 있는 나라들의 발전문제이기도 했다. 혹은 노동감독제도의 불비로 인한 감독 불철저등도 문제가 되고 있었다. 그래서 1973년 이래, ILO의 활동은 제2단계에 들어가게 되었다. 즉, 종래의 법률에 의한 규제에 더하여, ILO는 각국 정부나 NGO에 대하여 조사활동을 개시하고, 데이터의 수집 · 배포, 각종 프로그램을 분석하고 문서화하거나 연구 등을 계속해왔다. 또, 세미나의 개최 등을 통해서 일반의 의식향상을 도모하는 캠페인에도 힘을 쏟았다.

제3단계는, 1996년 이후의 대책이다. ILO는 연소노동문제를 안고있는 가맹제국에 대하여, 직접적으로 기술협력을 한다고 하는 더 적극적인 대책을 개시했다. 1992년 ILO는 「연소노동폐지에 관한 국제계획(IPEC)」이라고 칭하는 기술협력프로그램을, 독일정부 등의 자금원조에 따라 발족시켰다. 최근 4대륙 50개국 이상이 참가하고 잇는 이 사업을 글로벌한 방향성에 따라 활동을 하면서, 가맹국의 요청에 따른 우선순위에 따라 원조를 제공하고 있다.

원조활동의 목적은, 연소노동에 관한 국제여론을 환기시키는 한편, 원조를 필요로 하는 나라에 대해서는, 국내법의 제정, 노동감독 기타의 집행기관의 나라에 대해서는, 국내법의 제정, 노동감독 기타의 집행기관의 확립, 강화, 정책이나 프로그램의 책정 · 실시 등에 관한 상담이나, 원조를 하고, 연소노동문제에 대처할 능력을 강화하는 것이었다. 1991년 이후의 자금제공국은 일본을 제외하면 전적으로 구미제국이지만, IPEC의 활동에 따라, 이 문제에 관한 세계적인 연대는 이로 인해 강화되고 있다. 그 결과, 1998년부터, 연소노동에 관한 새로운 국제노동기준의 심의가 있었고, 뒤에서 말하는 182호 조약과 190호 권고가 채택되었고, 최악의 형태인 연소노동의 폐지를 위한 활동이 개시되었다.

## 제2절 就業에 있어서의 最低年齡에 관한 基準

### 제1항 開 設

ILO는 제1회 총회에서, 「공업에 사용할 수 있는 아동의 연령을 정하는 조약(5호)」을 채택하고, 연소노동에 대처하는 자세를 곧바로 표명했다. 이 기준은, 동일한 가정에 속하는 자만을 사용하는 기업 및 공적기관이 승인해서 감독하는 공업학교를 제외한, 모든 공 · 민의 공업적 기업에 있어서의 14세 미만의 연소자의 사용을 금지하는 것이었다(2~3조).

여기에 이어서, 해상(7호조약 · 1920년), 농업(10호조약 · 1921년) 및 비공업(33호 1920년)등의 주요산업분야에 대해서도, 14세 미만의 연소자의 사용을 금지하는 조약을 채택했다. 그 후, 5호 · 7호 · 33호의 각조약은, 각각 58호 · 59호 · 60호 조약에 의해 개정되고, 최저연령은 15세 이하로 인상되었다. 또, 특정직업 혹은 산업에 있어서도, 예를 들면, 석탄광부나 화부등은 18세 이상(15호조약 1921년), 어선원은 15세이상(112호조약 1959년), 광산의 갱내노동자는 16세 이상(123호조약 1965년)등으로, 노동의 실정에 맞는 기준이 설정되어있다. 기타 위험 유해업무와 관련해서, 「페인트칠」에 있어서의 백연의 사용에 관한 조약에서는, 18세 이상(여성의 취업은 금지), 「전리방사선으로부터의 노동자의 보호에 관한 조약」에서는 16세 이상이 취업의 최저연령으로 정해져 있다.

그후 ILO는 1973년에, 이들 제기준의 원칙을 포괄적으로 취합한 「취업의 최저연령에 관한 조약」과 동권고(146호)를 채택했다. 이 기준은, 가맹제국에 대하여, 연소노동의 실효적인 폐지와, 취업의 최저연령을 연소자의 심신의 발전에 적합한 수준까지 인상하기 위한 국내정책을 수행했던 것이다(1조). 권고도, 같은 취지하에서 필요하게 되는 정책에 대하여 지침을 제시하고 있다. 이 조약과 권고의 요점은 다음과 같다.

### 제2항 138호 條約과 146호 勸告의 槪要

#### (1) 最低年齡

이 조약에서는, 교육을 중시하는 관점에서 취업의 최저연령에 대하여 「의무교육 종료연령 및 15세를 하회해서는 안된다(2조3항)」. 그러나 경제 및 교육기관이 충분하게 발전하지 않고 있는 나라의 경우에는, 관계 노사단체와 협의한 가운데, 「당초에는, 14세로 명시할 수 있다」고 했다(동조4항). 한편 권고에서는, 여기에서 명시된 최저연령은 「16세까지 점진적으로 인상시키는 것을 목표로 해야한다」고 하고 있어(7항 (d)), 「최저연령은, 경제활동의 모든 부문에 대하여, 동일한 수준으로 정해져야 한다고 말하고 있다(6항)」.

### (2) 危險有害業務에 있어서의 最低年齡

조약에서는, 「업무의 성질 또는 업무가 이루어지게 되는 상황에 따라 연소자의 건강, 안전, 또는 도덕을 손상시킬 위험이 있는 업무」에 취업하게 할 수 있는 최저의 연령은, 「18세를 하회해서는 안된다(3조1항)」고 하고 있다. 여기에서 말하는 업무의내용은, 관계노사단체와 협의해서, 각국의 법령 또는 권한 있는 기관이 결정한다(동조 1항).

### (3) 輕易勞動에 있어서의 最低年齡

경이한 노동에 대해서는, 일정한 조건하에서 「13세 이상 15세 미만의자에게도 취업을 인정한다」. 그 요건은 「건강, 발육에 유해가 될 위험이 없어야 한다는 것과 학교출석이나 직업지도 혹은 훈련과정에의 참가 등에 장해가 되지 않아야 한다는 것(7조1항 (a) (b))」으로 되어있다. 그러나 이 경우에도 경제나 교육시설이 정비되어 있지 않는 나라들의 경우에는, 관계노동단체와 협의해서, 「12세 이상 14세 미만으로 한다」는 것을 인정하고 있다(동조 4항).

### (4) 適用對象

최저한 적용되는 사업은 광업 · 토석채취업, 제조업, 건설업, 전기, 가스, 수도의 사업, 위생사업, 운수업, 창고업, 통신업, 농업, 농업적 기업을 말한다(5조3항).

「예술적 연극에의 출연(8조)」, 「학교 또는 훈련시설에서 행해지는 교육 · 훈련과정의 일환으로 이루어지는 노동(6조 (a)), 기업내에서 실시되는 14세 이상의 견습공 훈련(동조(b))」등에 대해서는, 관계노사단체와의 협의에 따라 적용을 제외할 수 있다. 단지 그 운용에 대해서는, 조약의 주지에 반하는 일이 없도록 각국의 배려가 요구되고 있다.

### (5) 實效性의 確保

권한 있는 기관은 연소자노동금지의 실효성을 확보하기 위하여 「상당한 형벌의 설정을 포함한 필요한 조치를 취해야 한다」는 것을 요청하고 있다 (9조1항).

### (6) 條約의 批准

이 조약은 ILO기준조약의 하나로써 중요한 것이지만, 1999년 6월현재 비준국 수는 74개밖에 안될 정도록 적을 뿐 아니라, 특히, 연소노동에 대하여 심각한 상황을 보이고 있는 도상제국의 비준이 진행되지 않고 있다는 것은 문제인 것이다.

## 제3절 年少勞動者의 保護

### 제1항 强制勞動의 禁止

ILO는 1930년에 「강제노동에 관한 조약(29호)」을 채택했다. 그리고 이 조약을 보충하는 것으로써, 1957년에 「강제노동의 페지에 관한 조약(105호)」이 채택되었다. 이들 두 조약 모두, ILO의 기본 7조약에 포함되어 있어, 많은 나라들이 비준하고 있다. 1999년 6월을 기준으로 29호 조약은 150개국, 105호 조약은 139개국이나 되는데, 그후 계속해서 늘어나고 있다.

29호 조약은, 모든 형식의 강제노동을 금지하기 위해(1조1항), 연소자에 대한 노예노동, 채무노동, 기타의 학대 행위 등을 방지하는 역할을 해왔다고 보고 있다. 여기서 말하는 「강제노동」이라는 것은 「어떤 사람이, 처벌의위협 하에 강요되거나, 또는 스스로가 임의로 신청한 것이 아닌 모든 노동」이라고 정의하고 있다(2조1항). 105호 조약은 「강제노동」의 정의를 확충해서, 정치적 압제, 사회적 · 경제적 제재, 노동운동에 대한 제재 등을 비롯해서 인종적 · 사회적 · 국민적 · 종교적 차별대우 등에 의한 것도 금지의 대상이 되고 있다(1조).

### 제2항 危險有害業務

ILO는, 연소자에 대한 위협 유해 업무로써, 다음 10개항목을 들고 있다. 갱내노동, 해상노동, 폭발물취급, 중량급취급, 건설, 해체작업, 유독물질, 방사선 등의 취급, 연 · 아연야금작업, 수송노동, 향락업 및 알콜생산 · 판매업 등과 관련되는 ILO의 현행기준으로는 다음과 같은 것이 있다.

#### (1) 夜間勞動

야간근무에 관한 기준으로는, 1919년의 「공업에서 사용될 수 있는 연소자의 야업에 관한 조약(6호)」과, 그 개정조약인 1948년의 「공업에 사용되는 연소자의 야업에 관한 조약(90호)」이 있다. 이 외에, 1940년 의 「비공업적 업무에 있어서의 아동노동 및 연소자의 야업의 제한에 관한 조약(79호)」과 동권고(80호) 및 1921년의 「농업에 있어서의 아동 및 년소자의 야업에 관한 권고(14호)」가 채택되어있다.

「야간의 정의」에 대해서는, 6호 조약(3조)에 「오후10시부터 오전5시까지의 시간을 포함해서 적어도 11시간의 계속되는 시간」이라고 정의하고 있는데 비해, 90호 조약(2호 1항)에서는, 「적어도 12시간의 계속되는 시간」이라고 개정하고 있다. 또 적용대상은 두 조약 모두 18세 미만의 연소자를 대상으로 해서, 원칙적으로 公私의 모든 공업적 기업에 있어서의 야간노동을 금지하고 있다(6호조약 2조 1항, 90호 조약 3조1항) 비공업적 업무의 야간노동에 관한 79호 조약은, 「18세 이하의 아동은, 오후8시부터 오전8시까지의 시간을 포함해서 적어도 14시간의 계속시간 중」의 노동을 금지하고 있다(2조1항). 그러나 「개인의 가정에 있어서의 가사적 노무」에 대해서는, 적용을 제외하고 있다(1조4항 (a)). 이점에 비해서, 권고는 「가사적 노동에 종사하는 아동 및 18세 미만의 연소자의 야업을 除하기 위한 적당한 입법적 및 행정적 조치를 채택하도록」요청하고 있다(2항(a)). 농업에 있엇의 야간노동에 대하여, 14호 권고는 「14세 이상 18세 미만의 연소자에 대하여, 그 생리적 필요에 적응해서, 한편 9시간 보다는 적게하는 계속되는 휴식시간을 확보할 수 있도록, 야간사용을 제한한다(동권고11)」고 규정하고 있다.

### (2) 坑內勞動

갱내노동에 관한 기준으로는, 1965년 「광산의 갱내노동에 사용할 수 잇는 최저연령에 관한 조약(123호)」과 동권고(124호), 동년의 「광산의 갱내노동에 사용되는 연소자의 적격성에 대한 건강진단에 관한 조약(12호)」 및 「광산의 갱내노동에 대한 건강진단에 관한 조약(124호)」 및 「광산의 갱내노동에 종사하는 연소자의 노동조건에 관한 권고(125호)」가 124호 조약에는, 21세 미만의 자를 공(公) · 민(民)의 광산이나 채석장의 갱내 노동으로 사용하는 경우에는, 그 적격성에 대하여, 완전한 건강진단 및 1년을 초과하지 않는 간격으로 이루어지는 정기적 재진단이 필요하다고 규정하고 있다(1조~2조). 또 125호 권고에서는, 갱내노동에 종사하는 18세 미만의 연소자를 위하여, 건강 · 안전 · 복지 · 주휴 · 년차 유급휴가, 훈련 등에 대하여 상세하게 규정하고 있다.

### (3) 健康檢査

갱내노동의 고용적격에 관한 건강검사에 대해서는, 앞에서 언급한 124호 조약에서 규정하고 있다. 그 외에 1946년에 채택된 「공업에 있어서의 아동노동 및 연소자의 고용적격을 위한 건강검사에 관한 조약(77호 조약)」이 있다.

77호 조약은, 공(公)·민(民)의 공업적 기업에서 일하는 18세 미만의 연소자에 대한, 엄밀한 건강검사에 따라, 고용적격을 확인하도록 요청하고(2조), 고도의 건강상의 위험이 있는 직업에 있어서는, 적어도 21세에 달할 때까지, 고용적격에 관한 건강검사 및 재검사를 받도록 요구하고 있다(4조 1항). 비공업적 업무에 관한 78조 조약도, 유사한 규정을 가진(2조1항, 4조 1항), 두 조약 모두, 검사의 비용은 연소자 또는 그 부모에게 부담시켜서는 안된다고 규정하고 있다(모두다 5조).

### (4) 有害物質

백연으로 부터의 보호에 있어서는, 앞에서 말한 「페인트칠」에 관한 13호 조약 가운데서, 「18세 미만의남자 및 일체의 여자의 사용금지」를 규정하고 있다(3조).

전리방사선에 대해서도, 앞에서 말한 115호 조약에서 「16세 미만의 노동자는 전리방사선을 수반하는 작업에 종사시켜서는 안된다(7조2항)」고 규정하고 있다. 벤젠에 대해서도, 앞에서 말한 136호 조약에서 「18세 미만의 연소자는, 벤젠 또는 벤젠을 함유한 제품에 노출되는 작업 공정에 취로시켜서는 안된다」고 하고 있으나, 「적당한 기술적 및 의학적 감독하에서, 교육 또는 훈련을 받고 있는 연소자」에 대해서는 적용을 제외할 수 있다고 규정하고 있다(111조 2항 및 144호 권고 20항).

## 제4절 最惡의 形態의 年少勞動의 撤廢

### 제1항 條約·勸告·背景

연소노동자의 80~90%는 전적으로 도상제국에 있어서의 가족농업·영세기업·가내노동·가사노동·행상 등의 인포멀섹터에서, 심신의 안전이나 위생의 보장도 없이, 강제적으로 일을 시키고 있는 경우가 적지 않다.

그 뿐 아니라, 군대 · 마약의 생산 · 판매 · 포르노, 걸인, 혈액이나 장기의 제공, 채무노예 등 위법한 활동에 종사시키는 경우가 있다는 것도 ILO활동을 통해 나타난 주지의 사실이다. 이와 같은 비인도적인 최악의 착취로부터, 취약한 연소자를 보호한다는 것은, 사회정의 실현을 원래의 취지로 하는 ILO로 봐서 긴급한 과제가 아닐 수 없을 것이다.

그래서 ILO는 138호 조약과 146호 권고를 보충하는 것으로써 1998~1999년에 걸친 총회에서, 연소노동에 관한 새로운 국제노동기준 「최악의 형태인 연소노동의 폐지에 관한 조약 · 권고」안의 채택을 위해 심의를 하게 되었다. 그 결과 1999년의 총회에서, 「최악의 형태의 아동노동의금지 및 폐지를 위한 즉시행동에 관한 조약(182호)」과 동권고(190호)를 만장일치로 채택했다.

그런데 138호 조약은, 이 신기준 채택 후에도 종전과 마찬가지로 존속되고 있는 경향을 볼 수 있다. 그 비준과 함께 강력한 실시를 달성해 나가야 하는 것이, ILO와 함께 가맹국 전체가 촉구해야 할 시급한 과제로 남아있는 것이다.

### 제2항 182호 條約과 190호 勸告의 概要

이 조약과 권고는 연소노동자의 인권존중이라는 관점에서, 즉각적으로 금지해야 할 연소노동이란 무엇인지를 분명하게 밝히는 동시에, 가맹제국에 대해서는 나라의 발전단계에 관계없이, 「최악의 형태인 아동노동」을 폐지하고, 연소자를 보호하기 위한 국제협력 · 원조를 포함한, 실효성 있는 조치를 조속히 취하도록 요청하고 있는 것이다.

또, 이 조약은 그 전문에 있는 것처럼, 1998년에 채택된 ILO선언인 「노동에 있어서의 기본적 원칙 및 권리」의 하나로써, 기본조약에 가해지게 될 것으로 생각된다.

### (1) 適用對象과 定義

적용대상은, 18세 미만의 연소자를 말한다(2조). 그런데 여기서는 대상연령을 18연령인 18세미만이라고 하는데서, 「아동」이라는 용어는 쓰지 않고 「연소자」로 표현하고 있다. 조약은 「최악의 형태인 연소노동」에 대하여, 다음과 같은 정의를 두고 있다(3조).

(a) 연소자의 매매, 채무에 의한 구속 및 농노(農奴), 무력충돌에 사용하기 위한 강제적 또는 제도적인 연소자의 징용을 포함한 강제노동 또는 의무노동 등, 모든 형태의 노예제도 또한 그것과 유사한 관습,

(b) 매춘, 포르노의 제작 또는 해괴한 연기를 위해 연소자를 사용, 알선 또는 공급하는 것,

(c) 부정한 활동, 특히 관련되는 국제조약으로 정의된 마약의 생산이나 밀매에 연소자를 사용, 알선 또는 공급하는 것,

(d) 업무의 성질에 따라 또는 그것이 행해지는 상황에 따라, 연소자의 건강, 안전, 또는 도덕을 손상시킬 위험이 있는 업무, 이 조약에서는, 연소자에게 유해한 업무의 종류를 각국이 결정하고, 정기적으로 검토하도록 요청하고 있다(4조).

이에 따라 보고는, 연소자에게 위험한 업무의 종류나 존재 장소를 특정하는데 있어서는, 특히 다음과 같은 것을 고려해야 한다고 되어있다(3항).

(a) 육체적 · 심리적 · 성적인 학대에 관계되는 업무,

(b) 지하, 수면下, 위험한 높은 장소, 폐소(閉所)에서 행하는 업무,

(c) 위험한 기계 · 기구 등을 사용하는 업무나, 중량물의 취급, 운반 등의 업무,

(d) 위험물질이나 건강에 유해한 온도 · 소음 · 진동을 동반하는 업무

(e) 장시간 노동, 야간노동 등, 특히 어려운 조건하에 있는 업무.

단지 당해 연소자의 건강 · 안전 · 도덕이 완전하게 보호되어야 한다는 것, 관계 활동분야에 대하여, 충분하고 정확한 지도(指導) 또는 직업훈련을

받고 있는 경우에는, 노사단체와 협의해서, 국내 법령 또는 권한있는 기관에 의해 16세부터의 취업을 인정할 수 있다고 하고 있다(4항).

### (2) 條約의 實施

조약의 실시를 확보하는 조치에 관해서는, 다음과 같이 규정하고 있다.

(a) 조약의 비준국은, 최악의 형태의 연소노동을 금지 및 폐절하기 위한 즉각적이고 효과적인 조치를 조급히 취하지 않으면 안된다(1조).

(b) 가맹국은 우선과제로서, 최악의 형태의 연소노동을 폐절하기 위한 행동계획을 입안해서 실시해야 한다(6조1항). 이 행동 계획은 정노사가 협의하고, 또 적절한 경우에는 타의 관계단체(예를 들면 NGO)의 의견도 고려해서, 입안하고 실시하여야 한다(6조 2항).

(c) 가맹국은, 조약의 효과적인 실시를 확보하기 위하여, 노사단체와 협의해서, 감시기관을 확보하는 것과 함께(조약5조, 권고8항), 필요한 경우에는 형벌 또는 기타의 제재도 포함한 조치를 취하지 않으면 안된다(조약 7조 1항, 권고 13항).

이상의 이외에도 조약은, 가맹국에 대하여, 연소자가 최악의 형태의 노동에 종사하는 것을 방지하는 한편, 이미 종사하고 있는 연소자를 해방하고, 그를 유해한 영향으로부터 회복시켜서, 사회적으로 통합하기 위한 직접적인 지원을 하도록 요청하고 있다. 또 해방된 청소년에 대해서는 무상의 기초교육 및 직업훈련의 기회도, 확보하지 않으면 안된다. 그리고 특별한 위험에 빠져있는 연소자를 특정해서 그들과의 접촉을 자주 갖는다는 것과 여성이나 연소자가 처해있는 특별한 상황을 배려할 것도 요청하고 있다. 이러한 목적을 달성하기 위하여, 가맹국은 효과적이고 또한 기한을 정한 조치를 취하지 않으면 안된다(7조 2항). 이점에 관해서, 권고는 조약의 6조에서 규정하고 있는 행동계획의 목적에 대하여, 다시 상세하게 규정하고, 보다 연소한 아동이나 女兒 등, 특히 취약한 연소자에 대한 주의를 요청하는 한편, 연소노동을 발생하게 하는 배경이 되고있는 가정이나 공동체의 문제와 대책, 의식개혁을 해야 한다는 중요성도 지적하고 있다(2항(c)~(e), 15항).

### (3) 國際協力과 援助

연소노동자가 국경을 넘어서 최악의 형태인 노동에 종사당하고 있는 실태를 생각한다면, 이 조약 · 권고를 효과적으로 실시하기 위해서는, 각국 내에 있어서의 대책만으로는 불충분하다고 생각된다. 그래서 조약은 연소노동문제의 배경을 구성하고 있는 배경을 개선하기 위하여, 사회 · 경제개발, 빈곤철폐 및 보편적인 교육에 대하여, 국제협력이나 원조를 강화하고, 각국이 서로 협조할 수 있는 적절한 행동을 취하도록 가맹국에 요청하고 있다(8조).

이에 따라, 권고에서는 가맹국에 대하여 긴급을 요하는 국제적 대책으로서 다음과 같은 점을 들고 있다(11항 (a)~(c)).

(a) 국제적인 범죄조직 등을 비롯한 범죄에 관한 정보의 수집,

(b) 연소자의 매매, 부정한 활동, 매춘, 포르노 등에 관해서, 연소자를 사용 · 알선 · 공급하는 일에 관여한 자를 발견해서 기소한다.

(c) 이와 같은 범죄를 기록한다.

그리고 권고는 국제적인 협력과 지원에 따라, 국내의 대책을 보완해야 한다고 하고 있다. 그 대책의 내용으로는 자원의 동원, 상호의 법적지원, 정보교환을 포함한 기술적 지원, 사회 · 경제의 발전 · 빈곤의 철폐 · 보편적 교육 등을 위한 지원을 들고 있다(16항).

## 제3항 年少勞動에 있어서의 女性問題

이 조약 · 권고의 특징 중 하나는, 마약 등의 약물에 관한 규정과 함께 성적착취에 관한 규정이 들어가 있다는 것이다.

연소자의 신체나 성을 상업적으로 착취하기 위하여 매매하는 것은, 연소

자에 대한 가장 잔혹한 형태인 폭력이 되고, 최악의 형태인 인권침해라고 하는 것은 두 말할 나위도 없다. 피해자가 된 어린이들은 생애를 통해 지워지지 않는 심리적 · 정신적 장해, 신체적 장해, 거기다가 에이즈(AIDS), 기타의 성관련 질환 등의 피해까지 받게 된다. 그리고 여성의 경우에는, 임신 · 출산과, 거기에 관련되는 질병 · 사망 등, 인간으로서 성장해야 할 시기에 있는 연소자를 보호해야 한다는 것은 성인들의 책임인 것이다. 그런데도 불구하고, 오늘날까지 줄어들지 않고 있는, 연소자에 대한 성적착취는 국제적인 규모를 증가해서 이제 와서는 글로벌한 문제가 되고 있다. 이 조약과 권고는 이와 같은 연소자의 성적착취를 세계적으로 박멸 · 철폐하려고 하는 국제노동기준인 것이다.

## 양해 말씀

발간사에서 언급했듯이, 이 책은 중요 ILO활동의 시말을 하나하나 설명하고 거기에 대한 평가를 하기 보다는, ILO의 존재가치를 더욱 인식하고, ILO가 지향해야 할 앞날의 국내외적 과제를 위해 참고가 되었으면 하는 의도에서 쓴 것이다.

더욱이 이 책에서 설명하고 있는 내용 중 「제1부」는 ILO를 설립하게 된 배경이나 국제노동입법위원회 활동 등, ILO의 역사 · 기구 · 활동 등을 설명하고 있는데 비해 「제2부」에서는 주로 ILO의 주된 기능이라고 봐야할 국제노동기준과 조약 · 권고 등을 설명하고 있는데, 여기에 나오는 자료는 오래된 자료에서 최근에 이르기까지 다양하다는 것을 알 수 있을 것이다. 이 자료들은 대부분 한국ILO협회가 창설된 1995년 이후에 수집한 것들이다.

끝으로 아쉽게 생각하는 것은 시간과 지면상의 사정으로 국제기준에서 평가하고 있는

**고령노동자 문제**
**이민노동자 문제**
**사회보장 문제**
**가사노동 문제**
**디센트워크 문제**
**海事문제**

이국적기업 등 많은 과제를 다음기회로 미루게 되었다. 추후 사정이 허용되는 대로 계속 소개하고자 한다.

제3부

# 사진을 통해 살펴보는 韓國ILO協會 20年의 沿革

**韓國ILO協會 創立: 1995년 9월 19일**

1. 設立目的 및 事業計劃
2. 機構圖
3. 加入 및 問議
4. 韓國ILO協會歷代任員
   (會長, 副會長, 理事, 監事)
5. 協會主要刊行物
   (機關紙(月刊誌) 國際勞動)
6. 記念寫眞

## 初代會長의 人事

한국이 國際勞動機構(ILO)의 회원국이 된 지 올해로 4년이 됩니다. 빈곤 퇴치와 사회정의의 구현, 이를 기반으로 하는 항구적인 산업평화 조성과 균형있는 사회발전이라는 ILO의 理想은 우리 모두의 절실한 소망이며 과제가 아닐 수 없습니다.

ILO의 이와 같은 숭고한 이상은 최근 지구촌이 하나의 경제단위로 전환되면서 한층 가시적인 것으로 다가오고 있습니다. 새로운 경제질서와 운영규칙을 내용으로 하는 환경변화는 나라마다 새로운 질서와 규칙에 정책과 전략선택의 폭을 크게 제한하고 있으며, 기존의 모든 제도와 관행도 새로운 흐름과 규제에 크게 좌우되지 않을 수 없게 하고 있습니다. 특히 국제교역이 경제의 기반인 우리 사회의 경우 국제적 상황전개나 흐름은 정책이나 전략 결정뿐 아니라 모든 제도와 관행 도입을 위해서도 이제 외면할 수 없는 주요변수로 자리잡게 되었습니다.

ILO는 勞·使·政 3자를 모체로 구성된 국제연합 산하의 유일한 전문 자문기구입니다. ILO의 각종 활동을 적극 전개하고 그 이념을 널리 보급하는 일은 노사단체나 정부만의 일은 아니며, 이에 옹호하는 모든 단체와 개인의 참여가 절실히 요구되는 국제기구이기도 합니다. 이와 같은 맥락에서 ILO의 이념 구현과 오늘의 과제인 세계화 촉진에 뜻을 같이 하는 노사 그리고 공익분야에 종사하는 인사들이 주체가 되어 사단법인 한국 ILO 협회를 설립하였습니다. 본 협회는 ILO의 이념을 널리 보급하고 그 활동을 지원하여 노동관꼐의 근대화와 국제화에 기여하고자 합니다.

노동관련기관 및 관계자 여러분들의 적극적인 협력을 바랍니다.

1995.11

韓國ILO協會 會長 **權 重 東**

## 1. 設立目的 및 事業計劃

### ▪ 設立目的

- 韓國ILO協會는 국제노동기구(ILO) 가입과 경제사회 여건변화에 따른 민간부문 역할의 증대 필요성이라는 사회적 요구에 부응하고, ILO의 이상과 정신을 고양하기 위해 1995년 10월 사단법인으로 설립되었습니다.

- 本 協會는 ILO가 행하는 각종 활동에 협력하고 ILO의 각종 활동과 연관된 정부 또는 노 · 사단체가 실시하는 사업을 지원하고 국내에서 ILO정신을 보급 · 고양함으로써 勞動關係의 안정과 사회경제발전 및 ILO의 理想을 실현하는데 기여하고자 합니다.

### ▪ 事業計劃

본 협회는 ILO의 理想 具現이라는 목적을 달성하기 위하여 다음과 같은 사업을 추진하고자 합니다.

1. ILO가 실시하는 각종 활동에 대한 협력
2. ILO의 각종 활동과 연관된 정부 또는 노 · 사단체가 행하는 사업에 대한 협력 및 지원
3. 국제교류활동
4. ILO 및 해외노동사회 동향에 대한 자료와 정보 수집, 조사연구, 출판물간행, ILO의 각종 활동과 해외노동문제의 국내 소개
5. 우리나라 노동문제에 관한 현황 및 정책 등의 해외 소개
6. 정부 또는 노 · 사 단체의 위탁에 의한 조사 · 연구
7. 기타 사업

## 2. 機構圖

## 3. 加入 및 問議

- 본 협회는 ILO의 각종 활동에 협력하고 ILO의 理想과 精神을 국내에서 널리 고양하여 노동관계 여건변화에 대한 사회적 적응력을 배양하고 아울러 노동관계의 안정과 사회발전에 기여하고 ILO의 이상구현을 목적으로 하는 본 협회의 목적에 찬동하는 노사단체, 노동관련 기관, 학자 및 일반인들의 많은 가입을 바라고 있습니다.

- 본 협회에 가입을 원하시거나 문의사항이 있으신 분은 본 협회로 연락해 주시면 자세히 알려드리겠습니다.

한국ILO協會(The ILO Association of Korea)

주소: 서울특별시 종로구 당주동 145 미도파광화문빌딩 221호
전화: 02)732-6006~6007
Fax: 02)732-3869

## 4. 韓國ILO協會歷代任員(會長, 副會長, 理事, 監事)

| 년도(대) | 직 위 | 성 명 | 년도(대) | 직 위 | 성 명 |
|---|---|---|---|---|---|
| 1995년 | 노동문제연구소 소장 | 권중동 | 2014년 | 한국ILO협회 이사 | 김동원 |
| | 한국노동조합총연맹 위원장 | 박종근 | | 〃 | 김송자 |
| | 경제단체협의회 회장 | 이동찬 | | 〃 | 김수곤 |
| | 서강대산업문제연구소 소장 | 박영기 | | 〃 | 박용승 |
| | 서울지하철공사 사장 | 한진희 | | 〃 | 송맹용 |
| | 경희대학교기획관리 실장 | 김수곤 | | 〃 | 신 명 |
| | 노동문제연구원 이사장 | 최상용 | | 〃 | 이규창 |
| 2003년 | 한국ILO협회 회장 | 권중동 | | 〃 | 이헌기 |
| | 한국ILO협회 이사 | 최상용 | | 〃 | 최상용 |
| | 〃 | 금창태 | | 〃 | 최순영 |
| | 〃 | 이남순 | | 〃 | 서규희 |
| | 〃 | 김동원 | | 〃 | 김용달 |
| | 〃 | 김식현 | | 〃 | 김상남 |
| | 〃 | 김용성 | | 〃 | 문형남 |
| | 〃 | 이용태 | | 〃 | 김형동 |
| | 〃 | 조철권 | | 〃 | 박헌수 |
| 2014년 | 한국ILO협회 회장 | 권중동 | | 〃 | 김영희 |
| | 한국ILO협회 부회장 | 이광택 | | 〃 | 조영주 |
| | 〃 | 김동만 | | 〃 | 이정식 |
| | 〃 | 한상균 | | 한국ILO협회 상임이사 | 이호식 |
| | 〃 | 김영배 | | 한국ILO협회 감사 | 강중일 |
| | 〃 | 김기문 | | 〃 | 이용순 |

## 5. 協會主要刊行物(機關紙(月刊誌) 國際勞動)

| 책 명 | 발행년도 | 저 자 |
|---|---|---|
| 1. 노동대사전 | 1994년 | 권중동 |
| 2. 오늘의 ILO | 1996년 | 권중동 |
| 3. ILO협약, 권고 | 1996년 | 권중동 |
| 4. ILO 탄생과 성장 | 1996년 | 권중동 |
| 5. 중국의 노동문제 | 1999년 | 권중동 |
| 6. 여자노동 | 1986년 | 권중동 |
| 7. 결사의 자유와 단체교섭 | 1997년 | 권중동 |
| 8. ILO와 국제노동기준 | 2000년 | 권중동 |
| 9. 국제노동단체와 사용자단체 | 2000년 | 권중동 |
| 10. 선진국의 파트타임노동법제 | 2004년 | 권중동 |
| 11. 국제노동기준 | 2006년 | 권중동 |

## 6. 記念寫眞

ILO 총회 회의장

1996년 10월. ILO협력운동과 노동관계 심포지엄

1996년 10월. ILO협력운동과 노동관계 심포지엄에서 인사하는 권중동 회장

1996년 10월. ILO협력운동과 노동관계 심포지엄에서 인사하는 권중동 회장

1996년 10월. ILO협력운동과 노동관계 심포지엄에서 축사하는 진념 장관

1996년 10월. ILO협력운동과 노동관계 심포지엄에 참석한 진념 장관

1996년 10월. ILO협력운동과 노동관계 심포지엄

1996년 10월. ILO협력운동과 노동관계 심포지엄 토론자들

1996년 10월. ILO협력운동과 노동관계 심포지엄

1996년 10월. ILO협력운동과 노동관계 심포지엄 모습

1996년 10월. ILO협력운동과 노동관계 심포지엄 참석자들

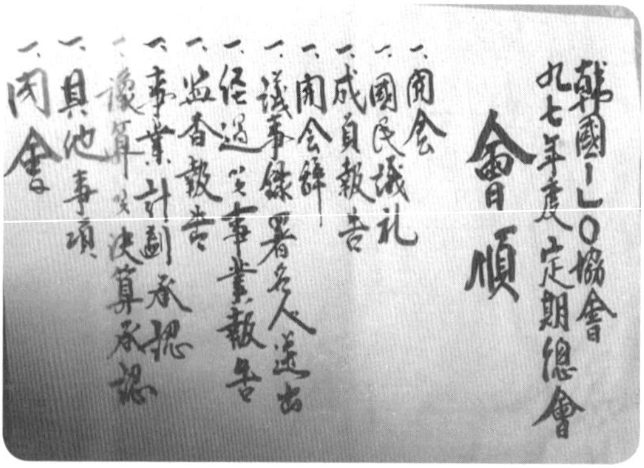


▲1997년도 당협회 정기총회 회순

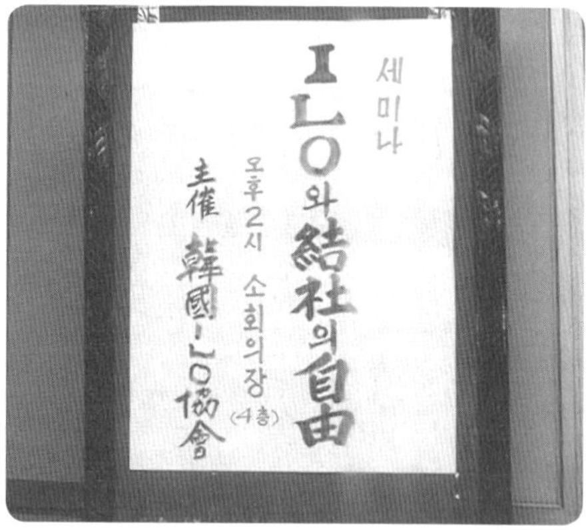


▶1997년. ILO와 결사의 자유 세미나

1997년. ILO와 결사의 자유 세미나

1997년. ILO와 결사의 자유 세미나에서 토론하는 하츠오카 쇼이찌로상과 박영기 교수

1997년. ILO와 결사의 자유 세미나장

1997년. ILO와 결사의 자유 세미나에 참석한 외국 손님들

1997년. ILO와 결사의 자유 세미나 참석자들

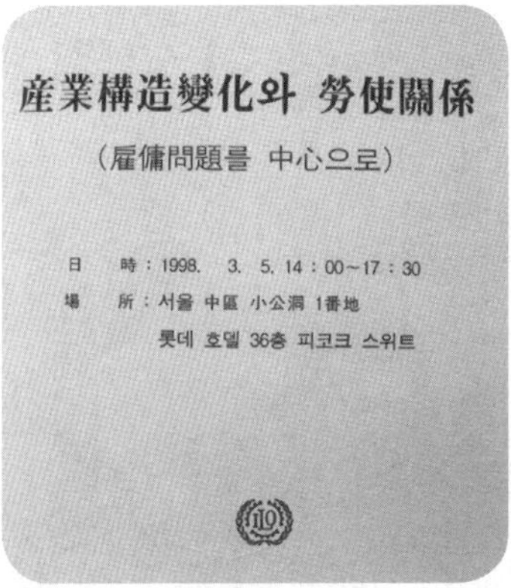

產業構造變化와 勞使關係

(雇傭問題를 中心으로)

日　　時 : 1998.　3.　5. 14 : 00~17 : 30

場　　所 : 서울 中區 小公洞 1番地

롯데 호텔 36층 피코크 스위트

1998년 3월.
한국 ILO협회와 일본 ILO협회가
공동주최한 심포지엄 자료

1998년 산업구조변화와 노사관계, 한국·일본 ILO협회 공동주최

2000년 5월. 고용문제에 대응하는 노·사·정의 역할, 한국·일본 ILO협회 공동주최

2000년 5월. 고용문제에 대응하는 노·사·정의 역할 세미나 참석자들

2012년 6월. 젠더평등의 실현을 위한 여성노동의 과거와 현재

2012년 6월. 일본 ILO협회에 참석한 ILO소마비아 총장

韓國을 訪問한 블랑샤드 ILO사무총장 환영만찬에서, 左로부터 이현재 국무총리, 권중동 노동부장관, 블랑샤드 ILO사무총장

소마비아 ILO 사무총장과 환담하는 권중동 회장(일본 ILO협회 54주년 창립기념식, 동경)

1998년 한국ILO협회 총회

2001년 한국ILO협회 정기총회

2013년 한국ILO협회 총회

기관지 국제노동을 집필하고 있는 권중동 회장

## 權 重 東 (慶北 安東 出生)

| 略歷 | 著書 및 論文 |
|---|---|
| • 서울大, 美大 中等敎師養成所 修了<br>• 아시아 勞動大學(ATUC) 修了<br>• 全國遞信勞組委員長<br>• 國際遞信勞聯(PTTI) 執行委員<br>• 韓國勞總敎育院長<br>• 第9代, 12代 國會議員<br>• 中央勞動委員會 委員長<br>• 勞動廳長<br>• 勞動部 長官(제1대)<br>• ILO世界大會 韓國代表<br>• 非同盟國 勞動長官會議 韓國首席代表<br>• 아시아 · 太平洋 勞動長官會議 韓國首席代表<br>• 韓印議員聯盟 韓國首席代表<br>• 韓國勞動펜클럽 會長<br>• 韓國勞動文化協會 會長<br>• 韓國ILO協會 會長(현)<br>(☎ 02-732-6006~7) | **〈著 書〉**<br>▶ ILO(國際勞動機構) (1984)<br>▶ 女子勞動 (1986)<br>▶ 中國의 勞動問題 (1990)<br>▶ 勞動大辭典 (1994)<br>▶ ILO 條約 · 勸告 (1996)<br>▶ 結社의 自由와 團體交涉 (1997)<br>▶ ILO와 國際勞動基準 (2000)<br><br>**〈論 文〉**<br>▷ 韓國의 經濟發展과 勞使關係 외 多數 |